国家重大出版工程项目

国家出版基金项目
NATIONAL PUBLICATION FOUNDATION

"十二五"国家重点图书

◎王金平　李会智　徐强　著

中国古建筑丛书

山西古建筑

（上册）

中国建筑工业出版社

图书在版编目（CIP）数据

山西古建筑（上册）/ 王金平，李会智，徐强著 . —北京：中国建筑工业出版社，2015.11（2024.2 重印）
（中国古建筑丛书）
ISBN 978-7-112-18511-5

I.①山… II.①王…②李…③徐… III.①古建筑-介绍-山西省 IV.① K928.71

中国版本图书馆 CIP 数据核字（2015）第 227979 号

责任编辑：李东禧　唐　旭　吴　绫　杨　晓
书籍设计：康　羽
责任校对：姜小莲　党　蕾

中国古建筑丛书

山西古建筑（上册）

王金平　李会智　徐强　著
*
中国建筑工业出版社出版、发行(北京西郊百万庄)
各地新华书店、建筑书店经销
北京嘉泰利德有限公司制版
北京富诚彩色印刷有限公司印刷
*
开本：880×1230毫米　1/16　印张：30$\frac{1}{2}$　字数：805千字
2015年12月第一版　2024年2月第二次印刷
定价：398.00元
ISBN 978-7-112-18511-5
　　（25805）

《山西古建筑》

王金平　李会智　徐　强　著

顾问委员会：

总顾问：胡苏平

顾　问：李玉明　柴泽俊　杨子荣　郭贵春　高珍明

编辑委员会：

主　任：王建武

副主任：刘正辉　李锦生　黄继忠　高　策　翟顺河

委　员：张元成　程书林　董养忠　张　海　师悦菊　赵曙光　郭廷儒

　　　　　于丽萍　白雪冰　张成喜　郭　创　雷宏刚　吴　锐　任毅敏

　　　　　郭治明　杨小明　朱向东　高鑫玺　韩卫成　闫　丁　李　博

总　序

中国历史悠久，地大物博，人口众多，是一个多民族的国家，文化遗产极为丰富。中国古建筑是世界建筑史上的四大体系之一，五千年来，光辉灿烂，独特发展，一脉相传，自成体系。在建筑历史发展过程中，从来都没有中断过，因而，积累了大量的极为丰富的优秀建筑文化遗产。中国古代建筑的实践经验、创作理论、工艺技术和艺术精华值得总结、传承和发扬。

中国古代建筑具有强大的生命力，首先是独特的地理环境。中国位于亚洲东方，北部有长白山、乌苏里江高山河流阻挡，西有天山、喀喇昆仑山脉和沙漠横贯，西南有喜马拉雅山脉，东南则沿海，形成封闭与外界隔绝的地域，加上地处热带、温带和寒带，宽阔的地理和悬殊的气候，促进建筑与环境的巧妙和谐结合。

其次，独特的民族性格。中国是以汉族为主的多民族所组成。以中原文化为主的汉族人民团结、凝聚着居住和生活在各地的少数民族。由于各民族的历史、文化、宗教信仰、生活习俗与审美爱好的不同，以及他们所处地区的自然条件和地理环境的差异，长期的劳动实践，形成了各民族独特的性格和绚丽灿烂的建筑风貌。

其三，文化的独特体系。中国文化是以黄河流域中原文化为中心，周围有燕赵文化、晋文化、齐鲁文化、吴越文化、楚文化、秦文化和巴蜀文化所烘托，具有历史渊源长久、人类智慧集中、思想资源丰富的特点。中国传统文化思想的集中表现是以儒学、道学为代表，其后，佛教的传入与中国传统文化的结合，形成以儒学为主的儒、道、释三者合一的中国传统文化思想。归纳起来，就是天人合一的宇宙观念，以人为本、和为贵的人文思想，整体直觉的思维方式，真善美相结合的美学观念。

封闭而独特的地理环境，团结凝聚而又富于创造的民族性格，以儒学为主的文化独特体系，创造了中华民族的雄伟壮丽的建筑工程。长期的经验积累，独树一帜，虽经战争的炮火，民族之间的斗争与融合，外来文化之传入及本土化，但中华民族建筑始终一脉相传，傲然生存下来，顽强发展，独树一帜而不倒，在世界建筑史发展中是罕见的、独有的。

中国古代建筑发展经历了原始社会、奴隶社会和封建社会三个历史阶段。

旧石器时代，原始人群利用天然崖洞作为居住场所。南方湿热多雨，虫害兽多，出现巢居。1973年，在浙江余姚河姆渡村发现大约建于6000～7000多年前的、长约23米、进深约8米的木构架建筑遗址，推测是一座长方形、体量相当大的干阑式建筑，这是我国最早采用榫卯技术构筑房屋的一个实例。

原始社会晚期，黄河流域有广阔而丰厚的黄土层，土质均匀，含有石灰质。黄河中游的氏族部落，在利用黄土层作为壁体的土穴上，用木架和草泥建造简单的穴居，逐步发展到浅穴居，再到地面上的房屋，形成聚落。

奴隶社会，夯土技术逐步成熟，宫室建于高大的夯土台上，木构建筑逐步成为中国古代建筑的主要结构方式。等级制度出现。工程管理有了专职的"司空"，以后各朝代沿袭发展成为中国特有的工官制度。

封建社会初期，高台建筑盛行，修建了长城、驰道和水利工程。东汉时代，建筑中已大量使用成组的斗栱，木构楼阁增多，城市和建筑类型扩充，中国古代独特的木构建筑体系基本形成。

两晋南北朝是我国历史上充满着民族斗争和民族融合的时期，佛教的传入，宗教建筑大量兴建，高大的寺庙、壮丽的塔幢，石窟中精美的雕塑和壁画，这是我国古建筑吸收外来文化使之本土化的创造时期。

隋、唐统一全国，开凿贯通南北的大运河，促进了我国南北物资和文化的交流和发展。唐代的长安、洛阳成为世界上最大的城市。木构建筑的宫殿、楼阁和石窟、塔、桥，无论布局或造型都具有较高艺术和技术水平，唐代建筑已发展到成熟的阶段。

宋、辽、金时期，南方在经济和文化方面居于先进地位。由于手工业分工更加细致，国内商业和国际贸易活跃，城市逐渐开放，改变了汉以来历代都城采用的封闭式里坊制度，形成沿街设店的方式。建筑的设计和施工达到一定程度的规格化、制度化，公元12世纪初在总结经验的基础上编写了《营造法式》这一部重要文献。

元代大都建立，喇嘛教和伊斯兰教建筑影响到各地。明、清时期官式建筑已经达到完全程式化、定型化阶段。明代后期出现资本主义萌芽，清代在城市规划上、建筑群体布局和建筑艺术形象上有所发展，例如北京城、故宫、天坛等。民居、园林和民族建筑遍布各地，呈现一片繁荣景象。

中国古建筑有明显的特征。在城市规划上，严谨规整、对称宏伟，表现出庄重威武的中华民族性格。单体建筑中，雄伟的飞檐屋宇、大红的排列柱廊、高大的汉白玉台基，呈现出崇高壮丽又稳定的形象。黄河流域盛产的木材资源，形成了中国古建筑木构架体系的特色。室外装饰的富丽堂皇、金碧辉煌，室内陈设装修的华丽多样、细腻雕饰，体现了中国古建筑绚丽多彩的民族风格。

聚居建筑方面，包含民居、祠堂、家庙、书院等遍布全国各地，它们与人民生活息息相关。各地各族人民根据自己的生活习俗、生产需要、经济能力、民族爱好和审美观念，结合本地的自然条件和材料，因地制宜、因材致用地进行设计与营造。他们既是设计者，又是营建者、使用者，可以说设计、施工、使用三位一体，因而，这种建造方式所形成的民宅民间建筑，既实用简朴，又经久美观，并富有民族风格和地方特色。

中国古园林的特征。以自然山水即中国山水画为蓝本，并以景区、景物和建筑、山水、花木为构件，由景生情，产生意境联想，达到艺术感受。皇家园林因其规模大、范围广，其园林布局自秦、汉时期的一池三岛，到唐、宋以山水画为蓝本，明、清仍沿袭池中置岛古制，但采用人工造山置水的方法。

明、清私家园林因属民间，士大夫文人常在宅后设园休闲宴客，吟诗享乐，其特点是以最小的场所造成无限的景色为目的。因其规模小，常以叠石或池水为主，峰峦洞壑、峭壁危径或曲径通幽取胜。在情景中则采用巧于因借、精在体宜的手法。

我国是一个人口众多的多民族国家。相传秦汉以前，中华大地上主要生存着华夏、东夷、苗蛮三大文化集团，经过连年不断的战争，最终华夏集团取得了胜利，上古三大文化集团基本融为一体，历史上称为华夏族。春秋、战国时期，东南地区古老的部族称为"越"，逐渐为华夏族所兼并而融入华夏族之中。秦统一各国后，到汉代都用汉人、汉民这个称呼，直到隋、唐，汉族这个名称才固定下来。

由于各民族的历史文化、宗教信仰、生活生产、习俗性格的不同，又由于各族人民所处地区的自然条件和环境的不同，导致他们各自产生了富有特色的建筑和民宅，如宏伟壮丽的藏族布达拉宫，遍布各族聚居地的寺院庙宇、寨堡围村、楼阁宅居，反映了绮丽多彩的民族风貌。

中国传统文化渗透了中国古建筑，中国古建筑深刻地体现了中国文化。

新中国成立后，作为全国性有领导有组织地编写中国古代建筑史，第一次是1959年，由原建筑科学研究院组织"编写三史"开始。当时集中了全国高等院校、科研部门分工编写，1962年由中国工业出版社出版《中国建筑简史》第一册（古代部分）。随后，又组织有关院校、文化、历史、考古等单位对古代建筑史有研究的人员，经多次修改，由刘敦桢教授执笔主编的《中国古代建筑史》，于1966年完成。由于"文化大革命"，未能出版，1980年才由中国建筑工业出版社正式出版。作为高等院校的中国建筑史教材则由全国高校教师编写，参考了上述专著，由中国建筑工业出版社1982年出版。

作为系统的、全面的、编写中国古建筑丛书是从1984年开始，当时作为《中国美术全集》中的一个门类——建筑艺术，称为《中国美术全集·建筑艺术编》，共6辑，包含宫殿、坛庙、陵墓、宗教建筑、民居、园林，1988年完成出版。

第二次编写从1992年开始，编写的原因是《中国美术全集·建筑艺术编》6辑出版后，各界反映良好，但感到篇幅不够，它与我国极为丰富的建筑文化遗产大国不相适应。于是，再次组织编写《中国建筑艺术全集》丛书30辑，其中古建筑24辑，近现代建筑6辑。古建筑部分仍按类型编写。该丛书中的24辑于1999年5月出版。

由于这两次丛书都是全国性编写，按类型写，又着重在艺术，因此，一些地方特色和民族特色的、中型的优秀古建筑就难于入选。为了弘扬和传承优秀传统建筑文化体系，总结经验和规律，保护我国优秀传统建筑文化遗产，因此，全面地、系统地、按省（区）来编写古建筑丛书是非常必要的、合时宜的。

本丛书编写的主要特点是：其一，强调本省（区）古建筑的民族特色和地方特色；其二，编写不限于建筑艺术，而是对本省（区）古建筑的全面叙述，着重在成就、价值、特色、技术和经验、规律等各个方面，这是我国民族和地区的资料比较全面和丰富的传统建筑文化丛书。

陆元鼎

2015年1月10日

前　言

古建筑是我国物质文化遗产的重要组成部分，蕴藏弥足珍贵的各种价值。保护好全国各地的建筑遗产，对于传承优秀文化，弘扬民族精神，维护地域特色，具有现实而深远的意义。山西文化积淀深厚，以其独特的自然和人文环境，保存了不同时期的古建筑。第三次文物普查结果表明，山西现存不可移动文物计有53875处，其中全国重点文物保护单位总数达452处，位居全国第一，历史久远、类型丰富、技艺精良、数量最多，被人们称之为"古代建筑的宝库"。"地上文物看山西"，受之无愧，恰如其分。由此可见，研究山西的古建筑，是一个极具挑战、非常复杂的系统工程。

山西地处黄河流域，是中华文明的发祥地之一。现存元代以前的早期建筑，居全国之首。我国仅存的四座唐代木结构建筑，均在山西境内。山西境内的古建筑，规模之巨大，质量之上乘，在全国实属罕见。研究山西古建筑的区域性结构特征，是整理和挖掘传统文化的一项重要课题。山西古建筑不仅形态丰富，而且呈地域性分布，由于它们所处的自然条件和人文条件之迥异，其建筑形态的表现也是千姿百态的，蕴藏着非常丰富的历史信息和文化内涵。

实地调查并查阅相关文献典籍，可以发现山西古建筑的类型极其丰富。举凡寺、观、祠、庙、宫、庵、堂、园、院、宅、斋、署、衙、楼、阁、台、亭、塔、关、驿、桥、馆、棚、洞、窟、牌、坊、壁、陵、墓、店、铺等，应有尽有，不胜枚举，从而给山西古建筑的分类研究和归纳总结，带来诸多困难。有鉴于此，本书主要以这些建筑的使用性质和功能为依据，进行类型研究。

概括来讲，本书所指的"寺"，主要指的是佛寺，包括一切用于佛教活动道场的庙、堂、院、洞、窟、庵、棚等，用"寺庙"一词来概括。

"观"，主要指的是道观，即所有用于道教活动的宫、院、窟、庙、洞、堂等，用"宫观"一词来诠释。

"祠"，主要指的是宗祠，同时也包括圣贤祠庙，是指祭祀祖先和先贤圣哲的活动场所，如宗族祠堂、大禹庙、晋祠、窦大夫祠、文庙、武庙等均在此列，用"祠庙"一词来概括。

"庙"，主要指的是"神庙"，既包括自然之神、也包括地方俗神，如皇天、后土、五岳、城隍、二仙、三嵕、府君等被广泛信仰和地方崇拜的神，甚至是人。

"院"主要指的是"书院建筑"，非指通常意义上的庭院。

"署"，主要是指府、州、县等行政公差类的"衙署建筑"。

"台"，主要是指供演出之用的戏台或舞亭，而非指历史上的高台建筑。

除此之外，本书将楼阁亭塔、摩崖石窟、关隘津梁、牌坊照壁等个体建筑列入章节，分门别述。

尽管这些单体建筑应该是群体建筑的重要组成部分，但由于保护状况殊异、保护等级不同，研究的侧重点会有所取舍。

综上所述，结合山西古建筑的遗存现状，本书涉及的建筑类型，主要包括聚落、居住、教育、行政、宗教、祭祀、娱乐、游憩、交通、军事等。

较之于全国的古建筑，山西古建筑既存在共同性特征，也存在地域性差异。从历史性来看，众多的研究资料证明，山西古建筑从其产生、发展及其演变，形成了一条较为完备的发展序列，反映着与华夏文明一脉相承的发展历程，具有一定的同一性。从发展的共时性来看，由于山西各地自然与人文环境殊异，使得处于不同地区的古建筑，在选材、工匠技艺和建筑形态等方面，呈现独特的地域风貌，与全国同时期的主流建筑形态相比，存在一定的差异性。唯其如此，不可以简单地用宋代《营造法式》、清代《营造则例》等官式营造法，一言以蔽之，此乃读懂山西古建筑之要处。

本书的上册由王金平统稿，下册由李会智统稿。

全书由文物保护专家杨子荣、科技史专家高策二位先生审稿。

书中的实景相片主要由温泉、徐强、李会智拍摄。书中的线条图主要由李会智、王金平、韩卫成组织完成。

本书共十二章，每章的编写，具体分工如下：

第一章、第十二章由李会智编写；

第二章、第十一章由王金平编写；

第三章由徐强、白文博编写；

第四章由张莹莹、韩卫成编写；

第五章由张海英、徐强编写；

第六章由李晓强、王金平编写；

第七章由曹如姬、王金平编写；

第八章由程文娟、温泉编写；

第九章、第十章由李会智、徐强编写。

许赟、郭潇、宋毅飞、梁健、苏毅南、叶若琛等研究生参加了各章插图的绘制工作。

全书涉及省境 119 个县、市、区现存的古建筑，插图计 1904 张。

该书较为全面地分析了山西古建筑的影响因素和区域特征；系统介绍了山西现存的聚落、民居，书院、衙署，寺、观、祠、庙，楼、台、亭、塔，造像、石窟，关隘、津梁，牌坊、照壁等各类古建筑的形制、结构、构造、构成要素、空间布局和组织方式；详尽介绍了山西不同地域古建筑的形态与风格；归纳总结了山西古建筑的技术和艺术成就。

仅以此书献给恩师高珍明先生。斯人已逝，风骨犹存！

王金平

2015 年 9 月 15 日

目　录

第四章　书院建筑

第五章　衙署建筑

第六章　宫观建筑

第九章　自然神祠与民俗神庙

第十章　楼台亭塔

第十二章　山西早期建筑结构与构造的区域特征

山西古建筑

山西古建筑

第一章 绪论

第一节　山西的自然环境

任何一种建筑形态的产生，都不能脱离其周围的环境而存在。人类是地表系统的组成部分，生存离不开地理环境[1]。山西古建筑的产生与发展，就是当地人民与其所处的地理环境之间物质与能量的交换过程。厘清山西古建筑特定的人地关系是研究山西古建筑必不可少的重要环节。山西地理环境有其独特的历史背景和鲜明的地域特色，不了解这些特点就不能真正全面系统地了解山西建筑的本质。构成地理环境的因素很多，既有人文因素，也有自然因素。自然环境对建筑形态的影响作用取决于人类文明的发展程度。人类文明的发展程度愈高，自然因素所起的作用便愈小，反之，人类文明的发展程度愈低，自然因素所起的影响作用便愈大[2]。这种分析是很有说服力的。自然条件是人类赖以生存和发展的物质条件，在人类文明之初，人们只能利用落后的技术手段因陋就简，因势利导，因材制宜地构建自己的人工环境，以抵抗自然灾害之侵袭。在这种情况下所形成的建筑形态对自然条件有很大的适应性，并在此基础上得以发展和完善，从而形成某种特定自然条件下的、颇具地域特色的建筑风格。山西古建筑，大到村落、神庙，小到民宅、祠堂，无论是何种使用性质，大都采用生土、砖、石等材料构筑成窑房结合的建筑形式。

一、地理位置

山西地处黄河中游，位居华北平原西部，因在太行山之西而称"山西"，历史上别称"山右"。山西是我国的一个内陆省份，也是华夏文明最早发育的区域，其地理坐标在北纬34.5度至40.5度、东经110.2度至114.5度之间。山西东、西、南三面与邻省有天然分界。东有太行山作天然屏障，与河北省毗邻；西以黄河为堑形成晋陕大峡谷，与陕西省相望；北抵长城脚下，与内蒙古相隔；南以黄河、中条山与河南省为界。省境南北长680多公里，东西宽380多公里，总面积15.63万平方公里。从地图上看，其轮廓呈由东北向西南倾斜的平行四边形，形成背负西北高原大山，俯瞰东南广袤平原的雄浑地势[3]。因为其"东则太行为之屏障；其西则大河为之襟带；于北则大漠、阴山为之外蔽；而句注、雁门为之内险；于南则首阳、底柱、析城、王屋诸山滨河而错峙"。外河内山，山川形势险固，素有"表里山河"之美称[4]。独特的地理区位条件造就了山西古建筑独特的文化特色（图1-1-1、图1-1-2）。

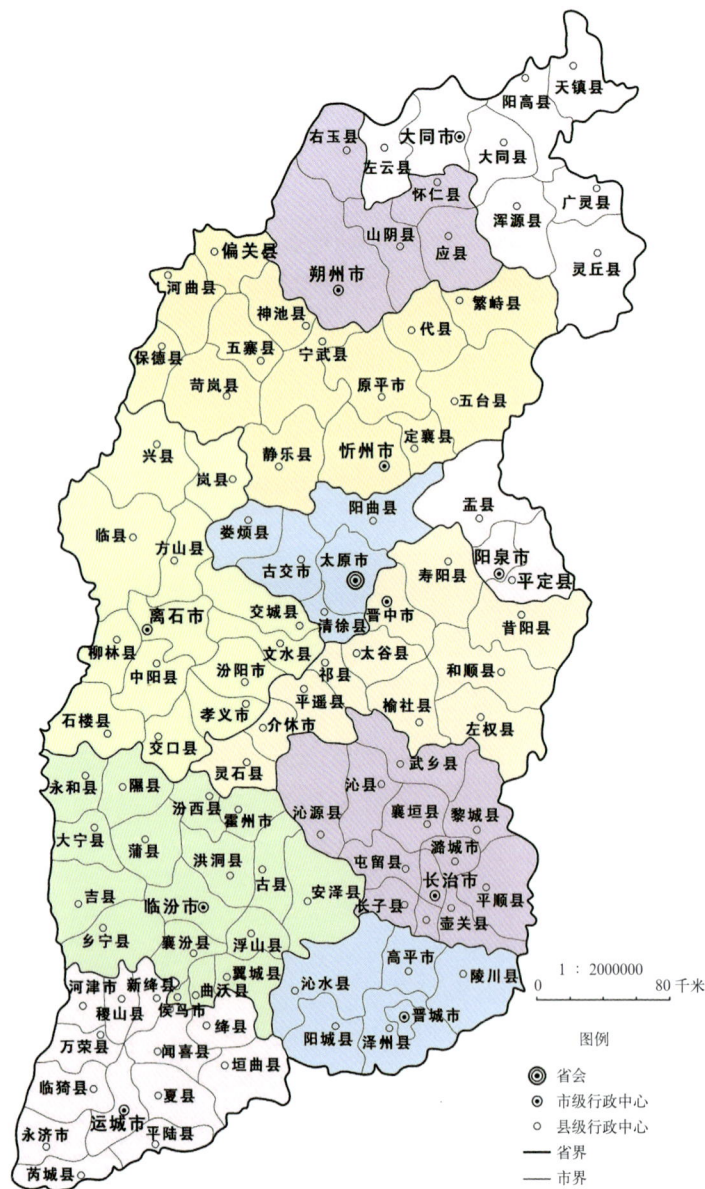

图1-1-1　山西省政区图（资料来源：《山西省地图集》）

清 山西全省舆图

清光绪十四年（1888年）刻本

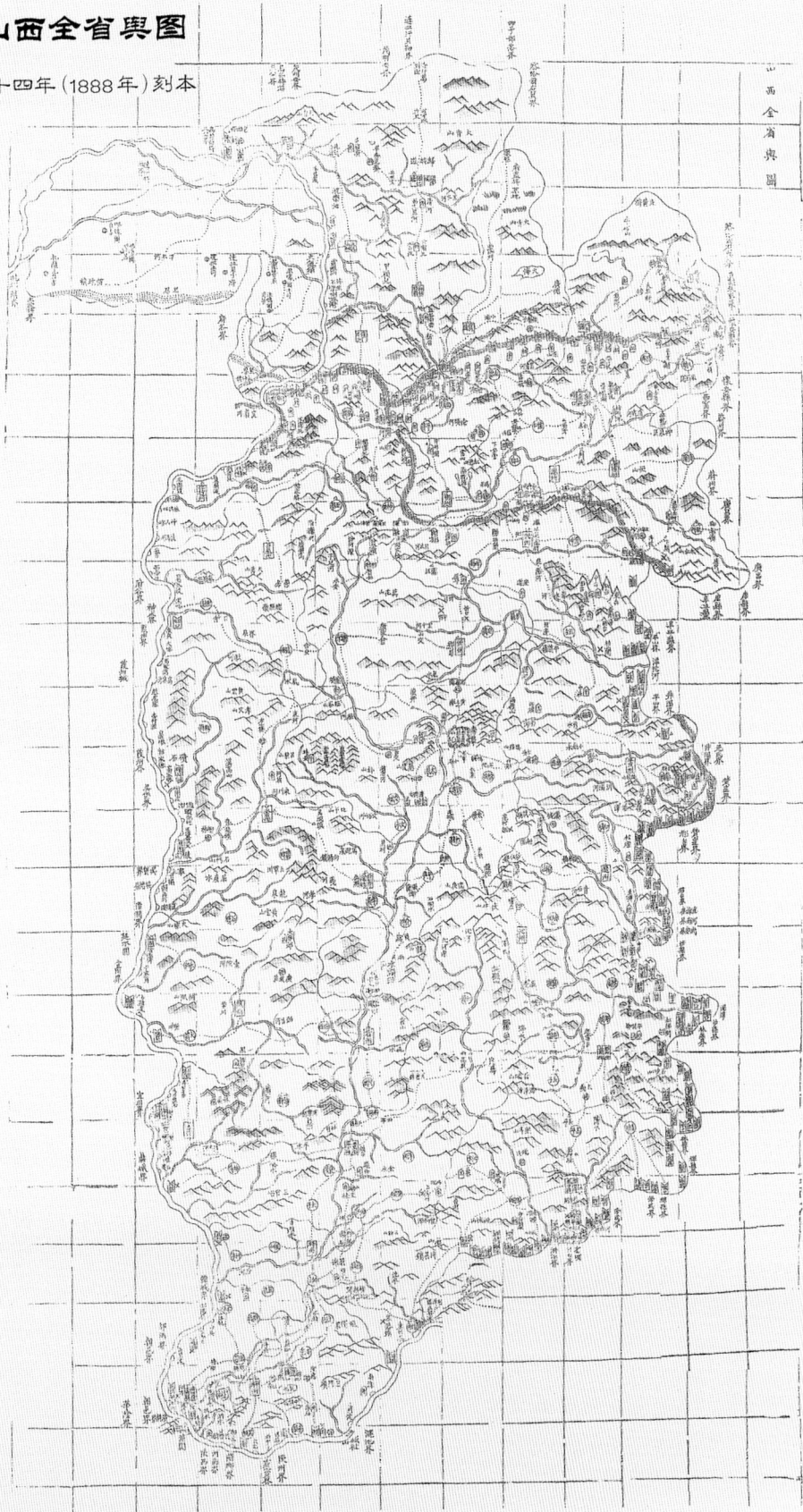

图 1-1-2　山西全省舆图（清）（资料来源：《山西省历史地图集》）

二、地质条件

山西地表广布黄土，按照黄土地层生成年代的久远程度，黄土可划分为古黄土、老黄土、新黄土和现代黄土四种类型。由于隰县午城的古黄土地层内，以及在离石的黄土地层内，分别发现有中更新世的动物化石，所以古黄土和老黄土又分别称为"午城黄土"和"离石黄土"。据分析，以上四种黄土有着不同的地质特征和力学性能。其中，午城黄土不具大孔，无湿陷性，质紧密且坚硬，柱状节理发育，是黄土丘陵中下层的重要构成部分，难于挖土掘窑。而离石黄土则广阔而丰厚，组织结构细而匀，土中含有一定比例的姜石，紧密黏重，垂直节理发达，壁立 10 米至 15 米而不倒，所以是开挖黄土窑洞最理想的层位。离石黄土广泛分布于山西地区，是黄河中游黄土构造的主体。就山西黄土地层的构造而言，一般认为可分为三个层次，上部为马兰黄土即新黄土，中部为离石黄土，下部为午城黄土。这样的地质构造对于山西早期窑洞建筑的产生和发展具有得天独厚的地理及资源条件。在生产力水平极度低下的原始社会，它最容易被先民利用，穿土为窑，就陵阜而居。从而使山西成为中华文明发育最早的地区之一（图 1-1-3）。

三、地形特征

所谓地形地貌是指陆地表面呈现出的各种各样的形态。总体来看，山西地形较为复杂，境内有山地、丘陵、高原、盆地、台地等多种地貌类型。山地和丘陵面积占全省总面积的 80% 以上，平原面积不足 20%，除在河川沟谷处有较少基岩裸露外，大部分被黄土广泛覆盖，厚度均在 10～30 米之间，海拔多在 1000 米以上，由于长期受到流水切割，水土流失严重，形成了重峦叠嶂，梁峁相连，沟壑纵横，地表支离破碎的地貌特征。而且植被生长不易，森林资源匮乏。省境东、西两面是太行山与吕梁山，由南至北依次分布着中条山、太岳山、系舟山、云中山、五台山及恒山。省境中部是一系列断陷盆地，沿着山脉走向，由北而南有大同盆地、忻定盆地、太原盆地、临汾盆地及运城盆地。其中以大同盆地面积最大，为 5084 平方公里；以忻定盆地面积最小，仅为 2157 平方公里。此外，在诸山之间，还散布着一些山间盆地，以长治、平定、晋城、寿阳盆地面积较大，而广灵、灵丘、阳城盆地面积较小。省境河流分属黄河、海河水系。其中部的汾河，南部的沁河、丹河、涑水河，北部的苍头河、偏关河以及西部的湫水河、三川河等

图 1-1-3　就陵阜穿土为窑（资料来源：自绘）

属于黄河水系。而北部的桑干河、滹沱河，东南部的清漳河、浊漳河则注入海河。山西全境地势起伏，高低悬殊，南北高差2800余米。根据地貌类型组合差异，全省分为东部山地区，中部盆地区和西部高原山地区三部分。由于受到特殊地形地貌的影响，山西古建筑可分为平地和山地两种建筑形态

（图1-1-4、图1-1-5）。

四、资源概况

由于所处的地域资源条件不同，山西古建筑就地取材，因地制宜，因境而成，异彩纷呈。公元前3000年至战国秦汉时期，正是中华文明的摇篮时期，

图1-1-4　晋西地貌特征（资料来源：自摄）

图1-1-5　晋东南地貌特征（资料来源：自摄）

也是山西民居的形成时期，黄河中游气候较之于今日，温暖湿润。那时的山西雨量充沛，自然植被茂盛，森林面积约占 63%，草地面积约占 6%。从《诗经》的记载中可知，山西中条山南麓的黄河岸边广布檀木，汾、涑水流域广植桑、榆、栗、竹、漆等各种树木，而山西髹漆工业的原料就取自汾、涑水流域的山中。当时的吕梁山脉被森林覆盖，由南至北郁郁葱葱直抵黄河岸边。在晋东南沁河流域以及晋北忻定盆地也是林木茂盛。丰富的木材资源为山西早期木结构建筑的发展提供了有力的保证。山西矿产资源丰厚，盐、煤、铁、铜、石膏等分布广泛（图 1-1-6～图 1-1-8）。据文献记述，山西伐木烧炭的历史比较悠久。早在公元前 487 年，董安于

在为赵简子修建"晋阳城"时，所用的砖瓦及盖宫室所用的铜柱子，就是用当地的木炭烧制、冶炼而成的，其用铜之多、铸件之大，在当时如没有高超的技术水平，是难以想象的。北魏时，山西已熟练掌握了煤炭的充分利用，到唐代时煤炭的开采更为普遍，宋元时已成为中国主要的产煤地区，及至明清时期煤炭已广泛用于烧制砖、瓦、陶瓷等建筑材料，山西古建筑的结构、构造和材料发生了质的变化。此外，煤炭还广泛应用于铁的冶炼。山西不少地方铁矿资源丰沛，《汉书·地理志》记载的设有铁官的郡县全国有 49 处，涉及山西的有河东郡的安邑、皮氏、平阳、绛与太原郡的大陵。当时山西铁矿的开采、冶炼主要分布在晋南汾河谷地、中条

图 1-1-6 运城盐池禁墙现状（资料来源：自摄）

图 1-1-7 运城盐池东禁门现状（资料来源：自摄）

图 1-1-8　运城盐池池身现状（资料来源：自摄）

山南北、晋中太原盆地和晋东南上党盆地等地区。山西古建筑中的铁制构件非常普遍，如铺首、屋脊、门钉等，更有甚者，还用冶炼铁件废弃的坩埚叠砌城墙，令人叹为观止。至少是在春秋战国时期，山西制陶手工业不仅烧制大量的生活用品，而且还广泛用于建筑中。从山西早期出土的板瓦、筒瓦、瓦当、瓦钉及栏杆来看，其技术与艺术水准已达到国内同期的发展水平。秦汉时期，与建筑材料有关的手工业作坊，在山西广泛分布。近年来，山西出土了不少汉代空心砖墓，空心砖形制多种多样，有矩形、方形、三角形等，有的两面还印有植物、人物、文字等花纹图案。及至明代，山西陶瓷手工业更为炉火纯青，这从山西现存的琉璃砖塔、琉璃影壁、寺庙琉璃瓦作等建筑中，可见一斑⑤。综上所述，丰厚的自然资源条件及精湛的手工艺水平为山西古建筑的产生、发展及演变提供了有力的物质基础。

五、气候分区

　　气候是指某一区域的大气层中平均出现的天气状况及其变化。受纬度、高度、海陆相对位置及随地理条件而异的太阳辐射因子和环流因子的制约。它包括温度、日照、降水量、风向风速等内容。其中对建筑形态影响较大的有日照、温度、降水量及风等因素。山西地形复杂多样，高差悬殊，因而既有纬度地带性气候，又有明显的垂直变化。概括来

讲，山西的气候可分为 6 个区域。即晋北中温带寒冷半干旱区；恒山、五台山、芦芽山、吕梁山山地暖温带温冷半湿润区；忻定、太原盆地暖温带温冷半干旱区；晋西暖温带温冷半干旱区；晋东南暖温带温冷半湿润区；晋南暖温带温和半干旱区。山西的气候特征可归纳为五点：一是高低温差悬殊，昼夜温差大。山西气温冬季较长，寒冷干燥，夏季则高温多雨，年平均气温为 6.5℃ ~ 9.0℃，最大日差在 24℃ ~ 31℃ 之间。白天气温高，日照充足，夜间气温低，寒气逼人。二是日照丰富，仅次于青藏高原和西北地区。全年日照时数可达 2200 ~ 2900 小时，年日照率为 58%。山西南部日照时数 2258 小时，日照率 51%，北部地区日照时数 2818 小时，日照率 64%。三是春季气候多变，风沙较多。由于春季风大，位于黄土高原的山西，土壤松弛，植被覆盖差，当大风袭来时，多刮起大量的黄土与沙石，易形成沙尘暴、扬沙、浮尘等天气现象。四是干燥。年平均降水量为 450mm，而年平均蒸发量却很大，是降水量的 4 倍。春季气温回升快，蒸发力强，空气干燥，故有"十年九旱"之说。五是冬季干冷少雪，冬旱时有发生。山西冬季寒冷干燥，最大冰冻层年均 125cm 左右。由于冬季多风少雪，极易发生冬季干旱。

　　由于自然气候条件的不同，使得山西古建筑从建筑形式、材料、结构等方面也有着很大的差异，

图1-1-9 山西古建筑地域分区（资料来源：依据《山西省地图集》绘制）

形成独特的形态风格。概括来讲，山西古建筑客观上分为五个区域，即晋中古建筑、晋北古建筑、晋西古建筑、晋南古建筑和晋东南古建筑（图1-1-9）。

第二节 山西的社会环境

山西是中国古代文明最早的发祥地之一。考古发现证明早在180万年之前，就有人类在山西这块古老的土地上生息、繁衍。⑥人类自产生伊始，便具有两种属性。其一是作为动物的人，需要摄入空气、水分和食物，需要有能够遮风避雨的栖息地，也就是说需要处理好人与自然的关系；其二，作为社会的人，仅有栖息所是很不够的，还需要有供人们进行各种社会交往的场所，小到家庭、村落，大到城邑、都市。有了不同层次的场所，往往会产生

不同层次的秩序和等级，从而使人们产生不同层次的认同感，这是一种心灵和精神上的满足。因此建筑形态不仅要反映人们的社会文化意识、生活行为、风俗习惯等等，而且要处理好人与人之间的关系。在这种意义上，可以毫不夸张的说，任何一种建筑形态的产生，无不都是社会的一面镜子，是人与人之间关系的物质反映。由此可见，社会环境因素是山西古建筑持续发展的基础，对建筑形态之影响也是显而易见的（图1-2-1、图1-2-2）。

一、历史沿革

从最早记述山西地理区位的文献《禹贡》中可知，山西古代属于冀州，传说中的中华民族的始祖黄帝、炎帝都曾把山西作为活动的主要地区之一。中国史前人文始祖尧、舜、禹，都曾在山西境内建都立业。夏代时晋南及晋东南地区，是乡民聚居和活动的重要地区。从公元前17世纪至11世纪，山西是商王朝的重要统治区域，河汾以东，今山西翼城、侯马一带，是尧的后裔唐国属地。周代时，周成王分其弟叔虞于此，后改"唐"为"晋"，晋国由山西境内崛兴，"晋"成了山西省的简称，据《左传》载，当时晋国有50余县，记有县名的有12个。战国时期，韩、赵、魏三家分晋，"三晋"遂成为山西的别称。秦统一后，在今山西境内置5郡21县，其中5郡分别是河东郡（治安邑）、太平郡（治晋阳）、上党郡（治长子）、代郡（治代县、河北蔚县）和雁门郡（治善无）。西汉平帝时，山西中、西部属并州刺史部，领雁门郡、太原郡、上党郡、西河郡和代郡等，而山西南部则属司隶校尉都的河东郡。此时，以太行山来分山东、山西，《后汉书·邓禹传》有"斩将破军，平定山西"的说法，表明"山西"作为地区名称开始出现。晋、南北朝时期，山西是北朝统治的中心地带，北魏曾以平城（今大同）为都，之后的东魏、北齐也曾以晋阳（今太原）为"别都"、"陪都"，这对民族文化交融、促进山西发展起了积极的作用。隋统一全国后，山西境内有14郡，分别是长平郡、上党郡、河东郡、绛郡、文城郡、

图 1-2-1 晋祠圣母殿
（资料来源：晟龙木雕）

图 1-2-2 永乐宫三清殿
（资料来源：晟龙木雕）

临汾郡、龙泉郡、西河郡、离石郡、雁门郡、马邑郡、定襄郡、楼烦郡及太原郡。唐高祖李渊、唐太宗李世民起兵太原，建立了大唐王朝，由此，山西被唐太宗认为是"龙兴"之地，一直把山西作为大唐帝国的腹脏地区。至武则天时，封太原为唐王朝的"北都"或"北京"。到五代十国，山西仍然对中国北方的政治、军事形势，起着决定性的作用。宋、辽、金时期，山西进一步繁荣，是中国北方经济、文化的主要发达地区。元代，全国共有 11 个行省，山西与山东、河北，并称为元朝"腹地"，大同、平阳（今临汾）、太原三城则成为黄河流域的著名都会。当时的山西商业发达、经济繁荣、文化昌盛，曾受到意大利旅行家马可·波罗的盛赞。明代实行省、州（府）、县三级制，初设山西行中书省，不久改为山西承宣布政使司，领 5 府、3 直隶州、77 县。其中，5 府分别是平阳府、太原府、汾州府、潞安府及大同府。清朝前期一直延续明朝之建制，雍正三年（1725 年）增置朔平、宁武 2 府，雍正六年

（1728 年）升泽州、蒲州为府，从此山西省领 9 府、10 直隶州、6 散州、12 直隶厅、86 县，山西作为一个完整的地方行政区正式置省由此开始（图 1-2-3）。[⑦] 明、清两代，山西的商业迅猛发展，领全国之先。晋商号称中国十大商帮之首，其足迹东出日本，北抵沙俄，创造了中国商业金融的辉煌。

二、早期聚居

山西是我国旧石器文化遗存较丰富的地区，境内已发现 252 处，形成了山西旧石器文化发展序列。[⑧] 早期旧石器遗址分布于晋西南黄河沿岸、汾河中下游地区及中条山南麓垣曲盆地，山西北部恒山也发现了 1 处。旧石器时代中期，山西境内分布着南北两种不同类型的文化遗存，重要代表为北部桑干河流域的许家窑遗址和南部汾河流域的丁村遗址。旧石器晚期文化遗存遍布全省各地，重要代表有朔州峙峪遗址、沁水下川遗址及吉县柿子滩遗址等。表明早在旧石器时代就已有了人类在山西繁衍、

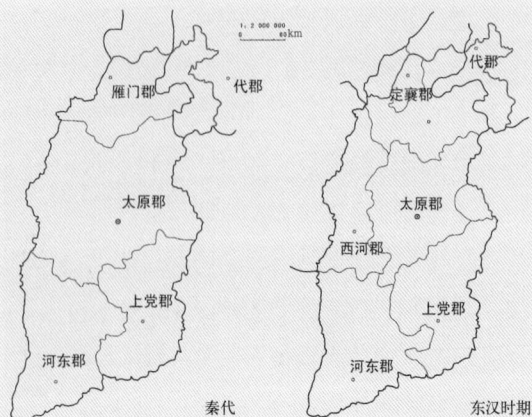

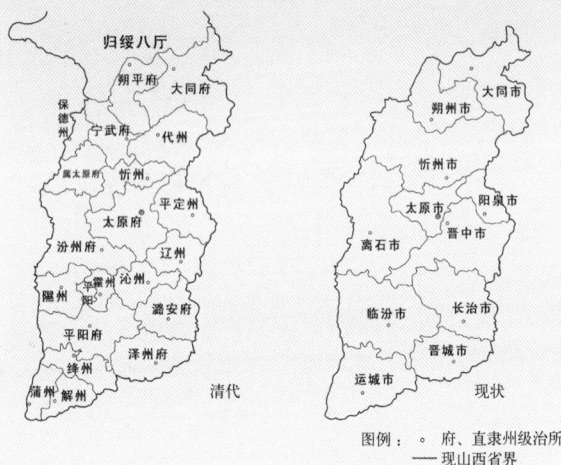

图1-2-3 山西历代政区演变图（资料来源：《山西省历史地图集》）

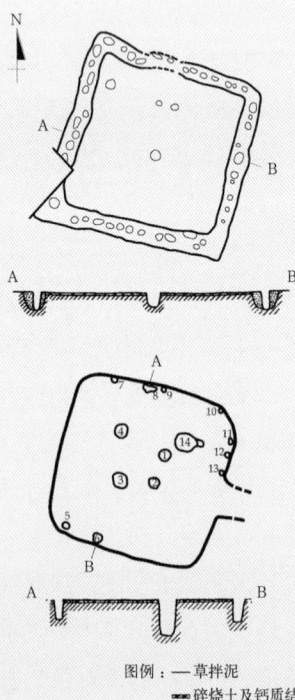

图例：—草拌泥
　　　━━碎烧土及钙质结核

图1-2-4 翼城北橄遗址住宅（资料来源：《山西传统民居》）

生息。考古发现，山西和顺、陵川有距今约4万年左右的旧石器时代晚期的洞穴遗址，这些洞穴遗址是早期人类的聚居地，成为后来人工穴居的开端。此外，在山西朔州峙峪遗址还发现了1处露居遗址，峙峪人在平坦的砂砾滩上用较大的石块围成直径约4～5米的圆形矮墙，以树枝架起，用草或兽皮搭成简单的居室。是山西木结构建筑最早的雏形。说明旧石器时代晚期，山西境内至少已有了土、木、石三种构建方式（图1-2-4）。[9]据《中国文物地图集·山西卷》载，山西目前已发现新石器时代文化遗址2179处，初步建立起新石器时代的文化发展序列。[10]大约距今8000～10000年以前，人类已开始定居。定居生活和生产力水平的提高，使人工穴居成为当时山西境内人类的主要建筑类型。较早的新石器文化遗存主要集中在临汾盆地和漳河流域，初期的穴居形制简陋，其剖面形式呈喇叭口竖穴，平面呈不规则的圆或椭圆形。仰韶文化早期遗存，全省仅发现28处，主要分布在晋南和晋中地区，以晋西南地区最为集中，此时的住屋呈地穴式或半地穴式。仰韶文化中期即庙底沟类型遗存，全省已发现396处，是仰韶文化在山西地区最繁荣昌盛时期。山西翼城县北橄乡北橄村南发现有该时代的村落遗址。村落遗存可分为三种类型：即小型方屋、中型方屋和圆型房屋。这一时期，建筑已脱离竖穴向地面发展，屋顶已有四角、攒尖、四面坡式等不同类型，室内设火塘用来取暖。仰韶文化后期遗存，在山西省发现378处，分布在晋南、晋中、晋西南等区域，由于地域的差异和周边文化之影响，在文化形态上呈现多元化。山西境内龙山文化遗存有1120处，分为三里桥、陶寺、白燕和小神四个类型，地域特征比较明显。晋西南的三里桥类型和晋南的陶寺类型，其文化序列较为清晰。晋西南的遗存主要分布在运城盆地和中条山南麓黄河沿岸，文化面貌与河南陕县三里桥遗存极为相似，故属龙山文化三里桥类型。襄汾陶寺遗址是晋南龙山文化的典型代表，年代约为距今4500～4000年，遗址中发现有城址、水井、窑址和公共墓地，已出现等级制度，

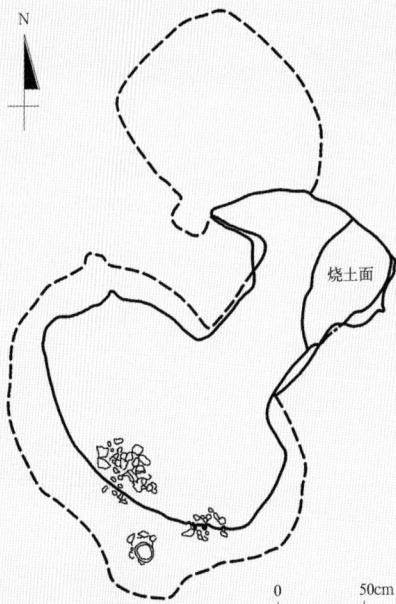

图1-2-5　太谷白燕遗址住宅（资料来源：《山西传统民居》）

由于文化特征明显，被称为龙山文化"陶寺类型"。而太谷白燕遗址和长治小神遗址，则分别反映了晋中和晋东南的龙山文化特征。这一时期是山西土窑洞的创立和定形期，表现为聚落规模进一步扩大；在延续半地穴式房屋的同时，增加了地面建筑和窑洞建筑两种形式；并呈现连在一起的排房和吕字形双室房屋结构；地面普遍涂抹白灰，多数还有白灰墙裙（图1-2-5）。[11]综上所述，在人类早期聚居过程中，山西取得了较高的发展水平，但各地区的发展情况又很不平衡，表现为黄河、汾河流域及晋东南发展较快，而其他地区则发展缓慢。同时，在文化特征上也呈地域性分布，这也是山西古建筑多样性分布的原因之一。

三、民族熔炉

历史上，山西是游牧民族和汉民族融合的大熔炉，是众多民族频繁接触的中心地带。古代山西大致可分成两大经济类型区，南部以农耕为主，北部则以游牧为主，民族分界十分明显。受此影响，山西农耕经济的发展很不平衡，比如晋西、晋北，虽然在三代时期，农耕经济已有一定发展，但与同期的和以后的河东、晋中及晋东南地区相比较，则属

落后的发展状态。至少是在明代以前，这些地区仍然保留着相对稳定的农牧并重的经济方式。[12]明代以后，由于采取了垦荒与屯田的一系列措施，才使得该地区的农耕经济得到了长足的发展。农耕经济的发展对于定居和村落的形成，其影响作用是非常显著的。如《随书·食贷志》便有"百姓立堡，营田积谷"的记载，在今天，所谓"堡"和"屯"已成为山西特有的一种村落名称。此外，山西是中原文化与北方文化的界域，其文化特色呈兼容并蓄之形态。《墨子·节葬篇》载"尧北教乎八狄，舜西教乎七戎，禹东教乎九夷"，这里所说的"教"就是文化上的融合与传播。晋国君主唐叔虞采取"启以夏政，疆以戎索"的治国方针，到春秋时期发展为"和戎"政策，这些民族在经济文化上相互融合，从而使山西的文化、民俗、艺术更多地反映出一些少数民族的影响，这种中华一体的认同，在山西境内早已形成。山西地处华北地区，从匈奴、鲜卑，到契丹、女真，历代与北方强族为邻，在汉民族与北方民族融合中，起着熔炉的作用。兼跨两大文化区的地理特点，对山西民居特色的形成，产生了深远的影响（图1-2-6、图1-2-7）。早在新石器时代，"中原仰韶文化的花、北方红山文化的龙、江南古文化均相聚于晋南"。[13]据考证，传说中的土方和鬼方便在今山西的晋西地区。从出土的大批文物来看，山西一些地区的商代文物既有殷商文化的特点，同时也吸收了我国北方斯泰基文化的特色，其艺术形式表现出与东欧、中亚细亚和北方草原在题材、结构和风格上的明显统一。宋、辽、金时期，山西隔黄河与西夏王朝相望。西夏王朝在吸收华夏族先进文化的同时，仍然主张按党项族的风俗习惯安邦立国，反对礼乐诗书，认为"斤斤言礼言义"，绝没有益处。

四、内外边关

兼容并包的民俗风情，得天独厚的自然地理条件，使得山西成了历朝历代兵家必争之地。从汉唐的长安、洛阳到宋、元、明、清的开封、北京，山

图 1-2-6　太原王家峰墓壁画中的各族人民（北齐）（资料来源：自摄）

图 1-2-7　忻州北朝墓壁画中的建筑形象（南北朝）（资料来源：自摄）

西既是战略交通要冲，也是拱卫"京畿屏藩"。这种屡近京师的政治地理区位，是其他任何一个省份都不具备的。比如蒲州，《纪要》载："控居关河，山川要会。自古有事争雄于山河之会者，未有不以河东为襟喉者也"。[14] 又如泽州："山谷高深，道路险窄，自晋阳而争怀孟，由山东而趋汴洛，未有不以州为孔道者也"。[15] 再如大同："北控沙漠，南障冀幽，据天下上游"。[16] 在山西，类似前述这样的地区，比比皆是。晋文公称霸中原、汉高祖白登之围、曹操安置五部、五胡十六国乱华、拓跋氏建都平城、李渊父子龙兴并州、北宋征讨北汉、辽金建立西京等等，中国历史上的每一次重大变革，无不都与山西有着千丝万缕的不解之缘。特别是到了明代，"明既定都于燕，而京师之安危常视山西之治乱，盖以上游之势系于山西"。[17] 因此，明初在全国设立的九镇中，仅山西就有两处，即大同镇和山西镇（图 1-2-8）。其中，大同镇为山西行都指挥使司驻地，分管山西北部长城，又称外边；山西镇始驻偏头关，嘉靖十九年（1540 年）移驻宁武关，分管外三关防务，也即内边。由于军事的需要，大同镇设 10 卫，7 所，583 堡寨。山西镇设 2 卫，4 所，58 堡寨。明朝还采取"开中制"的政策，鼓励商人经营边贸，山西商人在明清两代又一次崛起，以其雄厚的经济实力，富甲一方。这些军事据点，到了清代，其军事功能逐渐淡化，慢慢地演变成民堡，随着人口的不断繁衍，有的形成行政村，有的形成自然村。正因为如此，时至今日，冠之以"堡"、"垒"、"壁"、"坞"、"寨"、"镇"、"卫"等名称的城镇聚落，遍布三晋各地。它们既是晋商生产活动的场所，也是山西古建筑的重要组成部分。

图1-2-8　山西内外边关附近部分遗存现状（资料来源：自绘）

五、地方祠祭

山西流传着一句俗语："八月十五庙门开，各路神仙一起来"。山西乡村社会一个突出的特点是没有统一的宗教，具有兼收并蓄，多神崇拜的特点，这主要源于远古时代"万物有灵"的观念。在山西属于巫神性质的庙宇遍布乡村各地，一般民众的求神拜佛，不是出于某种宗教信仰，而是出于生活需要，希望得到神灵的帮助，具有鲜明的实用性和功利性。事实上，乡民们并不关心高深的教义和世界观之类的大问题，他们信奉宗教的目的是为了解决现实生活中的实际问题。受此影响，山西的民间信仰显得十分繁杂，天上、地下、人间、阴间都可以

找到信仰之物（图1-2-9、图1-2-10）。不论是中国的、外国的、还是本地特有的，往往是有神必拜，这也正是山西民间信仰的特色所在。山西境域山川阻隔，自然封闭，多山导致的交通不便，严重地阻碍了人们广泛的社会交往，而社会交往的不足又很容易造成人们封闭与保守的社会心理。艰辛的生活，与大自然的抗争渐渐形成了当地特有的文化意识。对皇天后土的崇拜，对各路神灵的敬仰，对风水禁忌的恪守，对血缘关系的尊重，对仕途的苦苦追求以及对文化的珍惜等等，无不都在山西古建筑中有所体现。山西的地方祭祀之神非常复杂，在这些地方神祇中，既有自然之神，也有民间杰出人物；既有全国性祭祀的，也有当地独祭祀的。由此产生了

图1-2-9 阳曲青龙镇村文昌祠（资料来源：自摄）

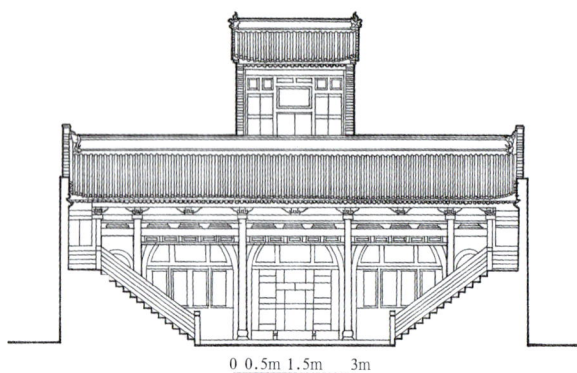

0 0.5m 1.5m 3m

图1-2-10 平遥民居风水楼（资料来源：《平遥古城与民居》）

众多有异于他处的神庙和祠庙，形成山西的本土特色，并呈地域性分布。在晋南地区，祭祀后土、帝尧、帝舜、帝禹、台骀、稷益、伯夷、叔齐、子夏、羊舌[18]等名人先贤的庙较多；在晋东南，则祭祀诸如后羿、炎帝、大禹、汤帝、二仙、崔府君、灵泽等。在晋中，人们较多祭叔虞、狐突、介子推、窦大夫、祁奚、[19]水母、台骀等。至于东岳大帝、三官、五道、龙王、财神等俗神，则在山西各地皆有祭祀。

第三节 山西早期古建筑的发展

山西古建筑在全国享有重要地位，除所遗建筑时代早、数量多以及建筑本身结构的完整性和建筑类型的多样性等因素，还有一个不可忽视的因素，就是建筑结构、用材尺度和制作手法等区域特征鲜明。而区域特征的形成受地域自然条件和历史条件以及民族文化等因素的影响。山西现存的古代木结构建筑，从唐代发展到清代，从梁架结构方面来看，形成了明显的时代性和区域性差异。从其分布的空间范围来看，可以分为五大区域；从其发展的历史性，以及梁架结构技术和做法上来看，又可分为四个发展阶段（图1-3-1）。

一、山西早期古建筑的发展历程

山西现存早期古建筑的第一个发展阶段是唐代，平梁之上结构及托脚的使用及结构点的技术和做法，是脊部施大叉手直接捧戗，托脚与襻头相接闭合，与襻形成协调而比例适宜的梯形状态。梁襻之间施驼峰或方木及斗栱隔架设置。

第二阶段是五代，五代开始于北、中、南部区域的建筑遗构，平梁之上设蜀柱且立于驼峰之上，宋代普遍延续这一结构。梁襻之间结构产生了区域性的变化，中部地区梁襻之间设驼峰及纵向出跳斗栱隔承，襻头与令栱相交且梁襻不出头由托脚斜撑，托脚与襻头相接闭合，与襻形成梯形状态。东南部区域从五代开始，梁襻之间使用蜀柱，而西南区域梁襻之间基本施以驼峰及斗栱隔承。

第三阶段是辽、宋、金代，辽袭唐、五代之传统，但不同的是于脊部设有丁华抹颏栱，托脚上移捧戗于平槫外侧，脊部普遍设有丁华抹颏栱，梁襻之间所设斗栱为完整的"十字"形制。宋代北部建筑脊部设丁华抹颏栱，中、南部不设，整体梁架结构基本上是继承五代的做法，但个别遗构脊部蜀柱脚施以合踏，宋代中期平梁之上结构发生变化，出现复合式叉手的结构技术，且延续至金代初期，即下叉手结构点与五代、宋初相同，上叉手直接捧戗脊槫，金代中期复用单叉手，且叉手与脊部结构点上移至脊槫。这一时期托脚的使用及结构点的技术和做法也发生了变化，唐、五代的襻头与令栱相交且梁襻不出头由托脚斜撑，托脚与襻头相接闭合，与襻形成协调的梯形状态退化，形成了随意化的托脚结构，东南部几乎不用托脚，其他地区有的托脚斜撑于槫下，有的斜撑于襻头之下，且用材规格减小。金代中部地区梁襻结构件形成了两种风格，一是继承了本地区宋代的基本做法，一是与东南部区域风格接

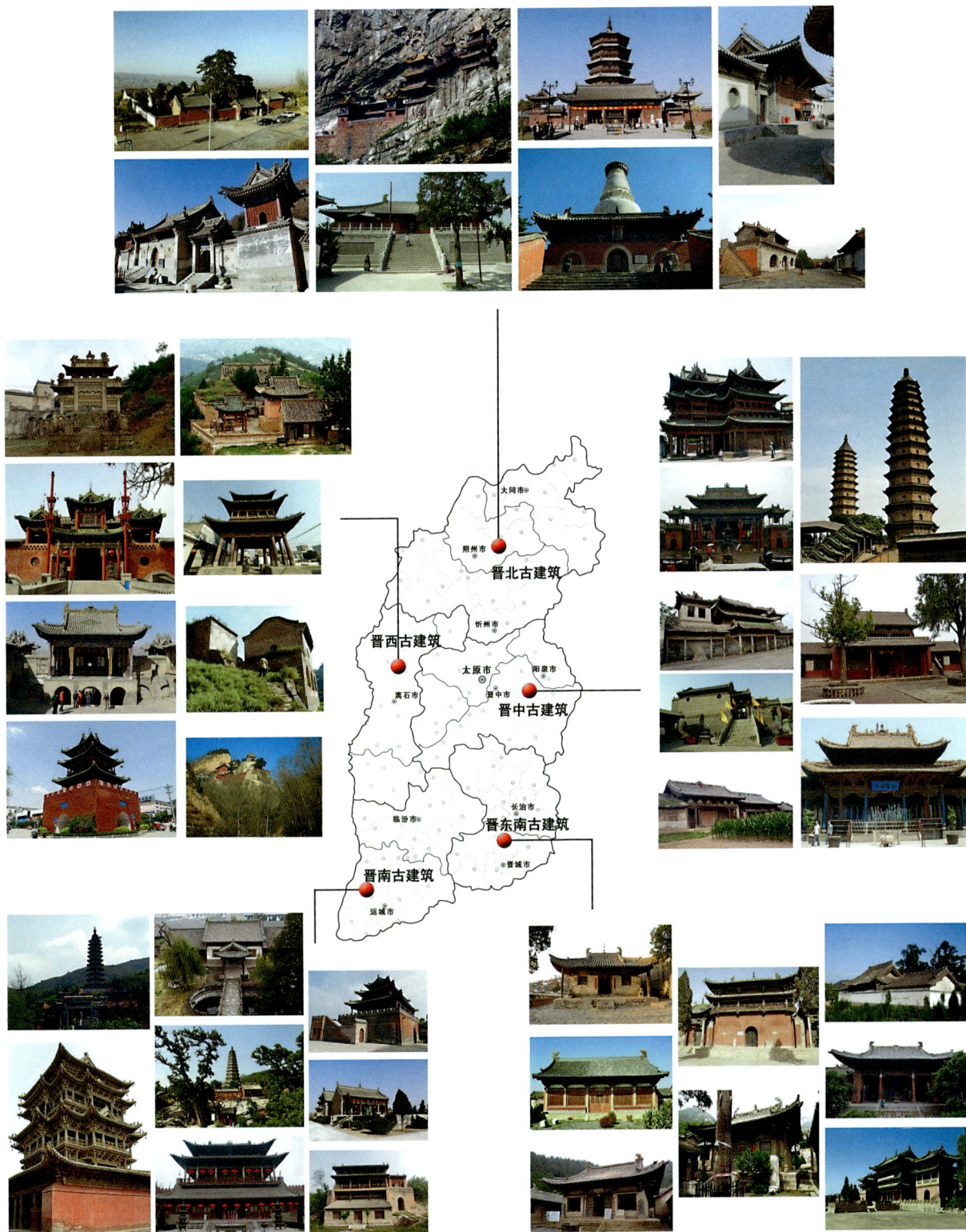

图1-3-1 处于不同地域的山西古建筑形态特征（资料来源：自绘）

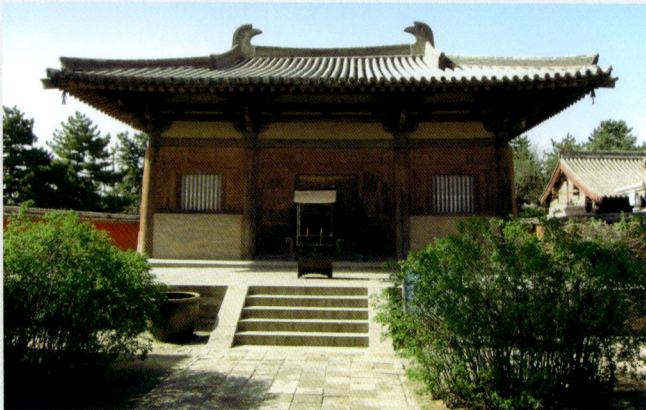

图 1-3-2　五台山南禅寺大殿（资料来源：自摄）

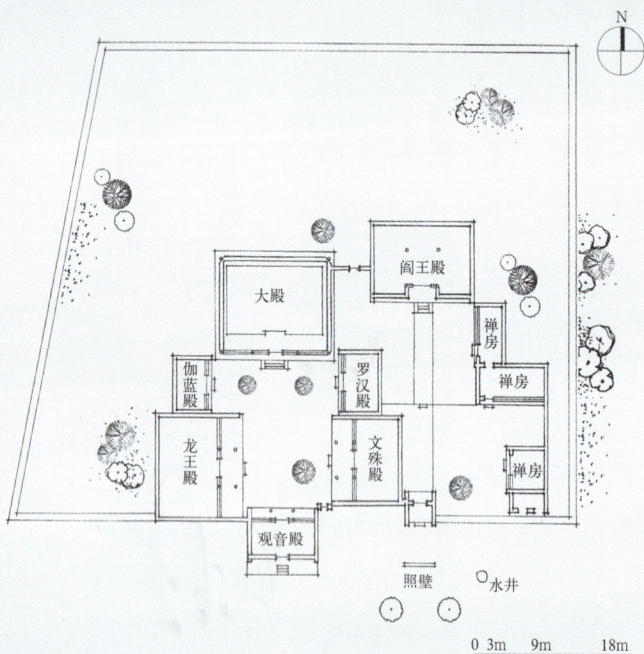

图 1-3-3　五台山南禅寺平面图（资料来源：山西省第三次文物普查资料）

图 1-3-4　五台山佛光寺东殿实景（资料来源：自摄）

近，梁栿之间施蜀柱并施合踏稳固。

第四阶段是元代，元代梁架结构件与金代相近，但自然朴实、粗糙随意是其主流风格。

（一）唐代建筑

唐代是我国封建社会发展的鼎盛时期。其政治的稳定，促进了生产力的迅猛发展，这一时期中国营建技术进入了新的高潮（图 1-3-2 ～图 1-3-4）。山西因地理环境和位置的优势，佛教文化得以迅猛地发展，佛教各宗派的代表人物频频来往山西讲经说法，佛寺建筑也随之发展。资料记载唐代山西佛寺 150 余处，且规模大、院落布局也多样化。唐会昌年间（公元 841 ～ 846 年），由于佛教在政治及经济上与国家利益矛盾的日剧加深及武宗崇道，而导致了会昌二年至五年（公元 842 ～ 845 年）的武宗大肆灭佛之举。据史料记载，当时拆毁大寺院 4600 余所，中小寺院 40000 有余，令僧尼还俗 260500 余人，收回民田数千万顷。许多唐代佛寺及塑像毁于此次沙汰。各地方民间所建的佛寺同样逃脱不了这次沙汰的打击，可想而知佛寺建筑毁坏之惨重。因自然环境和社会环境等原因，五台县南禅寺正殿得以幸存。目前已发现保留至今的唐代木构遗物 4 座，其中北部南禅寺正殿和佛光寺东殿 2 座，南部有芮城县五龙庙龙王殿 1 座，平顺县的天台庵正殿也被学术界认定为唐代遗构。

唐代建筑主要特点是造型浑厚、风格粗犷。建筑部件用材硕大，梁架举折和缓，梁栿间结构件的制作朴实无华讲求实（图 1-3-5、图 1-3-6）效。平梁之上施以大叉手直接捧戗脊槫令栱，这一做法是继承和发展了汉及南北朝构造技术，其结构特点是于平梁之上至脊槫攀间捧节令栱处设大叉手直接捧承脊部，不设蜀柱，这一结构可视为唐至元平梁之上结构形制发展的第一阶段。梁栿之间及栿端部构件用材规整结构有序，梁栿端部由驼峰或短方木及栌斗承托，梁栿端部结构点直接与栱相交，栿头不外出，由托脚上端斜撑栱子及栿头外侧，梁栿与托脚结合形成了梯形构架，其构架稳固、统一、和谐。这一特点在现存唐代遗构中具有普遍性，反映了这

图 1-3-5　芮城五龙庙全景（资料来源：自摄）

图 1-3-6　芮城五龙庙构架（资料来源：自摄）

一时代建筑部位构件及结构的共性特点。

（二）五代建筑

五代后周世宗显德二年（公元 955 年）推行崇道抑佛政策。后周世宗柴荣于显德二年下旨，凡未经国家颁发寺额的寺院，一律废除。原无敕名额的地方各留寺院一至二处，并以后不得再创兰若。当时全国所废诸州、县寺院 30336 所，而保留下来的仅 2690 所。山西晋中平遥县镇国寺万佛殿、晋东南部的平顺县龙门寺西配殿、大云院正殿幸存至今，是研究我国五代木结构建筑仅存的实物资料。因五代木构建筑留存甚少，也只能同分析唐代遗构一样，对其地域特征作概要性的归纳。

五代及辽、宋时期的建筑技术是在多民族文化的相互融合的背景下发展的，梁架结构技术处于不断探索，各自发展而又相互融合，趋于制度化时期。五代及宋代木构建筑平梁之上结构的主要共性特征是，平梁之上设驼峰及蜀柱，蜀柱立于驼峰之上，蜀柱头设栌斗及攀间捧节栱（或隐刻栱）和替木，又手捧戗于脊榑攀间捧节令栱两侧，这一结构可视为唐至元平梁之上结构形制发展的第二阶段。五代托脚结构完全继承了唐代做法，为梯形式构架之结构。辽袭唐、五代之传统，但不同的是于脊部设有丁华抹颏栱，托脚上移捧戗于平榑外侧。宋代托脚结构基本上是继承五代的做法，但个别遗构蜀柱脚施以合踏，托脚上端结构位置与辽代相同，即斜撑平榑外侧。五代木结构纵架所设丁栿为平直式结构形制（图 1-3-7、图 1-3-8）。

（三）辽宋金建筑

契丹贵族于公元 916 年建立了辽王朝，公元 918 年定临潢（今辽宁巴林左旗）为皇都（上京），公元 947 年定国号为辽。从十世纪末到十一世纪末的百余年间，辽进行了一定程度的建筑活动，但至今所留下来的辽代遗构为数不多，山西除西京（今大同）下华严寺海会殿已毁无存外，保留至今的有上华严寺大殿、下华严薄伽教藏殿、善化寺大殿，应州（应县）佛宫寺释迦塔。公元 960 年，赵匡胤代后周称帝，迁都东经（今河南开封），建立宋朝，建筑活动频繁涉及面广，所保留下来的建筑遗构数量也较多，地域特点鲜明突出。十二世纪初，东北地区女真族逐渐强大，在 1115 年建立了金王朝。随着统治区域的扩大，迅速地吸收了辽、宋文化，先后把阿城、宁城、大同、北京、开封作为上京、北京、西京、中都和南京。这一时期建筑构造和风格，在山西形成了明显的南、北两种风格，北部与辽都毗邻受辽代影响较大，形成了以辽代风格为主基调的建筑构造。南部与陕西、河南毗邻，交通方便与之来往频繁，直接受宋、金都市文化、技术和生活习惯的影响，形成了以宋代汉文化为主基调的建筑构造。这一时期木结构建筑的结构形制构成唐至元发展的第三阶段。

辽代遗构具有用材规格大，斗栱施以真昂造，出现斜栱之做法；梁架制作规整，平梁之上蜀柱之下施驼峰承垫，又手捧戗脊榑之下。梁栿之间于榑缝重心处施以完整的前后出跳"十字"卷头斗栱

图 1-3-7 平顺大云院俯瞰（资料来源：自摄）

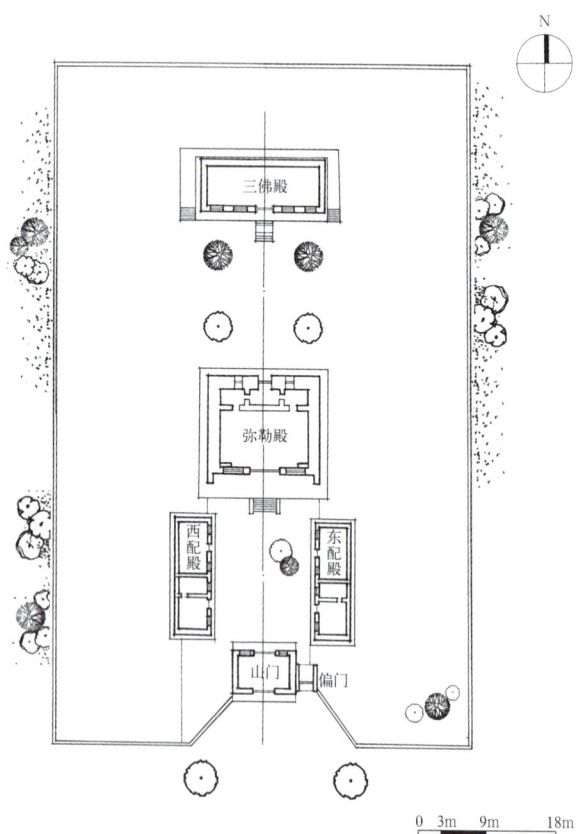

图 1-3-8 平顺大云院平面图（资料来源：山西省第三次文物普查资料）

隔垫，托脚上端结构点多捧戗于平槫（图 1-3-9、图 1-3-10）。

宋代遗构特点是，平面减柱，平梁之上的结构直接继承了中部地区五代时期的结构手法，平梁之上蜀柱仍由驼峰承托，叉手捧戗脊部攀间的捧节令栱或替木两侧，出现复合式叉手的结构形制，可视为叉手发展的第二阶段。托脚上端结构点与唐、五代一致，形成梯形构架。铺作施以真昂造，个别施以直昂造。四坡屋顶结构建筑的纵架所施丁栿为斜直式做法（图 1-3-11、图 1-3-12）。

金代以后叉手和托脚继承前代，且多种结构并存，但总的趋向是叉手捧戗位置由捧节令栱向上移至替木和脊槫之间，可视为叉手发展的第三阶段。金代以后蜀柱之脚开始施以合踏稳固，可视为蜀柱脚部结构发展的第二阶段。而五代及宋代木构建筑平梁之上蜀柱立于驼峰之上，即为蜀柱脚部结构发展的第一阶段。中部地区宋、金两代结构非常接近，有些金代建筑尤其是太原市所遗存的金代木构建筑更为明显，基本延续了宋代之做法，叉手捧戗于捧

图 1-3-9 大同善化寺俯瞰
（资料来源：自摄）

图 1-3-10 大同上华严寺
大殿实景（资料来源：自摄）

节令栱两侧，个别蜀柱仍施以驼峰承垫，梁栿端部由驼峰及栌斗承托，且结构点直接与栱相接，梁栿头交栌斗不外出，托脚上端结构点与唐、五代、宋一致，斜撑栱子外侧，形成梯形构架。南部变化较大，有的叉手保留宋代结构点、有的捧戗于替木与捧节令栱之间、有的捧戗于脊槫与替木之间，金代以后木结构建筑脊部多施丁华抹颏栱，蜀柱之脚全部施以合踏稳固。梁栿之间的承托构件，东南部施以蜀柱，且施合踏稳固；西南部延续宋代施以驼峰和攀间栱。托脚多捧戗于槫子外侧，有的不设托脚和丁华抹颏栱。铺作几乎全部假昂造，四坡屋顶结构建筑的纵架所施丁栿多弯斜式做法。宋代中早

期脊部出现复合式叉手的结构形制，复合式叉手可谓唐至元木结构建筑叉手结构发展的第三阶段（图 1-3-13）。

（四）元代建筑

蒙古族大约于公元 7 世纪登上历史舞台，13 世纪强大了起来。他们南下入侵中原，灭掉了金朝和宋朝，又向西扩张，侵占了中亚、东欧，成了版图空前巨大的蒙古帝国。南下和西征，使蒙古人开阔了眼界，广泛接触和吸收了东西方各民族的文化。在元朝，游牧文明与农业文明相互冲突与融合，推动了中国文化的发展。但元前期由于蒙古军的南扰，使中原和原南宋地区的社会经济遭到严重破坏。战

图 1-3-11 忻州金洞寺转角殿（资料来源：自摄）

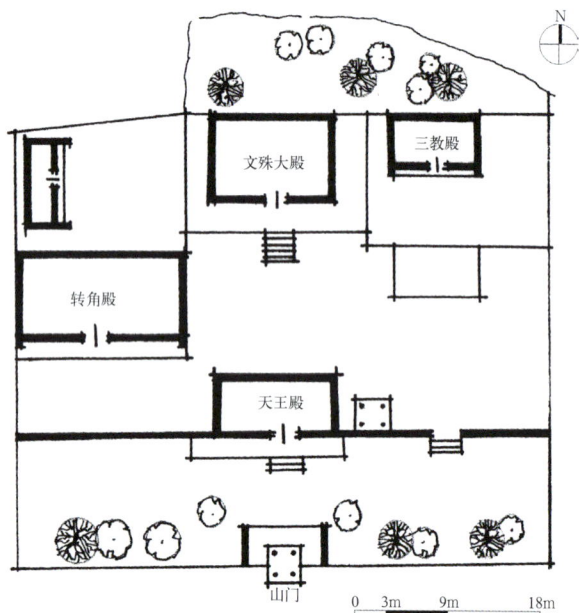

文殊大殿

三教殿

转角殿

天王殿

山门

0   3m   9m   18m

图 1-3-12 忻州金洞寺平面图（资料来源：自绘，1996 年实测）

图 1-3-13 绛县太阴寺（资料来源：黄海摄）

乱使经济发展停滞，甚至倒退，导致手工业的畸形发展。元中叶后手工业和生产力得到恢复与发展。

　　建筑方面，各民族文化交流和工艺美术带来新的因素，使中国建筑呈现出若干新趋势。在承袭唐、五代即宋金建筑技术的基础上进一步发展。木结构建筑中大量使用内额构架手法，大胆运用减柱、移柱法和使用自然圆木、弯料，富含任意自由简单粗

糙奔放的性格。但正式建筑仍采用满堂柱网，喇嘛教建筑有了新的发展。汉族传统建筑的正统地位在此时期并没有被动摇，并继续发展。官式建筑斗栱的作用进一步减弱，斗栱比例渐小，补间铺作进一步增多。此外，由于蒙古族的传统，在元朝的皇宫中出现了若干盝顶殿、棕毛殿和畏兀尔殿等，这是前所未有的。山西芮城县永乐宫是元朝道教建筑的

典型，也是当时全真派的一个重要据点。其规模宏伟，气势磅礴，建筑面积达八万六千多平方米。宫门、三清殿、纯阳殿、重阳殿排列在一条五百米长的中轴线上。三清殿是永乐宫最大的殿，仅屋脊上的琉璃鸱尾就有三米高。这样巨大的屋顶前坡用蓝色琉璃瓦组成三个菱形图案；殿檐周围镶着琉璃瓦边，与殿内外的雕塑、彩绘相互辉映。但由于这一时期中国多数地区经济、文化发展缓慢，建筑发展也基本处于凋敝状态，大部分建筑简单粗糙（图1-3-14）。

山西境内元代木结构建筑技术及结构、做法各地区相融，在继承和吸收金代梁架主体结构的基础上，形成了两种体系。一类是以山西永乐宫为代表的气势宏伟，制作规整，手法考究的官式建筑风格。一类是民间建筑活动中形成的建造手法随意、粗犷，构造大胆，个性化强烈，甚至有些遗构局部构造非常不合理的建筑风格（图1-3-15、图1-3-16）。中部地区包括吕梁，尤其是汾阳现存元代遗构选材随意，局部结构欠虑，多数建筑对墙内柱的选材及梁栿与墙柱结构不当。反映了当时建筑的匆忙性和匠工选用的不严肃性。大概是受当时的财力和物力所限，在建筑活动中多集资、集材且选用当地一般匠工之故。元代晋中和吕梁地区悬山顶建筑中角铺作开始使用45度斜出跳昂，位于汾阳市西南15公里平陆村的法云寺正殿，元至大元年（1308年）重建。该殿前廊式单檐不厦两头造，角铺作内外于正身出跳昂的两侧出45度跳昂，此做法在该地区明代悬山顶建筑中普遍使用。

二、山西古建筑的几种柱列形式

建筑平面柱网的布列，不但反映了建筑物的平面使用功能，同时也反映着建筑物的空间效果、决定着建筑物主体构造形制。《宋营造法式》中规定有多种柱网布列，其中以严谨的对称性为主，但也规定了很多不对称的平面柱网布列。殿堂建筑中的身内单槽式柱网布列及厅堂中规定的乳栿对四、六椽栿类的柱网平面布列，即为不对称之布列。这类平面柱网布列的建筑，不但增加了平面使用功

图1-3-14　芮城永乐宫三清殿吻兽（资料来源：自摄）

图1-3-15　孝义天齐庙正殿梁架（资料来源：自摄）

图1-3-16　孝义天齐庙正殿外观（资料来源：自摄）

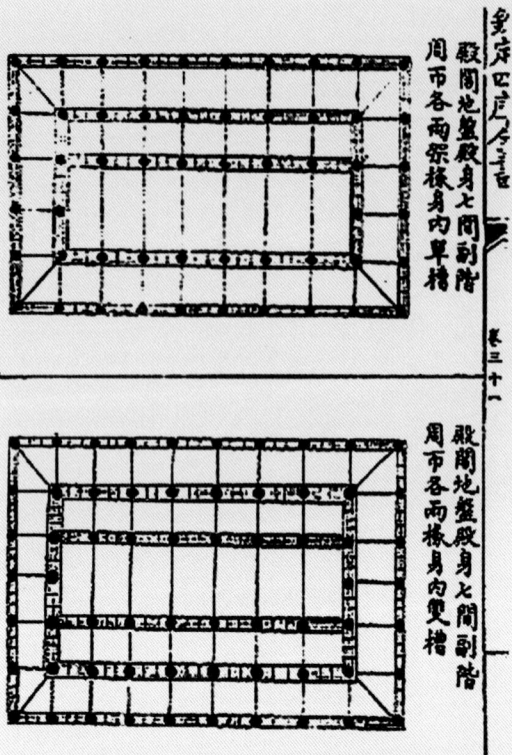

图 1-3-17 《宋营造法式》地盘图之一（资料来源：《宋营造法式》）

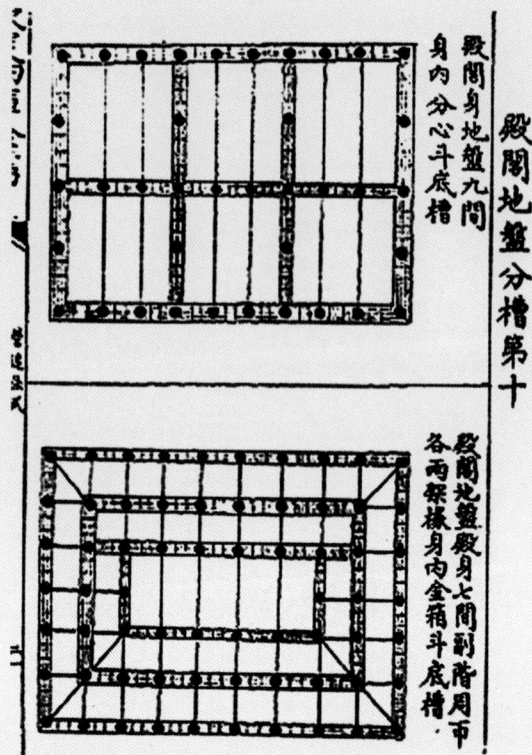

图 1-3-18 《宋营造法式》地盘图之二（资料来源：《宋营造法式》）

能，同时也扩大了整体建筑的内部空间。这种不对称性的柱网布列，即木结构建筑中的减柱造和移柱造。

（一）《宋营造法式》中规定几种主要柱网布列

平面柱网布列图，《宋营造法式》称地盘图。在大木作图样"殿阁地盘分槽等第"中列有四幅图样，即身内分心斗底槽、副阶周匝身内金箱斗底槽、副阶周匝身内单槽、副阶周匝身内双槽，其中身内分心斗底槽和副阶周匝身内单槽的柱网布列不完全对称，增加了不同部位的使用空间（图 1-3-17、图 1-3-18）。与地盘图相应的有"草架侧样"，即建筑物横断面图，也就是说建筑物平面柱网的布列，决定着建筑物的梁架结构形制，这些"侧样"加之尽间不同的梁架结构形制，形成了庑殿式、歇山式、悬山式、硬山式不同的建筑造型。

实物中唐代木建筑遗构的建筑平面的布列规整统一，为身内"分槽"系列；宋代以后多属于"柱梁式"结构系列的殿堂式和厅堂式，建筑造型富于变化，平面柱网布列灵活，一种是继承唐代柱位整齐划一

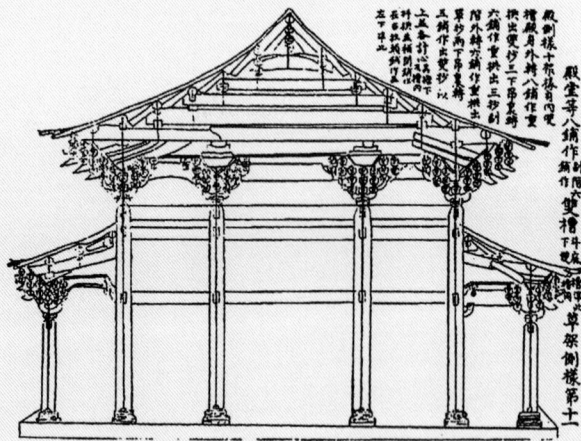

图 1-3-19 《宋营造法式》侧样图（资料来源：《宋营造法式》）

的规整形，一种是减柱和移柱的不规整形的布列形式。《宋营造法式》卷三十绘有厅堂式木构架"侧样"十八幅，即十架椽屋五幅、八架椽屋六幅、六架椽屋三幅、四架椽屋三幅，其中八架椽屋乳栿对六椽栿用三柱、六架椽屋乳栿对四椽栿用三柱、四架椽屋劄牵对三椽栿用三柱明显为减柱造的柱网布列形式（图 1-3-19）。

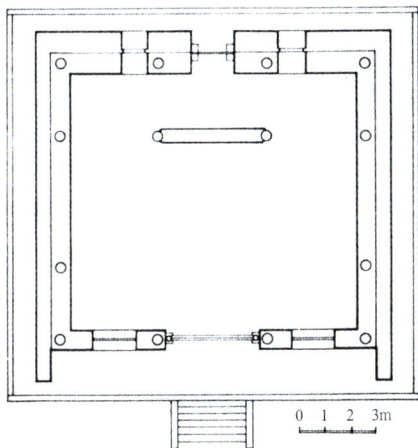

图 1-3-20 平顺大云院弥勒殿平面图（资料来源：山西省第三次文物普查资料）

图 1-3-21 平顺大云院弥勒殿正面（资料来源：自摄）

（二）山西古建筑中减柱及移柱布列的四种类型

山西境内现存元以前木结构建筑平面柱网布列灵活多样，既反映了《宋营造法式》中规制的布局，也反映了山西民间创意性的灵活布局，其中五台佛光寺东大殿的柱网布列，即典型而严谨对称的"金箱斗底槽"布列形式。通过山西境内木构建筑遗物的考察，认为山西境内减柱布列五代有之，移柱布列见于金代。大体可归纳为四个类型。

1. 减去前柱、向后向内式

这种不对称的平面柱网布列，遗构中较早的实例见于五代，如东南部长治市平顺县大云院弥勒殿，即减去了前内柱，增加了殿内的使用面积及室内空间的使用功能，与之相对应的构架是，四椽栿后对乳栿用三柱（图 1-3-20～图 1-3-22）。

现存宋代遗构中减柱造实例非常之多，中部区域太原晋祠圣母殿（1102 年），是一座体量中等的木结构建筑，为扩大廊部空间，前向四老檐柱不直接落地，制成蜀柱立于剳牵之上，平面柱网布列亦显减柱造。山西现存宋、金、元各时代木结构建筑遗构中三间为多，多减去前向或后向内柱，扩大使用空间。盂县普光寺现存正殿为宋代遗构，其中椽、飞之间所遗大连檐，是目前已发现木构建筑中不多见之原构实物。殿面阔三间，平面近方形，单檐九脊屋顶，平面柱网减去前内柱。重建于宋宣和四年

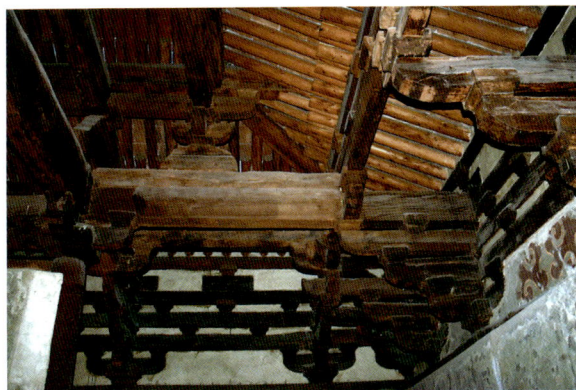

图 1-3-22 平顺大云院弥勒殿构架（资料来源：自摄）

（1122 年）的阳泉市关王庙正殿，面阔、进深各三间，三柱三梁式抬梁结构，平面正方形，减去后内柱，形成四椽栿前对乳栿用三柱的结构形制。五台佛光寺文殊殿，建于金天会十五年（1137 年），面阔七间、进深四间，因处于配殿位置，殿前不设月台。其柱网布列为：前向只设内柱两根，形成了前内柱横跨中三间的大开间；后向设于明间设内柱二根，形成了后内柱横跨次、稍、尽三间的大开间。这种内柱的布列，大大地增加了室内空间。建于金正隆二年（1157 年）的太谷县范村镇蚍蜉村贞圣寺正殿，以及建于元泰定三年（1326 年）的太谷县北洸乡白城村光化寺大殿等多座金、元遗构，平面柱网均减去前向或后向内柱的布列形式。晋东南地区现存宋、金建筑居全省之首，多三间规模。亦多为减柱式柱

图 1-3-23 太谷光化寺大殿（资料来源：崔海平摄）

图 1-3-24 高平开化寺大悲阁（资料来源：自摄）

图 1-3-25 沁县普照寺大殿（资料来源：自摄）

网布列，殿内多为三柱三梁和三柱二梁构制。以晋城清莲寺（宋）、高平开化寺（宋），凌川二仙庙（金）、吉祥寺（金）、沁县普照寺（金）等主体建筑为代表。这些遗构中很少施以移柱造。这种平面布列特征，在晋中及与晋中相邻的吕梁周边数县基本相同，榆次永寿寺雨花宫（宋），文水则天庙后殿（金）、汾阳上庙村太符观正殿（金）、虞城村五岳庙五岳殿（金）、见喜乡普会村禅定寺正殿（元），其中文水则天庙后殿移柱减柱并用。晋西南地区以金代遗构绛县太阴寺大雄宝殿为代表，该殿面阔五间、进深三间，前向内柱全部减去，使室内前厅扩大（图1-3-23～图1-3-25）。

2. 前、后柱向内左右移动

山西境内木构建筑遗物移柱做法见于金代，移柱做法是在减柱造基础上发展的，主要是通过移动内柱来调整内柱间或减柱后内柱之间的尺度，从而达到最佳梁架结构的大空间建造目的。前、后向内柱左右移动的布列方式，是与减柱做法相结合的，是减柱后对室内柱子的合理调整，从而达到扩大室内前、后部使用空间的目的。这一做法多用于三间以上建筑中，有的施于前向、有的是施于后向，有的前、后同时移动。如山西北部的朔州崇福寺弥陀殿（金）、山西南部的洪洞广胜下寺后大殿（元），极具代表性。崇福寺弥陀殿，建于金皇统三年（1143年），面阔七间、进深四间，前设月台，室内前向设内柱四根，且中间两根反方向外移至次间中部；后向因设佛坛，其内柱对称谐调。广胜下寺后大殿，元至大二年（1309年）重建，面阔七间、进深三间，前向只设明间内柱两根，余皆减去；后向东、西各减内柱一根，且东、西次间内柱均外移半间，以扩大使用空间（图1-3-26、图1-3-27）。

3. 后内柱向后移

这种做法实例并不多见，一般用于三到五间之殿，以吕梁地区现存的文水县南徐村则天圣母庙后殿和西南部绛县太阴寺大雄宝殿为代表。圣母庙后殿，板门背后题记，西扇为："徐村庙门维那正升"，东扇题为："皇统五年四月□日置"。故该殿为金皇

统五年（1145年）遗构无疑。殿面阔三间、山檐进深三间。绛县卫庄镇张上村太阴寺大雄宝殿金代遗构，殿面阔五间、山檐进深三间，殿内施以减柱与移柱结合的布列方法，减前两根内柱，并将后两根内柱向后移一步架，扩大殿内空间（图1-3-28，图1-3-29）。

4. 内柱前后左右同时移动

这种柱网布列，是将减柱和各种移柱方法集

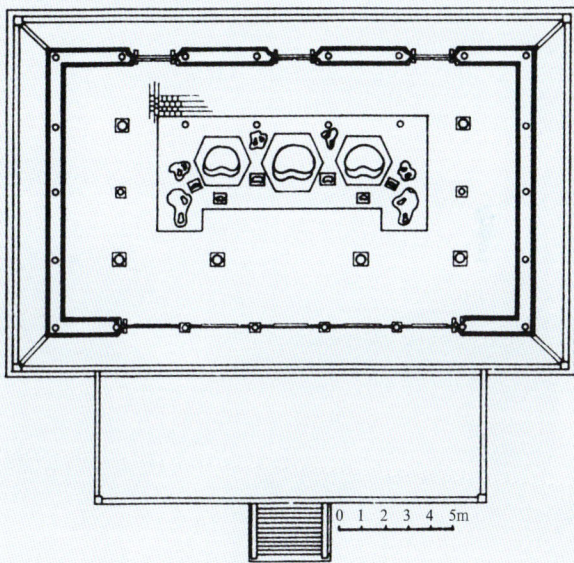

图1-3-26 朔州崇福寺弥陀殿平面图（资料来源：《山西文物建筑保护五十年》）

图1-3-27 朔州崇福寺弥陀殿塑像（资料来源：自摄）

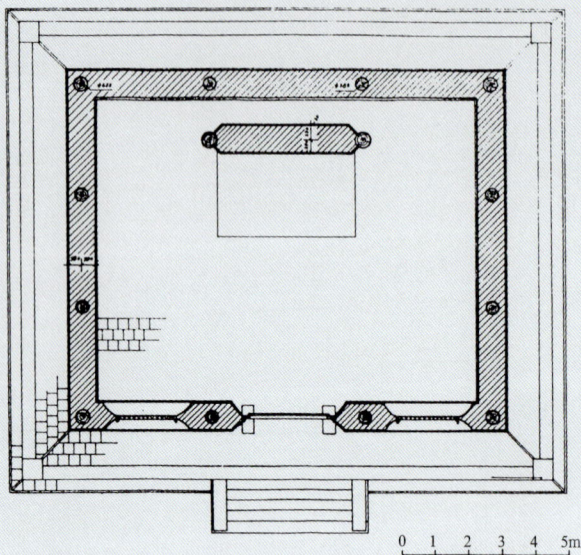

图1-3-28 文水则天庙后殿平面图（资料来源：《山西文物建筑保护五十年》）

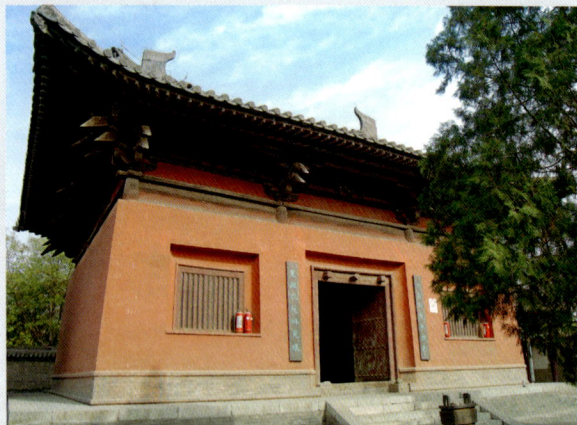

图1-3-29 文水则天庙后殿外观（资料来源：邓艳萍摄）

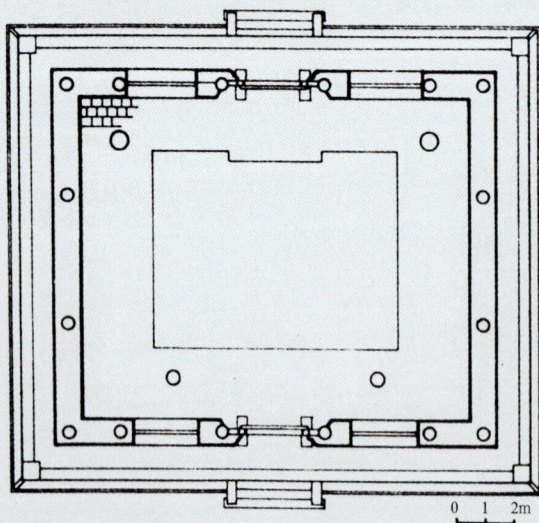

图1-3-30 繁峙岩山寺文殊殿平面图（资料来源：《山西文物建筑保护五十年》）

中体现在一个建筑之中，从而实现最大可能的使用建筑室内空间的目的，一般用于体量为中小型建筑中。典型实例是山西北部繁峙县天岩村岩山寺文殊殿，殿于金大定七年（1167年）建，面阔五间（1498厘米）、山檐进深三间（1189厘米），虽五间之殿，但规模不大。殿内采取减柱与移柱相结合的做法，其柱子布列是殿内前、后向各设内柱2根，且各柱前、后移置，前内柱前后左右同时移置。前向内柱向前移一步架，同时两柱反方向移半间；后向内柱向后移一步架。使殿内中心面积和空间集中扩大（图1-3-30）。

以上四种类型的平面柱网布列是山西境内主要的典型实例，这些布列特点虽无绝对的地区差别，但确有偏重，如晋东南地区现存宋、金木结构建筑多三间之殿，基本上是采取减柱造，几乎不采取移柱造的做法。相应规模及时代的建筑遗构，在中、北部地区就有所不同，其柱网布列灵活多变，将减柱、移柱并用，其创造性更强。实物中繁峙县天岩村岩山寺文殊殿的平面柱网布列，集中体现了山西境内所有的减柱和移柱的特征，是典型的减柱和移柱造教学实例。而这些建筑平面布列的特殊性决定着整体建筑构架的特殊性。

三、山西古建筑铺作的时代特征

铺作是我国古代建筑屋顶荷载传递过渡构件，现存铺作多为出跳式，从结构形制划分有杪出跳和昂出跳及杪昂跳三种，昂出跳铺作的结构有两种，一是真昂造，一是假昂造；时代上昂跳铺作宋以前施以真昂造，少数遗构使用"插昂造"，可视为铺作昂结构功能从唐代至元代发展的第一阶段；宋中晚期出现"直昂造"，直昂造结构功能与假昂相同，可谓是假昂之雏形，可视为铺作昂结构功能从唐代至元代发展的第二阶段；金以后以假昂造为主，可视为铺作昂结构功能从唐代至元代发展的第三阶段。山西现存铺作的时代结构共性强烈，地域特点差别不大。现存最早木构卷头杪栱铺作，以五台南禅寺唐代大殿为例，其结构简洁、构造大方；现存最早秒昂跳铺作，唯五台佛光寺唐代东殿，其结构复杂体量庞大。五代铺作的结构形制继承唐代。北部地区辽代遗物亦具唐风出现"耍头昂之变形"及"斜栱"实例。金代吸收辽代局部做法，继承真昂造。宋代中部地区出现假昂造之雏形，开直昂造之先河，金代施以假昂造。南部地区宋代遗构中大量使用昂形耍头，实例中高平游仙寺前殿最早使用"耍头昂之变形"的做法。南部地区宋代遗构较早使用斜面栱。金代假昂造已形成主流，几乎不再使用真昂造已成定局。省境元代铺作基本延续金代做法，至元末趋向华丽。

（一）五台南禅寺大殿铺作

秒跳式结构。为双秒五铺作偷心造，一跳华栱出跳偷心，二跳华栱交令栱承替木、檐槫，令栱交批竹式耍头是缴背延伸制成；里转四铺作华栱出跳扶承四椽栿，四椽栿向外延伸制成二跳华栱，泥道慢栱素枋隐刻。结构简洁，形制大方，是目前国内已发现最早的木结构铺作实例（图1-3-31、图1-3-32）。

（二）五台佛光寺东殿铺作

秒昂跳结构。七铺作双秒双下昂隔跳偷心造，二跳华栱设瓜子栱和瓜子慢栱，三、四跳为下昂，昂尾斜承草栿剳牵。里转华栱扶承明乳栿，明乳栿交正心素枋出外二跳华栱，乳栿之上设半驼峰，之上设令栱交罗汉枋隐刻栱承平闇枋，正心除泥道栱外余皆素枋隐刻栱。整个斗栱用材硕大与梁栿交做一体，内外槽横向栱枋一体稳固整体梁架，用材硕大、比例和谐、结构稳固，是唐代秒昂跳铺作代表之作（图1-3-33、图1-3-34）。

（三）平遥镇国寺万佛殿铺作

秒昂跳结构。七铺作双秒双下昂隔跳偷心造，二跳华栱设瓜子栱、瓜子慢栱及素枋隔垫散斗承替木及牛脊枋，三、四跳为下昂，昂尾斜承上六椽栿。两山柱头铺作里转六铺作三秒偷心造，第三跳秒栱扶承丁栿；前后柱头铺作里转五铺作两秒偷心造，二跳秒栱扶承下六椽栿。前后檐柱头铺作里转于六椽栿之上设骑栿栱且上设慢栱，上六椽栿之下设顺

图1-3-31　五台南禅寺正殿柱头铺作（资料来源：自摄）

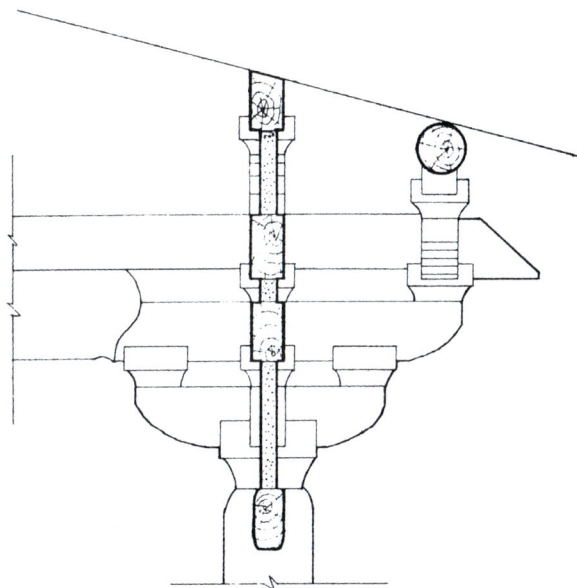

图1-3-32　南禅寺正殿柱头铺作剖面图（资料来源：《山西文物建筑保护五十年》）

椽栿端部隐刻华栱头，尾与昂斜切。正体结构及风格与佛光寺东殿铺作如出一辙（图1-3-35）。

（四）高平游仙寺毗卢殿铺作

杪昂跳结构。殿铺作施以真昂造，为五铺作单杪单下昂头跳偷心造，乳栿搭压于铺作之上向后延伸交内柱铺作出榻头木承四椽栿，四椽栿搭压于铺

作衬头枋之上，结构稳固科学。前、后和两山当心间补间铺作为五铺作双杪头跳偷心造，里转七铺作隔跳偷心造，第四跳交互斗交异形栱立蜀柱隔斗及替木承下平榑。其他补间铺作为里外五铺作双杪偷心造。角铺作为列栱造。檐部凡柱头之上铺作所用耍头均制成昂之形状，这种耍头在山西木结构中，

图1-3-33 五台佛光寺东殿铺作（资料来源：自摄）

图1-3-36 游仙寺毗卢殿柱头铺作外观（资料来源：自摄）

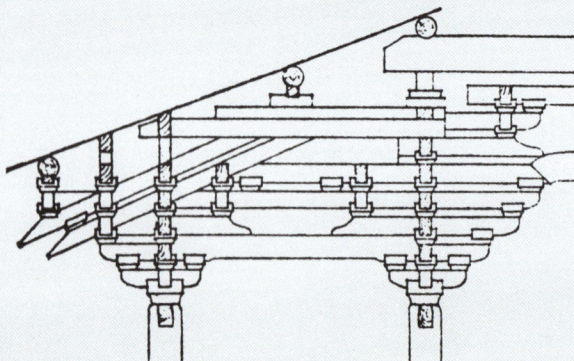

图1-3-34 佛光寺东殿柱头铺作剖面图（资料来源：《山西文物建筑保护五十年》）

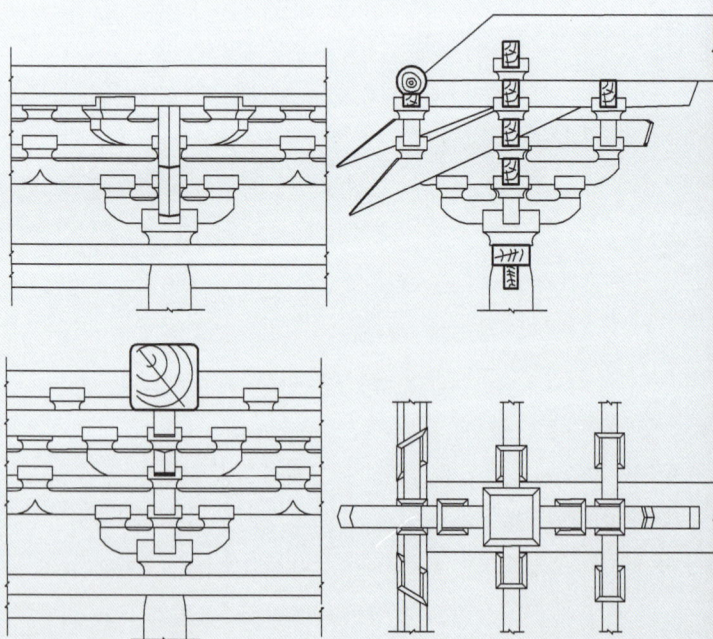

图1-3-37 游仙寺毗卢殿柱头铺作示意图（资料来源：《山西文物建筑保护五十年》）

图1-3-35 平遥镇国寺万佛殿室内（资料来源：自摄）

图 1-3-38　晋祠圣母殿铺作（资料来源：自摄）

宋代开始使用，金代晋北仍然使用，该殿建于宋淳化年间（公元 990 ～ 994 年）是现存昂形耍头最早之实例，故是研究宋、金时期耍头制作技术及手法演变和发展的承前启后的实物资料（图 1-3-36、图 1-3-37）。

（五）晋祠圣母殿铺作

下檐柱头铺作为昂出跳式。双昂五铺作计心造，正心泥道栱之上设三道素枋直顶檐椽，泥道慢栱为素枋隐刻，瓜子栱之上为罗汉枋，令栱交耍头上施齐心斗承通替及撩檐槫，里转五铺作重杪偷心，二跳扶承乳栿（图 1-3-38、图 1-3-39）。昂为平直式，即"直昂造"，头部呈弧形向上微翘，昂身向后隐刻弧线和华头子，寿阳县普光寺正殿铺作亦此做法，这种做法实例不多，从其结构功能及形制做法定论，当属假昂之雏形。上檐柱头为杪昂跳。重杪单昂六铺作计心造，一、二跳为杪跳，一跳交互斗交异形栱、二跳交互斗交瓜子栱上承外罗汉枋，三跳为真昂跳，交互斗交令栱承替木及檐槫，耍头为昂之变形。里转六铺作三杪一跳偷心，二跳交令栱，三跳交异形栱且尾交正心素枋抵昂身，昂尾直承栿下皮。

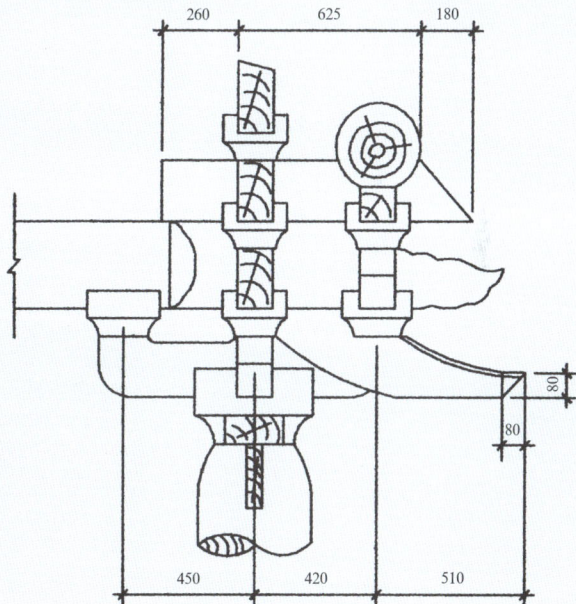

图 1-3-39　寿阳县普光寺正殿柱头铺作（资料来源：《山西文物建筑保护五十年》）

（六）晋城青莲寺释迦殿铺作

杪昂跳式，单杪单下昂五铺作计心造。所用外跳栱均斜面形，具有晋东南地区宋代铺作代表性的典型实例。一跳华栱上承瓜子和瓜子慢栱且设罗汉枋顶承四椽栿或乳栿头部，二跳为真昂出跳批竹

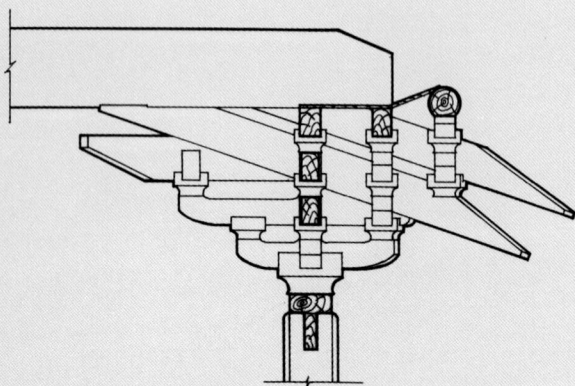

图 1-3-40　晋城青莲寺释迦殿柱头铺作（资料来源：《山西文物建筑保护五十年》）

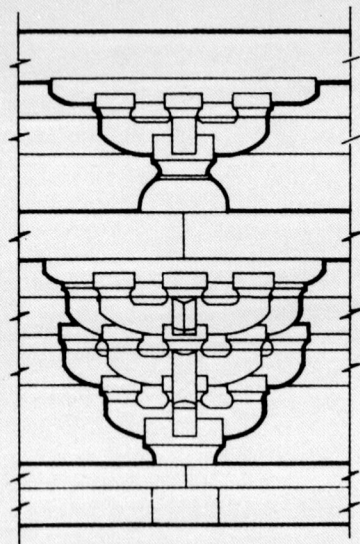

图 1-3-41　二仙庙后殿柱头铺作立面图（资料来源：《山西文物建筑保护五十年》）

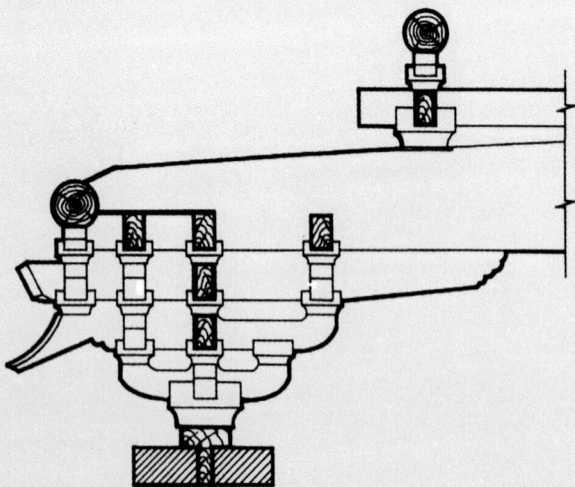

图 1-3-42　二仙庙后殿柱头铺作剖面图（资料来源：《山西文物建筑保护五十年》）

式，其交互斗交令栱设替木承檐槫，耍头为批竹之变形风格浑厚制作大气。里转双杪五铺作，一跳华栱偷心、二跳交互斗之上设异形栱交倒批竹昂式耍头，耍头尾切接昂身，昂制成扣榫直接扣承四椽栿或乳栿，结构完美形制大方，代表了晋东南宋代铺作之共性。如高平开化寺大雄宝殿、陵川小会岭二仙庙后殿、平顺龙门寺大雄宝殿等无不此构（图 1-3-40）。

（七）陵川西溪真泽二仙庙后殿铺作

杪跳式，单杪单下昂五铺作假昂造。一跳华栱成瓜子栱、瓜子慢栱及罗汉枋，二跳假昂交互斗交令栱托替木承檐槫。里转五铺作重杪，一跳偷心、二跳托令栱承通替，耍头向内延伸制成榻头木扶承四椽栿或乳栿。正心泥道栱之上射素枋三道，头道隐刻泥道慢栱。铺作不施以真昂，而假昂的出现标志着我国木构建筑中铺作的使用进入了趋向装饰性的阶段，随之带来的是梁架结构的节能和实用，促进了传统木结构建筑更加趋于科学性，一直影响到元、明、清各代。榻头木和假昂的使用始于金代，故陵川西溪真泽二仙庙后殿代表了山西东南地区金代铺作之共性（图 1-3-41、图 1-3-42）。

四、山西古建筑角梁的结构特征

角梁是多坡屋顶中两坡相交处的大木结构件，是我国古建筑翼角造型形制的绝对主导构件，不但有两坡汇合处荷载传递及分解的作用，同时对建筑造型起着绝对作用。很多业内人士特别是古建筑专业人员，在对多坡木结构屋顶进行观赏、考察、设计、方案审核时，首先会关注翼角部分，会谈到翼角升起"大小"和"高低"以及升起"缓和"程度等问题，有的在设计时或在指导设计中设计到翼角问题时，总是先确定翼角生起之尺度。而单纯的定翼角升起尺寸，是很不科学的。其实这些建筑现象完全是由角梁的结构关系和用材尺度所决定的。中国古代建筑之所以美、之所以在世界上形成了自己民族独特的建筑风格、之所以成为东方建筑文化圈的主体，主要的一个不可忽视因素是其建筑的结构美和用材尺度及比例和谐美。山西古建筑中角梁结构的发展分两个阶段，两种结构形制，即唐代以斜置式结构为主，五代开始以平直式结构为主。以地区划分，北部地区唐、辽惯以斜置式结构，至金代仍有个别建筑延续使用，如大同华严寺（上寺）大雄宝殿角梁即斜置式构造。中部和南部地区基本使用平直式结构，也有使用斜置式结构，但数量只几例而已。因建筑中老角梁结构不同，故在建筑造型的风格方面形成了北部地区以庄严厚重、豪放大气为主基调，中、南部地区以灵活雅逸为主基调。

（一）斜置式结构

山西角梁斜置结构与"官式"手法中角梁斜置有所不同，即"官式"做法中老角梁前压檐槫后承下金槫。山西地方做法将老角梁搭压在檐槫和下平槫之上，两种角梁结构点位置的不同，而形成了两种与平身椽的夹角的角度不同，"官式"建筑中的角梁与平身椽形成的夹角角度小于山西地方建筑中角梁结构与平身椽所形成的夹角角度，即"官式"角梁坡度小于地方角梁坡度，故山西地方古建筑翼角升起较官式建筑翼角升起低缓。无论官式还是地方的木结构古建筑，翼角升起起点均在正、侧下平槫相交垂直处的檐槫开始至角梁，且连檐搭于角梁之上形成了一条自然和缓的升起曲线，这一点没有时代之分。而翼角所形成的曲线翘升的变化是由角梁的高和长度所决定。角梁越长曲线越缓，升起也就越小；角梁越高，升起越高（图1-3-43～图1-3-45）。

（二）平直式结构

平直式角梁特点是，老角梁置于正、侧檐槫搭交处，并沿着四十五度方向前后平直延伸，老角梁向后延伸空悬，上承驼峰、转角攀间斗栱及系头栿等构件，老角梁腰身以转角铺作为支承点形成了杠杆力臂平衡分解前后荷载。老角梁之上设仔角梁和续角梁且相互搭压或对接，续角梁尾搭压于下平槫之上，以布翼角椽。因老角梁平直放置180度，故角梁与平身椽形成的夹角较斜置式结构角梁与平身椽增大，即角梁头与

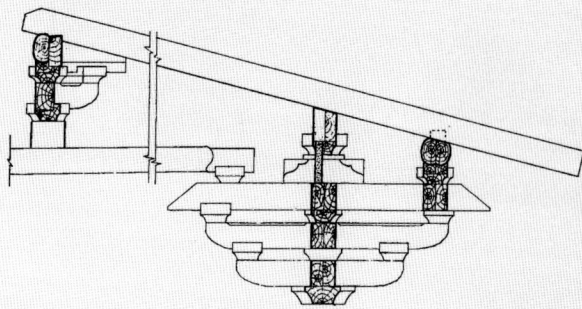

图1-3-43 五台南禅寺正殿角梁（资料来源：《山西文物建筑保护五十年》）

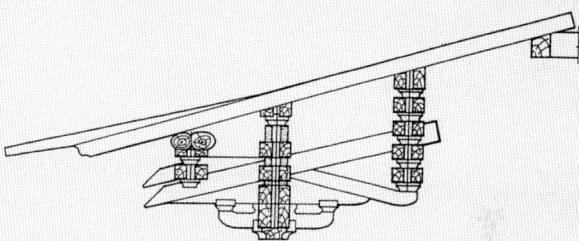

图1-3-44 平顺大云院弥陀殿角梁（资料来源：《山西文物建筑保护五十年》）

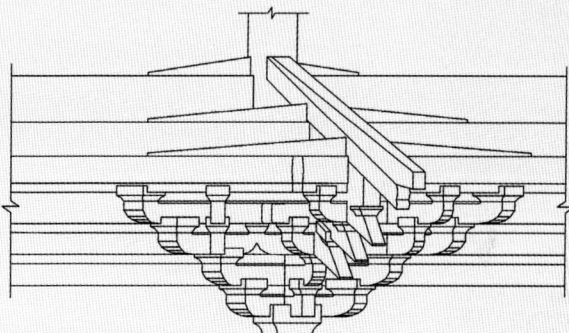

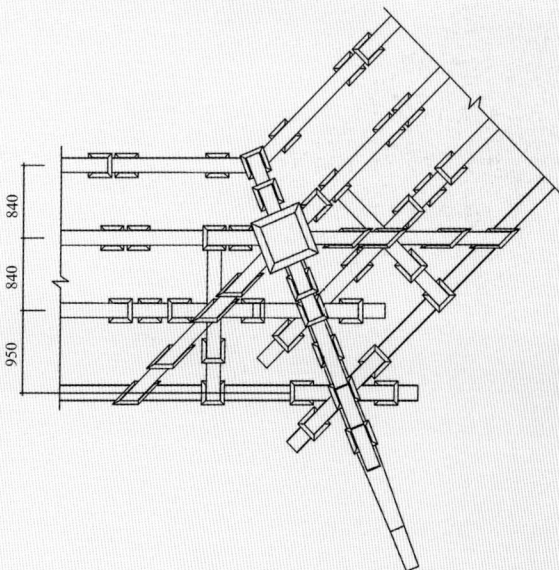

图1-3-45 应县佛宫寺释迦塔角梁（资料来源：《山西文物建筑保护五十年》）

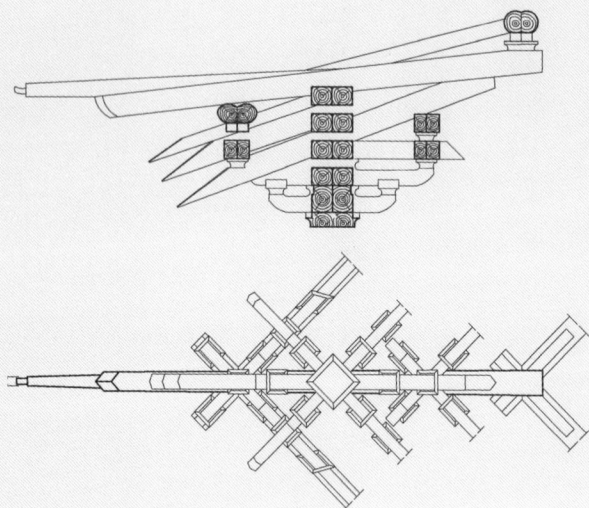

图1-3-46　高平游仙寺大殿角梁（资料来源：《山西文物建筑保护五十年》）

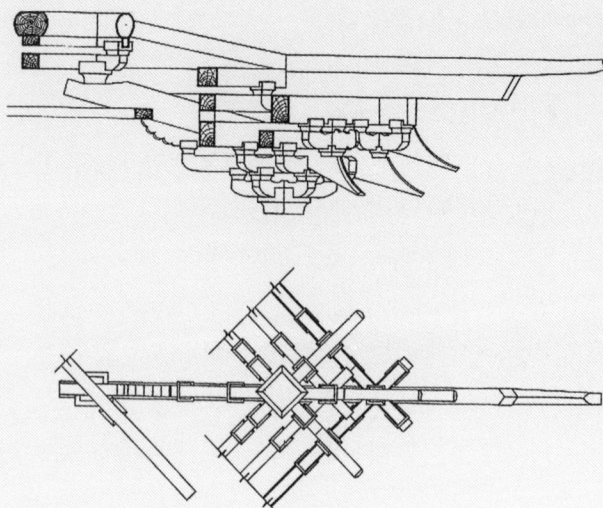

图1-3-47　太谷光化寺大殿角梁（资料来源：《山西文物建筑保护五十年》）

平身椽头、飞的高差增大，故升起要比斜置式角梁高得多。平直式结构的角梁外出越长，用材越高，其翼角升起也就越高，即角梁的外出长度、高度与翼角升起成正比（图1-3-46、图1-3-47）。

　　以上通过对山西省境内现存部分早期木结构建筑实例的结构和制作手法进行了比较分析，证明地方建筑结构手法和制作手法的多样化，这些多样化建筑技术的沉淀，反映了建筑技术成就来源于民间，反映了历代民间普通匠师们在建筑活动中，默默无闻地创造着历史财富，他们以丰富的想象力和惊人的胆略构筑了深厚的建筑文化底蕴，历史的发展似奔腾的大海后浪推前浪地前进，那些不为后人知晓的"小人物"在下意识中创造人类财富。

注释

① 参见潘树荣等，《自然地理学》（第二版），高等教育出版社，1985年。

② 此部分论述详见彭一刚，《传统村镇聚落景观分析》，第5-37页，中国建筑工业出版社，1992年。

③ 详见侯伍杰主编《山西历代纪事本末》，第5页，商务印书馆，1999年。

④ 此部分论述详见顾祖禹"山西方舆纪要序"，（清）王轩等纂修《山西通志》（光绪十八年），第7038页，中华书局，1990年。

⑤ 参见杨纯渊《山西历史经济地理述要》，第225-247页，山西人民出版社，1993年。

⑥ 据考古发现，山西旧石器时代的文化遗址目前已达252处。山西南部芮城西侯渡遗址已有用火之痕迹，是我国较早的用火人。距西侯渡不远的匼河遗址距今已有70万年。从西侯渡、匼河、丁村（距今10万年，位于山西襄汾黄河左岸）到下川（距今2万年，位于山西沁水），形成山西旧石器文化发展的序列，证明山西是人类起源的重要地区，是中华民族的发祥地之一。

⑦ 参见《山西历史地图集》，第80-82页，中国地图出版社，2000年。

⑧ 参见《中国文物地图集：山西分册》，第62-63页，中国地图出版社，2006年。

⑨ 参见《中国文物地图集：山西分册》，第99-101页，

中国地图出版社，2006年。

⑩ 参见《中国文物地图集：山西分册》，第64-69页，中国地图出版社，2006年。

⑪ 参见《中国文物地图集：山西分册》，第101-105页，中国地图出版社，2006年。

⑫ 参见《山西历史经济地理述要》，第73-77页，山西人民出版社，1993年。

⑬ 详见苏秉琦，华人·龙的传人·中国人，《中国建设》，1987年第9期。

⑭ 详见（清）王轩等纂修《山西通志》（光绪十八年），第7043页，中华书局，1990年。

⑮ 详见（清）王轩等纂修《山西通志》（光绪十八年），第7044页，中华书局，1990年。

⑯ 详见（清）王轩等纂修《山西通志》（光绪十八年），

第7045页，中华书局，1990年。

⑰ 详见（清）王轩等纂修《山西通志》（光绪十八年），第7041页，中华书局，1990年。

⑱ "羊舌"分地在山西洪洞，始祖羊舌肸（叔向），因食邑于"羊舌"而为氏。晋灭杨国（今洪洞县东南9公里范村、安乐村、张村和敬村之间，城址尚存），羊舌氏受赐于杨，故以国改姓杨，是中华杨氏发源地。

⑲ 祁奚，晋国公族大夫，著名的"内举不避亲，外举不避仇"的倡导者"祁黄羊"。因现在晋中平川大部分县为祁氏封地，史称"昭余祁泽"，直到祁奚孙子祁盈得罪晋公室而被灭族，将祁氏封地分为七个县，授予七个大夫，即今榆次、祁县、寿阳、介休、文水、清徐、盂县是也。

山西古建筑

第二章　城乡聚落

山西城乡聚落分布图

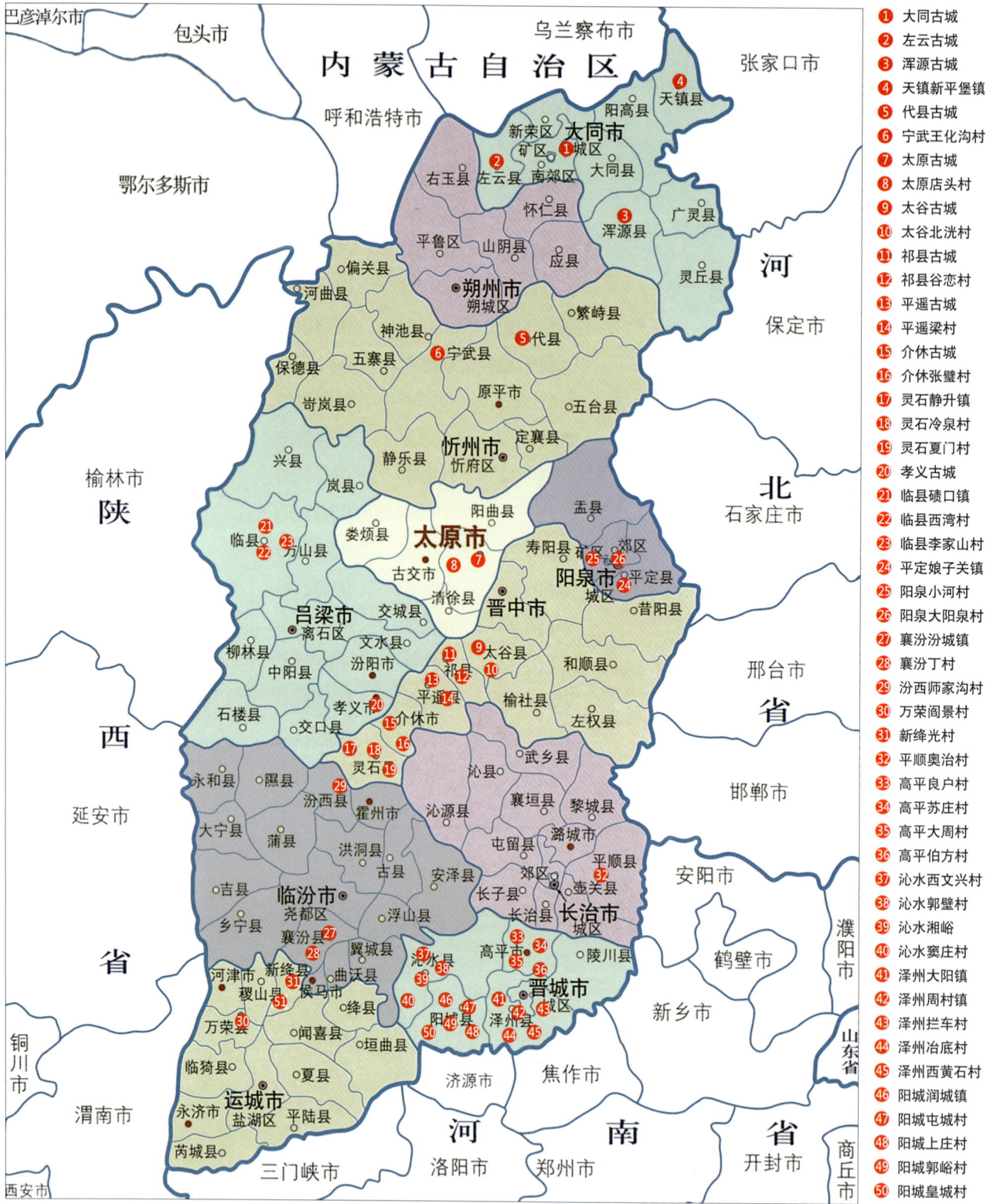

内蒙古自治区

巴彦淖尔市　包头市　乌兰察布市　张家口市
鄂尔多斯市　呼和浩特市

河　北　省

保定市　石家庄市　邢台市　邯郸市　安阳市　濮阳市　鹤壁市　新乡市　焦作市

河　南　省

三门峡市　洛阳市　郑州市　开封市　商丘市

陕　西　省

榆林市　延安市　铜川市　渭南市　西安市　山东省

图例

- ① 大同古城
- ② 左云古城
- ③ 浑源古城
- ④ 天镇新平堡镇
- ⑤ 代县古城
- ⑥ 宁武王化沟村
- ⑦ 太原古城
- ⑧ 太原店头村
- ⑨ 太谷古城
- ⑩ 太谷北洸村
- ⑪ 祁县古城
- ⑫ 祁县谷恋村
- ⑬ 平遥古城
- ⑭ 平遥梁村
- ⑮ 介休古城
- ⑯ 介休张壁村
- ⑰ 灵石静升镇
- ⑱ 灵石冷泉村
- ⑲ 灵石夏门村
- ⑳ 孝义古城
- ㉑ 临县碛口镇
- ㉒ 临县西湾村
- ㉓ 临县李家山村
- ㉔ 平定娘子关镇
- ㉕ 阳泉小河村
- ㉖ 阳泉大阳泉村
- ㉗ 襄汾汾城镇
- ㉘ 襄汾丁村
- ㉙ 汾西师家沟村
- ㉚ 万荣阎景村
- ㉛ 新绛光村
- ㉜ 平顺奥治村
- ㉝ 高平良户村
- ㉞ 高平苏庄村
- ㉟ 高平大周村
- ㊱ 高平伯方村
- ㊲ 沁水西文兴村
- ㊳ 沁水郭壁村
- ㊴ 沁水湘峪
- ㊵ 沁水窦庄村
- ㊶ 泽州大阳镇
- ㊷ 泽州周村镇
- ㊸ 泽州拦车村
- ㊹ 泽州冶底村
- ㊺ 泽州西黄石村
- ㊻ 阳城润城镇
- ㊼ 阳城屯城村
- ㊽ 阳城上庄村
- ㊾ 阳城郭峪村
- ㊿ 阳城皇城村
- 51 新绛古城

第一节　古代都邑

　　山西地处内陆，表里山河，易守难攻，地势最为顽固。从人类文明之初，直至近代战争时期，历来是群雄逐鹿和兵家必争之地。因此，很多王朝和割据政权曾经在此建立都城，陪都。清光绪年间的《山西通志·国都考》中，曾有地皇氏都于龙门，有巢氏都于石楼，好骨氏都于太原的记载，但多属于传说，考据不易。[①]山西远古属冀州，大量的文献均记载了尧、舜、禹曾在山西建都立业的情况。《汉书·地理志》中有尧都平阳的记载，《史记》、《水经注》、《括地志》中则记有："舜所都，或言蒲坂"，"陶城在蒲坂城北，城即舜所都也"的情况。《史记·夏本纪·集解》曰："夏都安邑，虞仲都大阳之虞城，在安邑南，故曰夏虚"。目前，人们比较认同清代地理学家顾祖禹的看法："冀州山川风气所会也，昔者尧都平阳，舜都蒲坂，禹都安邑，盖自昔帝王尝更居之矣。"[②]由于这些记述得不到考古资料的有力佐证，时至今日，不好定论。商代部族迁徙频繁，据王国维在《观堂集林》中记述，其都城的迁徙共有13次之多。随着垣曲商代城址的发现，有学者认为商代早期的都城也在山西，"汤始居亳"指的就是该处。[③]但由于争议很大，也并非定论。春秋时，晋国的统治中心在山西的翼城、曲沃、侯马，并建立都城。及至公元前453年，魏、赵、韩三家分晋，韩初都平阳，赵初都晋阳，魏初都霍、后迁至安邑（图2-1-1、图2-1-2）。魏晋南北朝时期，刘渊建立的汉政权曾先后在离石、左国城、蒲子、平阳建都。公元385年，前秦苻丕也在晋阳称帝。公元386年，西燕慕容永迁闻喜，旋又迁在长子称帝。公元398年，北魏将都城从今内蒙古和林格尔迁到平城，大同成为山西北部第一个建都的城市。唐代天授元年（公元690年），武则天将并州建为北都。唐中宗、唐玄宗都曾再置北都，天宝元年（公元742年）改为北京，一直延续到唐肃宗上元二年（公元761年）。期间，太原一直是仅次于长安、洛阳的第三大政治中心。蒲州也在开元九年（公元721年），建号中都。公元

图 2-1-1　晋都新田出土"凤纹钟钮模"（资料来源：山西省第三次文物普查资料）

图 2-1-2　晋都新田出土铜器（资料来源：山西省第三次文物普查资料）

951年，后周灭后汉，后汉河东节度使刘旻在太原称帝，国号汉，史称北汉。宋以后，辽曾在大同置西京道，金在大同置西京路，皆有陪都的功能。[④]

一、商代城邑

　　目前，山西发现了两座商代的古城遗址，即夏县的东下冯城址和垣曲县的南关城址。夏县东下冯城址，平面略呈长方形，城墙夯筑，城墙外侧有城壕，边长最长440米，最宽370米，面积约0.16平方公里。遗址有里外两圈"壕沟"，两沟的平面呈梯状"回"

字形，形态规整，内沟长约 130 米，宽为 5～6 米，外沟长约 150 米，宽为 2.8～4 米，深度均在 3 米左右，在沟内填土中曾发现不少夯土堆积。表明商代早期，山西南部已经出现了具有防卫性质的城邑。城内西南角有一组排列有序的圆形建筑，其基址为夯筑台基（图 2-1-3）。垣曲县南关城址约相当于商代前期的古代夯土城址，城址面积约 12 万平方米。城内东南角为居住区，中部偏东有一组夯土基址，可能有大型建筑。城垣平面为平行四边形，四面城墙中以北墙较为完整，迄今仍保存在地面上，长约 330 米，高 3～5 米，宽 5～12 米。其余三面均存在于地下。其中西墙保存较好，长约 395 米，东墙仅存北段 45 米，南墙中段及东段外侧则被黄河冲毁，淹没在黄河小浪底水库下面。墙基石与墙体为夯土筑成，土色棕红，细密坚硬，夯窝为圆形尖孔，排列十分紧密。东南部有密集的灰坑和窖穴等遗址，文化层堆积较厚，可能是居住区。中部偏东有一组

夯土建筑基址，分为六块，较大的一块为长方形，长约 50 米，宽约 20 米，还有的为曲尺形，可能是宫殿区。由于商代初期，迁徙频繁，有人认为此乃商代早期的都城之一（图 2-1-4）。⑤

二、晋都新田

周代初期，周成王分其弟叔虞于"唐"，后改"唐"为"晋"，晋国由山西南部崛兴，"晋"成了山西省的简称，据《左传》载，当时晋国有 50 余县，记有县名的有 12 个。叔虞子晋侯燮父徙居晋水，至晋孝侯时，国都名翼，即今之翼城。公元前 585 年，晋景公从故绛迁都新绛，即新田。《左传·成公六年》载："晋人谋去故绛。诸大夫皆曰必居郇瑕氏之地，沃饶而近盐，国利君乐，不可失了。"史籍记载晋国的都城有翼、绛和新田。经考古发掘证实，侯马晋国遗址即是新田所在，是为晋国后期的都城，沿用达 210 年之久。此城位于今山西侯马的西北地带，界于汾、浍二水之间。据考古勘查，在这个地段，共发现 8 座城址，大小形制各异。都城仍为传统的以宫城为中心的分区规划结构形制，大体上可分为宫廷区、宗庙区、手工作坊区、居住区及墓葬区（图 2-1-5～图 2-1-9）。

遗址以白店古城年代较早，可能是晋景公建都前的旧城。其上叠压有平望、台神及牛村三座相套

图 2-1-3 夏县东下冯城址现状（资料来源：自摄）

图 2-1-4 垣曲南关城址现状（资料来源：自摄）

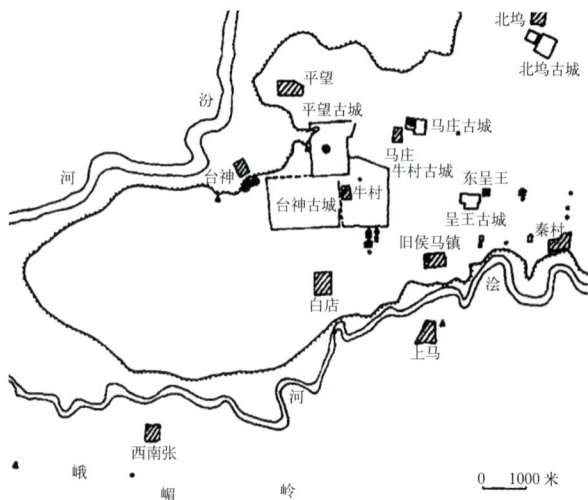
图 2-1-5 侯马晋都新田城址平面（资料来源：《先秦城市考古学研究》）

图 2-1-6 平望宫殿遗址（资料来源：梁军摄）

图 2-1-7 牛村宫殿遗址（资料来源：梁军摄）

图 2-1-8 北坞古城遗址（资料来源：梁军摄）

图 2-1-9 马庄古城宫殿遗址（资料来源：梁军摄）

呈"品"字状的一组城址，应是晋景公所营之宫城，是都城的主体部分。这些城非一次建成，平望城的营建年代较台神及牛村二城稍晚。平望及牛村二城中部均有夯土建筑基址，应为当时宫殿所在。最大的凤城古城，平面近方形，北墙残长 3100 米，西墙残长 2600 米；最小的呈王古城，平面呈刀把形，东西最长 396 米，南北最宽 273 米。宫城（牛村、平望古城）和台神、白店古城位于遗址西部。马庄、呈王、北坞和凤城古城分散在遗址中部和东部，互不连属。祭祀及盟誓遗址位于遗址东部，出有盟书等；手工业作坊集中分布于牛村城址东南部，有铸铜、制骨、制陶和制石圭 4 类，均有大量遗物出土；墓地分布于遗址南部及城址附近。

在居住遗址中，发现有些穴居式的小型住房。房子周围有密集的窖穴以及水井和道路。这类穴居式住房毗邻手工作坊，可能为手工业生产者的居住区。浍河以南，北距牛村古城约 2 公里的上马村，查出了东周墓葬群。所占总面积达 50 万平方米以上，应是新田的墓葬区。距这组古城约 2 公里多的东南部，发现有大量的"盟书"，应是晋国的"盟誓遗址"。在东西长 70m、南北宽 55m 的地段内，分布有四百多个长方形竖坑。这些坑便是盟誓时所凿的"坎"，"坎"内埋置盟誓用牲和盟书，亦即《左传》所记之"乃坎用牲埋书"处。

据贺业钜先生研究，晋都选址于汾、浍二水之交地带，似有以二水为城防的意图。由于采用开敞式格局来规划，故没有构筑外廓。呈王古城连同后来发掘的呈王路建筑群遗址，可能是晋都的宗庙区所在。这样布置宗庙区，显然是受到周礼营国制度"左祖右社"的影响，据此推测宫廷区之右侧也许还置有晋国的社稷。由此来看，新田晋都继承了传统的以宫为中心的分区规划结构形式，城北为宫廷区及宗庙区，城南则为手工作坊及市、里等分区，南城外为墓葬区。晋都宫廷区的这种组合方式，对后来赵邯郸宫廷区的布局有深刻的影响。赵邯郸由三座小城组成宫廷区的布局形制，实际上是模仿晋都新田的结果。⑥

城乡聚落

〇三九

三、古都平阳

历史上的临汾，古称平阳，地处山西太原、蒲州两大重镇之间，因古城在平水之阳而得名，是同蒲线上的一大要冲。汾水的西岸这一块被平水所浇灌的土地，土壤肥沃，物产丰富，聚落规模大，人口繁多。由此越过吕梁山脉，经蒲县、大宁，有道路通往陕西；向东出浮山县，越过中条山脉，可以去往沁水流域；交通地位重要，可以通达四方。

《后汉书·郡国志》曾有"尧都此"的记载。时至今日，临汾仍然遗有尧陵，保存较为完整（图2-1-10～图2-1-13）。春秋时，平阳为晋羊舌氏封邑。韩、赵、魏三家分晋，韩贞子移居于此，这里一直是韩国的大本营。战国秦汉时，平阳已成为著名的商业城市。秦统一六国之后，在山西西南部置河东郡，这里沿用旧名设置平阳县。秦末，魏国王族豹在此自立为魏王，项羽又封他为西魏王。西晋时期，南匈奴后裔刘渊创建的汉国，开十六国之先声。刘渊初居离石左国城，南徙至蒲子，在晋怀帝永嘉二年（公元308年），始即皇帝位，号为汉国。当时太史令宣于修之向刘渊建议："蒲子崎岖，非可久安，平阳势有紫气，陶唐旧都，愿陛下上迎乾象，下协坤祥。"第二年，即永嘉三年（公元309年），刘渊迁都平阳，并大肆营建平阳都城。该城故址在今临汾城西南约十公里的金殿镇，县志记载尚有遗址存留。据《水经注》卷6记载，汉平阳县故城也在汾水西岸，正好相当于今金殿镇附近，或许刘渊并不是新创城垣，而是利用旧平阳城，加以重修，建为都城。从此，平阳成了刘渊汉政权的政治、军事中心。[⑦]

刘聪夺取帝位后，又大兴土木营造平阳，兴建殿观达40余所。一些史籍上零星记载的平阳城建筑有：中宫、光极西室、南宫、东宫、西明门、西阳门、建春门、后庭、鸱仪殿、逍遥园（纳贤园）、螽斯则百堂、李中堂（愧贤堂）、东市等。刘聪还在平阳城西置西平城、平阳小城等。刘汉政权的整个国家机构全部集中在国都平阳，并以平阳为中心，

分置左右司隶，平阳以西为左司隶，平阳以东为右司隶，左、右司隶以下每万户置一内史，内史共有43个。据统计，汉左右司隶一共辖有人口43万户，加上六夷部落单于台的10万落，则汉政权直接控制的人口约53万户，而且主要集中于平阳、河东地区，对这一地区的社会经济发展是有促进的。到

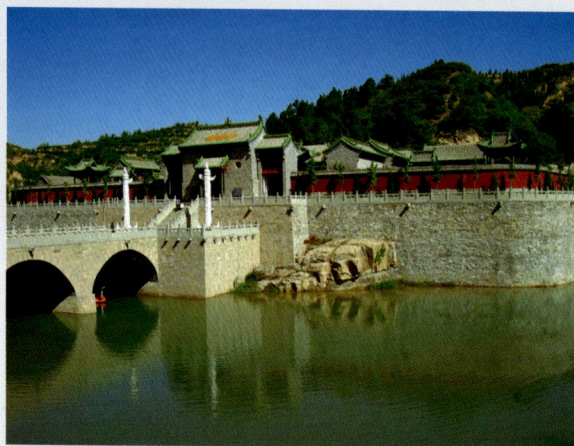

图2-1-10 临汾尧陵全景（资料来源：自摄）

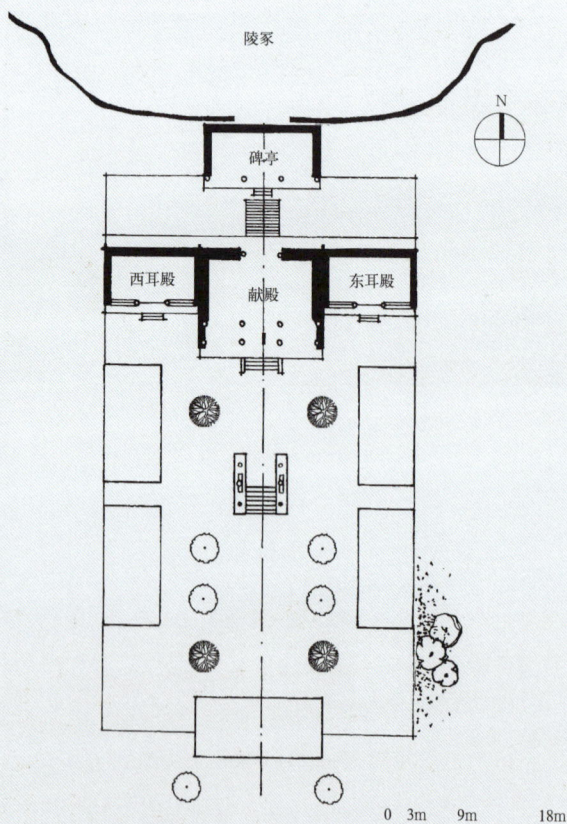

图2-1-11 临汾尧陵平面图（资料来源：山西省第三次文物普查资料）

图 2-1-12 临汾尧陵石狮（资料来源：自摄）

图 2-1-13 临汾尧陵牌楼（资料来源：自摄）

汉刘粲汉昌元年（公元 318 年），石勒大军攻入平阳，或禁富室，大肆掠劫，平阳城基本上被破坏了，不久又并入在长安立国的苻秦的疆域。⑧

隋开皇初年（公元 581 年），改平阳郡为平河郡，改平阳县为平河县，随即又改名为临汾县。宋初称晋州，政和六年（1116 年）升为平阳府。县名则一直是叫临汾。

至明代，属山西布政使司河东道平阳府，清代沿袭未变。明代朱元璋因平阳堞与河东大郡之地位不相称，曾发兵万余人修城池，历时五年，仍旧址而增广，比之旧迹倍十之七，上可驰车马树旌旗。城墙高 15 米，外砌青砖，内壅土坡，四门筑瓮城，护城河宽 8 米。城内高外低，易守难攻，被誉为"中州雄镇"。平阳府城周长 15 里，有东、南、西、北四门，分别名为武定、和义、明德、镇朔。东关小城周长 5 里，城内有东、南、西、北四条主街，以鼓楼为中心，东街最长。各种市设在东关和东大街及其两侧街巷：洪家楼，青狮子口，财神楼，什府口，商会巷，八府圆囵，塘子口等。南大街传说被李自成烧毁，西大街主要为知府与镇台衙门，北大街较荒凉。城内南北多桑树。城内书院主要有晋山书院、

平水书院、平阳书院。宗圣学社在文庙。城区庙宇有铁佛寺（即大云寺）、文庙、武庙、火神庙、观音堂、广裔庵、孙膑庙、兴隆殿（高庙）、南禅寺、清真寺、净土寺、尧庙、五道庙、基督教堂。平阳知府衙门在西大街北侧；镇台衙门在府衙西侧；知县衙门在东大街北侧。⑨

四、北魏平城

北魏以前，平城一直是汉族与北方民族杂居的边郡之地。秦汉时置平城县，在雁门郡统辖范围内。公元 386 年，拓跋珪建立北魏王朝。天兴元年（公元 398 年），由盛乐迁平城，北魏定都平城，即今之大同。从道武帝到孝文帝，作为北魏国都，平城共经历了七帝，凡九十八年。北魏鲜卑族在与汉民族的交流中，吸取了汉民族的文化制度和城市建设经验，建都之初，即开始"营宫室，建宗庙、立社稷"（图 2-1-14、图 2-1-15）。

魏都平城周回 32 里，是在汉代平城县城的基础上扩建的，由宫城和外城组成。从公元 398 年到公元 434 年，历拓跋珪、拓跋嗣、拓跋焘三代，是宫城建筑群的规划与初建时期，初步建成的宫城有

图2-1-14 平城遗址出土北魏瓦当（资料来源：高峰摄）

图2-1-15 平城粮仓遗址（资料来源：李晔摄）

12座城门。宫城内有宫殿、宫室、宗庙、社稷、武库等建筑与设施组成。包括平城宫、北宫、西宫、东宫和南宫。平城宫也叫紫宫，位于今大同北门外，是北魏皇帝居住和处理朝政的地方。最先建成的宫殿是天文殿，其后陆续建成了天华殿、中天殿、天

安殿、紫极殿、西昭阳殿、永安殿、安乐殿。太祖、太宗时，天文殿为百官朝贺之所。世祖拓跋焘后，永安殿成了朝会万国的正殿。宫室是皇帝、太子和嫔妃们居住的地方，主要有东宫、西宫等建筑。西宫是皇帝生活起居的地方，其建筑群颇为庞大。根据《南齐书·魏虏传》的一些记载，可知东宫为太子居处。从公元476年到公元492年，历冯太后和孝文帝拓跋宏两代，先后修建了七宝永安行殿、太和殿、安昌殿、坤德六合殿和太极殿等。又营修了朱明阁、东明观、皇信堂和思贤门，并新建了各个城门。其中在拆毁太华诸殿的基础上，建造了太极殿与东、西堂。到太和十六年（公元492年），改建与新造后的平城宫城已成为全新的宫殿体制。[10]

在城市建设的同时，北魏统治者有计划地将大量的各族人口迁徙到平城周围，其中有不少是熟练的手工业者。他们主要聚居于旧城与宫城之间，对繁荣平城的官府手工业发挥了作用。为此，北魏统治者专门在其外围修筑了郭城，并在其内部划分了坊。平城的外城，据《魏书·太宗纪》载，泰常七年（公元422年）九月，"辛亥，筑平城外郭，周围三十二里。"外城内主要有作为居住区的城坊，举行宗教活动的宗庙以及北魏王朝中央的各级机构。《南齐书·魏虏传》载："其郭城绕宫城南，悉筑为坊，坊开巷。坊大者容四、五百家，小者六、七十家。每闭坊搜检，以备奸巧。"说明当时京师的禁卫制度中，对郭城管制相当严，外城内既有大臣贵族，也有庶民百姓。

此外，在平城四郊也有不少营建。城北建有鹿苑，有鸿雁池、虎圈、永乐游观殿、宁光宫、鹿野苑石窟等设施，供贵族游乐、闲居、狩猎。城西建有西苑，云冈石窟位于城西30里的武周山下，当时有灵岩寺（图2-1-16）。在武周山口，有引武周川水入城的引水工程。旁有洛阳殿、宫馆、郊天坛、郊天碑。平城的南部，有繁华的里市街衢，远处则是万顷良田，是北魏统治者为显示其重视耕作而专辟的农田。南郊还建有明堂，是当时北部中国唯一

的天文台。平城东苑是白登山，这块平台高地上是北魏道武帝拓跋珪的离宫，也叫太祖庙。其垣后有拓跋珪姐姐华明公主的别庙。白登山南面是北魏的演武场，还有大道坛庙和祗洹舍。

宋以后，辽曾在大同置西京道，金在大同置西京路，平城延续了都邑的功能（图2-1-17）。

明代时，大同位于山西北部的内外长城之间，历史上就是一军事重镇，也是山西北部地区的一个中心城市。扼山西、内蒙古与北京交通的咽喉。明代大同城是在北魏都城的原址上，于洪武五年（1372年），由徐达主持建设起来的。城略呈方形，东西长1.8公里，南北长1.82公里，周长7.24公里，面积3.28平方公里。城墙一律以规整有制的石条、石方为基础，墙体在原墙的基础上，用"三合土"夯成，外包青砖。城设四门：东曰和阳，南曰永泰，西曰清远，北曰武定。城门上各建一座重檐九脊歇山顶、三层重楼。四角建角楼四座，西北称"乾楼"，高大瑰丽，为"大同八景"之一。四门之外是瓮城，面呈方形，面积约17000平方米，瓮城傍设城门，门洞进深约30米（图2-1-18、图2-1-19）。

城内有四大街、八小巷、七十二条绵绵巷，136条街巷规整通达，保持了北魏、唐、辽、金时坊的格局。四大街的中段十字路口各建一楼，东有太平楼，南有鼓楼，西有钟楼，北有奎星楼。城中心为四座精美的牌坊，称四牌楼。全城共建各种牌坊56座，戏台30多座，寺庙神祠50多座。代王府，大同府，都察府等公署均设在城内。学府位于东南隅，中是文庙，左为府学，右为县学，形成一个规模宏大的学区建筑群。代王府位于城东北隅，为朱元璋第十三子朱桂于洪武二十五年（1392年）始建。建筑规模宏大，气势雄伟，沿三条轴线铺开，各种宫殿门所30余处，金碧辉煌，豪华壮丽，占地面积达175950平方米。现存九龙壁为王府的照壁，现在的皇城口，东华门，西华门，后宰门正是当时的四门遗址。1982年，大同被列入首批国家历史文化名城。

图2-1-16 云冈石窟第六窟（资料来源：自摄）

图2-1-17 善化寺普贤阁（资料来源：自摄）

图2-1-18 修复后的大同城墙（资料来源：自摄）

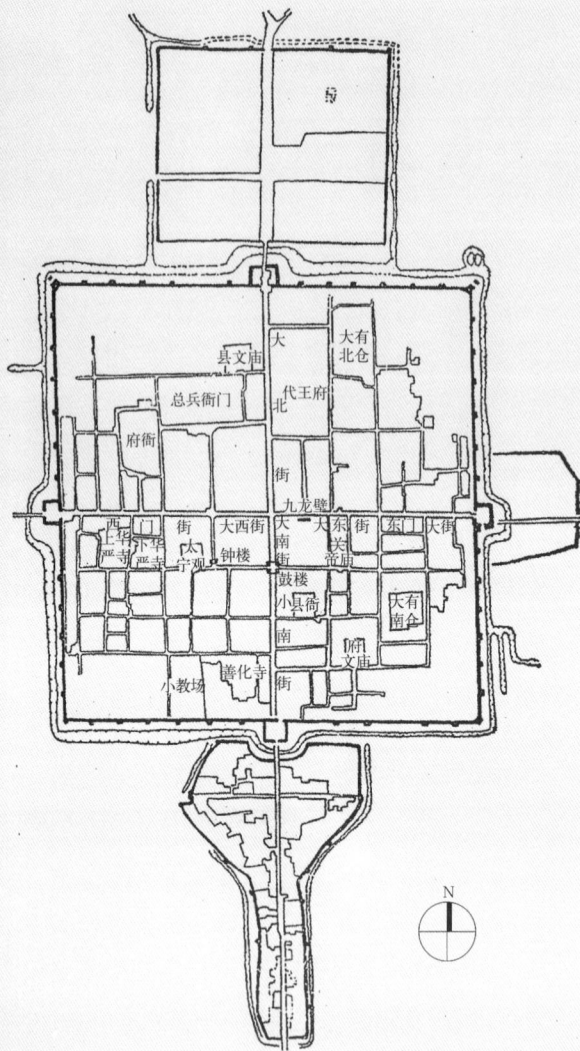

图 2-1-19　明代大同府平面图（资料来源：《中国城市建设史》）

五、北齐晋阳

晋阳之名，最早见于《左传·定公十三年》所载："晋赵鞅入于晋阳以叛"。由此可见，其创建时间早在公元前五世纪。城址位于今太原市南郊古城营村西。其初为春秋时赵简子家臣董安于主持建筑。以后，赵简子另一家臣尹铎继续加以修治，增筑壁垒，聚积食粮，晋阳城成为当时一个坚固而又富裕的城市，并做了赵国初期的都城（图 2-1-20）。

汉初，高祖刘邦为防御匈奴南侵，派韩王信坐镇北方，改太原郡为韩国，以晋阳城为都。汉高祖十一年（公元前 196 年），为巩固边防，并雁门、太原郡为代国，封其子恒为代王，也都于晋阳城，

至此，晋阳城一直作为区域的政治、经济、军事中心存在，是当时山西地区最大的城市。西晋末，社会经济遭到了空前的摧折，晋阳城也未能幸免，城市遭到了彻底的破坏。北魏皇始元年（公元 396 年），拓跋珪置太原郡，成为南下中原、东出河北的交通枢纽与军事基地。北魏皇帝拓跋珪、拓跋宏等都曾亲临晋阳巡视，其后百年，晋阳局势相对稳定，城市得到恢复发展。公元 532 年，高欢看中了晋阳的地理形势与军事地位，在这里建起了大丞相府，以大丞相身份独揽东魏朝政，常年坐镇晋阳，当时人们把晋阳称为"别都"。

公元 550 年，高欢子高洋篡东魏政权而自立，是为北齐。这个时期，迎来了晋阳城建设的高潮。高欢于兴和元年（公元 539 年）建成了"新宫"。武定三年（公元 545 年），又大兴土木，建起了宏伟壮丽的晋阳宫，门楼重迭，殿堂林立，花园假山、亭桥流水，极其豪华。据《元和郡县图志》载："高齐后帝于此置大明宫，因名大明城，姚最《序行记》曰晋阳宫西南有小城，内有殿，号大明宫。"晋阳宫与大明宫成了晋阳城内主要的建筑群。另据《北史》载，除建大明宫外，还建有"十二院"，其壮丽都超过了邺城的宫殿。同时，比较著名的建筑还有新城与仓城，这些都构成了当时晋阳城的主要建筑群。天保年间，高泽在晋祠大起楼观，穿凿池塘，飞桥架水，兴修凉亭水榭，命名"难老"、"善利"二泉，建"望川亭"于悬瓮山，颇有点"别都之胜"。高纬时，还在晋阳西郊广建佛寺，著名的有童子寺、定国寺、开化寺、圣寿寺、法华寺、天龙寺等。

隋唐时期，山西境内最大的城市当数晋阳城，它在东魏、北齐着力经营的基础上，又有大的发展，并进入了鼎盛时期。李唐王朝的发祥地在晋阳，因此对其十分重视，刻意经营。武则天当政时，于长寿元年（公元 692 年）始建北都于太原。神龙元年（公元 705 年）废北都，天宝元年（公元 742 年）改北都为北京。宝应元年（公元 762 年）复以太原府为北都，终唐未改。隋唐时期的晋阳城，建筑壮

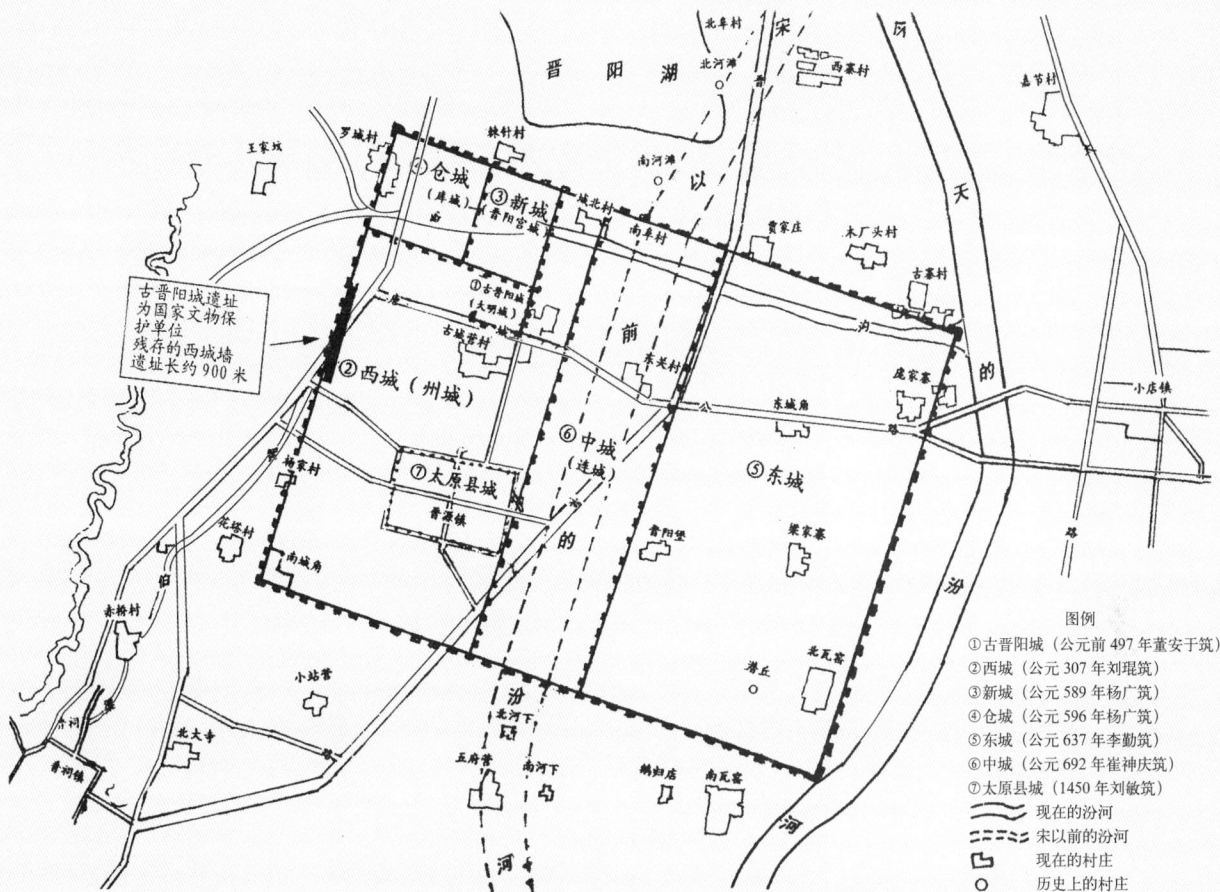

图 2-1-20 晋阳古城遗址关系图（资料来源：《太原城市规划建设史话》）

丽，规模宏大，地跨汾河两岸，由西、东、中三城连堞组成。其核心部分是西城中的太原府城，不仅建城历史悠久，而且城市结构复杂，宫殿建筑集中，向为并州和太原郡治所。同时，还在晋阳城附近大建寺庙，如太山龙泉寺就是在这一时期建成的（图 2-1-21～图 2-1-24）。

太原府城位居唐北都太原城的西北部，既是西城的主体部分，又是唐北都的核心。《元和郡县图志》云："城高四丈，周围二十七里。"这座规模宏伟的古城，即晋刘琨所筑之并州城。太原府城内又有大明、新城、仓城三个城。此三城先后而建，平面布局略呈倒置的"品"字形，是一组大小有序、联为一体的城市群。新城、仓城东西并连在北，大明城居新城西南，与新城相接。今古城营村当是大明城、新城遗址。太原府城周围 27 里，近于每边城墙各 7 里的方形城。已知有乾阳门、元武

楼门与西门三个城门。东城在唐北都太原城东部，建城历史与职能远不能与西城相比。《新唐书·地理志》载："汾东曰东城，贞观十一年长史李勣所筑。"太原县城位于其中。中城。中城居东、西二城间，将东、西二城联为一体，为武后时崔神庆所筑。在东、西、中三城中，中城筑得最晚。修筑中城的目的是为了将东城与西城联接起来，以便防守。中城之门别无它有，惟有"汾水贯中城南流"，故崔神庆修中城时是"跨水连堞"，只筑南、北二面城墙。[11]

五代末年，古都晋阳是北汉的国都。宋太平兴国四年（公元 979 年），在平定北汉的战争中，晋阳城被火焚水灌，化为瓦砾废墟。而新的太原城，则是宋太平兴国七年（公元 982 年），在位于汾河东部的唐明镇的基础上发展起来的，其政治地位已远不如以前。宋代太原城由外城、内城两部分组成。

外城又名罗城，周10里270步，筑4门。东为朝曦门，西为金肃门，南为开远门，北为怀德门。内城又名子城，在外城内的西部。城内衙署集中，没有居民，是宋代内朝外市的典型城市格局。在今水西门一带，有税使司、酒使司，海边街有刑曹厅、知法厅、都军司、同知府尹衙、少尹衙、总管判官厅，都司街一带有推官厅、知事厅、录事厅、绫锦院、宣诏厅，西羊市一带有太原府衙、太原府狱、军器库等。子城外的罗城是居民、商贾聚居的地方，它依方位分为西南隅、西北隅、东南隅和东北隅，干街道成"互"字形分割开来。西南隅有法相坊、葆真坊、懋迁坊、宣化坊，东南隅有乐民坊、将相坊、

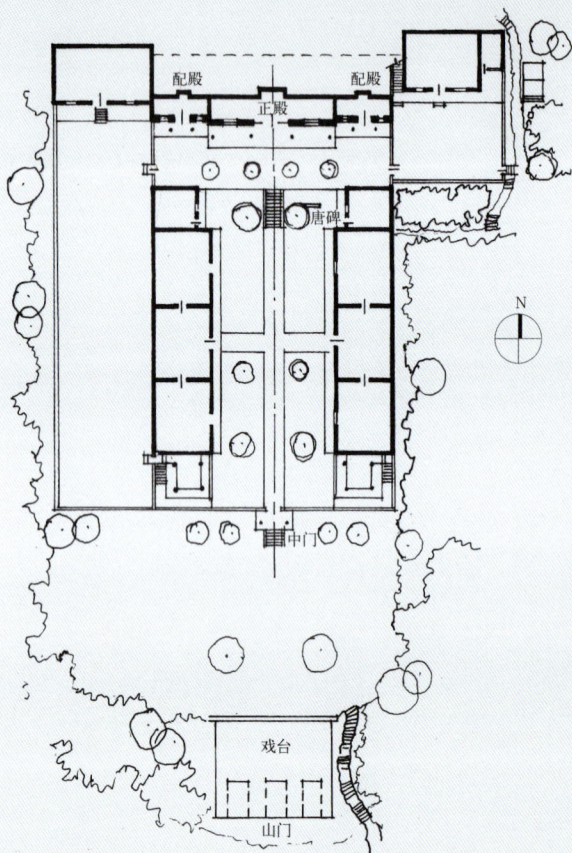

图 2-1-21　太原太山龙泉寺平面图（资料来源：自绘，1996 年实测）

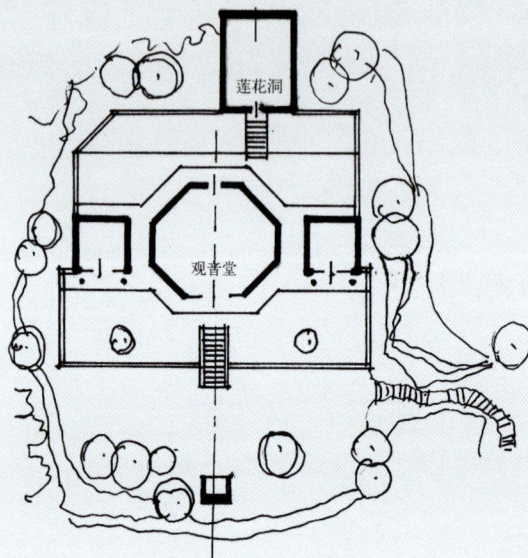

图 2-1-22　太山龙泉寺观音堂平面图（资料来源：自绘，1996 年实测）

图 2-1-23　太山龙泉寺观音堂外观（资料来源：郭守俊摄）

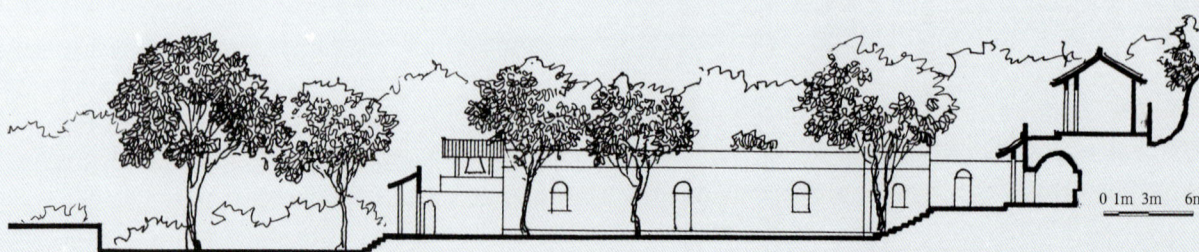

图 2-1-24　太山龙泉寺剖面图（资料来源：自绘，1996 年实测）

慈云坊、寿宁坊、三星坊、聚货坊、惠远坊等 25 坊。宋太原城手工业发展，出现了行会组织，集中于一个地区或一个街区，手工业作坊丰富多彩。

明洪武九年（1376 年），晋王朱纲的岳父谢成主持太原扩建工程，将宋代潘美所筑的太原城向东、向北、向南三面扩充，并建南关。周围凡 24 里，高 3 丈 5 尺，城墙砖砌，四角建有角楼，还有小楼 92 座，敌台 32 座。有八个城门，东为宜春、迎辉，南为迎泽、承恩，西为振武、阜城，北为镇远、拱极。

城四周有壕深三丈（图 2-1-25）。晋王府是太原城内的主要建筑之一。位于太原城西，精营街是晋王的宫城，围绕宫城的还有外城。外城的墙即东肖墙、西肖墙、南肖墙、北肖墙。宫城有三个门，即东华门、西华门、南华门，王府华丽堂皇，与各地迁来居民的低矮房屋形成了鲜明的对照，也基本形成了明清时期的城市规模。晋王府于清顺治三年（1646 年）被焚，大火从内城烧到宫门，所有建筑化为灰烬。城内的主要建筑只剩下位于城北的各官府衙门

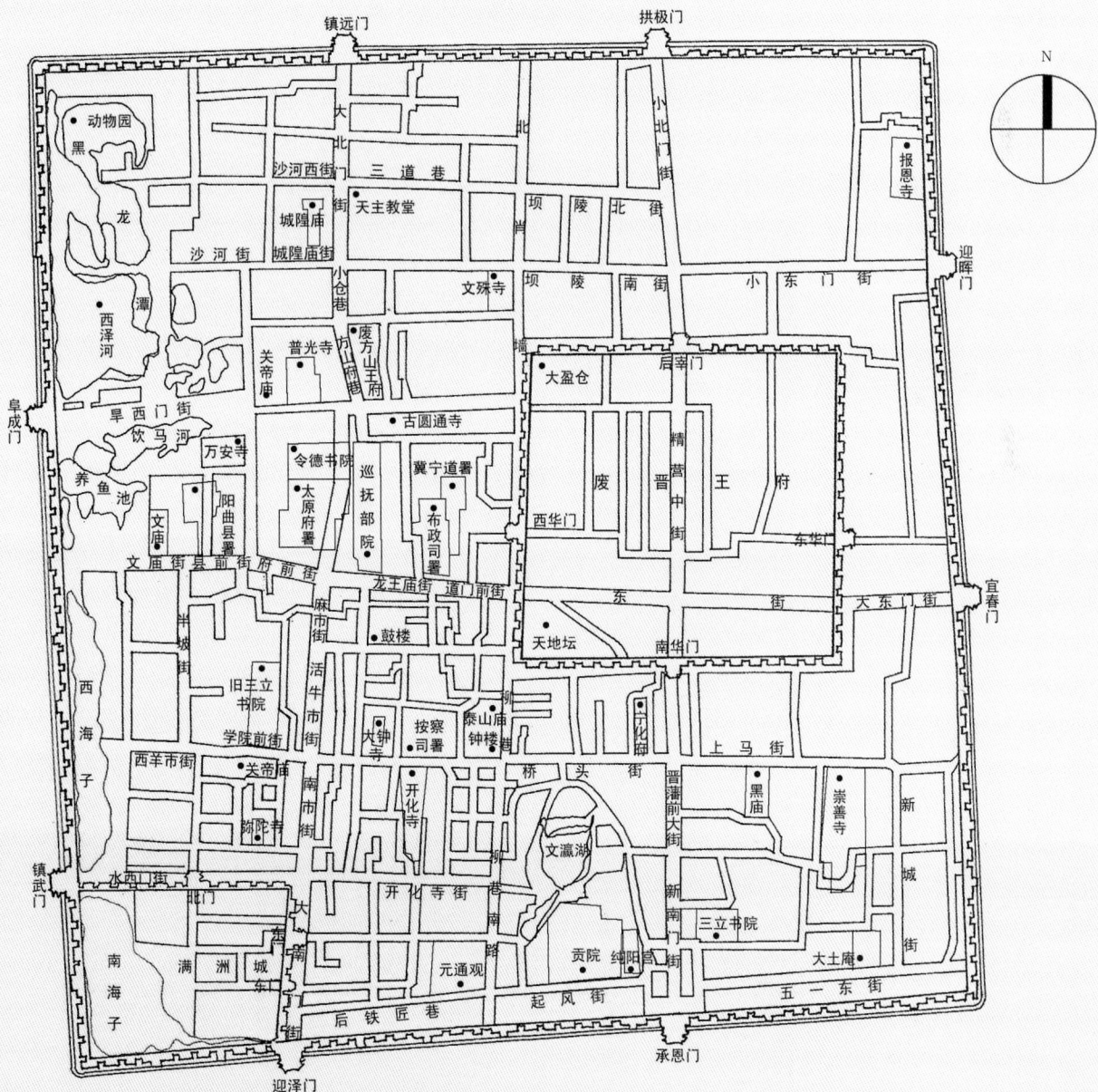

图 2-1-25　明代太原城（资料来源：《山西省历史地图集》）

机构，如府治、按察司、布政司等。城内寺庙很多，仅关帝庙就有 29 处之多。清代在城西南角修满洲城，驻八旗兵，位置在今水西门与大南门一带，周围 843 丈。光绪十二年（1886 年）为水淹。又在小五台东南角另修新的满洲城，为长方形。明清太原城，手工业及商业发达。主要集中在大北关与大南关一带。特别是大南关一带，在明时有"蔽天光，发地脉"之称。到清代顺治、嘉庆年间，大南关商业繁盛，仅钱庄就有十余家之多，商店更是有几十家（图 2-1-26 ～图 2-1-28）。

六、中都蒲州

在唐代山西的主要城市中，蒲州的地位仅次于北都太原。蒲州地理位置十分优越，交通便利，处于西京长安、东都洛阳与北都太原的中间，距离两京水陆交通的主要关口潼关不远，可以控扼通往长安的漕运路线，处于东西交通的关键地带，蒲津渡桥是沟通黄河两岸运输与贸易的重要通道。诗人元稹写的脍炙人口的小说《莺莺传》，其故事就发生在蒲州。大戏剧家王实甫根据这个故事改写成名剧《西厢记》。唐开元八年（公元 720 年），蒲州与陕、郑、汴、绛、怀并称六大雄城。次年又升蒲州为河中府，置中都。

蒲州古城，位于今永济市西约 25 公里黄河东岸。始建于北魏，历代曾多次重修，城南数华里处，即是历史传说中的舜都蒲坂。宋金时，该城周长约 20 华里。明初重建西部半城，城立四门，东曰"迎熙"，南曰"首阳"，西曰"蒲津"，北曰"振威"。蒲州

图 2-1-26　太原城关图（资料来源：清道光《阳曲县志》）

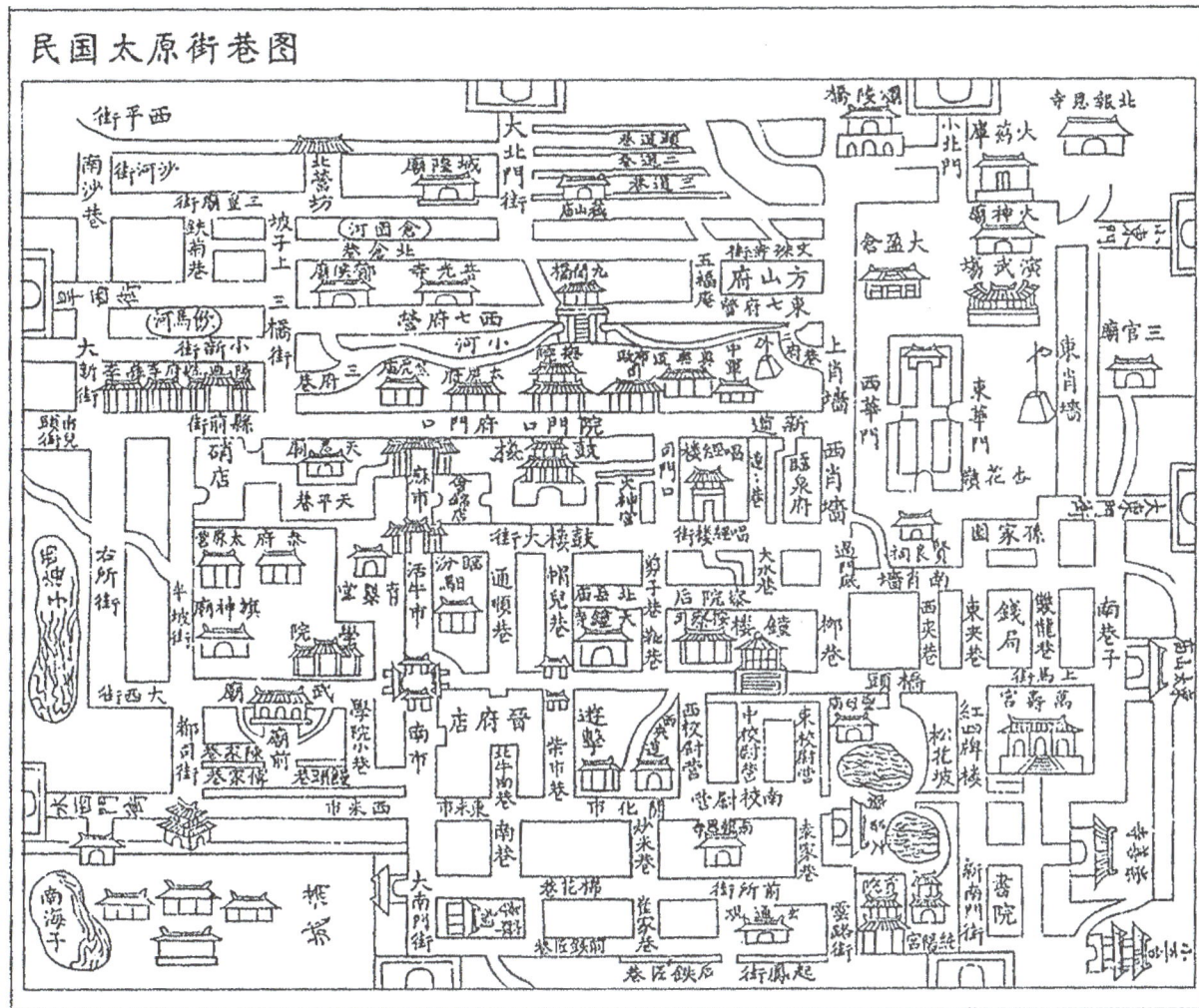

图 2-1-27 太原街巷图（资料来源：清道光《阳曲县志》）

图 2-1-28 太原拱极门现状（资料来源：
自摄）

古城周围 4 公里零 349 步，城体全部用砖包砌，城高 3 丈 8 尺，城堞高 7 尺。古城南、北、东设护城河，唯城西紧邻黄河（图 2-1-29）。明嘉靖三十四年（1555 年）遇大地震，遭毁灭性破坏。之后黄河多次泛滥侵蚀古城，隆庆四年（1570 年）夏黄河洪水以数丈高的水势涌入城内，整个古城浸泡于黄河洪水之中。水患过后，城中及城垣四周泥沙达数尺之厚。明万历十一年（1583 年），修筑了总长 4400 多米的护城石堤，仍然未能防止黄河水患侵蚀，古城南、北、东三面的护城河也在黄泛中逐渐淤满泥沙。⑫ 20 世纪 50 年代末期，因三门峡水利枢纽工程的建设，蒲州古城中的最后一批居民外迁，终于沦为一座厚重的古城遗址。时至今日，蒲州古城的南、北、西三面城墙及其城门，历历可见，城中心

图 2-1-29 蒲州古城瓮城（资料来源：自摄）

图 2-1-30 蒲津渡出土铁牛（资料来源：自摄）

的鼓楼基座也依然存在。1989 年，在古城西门 7 米厚的黄河泥沙下挖掘出了唐开元十二年（公元 724）铸造的四尊硕大铁牛及策牛的四尊铁人。古城的南门外和东关，至今泥沙之下仍然还淤埋着河渎神祠与舜庙遗址（图 2-1-30）。

第二节　城镇聚落

聚落的分类是一个非常复杂的问题。若从组织结构和经济制度的层面来分，可以分为城镇聚落、乡村聚落和似城聚落；如从规划营建的层面来看，又可以分为自发生长型聚落和自觉营建型聚落；若从聚落选址的层面来看，则可分为平原型和山地型两种聚落；若从聚落空间形态上来看，又可分为散居型和集居型两大类，其中集居型聚落又可分为条带型、团堡型和层叠型三种聚落形态。⑬ 山西许多城镇不仅起源早，而且大都是经过一批能工巧匠经年累月的计划，才逐渐形成。所以从城址的选择、范围的划定到空间布局，都是经过事先精心策划和周密经营的。如太原、新绛、平遥、太谷、祁县、汾城等城镇，这类城镇的修建具有自上而下的形成特征（图 2-2-1、图 2-2-2）。另一类是自由生长型城镇，它们往往自发形成于水陆交界，交通便捷之处。如临县碛口、阳城润城、长治荫城等集贸型城镇，这类城镇具有自下而上、自发偶成的特征。还有一类是防卫型城镇，山西在明清时期由于地处边陲，政府对其边防与经济作用极其重视，因此在山西北部地区修建了大量的边关卫、所、堡、寨，如大同、左云、宁武、右卫、新平堡、娘子关、阳明堡等，则属于防卫、兼有商贸功能的城镇。据《中国文物地图集（山西分册）》统计，山西现存古代城址（含堡寨遗址）约 617 余座，其中宋元以前的城址共 145 座，明清时期的城址有 432 座。⑭ 截止到 2013 年 3 月，山西省拥有 6 座国家历史文化名城，5 座省级历史文化名城，14 处省级历史文化街区，7 处中国历史文化名镇。其中，平遥古城被列入世界文化遗产。

图 2-2-1 平遥古城魁星楼（资料来源：自摄）

一、规划型中心城镇

　　山西许多城镇在其起源之时，便具有一定的规划意识与理念。而左右城镇规划理念的就是其独特的由上而下的社会结构。由社会结构的变化而引发规划思想的发展，进而对城镇形态产生影响。社会结构决定着人们的思想观念，而思想观念又对城镇形态产生作用。这就决定了城镇形态必然要受到社会结构的影响。城镇形态也相应地反映出各种社会结构的某些特点。这不仅由于社会结构与文化能够共同对城镇发展产生影响，而且在不同社会结构下，人们的生活方式、活动范围自然也会不同。这样城镇中的各种元素如起居环境、交通环境等等都会有所不同，而这些元素又是构成城镇的基本要素，从而使得城镇形态迥然不同。

（一）平遥古城

　　目前保存完整的平遥古城，充分展示了中国封建社会晚期的县城建置、官衙方位、街道规划、民居建筑、商街店肆的真实状况。平遥城墙建于明洪武三年（1370 年），是平遥古城的主要建筑物和

图 2-2-2 平遥古城门楼（资料来源：自摄）

平遥古城的象征，城墙高12米，墙厚5米，周长12华里，城墙上3000垛口、72敌楼，体现着孔子三千弟子七十二贤人的传统文化内涵。墙身用素土夯实，外包砖石，顶铺砖排水，可并行马车两辆。外筑垛口墙，高2米，为战肘护身。内有女儿墙高0.6米，墙顶净宽3~6米。外墙每隔40~100米左右筑有马面，上建堞楼，距离匀称，式样齐整。城上的点将台、魁星楼、上下城墙的马道等结构严谨，布局合理。每道城门的瓮城上建有重檐歇山顶门楼，城墙四隅有角楼。环城有深阔各一丈的护城河，河上有吊桥（图2-2-3）。

古城内部分布有主次分明的四大街、八小街、七十二条蚰蜒巷，构成了城区四通八达、井然有序的交通网络。从空中望去，犹如龟背纹图，所以人们形象地将平遥古城称之为"龟城"。意在青春永驻，金汤永固。城池是龟体，头南尾北卧于太岳北麓，

汾河东畔。据传，城池南门为龟头，门外的两眼水井象征着龟的双目，北城门为龟尾，是全城的最低处，城内积水由此排出。城池东西四座瓮城，两两相对，上西门、下西门、上东门的外城门均向南而开，形似龟的三条腿向前爬伸，唯有下东门瓮城的外城门径直向东而开，据说是害怕乌龟一步步爬走，故将其左后腿使劲拉直，拴在了麓台塔上。宫观、庙宇、商号、店铺错落有致，一处处四合院星罗棋布，一条条街巷车水马龙，呈现出一派祥和的气氛。在古城的中心位置，建有金井市楼，既是平遥古城的标志性建筑，也为人们登高远眺提供了的场所。俯瞰平遥，人们可以感受到一种无形无色的空灵。"县民服贾者多，城中廛肆纵横，街衢皆黑坏，有类京师，盖人烟稠密之故"[⑮]。从高处望去，民居房顶鳞次栉比，建筑与空间融成一片，并以此来确定建筑的体量、轮廓和群体的疏密关系。而街道空间的

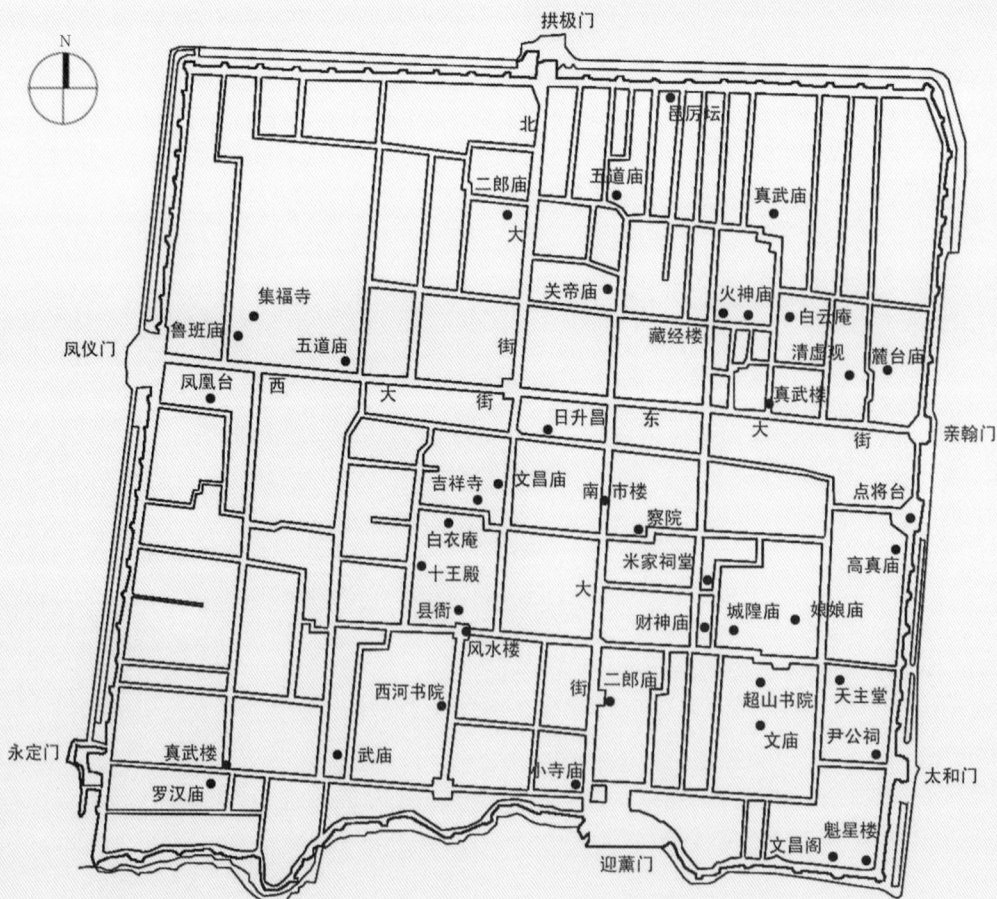

图2-2-3　平遥古城平面图（资料来源：《山西省历史地图集》）

变化给人的感受，或高远恢廓，或亲切细腻。当时的建设者以观赏者的视觉反应为依据，在不同的视距变化中，布置不同的建筑，构成不同的画面。真是气韵无尽。城中直立的墙体与变化的房顶处处交融，构成整幅流动的虚灵节奏，在雄厚城墙的围合中，映衬出旷邈幽深的静寂，形成缥缈浮动的氤氲气韵（图2-2-4～图2-2-7）。

昔日的平遥城因商业发达而被称为"小北京"，城内商号、票号林立，店铺门市相连。清代中晚期，有商号店铺226家。全国第一家票号"日界昌"，创办于平遥，之后有20多家票号相继成立，在全国各大城市设立分庄，一度成为海内金融中心。一批富商大贾应运而生，在古城内建造了工艺考究、造型华丽的商号店铺、深宅大院，至今完好地保持着明清时代的格局和风貌。1986年，平遥古城被列入国家历史文化名城。1997年，又被联合国教科文组织列入世界文化遗产名录。

（二）祁县古城

在远古时代，太原盆地南面是一片长满杂草的积水地带。据《周礼·夏官·职方氏》载："并州之泽薮，为昭馀祁，为九薮之一"。《尔雅·释地》篇中亦曰："燕有昭馀祁"，谓"昭馀祁泽薮"。积水地后逐渐干涸，直至明朝时期，祁城村一带仍是一片洼地，祁县因此而得名，而"昭馀"也成为祁县的别称。远古时代祁地属耆国，尧时属冀州，舜时属并州，实行分封制后属晋国。祁县为尧帝陶唐氏故地，春秋时赐祁奚作食邑，至汉始设县，称祁县。此后两千余年间，数易其名，数复其名，终不改祁称。当时县城在今古县镇，北魏孝文帝太和年间（公元477～499年），并州别驾分瓒新筑今祁县城，至今未变，已有1500余年的建城历史。祁县古城具有中国传统城市典型的营城思想和布局形态，祁县

图2-2-4 平遥古城市楼（资料来源：自摄）

图2-2-5 从市楼看古城南大街（资料来源：自摄）

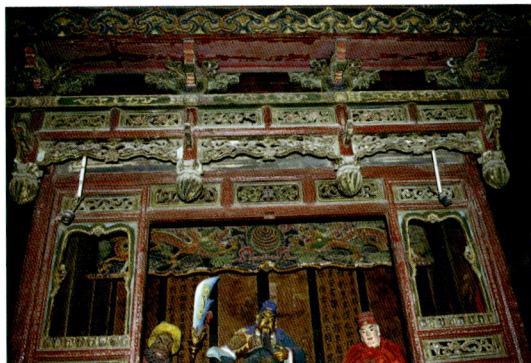

图2-2-6 市楼内关羽像（资料来源：自摄）

图2-2-7 平遥古城俯瞰（资料来源：自摄）

商业历史悠久，明清以来商业资本高度集中，故历史上有"金太谷、银祁县、铜平遥"之说。受此影响，祁县古城的城市格局也充满了浓郁的商业气息（图2-2-8～图2-2-12）。

祁县古城为方形城池，其城门相对，道路直通。县衙在西北，文庙在西南。城东南角做成一个九十度内角。因形似古代官帽，称"纱帽城"。城墙及城门，祁县城墙周长四里余三十步，高三丈三尺，

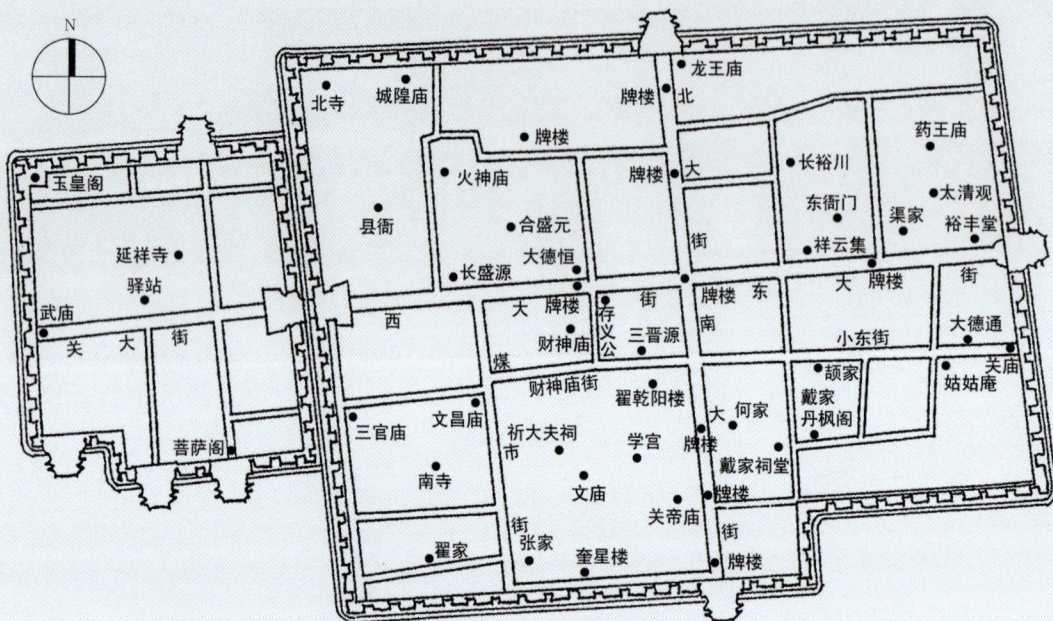

图2-2-8 祁县古城平面图（资料来源：《山西省历史地图集》）

图2-2-9 祁县古城街景之一（资料来源：自摄）

图2-2-10 祁县古城街景之二（资料来源：自摄）

图 2-2-11　祁县古城街景之三（资料来源：自摄）　　图 2-2-12　祁县古城街景之四（资料来源：自摄）

底厚三丈四尺，顶宽二丈二尺。西北隅城墙为圆形。环城壕池深一丈，宽三丈，内设护墙，高六尺，堤外遍植柳树。城四角各建角楼，四门有城楼，东、南、北各有月城1座，城四门悬匾，北曰"拱辰"，朝西开门，南曰"凭篬"，朝东开门，东曰"瞻凤"，有门楼三层，建筑高大精致，富丽堂皇，西曰"挹汾"，与西关城相通。城内有东南西北四条大街，形成十字；小街巷28条，走向大多与主街平行；现存明清民宅约1000所，共约两万间，著名大院40多个。西关城只有东西向大街一条。东关、南关、北关各有大街一条，小街巷十多条。县衙在城内西大街北侧，武衙门在东大街北侧。学宫在南大街西侧，昭余书院设于此。

在古城的东南片区，分布有竞新学校旧址、图书馆旧址、大德通票号、颉家大院、贾家大院、四合明楼院等。各典型传统民居的完整性，原有格局、布置形态、空间组合保存完好，反映明清时期建筑技法及表现手法。渠家大院、长裕川等晋商经典民居，位于古城的东北片区，是晋商民居的经典，积晋商大院之大成，建筑技法先进，艺术手法高超，儒法思想照人。该区域在历史上基本上为渠氏宗族所有，"渠半城"之说即于斯。古城的西北片区，分布有乔家住宅、晋恒银号、合盛元票号、义集生杂货铺、大德诚茶庄、大德恒票号、谦和诚杂货铺、益华公司等。集中保存了大片历史遗存，且保护较为完整，为古城内明清风格最为集中的片区。古城的西南片区，以文庙、武庙、道教院以及典型民居为主体。祁县城关分布有不少寺庙、戏台等祠庙建筑。城内有文庙、大小三个武庙、南寺、北寺、城隍庙、祁奚大夫祠、马王庙、龙王庙、药王庙、文昌庙、三官庙等。西关有延祥寺、武庙、茶王庙、玉皇阁、大肚弥勒佛庙、马王庙、菩萨阁等。南关有菩萨庙、武庙等。东关有交昌庙等。北关有龙王庙、三教寺等。在一些大的庙宇及晋商大院中，都布置有戏台。此外，还在古城的一些城坊十字口，及主要庙宇入口处布置有不少牌楼。

祁县古城基本保存了明清时期的商业街市的特征，尤其是西大街现存的银号、票号居址，再现了晋商历史上票号等商业金融的繁荣与鼎盛，是反映晋商明清街市的第一街市。1994年，祁县古城被列入国家历史文化名城。

（三）新绛古城

在山西省的西南，临汾盆地的南部，南北流淌的汾河在这里来了个大转弯，向西流入黄河。在这个拐弯的地方，便是历史上著名的绛州古城。它北枕九原，南襟峨眉，雄踞于西北，汾、浍二河环绕于东南。春秋晋国时为都会之处，是晋文公称霸的发祥地。李唐时为"六雄"之一，李世民曾在此安营扎寨，平定天下。由于西连黄河，河运发达，陆路畅通，历来是历史上南来北往的水旱码头，商贾云集之地。正所谓"西北凤舞天边去，北水龙飞掌上来"。

千余年来，绛州古城一直位居富饶的晋南平原，是山西的政治、经济、文化和艺术中心之一。明清已降，成为与晋阳、平阳齐名为河东重镇。绛州古城自北周武成二年（公元560年）改东雍州为绛州，隋开皇三年（公元583年）州治由玉璧迁至今县城，已有1400多年的历史。唐宋元明清，皆设州置郡。唐武德元年（公元618年）置绛州总管府，辖15州，领5县。清雍正的(1724年)时，改为直隶州，领5县。1912年废州改县，取咸与维新之义，改称新绛县。

绛州古城选址在汾河北岸的台塬上，自隋开皇三年（公元583年）开始，在此营建。城址西北高，东南低，汾水自城南流过。绛州城墙在明洪武元年（1308年）筑成，共九里十三步，高三丈有余。城内无对称十字的中轴线，由南至北是一条像牛脊梁骨的主街屈伸，由青石板铺就，顺主街东西辐射出六十九条牛肋巷。仅开南北两门，主街南口开"朝宗"门，谓牛嘴。街尾辟"武精"门，为牛尾。二门均有瓮城，高筑三层歇山顶城楼，远望特别威武壮观。南边左右有清泉池沼两眼，长年清水涌流，并有风水宝塔两座，谓牛的两眼及犄角。北垣高处竖有13层43米高的龙兴宝塔，史称"卧牛城"。相传每年暑夏卧牛要饮水一次，此时水由碱街而上，灌满低洼处的大街小巷，卧牛饮水，百姓遭殃。在这高低不平的阶地上，房屋鳞次栉比，错落有致，西、北部高垣之上，陈列着史称绛州三楼的钟楼、鼓楼、乐楼，以及绛州大堂、绛守居园池、天主堂、老佛楼、龙兴寺、宝塔等建筑，构成了甚为壮观、独具特色的建筑组群。千余年来，州署县衙均设在城西北高垣上，高敞宏壮，甲于列郡（图2-2-13～图2-2-16）。

明清时，城池内外治北关、西关、南关，孝义坊、正平坊、桂林坊、安阜坊、青元坊，仍保持隋唐遗韵。典章礼制，民俗风情，仍然古风犹存。古城格局基本上按"左文右武"格局构建，除孔庙、关帝庙之外，尚有各类神庙寺观达40座之多，祭祀酬神演出的舞台有19座，节令庙会，均有各种戏曲演出。各街道口建有各种古代牌坊29座，标榜权势与显贵的"旗杆"5座，反映了古城历史文化积淀的深厚。

历史上的绛州古城，也是工商业名邑。素以手工业发达、商贸业繁荣著称于世，号称"七十二行，行行俱全"。清末民初，新绛的手工业成为晋、陕、豫、陇、津等地手工业产品加工和交换的集散地。先后兴起和发展的手工业行业及产品有火柴、纺织、皮毛、制革、刺绣、戏装、制伞、木器、铁器、锡器、首饰、酿造、爆竹、笔墨、裱糊、纸扎、陶瓷、制砚、雕漆等。1994年，绛州古城以其深厚的遗产底蕴，被列入国家历史文化名城。[16]

（四）太谷古城

太谷春秋时属晋，周襄王时，晋侯以阳地赐大夫处父为食邑，始有阳邑。西汉时置阳邑县。隋开皇十八年（公元598年）更名为太谷县。明清以前，太谷一直隶属太原府。历史悠久的太谷古城，规模也非常宏大。县城所在地，原为白塔村。北周武帝建德六年始迁于此，之后筑土为城，周围5公里，高6米，护城池围绕城墙四周。明正德九年(1514年)，太谷城墙增高到8.3米，以砖砌门，上建重楼，城墙四角建角楼。明万历四年（1576年），太谷古城改砌砖城。城基垒石1.67米，自城基至垛口全部砌砖，城基宽14米，高12.5米，东、北、南为瓮城，

图 2-2-13 新绛古城（资料来源：《山西省历史地图集》）

图 2-2-14 绛州鼓楼一角（资料来源：自摄）

图 2-2-15 绛州城隍庙牌楼（资料来源：自摄）

图 2-2-16 绛州城隍庙献殿（资料来源：自摄）

西门为重门，瓮城上各建敌楼三间，角楼重加修饰，周围建警铺 56 座，以砖砌碟道，里侧加回垣。清代，古城虽时有修缮，但其规模与建筑基本还是明代样子。直到 1930 年，太谷城墙、瓮城保存完好，西、南、北护城河依然如旧（图 2-2-17～图 2-2-21）。

太谷古城位于晋中平原南北通衢大道上，人口比较多，而土地则相对较少，外出经商者多，城市商业相当发达，是当时的货物集散中心地之一，素有"旱码头"之称。当时太谷城内店铺林立，行当齐全，诸如票号、药材、绸缎、皮货、呢绒、布匹、典当、粮食、杂货、副食、土产、麻铁、颜料、茶庄、客栈应有尽有。其活动范围北起东北、蒙古，南到四川、广东，西达新疆、青海，东至京、津、徐、沪、杭、闽。全国商埠大邑、水旱码头，几乎都有太谷人的生意，还远足外蒙库伦、俄国的伊尔库茨克、莫斯科、恰克图等地。太谷城为正方形，每边有一门，有东西大街与南北大街相汇于县城正中，在交叉口上跨街建有鼓楼，鼓楼以北为衙门，而商业店铺主要集中于东、西、南三条大街上，文庙在城西南角。

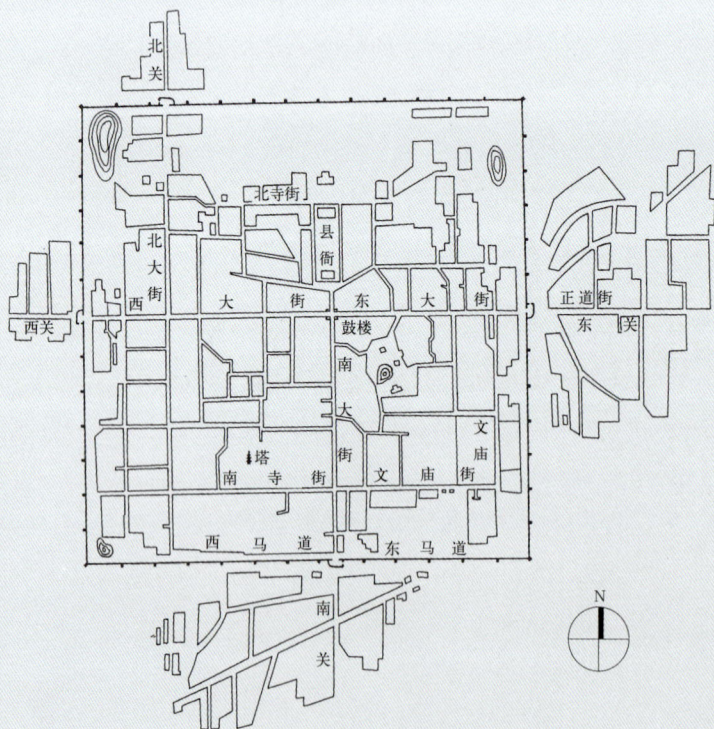

图 2-2-17 太谷古城平面图（资料来源：《中国城市建设史》）

图 2-2-18 太谷鼓楼东街（资料来源：自摄）

图 2-2-19　太谷鼓楼南街（资料来源：自摄）

图 2-2-20　太谷古城街景之一（资料来源：自摄）

图 2-2-21　太谷古城街景之二（资料来源：自摄）

　太谷古城的一大特点是街巷整齐，宅院讲究。太谷旧城共有四街八井七十二巷。而以鼓楼为中心，辐射东、南、西三条大街，北大街与西大街中段相交。在此基础上，多数街巷横平竖直，把全城民居划分为若干里坊，使得整座古城建筑规划齐整。票号建筑一般前面为店面，中间为管理部分，后有客房，与院落式住宅相似。太谷的沿街店面建筑都十分考究，用黑漆木雕刻，内部也装饰得十分华丽，城内一般住宅的质量也远较其他城市为高。太谷城内大部分住宅用砖墙，楼房很多，内部用的建筑材料也很讲究。古城内文物古建众多，北有明代县衙，大堂、二堂、三堂保存完整。东有文庙、文昌庙、城隍庙、晏公庙、三官庙。西有无边寺白塔、安禅寺。西北有书法家赵铁山宅院。西南有孔祥熙宅院园、孟家宅院、武家宅院分布其间。金碧辉煌的鼓楼，与高耸入云的白塔遥相呼应，各展艳姿，构成古城内人文和谐居住体系。2009 年，太谷古城被列入山西省历史文化名城。

（五）孝义古城

　孝义古城始建于北魏太和十七年（公元 493 年），时称"永安县"，县治即在今日之旧城。唐贞观元年（公元 627 年），因邑人郑兴"剜股疗母"的孝行闻名天下，唐太宗下旨改名为"孝义县"。宋太平兴国元年（公元 976 年），曾叫"中阳县"，不久又恢复了"孝义县"名。

　据乾隆三十五年邓志、光绪六年孔志记载，孝义古城在明景泰、弘治、正德、嘉靖年间各有增修。隆庆元年（1567 年），以砖包城，加高丈余，炮台戍楼，俱增于旧。清雍正四年（1726 年）、乾隆二十八年（1763 年）及三十四年（1769 年），咸丰三年（1853 年）、光绪十二年（1886 年）先后重修或维修。孝义旧城虽经唐、宋、元、明、清、中华民国、中华人民共和国历代修葺或改建，但仍然保持了"内城外郭"、"面朝后市"、"内坊外厢"、"一主二副"、"三坊三厢"、"三口九坊""六门八楼"、"九街十巷"的基本格局和肌理，至今未有大的变动，已有1500余年的历史（图2-2-22、图2-2-23）。

孝义旧城呈"内城外郭"格局，内城曰"坊"，外郭曰"厢"。内城方正，由宣化坊、悦礼坊、尚义坊三坊组成。外郭俗称"关"，呈不规则布局，由城西厢、桥北厢、桥南厢三厢组成。外郭如同外城，筑有土墙。内城南门外数十步有东西向的"润民渠"，渠上建桥楼，俗称"望胜楼"。外郭不远处由西向东南横亘着7里长的护城大堤，高厚二丈不等，用以屏障孝河洪水泛滥。外郭分布有桥北街、桥南街、西关街、窑上街、铁匠巷、东巷、西巷、东河柳巷、西河柳巷等大小9街巷条。窑上街东尽头，面向护

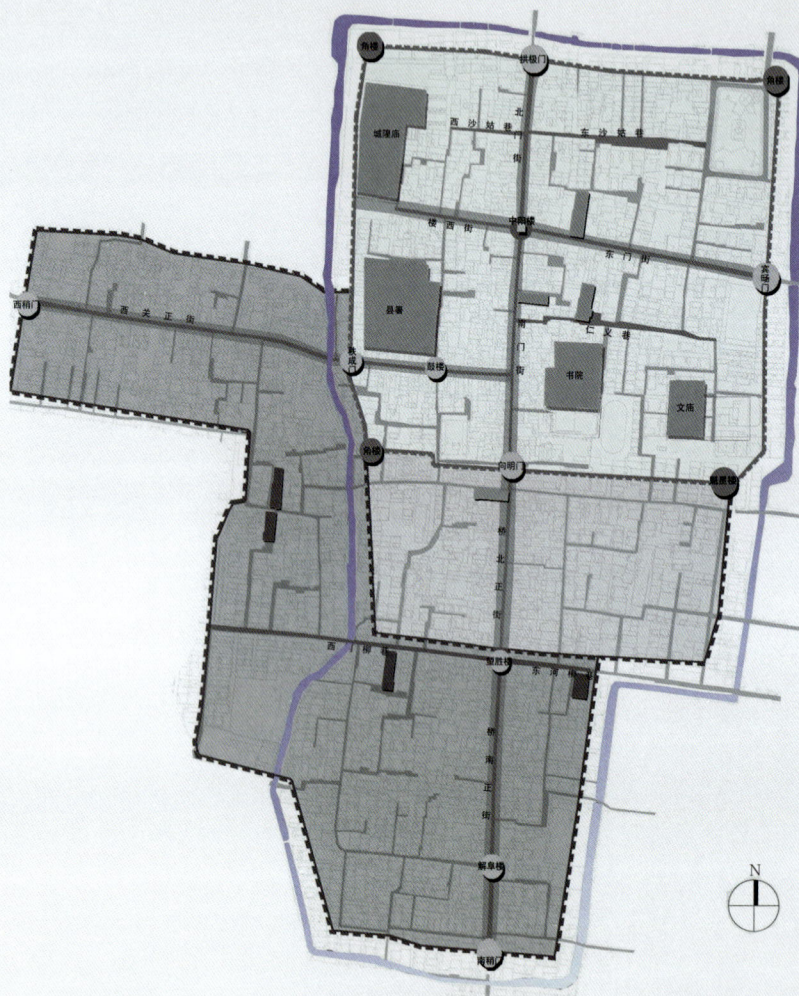

图2-2-22 孝义古城平面图（资料来源：自绘）

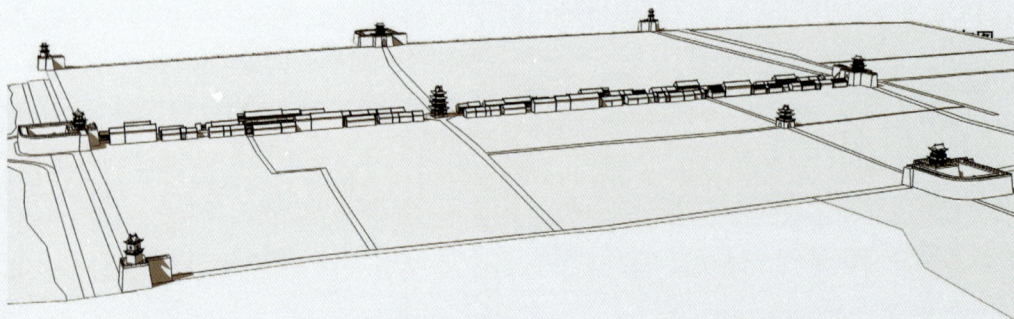

图2-2-23 孝义古城内城历史格局示意图（资料来源：自绘）

城河建有"观音庙"。桥南街南稍门北不远处，建有"解阜楼"，民间俗称"花楼"。历史上，内城西南方向的外郭是主要的聚居地，房屋鳞次栉比、人口稠密众多，一直到今天，依然如故。2009年，孝义古城被列入山西省历史文化名城。

（六）介休古城

介休形成于夏，初创于商，周代至春秋战国时期，已经成为山西重镇。从公元前541年建县始，迄今已有2500余年的历史。介休之名源于介子推，史书记载介子推为协助重耳返国，历尽艰险，割股为其充饥。后即位的晋文公，对大臣进行封赏，介子推耻于与同僚争禄，偕母隐居绵山，文公因促使其出山，环山举火，焚林求之，以致介子推与母合抱而亡。后人以"寒食节"纪念介子推的贤德，故改县名为介休。介休依绵山之势，傍汾水之源，得陆路、河运之利，地处山西晋中的交通冲要，交通十分便捷。其地"左控神京，右通梁雍"。县境疆域并非广袤，但县城内十分繁华，俨如都会。负郭桑麻，村落星罗棋布。古人赞曰："境属康庄，往来冠盖相望于道。拥以关隘，限以河渠，洵乎腹地要区，邑称繁剧焉"。介休的商业起步较早，明清时期，晋商迅速发展，介休成为重要的商品货物集散地。因商业的繁荣，文化也较为开放，介休往往成为首开社会风气之地，乐于接受外来的文化和思想，为城市的发展注入了新的活力。几经建设，介休古城的形态宛如凤凰展翅，被后人称之为"凤凰城"。2009年，介休古城被省人民政府命名为山西省历史文化名城（图2-2-24）。

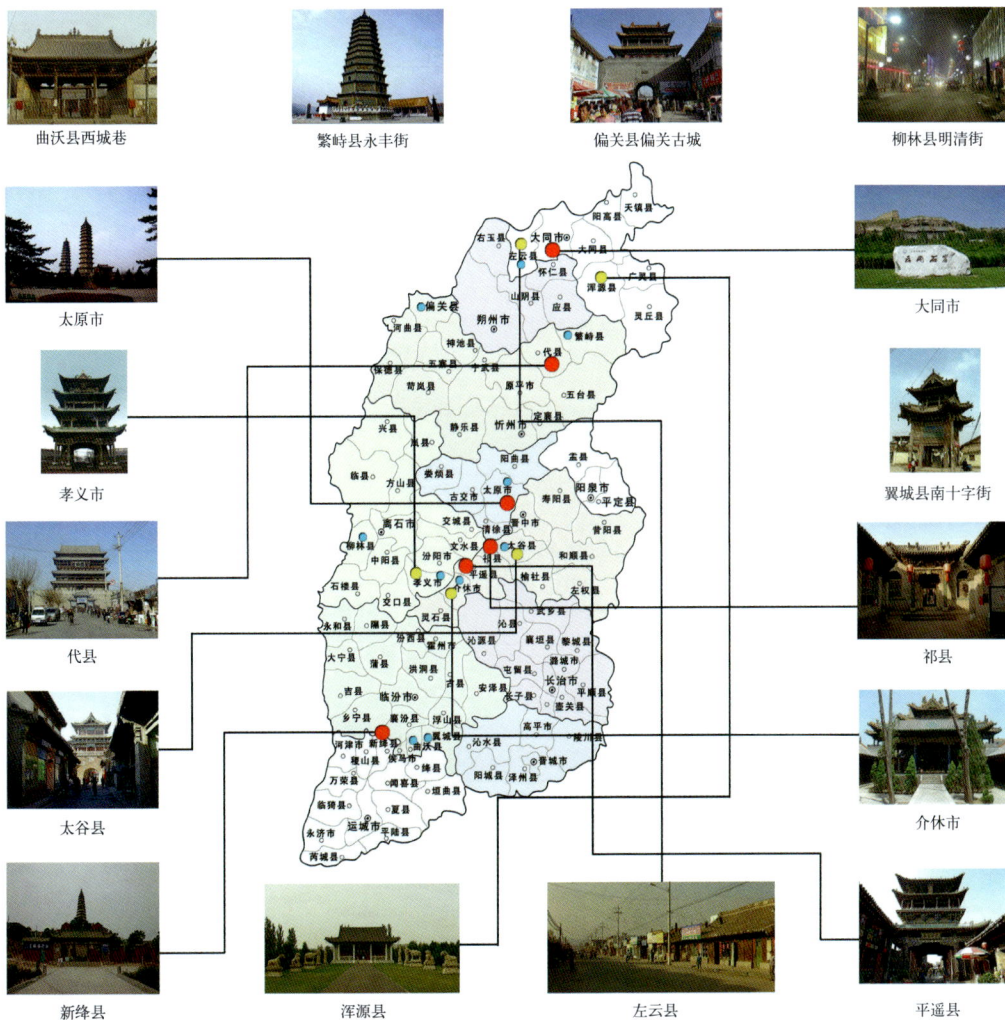

曲沃县西城巷　　　繁峙县永丰街　　　偏关县偏关古城　　　柳林县明清街

太原市　　　大同市

孝义市　　　翼城县南十字街

代县　　　祁县

太谷县　　　介休市

新绛县　　　浑源县　　　左云县　　　平遥县

图2-2-24　山西省历史文化名城（街区）分布图（资料来源：自绘）

晋顷公十二年（公元前514年），介休境内置邬县，县治在邬城店村一带，遗址无存。北魏太和十八年（公元484年）复置介休县时，县治在今城东南12公里附近，旧址无存。东魏孝静帝遣朔州军备御外患，筑土为垣，历史记载"更修筑"，其"更"筑县城即今介休城。隋末尉迟敬德为刘武周居守重修。唐、宋、元时期城池多修葺并无太多变化。明正统十四年、景泰元年，知县王俭、彭雍四门建谯楼。城外砖内土，周围8里，高三丈五尺，基阔三丈二尺，女墙高五尺，衙署位于西街，文庙位于城内东南隅，城隍庙位于城中偏北处。城门四座，东曰"捧晖"，西曰"临津"，南曰"迎翠"，北曰"润济"，门外各有吊桥。西城南城外有瓮门两座，台高二丈三尺，楼高一丈二尺。正德二年，知县郝盘于城四隅增设小楼，五年流贼肆掠，邻城皆破，唯有此城完整。嘉靖元年，在城东、北两面始筑外城（图2-2-25～图2-2-27）。

介休古城内主要有东西、南北两条主街。城内主要楼宇建在东西街道之上，有钟楼、三门楼、十字楼、三官楼以及城门楼两座，共计六座，跨街而立、鱼贯而建。城内道路多为南北向，东西大街地势较为平坦，南来北往客商主要集中于此处。城内重要建筑物分布于东西大街两侧，街上建有众多牌坊，与城东南玉皇桥接连为一体，犹如龙头微抬，首尾相互辉映，贯穿楼宇，鳞次栉比，错落有致，颇为壮观。古城北部布置有后土庙、袄神楼。中部从西向东，依次为县衙、财神庙、关帝庙、万寿宫、城隍庙、三官庙。城南修有文庙与东岳庙，成了标志性建筑物。城内衙署、庙宇等重要建筑，屋顶多用黄、绿色琉璃，与民居院落形成对比，使城市井然

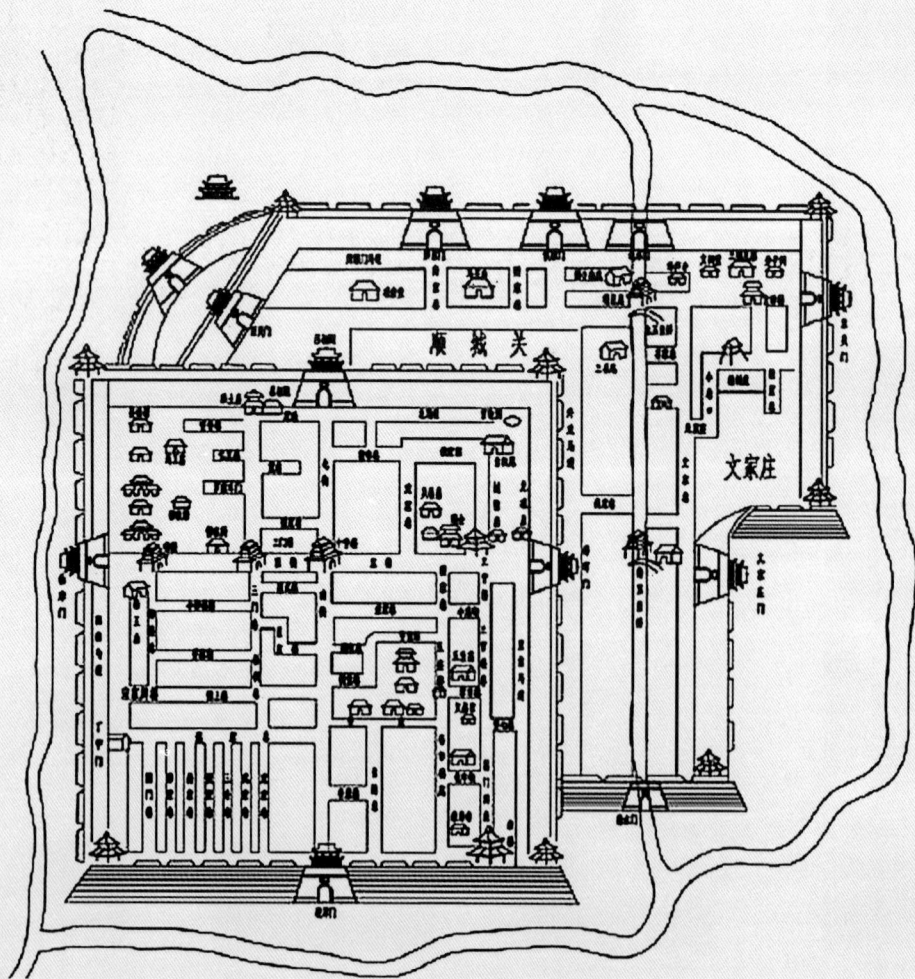

图2-2-25　民国年间介休古城（资料来源：《介休古城传统城市设计方法研究》）

图 2-2-26　介休古城三结义庙（资料来源：自摄）

图 2-2-27　介休古城史公塔（资料来源：自摄）

图 2-2-28　汾城古镇南大街（资料来源：自摄）

有序，等级分明。明嘉靖以前，介休古城近似方形，后因雨水冲浸，城东城墙圮毁严重，且人口日益增多，迫于城内居民安全，于城东北部分外扩城墙，缓解了城内居民增多造成的用地紧张。新扩的城墙开辟五门，因有水贯通南北，所以开水门两座，用以防洪。

（七）汾城古镇

汾城镇位于山西省临汾市襄汾县境西南部，吕梁山脉姑射山东麓，是中国历史文化名镇。汾城镇是在古太平县基础上发展演变而来的。古太平县唐初有尉迟敬德的封地鄂公镇，太平县城在唐贞观七年（公元 633 年）由现在古城镇迁于此地（现汾城镇），一直延续至 20 世纪 50 年代初期。汾城古镇东西宽 332 米，南北长 655 米，占地 22 公顷，以鼓楼为中心四向布局。城西布置有文庙、学宫、试院、学前塔；西北布置了城隍庙、魏侯祠、娲皇庙、观音堂、仓储等；城东布置县署各司衙门、关帝庙、刑狱等设施。城内共有大小街巷 17 条，主要街道两侧，民宅栉比，店铺林立，商业繁荣（图 2-2-28、图 2-2-29）。

图 2-2-29 汾城古镇平面图（资料来源：自绘）

汾城古镇规划严谨，秩序井然，具有较高的科学价值。汾城古镇保持着我国县级城市建筑的布局方式，署衙、学宫、仓储、寺庙、店铺、民居、塔、楼、桥梁等不同类型的建筑一应俱全。现存建筑从金大定二十三年（1184 年）到清末的建筑遗构十一处，有近四十座保存非常完整的历史建筑。建筑类型丰富、时代特征鲜明，具有较高的建筑技术与艺术水平，真实反映了封建社会县级城市在政治、经济、文化等方面的历史状况。

二、自由生长型城镇

明清之际，由于一定的历史机遇，加上晋商自身的努力，导致山西地方商业及金融业的异常发达，甚至有富甲天下之势。在山西一些古驿道等交通发达、物流便捷、商贸繁荣的枢纽地带，形成很多自由生长型城镇。自由生长型城镇的特点是没有特定的形式，大都由地理及交通等条件所决定，城镇区形态自由灵活，街巷系统适于交易与居住。

（一）润城古镇

润城镇位于山西省阳城县东 7 公里处，四周环山，三面有河，是中国历史文化名镇。元明以来，润城镇的工业和商业非常发达，文化繁荣，人才辈出。其中张敦仁为乾隆四十年（1775 年）进士，是清代数学领域成就最大的学者之一。2006年，润城镇的砥洎城和东岳庙被公布为全国重点文物保护单位。砥洎城位于镇内西北面土丘上，堡墙于明崇祯六年（1633 年）开始建造，于崇祯十一年（1638 年）竣工，现基本完好。堡内面积约 3.7万平方米，堡墙周长 700 米。润城镇现存有明崇祯十一年（1638 年）的一通碑刻"山城一览"，上面绘有砥洎城平面图，较翔实地反映了堡内建筑和巷道情况。在沁河改道之前，砥洎城三面环水，沁河绕城而过。因为沁河古称洎水，砥洎城由此而得名（图 2-2-30 ～图 2-2-32）。堡墙高 12 米左右，临水面堡墙高达 20 米。砥洎城南面有正门，北面有水门，堡墙四周设有马面、炮台、哨所、藏兵洞等。堡墙主要由冶铁后废弃的坩埚做主要建筑材料构筑而成，非常坚固，成本也低，这也从一个侧面反映出当时的冶铁业的发达。现从堡墙内侧，可以看到密密麻麻的坩埚。砥洎城出于军事防御目的而建，但同时兼顾居住使用功能。砥洎城过去被分为十个坊，每个坊都有自己的名字，刻成匾额后镶嵌在过街楼上。现仅存"世泽坊"一块匾额。砥洎城的街巷狭窄幽长，主要巷口设有巷门，坊与坊之间又通过横跨巷道的过街楼连接。坊间的小巷将民居分隔为一个个院落。坊中的院落并不封闭，院落之间均有过道相连。这种布局与特点，构成了一个完善的防御体系。堡内有文公祠、关帝庙、三官庙、黑龙庙、祖师阁等。堡内还有张敦仁（清代数学家、汉

图 2-2-30 润城古镇平面图（资料来源：润城镇保护规划）

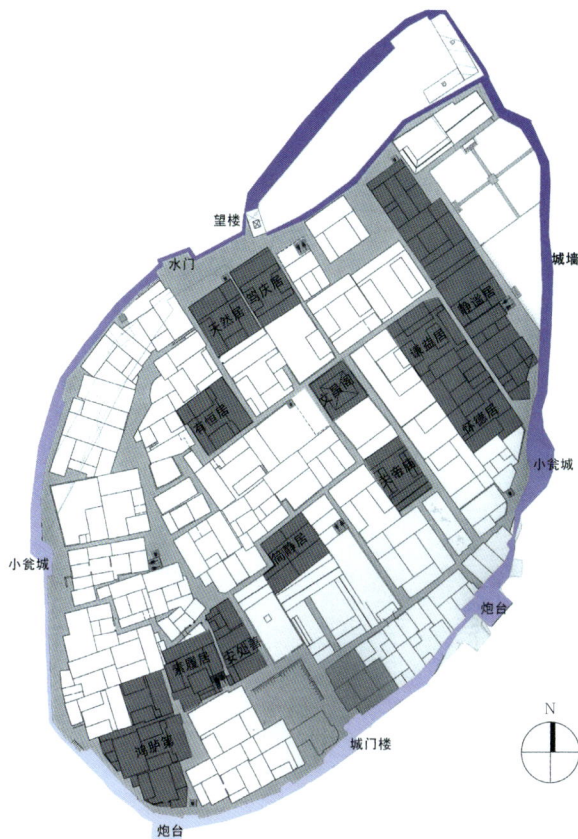

图 2-2-32 砥洎城平面图（资料来源：润城镇保护规划）

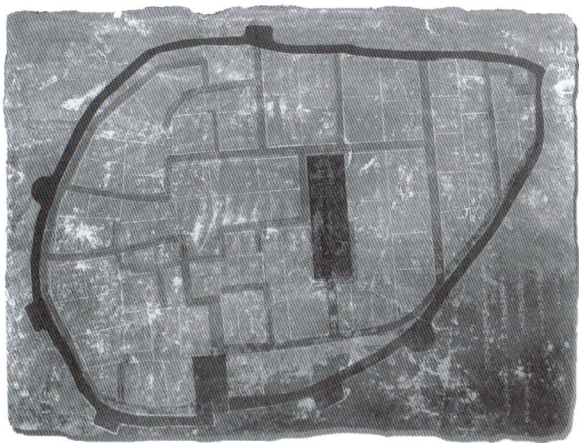

图 2-2-31 润城砥洎城石碑（资料来源：润城镇保护规划）

学家）故居、郭登云（清朝内务大臣）"鸿胪第"、王崇铭（清代福建都转盐运使）"师帅府"、"张府"（明代巡抚张春府第）等三十余处保存较好的宅院（图 2-2-33 ～ 图 2-2-37）。[17]

（二）碛口古镇

碛口古镇是中国历史文化名镇，位于山西省，是黄河中游著名的水旱码头，有"九曲黄河第一镇"和"水旱码头小都会"等美誉。清朝中期，碛口商

图 2-2-33 砥洎城城门（资料来源：自摄）

图 2-2-34 砥洎城全貌（资料来源：自摄）

图 2-2-35 润城古镇街巷之一（资料来源：自摄）　图 2-2-36 润城古镇街巷之二（资料来源：自摄）　图 2-2-37 润城古镇街巷之三（资料来源：自摄）

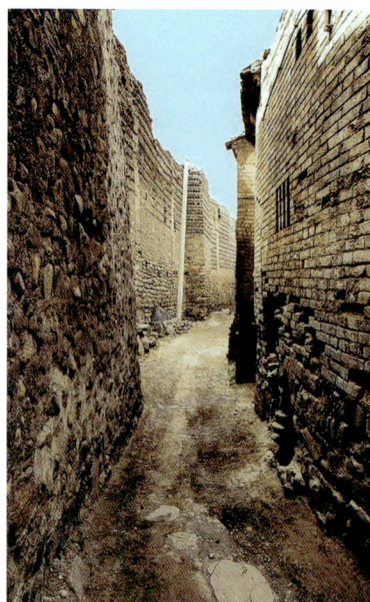

贸发展到鼎盛时期。据清乾隆二十一年（1756 年）《重修黑龙庙碑》载："临永间碛口镇，境接秦晋，地临河干，为商旅往来、舟楫上下之要津也。比年来人烟辐辏，货物山积"。民间亦有"驮不尽的碛口、填不满的吴城"，"碛口街上尽是油，三天不驮满街流"等民谣。可见其经济之繁荣，商业之发达（图 2-2-38、图 2-2-39）。碛口镇主要街道有西市街、东市街、中市街，三条街道总长 2 公里有余，

称五里长街。除主街外，还有十三条小巷，有百川巷、驴市巷、画市巷、稀屎巷、烟花巷、当铺巷、拐角巷、四十眼窑院巷、无名巷、要冲巷等。街巷地面都以黄河卵石、方石等铺砌而成，店铺都是平板门，门前两侧有高坌台。西市街又称后街，多为经营油盐、粮贸等的大型货栈，如荣光店、大顺店、四十眼窑院、天聚永等。荣光店现已改为黄河宾馆。西市街多为四合院建筑。东市街又称前街，多为经营百货、

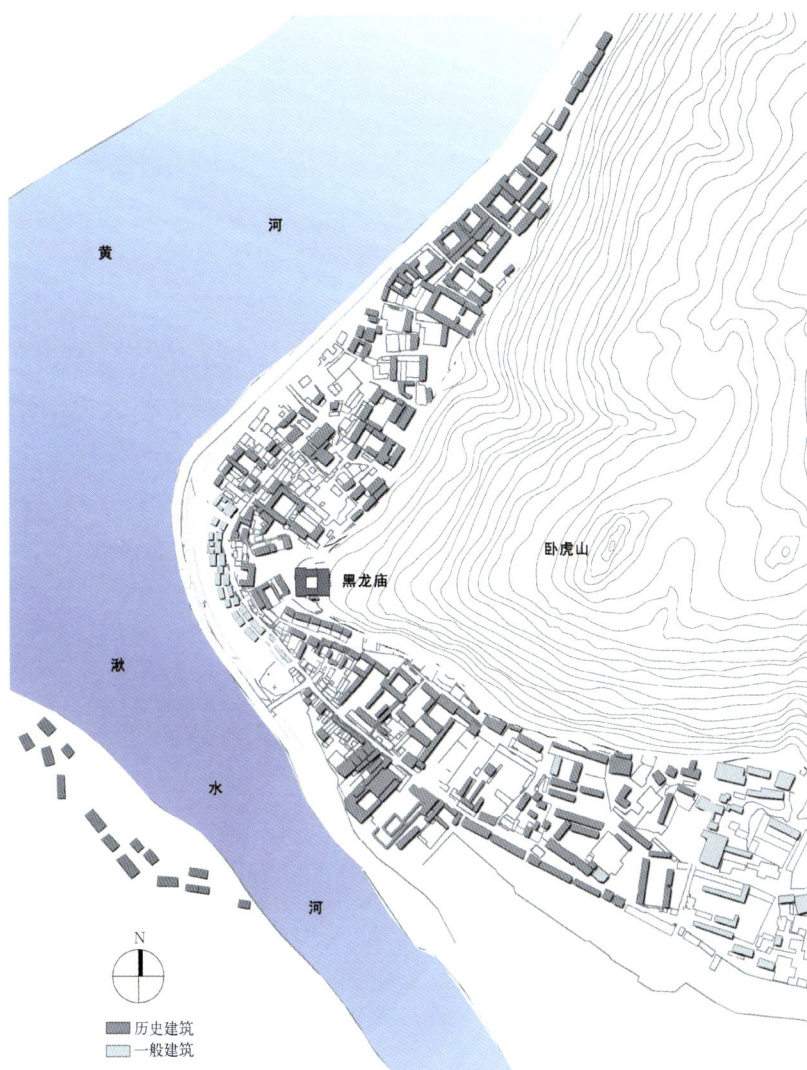

图 2-2-38 碛口古镇平面图（资料来源：自绘）

图 2-2-39 碛口古镇全貌（资料来源：自摄）

日杂、副食等的零售业和服务业的商铺，也是骡马、骆驼运输店集中的地方，规模较大的有三星店、义和店等。东市街上建筑多较简陋，多建高圪台，既可陈列货物，又可防洪防水灾。中市街多为金融机构，如钱庄、银行、票号等。中市街是连接东市街和西市街的街巷，曾是镇内最热闹的街道。

（三）大阳古镇

大阳镇是中国历史文化名镇，位于山西省泽州县西北部25公里处。大阳镇的历史可以上溯到汉代。汉高祖封大阳为阳阿侯国，后汉设为阳阿县。隋文帝于开皇三年（公元583年）废县治。明清时期，大阳镇商业繁荣，"户分五里、人罗万家，生意兴隆，商贾云集"。[18] 同时，大阳镇资源丰富，特别是煤炭和铁矿资源。战国时，大阳镇是北方各诸侯国制造兵器所需生铁的重要产地。到了明清时期，大阳镇的采煤、炼铁和铸造行业达到鼎盛，每年大批商人来到大阳镇进行铁货交易。因为经济的繁荣，带动了大阳镇的村镇建设和社会文化发展。大阳镇在明清时期建造了规模宏大的宅院建筑群（图2-2-40、图2-2-41）。这些大院布局严谨，规模宏大，装饰讲究。横贯东西的明清大街，至今店铺林立，古风四溢。沿街分布有七十二巷，可谓壮观。在大阳镇诸多宅院中，明代万历年间丁丑科户部右侍郎张养蒙宅院是杰出的代表。这座宅院规模宏大，雕梁画栋，独具风格。另外如东大阳村的光禄第，是明代嘉靖礼部尚书裴宇的故居，呈九宫八卦式布局，结构合理，院院相连，建筑尺度高大。除了遍布大街小巷的深宅大院，大阳镇还留存有不少寺庙建筑，如汤帝庙、关帝庙、资圣寺、后大寺、九层天柱塔、香山寺等。

（四）静升古镇

静升镇位于山西省灵石县城东12公里处，2003年被国家公布为第一批中国历史文化名镇。静升镇在清乾隆年间（1736～1795年）到嘉庆年间

图 2-2-40　大阳古镇街巷（资料来源：自摄）

图 2-2-41　大阳镇过街楼（资料来源：自摄）

（1796～1820 年），达到其鼎盛时期，当时有"一街九沟八堡十八巷"之称，镇内现存有王家大院、文庙、魁星楼、文笔塔等。其中横贯东西五里的主街更是商铺林立，市井繁荣。静升镇内现存五处王氏堡院，有红门堡（恒贞堡）、高家崖堡（视履堡）、西堡子（崇宁堡）、东南堡（和义堡）和下南堡（拱极堡）。其中高家崖堡和红门堡保存最为完整。高家崖与红门堡东西相峙而立，中间以一桥相连。高家崖和红门堡的南坡下的临街处有王家孝义祠，祠前有孝义坊。孝义坊为石构，三门三楼，雕刻精致，造型优美，建成于乾隆五十一年（1786 年），是奉旨为王氏十五世王梦鹏而建。孝义祠则建于清嘉庆元年（1796 年），正房上下两层，下面为窑洞三间，后面另有一大窑洞用于停放灵柩；上面为木构房屋五间，供奉祖先，为祭祖堂（图 2-2-42～图 2-2-44）。[19]

（五）周村古镇

周村镇位于山西省泽州县西部，古时为晋城县的西大门，距晋城市区 23 公里，是西连陕西、南接河南的要塞。因村东的长河上有一桥叫"长桥"，周村镇原名长桥镇。后来西晋名将周处灵柩葬于镇西，于是改为周村镇。周村镇在明末清初时已经初具规模。清乾隆五年（1704 年）和清咸丰七年（1857 年）曾经历过两次大修。古人描述其"城墙周三里，一百九十五步，墉高四丈"。原有城门五座，分别是东、西、南、北四座正门以及一座小南门，上方分别刻有"行山重镇"、"丹水名区"、"连阳接沁"、"金汤巩固"等石匾额。现在四座正门和大部分城墙都已拆毁，唯独小南门尚存（图 2-2-45～图 2-2-48）。进入小南门，有一条东西走向的古商业街和众多古民居建筑群。这些民居大部分建于明清两代，呈四合院形式。其中最古老的民居建筑是"鸿胪第"，始建于明末，为一进三院式，规模宏大，细部雕刻精细。而周村镇最古老的建筑则是位于古商业一条街北侧高岗上的东岳庙。东岳庙创建于唐初，经宋、明、清历代重修。周村最大的民居宅院是郭象升故居，建于晚清时期。郭象升是近代大教育家，1910

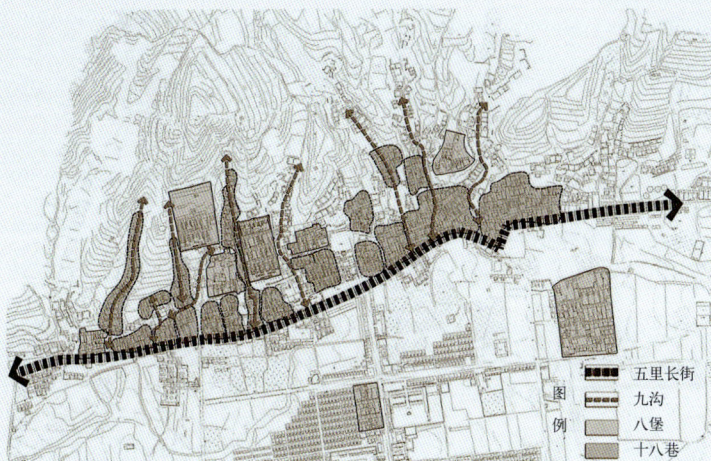

图 2-2-42　静升古镇平面图（资料来源：自绘）

图 2-2-43　静升镇恒贞堡（资料来源：自摄）

图 2-2-44　静升古镇西街（资料来源：自摄）

图 2-2-45　周村古镇沿街店铺（资料来源：自摄）

图 2-2-46　周村镇小南门（资料来源：自摄）

图 2-2-47　周村镇古桥（资料来源：自摄）

年后历任山西师范学堂教员、山西医学专门学堂监督、山西大学文科学长、山西省立教育学院院长等职。周村镇北部高岗上，原有串心院、平地院、书房院、旗杆院等18院，现存6座比较完好的院落。整个建筑显得气势宏大，庄严古朴，同时又不失精美。[20]

图 2-2-48 周村镇街巷 (资料来源：自摄)

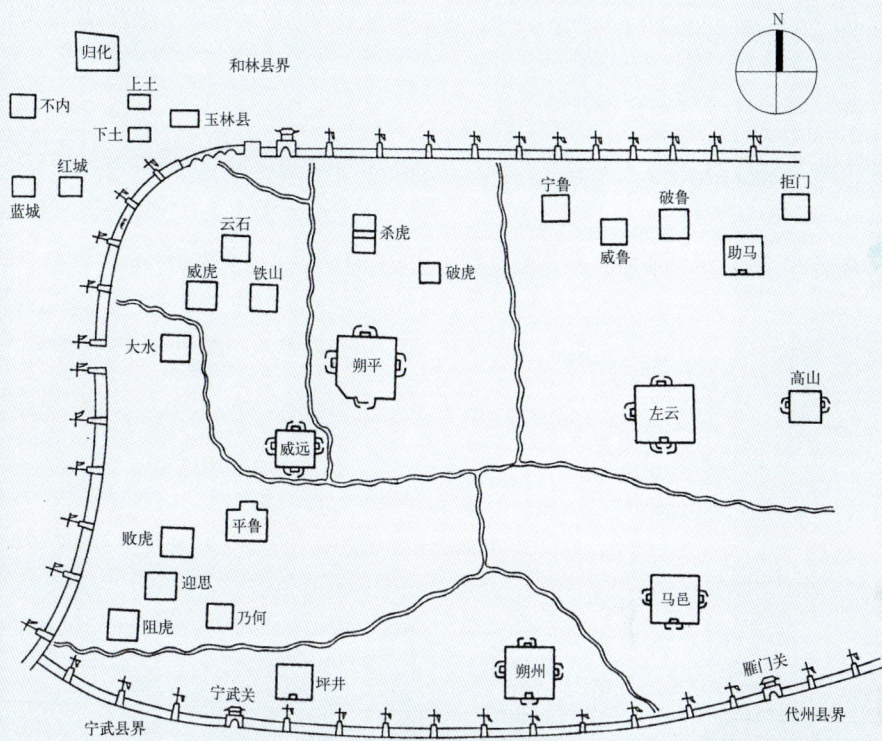

图 2-2-49 明代雁北边防城堡图 (资料来源：《城市规划历史与理论研究》)

三、防卫型城镇

　　明代为了抵御蒙古族的进攻，在北方的重要关隘不断设险置关，修筑防线，形成了外边与内边。山西境内的外边主要是指大同以北的长城，在长城沿线分布着不少军事城堡。明代边防的兵制是设都司、卫、所，山西行都司，下设大同左卫、大同右卫、大同前卫、大同后卫、朔州卫，在下为千户所，这些卫所沿长城根据地形分布，据《明会典·镇戍五》载："大同边防共有城堡 64 座，敌台 89 座，墩台 788 座"。清代康熙年间，长城南北和平共处，这些边防城堡的军事性质发生了改变，成为长城内外人民的贸易场所，从而随着商贸的发展，逐渐由军事据点演变为乡民的定居点。[21] 所谓内边，是指西起山西偏关县，经神池、宁武、代县、朔县、河北蔚县等地，抵河北延庆县的内线长城，蜿蜒 1000 多公里。在这条防线上，筑关设堡，驻守军队。在山西境内，设偏头、宁武、雁门三关，称为外三关。外三关之中，偏头为极边，雁门为冲要，而宁武则

介于二关之中，控扼内边之首，形势尤为重要。明代的军事家，在论述宁武的地理形势时，就说过："大同有事，若以重兵驻此，东可以卫雁门，西可以援偏头，北可以应云、朔，盖地利得势也"。山西境内保存较好的防卫性城镇有大同、左云、右卫、代县、旧广武、阳明堡、娘子关等（图 2-2-49）。

（一）代县古城

　　代县位于山西省东北部，北依雁门，南望五台，滹沱河由东向西向临城流过。代县古称上馆，自古为山西北方的军事、经济、文化重镇。代州古城于北魏孝明帝时由城西 15 华里的汉广武故城迁来。汉广武城约筑于战国时的赵国。秦王政二十六年（公元前 221 年）始置县。汉高祖七年（公元前 200 年），刘邦抗击匈奴时，曾驻兵于此。东汉时，雁门郡制在阴馆（今朔州境内），曹魏黄初元年（公元 220 年），移于广武城。广武遂为郡、县治所。北魏延昌元年（公元 512 年），雁门郡发生毁灭性的地震，郡县于熙平至武泰年间（公元 516～528 年），一并向东移至上馆城，即今代县城。北周大象元年（公元 579 年），

肆州治所又由九原（今忻州市）移置上馆城。隋开皇五年（公元 585 年）改肆州为代州，代州之名自隋始。开皇十八年（公元 598 年）又改广武县为雁门县，遂为郡、州、县治所。

隋唐时，代州依托雁门关防御突厥，军事和政治地位更为重要，曾设总管府和都督府，辖忻、代、蔚（今属河北省）三州。一度辖代、忻、朔、蔚、灵五州。唐中期是著名的方镇，雁门节度或代北节度均驻代州。北宋初与辽对峙，著名将领杨业曾任代州刺史七年之久。金、元两朝仍为州、县驻地，代州辖崞、代、繁峙、五台四县。明初，设立九边重镇，代州为山西镇之要冲（图 2-2-50 ～图 2-2-52）。

图 2-2-50　代县古城西城门（资料来源：自摄）

吉安侯陆亨集中军民进行了大量修复工程，首先是防卫瓦剌的军事设施，兴修雁门关、内长城、烽墩．堡寨、驿站。对州城城墙在原有基础上加高加厚，全部用青砖砌筑，并修缮了四城门、四瓮城、城四角建楼、城中边靖楼、钟楼等共 14 座建筑设施。对衙署、民居、寺庙也陆续修缮，使代州城成为楼阁耸峙、城垣坚固的北方名城。明中叶以后，随着经济逐渐发展，城内一时店铺林立，物资富积，商贾云集。享有"南绛北代"之美称。由于受五台山佛教的影响，州城的寺庙发展到 30 余处，军事重镇代州又充满了浓厚的宗教色彩。清以后，代州在雍正朝升格为直隶州，又是道署所在地，成为道署、州署、县衙三级驻地，政治地位进一步提高，商品经济更加活跃。州城一时树立坊表，兴建园林别墅、楼阁庭堂等。繁荣昌盛。由于崇儒兴教之风大盛，代州重视文教，科甲联翩，誉为文献之邦。州城以古迹集聚，名流荟萃，商业发达闻名遐迩。[22] 1994 年，代县古城被列入国家历史文化名城。

（二）左云古城

山西历史上曾经一度战火纷乱，因此分布着大量的防御性城堡。纵然战火平息，但几经盛衰兴败，许多当年气势宏伟的堡寨，或以静静的姿态坚守历史，或以浓厚的乡音传唱往昔。残存的堡城诉说着战火纷飞的年代，风化的墙垣讲述繁荣昌盛的过往。这些聚落多靠近长城边防线，以外围的高墙、厚重的城门形成封闭的防御体系，因地制宜地构成了居住与防卫合二为一的聚落形式，印证了那个灾祸不断的历史，为我国传统的防御性聚落提供了宝贵的素材。左云，明洪武二十五年（1392 年）设镇朔卫，开始筑城，永乐七年（1409 年）称大同左卫，筑城垣（图 2-2-53）。正统年间，将边墙外的云川卫并入，改称左云川卫，并将城垣包砖。城门有三，南曰拱宸，西曰靖远、北曰镇朔。洪武二十八年（1395 年），移太原及平阳民为兵户，在此屯田守卫，城周长经实测南北约 1540 米，东西约 1500 米，东半部顺山势建造，西境外临河，南、北、西三城门均有瓮城。南门外有南关，另有城墙，系万历三十八年（1610 年）

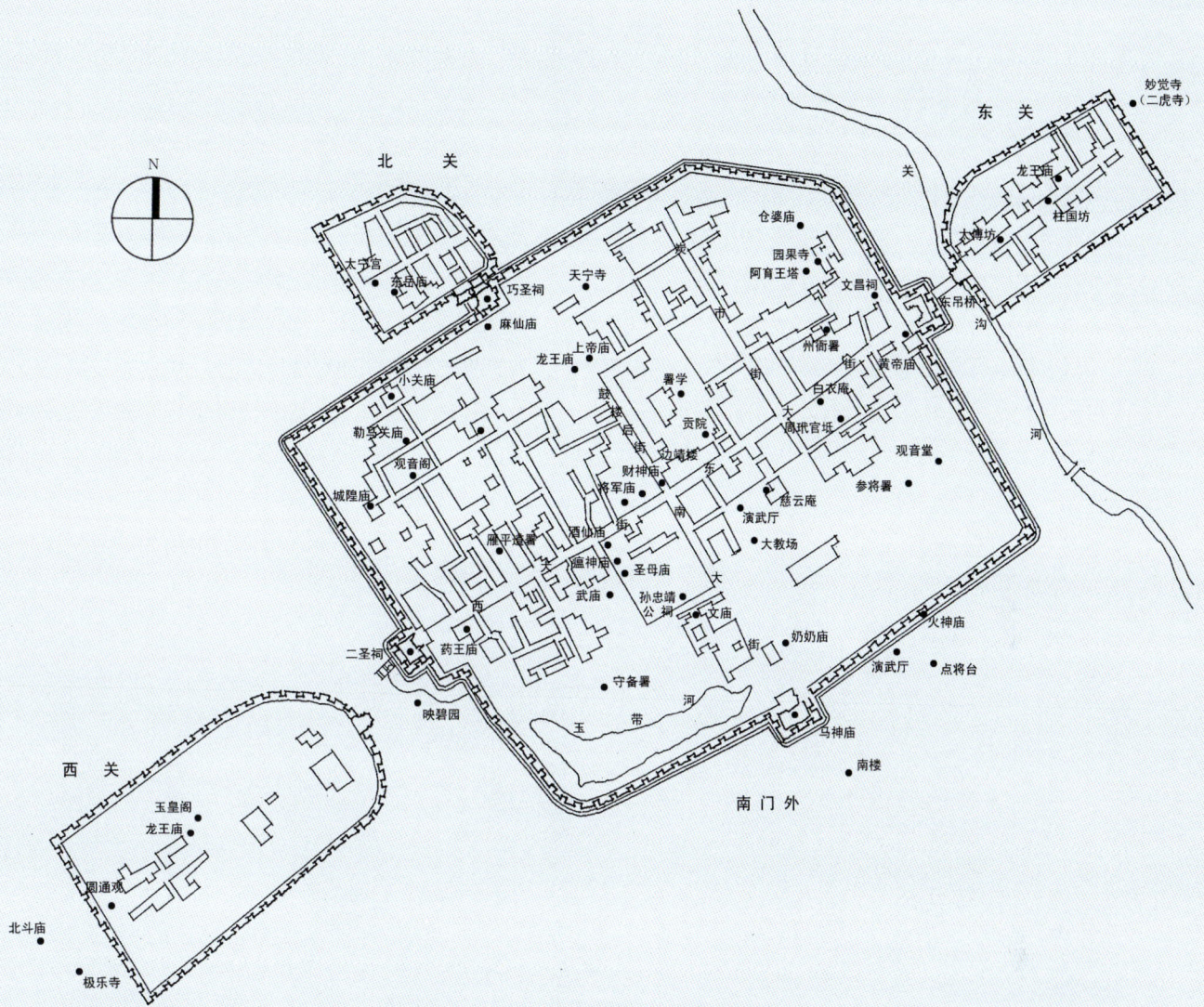

图 2-2-51 代县古城平面图（资料来源：自绘）

图 2-2-52 边靖楼北侧（资料来源：自摄）

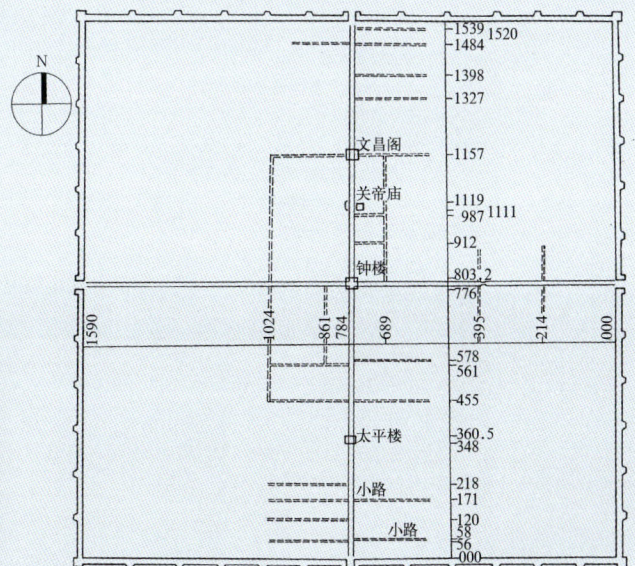

图 2-2-53 左云古城平面图（资料来源：《城市规划历史与理论研究》）

拓修，外城门正对瓮城门有翼城一道。城内主干道为北门通往南门街道，跨街建有太平搂、鼓楼、钟楼、聚奎楼（文昌阁）等建筑。这几座楼位于同一轴线上，丰富了街景，各楼附近商店汇集，是城市经济生活的中心。2009年，左云古城被列入山西省历史文化名城。

（三）旧广武城

旧广武古城雄踞隘口，南望内长城，东靠新广武城，北邻汉阴缩故城，西接辽代雁门关关城遗址，是历史上汉民族与北方少数民族发生战争的重要地带，是雁门关下的重要关隘，是山西省现存最完整的古城之一，素有"北门锁钥"之称（图2-2-54、图2-2-55）。

旧广武古城的确切建造年代，史籍无载，据有关文献佐证和现存建筑考究，始建于辽代，当时为夯筑城垣，明洪武七年（1374年）包砖，清代曾作过维修和补葺。现存城墙除外观具有明代特点外，其主体规制和构造基本为辽代故物。原城门上有门楼，已遭破坏。城内街道建筑布局基本保留原制。旧广武城各城门外侧曾有过精致的砖雕为装

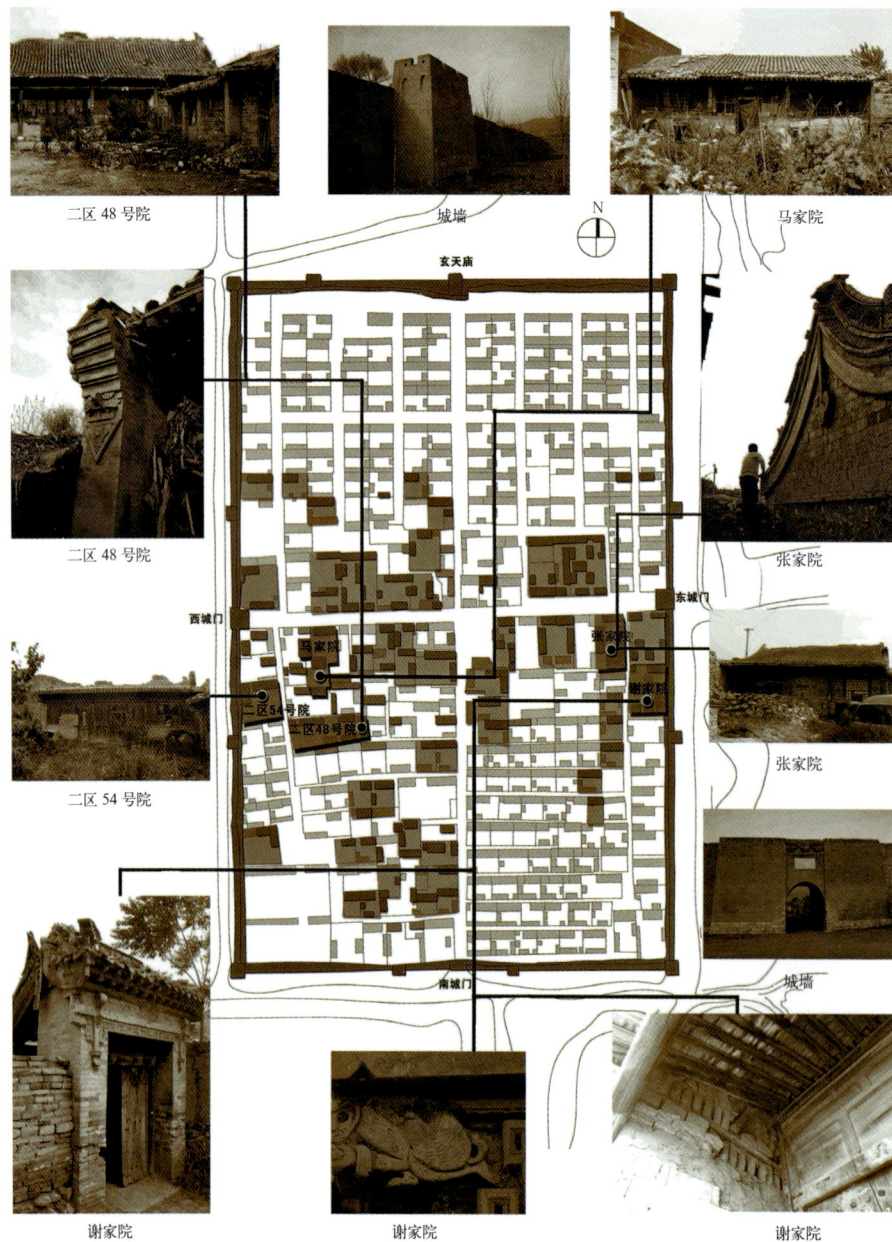

图2-2-54 旧广武城历史遗存
（资料来源：自绘）

图 2-2-55　旧广武城城墙（资料来源：自摄）

饰，但多已风化，城门上石匾的字迹也难以辨认，而六、七米高的巨大木质门扇依然可以开合。在城的北部还保留着一座烽火台，它已经成了残存的近 20 米高的大土堆状。明清两代均在此设重兵驻守，并兼协防雁门关外之北楼口、平型关、水峪口、白草口等。古城设东、西、南三座城门，未设北门，大概是出于与北方来犯之敌作战的需要。每面城门均有瓮城，现在仅在南城门还保留着瓮城的残垣断壁。旧广武城在旧时作为囤放粮食等军用物资的城堡，据说在旧城的西南方向山脚下，是杨六郎驻扎的军营，曾经有农民耕地时挖出了当时的城砖和器皿，而旧广武城就是他的储备基地。旧广武城城墙保存良好，至今仍可以在城墙上游走观光，所以城堡边界明确。古城城墙周长 1701 米，总占地 172720 平方米，平面呈长方形。城墙总高 7.35 米，下宽 5 米，顶宽 3.4 米，外表全部砖砌，石条作基。最上沿矮墙置垛口、望洞和射孔。整个城墙共施马面 16 座（包括城门马面），马面紧贴墙体，雄伟稳健，其尺度大小不等。

城内街道、建筑布局基本保留原制。其主要街巷有东大街、西大街、东西大街和中大街等"四大街"，其余贯穿在其中的还有纵横的"八小巷"，巷名已经无从考证。东西大街和中大街形成的十字街曾是商业贸易聚集地，沿街遍布商铺，交易产品主要有丝绸、芦苇席、茶叶、水果、粮油和皮毛等。[23]

（四）新平堡镇

位于山西省大同市天镇县东北端的新平堡镇是一座防御性堡寨式聚落。新平堡地处晋、冀、蒙三省（区）交界处，西、北隔长城与内蒙古兴和县相邻，东与河北省怀安县接壤，素有"鸡鸣闻三省"之称，因地处坦途要地，历朝历代在新平堡镇建有大规模军事设施，自古为兵家必争之地。2009 年新平堡被公布为山西省历史文化名镇，2010 年又以其独特的科学价值、历史价值和艺术价值，被公布为中国历史文化名镇（图 2-2-56 ~ 图 2-2-58）。

新平堡镇历史悠久，远在新石器时代就有人类在此繁衍。新平堡镇周朝属代国，战国属赵国，称"延陵邑"，秦代曾置"延陵县"，东汉改设为"延陵乡"，元代属兴和路。明朝属大同镇新平路，清初仍为大同镇新平路治地。清雍正三年（1725 年）属天镇县辖，驻军参将或中军守备直属大同镇。新平堡镇自古为兵家必争之地。"先有新平堡，后有天镇城"，这句话颇为新平堡人津津乐道。因地处坦途要地，历朝历代在新平堡镇建有大规模的军事设施，目前境内存留有赵、汉、北魏、明四代长城近 50 公里，其中以明长城为多，保存居山西省前列。边墙军堡、边墩、烽墩、敌台、控军台、炮台等，都有较完整的实物。新平堡既是军戍堡寨，也是边境贸易的一大处所，相当繁荣。明隆庆年间，堡西开始设西马市，每年阴历七月初三至十四开集贸易，长城内外的物资在这里得到交换，国家在这里设置海关税务，为明朝"国家级"贸易。

新平堡平面格局严谨，十字交叉的主要街道构成了堡城的中心，平面近似方形，只在西北角延伸出一段矩形。古镇的发展大致可以划分为四个历史时期，即明末、清初、新中国成立和改革开放时期。从堡镇的演变中可见，新平堡在这一发展过程中，保持了相对平稳的状态。自改革开放后，随着人口的增加和生产力水平的提高，堡镇东部出现了一些新建区域，主要道路和巷道的分布被重新整合和组织，从而形成了今日之格局。新平堡现存的历史建筑主要分布在东西大街以南，以及北大街。重要的

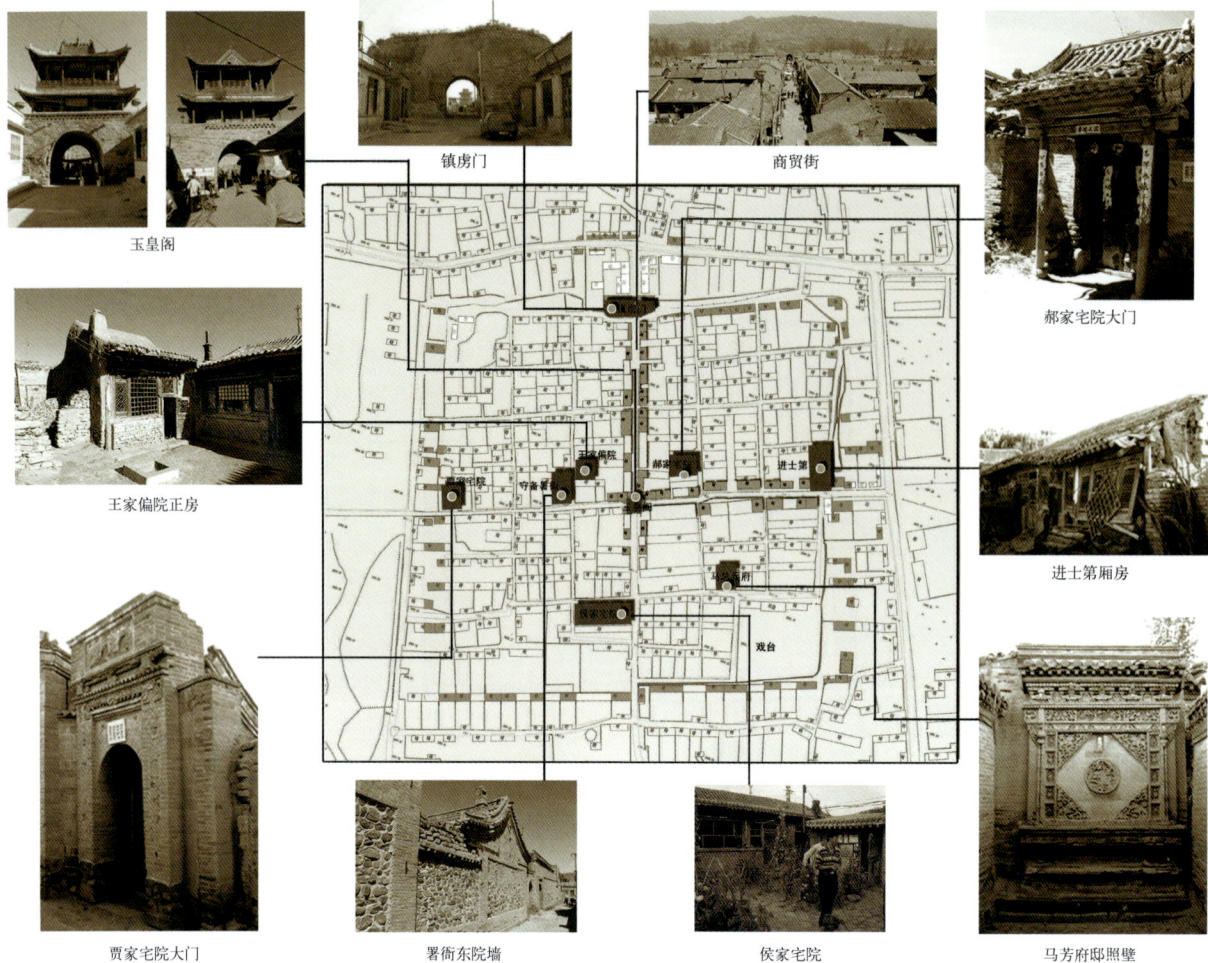

玉皇阁

镇房门

商贸街

郝家宅院大门

王家偏院正房

进士第厢房

贾家宅院大门

署衙东院墙

侯家宅院

马芳府邸照壁

图2-2-56 新平堡镇历史遗存（资料来源：自绘）

图2-2-57 新平堡地貌（资料来源：自摄）

图 2-2-58 新平堡长城（资料来源：自摄）

历史建筑有永和成布匹行、北街 294、296、239 号商铺、玉皇阁、守备衙署、宣威楼、火药楼、马芳府邸、进士第、王家偏院、贾家宅院、郝家宅院等。其中，商业店铺均匀地分布在北大街两侧，其余院落大都分布在东西大街以南。玉皇阁位于十字大街的交点，统领着整个古镇的形态格局。㉔

（五）娘子关镇

娘子关历史悠久，早在新石器时期就有人类居住，殷商时期就形成了古村落；春秋时期在境内修筑过中山长城；秦汉时期，逐步演化为晋冀军事要塞；唐宋时期，军事要塞地位更加突出，军事建筑体系逐步完备；明清以后，强化了军事防御功能，关隘、长城、栈道等建筑设施进一步完善，同时，商贸业兴起，逐步成为晋冀商贸、物流枢纽。现存关城为明嘉靖二十一年（1542 年）所筑，有关门两座，南门石券拱形门额横书"京畿藩屏"；东门为石券拱形，砖筑城门，门额横书"直隶娘子关"。南门建有宿将楼，楼台石柱上镌刻着二幅楹联"雄关百二谁为最，要路三千此并名"；"楼台古戍楼边寨，城外青山城下河"。由于娘子关是历史上的军事重镇，所以历代都设有重兵把守。在近代史上，清末的晋东辛丑之战，抗日初期的娘子关防御战、百团大战，解放战争的攻坚战都发生在这里。时至今日，

关内建筑除南城楼在 1986 年进行了重修外，其余建筑大多为原始风貌（图 2-2-59 ～图 2-2-61）。

（六）右卫古镇

右卫镇建于明洪武三十五年（1402 年），正统年间将关外的玉林卫迁入大同右卫，合称右玉。嘉靖四十五年重修，万历三年用砖包砌了城墙。到清代，右卫成为朔平府驻地。右卫城东西约 1117 米，南北约 1460 米，设四座城门，东为和阳门、南为永宁门、西为武定门、北为镇朔门，城门处均建有瓮城。城内正对城门的东西、南北两条大街交汇成十字形，交汇处原建有鼓楼，今已经毁坏。城内布置有将军府、都统署、县衙、经历、库官、粮饷府、常丰仓等，并有许多庙宇。由于右卫地处杀虎口通往内蒙古的商道上，所以商贸非常发达。京包铁路建成后，右卫逐渐失去其经济作用，慢慢衰败下来。㉕在众多的边关堡寨中，杀虎堡的地位非常重要。明代时，杀虎堡称之为"杀胡堡"，是山西通往内蒙古的要津，嘉靖二十三年（1544 年）筑堡，万历四十三年（1615 年），在其南另筑一堡，称"平集堡"，后将二堡连成一体，两堡唇齿相依，成犄角之势。堡内驻扎有巡检、都司、副将、守备、把总等官衙，并设有校场、仓库。堡内建有许多寺庙建筑，如关帝庙、城隍庙、鲁班庙、火神庙等，是

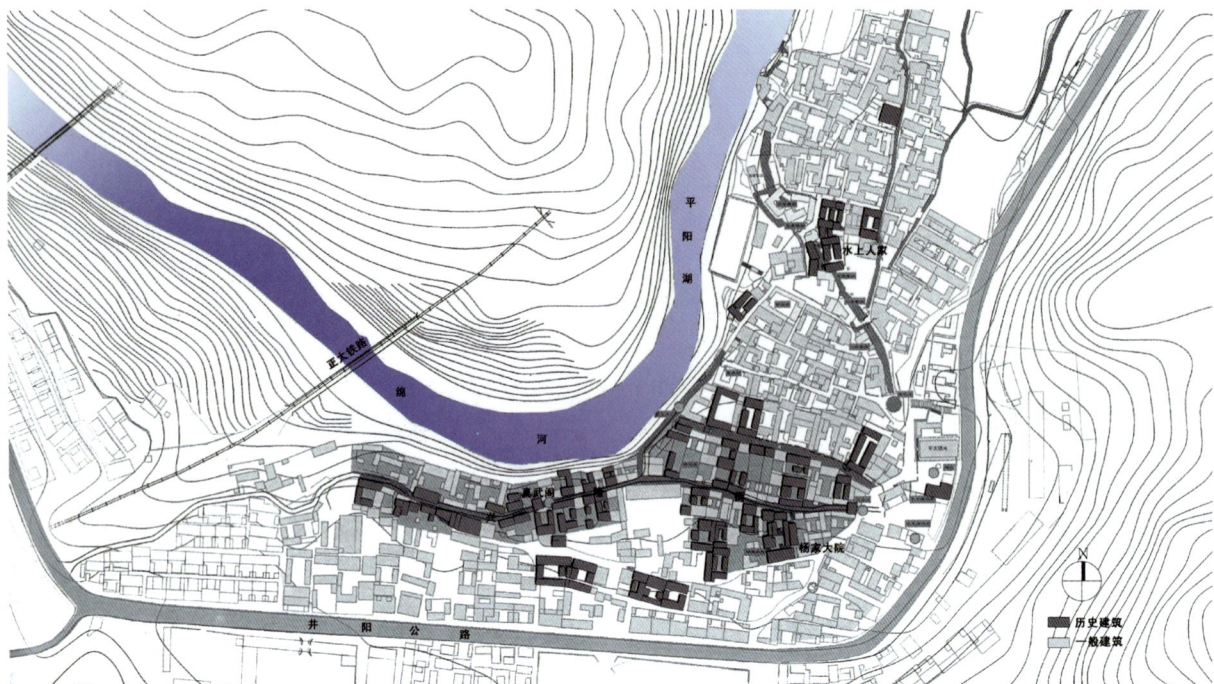

图 2-2-59　娘子关兴隆街（资料来源：自绘）

图 2-2-60　娘子关兴隆街街景（资料来源：自摄）

图 2-2-61　娘子关长城（资料来源：自摄）

官兵精神寄托之所。杀虎堡只有南门，带瓮城，北墙正中下面建玄武庙。中间夹城有东、西两门。杀虎堡西北一里多即为长城关口，称"杀虎口"。关外沿车马大道形成集市，是清代由右玉通往口外的重要商道（图 2-2-62 ~ 图 2-2-66）。㉖

（七）阳明堡镇

阳明堡是雁门关内重镇代州的"39 堡"之一，也是"12 连城"之一，还是重要的古代驿铺。由

于地处雁门关南口，阳明堡是入关南下的第二道防线，因而被称为"雁门关下第一堡"。雁门关外一直是古战场，阳明堡是军事备战的前沿，主要在这里集中兵员、储备粮草，古时战争不断，兵员成批来往不断。因而这里历来就是兵家必争之地。同时又是商贾票号的起源地，在我国古代商贸经济中占有一席之地，是我国古代商贸经济的发源地之一。阳明堡从春秋开始建城，宋治平二年始改称"阳

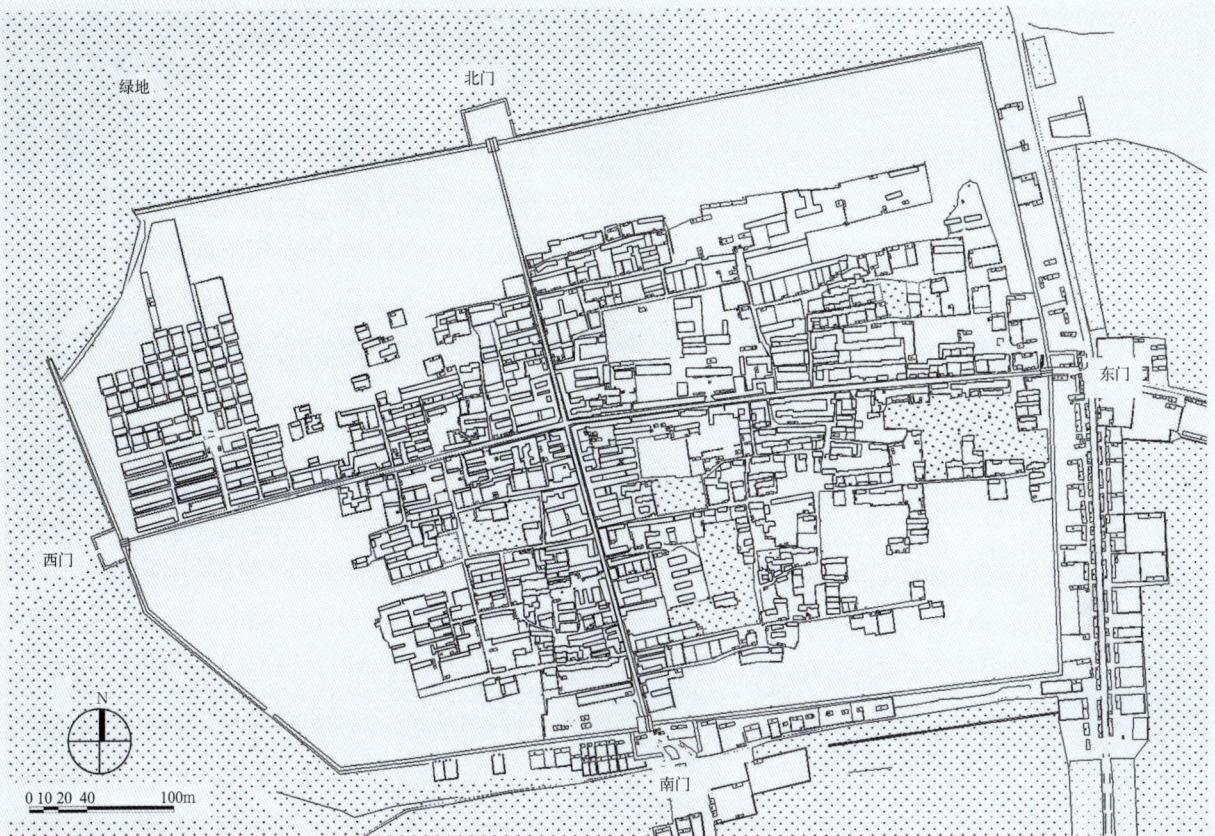

图 2-2-62　右卫镇平面图（资料来源：自绘）

图 2-2-63　右卫镇街巷（资料来源：自摄）

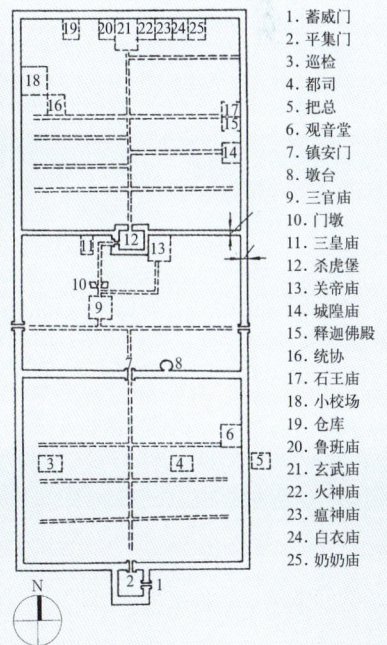

1. 蕃威门
2. 平集门
3. 巡检
4. 都司
5. 把总
6. 观音堂
7. 镇安门
8. 墩台
9. 三官庙
10. 门墩
11. 三皇庙
12. 杀虎堡
13. 关帝庙
14. 城隍庙
15. 释迦佛殿
16. 统协
17. 石王庙
18. 小校场
19. 仓库
20. 鲁班庙
21. 玄武庙
22. 火神庙
23. 瘟神庙
24. 白衣庙
25. 奶奶庙

图 2-2-64　杀虎堡平面图（资料来源：《城市规划历史与理论研究》）

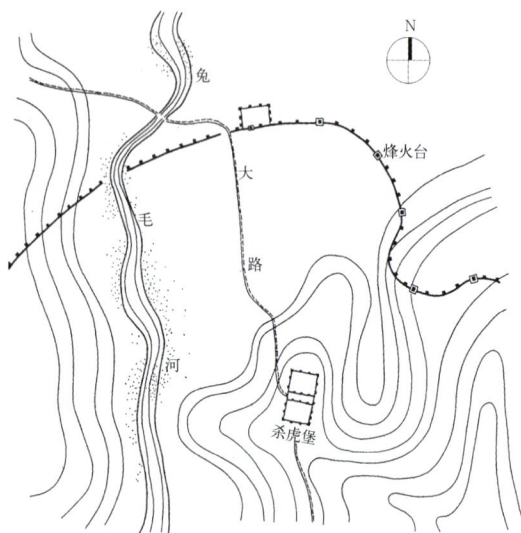

图 2-2-65　杀虎堡地形图（资料来源：《城市规划历史与理论研究》）　图 2-2-66　杀虎堡现状（资料来源：自摄）

明堡"。城区呈"蝎子"形，南关为头，堡内为身，东关为尾。主城区堡内占地面积约 25 万平方米，四周用砖筑墙，城墙高约 12 米，底宽约 10 米，顶宽约 8 米。街道呈"井"字形，主街道东西走向长约 500 米，两头建有城门。阳明堡镇的文物古迹众多，文化遗产丰厚，主要集中于阳明堡古镇区，包括：堡内、东关车马店建筑群和南关刘家建筑群。

堡内作为一个军事堡垒在古时主要担负防御职能，同时又是商贾票号的起源地。随着战事的减少，商业贸易的不断发展，阳明堡由一个军事堡寨转化为商业重镇。随着堡内进一步的发展，堡内有限的空间不能满足其发展要求，东关逐渐发展成为物流集散地，南关逐渐发展成为富户聚居地（图 2-2-67、图 2-2-68）。

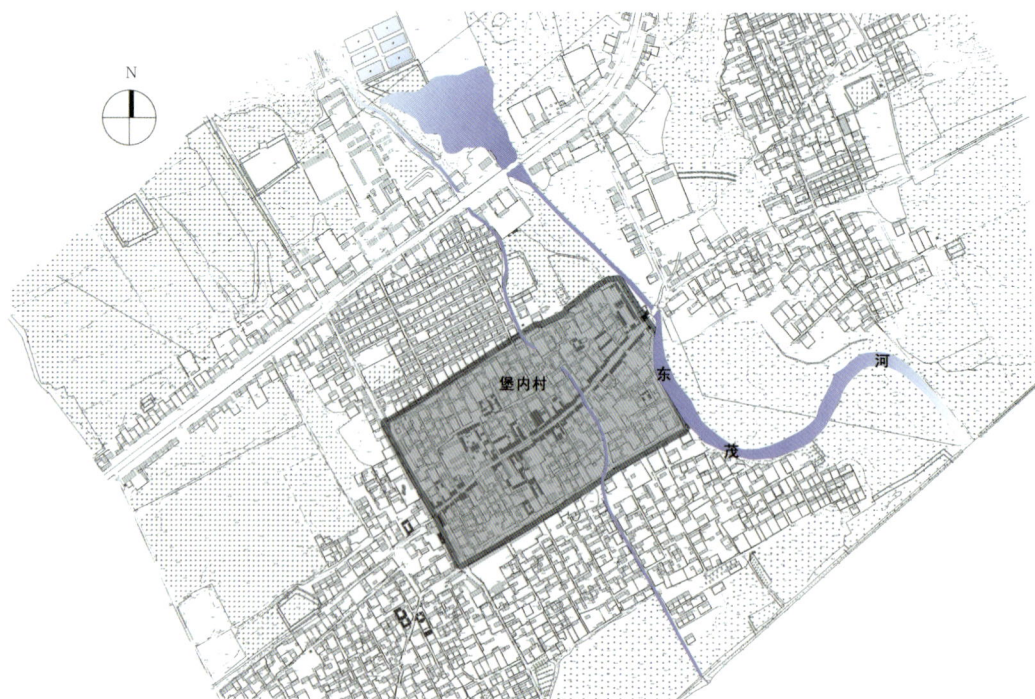

图 2-2-67　阳明堡平面图（资料来源：自绘）

图 2-2-68 阳明堡街巷（资料来源：自摄）

第三节 乡村聚落

一、乡村聚落的选址

山西传统乡村聚落，就其选址来看，可以分为两大类，即山地聚落和平原聚落。这些聚落是在交通相对便利、地势比较平坦、有利耕作、接近水源、自然条件比较优越的地方形成的聚落。山西的乡村聚落，往往是由于家族聚居、人口繁衍而逐渐扩大的。这种稳固的血缘关系，是聚落形成的基础。山西境内的乡村，有大有小，大到上千或者几千户人家，小到几户人家。聚落规模的大小，是由多方面的因素决定的。一般而言，距离城镇较近，交通便利，土地肥沃，耕地较多的乡村，往往聚居人口较多，因而聚落的规模较大。而那些地处偏远山区，自然条件差、交通不便、土地贫瘠的乡村，一般规模都比较小。

概括来讲，山西传统乡村聚落的选址有如下几方面的特征。

（一）择水而居

水是生命之源，择水而居是人类的自然属性使然，所以山西的乡村聚落往往靠近河流、湖泊。即便是在山区建设的乡村，也是在基岩裸露的山涧盆地附近进行建设，以便充分利用雨水或溪水。据《山西古村镇》一书统计，山西目前保存较好的古

镇古村，主要集中在黄河流域、汾河流域和沁水流域，符合人类择水而居的一般规律（图 2-3-1 ~ 图 2-3-4）。[27]

高平良户村，三面环山，河水萦绕，北为凤翅山，南对双龙岭，正冲虎头山，西与高平关老马岭相连。原村河经村前流过，东沟河自蟠龙寨之东流出，寨沟河自凤翅山经村东汇入原村河，西沟河自凤翅山经村西流入原村河。良户村负阴抱阳、四河会水，是一处产生于农耕文明背景下的、最为理想的人居聚落。

上庄村位于阳城县东，润城镇东北，境内东西宽 1.4 公里，南北长 1.6 公里，总面积 2.25 平方公里。村落居境中偏西，上庄河汇聚阁沟及三皇沟两沟之水，由东而西穿村而过，经永宁闸进入中庄、下庄，汇入樊河，为季节性河流，俗称"庄河"。沿庄河的水街是上庄村聚落的脊椎与核心。[28]

郭壁村位于沁水县东南部，与窦庄村相邻，毗连沁水岸边，古为沁河的一个重要渡口。村落四面皆山，村中的建筑依山而建，高低错落，绵延起伏。村前有沁河缓缓流过，风景优美，是典型的滨水型村落。

（二）负阴抱阳

以起伏绵延的山势作为背景建设乡村，无论从自然景观还是从生态环境来看，都是最佳的选址。靠近山脉、"负阴抱阳"、"背山面水"的基址，可以在阳坡建设民居，前低后高，有利采光，朝向好，排水畅。这样的基址不仅使乡村聚落与自然环境的空间构图更加完善，而且有利于节约耕地，满足农耕经济的需要。山西许多山地聚落结合山势灵活布置，依山就势，因地制宜，高低叠置，参差错落。聚落通过视线通廊和周围的山脉、绿地连成一体，相互渗透，自然山势与人工建筑交相辉映，形成了符合当地自然地理环境特点的民居建筑特色，使聚落与自然环境融为了一体，成了理想的居住环境。

地处黄土丘陵地带的汾西师家沟村，就是结合山势，随山坡循势而建的典范。该村从低处进入，步步登高，直至山顶。从高处往下俯瞰，全部

图 2-3-1　良户村历史遗存（资料来源：自绘）

图 2-3-2　位于明公河北岸的良户村（资料来源：自摄）

图 2-3-3　位于庄河边的上庄村
（资料来源：自摄）

图 2-3-4　位于沁水岸边的郭壁
村（资料来源：自摄）

建筑呈现出一种起伏跌宕的层次美，给人一种无限风光尽收眼底的开阔感；从低处往高处仰视，整个村落气势恢宏、巍然屹立在山冈。这种随形就势的聚落形态，可以说全部是自然地理形势所赋予的（图 2-3-5、图 2-3-6）。

再如临县李家山村，其民居依据地形层叠建设，下部建筑的屋顶就是上部建筑的庭院，使得室内外空间融会贯通，这种因地制宜的规划方式体现了乡民高度的创造力，更体现了一种人与自然的统一与和谐。这些窑洞建筑形成了一些极具特色的空间。它们顺山形台地跌落而下，构成相对完备的叠院体系，这些院子彼此互连，上下相通，院内形成公共活动场所，院顶作为入口及交往平台，它是中国传统四合院体系与山地特色相结合的产物（图 2-3-7）。

（三）靠近农田

山西传统乡村聚落不仅与自然结合，创造了村落中自然环境之美，而且靠近农田，方便农业生产。

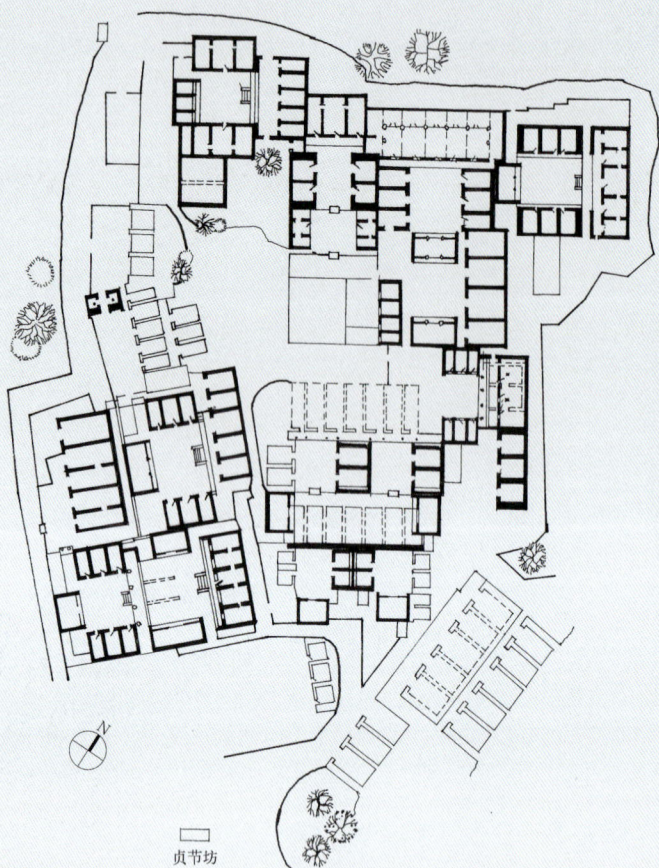

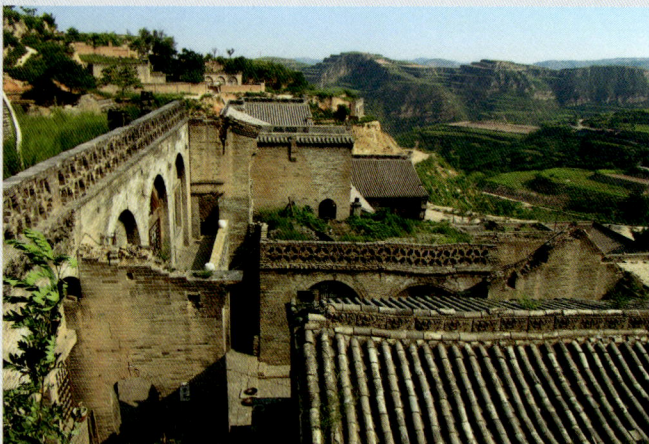

图 2-3-6 师家沟村外观（资料来源：自摄）

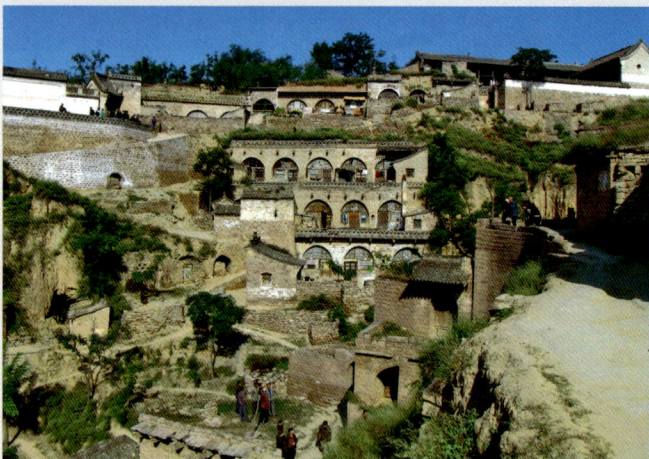

图 2-3-5 师家沟村平面图（资料来源：自绘）

图 2-3-7 李家山村外观（资料来源：自摄）

临县西湾村位于碛口镇东北两公里处，左邻湫水河，右邻卧虎山，依山傍水，避风向阳。因处于侯台镇西侧的山湾里，故称"西湾村"。西湾村于明末清初，随碛口镇水陆码头一并崛起。西湾村依山而建，较平坦的台塬地带留作农田。远眺该村落，山形、水色、田畦、人家，自然完美地统一在一起，体现了人与自然的和谐共处，是传统人居环境的杰出典范（图 2-3-8、图 2-3-9）。

（四）有利防卫

现存的山西传统乡村聚落，大部分形成于明代。明末清初，社会动荡，特别是陕西农民军的数次侵扰，给山西乡民造成了很大恐慌。传统社会保障安全也是山西乡村聚落选址的重要因素，这样在一些易守难攻的地域，便成为聚落的理想基址。而在一

些平原地带，无险可守，境内居民多修筑堡寨御敌。堡寨正是基于这种目的而出现的典型聚落。清中期，一个堡就是一个村，如乾隆《孝义县志》记载到："南小堡，城东十八里，文峪河东平地九十一户"。[29]明代所修的夏县牛家凹堡，光绪年间已成乡村聚落，人口稠密。据《夏县志》载："今墙垣坚厚，居民稠密，仍旧名焉"。[30]

王化沟属于宁武县涔山乡，村落建在悬崖绝壁间，远望好似空中楼阁，天上人家。王化沟村深匿于深山老林中，具有较理想的防卫功能。村庄背倚悬崖，面临深渊，分布在近 500 米的绝壁上，海拔2300 多米。村西石崖上耸立着一块长条巨石，村民亲切地称作石人，村庄所依托的大山也叫做石人山。村民房屋，依崖就势，高低错落，坐北向南，避风

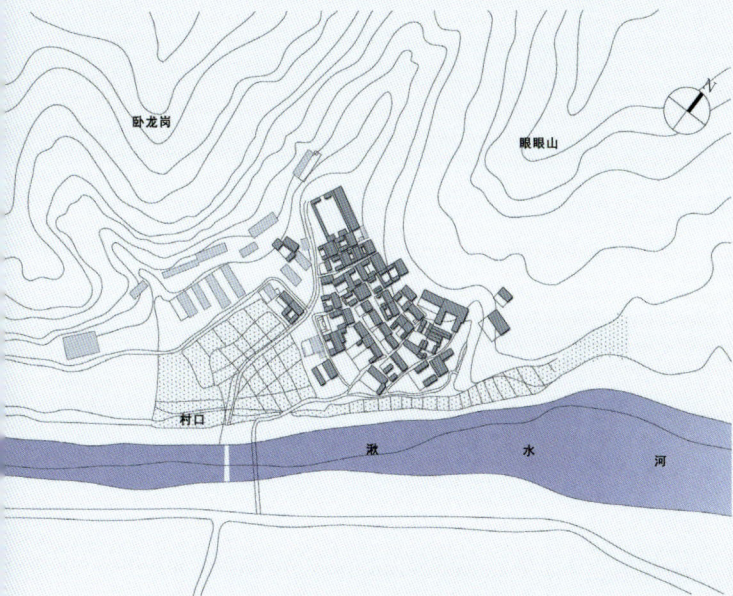

图 2-3-8 临县西湾村平面图（资料来源：自绘）

图 2-3-9 西湾村外观（资料来源：自摄）

向阳。因山腰悬崖空间狭窄，房屋后部坐落在崖石上，前半部则悬空而建，下面以竖立在天然石壁上的大木柱支撑，看似危险，实则相当坚固，至今仍有清代建筑完好无损地保存着。地盘不足，就向空中伸展，因此还有许多楼阁式建筑。房前无院，只有一条走廊。各家走廊之外多用木料横竖组合，悬于空中，便是街道，十分奇特。骡、马、牛、羊、猪圈虽然不像住人的屋子讲究，但都经过精心策划，合理布局，使牲口不至掉入万丈深渊（图 2-3-10）。

位于娘子关镇西 8 公里的下董寨、上董寨村，始建于东汉中平年间（公元 185 ～ 189 年），《山西通志》记载："董卓垒在县城东北 90 里，即承天军址，汉董卓为并州牧，驻兵于此"。董卓垒依山面河，以石头筑成，建在卧龙岗上，其下有水流湍急的温河，历史上称其车不能行，马不能并，一卒当道，万夫莫入，进可出太行直下冀中平原，扼控燕赵；退可依河东大地，据险防守，是我国历史上重要的关隘要道。现存有古垒分为上董寨、下董寨两村，上董寨地势平缓，下董寨地势险要。古街内均为青石砌筑，两侧院落也多为石头建筑。村内民风淳朴，男性多尚武，至今仍有正月十六跑马、耍社火之俗（图 2-3-11、图 2-3-12）。

图 2-3-10 王化沟村全景（资料来源：自摄）

图 2-3-11 下董寨村全景（资料来源：自摄）

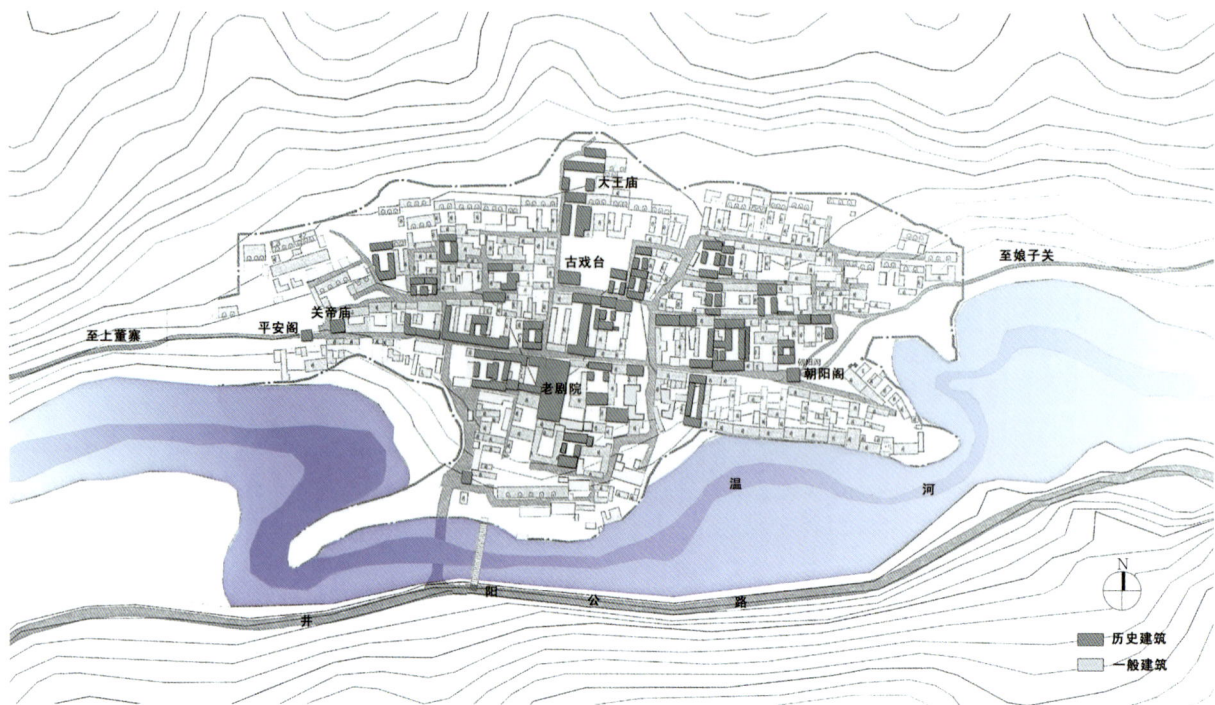

图 2-3-12　下董寨村平面图（资料来源：自绘）

夏门村位于灵石县城西南约10公里，处于太行、吕梁两山对峙的汾河峡谷处。因其独特的地理位置，自古成为兵家必争之地。夏门村依山抱水，前有汾河，后有山脉，由下自上，拾级而修。古堡核心区从下自上一条巷道贯通，自旧街入堡处建有头堡门，沿石巷道至堡后的后堡门，前后两门一关，堡内自成一体。进头堡门往东，经二堡门，折三堡门便进入百尺楼中心区。夏门村最令人叹为观止的当属建于汾河之滨、悬崖峭壁之上的"百尺楼"。该楼面东倚西，紧临滔滔汾水，如刀劈斧凿般笔直通天，高40余米，为四层砖拱建筑，层层用木梯相通，一直到楼顶，具有较强的防卫性（图 2-3-13、图 2-3-14）。

湘峪村位于沁水县东南部，依山而建，群山环绕，村前有小河，环境优美。湘峪村古堡竣工于明崇祯七年（1634年），是在一代名宦孙居相、孙鼎相等人的倡议和主持下修建而成。孙居相、孙鼎相是兄弟俩，均为进士，也是湘峪村明末最为著名的人物，和湘峪村的兴盛密切相关。古堡周长约760

米，依山势而建，筑有三座堡门，东门曰"迎晖门"，堡门石额犹存；西门曰"来奕门"，堡门有石刻匾额"来奕"，上题"崇颖甲戌申月吉旦"八字；南门曰"薰宸"，堡门石额立于门内石墙上。南堡墙沿小河而建，在岸边悬崖峭壁上建有藏兵洞、角楼等，提高了防御能力（图 2-3-15）。

（五）交通便捷

尽管在自给自足的农耕社会中，聚落的交通条件并非最主要的因素，但随着商品经济的发展，乡民逐步打破了"居不近市"的传统观念，于是在山西的古驿道或交通枢纽处，出现了规模较大的乡村聚落（图 2-3-16、图 2-3-17）。

拦车村属泽州县晋庙铺镇，因传说这里为"孔子回车"之处而得名。该村即是在古代著名的"星轺驿"基础上发展起来的传统乡村聚落。村内现存有十余处院落，传统建筑面积共约1.7万平方米。民居宅院四周均为两层建筑，院落的尺度较大，显得颇有气势。村中的主要街道就是古代的交通驿道，保存较为完整。

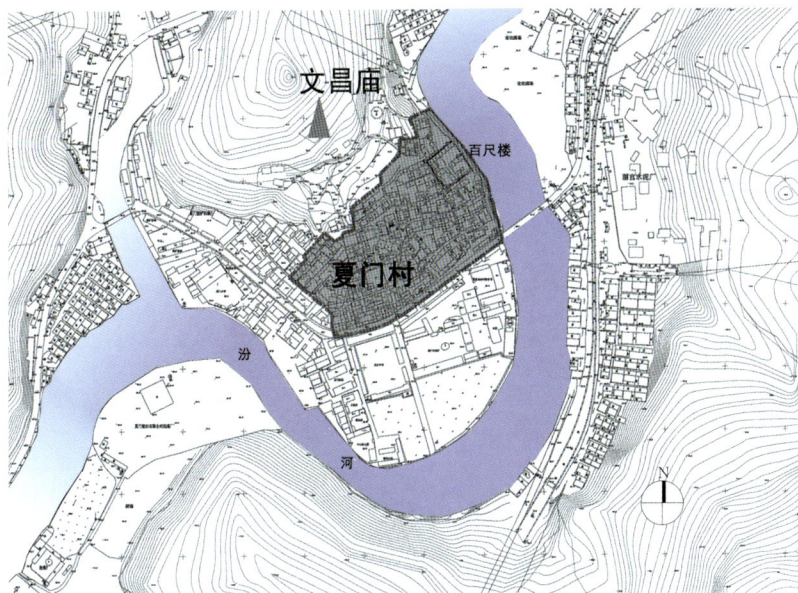

图 2-3-13　夏门村平面图（资料来源：自绘）

图 2-3-14　夏门村百尺楼（资料来源：自摄）

图 2-3-15　沁水湘峪村（资料来源：自摄）

图 2-3-16 拦车村街景（资料来源：自摄）

二、乡村聚落的布局形式

聚落形态受自然、人文因素的影响，概括来讲，其居住方式有两大类，即聚居型聚落和散居型聚落。在自然条件稳固的情况下，宗族观念是聚族而居的前提。《临晋县志》载："山无蹊隧，泽无舟楫，比屋聚族连属其乡"。[31]在晋东南地区，地方官员甚至鼓励"族党宜睦"，[32]这种聚族而居的居住方式，必然产生了聚居型聚落。而在社会动荡和自然灾害之后，乡民为求生存，往往背井离乡，从而使聚落逐步消亡，光绪年间的大旱致使山西不少地方的聚落出现凋敝现象，如平陆县"村宇为墟者尤多"。[33]与此同时，在山西开始出现一些散居型的聚落。所谓散居型聚落是指一两家或三五家散处各地的聚落，通常被称为"三家村"聚落，如清代岳阳知县赵时可曾感叹："荒山夹残涧，设官犹七里。里里皆鹄形，三五破窑垒。凿土竞作家，茹草甘如旨"。[34]散居型聚落所在地形较为破碎，且耕地资源有限，对于聚居型聚落所需人口的承载力有限，如在晋北保德州"初不知每村不过二、三家，多亦不过一、二十家，相距俱五七里，或一、二十里，号招不相及，声势不相倚，且岩居穴处，一望不见"。[35]又如在晋东南的太行山区，"大者仅百余家，小者或才数家

图 2-3-17 拦车村平面图（资料来源：自绘）

而止，而且地室陶穴"。[36]总体来看，晋北、晋东南和晋西部山地、黄土丘陵地带，聚落多以小规模散居型聚落为主，而晋中、晋南和晋东南的河谷盆地以大规模聚居型聚落较多。一般而言，山西乡村聚落的空间布局形式有四种，即散点型、条带型、团堡型和层叠型，概括来讲，涵盖"点"、"线"、"面"、"体"四种形式。

（一）散点型聚落

散点型聚落实际上仅为散布于地表上的居民住宅而已，除上述因素影响外，也受生产方式之影响。

如临县小塌则村就是因当地生产瓷器而产生的散居型聚落。历史上，该村以生产窑货著称，以大型的粗瓷缸、盆为主，产品销往陕西、河套等地区。当地居民就地取材，村子和散住窑洞以废弃的黑釉大缸做院墙，远处望去，蔚为壮观（图2-3-18）。

（二）条带型聚落

造成条带型聚落的因素首先是受水资源影响。山西地处黄土高原，水资源匮乏，水资源的分布状况很大程度决定着聚落的发展和分布，乡村因靠近水源而沿河道伸展，或为避免洪水浸淹而沿等高线形成条带型布局，聚落多沿河流聚居形成条带型聚落（图2-3-19、图2-3-20）。"蔀屋数十家，历落沿溪聚"，[37]山区聚落则多沿溪涧分布，也可形成条带型聚落。在一些缺水地区，聚落往往也会沿着人工渠道分布两侧，"经营数载，渠道通畅，沿水各村，均受其益"。[38]其次，处于古驿道或交通枢纽处的聚落，则沿道路布局，形成条带型聚落。天井关村属泽州县晋庙铺镇，因村内有著名的天井关而得名。天井关是山西通往河南的必经道路之一，为太行山南端要冲，又名太行关，因关南有三眼自然形成的深穴而得名。《汉书·地理志》中提到："上党高都

图2-3-18 小塌则外观（资料来源：自摄）

图2-3-19 下董寨村全景（资料来源：自摄）

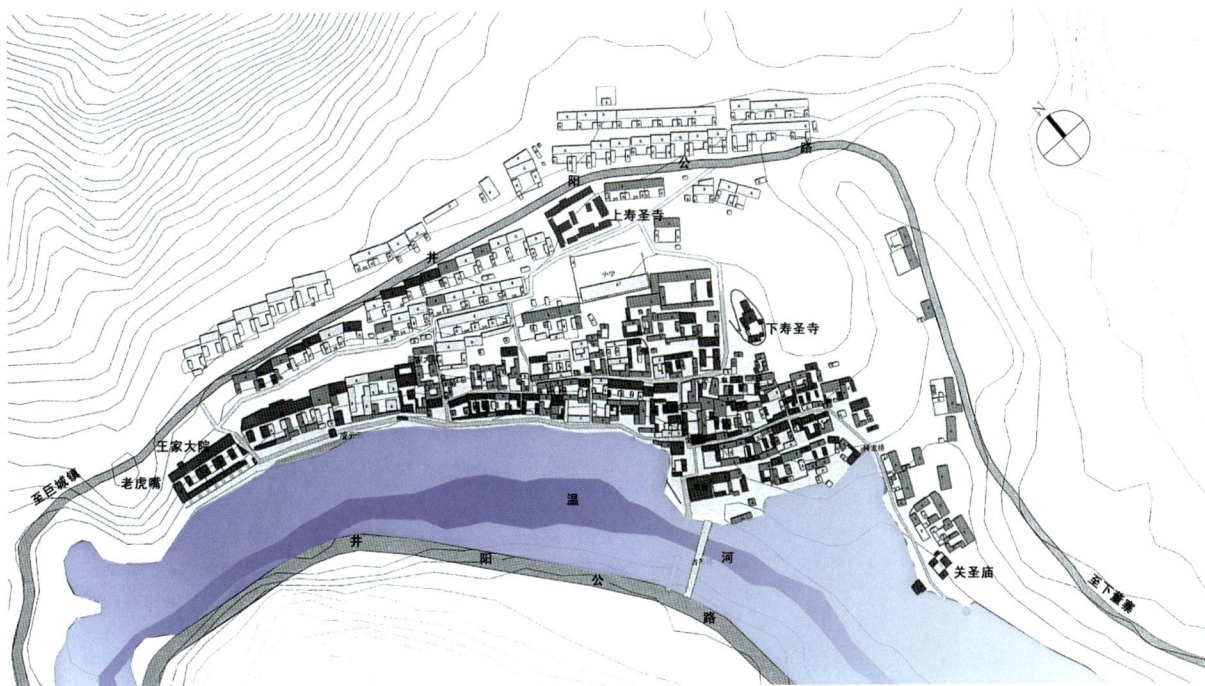

图2-3-20 下董寨村平面图（资料来源：自绘）

有天井关，即天门也"。战国时期，秦与韩、赵争夺上党，曾屡战于此。后来的东汉、北魏、隋、唐、宋和后梁，为攻取泽州，北进太原等，都在此发生过较大的战争。古人有"拔天井而振上党"和"形胜名天下，危关压太行"之语，意指天井关有非常重要的战略地位。天井关周边留存有羊肠坂、碗子城等古迹。天井关村东有文庙遗址。村内的街巷也较为完整，两侧有多处较好的宅院。村内现存传统建筑面积共约 1 万平方米，是典型的条带型聚落（图 2-3-21、图 2-3-22）。

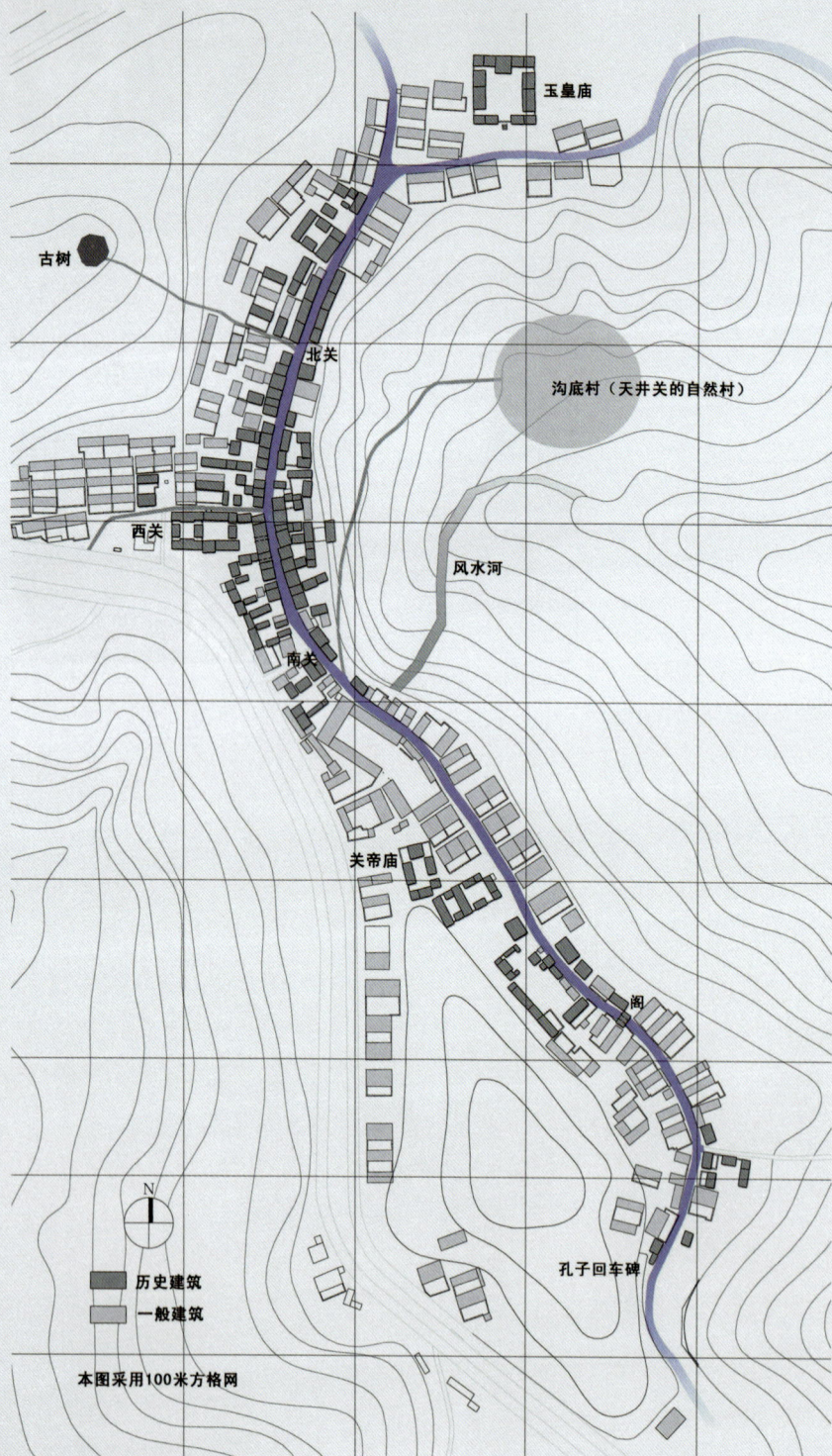

图 2-3-21　天井关村平面图（资料来源：自绘）

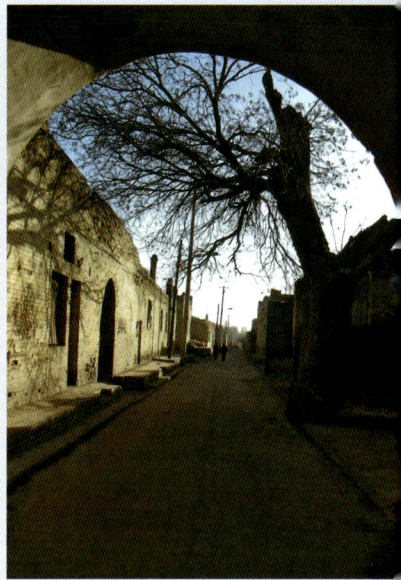

图 2-3-22　天井关村街 图 2-3-23　张壁村街景（资料来源：自摄） 图 2-3-24　宋家庄村街景
景（资料来源：自摄） （资料来源：自摄）

（三）团堡型聚落

团堡型聚落大多分布于地势平坦的平原地区，聚落内部道路为"丁"字、"十"字或"井"字形布局。山西乡村拥有为数众多的堡寨，随着聚落功能的转化，作为乡村聚落的堡寨，其墙垣也直接塑造了乡村聚落的整体形状。张壁村位于介休市南 5 公里处，绵山北麓。张壁村村落形态为明堡暗道式，地上部分为古代军事设施（城堡）、宗教建筑、民居的组合，地下部分为长达五千米的复式地道。古堡东西长 374 米，南北宽 244 米，占地面积约 10 万平方米。堡墙留有南北二门，中间是一条用红砂石砌成的 300 米的"龙脊街"，宽约 5 米，将村落分为两大部分。街东有三条东西向的小巷，从北到南分别是小靳巷、小东巷、大东巷，街西有四条东西向的小巷，从北向南分别是户家巷、王家巷、贾家巷和西场巷。堡内北门和南门各有一个庙宇建筑群。北门的城墙头上有三座庙，正中是真武庙，东侧是空王庙，西侧是三大士殿。南门处有可汗庙、关帝庙（图 2-3-23）。此外，孝义宋家庄、高平苏庄、襄汾丁村，也是典型的团堡型聚落（图 2-3-24、图 2-3-25）。

（四）层叠型聚落

层叠型聚落是以窑洞为主要形式，依山就势布局村落，这在黄土高原地区是一种因地制宜的构筑手段。这样的聚落，自远望去"短垣疏牖，高下数层"，[39] 通常形成两层或多层聚居型聚落。据《万里行程记》载："两面山势绵亘，汾水径其中如带，山上村居，楼阁层叠，宛如图画"。[40] 当然，也有一些地区，采用窑上建房的办法，形成"层穴屋上屋"的聚落景观。[41] 这种层层叠叠、立体交叉、起伏跌宕的聚落形态在山西非常普遍。董家岭村位于灵石县南关镇以西，距灵石县城 20 公里，深藏于黄土高原丘陵沟壑中，始建于明末清初，后经数代多次增修扩建而成现有规模（图 2-3-26、图 2-3-27）。整个村庄成扇形布局，依山就势，顺坡而上，阶梯式上下九层，分布在凹形山坡上，前以峭壁为屏，后以峻岭为靠，底以磐石为基，层楼迭阁，错落有致，十分质朴雄浑，整个村庄以大槐树和村对面峻岭上文笔塔为轴线向心布置，以巷道为纽带，立体交叠，明暗互通，巷道收放有序，曲折变化，穿插于立体交错的衬窑之间。从而形成了可居、可匿、可防、可退的多功能、节能、节地的山地建筑形态。充分地体现了传统聚落的选址和规划布局理念。

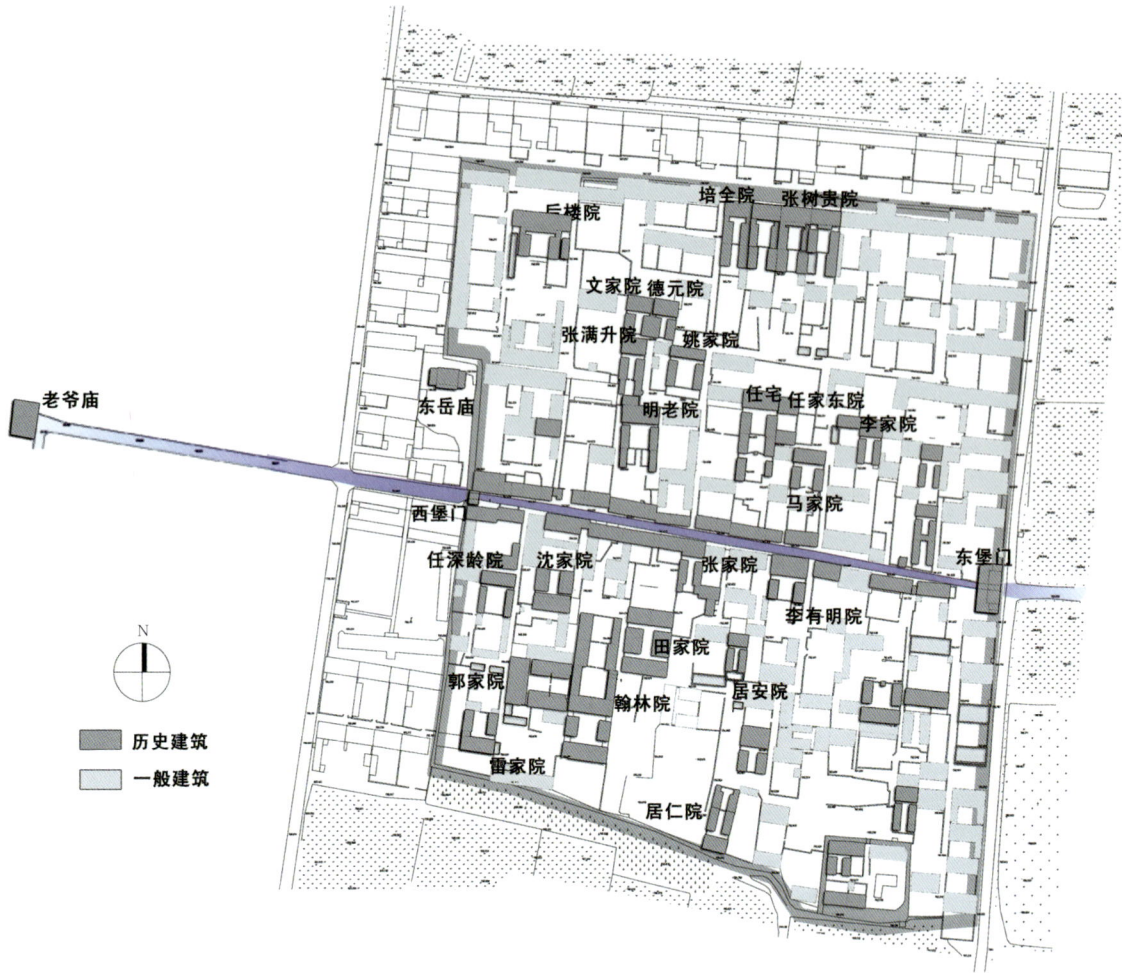

老爷庙

培全院　张树贵院

后楼院

文家院　德元院

张满升院　　姚家院

东岳庙

明老院　任宅　任家东院

李家院

马家院

西堡门

任深龄院　沈家院　　张家院　　东堡门

李有明院

田家院

郭家院

翰林院　居安院

雷家院

居仁院

N

■ 历史建筑
□ 一般建筑

图 2-3-25　宋家庄村平面图（资料来源：自绘）

图 2-3-26　灵石董家岭村全貌（资料来源：自摄）

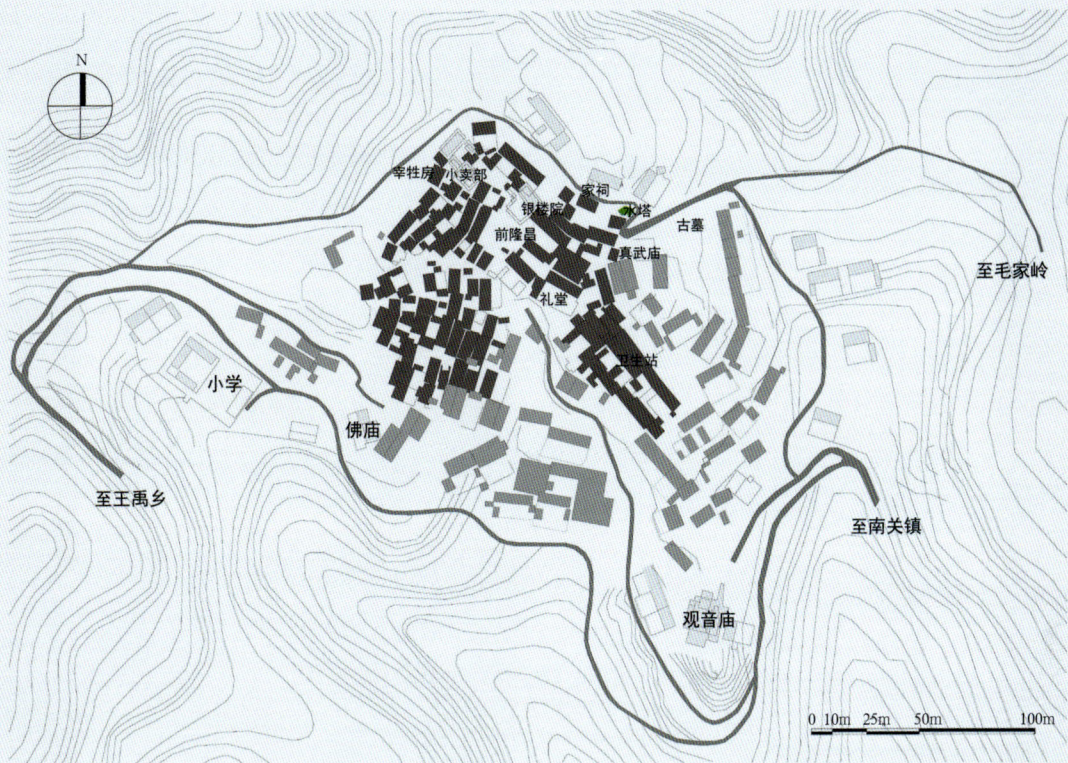

图2-3-27　灵石董家岭村平面图（资料来源：自绘）

第四节　聚落居住模式

一、城镇居住模式

山西城镇中的居民区，在东魏、北齐之前，以"里"相称，从东魏、北齐邺南城起，主要以"坊"相称。唐以前里坊为封闭形，从宋代起，已完全成为开放型。尽管中国封建社会前后期城镇居住区的性质有差异，但形态并无太大变化，一直呈方块式的居住单元。这种居住区是由纵横交错的街巷分割的，由于街道端直，并与城墙平行，它的形状也多为方形或矩形，圆形较为罕见。在方块居住区内，又由许多小街巷分割成大小不等的小方块。太原城的坊，先由"十"字街分割，再由"十"字街分割成16个小方块，居民在每个小方块内划分大小不同的院落，临街开门。院落的形状也多为方形或矩形。城内的四合院，也就是方形或矩形的居住单元。地方城镇的居住区虽不如大城市整齐，但形态大体一致。由此可见，山西城镇中的居住单元，形态单一，具有稳定性（图2-4-1）。

（一）城镇街坊民居

山西城镇街坊民居以倒座、各级厢房、正房等组成四合院或三合院，外观因宅而异，高度、型制、细部各不相同，错落有致。从外观看，城镇民居在山花、烟囱帽、脊兽、风水楼与风水影壁等细节的塑造独具特色，灰色的墙面成为细部的背景和衬托。风水楼和风水影壁增加了封闭外观的视觉层次，成为山西民居最具地域特色和民俗特征的景观。

院落的大门是主人身份的象征，一般人家都讲究对大门的装饰，都要修建比较像样的门楼，搞一对较为敦实、耐用的大门。大门的颜色根据各家的爱好与当地比较普遍使用的颜色来定，可以是黑色，也可以是赭色、枣红色等。大门的门基，往往要抬高，设置许多台阶，使客人进门前先登台阶，然后再进大门。在大门的门口，有石狮子坐立于两旁，甚为壮观。也有的干脆搞两个石墩子，亦可装

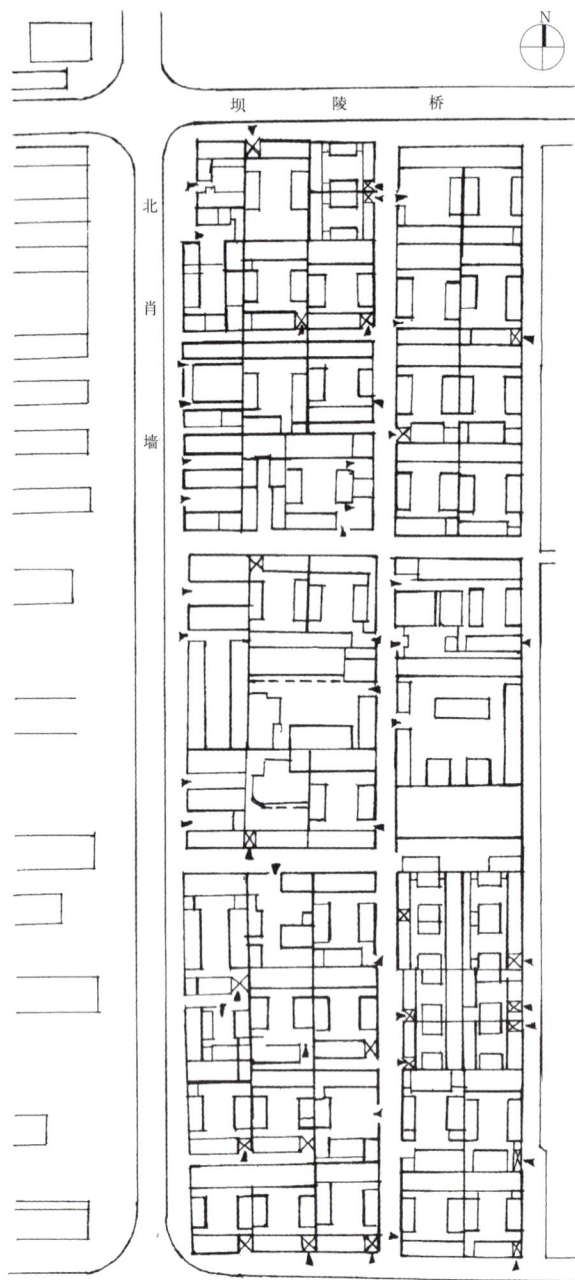

图 2-4-1 太原裕德里街区平面图（资料来源：自绘）

图 2-4-2 祁县古城民居大门（资料来源：自摄）

图 2-4-3 太谷古城民居大门（资料来源：自摄）

饰，还可坐人，一举两得。当然，还可以拴马，成为拴马石。有些比较讲究的院落，进大门后，有一段过道，过道对面是影壁，影壁的内容丰富多彩，具有极高的艺术价值。院落内部设有排水沟，有阴有阳，不尽相同。院落内部的道路，有些是在各门前修通一条路，互相连接，一直到门口（图 2-4-2、图 2-4-3）。

（二）城镇商业作坊民居

清代手工业与商业有长足的发展，商品经济对民居的影响逐渐具体化，如城镇中手工作坊或商店往往与住房相结合，山西各地出现了一种前店后宅的居住形式。也有一些城镇的沿街民居，采取下店上宅的形式，店房门板白天完全敞开，进行生产或售货。山西平遥、祁县、榆次、太谷、孝义等地的沿街建筑就是前店后宅式的商业作坊民居（图2-4-4）。

太谷旧城的建筑，商号约占三分之一，集中于东西南北四条大街。民宅约占三分之二，集中于城内四隅。太谷古城住宅特色明显，普通人家的宅院大多为"三三制"，即正房、厢房、下房各为三间的四合院。而一些大户人家或临街铺面则是正房五间，厢房里七外五或里五外三的两进院、三进院。但正房多呈一面坡，俗称梯儿房。外观青砖石砌，上窗一律内启。这些四合院既有防火的作用，又有聚水聚财的寓意，都属明清北方典型的宅院。明清太谷为山西最富有的地区之一，因此县城的民居，楼高墙厚（图2-4-5）。一般庭院中多砌筑花栏墙，上置盆栽花木，如夹竹桃、花石榴、蜡梅、海棠、菊花等，个别大户或大商店还培植一些名贵的桂花、

铁树等。此外，庭院中还常在花墙前置大鱼缸一二个，有的专为养鱼，有的仅为储水浇花，还有的则在缸内栽植荷花或睡莲。

（三）城镇私宅

受城镇寸土寸金的影响，城镇私宅一般规模均较小，但设计均很精巧。如平遥城雷履泰旧居位于县城内书院街11号院。此院坐北向南，包括东、西两院及后院。西院内宅门辟于八卦中"巽"字方位，坐西向东，四合院内计硬山顶南厅三间，临街高筑，五檩前后廊式；正厅三间，结构与南厅同；东西厢各有鹌鹑尾式单坡瓦顶房三间，举架甚高，出檐深长。后院正窑五间带前檐，檐柱通天，窑上建木构楼房五间，栏杆饰件，现存完好，用料硕大，图案简朴。前檐雀替素面式，檐下原悬有贺匾，上书"拔乎其萃"。正窑门窗呈方形；东西厢皆为明装修，棂花、窗扇现存完整；西院上空原有天棚罩盖，上系铜铃，以防盗贼。东院呈四进院落，宅门于后期拆除，里院计正窑五间，加前廊，每截院或大或小，各有东西厢房三间，现存基本完整。高台基、高屋身、高举架，可谓雷宅一大特色。视其宅院格局，可见当年受建屋占地面积的局限（图2-4-6）。又如位于平遥县古陶镇西城社区沙

图2-4-4 榆次老城沿街店铺（资料来源：自摄）

图2-4-5 太谷古城沿街店铺（资料来源：自摄）

图 2-4-6　雷履泰宅院正房（资料来源：高永杰摄）

图 2-4-7　侯殿元宅院外观（资料来源：刘升斌摄）

巷街 23 号的侯殿元宅院，坐北朝南，二进院落。占地面积 911 平方米。创建于清道光二十五年（1845），中轴线上依次建有门楼、二门楼、正窑、东西两侧建厢房。正房为砖券窑洞 7 孔，带木构前廊，东西廊窑各 5 间，前檐插廊，结构精巧，构思独特（图 2-4-7）。

二、乡村居住模式

山西的乡村，一般盖房都习惯于坐北朝南，一个村落，往往由许多坐北朝南的院落并排构成，结构简单，排列整齐，这是平原地区乡村建房的特点。山西乡村的院落，一般都是封闭式，即一个门，进出都从此门经过，别无他门出进。院内的墙，即围墙，一般分成几种：一是砖墙，二是土坯墙，三是石头墙，四是版筑土墙，还有木栅栏墙、篱笆墙等等。有些墙，搞得很简易，墙身也不高。但有些墙，却十分讲究，磨砖对缝，由石头作基础，这些都要根据经济条件来决定。

山西的乡村，在房屋建筑上有着自己的特点，其一是村内房屋互相毗连，前边房屋的后墙就是后边房屋的正面墙。左邻右舍，墙房相连，也叫做接山连墙，对户而居，中间相隔一条街道。当然，单门独户墙院不相连的也有，尤其在山区就多一些。山西乡村的第二个特点是高低层叠的比较多，酷似楼房。其实是由地形决定而形成的。这种层叠的"楼房"在山区较多，在平原地区是没有的。其三，有些乡村地处交通要冲，因而村庄也相应地承载着商业集市的内容。这些乡村，一般商业较为发达，居民稠密，聚落规模颇大。

无论是平地乡村，还是山地乡村，民居大都采用四合院或三合院布局（图2-4-8、图2-4-9）。正房尽可能坐北向南，这是院落的主房。院落东西两侧为厢房，东西厢房，一般都比较对称，建筑格式也大体相同或相似。南面建有南房，与北房相对应。整个院落，大都符合中国传统院落的规制。当然，在南北、东西房形成的角落中，也有耳房。这种耳房，有的用来储存粮食，成为库房，也有的做厨房，还有一个角落，一般是西南角则作为厕所，而东南角，则大都是院子的大门，这种布局方式，在山西非常普遍。

而在一些山区，民居院落多依山而筑，层层叠叠形成台院，但没有定式。当然，四合院也是山区较富裕的人家首选的住宅形式。这些山地民居，按照风水先生测定的位置，以高檐出厦的正房为主，院落也带有耳房、左右厢房、下房门洞、街门、院门等。正房中装通顶四扇格窗、隔扇、屏门。厢房左右对称，按左上右下顺序，归长子、次子居住。讲究一些的正房，饰有木雕卷口、雕花斗栱、砖雕门洞、方砖铺地等。

图2-4-8 小河村民居内院（资料来源：自摄）

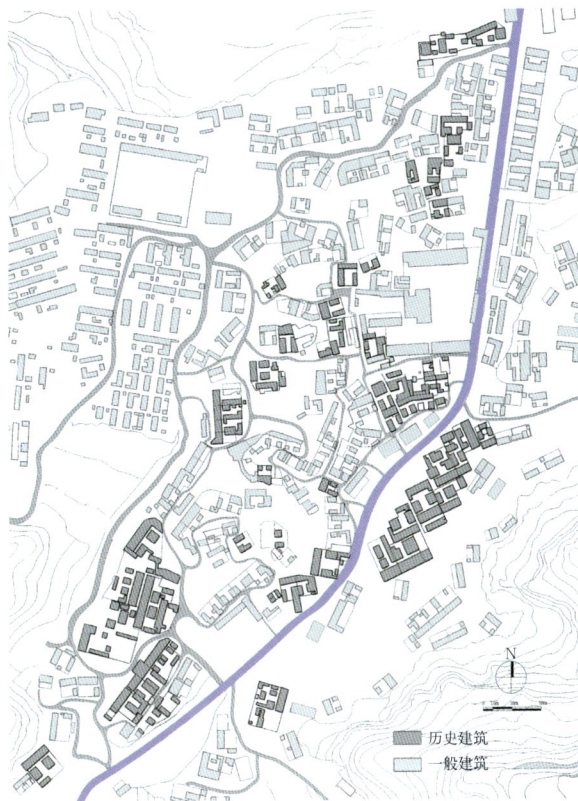
图2-4-9 阳泉小河村平面图（资料来源：自绘）

历史建筑
一般建筑

注释

① （清）王轩．山西通志（光绪十八年）[M]．北京：中华书局，1990：3662-3663.

② （清）顾祖禹．读史方舆纪要，卷39[M]．

③ 山西省地图集编纂委员会．山西历史地图集[M]．北京：中国地图出版社，2000：233.

④ 王杰瑜，王尚义．山西古都述略[J]．太原师范学院学报，2009（3）：35-36.

⑤ 杨纯渊．山西历史经济地理述要．太原：山西人民出版社，1993：219.

⑥ 贺业钜．中国古代城市规划史[M]．北京：建筑工业出版社，2003：269-271.

⑦ 水野清一等．山西古迹志[M]．太原：山西古籍出版社，1993：76-83.

⑧ 杨纯渊．山西历史经济地理述要．太原：山西人民出版社，1993：279.

⑨ 山西省地图集编纂委员会．山西历史地图集[M]．北京：中国地图出版社，2000：251.

⑩ 杨纯渊．山西历史经济地理述要．太原：山西人民出版社，1993：272.

⑪ 杨纯渊．山西历史经济地理述要．太原：山西人民出版社，1993：304-309.

⑫ 山西省地图集编纂委员会．山西历史地图集[M]．北京：中国地图出版社，2000：252.

⑬ 关于聚落的分类，沙学俊在《城市与似城聚落》一书中，将聚落分为城市、乡村和似城聚落三种类型；胡振洲在其《聚落地理学》一书中，将聚落分为乡村和似城聚落两种类型，并依据景观地理学，将聚落分为散居型和集居型，依据形态学将聚落分为团状、线状、阶状、丁字状、弧状、三家村、无固定形、棋盘式、放射状、不规则式等若干种类；金其铭在《农村聚落地理》一书中，将聚落分为乡村和城市两大类型，并从形态、职能、规模上进行详细分类。可见，聚落分类是非常复杂的。

⑭ 国家文物局．中国文物地图集：山西分册[M]．北京：中国地图出版社，2006：111.

⑮ （清）祁韵士．万里行程记[M]．银川：宁夏人民出版社，1987.

⑯ 山西省地图集编纂委员会．山西历史地图集[M]．北京：中国地图出版社，2000：250.

⑰ 山西省建设厅．山西古村镇[M]．北京：中国建筑工业出版社，2007：67.

⑱ 山西省建设厅．山西古村镇[M]．北京：中国建筑工业出版社，2007：91.

⑲ 山西省建设厅．山西古村镇[M]．北京：中国建筑工业出版社，2007：149.

⑳ 山西省建设厅．山西古村镇[M]．北京：中国建筑工业出版社，2007：104.

㉑ 董鉴泓．城市规划历史与理论研究[M]．上海：同济大学出版社，1999：23.

㉒ 山西省地图集编纂委员会．山西历史地图集[M]．北京：中国地图出版社，2000：249.

㉓ 王金平，赵军．旧广武村聚落与民居形态浅析[J]．中国名城，2011（11）：63-67.

㉔ 王金平，温婧．晋北堡寨式聚落防御性特征初探[J]．中国名城，2012（3）：31-36.

㉕ 董鉴泓．城市规划历史与理论研究[M]．上海：同济大学出版社，1999：26.

㉖ 董鉴泓．城市规划历史与理论研究[M]．上海：同济大学出版社，1999：27.

㉗ 山西省建设厅．山西古村镇[M]．北京：中国建筑工业出版社，2007.

㉘ 王金平．山右匠作辑录[M]．北京：中国建筑工业出版社，2005.

㉙ 详见（乾隆）《孝义县志·村庄》，中国地方志集成第25册，凤凰出版社，2005年版。

㉚ 详见（光绪）《夏县志·舆地志里镇》，中国地方志集成第65册，凤凰出版社，2005年版。

㉛ 详见（乾隆）《临晋县志》卷1《坊里篇》，中国地方志集成第65册，凤凰出版社，2005年版。

㉜ 详见（乾隆）《潞安府志》卷8《风俗》，中国地方志

集成第 30 册，凤凰出版社，2005 年版。

㉝ 详见（光绪）《平陆县志》卷上《村堡》，中国地方志集成第 64 册，凤凰出版社，2005 年版。

㉞ 详见（民国）《重修安泽县志》卷 16《艺文》，中国地方志集成第 43 册，凤凰出版社，2005 年版。

㉟ 详见（乾隆）《保德州志》卷 1《都里》，中国地方志集成第 5 册，凤凰出版社，2005 年版。

㊱ 详见（乾隆）《沁州志》卷 1《建置沿革》，中国地方志集成第 39 册，凤凰出版社，2005 年版。

㊲ 详见（乾隆）《陵川县志》卷 28《艺文》，中国地方

志集成第 42 册，凤凰出版社，2005 年版。

㊳ 详见（光绪）《交城县志》卷 2《舆地·河渠堤堰》，中国地方志集成第 25 册，凤凰出版社，2005 年版。

㊴ 详见（康熙）《隰州志》卷 14《风俗》，中国地方志集成第 33 册，凤凰出版社，2005 年版。

㊵ 详见（清）祁韵士《万里行程记》，宁夏人民出版社，1987 年版。

㊶ 详见（乾隆）《乡宁县志》卷 15《艺文》，中国地方志集成第 57 册，凤凰出版社，2005 年版。

山西古建筑

山西古建筑

第三章　民居建筑

山西民居建筑分布图

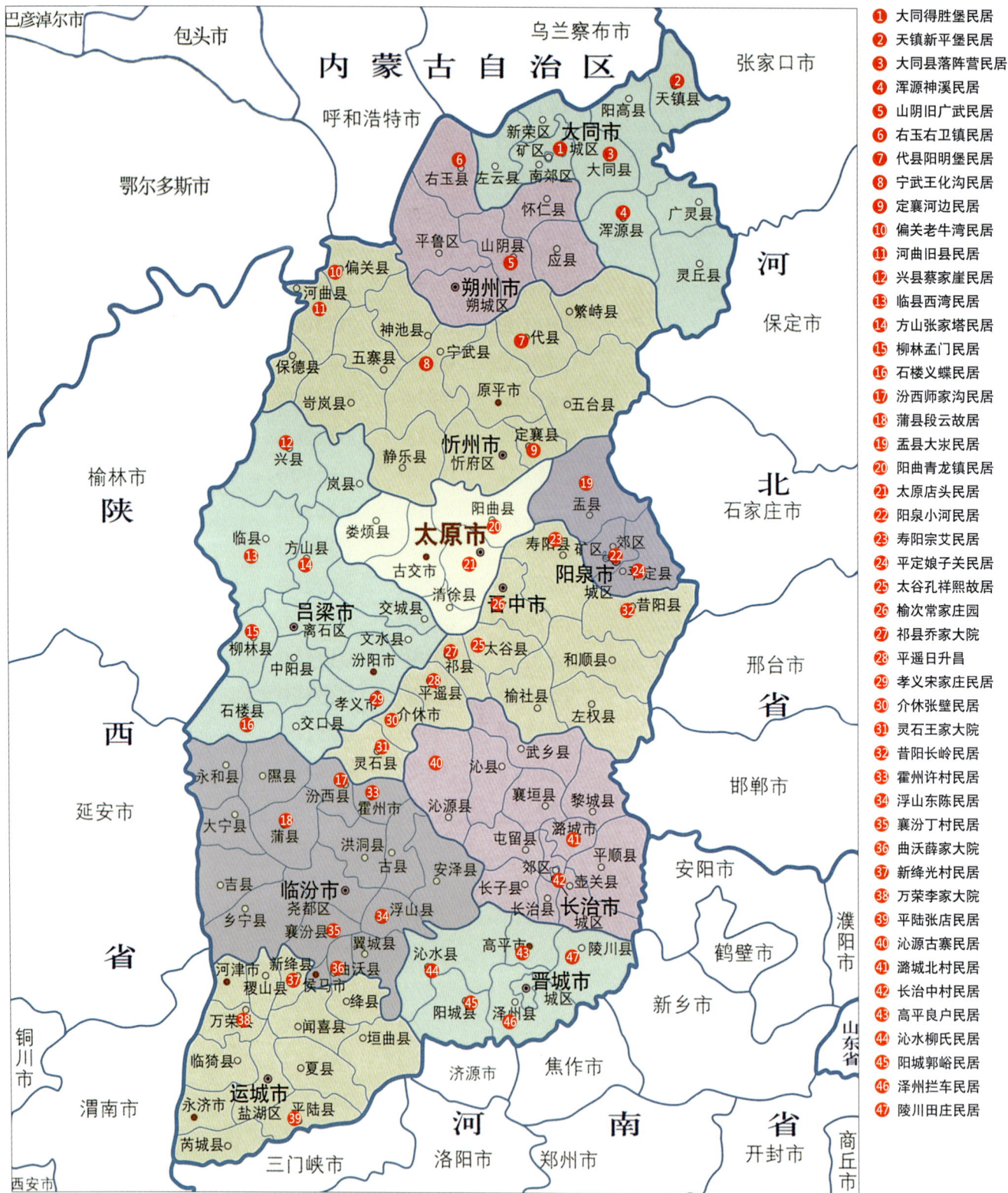

内蒙古自治区

呼和浩特市　乌兰察布市　张家口市

巴彦淖尔市　包头市

鄂尔多斯市

榆林市

陕

西

省

延安市

铜川市

渭南市

西安市

河

北

省

保定市　石家庄市

邢台市

邯郸市

安阳市

濮阳市

鹤壁市

新乡市

河　南　省

焦作市

济源市

洛阳市　郑州市

三门峡市

开封市

商丘市

山东省

大同市　天镇县　阳高县　新荣区　矿区　城区　南郊区　大同县　广灵县　灵丘县　浑源县　右玉县　左云县　怀仁县　平鲁区　山阴县　应县　朔州市　朔城区　繁峙县　神池县　宁武县　代县　五台县　五寨县　保德县　岢岚县　原平市　定襄县　忻州市　忻府区　静乐县　岚县　阳曲县　娄烦县　太原市　古交市　清徐县　盂县　寿阳县　矿区　郊区　阳泉市　城区　昔阳县　临县　方山县　吕梁市　离石区　交城县　文水县　和顺县　榆次市　太谷县　祁县　榆社县　柳林县　中阳县　汾阳市　孝义市　平遥县　介休市　左权县　石楼县　交口县　灵石县　沁县　武乡县　襄垣县　黎城县　沁源县　屯留县　潞城市　平顺县　郊区　长子县　壶关县　长治市　城区　长治县　永和县　隰县　汾西县　霍州市　大宁县　蒲县　洪洞县　古县　安泽县　高平市　陵川县　吉县　乡宁县　尧都区　临汾市　浮山县　沁水县　晋城市　城区　河津市　新绛县　稷山县　侯马市　翼城县　曲沃县　绛县　阳城县　泽州县　万荣　闻喜县　垣曲县　临猗县　夏县　运城市　盐湖区　平陆县　永济市　芮城县

① 大同得胜堡民居
② 天镇新平堡民居
③ 大同县落阵营民居
④ 浑源神溪民居
⑤ 山阴旧广武民居
⑥ 右玉右卫镇民居
⑦ 代县阳明堡民居
⑧ 宁武王化沟民居
⑨ 定襄河边民居
⑩ 偏关老牛湾民居
⑪ 河曲旧县民居
⑫ 兴县蔡家崖民居
⑬ 临县西湾民居
⑭ 方山张家塔民居
⑮ 柳林孟门民居
⑯ 石楼义蝶民居
⑰ 汾西师家沟民居
⑱ 蒲县段云故居
⑲ 盂县大米民居
⑳ 阳曲青龙镇民居
㉑ 太原店头民居
㉒ 阳泉小河民居
㉓ 寿阳宗艾民居
㉔ 平定娘子关民居
㉕ 太谷孔祥熙故居
㉖ 榆次常家庄园
㉗ 祁县乔家大院
㉘ 平遥日升昌
㉙ 孝义宋家庄民居
㉚ 介休张壁民居
㉛ 灵石王家大院
㉜ 昔阳长岭民居
㉝ 霍州许村民居
㉞ 浮山东陈民居
㉟ 襄汾丁村民居
㊱ 曲沃薛家大院
㊲ 新绛光村民居
㊳ 万荣李家大院
㊴ 平陆张店民居
㊵ 沁源古寨民居
㊶ 潞城北村民居
㊷ 长治中村民居
㊸ 高平良户民居
㊹ 沁水柳氏民居
㊺ 阳城郭峪民居
㊻ 泽州拦车民居
㊼ 陵川田庄民居

（地图引自：中华人民共和国民政部编. 中华人民共和国行政区划简册 2014. 北京：中国地图出版社，2014.）

第一节　山西民居的域分及其间架结构

　　地域是特定区域空间的统称，是自然要素及人文因素作用形成的综合体。有如下三点特征：其一，地域具有一定的界限；其二，地域内部表现出一定的相似性和连续性，地域之间则具有差异性；其三，地域之间是相互联系的，一个地域的变化会影响到周边区域。本文中的地域指古代沿袭而成的历史区域。在相同地域条件下的民居形态往往具有共同的特征，而处于不同地域条件下的民居形态其特征则迥异，一般来讲，一定地域的自然环境是相对稳定的，而人文环境是可变的，一定的社会结构在一定的历史时期是相对稳定和协调的，稳定性是地域的显著特征。^①在特定的历史时期以及特定的空间区域中，山西民居得以产生。自然地理环境和文化地理环境这两个因素深深地影响了山西民居形态的形成和发展，它们是山西民居存在的土壤，而民居形态则是这些因素的外在表现。山西民居体现了附加在自然景观之上的人类活动形态，反映着山西文化区域的地理特征，阐释着环境与文化的关系以及人类的各种行为系统（图3-1-1、图3-1-2）。

图3-1-1　临县李家山村落景观（资料来源：自摄）

图3-1-2　汾西县师家沟村落景观（资料来源：自摄）

一、山西民居的域分

不同地域民居的形态特征皆是在特定的自然地理条件和人文历史背景的作用下渐渐形成的。当然，由于地缘关系的远近不同，这些形态会呈现出相近或相异的特征。山西各地区民居建筑所展现给世人的丰富多彩的形式及风格，是难以用某种单一原因解释的，它与一定时期特定的地理、气候、资源、社会、经济、历史、文化等自然环境和人文环境息息相关，是各个地域环境的直观表现，更是诸多因素共同作用的结果。也正是由于这些千变万化、错综复杂的影响因素，才产生了山西各地形态多样、各具特色的民居形态。

从历史地理变迁的角度来看，古代之地理区划是以水土条件和农耕经济特点为依据的。山西古代的地理域分，至少在战国时期已经形成，韩、赵、魏三家分晋时，已有明确的界线。秦汉实行郡县制，境内产生了河东郡、太原郡、上党郡、雁门郡、西河郡等，分别位于晋南、晋中、晋东南、晋北及晋西等地区。这些地区具有独特的自然、人文特征，地域特色鲜明。尽管明清两代实行省、州（府）、县三级制，但基本延续了秦汉时期的地理区划范围。特别是明代所设的平阳、太原、潞安、大同、汾州5府，使山西古代地区的疆域界限更为清晰。从山西农业区划来看，山西农耕文明源远流长，大约在距今1万年左右，便已出现了原始农业。夏商周时代，晋南和晋东南靠近黄河和汾河流域地区以农耕经济为主要生产方式，晋北和晋西北各小国则以游牧经济为主。到南北朝时期，中国北方旱作农业的耕作技术，在山西基本定型。隋唐时期，山西农区范围遍及南北大部分地区，晋西地区也基本转牧为农。地域的明显差异，使山西客观上形成了七个不同类型和特点的农业区，即晋南区、晋中区、晋东南区、晋东区、晋西区、晋北区和晋西北区（图3-1-3）。② 从山西方言分布范围来看，则表现出与古代地理区划惊人的一致。据《山西方言调查研究报告》统计分析，山西方言的类型非常丰富。全省方言共分六片，分别是以太原为中心的中区方言；以离石为中心的西区方言；以长治为中心的东南区方言；以大同为中心的北区方言；以临汾为中心的南区方言；东北区方言则只有广灵一个县（图3-1-4）。③ 尽管随着岁月的流逝，山西古代地区概念逐渐泯灭了它的地理学意义，变得疆域模糊，景物易貌，但仍然是山西民居地域分区的重要依据。本文以山西历史地理、农业区划及方言分区为线索，依据山西民居的内部结构与外部表现特征，将其划分为五大区域，即晋中民居、晋南民居、晋西民居、晋北民居和晋东南民居（图3-1-5）。

山西民居地域分区与今日行政区划的对应关系如下：

晋中民居分布在明代太原府的大部分地区和汾州府一部分地区，包括今日的太原市、晋中市、阳泉市和吕梁市少部分县市，所属县市有太原、阳曲、清徐、古交、娄烦、榆次、太谷、祁县、寿阳、榆社、灵石、昔阳、和顺、左权、汾阳、平遥、介休、孝义、文水、交城、阳泉、平定、盂县等。

晋东南民居分布在明、清两代的潞安府、泽州府，即今日的长治市和晋城市，所属县市有长治、潞城、黎城、平顺、壶关、屯留、长子、沁源、沁县、武乡、襄垣、晋城、泽州、阳城、陵川、沁水、高平等。

晋南民居集中在明、清两代的平阳府和蒲州府，也即今日的临汾市和运城市，所属县市有运城、芮城、永济、平陆、临猗、万荣、河津、夏县、闻喜、垣曲、稷山、新绛、绛县、临汾、侯马、乡宁、吉县、安泽、曲沃、襄汾、翼城、浮山、古县、洪洞、霍州等。

晋西民居主要分布在晋陕大峡谷东岸，即古代汾州府的大部分地区，包括今日的吕梁市大部和临汾市、忻州市的一部分地区，所属县市有离石、中阳、柳林、临县、方山、岚县、兴县、石楼、交口、隰县、大宁、永和、蒲县、汾西、静乐等。

晋北民居分布在明清两代大同府、朔平府、宁武府和太原府北部一部分地区，也即今日的大同市、忻州市和朔州市，所属县市有大同、左云、阳高、

图 3-1-3 山西农业区划（资料来源：自绘）　　图 3-1-4 山西方言分布区域（资料来源：自绘）　　图 3-1-5 山西民居地域分区（资料来源：自绘）

天镇、浑源、灵丘、广灵、朔州、怀仁、平鲁、右玉、应县、山阴、忻州、繁峙、定襄、原平、五台、代县、神池、宁武、五寨、岢岚、保德、偏关、河曲等。

　　这五个区域基本反映了山西民居形态的多样性，符合山西古代文化的发展规律。山西考古成果表明，山西境内的文化类型呈多样性分布。若从东西来看，太行山西麓的晋东南地区与河北文化类型相似；而黄河沿岸的晋西地区则含有陕西文化因素。④ 若从南北来看，则汾水中下游的晋南地区又有河南文化因素；而晋北地区的文化类型则与北方草原地区在题材、结构、风格上明显统一。⑤ 由于受到自然及人文条件的影响，山西民居也随其所处的地域不同，呈现不同的建筑形态，与山西古代文化的发展轨迹相一致（图 3-1-6）。

二、山西民居建筑的类型

　　就地取材，因地制宜，是传统聚落中民居建造的普遍规律，由于自然地理条件的千差万别，山西传统聚落的民居形式，风格迥异。山西地处内陆，

交通不便，物资转运困难。据《晋政辑要》载："查晋省地处万山，路途险仄，砖瓦木石各料较别处为昂，运送更属不易。梁柱巨木尤为缺少，往往于数百里外入山采伐，挽运来省，所费尤多"。⑥ 基于此，乡民只能依据当地的实际情况，因境而成地建设自己的家园。如在晋东及晋东南的太行山区，基岩裸露，植被较好，所以利用石材、木材建造房屋，较为普遍；而在晋西、晋北等丘陵地带，黄土广布，适于"穿土为窑"，居民多依山靠崖挖掘窑洞，形成"家三家两自成村，小住洪崖辟洞门。漫道穴居同上古，此中别具一乾坤"的村落景观。⑦ 在汾河流域的晋中、晋南地区，交通条件较之别处尚属便利，历史上也较为富庶，民居普遍采用窑房合建或砖木结构形式，建筑质量较高。

　　山西民居在不同的时代和地域呈现出不同的特征，从构筑方式来看，主要分为窑洞式和砖木结构式两种类型。窑洞式民居又可分为黄土窑洞和砖石窑洞二种。黄土窑洞主要分布在山区，这种构筑方式经济适用、施工便捷，是山西民居的重要形式。

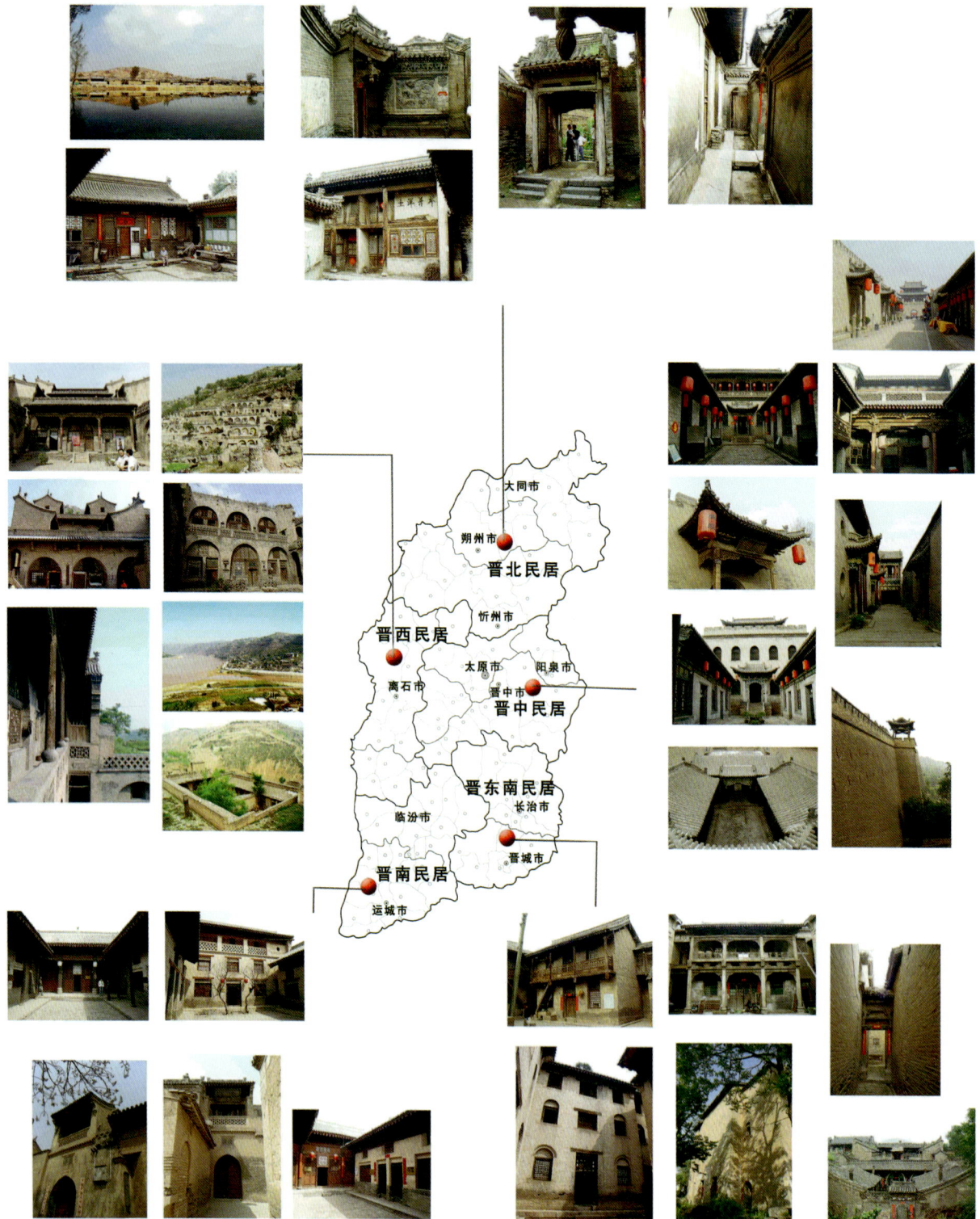

图 3-1-6　处于不同地域的山西民居形态（资料来源：自绘）

用砖石砌筑拱券窑洞，大致成熟于元末明初，平面以一字形、三合院、四合院为主。砖木结构的民居分布于河流谷地的平原地区，这里黄土丰厚，煤炭资源充足，可以用来烧砖制瓦，为砖木结构民居的建造提供了建筑材料。山西现存最早的砖木结构民居，是位于高平市中庄村的元代姬氏民居，也是我国现存最早的民居建筑实例。现仅存正房三间，砖木结构，坐北朝南，明间设板门，单檐悬山顶，檐柱带有生起和侧脚，举折平缓，造型古朴（图 3-1-7 ~ 图 3-1-9）。

图 3-1-7　高平姬氏民居正房外观（资料来源：自摄）

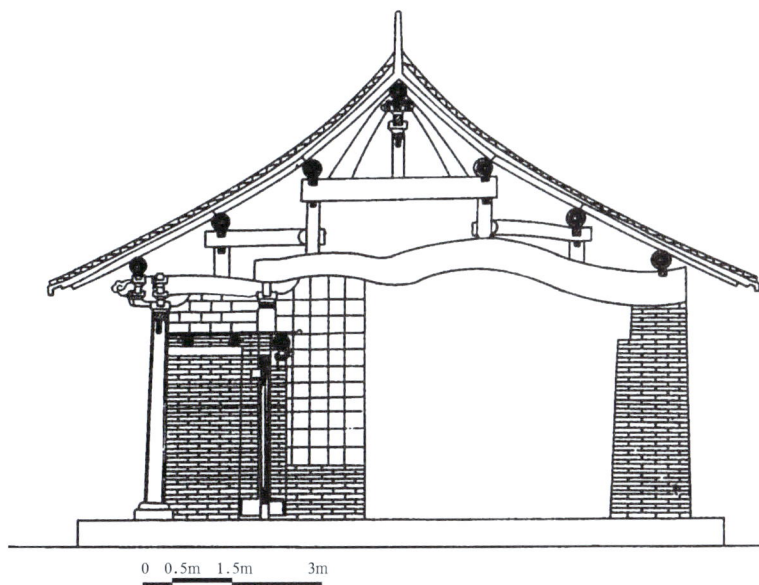

0　0.5m　1.5m　　　3m

图 3-1-8　高平姬氏民居正房横剖面（资料来源：《中国文物地图集·山西分册》）

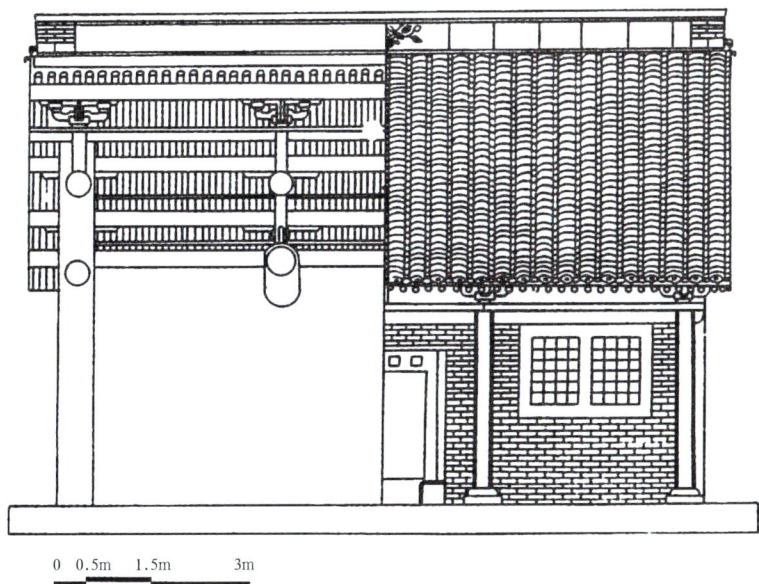

0　0.5m　1.5m　　　3m

图 3-1-9　高平姬氏民居正房前视纵剖面（资料来源：《中国文物地图集·山西分册》）

图3-1-10 太谷曹家大院过厅（资料来源：自摄）

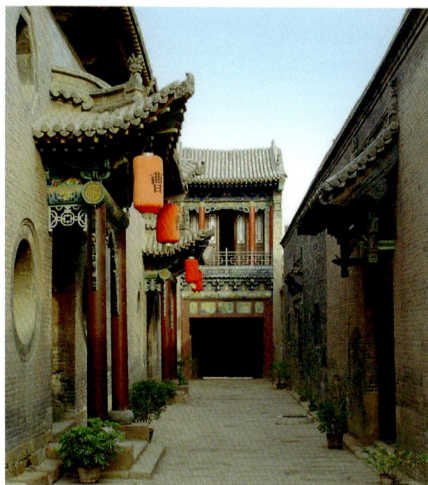

图3-1-11 曹家大院入口（资料来源：自摄）

明清两代，山西商业与金融业繁荣，在晋中、晋南及晋东南地区出现了一大批豪宅大院。其中，以太谷、祁县、平遥等地的大院保存最为完整。这些大院的共同特点是规模宏大、规划严谨、空间内向、装饰豪华、壁垒森严、内涵深厚（图3-1-10～图3-1-12）。

概括来讲，山西民居建筑主要采用如下几种形式。

（一）窑洞

在山西，无论是山区还是平原地区；无论是城镇聚落还是乡村聚落，窑洞的分布非常广泛，最为普遍，这是山西民居的共性所在。

1. 晋西窑洞

晋西窑洞分布在吕梁山脉的广大区域，该区广布黄土，居民又普遍贫困，以土窑作为居住形式是最经济适用的选择。这里的窑洞以直接开挖黄土的横穴居为主，《兴县志》所记述的"城无万金之家，乡无百家之村，营窟陶穴"，就是最形象的写照（图3-1-13）。[8]

2. 晋北窑洞

晋北"地苦寒，寝处必有火炕，高三尺许"。[9]这里的窑洞建设，源远流长，如宋代的洪皓出使金国，在路过云中地区时，就曾见到"穴居百家"。[10]该地区的窑洞，仍以土窑为主，由于地处高寒地带，窑室内多筑有土炕，以便保持恒温恒湿（图3-1-14）。

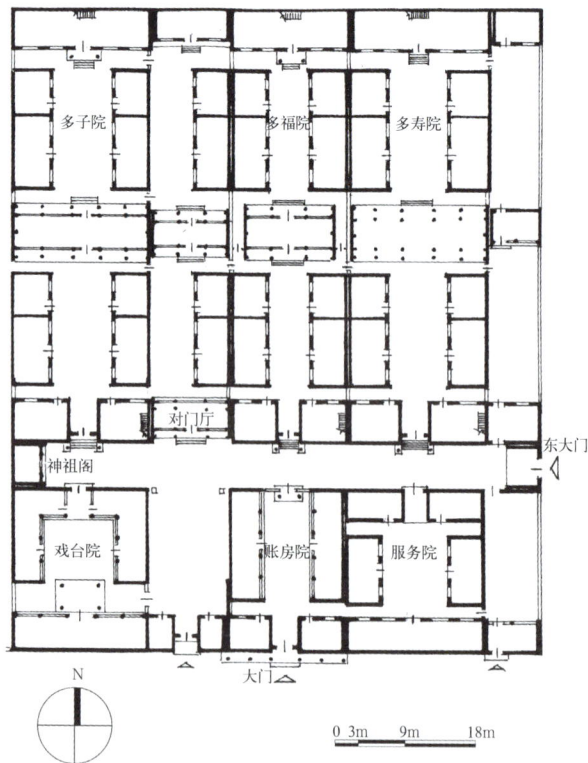

图3-1-12 曹家大院平面图（资料来源：《中国民居研究》）

3. 晋东及晋东南窑洞

历史上，在明清时期的泽州府、潞安府、辽州、平定州等地，都有窑洞分布。晋东及晋东南地处太行山区，一般在地势起伏之地，居民都会凿土挖窑，保存有为数不少的黄土窑洞。如在辽州，就有"地少平沃，商贾不通，民多穴居"的记载。除了土窑之外，乡民利用石头砌筑拱券窑洞，也较为普遍（图3-1-15）。

图 3-1-13 晋西窑洞（资料来源：自摄）

图 3-1-14 晋北窑洞（资料来源：自摄）

图 3-1-15 石砌窑洞（资料来源：自摄）

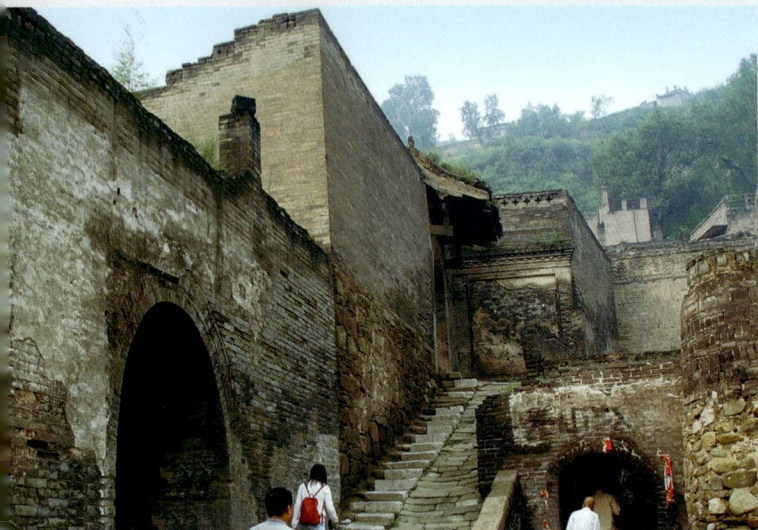

图 3-1-16　砖砌窑洞（资料来源：自摄）

图 3-1-17　地窖院（资料来源：自摄）

图 3-1-18　石头房（资料来源：自摄）

4. 晋中窑洞

晋中盆地，地形平坦，汾河穿境而过。由于窑洞冬暖夏凉，居住便利，这里的乡民也偏爱窑洞。如果地处盆地边缘，就以土窑为主要居住形式；如果地处汾河谷地，则用砖石砌筑窑洞。例如汾州府的孝义县，就有"西乡半穴土而居，他乡或砌砖如窑状"的记载（图 3-1-16）。⑪

5. 晋南窑洞

历史上的河东地区，主要包括平阳府和蒲州府，这里地势平坦，物产丰富。尽管该地的民居以砖木结构的楼房为主，但也有不少窑居分布其间。例如芮城、平陆的地坑窑院就是最典型的代表。地坑院也称之为"地窖院"，其形制与建造方式既古老又独特。一处地窖院，长、宽各三、四十米不等，深约十几米。在基坑四壁，横向开挖土窑，合理安排人、畜、交通及储藏空间。在院落中，挖掘旱井，既可用来排除雨水，又可积蓄水源，作为生活用水。由地窖院组成的村落，人在远处不容易发现，只有走到近处，才能看清其全貌，所以有"车从屋顶过，声从地下来"的人间奇观（图 3-1-17）。

（二）石头房

晋东及晋东南的太行山区，石料较多，"五里柏井驿，实镇也，地多砖、石头屋"。⑫以石头砌筑院墙、屋墙，用石片代替瓦片鱼鳞状铺设屋顶，也是当地居民就地取材的一种建造方式（图 3-1-18）。这种民居虽显简陋，但却朴实耐用。每当雨后，屋顶的石板被清洗得色彩斑斓，充满野趣。

（三）砖瓦房

所谓砖瓦房是指"凡墙壁皆以砖石，上覆以瓦，梁柱窗栈而外，无用竹木者。土石价省于木，故作室者木工少而土石之工多"。⑬这种房屋多为硬山式屋顶，前后用砖砌筑，留出窗格门洞。也有一些地方为防雨水，采用悬山式屋顶，屋脊为干扣一层砖再交错扣瓦的皮条脊形式。山西的砖瓦房集中在两类地区，一类为砖瓦价格低廉之地，如晋北的保德州、宁武府等地区，该区经过历代屯垦，森林资料短缺，一木难求，而砖石却价格低廉，乡民就地取材，利用砖瓦造房。另一类集中在经济发达的晋中、晋南及晋东南地区，在这里乡民甚至以砖造楼，如在祁县"民居多以砖为楼房"。⑭而晋南及晋东南的御楼甚至高达五层。忻州等地的砖瓦房是高脊"一出水"房屋，坡度较大，造型优美，山西尤以代县、繁峙的砖瓦房最为讲究（图3-1-19）。

（四）砖木房

在山西，砖木结构的民居，主要集中在森林资源丰富、盛产木材，或较为富庶的晋中、晋南、晋东南等地区。民国《沁源县志》载："本县木料不缺，所住房舍率多构木为之"。⑮这些地区的民居，多为双出水硬山式二层楼房，楼上较低矮，只作贮藏物品、粮食之用，也不专设楼梯，只有移动式木梯供上下。一些有钱人家的砖木结构楼房则不同，二层也能住人，楼前出厦立柱，楼梯、勾栏一应俱全（图3-1-20）。

（五）土木房

土木房是指承重结构为梁、柱、板组成的木结构体系，围护结构使用土坯或夯土墙等生土材料的房屋。这种形式的房屋在山西分布较广，晋北、晋南、晋东南等地区都有遗留。这种房屋成本较低，利用生土热惰性好的特点，获得冬暖夏凉的效果，所以也为当地乡民喜闻乐见（图3-1-21）。

（六）平顶房

平顶房前低后高，老百姓称之为"一出水"。前面采用木柱式，满面开窗，采光较好；屋顶用碱地淤土与麦秸和泥抹成，利用泥的下渗特点将干裂的缝子自然淤合，逢雨不漏。隔二、三年再抹一次。这种结构的房屋，主要集中在太原附近，每当五谷丰登，屋顶便成了晒场，五谷杂粮将屋顶装饰的色彩斑斓，秋韵盎然（图3-1-22）。

（七）茅草房

居住茅草房多代表一般贫民阶层，在古代较为普遍。山西茅草房主要以山区为居多，集中于晋东、晋东南的太行山区。这里雨水相对较多，适宜茅草生长，取材方便。山区生活疾苦，居住条件恶劣，居民就地取材建造茅草房，也是为生活所迫。正所

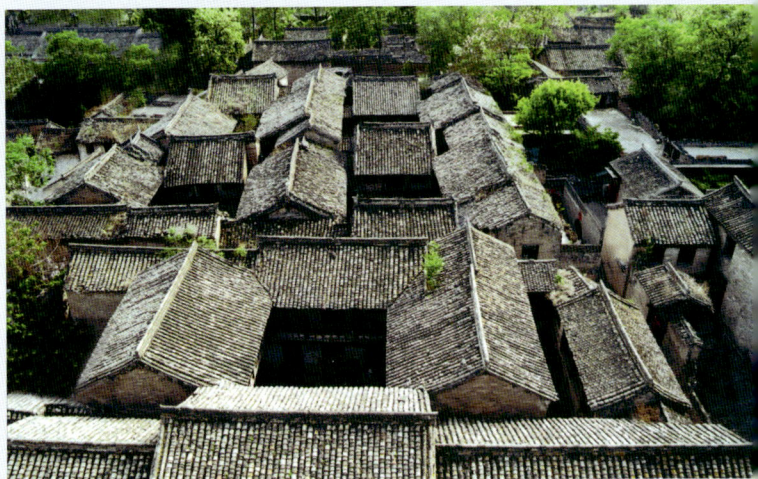

图3-1-19 郭峪村砖瓦房（资料来源：自摄）

图3-1-20 闻喜薛家大院砖木楼房（资料来源：自摄）

图3-1-21 沁源闫寨村土木房（资料来源：自摄）

图 3-1-22 祁县谷恋村平顶房（资料来源：自摄）

图 3-1-23 大同县落阵营村 7 号院外观（资料来源：自摄）

图 3-1-24 河曲旧县"纱帽翅"民居正房（资料来源：自摄）

谓"地瘠民力本，茅檐历历见"[16]。太行山区土地资源有限，茅草房民居多在三家村式的散居型聚落中出现。

三、不同地域山西民居建筑的间架结构

山西民居构成的基本单元是单体建筑，单体建筑又是以"间"和"架"作为度量单位的。"间"，即由四根相邻柱子所组成的空间。在坊间，百姓们常把相邻梁架之间的空间称为"一间"。"间"还有单体建筑平面线性尺度开间之意。民居建筑中，常用开间表示相邻两柱之间的水平面阔尺寸。"架"，指屋架上檩条的数目，亦代表了单体建筑进深的长度。每一根檩条称为"一架"，架数越多，进深就越大。民居建筑中，常用进深表示屋架的跨度尺寸。开间的多少与进深的大小，两者共同决定了建筑空间大小之规模。传统民居建筑的开间、进深的计量单位为尺与丈。建筑领域，传统的尺也称为"营造尺"，在清代，汉族工匠的营造尺标度一尺为 32 厘米长，而一丈等于十尺，一丈即为 320 厘米长。[17]

（一）山西民居"间"的组合形态

山西民居中单体建筑以"间"为单位，若干"间"沿面阔方向组合成矩形平面的房屋，是单体民居建筑平面的一大特征，由于其建造便捷，使用方便，成了民居平面的主流形式，山西民居也不例外。房屋间数多采用奇数组合的方式，一间、三间、五间甚至多间，奇数间的组合在传统文化中体现阳刚之性，其在平衡室内之阴的同时，还可以保持明间居中的礼制之意。明朝规定庶民的房屋不过三间五架，受此影响，就连山西的窑洞民居也多以三孔为一组来组织营建。但如若房主人实力较强，则往往又不拘泥于此，房间间数则多见五间。另外，为扩大房间使用面积，山西一些地区的民居正房和厢房两侧或一侧也有设置耳房的习惯，但叫法却因地区不同而异。

1. 晋北民居"间"的组合

晋北民居单体建筑以三、五开间为主，正房多为五间，厢房、倒座则常见三间。三开间平面形式

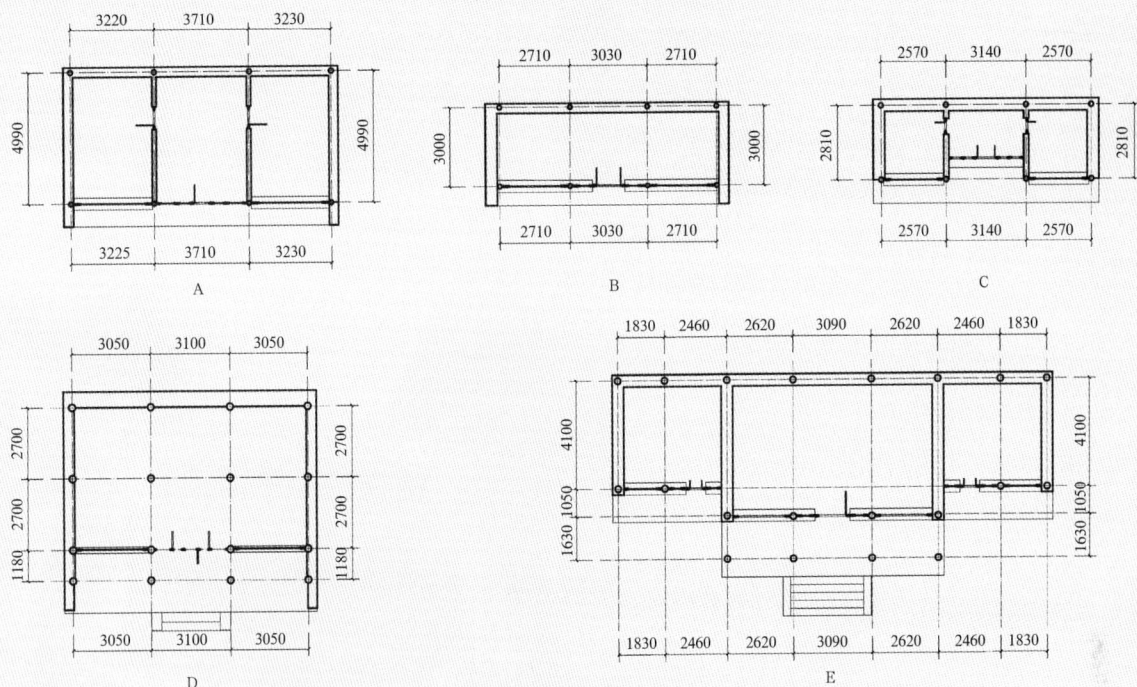

图 3-1-25　晋北民居三开间平面形态（资料来源：自绘）

主要有以下四类：第一，三开间中均有隔断，当心间开房门，两侧次间仅设槛窗，俗称"一明两暗"的"一堂二屋"平面，此形式为晋北民居以至山西民居单体建筑中数量最多、运用最广的平面基本形式，如落阵营7号院的厢房平面。第二，三开间贯通无隔断，如落阵营7号院倒座平面（图3-1-23）。第三，明间后退一步架距离，西北回族民居多采用此式，俗称"虎抱头"式，次间在明间后退产生的新墙位置处设门或窗，以利采光通风，如新平堡贾家院倒座房平面。第四，晋北民居带前檐廊者十分罕见，如代县阳明堡贺家院正房平面的廊柱与墙檐柱间距为1180mm，尺度适宜，恰好可使两个人并排通过。第五，此类较为特殊，是在三开间房左右两旁另建进深小于主房的耳房，耳房在晋北俗称"纱帽翅"，其比喻十分形象，由于当地耳房的开间、进深和高度均会小于主房，外观很像封建社会时期官吏们头顶上的乌纱帽两边的帽翅，"纱帽翅"由此而得名（图3-1-24、图3-1-25）。纱帽翅一至三开间均有，如河边镇阎锡山故居老丈人院正房平面，纱帽翅为两开间，以实用为主，不讲求

阳数的礼制。晋北的五开间房有如下五种组合形式：其一，当心间（明间）设门，左右次间开槛窗，明间与次间不设隔断，两尽间独立设门窗，尽间开间尺寸大于明间和次间，次间与尽间中有隔墙，由于明间、次间及尽间进深和高度均一致，因此，尽间不称作耳房，可称为"五间三所"，如落阵营7号院正房平面；其二，当心间与两侧次间之间设隔断，其余与前者一致，如落阵营4号院正房平面；其三，五个开间中均不设隔断，如落阵营5号院正房平面；其四，隔墙在平行于山墙的两檐柱之间任意砌筑，如新平堡"进士第"院落厢房平面，隔墙将五开间房分为两个两开间和一个一开间。

2. 晋中民居"间"的组合

晋中地区主要民居建筑的类型和结构较为特殊，正房以砖石锢窑为主，厢房和倒座有时也为锢窑，但"间"的排列方式却与传统木构建筑并无本质区别，因此，本文认为将锢窑房平面与砖木房平面放在一起做比较研究是可行的。晋中砖石锢窑为当地一特色建筑形制，某些富足地区的民居为窑房合建的二层建筑，即下层为砖窑洞，上层建一砖木

结构双坡顶的房，俗称"下窑上房"（图3-1-26）。锢窑的构造及施工方式将在后文讨论，本节主要论述其平面排列方式及尺寸等相关内容。锢窑三间、五间均为常见形式，窑前搭建木构披檐，即前檐廊，除了可用于防雨水冲刷窑脸外，木雕构件还可起到装饰建筑立面的效果。晋中单体建筑三开间形式主要有以下三种：其一，孝义旧城西河柳巷孙氏宅院为"三三制"院落，其正房一层平面为"一明两暗"三开间锢窑，带披檐，明间辟门，次间设槛窗，室内隔墙中央掏门洞连通各间，二层平面是三开间的砖木瓦房，门置中央，两次间槛墙上设槛窗，室内无隔断；其二，孝义旧城孙宅中的厢房为砖木结构，亦为三开间，门窗设置类同正房，室内砌两面隔墙；其三，孝义宋家庄西关正街的张氏宅院，正房为"一明两暗"式的"一堂二屋"三间砖木结构房，除当心间开门外，两次间槛墙外侧各开小门通往室内。

晋中五开间单体建筑大概有如下几类：第一，"三明两暗"或"一明两暗两次"五孔砖锢窑，设披檐，当心间开门，次间设窗，两尽间槛墙内侧辟门或不辟门为槛窗，室内均开门洞相通，如孝义旧城东河柳巷任宅正房平面；第二，"三明两暗"砖木构民居，

图3-1-26　灵石王家大院敦厚宅正房（资料来源：自摄）

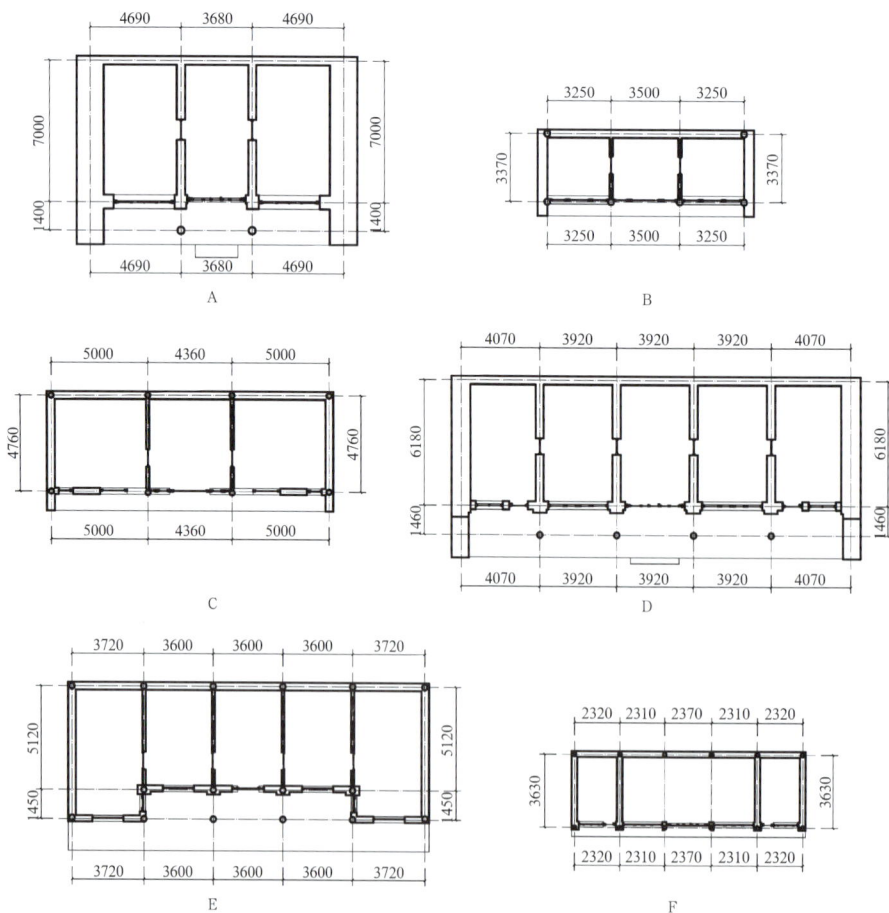

图3-1-27　晋中民居三（五）开间平面形态（资料来源：自绘）

仅当心间开门，屋内设隔断，五间均用门洞相通，如孝义旧城北门街1号院正房平面，明间与次间后退，其前设檐廊，但尽间不退后，在次间后退产生的新墙处开窗，这样做不仅可以增加空间感，还可以改善室内通风与采光效果；第三，五开间房屋两檐柱间任意砌平行于山墙的隔断墙，隔墙开门洞或不开门洞均可，如孝义旧城西关村尚家院厢房平面（图3-1-27）。

3. 晋西民居"间"的组合

相比晋中民居，晋西以窑洞为主的特征则更为显著。拥有窑洞也是晋西民居与晋中民居相类似的方面之一，晋西院中房屋以窑洞为主要形式，砖木构房仅仅为从属而已（图3-1-28）。因为有窑洞的加入，这样就形成了晋西较为丰富的民居建筑类型靠崖窑、半地坑窑、锢窑、砖木构房以及窑房合

建型等。同上文晋中的锢窑一样，晋西民居无论是上述何种类型，其构成民居建筑的基本单位依然为"间"。因此，这里仍旧以"间"来探讨晋西民居单体平面。晋西窑洞三间（孔）、五间（孔）及七间（孔）均可见。三间窑可以分为两类：其一、三间并联排列，各为一间，每间均有独立的门，窑内开门洞相通或不相通，如汾西县师家沟村"大夫第"院落的正房一层锢窑平面；其二，"一明两暗"，明间设门，两边仅为槛窗，室内三间以门洞相连通，如临县碛口镇"洪发店"二进院落东厢房锢窑平面。在晋西，三开间单体砖木房屋不是主要的民居建筑形式，窑房合建型二层的房屋、过厅、倒座房等偶尔会采用砖木结构类型，又因其较少住人，而多作为储藏间或牲口房，所以屋内多不做隔断。如"大夫第"倒座平面。类似三间窑的分类，晋西五间窑和七间窑

图3-1-28 柳林孟门镇窑洞民居（资料来源：自摄）

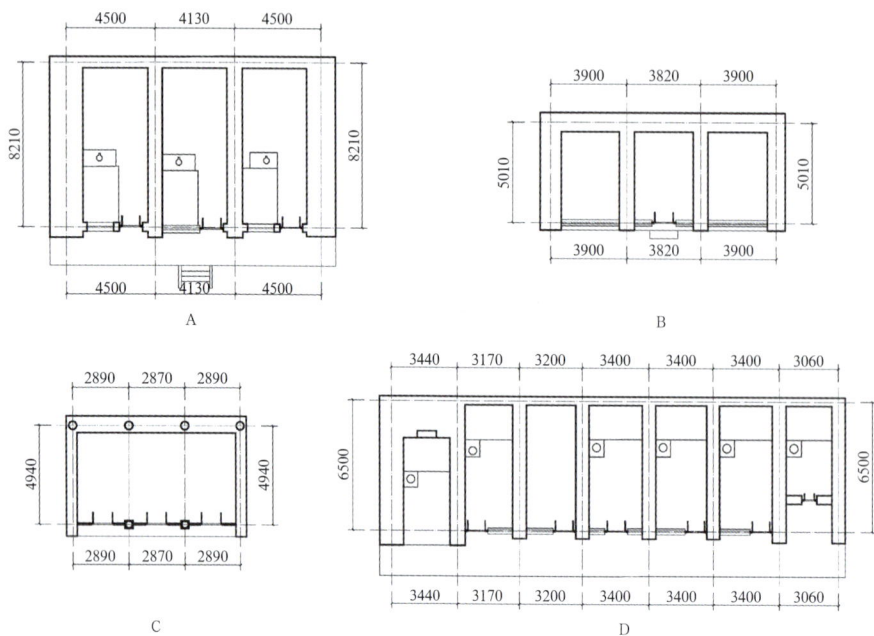

图 3-1-29　晋西民居三（七）开间平面形态（资料来源：自绘）

也可大致分为两类：第一类为室内连通或不连通的，各间皆向室外开门的"五孔窑"或"七孔窑"；第二类为"三明两暗"、"五明两暗"等形式，如碛口镇李家山村新窑院正房锢窑平面，即为"五明两暗"形制（图 3-1-29）。

4. 晋南民居"间"的组合

晋南地区民居单体建筑的平面基本均为三开间，其中一些三开间通间无隔断，两次间为窗，当心间设两扇门，两扇门并不相连，两扇门中央一般还砌有厚 550mm 左右的墙，当地将这样的门称作"连理门"，如襄汾县汾城镇王氏民居北院的厢房平面；另一些，是在前者的基础上，在当心间中央另砌一与山墙平行的砖墙隔断，房门仍为"连理门"，而外立面保持三开间的形式，当地俗称"三间两室"，此类在晋南的厢房中非常典型，运用颇广，如万荣县李家大院李大佐院厢房平面、汾城镇郑氏民居 2

图 3-1-30　丁村民居正房（资料来源：自摄）

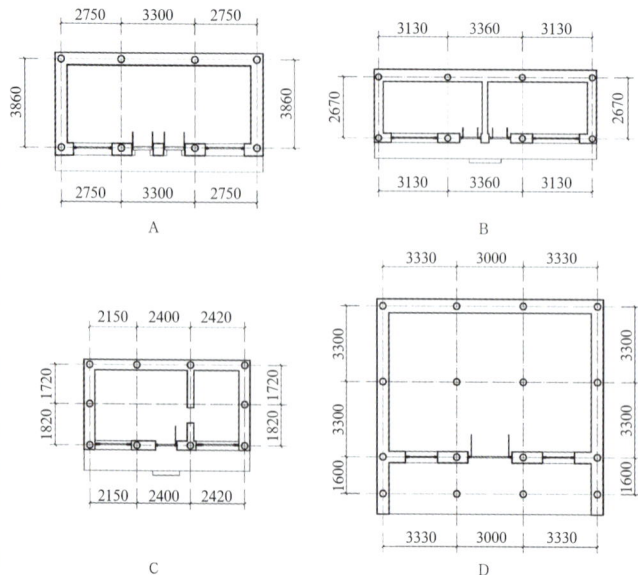

图 3-1-31　晋南民居三开间平面形态（资料来源：自绘）

号院厢房平面等；还有一些则在明间和次间设隔断，如汾城镇王氏"知府第"南院的三开间厢房，成为"一明两暗"式的"一堂二屋"平面的典型式样。除此之外，在上述三种的前檐墙处各加一步架，即又可形成几种三开间平面类型，这些在晋南地区也是普遍存在的，如丁村9号院正房平面、汾城镇郑氏民居2号院正房平面（图3-1-30、图3-1-31）。

5. 晋东南民居"间"的组合

晋东南大部地区单体建筑平面间数基本都为三开间，方圆百里的几个村子至多只有一两户正房为五开间形式，而原主人一定也为官吏富贾，五开间为非主流形态。但晋东南的民居两侧均设耳房，且非常普遍。耳房在当地称为"厦房"，是一种很有特色的民居构成要素，正房、厢房及倒座房两旁均可设置厦房，往往面阔一间或两间，进深小于中间的主房。因此，在晋东南，主屋加上两间单间厦房仿佛也成为"五开间"形式了，本文也将其加入进来，参与"间"的讨论。晋东南三开间主房常采用"一明两暗"的形式，当心间开门，两次间辟洞为窗，有些会在正房的檐墙前加建檐廊，如沁水县窦庄村慈母堂正房平面。在晋城一带，三开间主房的明间与次间之间为通间不分隔，如沁水县西文兴村"香泛柳下"院落厢房、高平市良户村双进士前院的正房平面；而偶尔室内若做隔墙分隔的，也多为居民依实际使用需要而自行后设的（图3-1-32、图3-1-33）。

综上分析，可以得出以下结论。

山西北部地区的晋北、晋中等地平面"间"的组合形态较山西南部地区更为丰富；晋中、晋西等

图3-1-32　泽州西黄石村民居（资料来源：自摄）

地砖石锢窑的加入使其平面开间与进深的尺度成多样化；晋北与晋东南地区的耳房在增加房屋使用面积的同时，也使"间"的空间组合多姿多彩，耳房还是当地院落呈现方正、宽大形态的主要成因之一，或者说是为了满足院落的通风采光等使用需求，进而加建了耳房；上述各区开间尺度适宜，除个别例子外，明间的开间尺寸皆大于两侧各间，遵循礼制要求。

（二）山西民居"架"的组合形态

"架"的相关信息可以从木构单体建筑剖面中获取，除此之外，屋面坡度、房屋高低、进深大小也可以体现在剖面之中。从宏观上来看，山西各地砖木、土木类民居基本均为抬梁式构架类型，个别地区偶尔可见抬梁式与抬梁变异式（类似穿斗式）结合而成的混合式构架类型。山西单体民居搭建不像官式建筑在构造、形式及用料上那样要求严格，因此，即便是抬梁式构架在山西各地区也会有不同的形态表现。

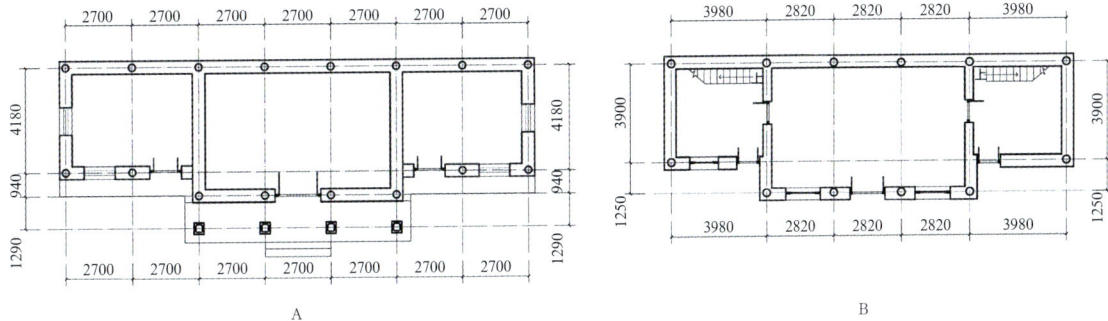

A

B

图3-1-33　晋东南民居三开间平面形态（资料来源：自绘）

1. 晋北民居"架"的构成

晋北民居建筑以单层为主，二层及以上层高的房屋鲜有。晋北地区的卷棚顶较山西其他地区更为常见。正房有时为硬山卷棚，屋顶梁架结构最小进深的为"四檩三挂"，所谓"四檩三挂"源自晋北中东部地区匠人的俗称，四檩即屋架上的四根檩条，屋前后各两根，从剖面上看，这样便组成三个步架，称"三挂"。当然，大型房屋的进深会长，"五檩四挂"亦不鲜见，除其等级会高于"四檩三挂"外，屋顶当中会多设一根脊檩，构架也不再是卷棚顶，而变为带正脊的屋顶构架了。晋北民居有些山墙中的脊瓜柱不由二梁支撑，而直接通至大梁上，如代县阳明堡贺家院正房剖面，五檩四挂且脊瓜柱由二梁支

撑。更有甚者脊瓜柱直接落至地下，做法有些类似穿斗式，尤其是后者，对大梁粗度和长度要求降低，减小了备料难度。"六檩五挂"在晋北多进大宅中亦可见到，其等级高，进深自然也很大，多用于正房，如落阵营7号院正房剖面。晋北厢房和倒座常会采用单坡屋顶，梁架结构十分类似抬梁式，但只有其一半，很像"半抬梁式"，在晋北当地俗称"一出水"，如新平堡贾家院倒座剖面，梁的一端支于檐柱上，另一端插入后檐墙中，并与埋入墙中的柱子搭接（柱承重），或直接搭于后檐墙（墙承重），梁上以瓜柱支撑檩条，梁、檩的数量依据具体情况而定，并无严格规定（图3-1-34、图3-1-35）。

2. 晋中民居"架"的构成

晋中民居正房多为锢窑，其剖面较为简洁，窑顶覆土厚度多在750毫米至1250毫米之间。窑前的瓦木披檐常见一步架，即檐步架，步距以1000毫米以上，1350毫米以下者居多；也有檐步架和脊步架组成的双步架形式，檐步架步距同上，而脊步距往往仅有檐步距的1/2左右（图3-1-36、图3-1-37）。若为"下窑上房"，二层的砖木构房基本均为三步架，最多不过五步架，也以抬梁式最为普遍，如孝义旧城西河柳巷孙宅正房剖面。有些人家为节约用料也会采用局部"穿斗"的做法，十分类似上文中的晋北民居，与所不同的是晋中砖木房屋架偶尔可以见到叉手，在起固定脊瓜柱的作用，带有更多古意。厢房和倒座若无特殊原因，皆会采用单坡屋顶，做法也是大梁一端支于檐柱上，另一端支于后檐墙墙体柱子的上端或墙体内，单坡顶可在进深一定的

图3-1-34 晋北民居分布区域（资料来源：自绘）

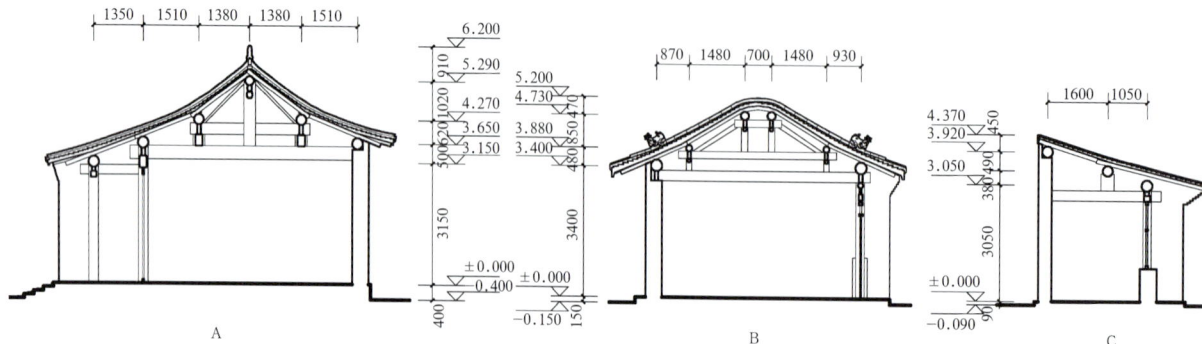

图3-1-35 晋北民居剖面形态（资料来源：自绘）

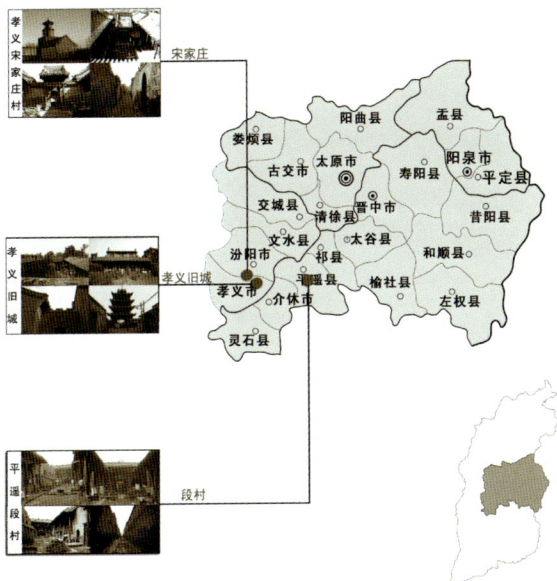

图 3-1-36 晋中民居分布区域（资料来源：自绘）

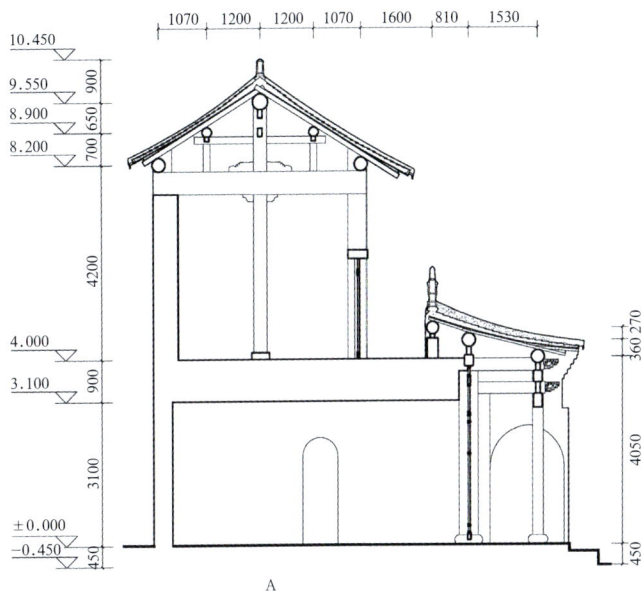

图 3-1-37 晋中民居剖面形态（资料来源：自绘）

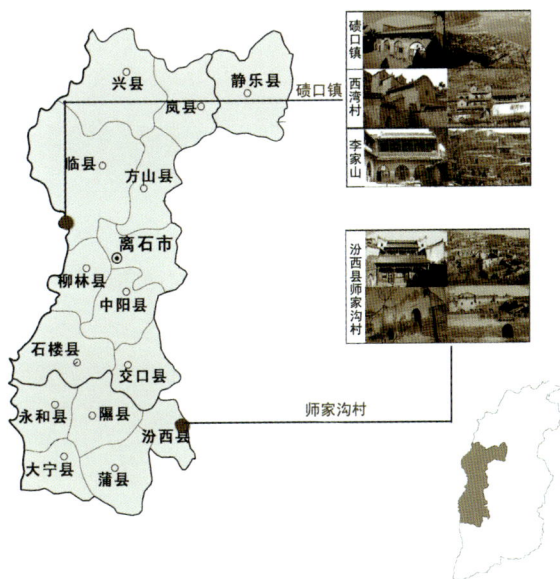

图 3-1-38 晋西民居分布区域（资料来源：自绘）

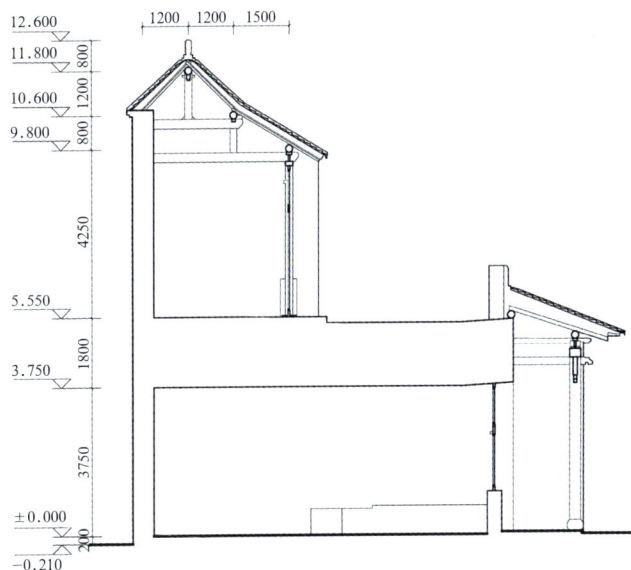

图 3-1-39 晋西民居剖面形态（资料来源：自绘）

情况下，显著增加民居后檐墙的高度，从而起到良好的防御功能，如介休张壁村宋宅横剖面。

3. 晋西民居"架"的构成

晋西民居多为窑洞，窑顶覆土厚度随不同窑洞类型而变化，尺寸至少为 650 毫米（独立式窑洞），大者可达几十米（靠崖式窑洞）。晋西多山，加之土地贫瘠、植被稀缺，少量存在的砖木构房屋剖面亦中规中矩，并无多少特殊做法，民居中五架梁最为常见，为了节约大型木材，正房上层的砖木构房屋架梁有时为偶数，此类做法可在进深一定的情况下，充分利用小尺寸木材，如师家沟"原始大院"正房二层屋面构架，大梁、二梁插于后檐墙中，墙体中无后檐柱，墙体承重，屋面前坡长于后坡，此种屋面的椽子均采用短小的木料铺搭，在房屋进深不变的情况下，有效节约大材（图 3-1-38、图 3-1-39）。

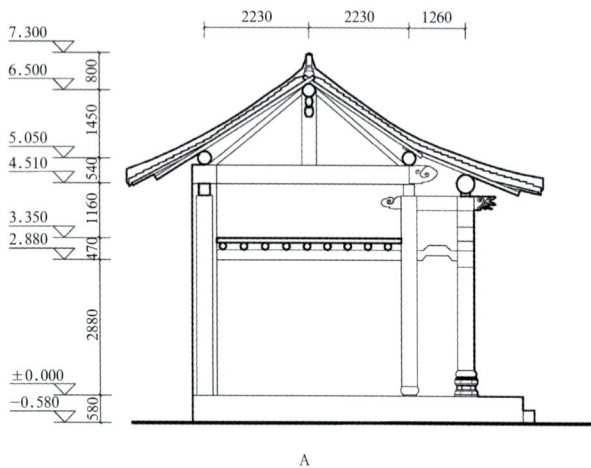

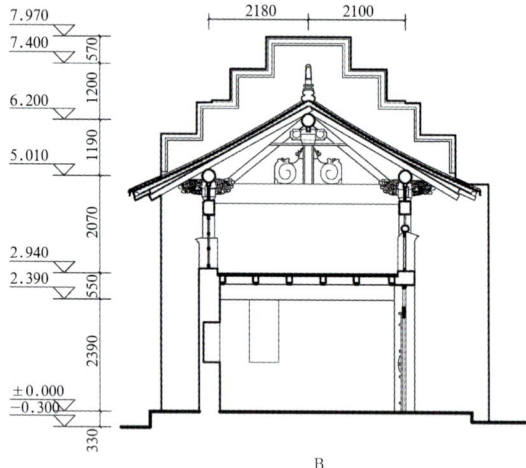

图 3-1-40　晋南民居剖面形态（资料来源：自绘）

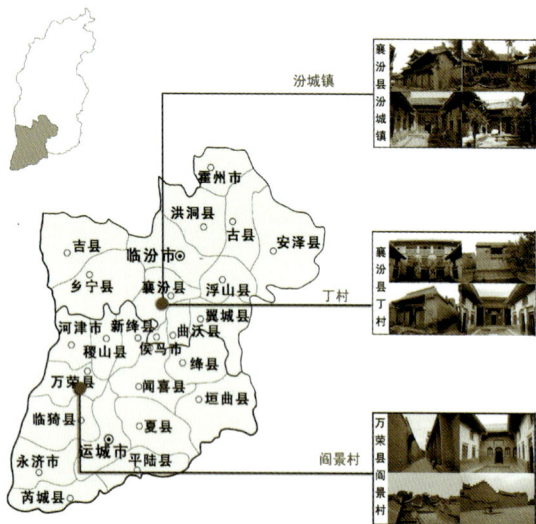

图 3-1-41　晋南民居分布区域（资料来源：自绘）

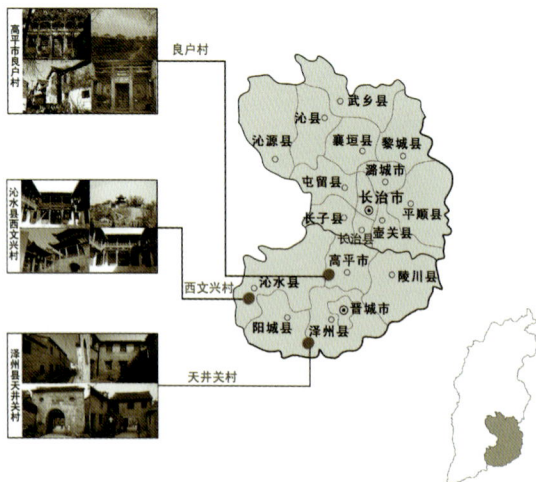

图 3-1-42　晋东南民居分布区域（资料来源：自绘）

4. 晋南民居"架"的构成

晋南民居剖面较显著的特征就是叉手的普遍运用，由于二层民居较山西中北部地区更多，房屋进深方向的尺度相比其他地区的房屋偏小，尤其以厢房和倒座更为明显，进深小，倘若再使用五架梁就显得多余了，也不经济，故多采用三架梁形式，如汾城镇王氏民居南院正房剖面图。但晋南的雨水并不少，出于排水的需求屋面坡度也不能像晋北那样平缓，三架梁进深且又要求屋面相对陡峭，势必会加大脊檩下脊瓜柱的长度，但长度增加后，屋面的稳定性又成了一个问题，叉手可以很好的固定加长的脊瓜柱或脊檩，这一问题便可迎刃而解了，有时瓜柱下还会添加角背，其与叉手一下一上，共同来固定脊瓜柱，进而更好的起稳定屋架的作用。坨墩在晋南大户人家也可以见到，坨墩会代替瓜柱，其上常常会有精美繁缛的雕饰。如阎景村李家大院道南一号院过厅剖面。晋南民居举架较高，屋面曲度较小，便于夏秋季节快排雨水（图 3-1-40、图 3-1-41）。

5. 晋东南民居"架"的构成

晋东南民居基本都为二层或三层建筑，相比晋南的二层民居，晋东南民居进深更显深远，五架梁十分普遍，如良户村田家院正房剖面。叉手依旧被广泛采用，一般是搭接在脊瓜柱上端和二梁两头之间，房屋大梁和二梁之间的瓜柱短粗，举架较小。

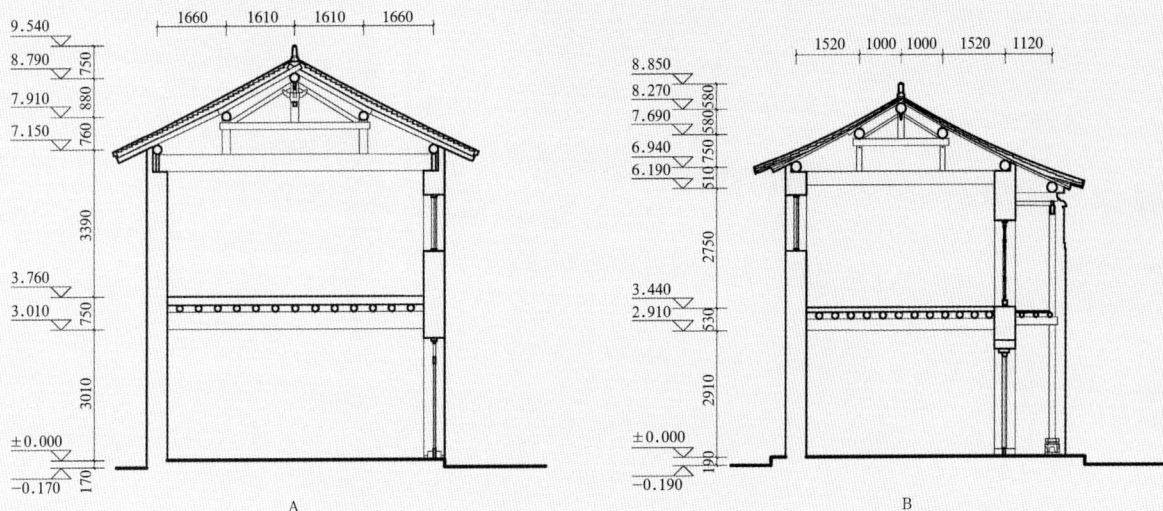

图3-1-43　晋东南民居剖面形态（资料来源：自绘）

屋面通常陡峭，曲度较小，利于排水。从剖面可以看出晋东南民居后檐墙有开高窗的习惯，而不同于山西其他地区采用封闭的后檐墙，这点可能与晋东南夏秋多雨炎热有关，前后檐墙开窗除利于自然通风，也可有效改善屋里的采光。晋东南有些地区的二层还设置挑檐阳台，其形式与山西其他地域民居差异较大，如天井关村阁老院正房剖面（图3-1-42、图3-1-43）。

综上分析，从剖面中举高与步架标注的数字可以看出，山西各区由北至南相应架次的举架数值呈增大趋势，使得屋顶坡度也越来越陡峭，这大概是由于从晋北到晋南降雨量递增的缘故，坡度的增大有利于排水；叉手也呈现出由北向南逐渐增多的态势，主要是由于高度增加而出于稳定性的考虑。地区不同形式有别，以上列举仅为普遍存在者，而非全部，另一方面，这也说明了山西民居单体平面设计的灵活多变，充分体现了山西古代建筑匠师们的聪明才智。

第二节　山西民居院落的组合要素

山西民居以土木砖石为主要材料建造，单体建筑体量宜人。将这些单体建筑通过合理的排列，并加之院墙等元素形成围合形态的民居院落，是山西民居空间的主要构成方式。山西民居的院落多呈现

矩形或方形，依据四周房屋或墙体围合的不同情况，山西各地合院式民居院落的构成有多种方式。

一、正房

正房为山西民居中的主房，也称上房或北房。多为院中长辈或宅主用房，是家庭向心力的象征，也是家庭凝聚力的象征，往往占据最好的位置和朝向，一般位于院落中轴线上的北端居中处，即位于风水中的坎位，表延年益寿。正房的开间、进深、高度的尺寸及建筑用料、装饰水平皆为全宅最高标准。为图吉利，山西民居的正房开间绝大多数为奇数开间，即多是三或五开间，偶见七间。晋中、晋西、晋南以及晋东南部分地区正房前有加设檐廊的习俗，这样可以增加正房空间层次，加大进深尺寸。山西各地区正房常采用硬山顶，除晋北有些正房为卷棚顶外，其他地区正房屋面均带有屋脊。

晋北地区的正房面阔三开间或五开间居多，一般不设前檐廊，常为单层且层高较低，当心间做成隔扇门，正中两扇前往往再加设一道风门，用以防风保温，两次间或梢间不开门而设槛窗，开窗面积大，窗子中心贴以鲜艳颜色的剪纸窗花，美观大方。晋北地区正房相比山西其他地区民居屋面低矮平缓，屋脊较低，且多见硬山卷棚顶，有时在垂脊收头处做扭头。晋北少雨，屋顶排水量少，单坡屋顶

图 3-2-1 晋北民居典型正房立面（资料来源：自绘）

图 3-2-2 晋中民居典型正房立面之一（资料来源：《平遥古城与民居》）

图 3-2-3 晋中民居典型正房立面之二（资料来源：自绘）

"一出水房"常见（图 3-2-1）。

晋中地区民居正房砖木瓦房不是主流，砖建锢窑则较为普遍，窑面阔常为三开间或五开间，当心间设隔扇门，正中两扇前有时加设雕花木框帘架，用以悬挂帘帐。次间或梢间为槛墙、槛窗，锢窑山墙较厚，通常厚为 1.2～1.5 米，屋顶为平顶，有的上设风水楼。正房砖窑前常加建木构架檐廊，也称披檐，作防雨之用，柱廊上付瓦顶，梁头施彩绘，雕梁画栋，格外精美。上文曾提到"上窑下房"民居，重复内容不再赘述，下窑上房立面形式又可分为两种，其一，窑房组成矩形式样，如窑三间房三间、窑五间房五间；其二，窑房形成类梯形模式，如窑五间房三间（图 3-2-2、图 3-2-3）。

晋西地区正房称为"上窑"，其中"上"指地

位重要，"窑"是说形状为窑洞式样。可见窑洞为晋西正房的主要形式，上文曾提，晋西的正房有三开间、五开间、甚至七开间的。正房若为二层形式，不是下窑上房式的，就是两层均为窑的，一层或二层一般以锢窑、加披檐的锢窑以及带挑檐的锢窑三种形态为主，其中，屋前的披檐下有木柱支撑的称明柱厦檐；而披檐下无明柱，其重量靠窑脸洞口上方伸出的长条石来承担的则叫无根厦檐。另外，在晋西，单层的上窑前大多会有披檐；若为二层，由于二层屋前要走人，故其进深尺度会小于一层窑洞。晋西二层的上窑，一般有如下形式：其一，下层窑洞和上层的窑洞或房都不设披檐；其二，下层的窑带披檐，上层的窑或房不带；其三，下层的窑不设披檐，而上层的却设；其四，下层窑与上层窑或房皆带披檐（图 3-2-4、图 3-2-5）。

晋南地区木构民居正房多为三开间，形成晋南窄院。正房多为二层，上为仓库，下住人，二层净高小于一层。同晋中正房类似，当心间若做隔扇门，则正中亦会加设木制门帘架，正房屋顶多为硬山双坡顶，常见于徽居的封火山墙（马头墙）在晋南民居中也不难见到，且往往为五花封火墙样式，它们在起到防火目的的同时，更显美观。晋南地区若正房为单层时，往往加前檐廊。晋南自古人文气息浓重，居民多崇文，其中也包含一些风水思想观念，风水中的象征意义用于建筑则是体现在建造封火墙上。一般来讲，山墙做马头形状，说明该户家族中曾有人中举，文官用印章状，武官作马头状。而普通百姓只能做双坡屋面。这是一种用居住建筑形式来炫耀的方式，到了后来，人们为讨吉祥，希望家族后辈光耀门楣，建封火山墙便也自然成了当地一种习俗了。晋南多见封火墙的另一个原因，是其土地相对肥沃，人口众多，房屋密度较大，加之晋南房屋多砖木营建，最怕火灾，建筑一旦失火，很难营救。封火山墙突出部位可以隔断火势，有效减小失火区域，到后世，晋南的百姓又将其压制火势的效用"吉利化"而广泛用于家宅中，也就是采用了压邪的手法而祈望吉祥平安（图 3-2-6）。

图 3-2-4 晋西民居典型正房立面之一（资料来源：自摄）

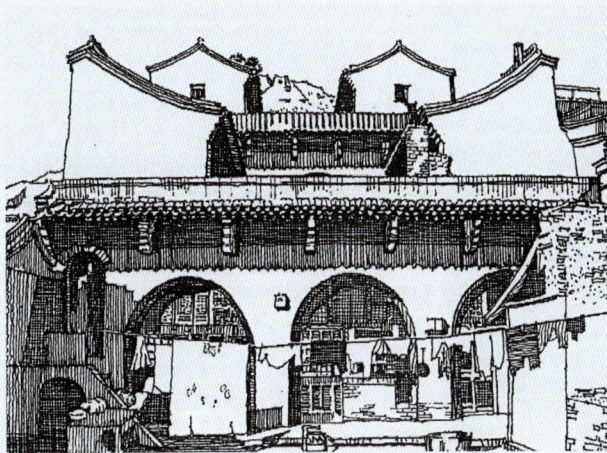

图 3-2-5 晋西民居典型正房立面之二（资料来源：自绘）

晋东南地区民居屋面多双坡硬山顶，尤其在晋城地区正房面阔常为三开间，三开间在室内为通间，中间不做分隔；但若为五间，则要隔出两边的两间。层数有一层、两层以及三层三种形式。正房建三层的，第一层用来居住，二层储藏，三层则用来观景、眺望或乘凉用，正房山墙左右还习惯配厦房两间。正房一层有时设有前檐廊，而二层一般都出挑前檐廊，"出挑方式有两种：一种为当心间出挑，另一种为当心间和次间一起出挑，这种形式有的与厢房和倒座的前檐廊连为一体而成为跑马廊的形式"。[18] 晋东南正房立面有两种风格，一种是木柱贯通整个屋身，柱间以木隔扇分隔，由于隔扇门窗皆大，室内通风采光俱佳；另一种是立面开窗面积较小，以实砖墙为主，显得敦厚沉稳，有的还在二层做木挑檐廊，使沉稳的立面富于变化。这两种风格各有优缺点，前者比较耗费木材，但采光通风好；后者虽节约木材，但损失了通风采光。前者建筑年代往往久于后者，后者更为常见（图 3-2-7）。

二、厢房

厢房位于宅院正房前两侧，常常成对出现并对称布置，多为晚辈居住。若正房坐北朝南，在东侧的称东厢房，西侧的叫西厢房，厢房的房门均开向院落。在山西，出于风水考虑，东厢房从高度和用材，甚至装饰上又要高于西厢房，因此，有这样一句谚语："东青龙，西白虎，宁让青龙高三分，不

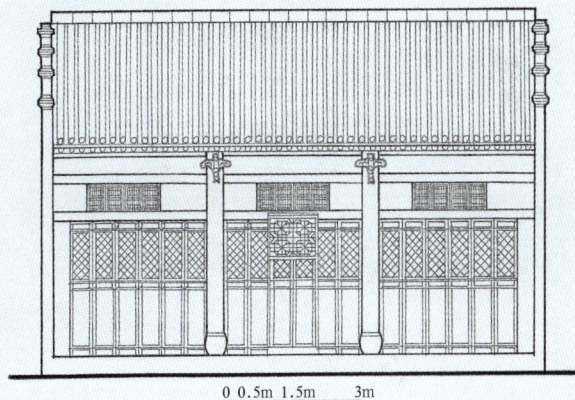

0 0.5m 1.5m   3m

图 3-2-6 晋南民居典型正房立面（资料来源：自绘）

图 3-2-7 晋东南民居典型正房立面（资料来源：自绘）

让白虎压一筹。"在山西民居厢房的间数多采用奇数，但并不像正房那样严格，有时也可依据实际情况灵活处理。厢房一般采用硬山坡顶，高度和装修程度仅次于院中正房。

晋北的厢房类似于正房，亦为单层，不设前檐廊，窗子多为支摘窗形式，开窗面积较大，入口有些设风

图 3-2-8　晋北民居典型厢房立面（资料来源：自绘）

图 3-2-9　晋中民居典型厢房（资料来源：自摄）

图 3-2-10　晋西民居典型厢房立面（资料来源：自绘）

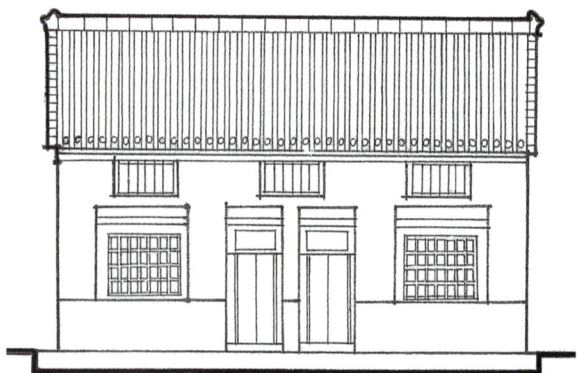

图 3-2-11　晋南民居典型厢房立面（资料来源：自绘）

门。门和窗左右对齐，格心和绦环板在一个水平线上，使立面规整有序，保持了视觉的统一性。在同一院内，厢房的层高相比正房更低矮，开间数目也相对灵活，不像正房那样讲究而必求奇数，这主要随院落的大小和主人家经济财力状况而定（图 3-2-8）。

晋中正房多见锢窑和下窑上房型，但厢房却以砖木瓦房居多，带前檐廊的锢窑次之，晋中砖木厢房屋顶形式以面向院内的单坡硬山顶为主，在一些商贾大宅中也可见到悬山顶。三开间是晋中厢房的主流形式，有时也有两开间的，但两开间很少单独出现，在大宅的狭长院落中，三开间会同两开间一起组成五开间的立面，中央横建一道院门，三间在里院，两间在外院。厢房无论何种结构形式，层数往往为单层。门、窗常见隔扇门与隔扇窗，隔扇门中央两扇前设有罩门，隔扇窗为槛窗，下设槛墙，槛窗中央两扇前加窗架（图 3-2-9）。

在晋西，厢房常被称作"厦窑"，由此可见，晋西地区的厢房多以窑洞形式出现，一般来讲，厢房会因结构与材料的不同，而使其外观形式各异，大体可分为三种：窑洞型、窑房混建型与砖木型，其中又以前二者为主，如汾西县师家沟村"大夫第"厢房，锢窑三开间无厦檐，窑口门脸为"一门三窗"式，即门上开一矩形小窗，门旁另开一大窗，上部再开一天窗，平屋顶外加镂空砖砌女儿墙，在阳光照射下，光影斑驳，独具特色。无论上述何种结构形式，厢房的开间数依旧受传统礼制影响，以三间、五间等奇数间为主流形式（图 3-2-10）。

晋南厢房以三开间为主，有单层亦有两层，若正房为两层，厢房也常建成两层，上层层高低于下层，屋面硬山双坡顶最为常见，屋前不设檐廊，但锢窑除外。在临汾等地区，人们把三开间厢房在屋内隔为两间，即在当心间中央砌一砖墙隔断，两次间为窗，两室的入口房门都装在当心间，而外立面仍保持三开间的形式，当地俗称"三间两室阁楼房"。在二层楼阁通畅不隔断，每间朝院落开一扇矩形横窗，厢房立面较有特色（图 3-2-11）。

晋东南晋城一带的厢房大都为三开间，而且以两层阁楼式为主流形式，总高度常常高于同为二层的晋南地区的厢房。这是由于晋东南厢房上楼有固定楼梯，可以住人的缘故。厢房一层无前檐廊，二层无前檐廊的厢房立面虽显朴实敦厚，但久看后又往往由于缺少变化而略显呆板，但由于无遮挡而使屋内的采光及通风效果良好。二层有前檐廊的厢房，檐廊结构上均为木构出挑，出挑形式又有两种，即仅当心间出挑和三开间全部出挑。无论何种出挑，均由于材质的转换及光影的加入，而使得厢房立面变化丰富、层次突出（图3-2-12）。

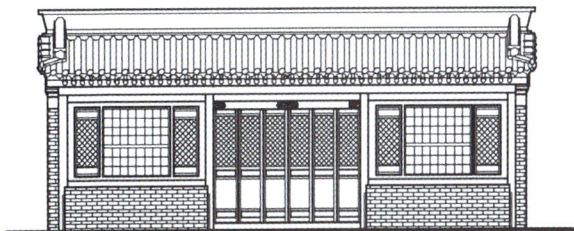

图3-2-12 晋东南民居典型厢房立面（资料来源：自绘）

三、倒座

倒座房位于正房的正对面，晋北民居的倒座房均为单层，主要功能是供看房人员及客人居住或作为储物间来用，晋北有些一进院落还有将倒座中间开间当做客厅来使用的。倒座面向院内的立面具有晋北正房和厢房的构图特征。晋北厕所往往占据倒座的左端开间（图3-2-13）。

图3-2-13 晋北民居典型倒座立面（资料来源：自绘）

晋中民居除商贾大院倒座房可以见到两层外，普通民宅倒座多见一层，且以砖木型结构为主，不设前檐廊，以利采光通风。晋中建筑防御性均强，体现在倒座中则为：沿街外墙高大冷峻、封闭不开窗，而其旁的宅门是院内院外联系的唯一通道（图3-2-14）。

图3-2-14 晋中民居典型倒座（资料来源：自摄）

晋西民居的倒座房常作为储物间或饲养牲口的空间来使用，当然在过去，大户人家的仆人和宾客也会居住在倒座房里。晋西民居房屋多窑，但院内的倒座房却多见砖木瓦房，究其原因，是在晋西百姓的传统观念中，砖木瓦房不如窑洞居住起来舒适，所以，将其用在倒座这类非重要的房屋上也就不足为奇了，如汾西师家沟"大夫第"倒座房为双坡硬山顶，三开间均设隔扇门，当心间正门两间前还有木雕门帘架，隔扇上悬木匾额三块，从右往左题字"事理通达"、"德行坚定"、"心气和平"，它们在装点建筑立面的同时，更显院主人的处世哲学。在窑洞的"故乡"，倒座当然也会有窑洞的形式，砖石锢窑最为常见，为取得和谐统一的效果，其结构与立面形式往往与院中正房、厢房相近（图3-2-15）。

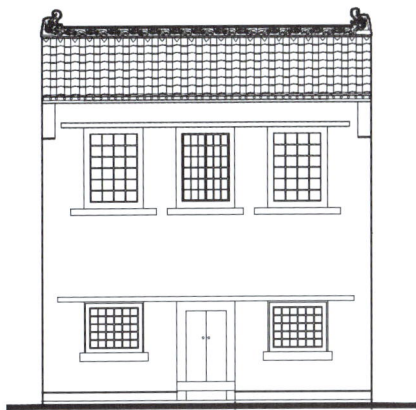

图3-2-15 晋西民居典型倒座（资料来源：自摄）

由前文可知，晋南厢房有单层也有两层，这主要决定于同一院落其他房的层数，尤其要看厢房，晋南倒座房的层数和院中厢房往往惊人的一致。倘若是坐北朝南的院子，在院落的西南角处常常是厕所，而东南角为院落大门，即在倒座的西侧为厕所，东侧为院门。晋南倒座的主要功能是存放粮食和杂物，偶尔也供客人居住（图3-2-16）。

晋东南倒座房有三开间与五开间两种形式，一般为两层，楼梯以砖石砌筑，设在院内厢房与倒座的山墙转角处，双坡硬山顶，倒座沿街立面常开天圆地方窗（即上拱券，下矩形）和矩形窗，有异于山西其他地区，窗格以"豆腐块"最为常见，造型十分简单。有厦房的"四大八小"或"四大四小"四合院倒座为三开间。没有厦房的则多是五开间的形式（图3-2-17）。

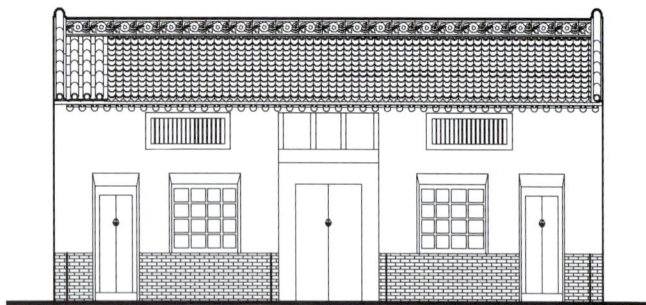

四、宅门

"门、主、灶"为阳宅三要，将"门"置为第一位，可见其的重要性。宅门是"门第"的体现，可以显示宅主的身份地位、文化修养以及财富多寡等，宅门还是全宅院空间序列的开端，进出之口。按传统风水理论，门为"气口"，犹如咽喉，气运所关，和气则致祥，乖气则致戾，因此居民对院门位置的选择十分讲究，即必择吉位而设之。山西民居多坐北朝南，风水将之称为"坎宅"，其三吉方位为南向"离"、东南向"巽"、东向"震"，后天八卦中"巽"为人，大门位于巽位寓意此人家昌盛吉祥；"离"为火，大门位于离位预示这家日子红红火火；"震"为雷，大门位于此位代表轰轰烈烈，古人认为宅院主门位于此三方向之一皆吉祥，其中又以东南为最

图3-2-16 晋南民居典型倒座立面（资料来源：自绘）

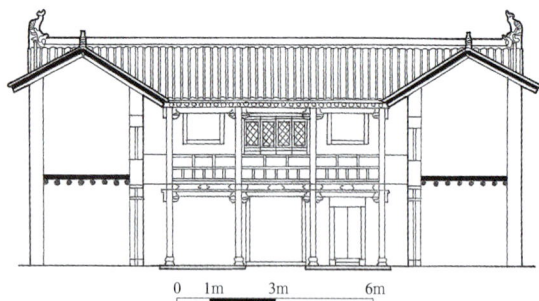

图3-2-17 晋东南民居典型倒座立面（资料来源：自绘）

图3-2-18 晋中民居大门（资料来源：自摄）

图3-2-19 晋东南民居大门（资料来源：自摄）

图3-2-20 晋北民居大门（资料来源：自摄）

图3-2-21　晋南民居大门（资料来源：自摄）　　图3-2-22　晋西民居大门（资料来源：自摄）

佳，俗称"青龙门"。

上文曾提及，山西合院民居院落若有倒座房，则宅门与倒座房往往结合设计。二者的位置关系通常有三种：其一，宅门位于院落中轴线上，也就是宅门位于倒座中间一跨，宅门左右的倒座房被均分，若院落为无倒座的三合院，则宅门位于院墙的中央；其二，宅门占据倒座的最右端开间（以面向院落的立面作为倒座正立面来看），即宅门位于院落的东南角（院落坐北朝南）或西北角（院落坐南向北）上，其中入口处于院子的东南角为山西民居大门诸位置中最为常见的形态，此方式使大门与厢房山墙相对，厢房山墙常砌影壁遮挡视线，增强院落空间趣味；其三，宅门随街巷的排布走向随意而定，如院门面东或面西等（图3-2-18～图3-2-22）。

山西民居的宅门样式通常可分为三大类：第一类为屋宇式大门，此大门规格较高，面阔一间至三间，其中又以一开间，五檩进深式最为常见。屋宇式大门形式多样，装修精良，一般与倒座房连接建造，但自设山墙，结构独立，屋宇式大门为显示其气魄，山墙墀头外伸出倒座后檐墙，戗檐上做砖雕花装饰，花饰可简可繁，屋顶也高出倒座，十分醒目。门扇安装在位于门间进深之间的两柱间，当门

扇设于前金柱位置，称金柱大门；而位于中柱位置则为广亮大门。屋宇式大门的屋面为双坡硬山顶，抑或硬山卷棚顶。第二类为门洞式大门，顾名思义，是在一面墙上打开一面洞口而成为宅门，门洞上边沿有时圆，有时方，圆是采用拱券结构承托门上的重量，方则用木门梁承重，它一般占用倒座的一间，常位于四合院的中轴或东南角等处；第三类为墙垣式门楼大门，也称随墙门楼，此门在院墙上直接设门，两侧连接院墙，常位于三合院的前院中轴，往往带屋面披檐，有时檐下会有砖作斗栱起支撑装饰作用，挑梁承托垂莲柱，柱上搭挑檐木檩条，或砖雕等装饰类构件。

五、耳房

耳房位于主房的两侧，开间、进深以及高度都较主房小，这里之所以称主房，是因为耳房在山西民居中可以位于院落正房、厢房、甚至倒座房的两侧，而不单指传统意义上的正房。耳房开间一般为一间或两间，多作为储物间使用，偶尔也住人。上文曾提及"庶民庐舍，不过三间五架"之规定，不难推测，耳房这种房屋形式的存在与其有着必然的关联，主房三间，在其两边各建耳房，有些主房与

耳房在室内可以连通，这样既满足了使用者的需求，又不违反官府的规定，是劳动人民智慧的体现。在山西，晋北和晋东南的民居院落中均有建造耳房的习俗，而在山西其他地区的主房两侧，也会有用隔墙分隔开的房屋，这些房屋甚至会在院中独立开门，但由于其结构与主房完全是一体的，进深和高度与主房也无差异，因此，本文不将其列入耳房范畴。晋北的耳房俗称纱帽翅，其在前文已经述及，重复内容此处不再赘述。纱帽翅常位于晋北院落正房的两侧，一至三开间均有，房门开向院内，单层双坡硬山顶，有时为卷棚硬山顶，立面比例和样式同院落其他房间接近。耳房在晋东南地区十分"盛行"，即前文提及的厦房，其是一种很有特色的民居构成要素，正房、厢房及倒座房两旁均可设置厦房，面阔一间或两间，双坡硬山顶，二层居多，立面简洁，在阳城一带，甚至有的厦房层高会超过主房，形成风水楼。厦房进深小于主房，在其前端形成了

图 3-2-23 沁水郭壁村民居正房与耳房（资料来源：自摄）

一个小的空间，起到了丰富院落空间层次的作用（图 3-2-23）。

六、过厅

过厅在院落中与正房共轴线，居于正房之前，等级低于院落的正房，但在前院等级最高，可以认为是前院的"正房"。在山西，过厅多见于大型宅院，宅主不是达官贵人，便是鸿商富贾。过厅在功能上可用于前后院穿行之用，也可作为主人宴请宾客或娱乐的场所，是公共空间与私密空间的中介。过厅一般三开间居多，而五开间的可见于宽大型院落中。讲究人家的过厅还在后金柱内侧部位做一扇太师壁，在遮挡后院视线的同时，更可利用空间设置祭祖的中堂。晋北过厅多为砖木型，单层双坡硬山顶或卷棚顶，卷棚顶居多，三、五开间均可见，左右山墙两侧有通向内院的通道，因此，面宽较后院的正房稍窄，高度也不及正房，门窗样式等同院中其他各房。代县阳明堡刘家院的过厅前设一抱厦，这样的形制在晋北亦不鲜见（图 3-2-24）。

晋中民居的过厅分砖木型和锢窑型，其中又以前者为主，砖木型除门窗样式不同于晋北过厅外，其余则类似，不再赘述。锢窑型过厅为五开间，中间三开间为"一明两暗"，当心间和两侧尽间均可通向后院。但无论过厅是何种形制，由于传统尊卑等级的制约，旧时只有尊长和重要宾客才可以穿厅而入，下人等则只能走两侧通道（图 3-2-25）。

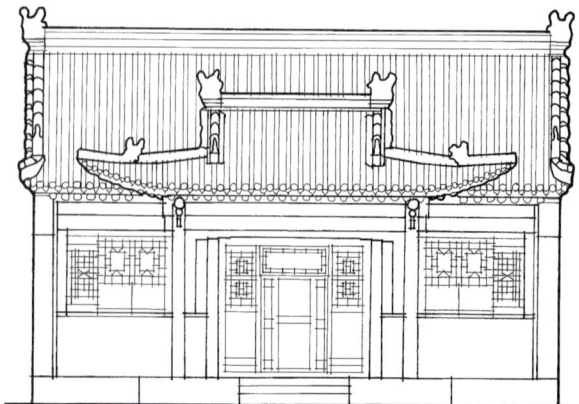

图 3-2-24 晋北民居典型过厅立面（资料来源：自绘）

图 3-2-25 晋中民居典型过厅（资料来源：自摄）

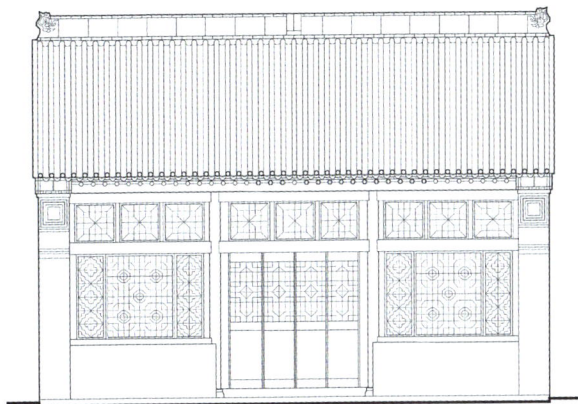

图 3-2-26 晋西民居典型过厅立面（资料来源：自绘）

晋西多山，院落常以台院或敞院的一进院为主，过厅出现的频率不如晋中、晋北和晋南等地高。在晋西一些相对平坦的地带，则形成了规模宏大的多进院落，此时过厅的出现便成为必然，晋西过厅一般为单层砖木结构，硬山双坡顶，如师家沟原始院过厅，三间五檩，当心间为隔扇门，两次间为槛墙、槛窗，窗格精美，门与窗上还分别布置顶窗，屋身较高，屋身与屋面的比例大致为 1.4：1（图 3-2-26）。

过厅在晋南地区多为单层，虽为单层，但高度却丝毫不逊色于院落两层的厢房及倒座，如李家大院过厅，从室内地面到屋脊上端总高达 10 余米，而在其旁的厢房，虽为二层建筑，但总高不过 6.80 米，过厅的地位等级可见一斑。上文曾说过，过厅多为达官显贵等大户人家所建，因此，既然建此房就一定会建造的富丽堂皇、美轮美奂。这点在晋南体现得淋漓尽致。晋南的过厅只在前后当心间开门，装透空隔扇门窗，有条件的人家还设檐廊，雕梁画栋，十分华丽（图 3-2-27）。

晋东南地区的过厅并不多见，与其说是过厅不如说是前院的正房，除了前后当心间设置门外，其余方面同该地区的正房并无明显区别，如泽州县天井关村老院过厅（图 3-2-28）。

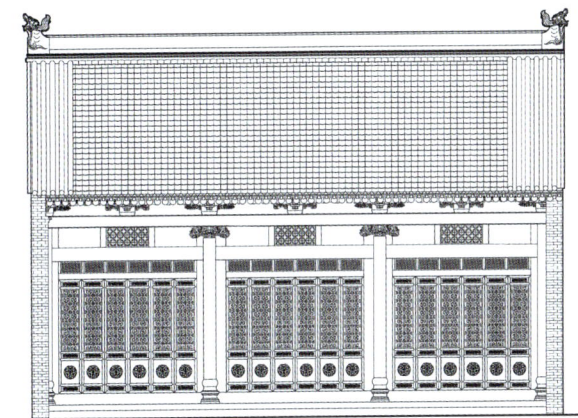

图 3-2-27 晋南民居典型过厅立面（资料来源：自绘）

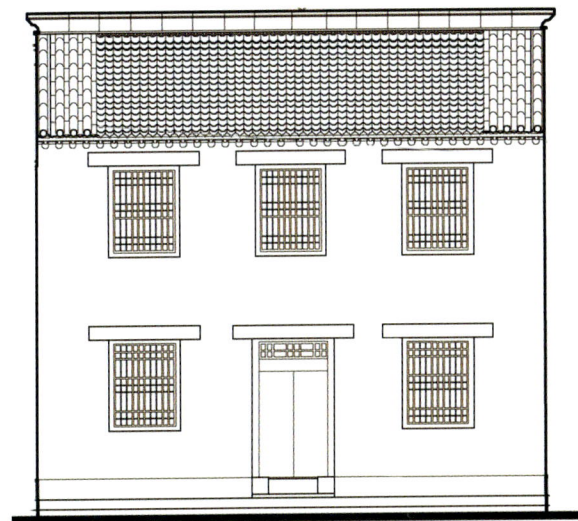

图 3-2-28 晋东南民居典型过厅立面（资料来源：自绘）

七、内门

内门是在院落内部沟通内外院空间的门。如宅

图 3-2-29 晋北民居典型内门（资料来源：自摄）

院中轴上的二门、三门，或并联院落之间的墙门等。在山西民居中，内门与封闭的建筑院墙相映成趣，样式丰富多彩，不求防御，但求美观，其均为本院落装饰之重点，尺度小巧，造型轻盈，往往有斗栱、木雕彩画梁架、砖雕墀头脊饰及石雕门枕石鼓等装饰，主要类型大致可归结为两类：门楼式内门以及墙垣式贴墙内门。

晋北民居的内门，多为砖作墙垣贴墙式，这些内门的檐口等处用砖雕模仿木构斗栱和镂空额枋，雕法娴熟，实为精美，如代县城关镇坡子街18号内门。在晋北，大户人家也会建门楼式内门，常常

为悬山卷棚顶，设脊檩的则较罕见（图3-2-29）。

晋中民居中，内门一般以单开间的门楼式门居多，砖墙承重，门的两侧以一截很短的山墙与墙体相连，有些内门类似垂花门，但往往不设垂柱，如平遥段村某宅内门。晋中内门一般雕饰精美，多为悬山顶，进深3米左右，三至五架梁，四架梁为卷棚顶，两侧为墙体，有时墙面上会设置神龛（图3-2-30）。

晋西民居的内门多为门楼式内门或干脆就为砖砌门洞，晋西内门多朴素，但富庶人家常将门楼式内门装饰一番，硬山、悬山均可见，正脊上花草砖装饰讲究，如师家沟某宅内门。门洞做法灵活，简洁而干练，木门扇，无过多装饰（图3-2-31）。

晋南民居的内门与晋中的十分相似，多双坡悬山顶。若院落大门与二门相对，即两扇门同开在中轴线上，则二门在内院一侧常做屏门，屏门平时关闭，可使内院有所遮挡，使外人不可一眼看穿院落（图3-2-32）。

晋东南民居的内门相对山西其他地区并不十分常见，有时几个院落相通则用普通门洞相连，往往只起连通的功用，装饰也十分朴素。门楼式内门则更为稀少，但一旦出现，则样式和装饰则颇为考究，类似于良户村某宅二门这样的内门，在当地就较罕见（图3-2-33）。

图 3-2-30 晋中民居内门（资料来源：自摄）

图 3-2-31 晋西民居内门（资料来源：自摄）

图 3-2-32 晋南民居内门（资料来源：自摄）   图 3-2-33 晋东南民居内门（资料来源：自摄）

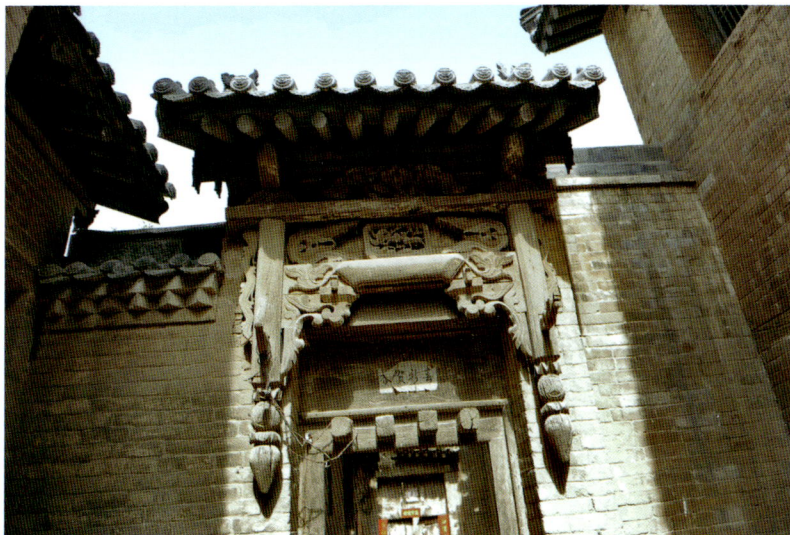

第三节 不同地域山西民居院落的空间形态

院落是山西民居平面组织的中心，甚至可以说是重心，因为山西民居院落不仅是百姓家务劳作、接客待友、休闲聊天、敬神烧纸的空间场所。它还起着与居住者身心健康息息相关的房屋采光、通风和集散排水等作用，院落对居者的重要性甚至超过居住建筑本身。院落还是沟通内外空间的媒介，区别于无限的院外空间和相对封闭的室内空间，既封闭又开敞，成为合院建筑独特的组成部分。从人们的心理感受出发，这种过渡空间性质的空间环境是不可或缺的。山西民居以土木砖石为主要材料建造，单体建筑体量宜人。将这些单体建筑通过合理的排列，并加之院墙等元素形成围合形态的民居院落，是山西民居院落空间的主要构成方式。山西民居的院落多呈现矩形或方形，依据四周房屋或墙体围合的不同情况，山西各地合院式民居院落的构成有多种方式。

一、山西民居院落的平面尺度

有关山西民居院落的研究已有许多成果，但学者们多从院落纵、横向扩展类型及院落流线走向等方面入手分析研究，山西各地民居院落的空间围合

手段大致相同，但由于自然地理、人文历史等情况不同，又变化出了丰富的空间形式。本文则较关注山西各地院落的平面长宽比例关系和下节中将要探讨的各地院落的竖向尺度。

从下面实例的数字中不难看出，晋北的院落较为方正，宽长比大多在 1：0.8～1：1.3 间。图 A 为新平堡王家偏院，图 B 是落阵营 3 号院。历史上，晋北地广人稀，较之于山西他处，土地资源充分，所以民居的建筑密度一般较小。这就为建造宽大院落提供了有利前提，晋北气候寒冷，初春、秋末、冬季温度较低，在生产力并不发达的封建社会末期，利用自然力量取暖成为普通人家不可或缺的方式。民居窗户均开在院内，为了减少建筑遮挡阳光，晋北的院落大都很宽敞，房屋也建的较低矮，另外，屋前出檐短浅，窗墙比大，也有利于屋内最大限度获取太阳的能量（图 3-3-1～图 3-3-3）。

晋中地区一进院落大多较为狭窄，宽长比约为 1：2.5～1：4，如孝义旧城东河柳巷某宅。晋南地区单进院落也十分狭长，宽长比在 1：3 左右，比例接近晋中民居，如汾城镇郑宅。由于晋中、晋南院落皆狭长，因此，素有"窄院"之称。此二地自古便人口众，土地狭，明清时期更甚，即便大户人家建房也十分惜地，同样面积的一块地人们总要

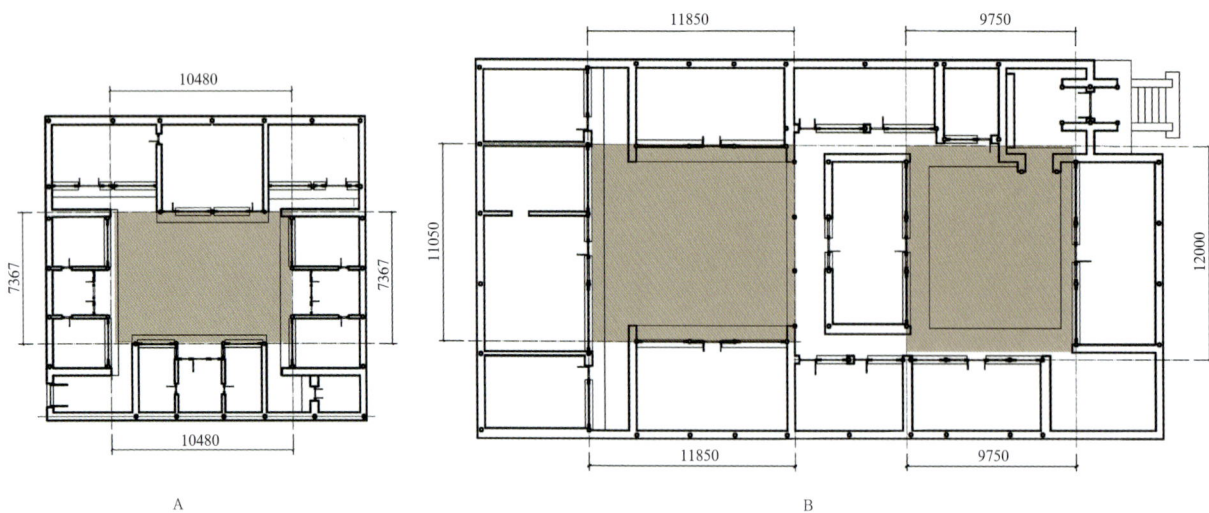

图 3-3-1 晋北民居院落形态（资料来源：自绘）

图 3-3-2 阎锡山故居鸟瞰俯瞰（资料来源：自摄）

图 3-3-3 代县阳明堡刘家院二进院落（资料来源：自摄）

进行合理的规划设计，使之用起来更方便、舒适，晋中和晋南的气候条件较好，尤其是晋中地区，夏季并不酷热，冬季也不是很冷，仅在春季会受到西北沙尘暴的影响，狭长封闭的院落可以最大限度阻挡沙尘进入院落或直接吹拂正房。除此之外，由于地理气候条件的影响，晋南地区和晋中南部地区的夏季较为炎热，相比同纬度地区的晋东南更加少雨干旱，如遇到少雨的年份则让人难熬，而狭窄的院落十分有利于人们在两厢房檐口处搭接木板和帘网用于遮阳、避暑（图 3-3-4 ～ 图 3-3-6）。

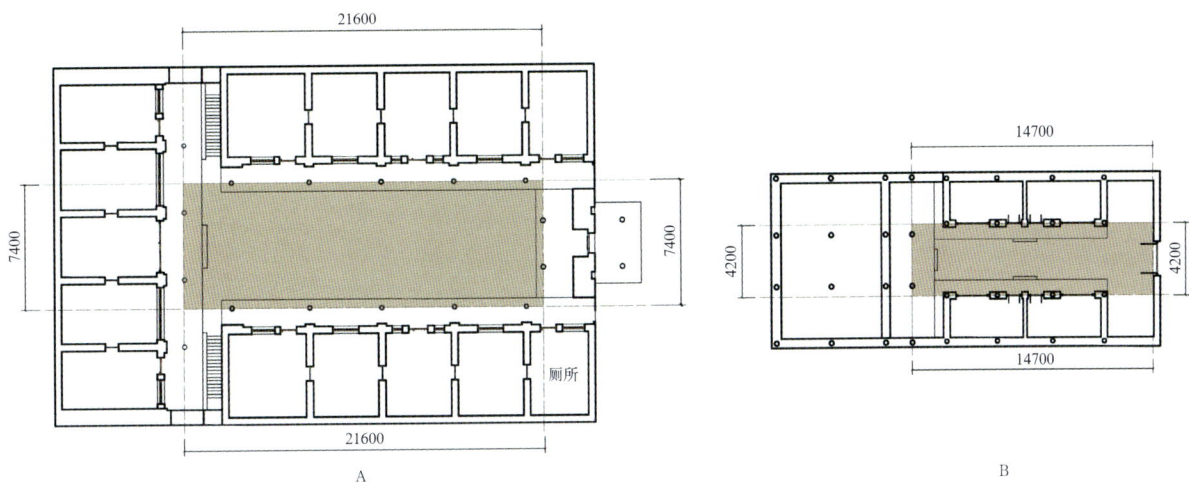

图 3-3-4 晋中、晋南民居院落形态（资料来源：自绘）

图 3-3-5 榆次常家庄园俯瞰（资料来源：自摄）

图 3-3-6 万荣李家大院南北院夹道（资料来源：自摄）

晋西合院式窑洞院落宽窄幅度较小，比例接近而规整。晋西院落往往较为宽敞，长宽比也以1：1.3居多。但亦有相对窄瘦的院落，如位于平川的院落，宽窄中规中矩，宽长比为1：1.4～1：1.7之间，比例介于山西南北院落之间，有过渡的意味，见下图师家沟的两座院落。究其原因，晋西多山，许多院子受地形所限在确定比例与形状时并不能完全尽如人意，院落沿等高线方向扩展较为容易，即随院落宽度方向的展开容易，这便是晋西依山而建院落宽度较大的主要原因之一；若山体陡峭则院落沿等高线垂直方向水平无法扩展，此时大户人家

便将家宅多进院落依山层叠布局，形成台院。对于建于平地上的院落，或山地中随地形建造而不求主房面南的院落来说，院子的长宽比例就可人为化一些，宽窄自由度余地大，像1：1.3这样中规中矩的长宽比例较接近普通四合院，使用起来也舒适，如此院落比例的出现也就不难理解了（图3-3-7、图3-3-8）。

晋东南一进院落平面呈现出类似晋北方正的比率关系，宽长比为1：0.9～1：1.2上下，图A为良户双进士前院，图B是天井关阁老院。晋东南地区夏季炎热多雨，冬季并不十分寒冷，由此

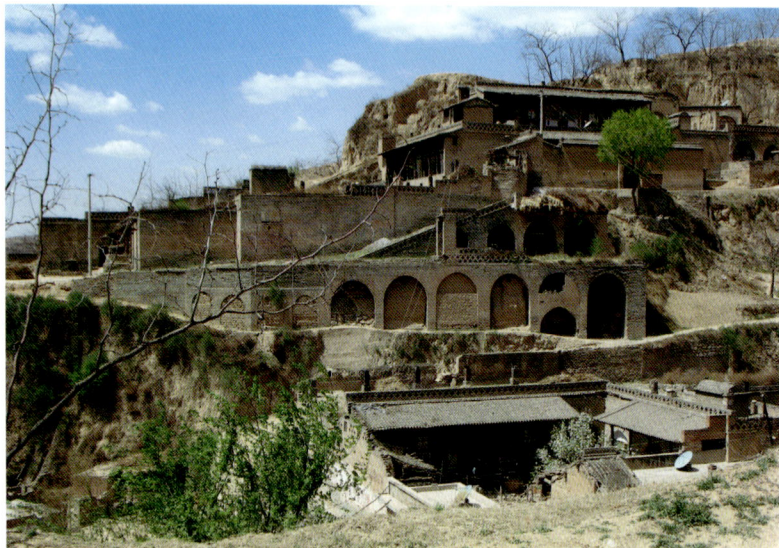

图 3-3-7 方山张家塔村民居（资料来源：自摄）

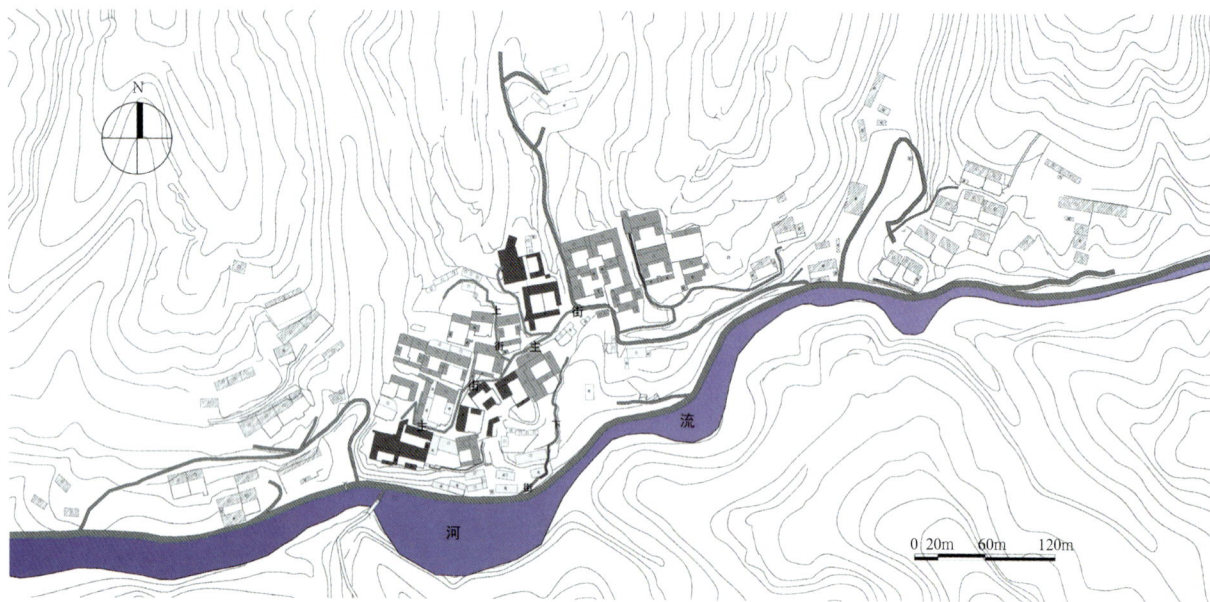

图 3-3-8 方山张家塔村平面图（资料来源：自绘）

看来，百姓冬季还相对好过，但夏季酷暑难熬，这样一来夏季民居的通风降温就成了首要问题，相比晋南民居中的仅有部分为二层建筑，晋东南民居房屋基本都为二层，二层的阁楼空间的建造，可以对一层起到良好的隔热效果。这样即便在夏季，一层居住起来也会十分惬意。院落均为高大的二层楼房，为了避免对一层房屋的采光造成负面影响，院落就必须建造的宽大了，而且宽大的院落也有利于风的流通。晋东南地区自古人多地少，土地资源珍贵，房屋朝竖向空间的二三层楼房发展后，可以高效地利用宅址，节约土地，房屋面积可以充分满足多数百姓家的人口规模，这也许是晋东南地区二进以上多进院落不多见的主要原因（图 3-3-9、图 3-3-10）。

二、山西民居院落的竖向尺度

空间本身即为三维的立体概念，空间带给人们的感受绝非仅仅依靠平面就可以说明的，因此，研究民居院落空间形态，就必将竖向高度因素列入研究范畴。

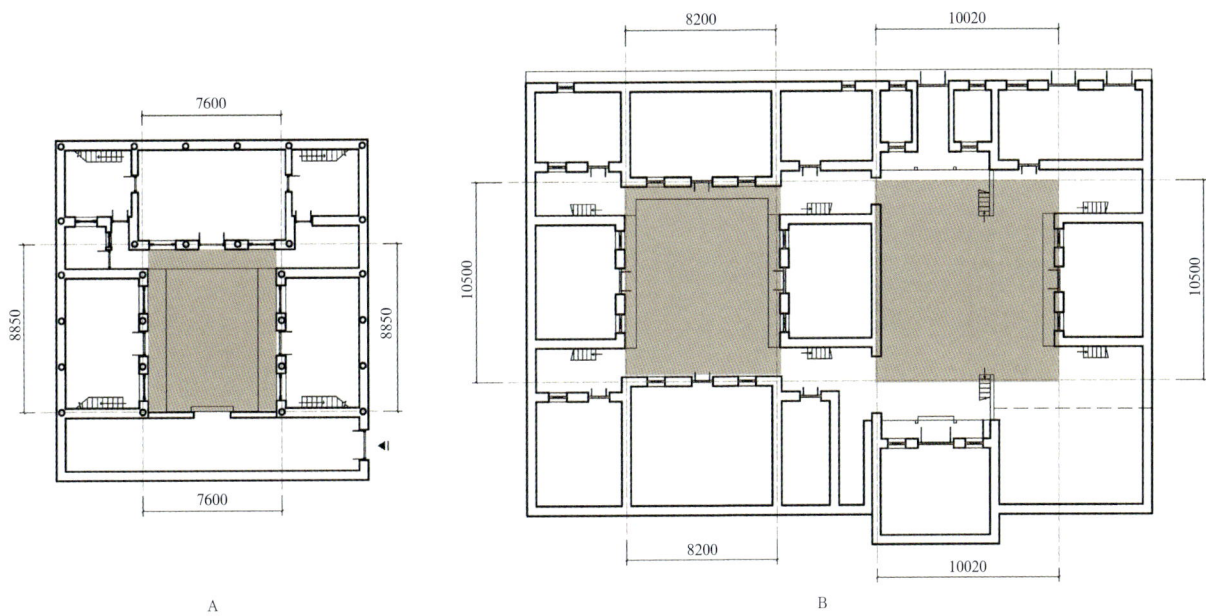

图 3-3-9　晋东南民居院落形态（资料来源：自绘）

图 3-3-10　泽州窑掌村全景（资料来源：自摄）

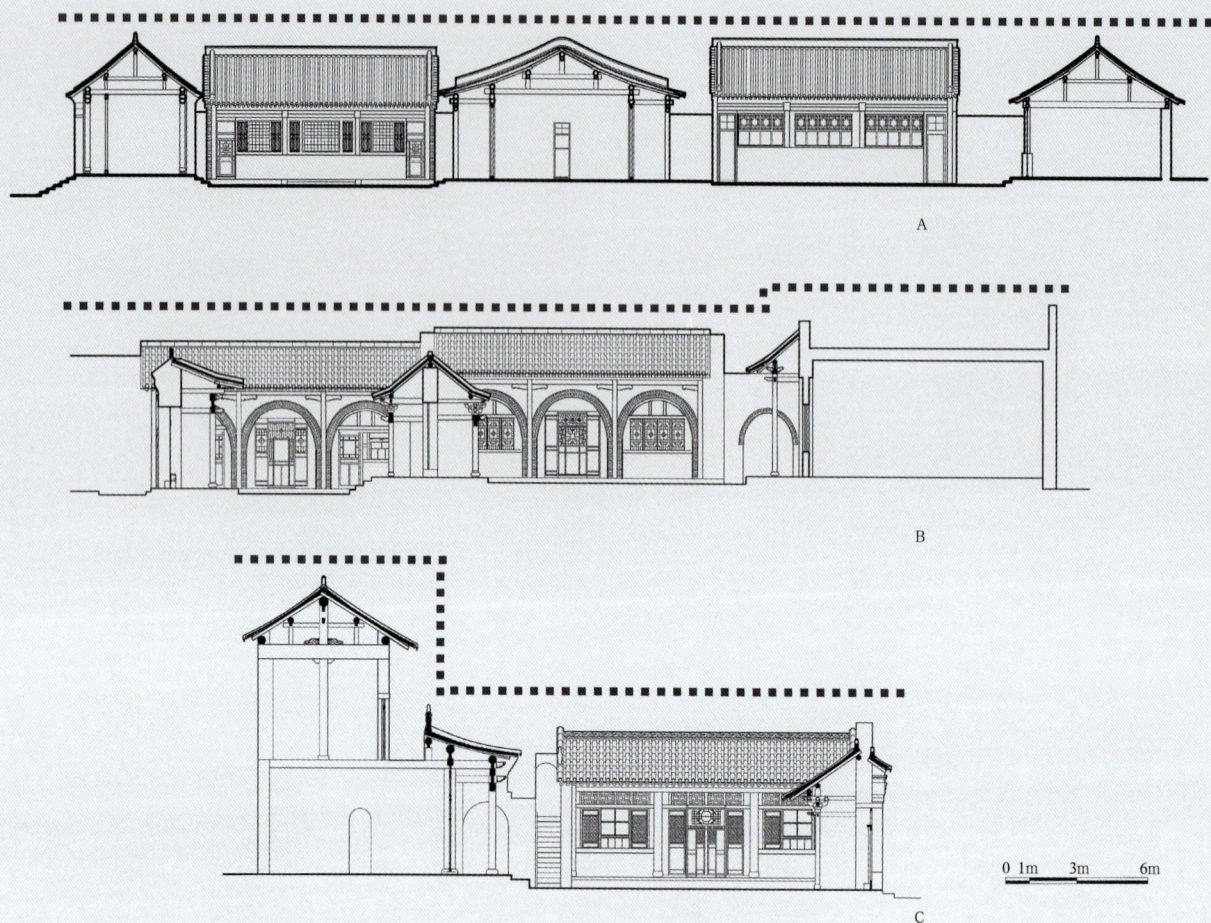

图 3-3-11 晋北、晋中民居院落剖面形态（资料来源：自绘）

图 3-3-12 灵石王家大院院落俯瞰（资料来源：自摄）

　　晋北民居的院落宽大，而单体房屋却相对低矮，多见单层砖木或土木构房屋，各房屋尺寸多在4.5～6.2m之间。正房最高，倒座最低，但整体看来，院落剖立面竖向尺度变化不大，院落房屋天际线趋于横向平稳状态。

　　晋中多窄院，民居的院落显狭长，而单体房屋高度适中，院落中除二层的正房较高外，常见尺度为8.2～10.8m，其余各单层房屋尺寸多在5.6～7.0m之间，晋中民居房屋类型丰富，单层砖木、土木构房屋以及锢窑皆为常见类型，由于二层正房的加入，整个院落剖立面竖向尺度阶梯变化大小皆有，院落房屋天际线也有趋于横向平稳状态和阶梯状态两类（图3-3-11、图3-3-12）。

　　晋西多山，平川上的院落剖立面竖向形态类似晋中院落，相对高度也差别不大，山地、丘陵等地

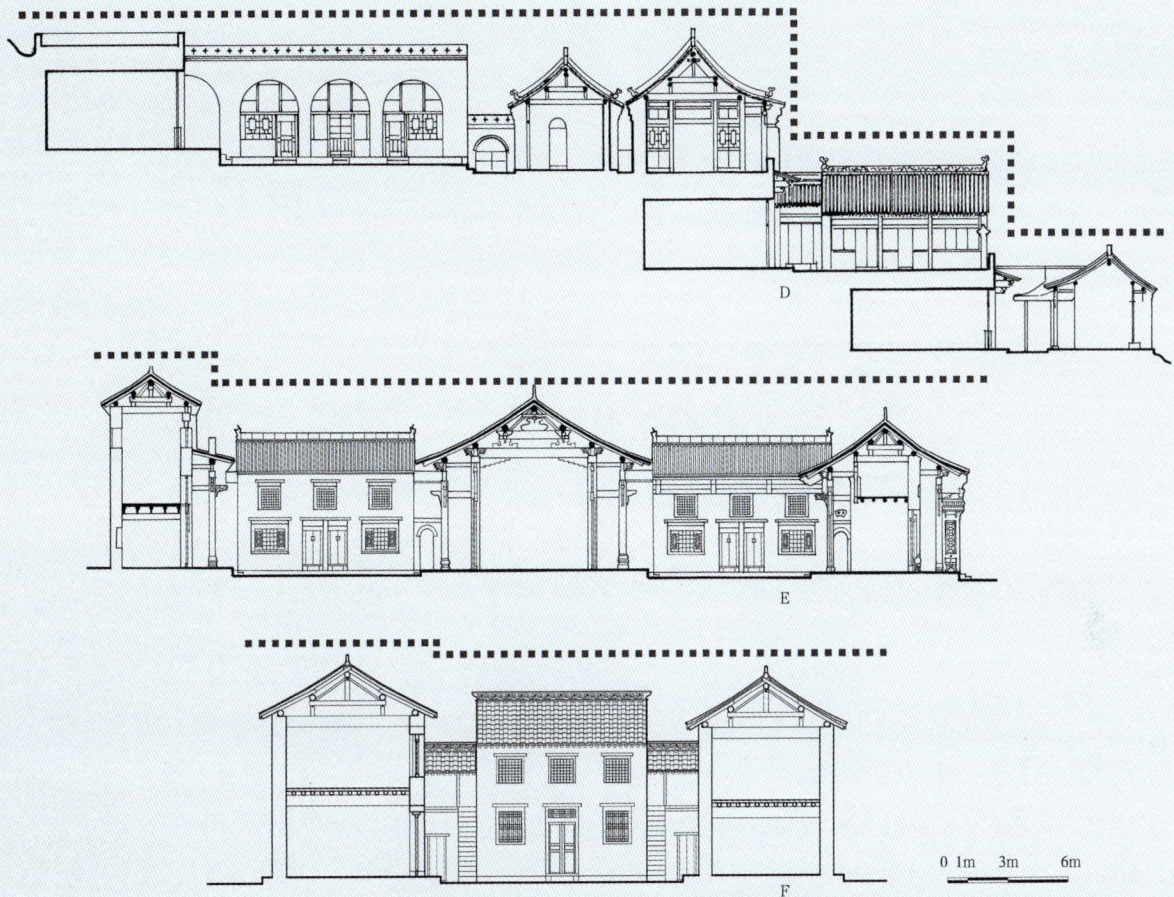

图 3-3-13 晋西、晋南及晋东南民居院落剖面形态（资料来源：《山西古村镇历史建筑测绘图集·上册》）

带的院落就需要依地势而建，虽然房屋的相对高度没有什么区别，但由于地势原因，院落房屋的天际线就会以连续的阶梯状排布。

晋南民居房屋以二层多见，尤其是正房与厢房，正房虽会略高于厢房，但二者的差别不会太大，房屋高度一般在7.0～10.5m之间。晋南民居也有院落各房均为单层形式的，倒座、厢房、正房依次升高，此"连升三级"表家族兴旺之意。但无论上述何种形式，晋南院落的天际线都趋于横向平缓，视觉冲击力不强。

晋东南民居房屋基本都为二层或三层建筑，一般又以二层居多，晋东南民居房屋高度普遍高于山西其他地区的房屋，高度一般在8.8～12.0米左右，正房高度仍然高于厢房和倒座，晋东南民居院落房屋天际线基本较为平缓且短促（图3-3-13、图3-3-14）。

图 3-3-14 襄汾西中黄村张宅俯瞰（资料来源：自摄）

综上分析，多数晋西与晋中民居院落竖向空间感相比山西其他地区更为丰富，这主要是由于其二层"上窑下房"同单层的窑或房在高度上形成强烈反差所造成的。此外，晋西山地的台院之形态，也是加大这一趋势的重要原因。需要说明的是，以上各区民居的天际线形态仅是该区的特色所在，而非必然样式。晋北民居单体低矮，开窗大，院落方正，建筑造型繁简适中；晋中、晋西院落竖向空间变化丰富；晋南和晋东南多见二层，高度较大，但各房屋高差变化不明显；而晋中和晋南多窄院；晋东南和晋西院落相对宽大等等，这些现象的产生，主要是民居建筑适应当地自然条件等的结果。

第四节　山西民居建筑的构造形态

建筑的形态是基于构造而存在的，结构稳定而又经济合理的建筑构造是民居形态多样化的有力保证。民居的构造形态包括民居原材料的选择、民居的结构形式以及民居建造的技术手段三个方面。这些均与山西不同地区所能提供的原材料以及所在地区的施工技术高低程度有着极为密切的关系。山西合院民居大多就地取材，最大限度地发掘当地自然资源，很多地区形成了独具特色的构造体系。

一、山西民居建筑的选材

古时金属矿石的开采和提炼技术十分有限，因此金属在传统建筑中极少运用。对山西大部地区来讲，土与木取用十分方便，成为传统建筑最为常用，且大量使用的建筑原材料。山西由于地处黄河中下游流域，黄土资源丰富，黄土窑居在山西并不鲜见，而且以黄土为原料的土坯建筑在百姓心中也是兼亲切与实用并举。山西地区多山，山中石材自然也成为人们充分利用的材料之一。

1. 木材

在山西，民居建筑多优选地方树种，如榆木、槐木、红松、华北落叶松等搭梁、建檩、置椽。榆木木性坚韧，抗挠曲强度好，是山西民居梁檩的首

选材料；槐木木杆平直，稳定性好，多作为檩材使用。桦木、杨木、柳木、椿木等易加工，常用于门窗等小木作。除此之外，山西民居还用秸秆、芦苇、麻刀、草等。山西晋中、晋南等地为小麦产区，麦秸方便易得，经济实惠，成为当地普通民居屋顶的常用材料之一。山西民居建筑的取材往往与当地的自然资源紧密相连。在建房的各种材料中，木料的成本是最高的，可以占到房屋总造价的一半左右。因此，山西各地民居所需木料若无特殊要求且木质达标，基本以就地取材为主。上古时期，山西的森林植被资源较丰富，按五区来说，晋北气候寒冷干燥，山区分布杨、榆、复叶槭、华北落叶松等林木；晋西气候少雨干燥，大部为黄土丘陵，森林资源相对匮乏，小型灌木分布较多，但由于体小难以成

图 3-4-1　山西民居大木作示例（资料来源：自摄）

图 3-4-2　山西民居小木作示例（资料来源：自摄）

才，只是近年来有少量人工栽植的杨、榆、柳等树木；晋中地形多样，植被分布较广，有油松、云杉、华北落叶松、栎树等树种；晋东南气候湿润，地形以山区和盆地为主，林木种类有杨、槐、栎树、油松等；晋南由于自然条件优越，树木种类丰富，主要有油松，杨、榆、槐、桐、梓树等（图3-4-1、图3-4-2）。

2．石材

石材在天然材料中耐久性和抗压性很突出，山西民居常用于立柱础、刻石雕、砌台明、垒墙身、筑石路等。山西境内山体较多，各地区石材开采相对容易，晋北中东部地区、晋中西部与东部地区、晋南北部地区、晋东南太行山区等皆有石材可供开采，在这些产石地区，民居就多以石材砌墙，甚至个别地区就连生活用具都用石料打造。石灰是山西民居建筑营建中不可或缺的原材料，它是一种凝胶材料，具有优良的可塑性和保水性，因此，以石灰为主要成分的石灰砂浆和麻刀灰在山西民居中运用广泛，它们是墙体砌筑、砖瓦黏接的传统材料，在晋北很多地区，民居建筑完工后，还要在屋面瓦当表面涂抹一层麻刀灰，用以防止塞北的寒风吹落瓦片，起稳定屋面的作用，此外，麻刀灰也有一定的防雨功效。在山西民居室内的墙面和顶棚表面，还用石灰膏稀释成的石灰乳剂粉刷，现在在乡村住宅中仍被使用（图3-4-3、图3-4-4）。

3．土材

毫无疑问，土可以被直接利用于建筑中，这在山西民居中是十分常见的。山西境内各区大大小小的黄土窑洞自不用说，就连外表坚固的砖木构民居房屋也基本都由土直接或间接构成的。众所周知，土是制作砖瓦的主要原材料，建房时，砖瓦之间的黏接也少不了土的参与。关于砖瓦的制作，自有专著论述，限于篇幅字数要求，本文不涉及。民居墙体中有一类为土坯墙，在山西大多数地区，普通建房百姓，其宅房建筑中都会用到土坯。土坯的原材料为黏土，在山西各处随地可取，由于其制作技术含量低，且较为经济节约，因此，广受百姓好评。山西土坯房成墙方法主要有两种：其一，当房屋做好墙脚下碱后，材料一般用砖或石，然后用木做的模具置于上面，放入泥土，模具内人工分段分层夯实成墙。其二，是用人工做的土坯砖砌墙而成的房子，由于土坯砖怕雨水，山西很多地区将其用于"银包金"墙里的"包金"部分。一般来讲，山西各地土坯砖的做法大致相同：选取土→配料（土

图3-4-3 山西民居石作示例（资料来源：自摄）

图3-4-4 山西民居石砌墙体肌理（资料来源：自摄）

图 3-4-5 "一门三窗"靠崖窑洞（资料来源：自摄）　　图 3-4-6 山西民居中的横穴居室（资料来源：自摄）

中加入麻刀或碎麦秸）→和稀泥（要求多添水）→装模→倒模→晾干→使用。晋北地区会在土坯制作过程中的配料阶段填入少许石灰，以使土坯干后更加结实耐用。在晋西与晋中的等地的砖石锢窑中，土或土坯砖常作为墙体间填充材料，这一做法其实在晋南、晋东南砖木建筑中也常采用，当然有时是将土与石的混合物填入内外两侧砖墙中并夯实的。由于土的比热性能良好与经济易得等诸多优点，这便是山西各地民居广泛运用其的主要原因，无论是原土本身的运用，还是将其加工成半成品后的采用，都是山西劳动人民因地制宜，因才致用的实践创造活动，是民居持续发展的有效动力（图 3-4-5、图 3-4-6）。

二、山西民居建筑的结构形式

（一）建造方式

1. 木构架的搭建

山西民居抬梁式构架以木材为主要的承重构件，柱下端为石柱础，柱顶端架梁，在梁上皮向中心退一步架的位置立瓜柱，瓜柱上再承托上部更短的梁，以此类推，直至最上层梁正中立置脊瓜柱，上托脊檩，构成类似三角形的一榀木构梁架。每榀梁架间在沿房屋面阔方向又以檩、枋等拉结，最后在檩与檩之间等距密排檐椽和飞椽，铺钉望板，泥灰找平，承托瓦面，大木构架就此全部完成。此结构体系简洁而成熟，为山西木构抬梁民居建筑常用形式，抬梁各个构件以长短不一的杆件为主，柱轴心受压，立木顶千斤，而梁、檩和椽以水平牵拉，榫卯扣合。整体框架结构科学，受力合理，房屋稳定性高。除主梁和主柱外，大多数木构件重量轻且体积小，制作和施工均方便快捷。出于美观和实用的双重考虑，木构架构件的截面以圆和方为主，在山西民居露明部分的构件往往要经过细致的加工，其中，主柱、檩及檐椽的截面多为圆形，而梁、枋和各部位瓜柱的截面为倒角的矩形。但被墙体包裹或吊顶上方的构件则简单处理，原则上以实用为主（图 3-4-7）。

2. 砖石窑洞的砌筑

晋中、晋西等地砖石锢窑属于墙体承重体系，其建造手段较其他窑洞类民居而言"人工因素"更多，研究其形态特征，首先需要了解它的施工做法：砖石锢窑的拱体和拱脚均用砖石砌筑，一般用1000mm 宽的拱形木模作支架模板，再在模板上砌砖石，砌好一段后便向前或向后移动模板继续砌筑，

图 3-4-7 木构廊厦（资料来源：自摄）

图 3-4-8 施工中的石窑洞（资料来源：自摄）

图 3-4-9 拱券大门（资料来源：自摄）

直至接砌完成。此时，相当于打好了砖石的拱架结构，下一步将 1000 ～ 1500 毫米厚的碎砖石和黄土覆盖其上，上层做排水坡坡向后侧或前侧。当窑洞毗邻设置时，为保证窑体整体稳定，锢窑边跨侧墙（山墙）需抵抗拱顶的侧推力，要求边跨拱脚的宽度加大，晋中、晋南锢窑拱脚宽约为拱跨的一半左右，即 1500 毫米上下。窑洞口之间的间壁称窑腿，为求稳定，其最窄处的宽度也应在 3800 毫米以上。锢窑内部和中部完成后，最后需用精细加工的砖石砌筑窑洞正立面（窑脸），窑脸的完成则意味着单层锢窑的完成。"下窑上房"的砌筑还要在锢窑平顶上加建一层砖木构房屋，其进深长度常常小于底层的锢窑，搭建方式详见上文"木构架的搭建"，这里不再赘述（图 3-4-8 ～图 3-4-10）。

（二）承重体系

1. 木构架承重

这种构架承重体系历史悠久，是传统建筑的常用承重结构体系，也是山西民居建筑中主流结构体系，在山西五区域皆有大量实例分布。其特点为：水平与竖向承重构件均采用木材，建房时，先以木材搭架再填砖石或土坯，砖石或土坯仅起围护或分隔作用，俗语云"墙倒屋不塌"就是对其最适宜的描述。此结构形式多建于山西附近多林的平川和台地地区，或山地地区交通方便且富庶的人家。此结构体系抗震性能优良，外墙开门窗位置大小均随意，但缺点是较费木料，技术工艺相对复杂，造价高（图 3-4-11、图 3-4-12）。

2. 木构架与墙体混合承重

这种承重体系由木构架承重体系发展而来，在山西的分布及运用广泛度基本同前者，是用木柱和墙体共同承担屋顶荷载，抗震性不如前者，具体看来又有三种情况：其一，木柱与山墙承重，即山墙中的柱被墙体取代而以墙体承重，住宅其余部位的柱仍被保留，此类建筑的山墙外观往往较厚重；其二，木柱与山墙、后檐墙共同承重，即山墙及后檐墙中的柱被墙体取代而已墙体承重，前檐墙的柱被保留，这类建筑除前檐墙外，其余三面墙体均较厚；其三，有前檐廊的民居，以墙体承重为主，前檐廊的檐柱虽落地，但仅承担檐廊的一部分荷载。本文认为，晋中和晋西地区带木构前檐廊的锢窑也属于此类（图 3-4-13）。

3. 墙体承重体系

由于明清山西地区烧砖业的繁荣，以及木材短缺等原因，墙体承重体系随之发展而来，此体系中房屋无檐廊，整个建筑无一落地木柱，四面墙体均承重，但屋面水平受力构件仍用木材，即屋架大梁直接由前后檐墙承托，檩条则直接架设在山墙上，因此，也可称为山墙搁檩式承重结构体系。运用此体系的房屋虽节省木料但由于砖石土坯自身特性及砌筑方式等原因所限，建筑抗震性能力较差。此类房屋外观一般墙体面积大，门窗洞口皆小，体量有厚重感。该体系往往形成年代相比前二者晚，在山西五区清末、民国初期皆有运用，尤以晋东南和晋南部分地区为甚。晋西和晋中不设前檐廊的独立式锢窑也属于这一体系。从承重结构体系的变化中我们不难发现，山西在清末时期自然环境已经大不如前，大材树木数量开始匮乏的同时，烧砖业日益发达，这意味着社会人文环境慢慢替换自然环境的趋势日臻明显（图 3-4-14）。

（三）梁架细部的形态差异

山西传统砖木结构民居根植于北方，属于典型的抬梁式木构架结构体系。由于木材拥有诸多优点，

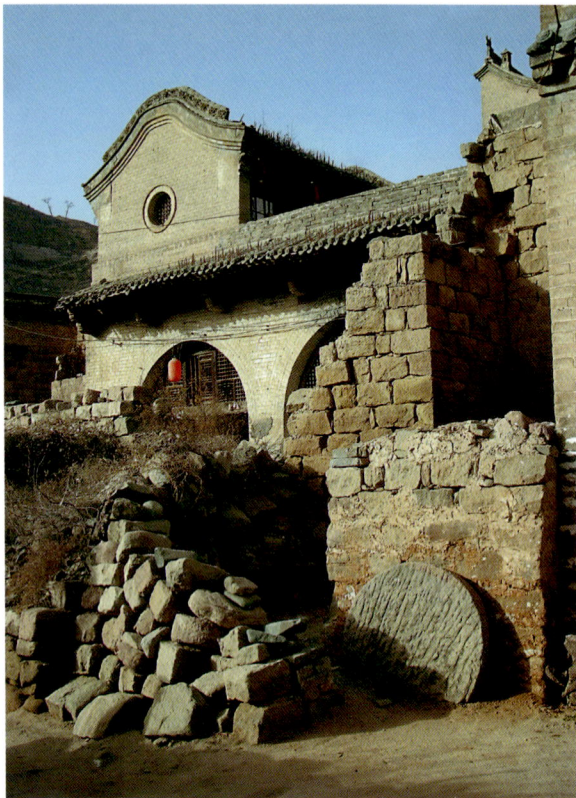

图 3-4-10 下窑上房（资料来源：自摄）

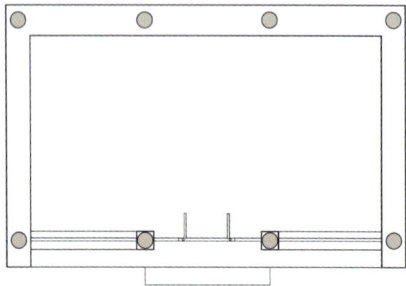

图 3-4-11 木构架承重体系（资料来源：自绘）

图 3-4-12 木构架承重示例（资料来源：自摄）

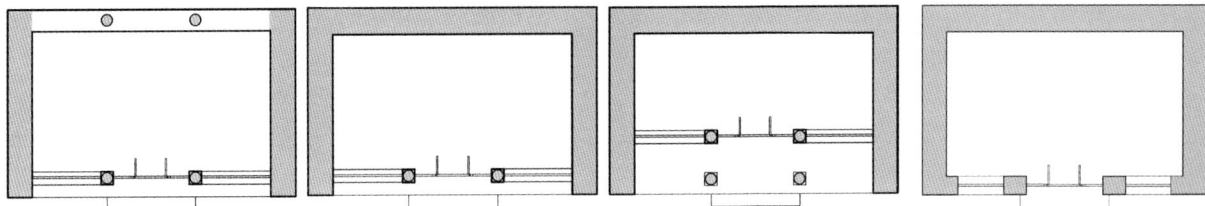

图 3-4-13　木架与墙体混合承重体系（资料来源：自绘）

图 3-4-14　墙体承重体系（资料来源：自绘）

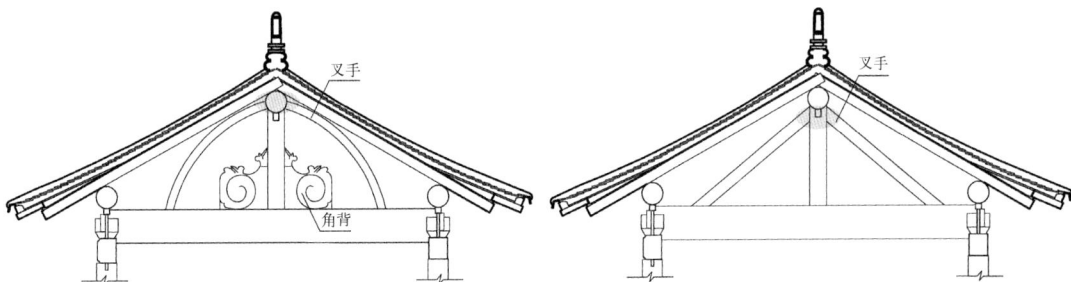

图 3-4-15　叉手的位置与样式（资料来源：自绘）

促进了木结构建筑的发展与延续，抬梁式构架在山西木构民居中运用广泛，各地区多少掺杂地方做法，很多也别于抬梁式官式建筑的规定。本文按特征的具体表现分类，总结有如下三点：

1. 叉手的位置与作用

叉手是用于支撑瓜柱等短柱的木构件，它于北魏出现后，在后世的唐、宋、辽、金、元代建筑中多有运用，到明代偶有应用，且断面相比以往尺寸偏小，至清代中晚期各地叉手几乎绝迹。在山西晋北和晋西地区现存的民居中很难见到叉手的踪迹，但在山西的晋东南及晋南等地区的清代民居中，叉手却运用广泛，尤以晋东南更甚。前文已经述及的内容这里不再讨论。本文按这两地叉手支撑的位置不同将其细化为两种：第一种，叉手上端固定在脊檩上，即叉手支撑脊檩；第二种，叉手上端固定在脊瓜柱的上端，即叉手固定脊瓜柱。由于叉手的固定位置靠上，它的稳定性往往优于官式抬梁式构架所规定的角背。晋东南等地的民居多为二层建筑，稳定性要求高，合理运用叉手，可以提高构架的稳定性，是一项非常实用有效的做法。晋东南民居中的叉手样式较晋南更为丰富，晋南仅见"直木叉手"，即叉手木材为一平直不带弧度的木材，而晋东南除

直木叉手外还有带曲度的样式，装饰性更强一些（图 3-4-15）。

2. 檩下垫板与随梁枋的省略

官式抬梁式构架的檩下规定需有垫板和随檩枋两类木构件，但笔者却发现，在山西大部地域的民居中，一般随檩枋紧贴檩子的下皮，省去了垫板，在保证构架稳定性的同时，也节约了木材，更减轻了屋架的自重。这一简略做法虽在山西五区都可见到，但相比之下在晋北偶尔可看到带垫板的民居，晋北民居整体更接近于北京民居，向官式建筑"靠拢"的趋势强烈。在山西各区民居中更难见到随梁枋的身影，这大概与民居进深跨度往往较小有关。垫板与随梁枋的省略，对于民居等小型建筑来讲，并不会破坏整体屋架的稳定性，反而还节约了木材，普通百姓永远是以实用经济为目的的，这在一定意义上也说明了，多数山西民居发展至清末、民国时期已经走向了随意与衰退（图 3-4-16）。

3. 额枋的设置

在晋南的个别地区，带檐廊的民居的额枋摆放较为特殊，额枋由上层的大额枋和下层的小额枋构成，大小额枋截面大小基本一致，只是大额枋为平放，小额枋为竖置，两者紧挨组成"丁"字形，平

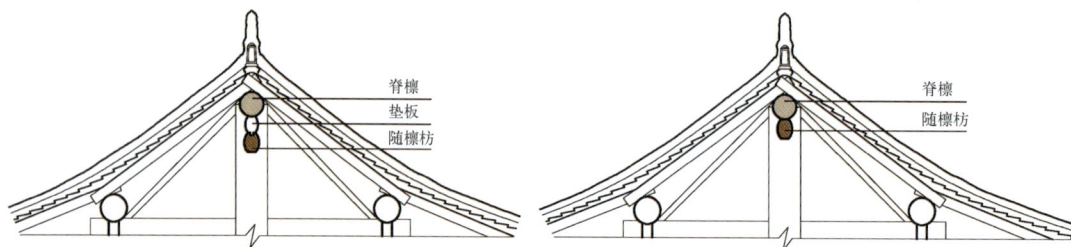

图 3-4-16 垫板的省略（资料来源：自绘）

放的大额枋由柱顶承托，其上往往又承托梁头、斗栱等构件。相比官式规定的大额枋的尺寸，此种横置的大额枋会节约不少木材用料。由于平放，此时大额枋与上部梁头等的接触面积仍旧很大，承托功能并无削弱，但其抗挠度的能力会有所下降，这时下部小额枋的摆放姿态就成了关键，同样的矩形截面，横放依然会产生较大的挠曲度，并不可行，而实际中小额枋的竖置，抗挠度能力显著增强，对大额枋起到了良好的支撑作用（图 3-4-17）。

三、山西民居建筑的构造技术

建筑仅有构架部分难以被使用，构架周边必须要有围合部件形成封闭空间，才可为人所用，民居建筑中墙体、屋面和门窗隔扇等都属于建筑中重要的围护结构部分。下文将分别详细介绍。

（一）墙体

历史上，墙有多种称谓，诸如墉、壁、垣等，皆指种类相同、相异及处于不同位置的墙体。墙的意义在古代不单单局限在墙体本身，由于文学典故的加入，而形成了墙文化，"隔墙有耳、连墙接栋、门墙桃李、丰墙峭址、兄弟阋墙"等等，都是先人丰富墙文化所提供的真实写照。在建筑中，墙按受力与否有承重墙和非承重墙之分，按所处位置的不同还有外墙与内墙之别，本节主要讨论后者，一般来讲，外墙包括檐墙、槛墙、山墙等；内墙主要指室内的隔墙。

1. 山墙

山墙是指位于建筑两侧面的墙体。除晋南等地留存有少量悬山建筑外，山西各区民居多为硬山式建筑，即山墙的上部与房屋屋面的侧面相接，将民居建筑的外侧木构梁架包裹起来，使之免受风雨等

图 3-4-17 丁村民居厢房（资料来源：自摄）

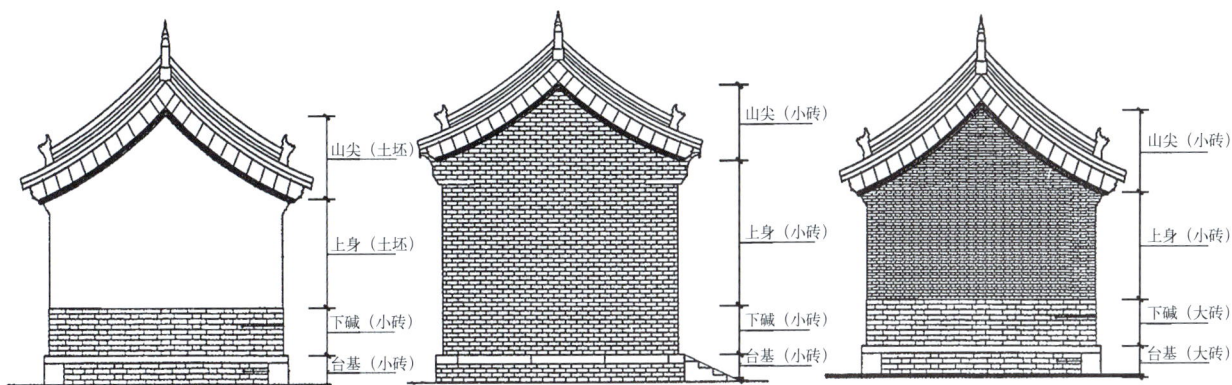

图 3-4-18　山西民居山墙样式（资料来源：自绘）

图 3-4-19　灵石王家大院敦厚宅外观（资料来源：自摄）

的侵蚀，可以起到良好的延长房屋寿命的作用。

　　一般官式硬山建筑的山墙看面由下碱、上身及山尖三部分组成。下碱位于建筑台基之上，在山西各地区多由青砖砌筑，官式建筑规定下碱高度须占墙身高度的三分之一左右，也即大约 11 皮砖或 13 皮砖左右的厚度，实际要达到这一标准，在财力雄厚且讲求体面的人家中并非难事，但在寻常百姓家便要依实情而定了，往往会低于这一标准，但无论怎样变化，据笔者田野采风观察，山西各地坊间的民居建筑下碱多为奇数层，也许这也迎合了前文提到的取"阳数则吉"之规定吧。下碱以上且居中的墙体称上身，约占墙身总高度的三分之二左右，此部分是山墙中最"活跃"的部分，一般会有材质或

砌筑方式等方面的变化，譬如此处外表不砌砖，代之以加麻刀的土坯等材料修饰，或砌砖的方式有所改变等，而且这些材料可以同周边的条砖构成不同的外框形式（图 3-4-18、图 3-4-19）。

　　在山西各地民居建筑中，下碱和上身的区分可归为两类：第一类，上身厚度稍薄于下碱，各面向内退进半寸至一寸半左右，即 1 ~ 5 厘米，如晋北新平堡进士第正房山墙；第二类，上身与下碱的交接处平直，二者几乎无厚度差异，如汾城郑宅厢房山墙。其中，前者较接近官式做法，晋中、晋南等大家族房屋山墙多用，后者在山西民居非常普遍，几乎囊括晋北、晋西、晋东南等地所有民居。山墙最上部分形状接近三角形的部分称山尖，它的形成

图 3-4-20　墀头装饰之一（资料来源：自摄）

图 3-4-21　墀头装饰之二（资料来源：自摄）

是墙体每层两端皆随屋面坡度适当均匀收进的结果，其上端随屋面曲线仿木构博缝板拼接的方砖，叫博缝砖，此方砖往往与若干层条砖结合堆砌而成的，有些还要经过雕刻纹饰来美化装点山墙看面。在晋东南地区的民居中，此位置的博缝砖常常被省略，而代之以平砌出挑的条状青砖作为收头，只讲求实用，做法十分简单，此类民居一般为民国至新中国成立前后所建，在当时百姓能有所居，便实属不易，可见民居的发展必然深受社会及经济条件的限制。博缝砖往上即为屋面。

山墙的两端檐柱以外的部分称为墀头，在山西民居中有三种情况：其一，房屋前后均有檐廊的，有四个墀头，此类做法多出现在较高档次的民居建筑中，在山西各地区殷实的家庭中运用非常普遍；其二，只设前檐廊的，前面有两个墀头，这类做法在山西民居中最为普遍，存世量较多；其三，而四面封檐的房屋则无墀头，无墀头的房屋很是简单，注重实用，往往为民国后期所建，其在山西各地区皆可见到。墀头也分为三部分，分别为下碱、上身和盘头（图 3-4-20、图 3-4-21）。

在山西绝大多数地区，墀头的下碱常采用与山墙看面相同的材料砌筑，即此处多用砖；另外，该部位也可用石材砌筑，大块的石材在此称为角柱石，

其上常置压面石。墀头的上身砌青砖，讲究点儿的人家用丝缝砖砌筑。盘头是墀头上最引人注意的部位，也是山墙的视觉焦点，其通过挑出的砖檐和雕花的戗檐砖等，极大地丰富了建筑的立面效果。在山西，即便是没有墀头的房屋，主人也尽其之能力美化戗檐砖部位，仿佛此处亦成为展示宅主财力及品味之地。在晋北和晋东南等地区，从山墙看面观察墀头戗檐盘头部位打磨圆滑，多呈抛物曲线形状，受力合理并不失美观，具有独特的地域性特征。

前文曾提及的晋中、晋西及晋南某些地区的山墙会做成封火山墙形式，墙头或高过房屋正脊，或处于正脊之下，如方山县张家塔村、襄汾县汾城镇等民居、万荣县李家大院等，均可见封火山墙（图 3-4-22）。封火墙不但可以起到防火、防盗的作用，更有美化建筑天际轮廓的功效。但山西民居中的封火山墙样式形式较单一，更多的是将高出屋面屋脊部分的山墙顶端做成层层跌落的梯形，少则二、三跌，多则五、七跌，但不及南方弓形或云形等舒展自如，一般看来，房屋进深小多做三跌，进深大则为七跌。

2. 檐墙

古建筑中前后屋檐下的墙称檐墙，其中，位于建筑前端的檐墙叫前檐墙，处于屋后面的则为后檐

图 3-4-22　万荣李家
大院封火山墙（资料
来源：自摄）

墙。在山西，檐墙的下碱与上身等厚者为众，二者之间常无分界线条。山西各地合院民间房屋均有后檐墙，但却未必会有前檐墙，在这里，将房屋是否具有前檐墙分为两种情况：第一种，为砖木结构民居平面仅有后檐墙，前檐墙位置设窗扇，此类在晋东南清中期之后的民居中较为少见；第二种，多由墙体承重，前后檐墙均有，且檐墙檐口常做封护，在山西各地，此类建筑均会见到，但修建年代多不久远。上文山西民居建筑的后檐墙仅在晋东南等地有开小窗洞的习俗，其余地区出于安全性及隐私性保护的需要开窗者不多，基本都为实墙砌筑。后檐墙从下至上分为下碱，上身与砖檐（签尖）三部分，下碱和上身用材与砌筑手法上与山墙相似，二者仅在后檐墙的上端做法有所区别。山西民居在檐墙墙体上端有两种常见做法：一种将檐墙上端不封檐，即将后檐的檐枋、檐檩和檐椽等木构件外露，最高处的檐砖上皮顶于檐枋的下皮，此做法俗曰"露檐出"，此类做法在晋北地区十分常见；另一种则把檐墙上端封檐，层层出挑的砖檐与后墙屋面上的檐口相交接，同时将房屋木构件等包裹，称为"封后檐"，其檐口做法简繁皆宜，式样丰富，在山西各地区均为主流做法。山西各地也有一些流行做法，如在晋东南，有时会在封后檐的基础上再开后檐高

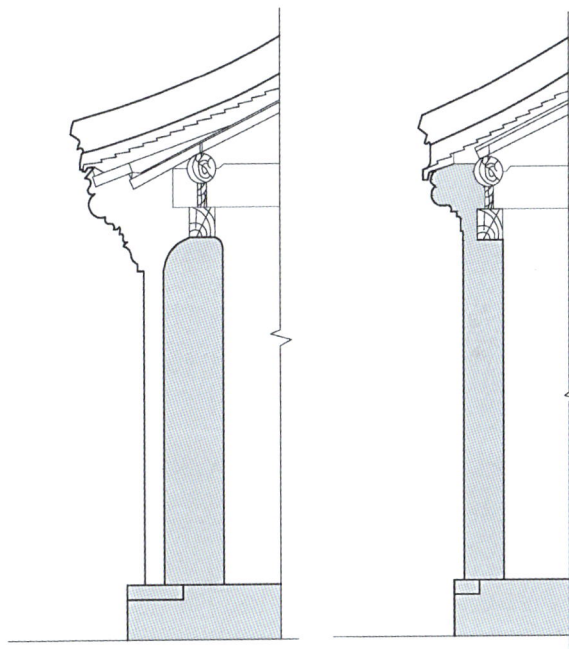

图 3-4-23　山西民居后檐墙做法（资料来源：自绘）

窗。但无论怎样，封后檐做法在起到装饰作用的同时也保护了建筑木构件，延长了房屋使用周期，不失为一举两得的办法（图 3-4-23、图 3-4-24）。

3. 槛墙

槛墙指建筑正立面隔扇窗下的矮墙，若隔扇一通到底，则无槛墙。山西民居中，槛墙高度在晋北和晋南多少有所差异，但均看为二尺七寸（0.9m）

图 3-4-24　绛县贾家大院正房（资料来源：自摄）

图 3-4-25　霍州朱氏宅院（资料来源：自摄）

以内，如果前檐由包裹或半包裹其内的木柱承重，槛墙厚度一般大于该木柱直径。槛墙在山西民居中往往不是装饰的重点部位，青砖平砌，磨砖对缝做法简洁，在晋北、晋中北部等地区，讲究的宅将槛墙的外立面内砌一砖石框子，官式称作"落膛池"或"海棠池"，"池"中或另砌别样砖石，或划凹凸斜纹线条，或者干脆灰面平抹，晋东南、晋南，甚至包括晋西地区在内的民居槛墙却十分简洁，做装饰着甚少，以实用为主。槛墙在山西民居中的作用很大，山西地处华北地区，四季分明，夏冬两季温差显著，相比木材落地隔扇长窗有诸多优点：第一，砖石泥的墙体的比热容更大，保温隔热作用十分突出，居民生活更舒适；第二，木制长窗年久易变形，造成不紧缝，透风性加强，使人们难以维持冷天的生活，加之雨天屋檐下滴溅的水，更易腐蚀损坏木窗下部，对其保护十分不利，若改成砖墙后这一问题便可迎刃而解；第三，山西大多地区以传统的砖石土炕为床，其位置往往就在房屋正面窗下，此位置不便开设房门而入屋内，槛墙上开窗也足可保证日常居住的采光通风（图 3-4-25）。综上可见，在山西乃至北方各地，民居中砌槛墙相比设置木制长窗更加科学合理，这也是千百年来智慧的百姓们创造出的一项生存之道。而对于是否采用装饰图案，本文认为，明清都城北京多在民居槛墙的装饰上因循官造，手法多样，较为讲究，从地缘角度分析，晋北和晋中北部地区与北京相距不远，可能受其影响，相比山西其他地区就显得丰富一些。

（二）屋顶形态

屋顶对于建筑的重要性不言而喻，遮风避雨是屋顶的基本功能，为了切实起到遮蔽风雨的功用，古代劳动人民利用较易得的原材料，用最简便的搭接方式，创造出了传统屋顶。传统屋顶类型丰富多彩，其样式之特殊，为西方各流派建筑所不见。但民居中的屋顶因受封建等级制度的约束，在实际运用中往往种类单一、形制较低。现存的山西民居瓦面屋顶主要有双坡顶与单坡顶两类，除此之外，山西窑洞类民居的屋顶本文将其称为平屋顶，不铺瓦。山西民居从宏观方面来看，屋顶以硬山顶为主，其

余为辅。根据外观与构造形态的不同可分为双坡屋顶、单坡屋顶、平屋顶三大类。

1. 双坡屋顶

顾名思义，双坡顶即为房屋正面、背面两面起坡的屋顶形式，山西民居中以硬山顶、悬山顶、卷棚顶三类最为常见（图3-4-26）。

硬山顶为双坡屋顶的一种，在山西各地均有分布，可谓绝对主流屋顶类型。其屋顶在两侧山墙之内，山墙或与屋面齐平，或略高于屋面，硬山顶民居山墙以砖石承重为主，墙头可做各种样式，诸如各种封火山墙等。

悬山顶同样是双坡顶的一种，早在汉代画像石及明器中可见其已用于民居建筑中，是出现年代远远久于硬山的古老屋顶之一，但上文述及的硬山顶施工更为方便且省工省料，故悬山顶在后世逐渐被硬山顶取代。从构造上来讲，其与硬山顶并无太多区别，只是加长了檩、枋等相关构件，椽子随之向外铺设，外侧迎面钉博缝板，使两侧屋面悬于山墙之外，形

图3-4-26　灵石静升镇恒贞堡（资料来源：自摄）

成出檐，有钱有势的人家会在博缝板下端加设卷草、悬鱼等装饰物，而寻常百姓家却极少看到。在晋南和晋东南地区，悬山顶运用较其他地区稍广，民居中可见五花山墙悬山顶。山西民居的悬山顶逐渐被硬山顶取代大概与明代烧砖业的大发展有关，明代山西青砖大量取代土、石等自然材料而用于民居外墙，砖相比土坯更耐雨水冲刷等自然侵蚀。故而不再需要用挑檐的方法来保护山墙。节约材料和造价向来深受百姓们的支持，所以，宽大舒展的悬山顶自然就在这一时期逐渐被轻盈简洁硬山顶取代了。

卷棚顶也是双面坡式屋顶，山西地区分布以晋北和晋中北部地区为主，屋顶上前后两坡相交之处为元宝脊或称罗锅脊，即在正脊位置将筒瓦做成圆弧形曲面，而不采用正脊的做法，给人以柔和之感。

图 3-4-27　落阵营村沿街建筑（资料来源：自摄）

图 3-4-28　介休南庄民居（资料来源：自摄）

卷棚顶出现年代较晚，由于等级较低，普通百姓建房用其不会越界，在民居之中，由于两侧山墙有硬山和悬山之分，故而卷棚式屋顶也有卷棚硬山式屋顶与卷棚悬山式屋顶之别。在山西民居中，前者数量多于后者，晋中等地院落二门屋顶常用后者。在晋北和晋中北部地区多采用，本文认为，也与二者地缘近都城北京，加之卷棚本身造型柔美，经济节约等因素有关（图 3-4-27）。

2. 单坡屋顶

单坡顶仅是相对两坡等长的双坡顶来说的，有些归为单坡顶的屋顶也有两坡，只是正面坡长度明显大于背面坡，本文将山西民居单坡顶分为独立式与靠墙式两类。

独立式单坡顶指建筑后檐墙单独砌筑，不依靠其他建筑墙体而存在，正脊后有一小短坡，正脊与后檐墙的做法与双坡顶类并无多少差别。在晋中、晋西及晋南地区的厢房可见，如落阵营某宅单坡屋顶。

靠墙式单坡顶指建筑后檐墙与其他建筑共用墙体，或虽独立但后墙与其他墙体紧靠，此种单坡顶建筑亦有正脊，且仅有前脸的一面坡顶，晋中、晋西靠墙式单坡顶较多。前文曾提到的披檐也不能被忽视，它们是高级类窑洞的"配套设施"，也可以归为此类。

山西民居中单坡顶的运用大概有以下原因，首先，相比双坡屋顶，单坡顶进深短浅，可以灵活的适应晋中、晋西等地区狭窄的院落布局。其次，单坡顶势必造成高后墙，这样有利于院落安全防卫。再次，同样屋面高度和进深尺寸的情况下，单坡顶比双坡顶节约木材，尤指瓜柱。最后，因气候条件所限，晋中、晋西人多喜水，当下雨时，单坡顶将水全部导流入院内，寓意肥水不流外人田，可起到"聚财"的效用（图 3-4-28）。

3. 平屋顶

山西民居多瓦面坡顶，而平屋顶主要是指人工的独立式窑洞屋顶，如锢窑，或部分屋顶外露的靠崖式窑洞的房顶，如接口窑等。窑洞的平顶不铺瓦，仅设小角度的排水坡度，窑顶层厚度较大，即便是人工的窑顶也较厚，一般为 0.8 ~ 1.5 米上下，此类平顶窑多建女儿墙，一是作为防止人畜跌落的围护构件，另外女儿墙花砌还可起到美化立面的装饰效果（图 3-4-29、图 3-4-30）。

（三）木构架屋面构造与类型

木构架瓦屋面的结构与构造在山西各地基本一致，只是各地区在具体材料选择上略有区别。民居建筑的构造层次自上而下一般包括四层：瓦（面层）、瓦泥灰（结合层）、苫背泥（防水隔热层）、苇箔或望板等（基垫层）。望板是清代官式建筑的通用构件，在山西的官宦人家建房以此为首选材料。苇箔就是用芦苇编织成的席，其在山西晋中东部、晋东南等地运用较广，甚至在晋西北部、晋北高粱产区百姓还有用高粱秆做基垫层的。苫背泥的传统材料是麦秸泥，晋北中东部等地区有用麻刀泥的习俗。瓦泥

图 3-4-29 乔家大院屋顶（资料来源：自摄）

图 3-4-30 乔家大院甬道（资料来源：自摄）

灰以石灰、黄土为主料，在产煤多的市县还会另加一些煤灰渣调色，使之色泽近似砖瓦灰。瓦泥灰与苦背泥相组合，不但使屋面防雨、保温隔热效果好，而且通过泥层的局部厚度的调整，使屋瓦依屋面曲度顺次排布，形成舒展柔和的屋面形态。瓦作为屋顶的表层构件，既要实用还要美观。

山西地区民居用瓦主要有板瓦和筒瓦两类，筒瓦呈半圆筒状；板瓦呈弯凹板状。两种瓦单独或组合运用可以构成外观不同的屋面。山西的屋面类型可分三大类：筒板瓦屋面、仰合瓦屋面以及仰瓦屋面（图3-4-31～图3-4-33）。

筒板瓦屋面以弧形板瓦做底瓦，半圆形筒瓦做盖瓦，底瓦在檐口处设置滴水瓦，最后一片筒瓦以烧花的勾头收尾，此类屋面在山西各地区均有使用，建筑多为讲究的房屋，在民居中属于高等级屋面，如大、中型民居的正房或门楼等。

仰合瓦屋面是指底瓦和盖瓦都用板瓦的屋面，类似筒瓦屋面，底瓦与盖瓦交错排列，盖瓦的尺寸比底瓦小一些，一般相差一个瓦号，即3cm左右，底瓦大头向上，盖瓦大头向下，以便流水。位于檐口的最后一层瓦叫花边瓦，瓦头部分呈90度左右翘起。仰合瓦屋面在山西民居中运用广泛，属于中等级屋面，各地区中、小型民居的厢房、倒座等较常。

仰瓦屋面是板瓦凹面向上排列组合形成的屋面，无盖瓦，在屋檐处不设置滴水，属于低等级的屋面。山西各地虽皆有运用，但在山西北中部地区并不普遍，偶然所见也多为新中国成立前后建造，相对来讲，晋东南地区的仰瓦屋面却非常普遍，其讲求经济实用，外观朴素大方。

（四）木构架屋脊形态

民居中的屋脊主要指相互垂直的正脊与垂脊，屋脊的原始用途是遮盖房屋屋面的转折处以防雨水渗漏，后来人们为避免其单调乏味，于是就在草砖或陡板上雕刻花纹图案，正脊两端还常置鸱吻作为收头，这样屋脊便成为屋面装饰的重点部位了。在深宅大院中，垂脊与正脊有些垒叠得很厚，较为高大，但在普通民居中，尤其是在垂脊部位，构造特别简单，如在垂脊处反盖两三陇板瓦便作为垂脊的

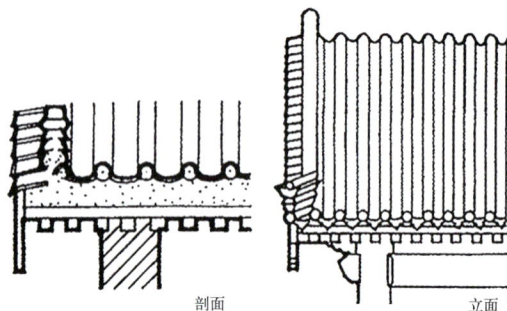

图3-4-31 筒板瓦屋面（资料来源：自绘）

剖面　　立面

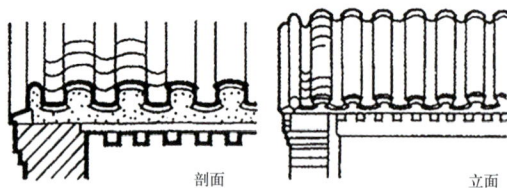

图3-4-32 仰合瓦屋面（资料来源：自绘）

剖面　　立面

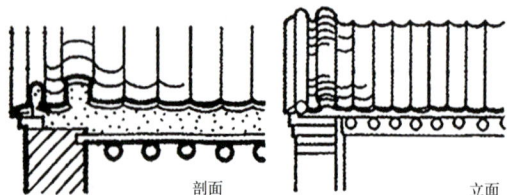

图3-4-33 仰瓦屋面（资料来源：自绘）

剖面　　立面

图3-4-34 山西民居屋脊装饰（资料来源：自摄）

仰瓦屋面就为数众多。由于山西地域不同、房屋等级不同，屋脊的繁简度差异明显。山西民居中，正脊比垂脊更显重要，也就是说，如果宅主财力有限，其宅房的屋面经常是先保证完成正脊后才会考虑垂脊，一般规格的正脊自上而下分别为：扣脊筒瓦、条形草转、陡板、条形草转、挂瓦条（三角形砖瓦件）、盖瓦（图3-4-34、图3-4-35）。

1. 正脊

晋中和晋西等地的砖木构房屋正脊较大众化，陡板花纹繁简适度，脊两端鸱尾高度多为中段脊高的1.3～1.7倍左右，具有较强的视觉效果。晋中和晋西的富足人家正脊当然会十分讲究，装饰纹样、构造繁度往往令人叹为观止（图3-4-36）。晋东南的屋面正脊较为简洁，很多在陡板或草转上不饰花

图3-4-35 乔家大院屋脊（资料来源：自摄）

图3-4-36 正脊（资料来源：自摄）

图3-4-37 垂脊（资料来源：自摄）

纹，正脊两端有弧面砖和条形草转垒叠的收头，且略高于中部脊高，整体素雅大方。晋南大部地区正脊较为讲究，花式丰富表现力强，有些还会采用镂空的手法，装饰效果极佳。晋北地区中东部和晋中东北部地区的卷棚顶数目众多，当然也有普通带正脊的民居，它们大多讲求实用，古朴自然，装饰抽象，往往起画龙点睛的作用。卷棚屋面的正脊较为特殊，无论是硬山卷棚顶，还是悬山卷棚顶，其正脊形式均为"过陇脊"，它是一种简单的圆弧形屋脊，由"罗锅瓦"（弧状筒瓦）和"折腰瓦"（圆弧形板瓦）构成脊顶，在罗锅瓦、折腰瓦与屋面底瓦之间，分别用筒瓦和板瓦进行过渡连续，并至屋檐处做勾头和滴水。卷棚屋面的垂脊俗称"罗锅卷棚脊"，做法类同前文的铃铛排山脊、披水排山脊和披水梢垄，不再赘述。上节中曾提及的晋北和晋西个别地区屋面的垂脊端做扭头有别于山西其他地区，更类似北

京民居，同样与其地缘关系相对临近有关。

2. 垂脊

在山西经济较好的地区或大户人家，垂脊也十分讲究，官式称硬山、悬山屋顶的垂脊为"排山脊"，因其在山墙看面一侧的排水结构是由滴水瓦和勾头瓦组成的，故称"排山勾滴"，而沿山尖排列成的滴水瓦有如悬挂的铃铛加上排山脊，构成了"铃铛排山脊"，排山脊位于两端梢垄与边垄之间，脊身从下往上分别由瓦条、长条混砖、扣脊筒瓦组成，端部以雕花勾头或扭头等封瓦口，是较为高级的垂脊做法（图3-4-37）。而晋北、晋中、晋南等地的一些大院为体现房主的财力地位，多会采用此脊，如代县周玳故居正房垂脊。另一种为披水排山脊，是用披水砖代替铃铛瓦的垂脊，由披水砖檐和排山脊组成。披水梢垄是在屋面边垄底瓦和披水砖中间铺一垄筒瓦作为瓦垄序列的结束，高度也与旁边的盖瓦不相上下，严格讲其不算一种垂脊，但梢垄处于垂脊的位置上，加之材质与形状和周边的瓦也相异，本文也将它归为垂脊一类。大多山西民居屋脊还是以披水梢垄为主，又以晋东南最为常见，经济、实用、简朴、易维护等特征是它最大的优点，其外观形态相比其他高等级垂脊，颇有些"点到为止"的境界，例如天井关某宅厢房屋面披水梢垄。

（五）门与窗

民居的门窗除了具有围护建筑、通风采光及界定空间等功用外，它们还是民居建筑的重点装饰部位。在山西，门窗主体部位总是做成木棂花格，早先因使用窗纸，窗格显得细密而精致，到了清末民国初，山西晋中等地的富商宅内，包括锢窑在内的民居房屋多已用上了雕花玻璃，此时的木棂花格便成了装饰构件。

1. 门

传统的门是分隔建筑内外空间的木装修构件，山西各地区的门形式丰富，分类主要有木隔扇门、普通板门与夹门三种。

木隔扇门简称隔扇，是安装在门槛框内的活动性屏障门，行人出入时即可开关，特殊情况也可灵

活拆卸，山西各地高规格的民居房屋中基本都会用此门，以一膛四扇最为常见且多在明间使用，隔扇门一般两边隔扇固定，中间的两扇平推开，山西各地大户人家的过厅也可见四扇均可开启的情况。山西各地区中的隔扇在整体式样及做法十分相近，无明显区别，一般仅在心屉木栊样式处会有所差异。山西民居的隔扇作为正立面的构件，一般有两种摆放位置：在带前檐廊的房屋中，隔扇坐于明间金柱之间；若在不带前檐廊的房屋上，如挑檐廊，则会安装在明间两根檐柱之间。因传统民居屋顶多为坡顶，从室内地面往上至枋下皮的高度越靠近脊枋位置就越大，当隔扇位于金柱位置时，金枋下皮至地面的高度明显大于檐枋下皮至地面的高度，为限制因隔扇高度过大在使用中造成的不便，则要在它的上方加设横披。横披不可开启与移动，安装于横披框中心的构件常会是木板一块，上面题字作画，有时也做栊条花格，但往往较其下隔扇的栊条简单。当隔扇位于隔扇门的高宽尺寸，清《工程做法则例》规定："隔扇高按柱径一尺得门高八尺五寸六分"，隔扇宽根据开间的尺寸定宽。一般每扇的高宽比为1：3～1：4。据目前手头调研资料来看，山西各地隔扇除极个别特例外，其余皆在此比例范围内。

隔扇两边的立框俗称"边梃"，其高度决定隔扇总的高度，横向框称"抹头"，分上、中、下抹头，抹头的数量依据建筑大小分为六抹、五抹、四抹、三抹等。在山西，隔扇门上半部与下半部的高度基本均按四六开，即所谓的"四六分隔扇"，即由上抹头上皮至中上抹头上皮为六，再由其下至下抹头下皮为四。这一比例关系，除了符合人体工学并满足人们日常的使用功能外，还十分符合视觉美学之要求。绦环板在北宋《营造法式中》称"腰华板"，指抹头间但除心屉外的小薄隔板，大型的六抹隔扇分上、中、下绦环板，低于六抹的只有中或下绦环板，板厚为边梃宽度的三分之一，财力雄厚的人家还在其看面雕刻云草类花纹。裙板是指中、下抹头之间的较大薄隔板，山西民居中多有装饰性花纹（图3-4-38、图3-4-39）。

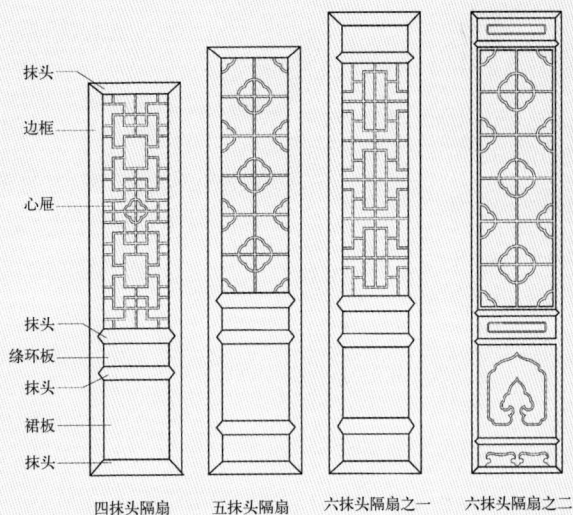

图3-4-38　隔扇门示意图（资料来源：自绘）

四抹头隔扇　　五抹头隔扇　　六抹头隔扇之一　　六抹头隔扇之二

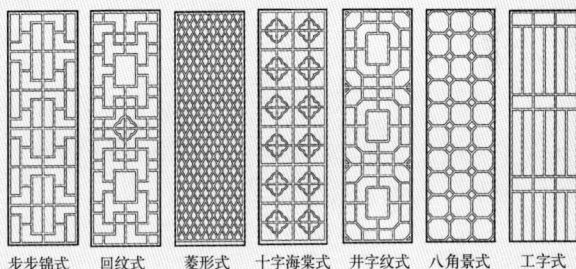

步步锦式　回纹式　菱形式　十字海棠式　井字纹式　八角景式　工字式

图3-4-39　山西民居隔扇门心屉形态（资料来源：自绘）

为了满足室内的采光和立面美观的需求，隔扇门上部会安装心屉，是用栊条做成的各种拼花部分，是隔扇门重要的艺术表现部分。在山西，讲究的栊条截面并非正方形而加工成类似梯形的形状，厚宽一般为六八分，且看面做成弧形面，工艺水平要求较高。但各地区风格多少有别。晋中和晋南等地区栊条较细小，图案精细复杂，多用曲线线条，表现出柔美的艺术风格。而晋北地区的心屉栊条较粗大且稀疏，给人以粗犷豪放之感。但无论怎样，一根根栊条通过匠师们的想象，组成了各式各样的花格图案，山西民居中常见的心屉式样有：步步锦、井字纹锦、工字式等。

在山西，普通板门可用于院门和屋门，尽管其尺寸大小会有差异，但因板门形式与构造简单，各地区在做法上往往又大同小异。板门的左右边框与下端的门槛及上端门楣榫卯相连，形成板门的主干

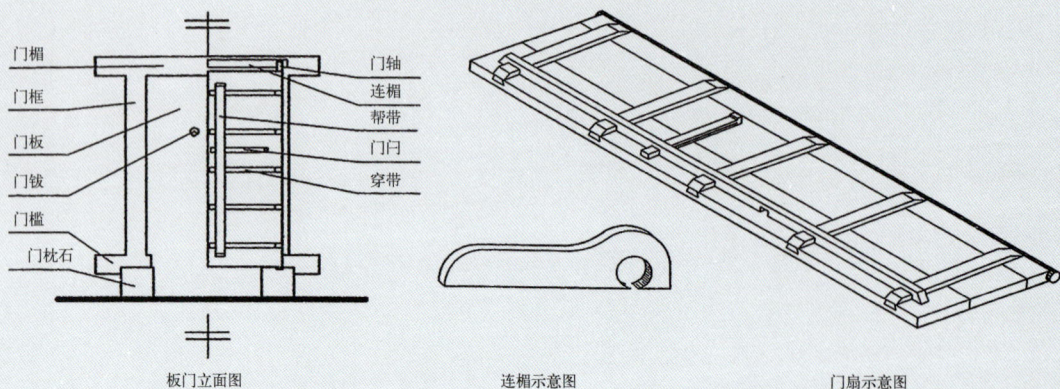

门楣　门框　门板　门钹　门槛　门枕石

门轴　连楣　帮带　门闩　穿带

板门立面图　　　　连楣示意图　　　　门扇示意图

图 3-4-40　普通板门构造示意（资料来源：《河南民居》）

图 3-4-41　灵石王家大院门窗（资料来源：自摄）

框架，门框、门楣比门洞多出适当尺寸，埋藏于墙体内，下槛并置于门枕石的凹槽内，固定槛框。连楣框于门楣里侧，二者穿接用门簪尾部的榫头，连楣外端与门枕石的门轴窝一起固定门轴。门扇由若干块矩形木板拼成，厚度 6 厘米左右，后有 3 根或 5 根穿带以燕尾槽接扣合一起，并用木销或门钉固定。此种板门造价低廉、经久耐用且适应性强，因此，深受山西各地百姓推崇，如晋南的地区厢房以及晋东南地区的厢房和厦房就十分喜欢使用普通板门（图 3-4-40、图 3-4-41）。

夹门是用于耳房、倒座等非重要民居建筑上的屋门，从其形象的名称中可看出，即被两侧的槛墙、槛窗"夹"在中间的门。夹门的位置相对随意，可依据需要而定，在山西晋北地区以及晋中北部的耳房常用此门，门扇为双扇形式的较罕见，多为单扇，构造简单，上槛宽度为门宽加两侧槛窗的通面宽，

中下槛只为门扇宽，窗或门的心屉多为棂条组成镂空花式图案，满足视觉与采光需求。

晋北、晋中、晋南三地的民居多用帘架，其一般附在隔扇门或窗前端，置于隔扇门上叫"门帘架"，用于窗上的则称"窗帘架"。在晋北中东部地区，门帘架外框内还加一扇或两扇风门，称"风门帘架"，如代县城关镇勒马关庙街某宅正房风门帘架。门帘架由两侧的立框边梃，上、中抹头、横披等组成；风门帘架除上述外，还设置有楣子、风门等；而窗帘架构成较为简单，只有边梃、上、下抹头和横披。山西地区帘架框的高度往往同其后的隔扇高度一致，宽度则按两扇隔扇加边梃宽，横披的高度一般为隔扇高度的九分之一至十分之一取值。风门多用四抹头，其上下段也按四六分隔，上段一般为棂条花心部分，下段是门扇裙板部分，上下段之间作绦环板。帘架的运用与地理气候条件关联紧密。在晋北和晋中大部地区较为寒冷，帘架设置可以避免西北风直接刮入室内，为保持相对恒定的室温作用颇大。而晋南地区，自古以来，大部地区林地茂密，木材资源丰富，采用既有雕饰图案又有冬季保温，夏季通风、避虫效果的帘架，自然也是情理之中的事情。

2. 窗

窗与门一样同为建筑的木装修构件，最早在房屋墙上开设的窗洞称为"牖"，《说文》中就曾提及"牖，穿壁以木为交窗也"。后来随着社会生产力的发展，人们审美观念的提高，牖之后又产生了更为

丰富的窗户类型。山西民居建筑中的窗虽形式多样，但位置相对固定，它们基本都安放在正立面槛墙之上，归纳综合起来，主要有支摘窗、隔扇窗与普通木棂窗三大类型（图3-4-42）。

支摘窗是位于房屋前檐装修位置的木窗，多运用在我国明清时期传统民居房屋之中，山西民居亦然。山西民居中的支摘窗常在一间正中立柱，隔成左右两半，两半又均由上下两组窗扇构成，上扇可以向外挑出支起，下扇可以摘下。支窗一般为双层窗，外层为棂条心屉，样式常见"四方格"、"步步锦"等，并在其上糊纸或安玻璃以保证室内温度，内层做纱屉窗，支起外层后以利通风换气。摘窗同样分两层，外层依旧为棂条窗，并在内测糊纸或安放木板以遮蔽视线，摘窗外层会在白天摘下，晚间装上；内层做成一面大玻璃扇，采光与保温兼顾。支摘窗无风槛（安装窗扇的框槛中的小尺度下槛），两侧

抱框直接与榻板（平放于槛墙之上，风槛下的木板）连接。由于支摘窗辅助住宅起到了冬暖夏凉、隔沙避虫的良好效用，加之其优良的物理特性，又经济实用，外形美观，因此，它在晋北和晋中等地运用相当广泛，晋西东部与晋南北部的民居中也会见到它的身影，不愧为古代劳动人民智慧的结晶。

隔扇窗在山西民居各类窗中属于形制较高级的窗扇类型，一般样式可以理解为隔扇门的缩小版，二者在样式、做法及开启方式上等皆无区别，前文已作详细讨论，这里不再赘述，还有种特殊式样即省略了隔扇门的裙板部分，保留了其上端的心屉与绦环板部分。隔扇窗一般仅于隔扇门连用，位于隔扇门的两侧，由于二者的外观相近，往往加强民居立面的统一感。山西各地的隔扇窗在做法、结构无本质区别，而主要会在心屉棂条、绦环板及裙板的图案花纹等处有所差异。

晋北
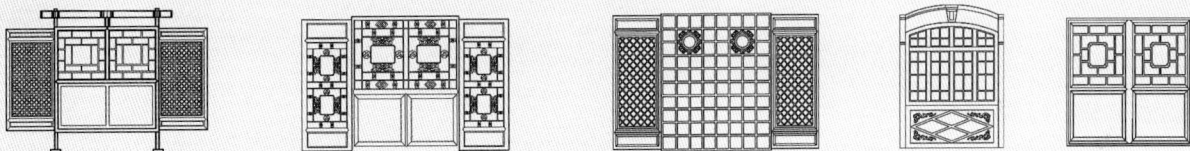

晋中
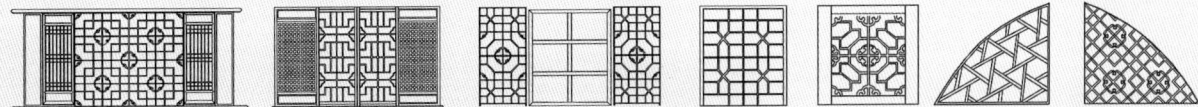

晋西
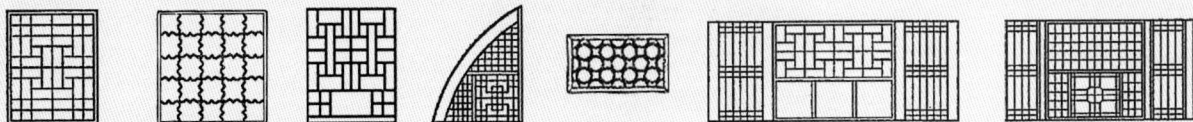

晋南
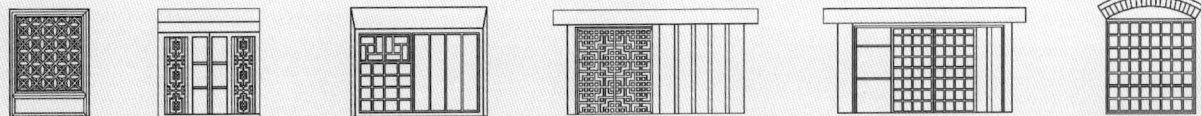

晋东南
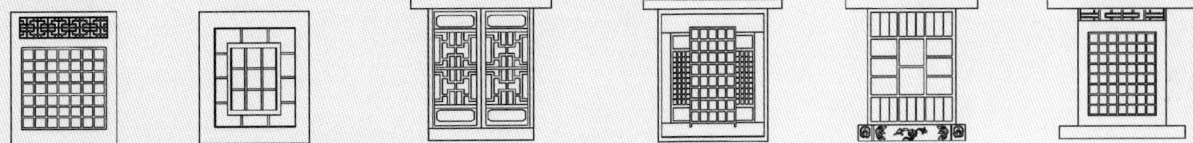

图3-4-42　山西各区民居屋窗形态（资料来源：自绘）

普通木榻窗是各式木榻条在窗框内按特定角度或方式排布构成的窗子。属于等级较低，方便实用的窗户类型，它有些类似隔扇门窗的心屉部分，只是在形状上显得更扁矮一些，高宽比大约在 5：4～3：2 之间。木榻窗的样式非常丰富，山西各地区外观与风格样式有些许区别，但制作手法区别甚微。值得一提的是，晋东南地区特有的后檐高窗多采用木榻窗，长宽比例接近正方形。

综上分析，山西民居建筑的原材料就地取材，土木砖石皆可利用，合理的取材是百姓建房降低造价的有力保证。山西民居建筑主要为抬梁式结构，柱与墙承重体系共有四种组合方式，每种体系各有其优缺点，在山西各地区均有运用。另外，山西某些地区民居与官式做法在叉手、额枋等处有些许差别。

第五节　山西民居建筑的艺术特征

山西有些地区商贾云集，房主财力雄厚，富甲一方，常常倾其财力装点自己的邸宅，视觉图样繁花似锦、极尽雕饰；而有些地区经济落后，民风淳朴，宅主也尽其所能装扮自家的宅房，图案形态质朴粗犷、简洁明快（图 3-5-1、图 3-5-2）。但无论是上述何种形态，均体现出山西百姓对自然美的向往，对吉祥富贵的追求，对风水神灵的膜拜，在民居建筑各处几乎都呈现出了由视觉形态带来的不可抗拒的艺术魅力。山西各区民居的视觉形态可从多方阐述说明，本文主要从雕刻装饰、图案构成与色彩表现三个方面进行分析。

一、雕刻装饰

雕刻装饰是建筑装饰中的要素之一，是民居构成的重要部分。它不仅在较大程度上体现了建筑物的地位与性质，同时还反映了人们的物质生活及精神追求。从建筑的总体外观到各个构件部位的造型处理，雕刻装饰均起着重要的作用。雕刻艺术依附于建筑实体而并不是孤立存在的，它是建筑主体造型的发展与深化，往往体现出技术与艺术的融合。建筑若以艺术的形式出现，装饰的作用功不可没。在山西民居中，无论是从院门经过过厅落脚正房，还是由屋脊看到门窗定格柱础，只要各方条件允许，皆会施精美的雕饰。

（一）雕刻的部位

山西民居的雕刻构件不是独立存在的个体，它们与建筑有着密切的关联。从装饰构件的产生中，

图 3-5-1　太谷曹家大院正房门廊（资料来源：自摄）

图 3-5-2　太谷曹家多福院（资料来源：自摄）

我们便可以发现它们与建筑的从属关系。门枕石、墀头、柱础石、额枋等有雕刻装饰的部位，在现实中均具有实用功能，它们是在完成各自的功用后，才表现出装饰的可塑性的。雕刻装饰可使原本平淡的建筑形象变得鲜活起来，建筑上体现的文化气息、艺术氛围、情感交融等，在很大层面上都是由雕饰带来的。在山西各地民居中，雕饰会在房屋的特定部位出现，比如民居门窗洞口等视觉中心；墀头、屋脊等过渡区域；梁头、挂落等端头结尾，都是雕刻装饰艺术的发挥之地。山西民居建筑中很多部位

原本并不能称作是美的，只能说是"原生态"的，但一旦经过匠师们灵巧双手的加工后，它们马上就变得精美绝伦，甚至灵动传神。美感是建筑装饰带给人们的第一感觉，不管是瓜果虫鱼、飞鸟走兽，还是字画诗书、人物故事，往往都刻画得栩栩如生，细腻精道（图3-5-3～图3-5-5）。

（二）雕刻的材料

提起传统的雕刻艺术，人们便会很快联想到传统建筑中的"三雕"技艺，即木雕、砖雕与石雕，它们作为我国民间艺术的精华，而被广泛应用于建

图3-5-3 祁县渠家大院牌楼院（资料来源：自摄）

图3-5-4 渠家大院侧门（资料来源：自摄）（左）
图3-5-5 渠家大院牌楼门（资料来源：自摄）（右）

图 3-5-6　山西民居浅浮雕木门（资料来源：自摄）

图 3-5-7　山西民居镂空式木雕（资料来源：自摄）

图 3-5-8　山西民居复合式木雕（资料来源：自摄）

筑装饰之中。由于自然与人文条件的相异，当"三雕"把各地传统民居"打扮"得美轮美奂的同时，也会显示出丰富的地方特色。山西地处华北，建筑雕刻艺术总体呈现出了浑厚、朴实的北方特征，各区民居中或多或少地保留了一些精美的装饰构件，这些构件以其丰富的造型语言艺术，显示了当地居民独特的艺术品位及人生价值取向（图 3-5-6）。

1. 木雕

木雕技艺历史悠久，早在北宋时期就已基本定型，据《营造法式》卷十二记载，有混作（圆雕）、雕插写生华（浮雕）、起突卷叶华（落地雕）、剔地洼叶华（落地平雕）四种技法。至明清时期房屋装饰更加繁复，对木雕技法要求也更高，镂空雕、玲珑雕等高超雕刻技法应运而生。在传统建筑中，木雕装饰相比石雕和砖雕来讲，更有其独特之处。山西民居中的木雕装饰多见于门头、门窗、额枋、雀替、檐廊、梁头、垂花门的花罩和垂柱等处，甚至大户人家室内梁架的坨墩也会雕琢出美丽的纹饰，细细观察其位置不难发现，木雕装饰绝大多数都是在具有结构和功能作用构件的基础上进行加工的，它是建筑有机的一个部分，而不是附着在建筑上的纯粹装饰品，形象说明了民居建筑在结构、功能和艺术上的高度统一（图 3-5-7、图 3-5-8）。

2. 砖雕

青砖是传统民居中运用最广的营建材料，砖雕即是在青砖上进行雕刻的艺术。建筑上砌筑刻有花纹的砖历史久远，可以追溯至公元前五世纪的战国时期，到秦汉时期的建筑墙面和铺地中已得到了广泛运用。由于青砖质地相对石材细腻，极易雕琢，相对木材坚硬，且为无机材质，更耐侵蚀，十分适合室外使用。且经雕琢后在线条刚毅的质感方面亦不亚于石雕，因此深受百姓欢迎，并在民居中得到广泛应用。民居建筑墙体多以砖砌筑，而砖雕母本同为青砖，二者材质的相同，施工技艺与色调质感高度统一，砖雕处由于阴影的丰富变化而不同于墙体其他部位，在统一中有变化，这是其他材质所不及的。用于雕刻的青砖称"澄泥砖"，其做法是将泥土澄出的泥浆晒干后，制坯烧制而成的。此种砖较普通青砖质地细密而坚硬，砂孔眼小，适于精细雕刻，除此之外，此砖还可用于讲究人家"磨砖对缝"的墙面。在山西由于自古煤炭和黏土资源丰富，烧砖便捷，青砖产量大，相比我国其他地区，砖雕作品较多，也更加精美。在山西民居中，砖雕常用于影壁、门窗洞、门楣、檐口、墀头、博缝及屋脊等部位。如晋北、晋中等地屋脊厚重，装饰件雕好之后，将其用勾挂、嵌砌等方式固定在屋脊所需位置，题材以植物、花鸟、人物及走兽等为主（图3-5-9、图3-5-10）。

3. 石雕

人类认识和改造天然石材的历史比运用木材和青砖更为悠久，它可以追溯到人类文明之初的原始社会。我们祖先创造的第一件石器工具即可视为对石材加工萌芽意识的产生，后世的奴隶社会与封建社会前期也有众多石雕作品的产生，当然也包括一些精美的建筑构件。而建筑石雕的制度化始于宋代，《营造法式》中总结的石雕有四种，分别为：剔地起突、压地隐起、减地平级和素平。其雕刻效果由深至浅，对应今天的雕刻术语，前三者依次为半圆雕（高浮雕）、浅浮雕和平雕，最后的素平就是平整不做雕饰。以土、木、砖为主体的山西民居建筑中，石材在太行山沿线的阳泉、晋城等部分地区的民居中会大量

使用，甚至用石材砌墙建房。除此之外，山西其余地区石材的运用程度一般，仅在民居局部使用。山西民居中，踏步和阶条石以体现其自然纹理者居多，一般不做任何雕饰。石材作为构件，因其质地坚硬、耐磨及抗腐能力强，往往集中于建筑基础和装饰显眼的部位。用于房屋基础部分的有：柱础、踏步、台明外侧的阶条石等；而用于装饰艺术的构件有：抱鼓石、上马石、角柱石等（图3-5-11、图3-5-12）。

（三）雕刻的工艺技法

无论何区、无论采用何种雕刻材质，山西民居的雕刻工艺均可简单分为圆雕、浮雕、漏雕、线雕等。圆雕和浮雕，指在雕刻材料上依据所雕琢形象的高低造成凹凸起伏效果相对明显的雕刻技法。二者塑造的造型图案皆重点鲜明，疏朗传神，栩栩如生。具体说来，圆雕由于需开凿较深，做工繁杂，对于普通百姓来讲，其性价比无特别优势，因此在民居中使用不多，大户人家的抱鼓石上卧着的石狮等处可见圆雕雕饰，如良户民居抱鼓石。浮雕装饰效果也十分突出，加之做工相对简便，在山西各地民居中使用较多，像在梁枋、柱础、墀头、博缝等处就经常采用，见良户某民居门枕石上的浮雕。漏雕即指镂空雕刻，雕刻部位被贯穿，双面可见，剔透玲珑，光影穿插其间，独具内外空间交融的意趣，

图3-5-9 山西民居照壁壁心（资料来源：自摄）

图3-5-10 山西民居砖雕花墙（资料来源：自摄）

图 3-5-11 山西民居石柱础（资料来源：自摄）

图 3-5-12 山西民居石狮（资料来源：自摄）

其往往讲求构图中心，四周的图案向构图中心聚拢发展，常见于民居雀替、门罩等处，门窗的心屉棂条部分也采用类似漏雕镂空的装饰手法，如代县民居中的雀替。线雕是依靠线条的形态组合来塑造形象，单单运用此法的构件立体感较弱，给人一种平淡素雅的感觉。线雕常与以上其他的雕刻技法并用，创造出混合雕刻的丰富造型效果（图3-5-13）。

（四）雕刻的寓意

1.对人与自然万物和睦相处的祈盼

"天人合一"观念在建筑装饰中的体现，山西地处一块自然封闭、山河阻隔的地理环境中，百姓对皇天后土的敬仰和对各路神仙的崇拜之情，表现得尤为突出。人们相信自然界中的大地山川、日月星宿、风雨雷电等背后皆有某种不可知的力量存在，因此将其人格化并希望与其和睦共处，在山西各地，上自玉皇王母，下至土地公婆，人们都给以恰得其所的巧妙安排，并在节日喜庆时与众神同乐。此类观念的根深蒂固，以至相沿承袭，最终发展成为院落装扮的丰富题材（图3-5-14）。

2.对"儒、释、道"传统观念的体现

"儒、释、道"观念的体现，儒家的礼制思想讲求宗法与等级制度。提倡父慈子孝、男女有别、主宾相异的社会秩序。如同中国其他地域的传统建筑，山西各地民居中也透露着对传统伦理道德的遵从。如前文述及的山西各地民居空间布局，除个别受特定地形环境限制外，其余基本都以院落中线为轴左右对称布局，轴线上的各个房屋排列讲求规整有序。从高度上看，从倒座至厢房到正房，其屋脊高度级级升高，取"连升三级"之意，以期家族昌盛、后继有人。诸如此类，正是对"主从有别"、

图 3-5-13 山西民居女儿墙雕饰（资料来源：自摄）

图 3-5-14 山西民居带门神的铺首（资料来源：自摄）

"长幼有序"等封建伦理道德的完美体现。而装饰图案作为民居建筑的一个组成部分，在它带给房屋空白的墙体和单调的构件美丽的同时，更在独具匠心的图案内容上大下功夫，经深思熟虑后，这些图案被手巧的匠师们雕凿在装饰部位，使大家不仅在视觉感官上得到愉悦，而且还在精神上起到潜移默化的教化作用，正所谓"寓教于乐"。如以"孟母三迁"来劝诫子孙后代进学，用"二十四孝图"来宣扬孝悌伦理思想，借"桃园结义"来阐述忠诚仁义道理等等，诸如此类亦不胜枚举。其无不在浓郁的文化氛围内体现出礼制的观念，完成儒家传统"成教化，助人论"的教育目的。佛、道两家也会对装饰题材起到一定的积极作用。佛家讲求轮回与行善，山西民居中各地的墙室佛龛神像数不胜数，体现人们对善恶有报、众生平等思想的推崇，如师家沟村的土地神龛。道家的八仙人物也是山西民居装饰中使用率较高的题材，民居建筑雕饰本身大量运用自然山水、鸟兽鱼虫等题材，可以理解为是对道家讲求的"师法自然"观念的运用，某种

图 3-5-15 "鱼跃龙门"砖雕（资料来源：自摄）

图 3-5-16 "凤凰朝日"砖雕（资料来源：自摄）

图 3-5-17 "犀牛望月"砖雕（资料来源：自摄）

图 3-5-18 "五福捧寿"图案（资料来源：自摄）

意义上也体现出了山西百姓对自然闲适生活的向往（图 3-5-15）。

3. 对吉祥如意、平安富贵生存观念的象征性表达

在山西民居的装饰题材中，常常可以看到祈求人寿年丰、家宅平安、如意吉祥、多子多福的装饰，这些雕刻装饰并不是直观表达的，而往往是通过象征的手法展现给世人的。不论是动植物、器物、传奇故事或诗词歌赋，都因为使用者对其赋予全新的精神内涵而广为使用。这种内涵的产生一般有两种来源：物象本身的某种积极特质；物象名称的谐音具有美好的象征意味。如在山西各地民居装饰均较为常见的蝙蝠、鹿、仙鹤就分别利用了象征的手法代表"福"、"俸禄"、"长寿"的寓意。其中前两者是利用谐音来表达百姓美好意愿的，而仙鹤人们是利用其自身高雅吉祥特质来象征长寿的；在宝瓶上插三支戟，象征"平升三级"等等。纵观这一现象的成因，本文认为是与当时社会生产低下和自然环境多变密不可分的。同时，也反映了山西人与世无争、消灾免难、安土重迁、子孙满堂的社会意识。从建筑美学的角度来看，构成这一题材的图案较之于描绘"佛、释、道"的图案，物象变化抽象自由，形式表现随意率直，艺术价值更高一筹（图 3-5-16、图 3-5-17）。

二、图案构成

从上文的雕刻艺术中可以看出，山西民居的装饰题材十分丰富，由于风土人文、历史沿革及经济地理等的差异，各地区装饰题材也是各有侧重。另外，装饰图案题材的选择与建房之初房主的各方情况也有很大关系。试想平头百姓与达官显贵二者对房屋装饰的题材、材料、手法等要求定会不尽相同，但两者又共处于相同的社会文化背景之中，地区地理条件亦相同或相近，装饰手段会十分类似，如都会选择寓意吉祥的图案等。福禄寿喜、瑞兽祥禽等吉祥如意的题材自然不必多说，神话传说、人物故事等图案也十分常见（图 3-5-18）。

（一）不同地域山西民居装饰图案的比较

山西民居的装饰图案十分注重抽象化效果，艺术化浓重，画面的构图安排往往做到总体疏密匀称，但对真实的比例关系却不十分注重，很多图案与自然界常见的比例关系完全不符，但却又取得了良好的画面装饰效果。这是山西合院民居装饰图案的最大共性特征，而五区却又显示出各自不同的个性。

晋北装饰图案相比山西其他地区更随意，图案厚实而稳重。雕刻线条粗犷而不拘泥于细节，甚至略显"笨拙"，而就是在这种拙中，却又恰恰体现出了晋北人民豪爽与淳朴的性格特质，如阳明堡某宅戗檐砖雕。

晋南、晋中人文气息浓重，图案装饰题材极其丰富，雕工精美，如段村某宅天窗木雕。另外，云头纹、拐子纹、万字纹等也常常在晋中民居中出现，这些较多的符号化或程式化的装饰纹样，具有浓重的审美意趣和吉祥含义。

晋西民居的装饰图案雕工和技法上均介于晋北与晋中之间，其动物图案往往憨态可掬，让人喜爱，如碛口某院门枕石狮。

晋东南普通百姓住宅中的装饰图案十分简洁朴素，但大宅中则较为讲究，其细腻程度与雕刻手法不亚于晋中、晋南等富庶地区，如良户民居影壁砖雕、石狮、铺首等（图3-5-19）。

（二）图案构成题材的分类

山西各地民居的装饰图案题材类型大同小异，大致可以分为植物蔬果题材、动物题材、人物传说题材、宗教拜物题材、静物题材和文字题材六大类。

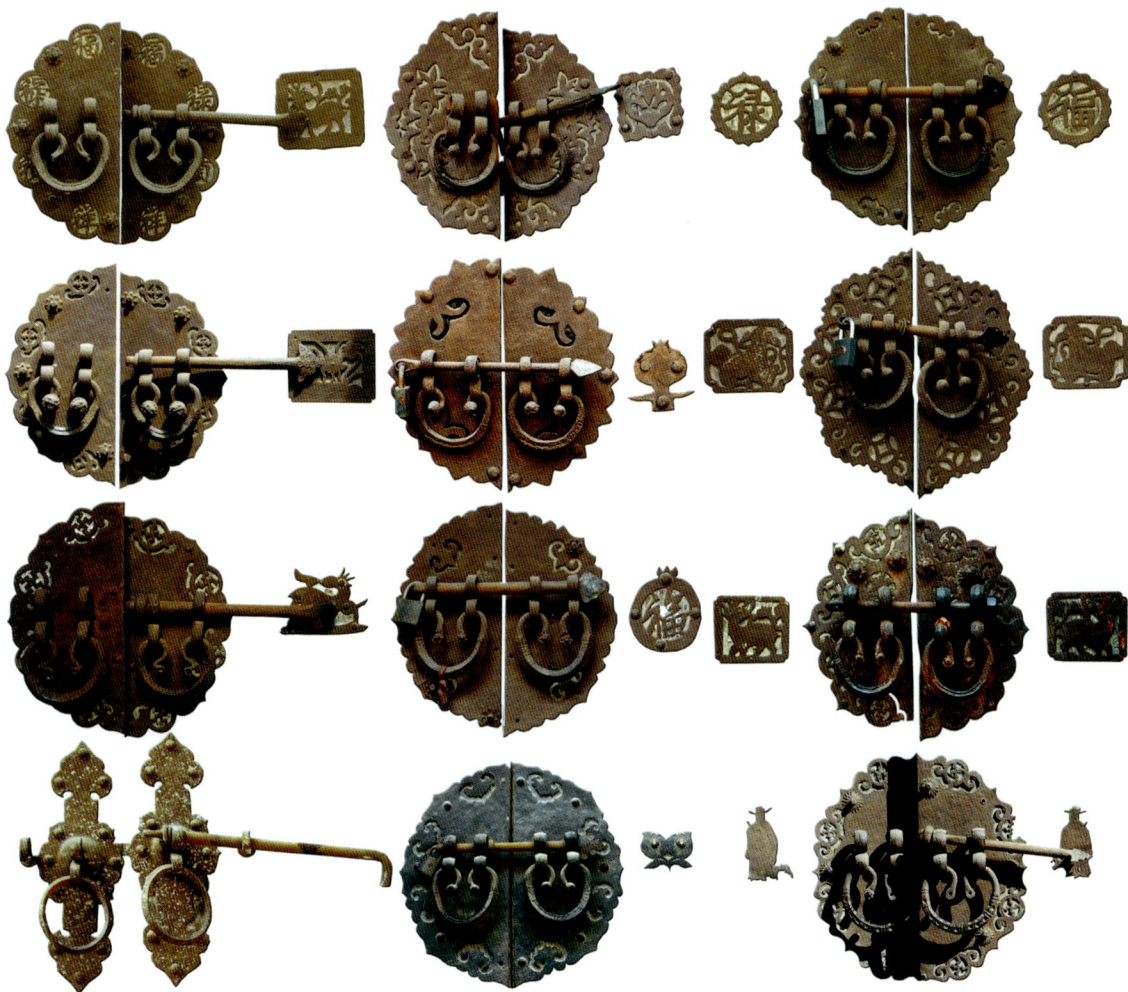

图3-5-19　山西民居各式铺首（资料来源：自摄）

图 3-5-20　木雕上的动植物（资料来源：自摄）

图 3-5-21　砖雕上的动植物（资料来源：自摄）

植物瓜果题材包括花草植被和瓜果蔬菜两大类，在山西民居中，花草植被主要有梅、兰、竹、菊、松、荷花、芙蓉、水仙、牡丹等；瓜果蔬菜包括寿桃、石榴、柿子、葡萄、莲籽、佛手等。此类题材形象优美、技法简单且富于构图表现力，因此，广泛运用于山西民居各个装饰部位，如良户村民居向日葵造型雕饰。

动物题材中常见喜鹊、仙鹤、蝙蝠、松鼠、梅花鹿、牛、马、羊、狮子、猴子等题材。其中狮子是人们最喜爱和运用较广的题材，如落阵营民居中的凤凰图案。

人物传说题材中主要有桃园三结义、岳母刺字、八仙过海、和合二仙等，以体现传统的忠、孝、义的美德，抑或表达吉祥如意、和和美美等美好寓意，如丁村民居中全寿图柱础。

宗教拜物题材包括文字与字符（寿、卍、团福等）、盘长、佛教七宝、暗八仙（渔鼓、宝剑、笛子、荷花、葫芦、扇子、玉板和花篮）等，晋东南民居中带有卍纹图案的铺首。

静物题材主要有笔、墨、纸、砚、果盘、青铜器件、香炉、花瓶、珠玉等，它们在民居建筑装饰图案中，往往同博古架一同出现，呈现传统人文特色，良户村民居刻有花瓶图案的角柱石。

文字题材独具特色，颇有中国传统韵味，一个字、一个词、一段话、一副对联或一首诗都可以作为建筑装饰素材，它们或以书法呈现，或以变形图案展示。山西民居中，常见的变形文字有：福、禄、寿、喜四个字。词句的以体现吉祥寓意、审美意境或文人气息为目标，字数的多少则往往由装饰的部位不同而异，晋东南民居中变形的寿字纹木构图案。

山西民居中的装饰图案内容丰富且图意美好，在起到装饰作用的同时，更具陶冶情操和教化后人的作用。不论是动植物、器物、传奇故事或诗词歌赋，都因为使用者对其赋予全新的精神内涵而广为使用。这种内涵的产生一般有两种来源：物象本身的某种积极特质；物象名称的谐音具有美好的象征意味（图 3-5-20、图 3-5-21）。

（三）图案创作的理念

山西民居装饰不太讲求装饰图案的逼真效果，很多来自现实的题材均会做抽象的变形，譬如比例的改变、大小的缩放等等，本文认为变形的目的是为了更好的突出装饰主题，即用夸张的手段可使图案效果明朗化、艺术化，给人以深刻的印象。这种图案造型的创造手法类似于山西晋南的面花馍及山西各地剪纸，有同样的创作特征，均可以称得上是意念性创作，匠师或民间艺人们不受自然原物的限制，完全依据创作者的需求来表达想要示人的意念。这种手法具有创造性特征，人们在认识、感悟自然界客观形象的同时，不单单是机械、客观的反映现实，同时也产生心理反应，而这种心理的反应常常结合对客观形象的同构与重构，以此产生一种新的形象，这种形象不是完全依赖于客观事物的，同时也不是完全靠经验的，而是一种心理意念性的。它可以使建筑装饰不受法式约束，在造型上更为自由，它是使山西民居建筑装饰产生丰富形态特征的必要前提，如代县城关镇小关庙街民居仪门雀替，是蔓草与龙的结合图案。中国人对天体的认识是"天人合一"，对外物的关系是"物我合一"，对物品描绘是表达自己的情感和理念，并不是物的真实形象。民居建筑上的装饰也许会在造型上不够严谨，在做工上不够精致、在色彩上不够协调，但是它们大胆创新、生动活泼，这就是它们所特有的风格。在山西这个相对闭塞的区域中，绝大部分的地区百姓都是靠天吃饭，人们对生活的希望寄托在一年四季的风调雨顺上，也寄托在家族、家庭人口的繁衍与健康上。然而，很多事情往往又是事与愿违，甚至天灾人祸也是经常出现的而且是无法避免的，这就使得百姓们只能依靠和祈求天、地、神灵与祖先的保佑与赐福。但人必定还是具有能动性的，面对这种状况，山西的百姓们一方面依靠自身战天斗地、艰苦奋斗去求得生存；另一方面，又以积极乐观的心境去向往着和祈盼着未来。这种乐观精神可以反映在一切人为创造的作品之中，当然也会体现在民居建筑的装饰图案上，如良户民居额枋、照壁上的神兽与金钱组合而成的活泼吉祥的图案（图3-5-22、图3-5-23）。

图3-5-22　良户民居照壁图案组图（资料来源：自摄）

图3-5-23　良户民居压窗石组图（资料来源：自摄）

三、色彩表现

在封建等级社会里，平民百姓的宅房用色是被严格限制的，普通人家绝对不允许使用各种代表高等级的黄色、绿色等，甚至金碧辉煌的彩绘也是被禁止使用的，但爱美之心，人皆有之，山西各地的百姓们充分发挥自己聪明才智，运用多种建筑材料原本的色彩或红艳的窗花剪纸等手法，来装点自家的宅房，使得原本单调的民居房屋显示出活泼温馨的生活气息。

（一）主体色调

人们对山西民居的色彩体验，主要来自对民居建筑外观的直观感受，总体说来山西民居外观色彩朴实自然且富于变化。山西民居总是充分运用地方材料，采用当地传统施工方法进行修筑，外观基本不做粉饰，因此，山西民居的所用材料与构件色彩决定了其整体的色彩基调。从大木构件、木装修到建筑墙体、屋面砖瓦，山西民居大面积呈现出了自然的本色。条砖的青灰色、窗纸的黄白色、木材的棕褐色、黏土的黄褐色、石材的青黄色及瓦当的黑灰色等色泽，构成了山西民居色泽基调协调统一、明暗等级分明有序的建筑画面。山西各地砖墙房屋主要呈现条砖的灰褐色调，倘若在金秋十月，房前屋后挂着从地里收获的玉米，檐廊上吊晒着火红的辣椒，此时，玉米的金黄、辣椒的深红，把民居建筑装点得格外美丽；晋东南或晋中东部地区的石材房屋则体现出冷灰的基调；而各地的土坯房屋或晋西黄土高原一带的窑洞民居呈现土黄色调，砖、石、土的结合，与背景山的基调一致，整个建筑就像是在黄土地中"生长"出来的一样，和周围环境是如此协调，在晴朗蓝紫色天空的映衬下，画面亲切而自然，散发出勃勃生机。

（二）局部色彩

山西各地普通百姓家的门窗、梁架、柱子、额枋等木构件通常只刷一道透明的清漆，甚至清漆也不刷，而以木材原色呈现在人们的面前。其中的原因自然有朝廷等级制度束缚的关系，除此之外，多数木构件均做雕刻，髹漆之后反而会影响雕琢的细部美观效果，以上两方面应该是产生房屋木构原色外露的主要原因。其实，木材的天然本色细致而柔和，加上木材年轮的自然纹样，在不经意间还为这些雕刻品增色不少，也不乏生动之感。

晋北、晋西以及晋中北部等地气候寒冷，民间有盘火炕的习俗，寒冷日子里暖暖的火炕成为人们室内活动的中心，炕周边的墙上会有约二尺高，数米长的炕围画，炕围画的形式构成有其一套固定的模式，即以上下两组边道，按照一定的布置规格形成它的主体框架，中间等距安排各种绘制题材，这样上中下非等距布局，既具备了完整对称的形式美感，同时又具有简繁的对比，主从相映的表达方式，形成了独特的居住艺术形式。炕围画虽取材广泛，无固定模式，像壮丽河山、历史人物、五谷丰登、瓜果鸟兽等均成为百姓寄托生活情趣的丰富题材，但山西各地的炕围画有一共同特点，即用色大胆，色泽艳丽，常用对比强烈的补色来绘制图案，诸如大红、艳绿等纯度较高的色彩都是山西民居炕围画的主流用色。作为室内活动中心的火炕，位置紧贴两边次间房屋的槛墙内侧，而墙上的窗户也是需要装饰的，贴窗花就是山西民居窗户最常见的美化手法之一。窗花题材如同炕围画，图案样式仍然丰富广泛，题材内容依旧美好吉祥，加之其红红绿绿的色泽，贴在白色的窗纸或透明的玻璃上，显得格外醒目，具有独特的地域性装饰效果（图3-5-24）。

综合上述，山西各地区合院民居处于相同的文化背景之中，其在装饰图案样式、雕刻手法等方面区分并不十分明显。反而值得一提的是，在众多装饰题材中，各地均体现出了对吉祥的祈盼、富贵的向往、神灵的敬仰以及风水的虔诚等寓意。山西民居在图案构成与风格方面略有差异，如晋北的浑厚与粗犷、晋南的细腻与儒雅、晋西的乐观与淳朴等均是构成形态差异的直观表现，但差异产生的根本原因依旧是各地区自然地理、人文历史及经济状况等综合作用形成的。民居雕饰图案的构成还与创作者的观念密不可分，山西人民骨子里勤劳果敢、乐观向上的心态，均淋漓尽致的体现在其创作的图案之中。山西民居的主体色调由建造材质的本色决定，而季节的更替也是使其基调呈现多姿多彩的主要原因。色泽鲜艳的窗花与炕围画是山西民居局部装点所采用的重要手法。

图3-5-24 窑洞门窗大样（资料来源：《平遥古城与民居》）

注释

① 王金平 . 风土环境与建筑形态 [J]. 建筑师, 2003（1），60–70.

② 此部分详见黄东升主编《山西经济与文化》，第 66 页，山西经济出版社，1994 年。

③ 此部分详见侯精一主编《山西方言调查研究报告》，第 703–731 页，山西高校联合出版社，1993 年。

④ 详见邹衡，夏商周考古学论文集，第 272 页，文物出版社，1980 年。

⑤ 详见李夏廷，先秦游牧民族在中西文化交流中的作用，《山西文物》，1986 年第 2 期。

⑥ 详见（清）安颐纂《晋政辑要》卷 37《工制·修缮三》，光绪十三年木刻本。

⑦ 详见（光绪）《吉州全志》卷 8《艺文》，中国地方志集成第 45 册，凤凰出版社，2005 年版。

⑧ 详见（乾隆）《兴县志》卷 7《风俗》，中国地方志集成第 23 册，凤凰出版社，2005 年版。

⑨ 详见（雍正）《定襄县志》卷 1《风俗》，中国地方志集成第 13 册，凤凰出版社，2005 年版。

⑩ 详见《宋史》卷 373《洪皓传》，中华书局，1985 年版。

⑪ 同注释 15。

⑫ 详见（清）董醇《渡陇记》卷 1，故宫博物院编，《故宫珍本丛刊》，海南出版社，2001 年版。

⑬ 详见（同治）《河曲县志》卷 5《民俗》，中国地方志集成第 16 册，凤凰出版社，2005 年版。

⑭ 同注释 26。

⑮ 详见（民国）《沁源县志》卷 2《风土略》，中国地方志集成第 40 册，凤凰出版社，2005 年版。

⑯ 同注释 23。

⑰ 孙大章 . 中国民居研究 [M]. 北京：中国建筑工业出版社，2006，210.

⑱ 王金平 . 山右匠作辑录 [M]. 北京：中国建筑工业出版社，2005，145.

山西古建筑

山西古建筑

第四章 书院建筑

山西书院建筑分布图

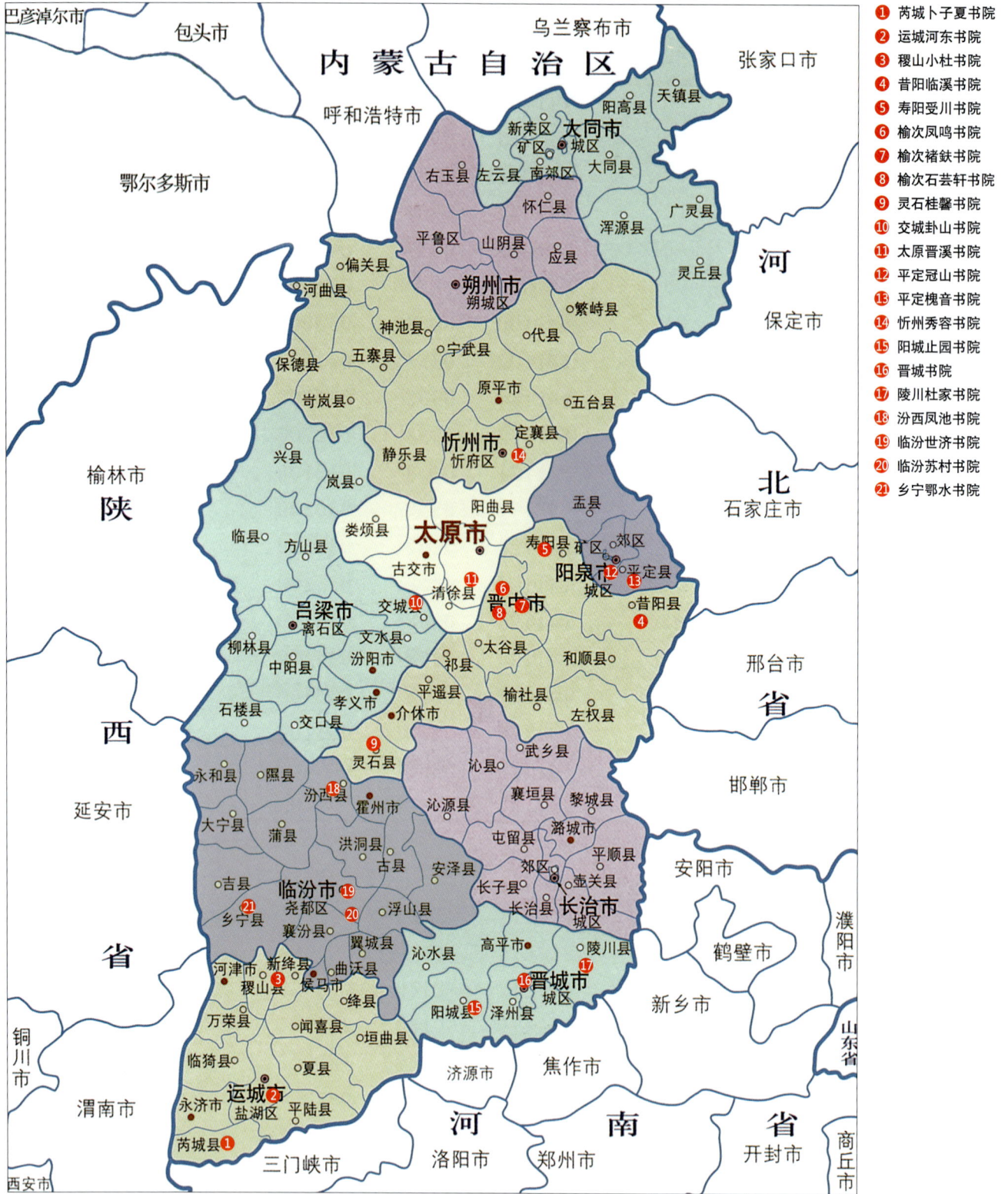

1. 芮城卜子夏书院
2. 运城河东书院
3. 稷山小杜书院
4. 昔阳临溪书院
5. 寿阳受川书院
6. 榆次凤鸣书院
7. 榆次褚鈇书院
8. 榆次石芸轩书院
9. 灵石桂馨书院
10. 交城卦山书院
11. 太原晋溪书院
12. 平定冠山书院
13. 平定槐音书院
14. 忻州秀容书院
15. 阳城止园书院
16. 晋城书院
17. 陵川杜家书院
18. 汾西凤池书院
19. 临汾世济书院
20. 临汾苏村书院
21. 乡宁鄂水书院

（地图引自：中华人民共和国民政部编．中华人民共和国行政区划简册 2014．北京：中国地图出版社，2014．）

第一节 山西书院建筑的分布与发展

书院是中国封建社会一种独特的文化机构，它介于官学和私学之间，集藏书、校书、读书、传书、治学于一体。在中国悠久的教育史上，起到了补充官学，传承文明，传播思想文化的重要作用。虽然作为一种传统的办学方式，书院已随着历史的流逝而成为过去，但其内在的文化特点是中国文人阶层读书、治学、讲学、传播文化思想的场所，使得书院建筑打上了文教建筑的印记，成为有别于官式建筑和民间建筑的另一类型的传统建筑，具有较高的研究价值。山西书院最早可以追溯到唐代的费君书院，距今已有千余年之久。此后，在漫长而悠久的发展过程中，山西书院经历了宋、辽、金的初兴期、元代的第一次兴建热潮、明代的兴盛期和清代的繁荣期四个阶段，而每一阶段又都经历了曲折的兴衰时期。由此可以看出，山西书院的发展沿革与山西的地域文化、中国古代社会的政治体制、文化观念和经济发展息息相关，从其演变轨迹上可以清晰地看出中国封建社会的历史发展脉络（图4-1-1）。

山西书院从其兴起、发展、完善到最后废止，经历了近千年的历史发展过程。早在春秋战国时期，孔子门人卜子夏在西河设堂讲学，开创了山西历史上私人讲学的先例（图4-1-2、图4-1-3）。[①]虽

无书院之名却有书院之实，为山西书院的雏形。此后，辽代的邢抱朴在家乡应县龙首山创建的龙首书院，是山西历史上第一所有明确记载的书院。[②]从此开创了山西创建书院的先河。宋辽金时期，山西由于地处边境，战乱频繁，书院建设数量甚少，发展也相较全国其他地区缓慢。现今位于长治县西南的雄山书院遗迹，是山西唯一留有遗迹的宋代书院。

图4-1-2　芮城卜子夏书院正房（资料来源：山西省第三次文物普查资料）

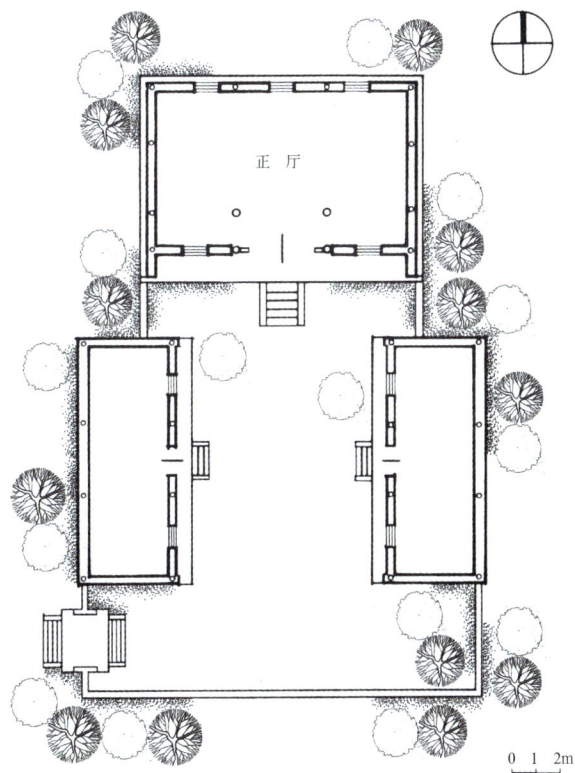

图4-1-3　芮城卜子夏书院平面图（资料来源：山西省第三次文物普查资料）

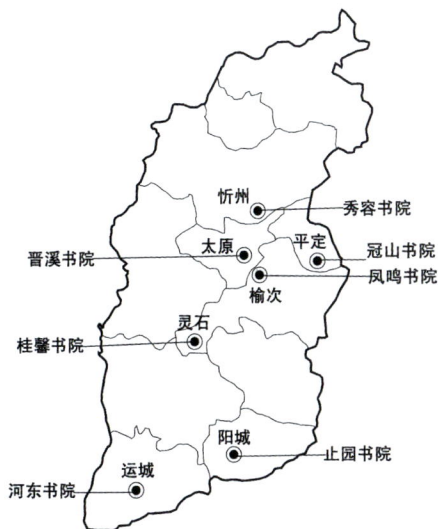

图4-1-1　山西现存部分书院分布图（资料来源：自绘）

元明清时期，由于得到历代开明统治者扶持，并受官学影响"学而优则仕"将读书与科举功名联系起来，山西书院迎来了发展的黄金期。无论规模、数量还是普及程度都得到了较大提升，并于清朝达到鼎盛。据史载，元儒士李恒修复的雄山书院"殿庑斋堂，略仿郡学，有田二顷以资学费"。③清代平陆县傅岩书院"占地10余亩，有正房6座，学舍9座，共计45间房，藏书楼3楹……。"④清朝后期，清政府内忧外患，经济凋敝。山西书院也同全国其他地区一样明显走上了下坡路，传统书院已渐渐不能适应现代教育的要求。光绪二十年，清政府改革学制，下令将各省书院全部改为学堂，山西省则在晋阳书院和令德堂的基础上成立了山西大学堂。至此，延续了近千年的山西书院完成了历史使命。据各地方志的不完全统计，山西历史上存在过的书院总共达231所，其中宋建5所，辽建1所，金建1所，元建14所，明建68所，清建142所。

山西书院的分布情况由南向北倾斜，主要分布在太原及太原以南地区的运城、临汾、长治地区，反映出太原是山西社会文化中心，晋南及晋东南地区是山西文化发达地区，晋北则相对落后的情况。

一、唐宋时期山西书院的兴起

唐末五代以后，私人创建书院的记载在文献中已经屡见不鲜。仅在《全唐诗》中就可见以书院为题的诗十一首。如：李秘书院、第四郎新修书院、赵氏昆季书院、杜中丞书院等。这些书院多以个人命名，还不像稳定的正式名称，反映了书院初建时期的特点。据统计，唐时期全国书院兴建有40余所，其中山西有一所，名为费君书院。据《虞乡县志·书院》记载，唐代学者费冠卿在中条山太乙峰（五老峰之一）下，建费君书院为读书之处。费君书院是山西最早见于记载的书院。唐代诗人杨巨源有《题五老峰下费君书院》绝句一首："解向花间栽碧松，门前不负老人峰，已将心事随身隐，认得溪云第几重"。⑤

费君书院所建年代与具体情况，至今已无考。费冠卿其人未详。

宋代是中国书院发展的第一个繁荣期，尤其是南宋以后，由于政府的提倡，各地书院犹如雨后春笋，相继而起。但山西书院由于地处边境，是宋、辽、金交战的前线，动荡的局势和频繁的战乱阻碍了山西文教事业的发展，使得山西书院的建设落后于全国其他地区，加之宋代书院的创办主要靠理学家来倡导和推动，宋室南渡后，理学家纷纷南迁，客观上也造成了山西人才的短缺，因而也难以大兴书院。

宋、辽、金时期山西所建书院，见下表。其中，较为著名的是辽代翰林学士邢抱朴在家乡应县所建的龙首书院和建于北宋靖康年间的雄山书院。雄山书院位于长治县西南30公里的雄山上，至今遗迹尚存，是现在唯一留有遗迹的宋代山西书院。据统计，在宋辽金时期，全国书院共建有723所，山西仅有8所，占到总数的1.11%，由此可看出山西书院在此时期仍属初兴阶段，文化事业很不发达的事实（见表4-1）。⑥

宋辽金时期山西书院一览表　　表4-1

书院名称	所在地	创建年代	创建人	备注
龙首书院	应县龙首山	辽代，具体年代不详	邢抱朴	
雄山书院	长治县雄山	北宋靖康年间	不详	
鹤山书院	不详	宋代，具体年代不详	不详	
稽山书院	稽山县	宋代，具体年代不详	不详	
柯山书院	不详	宋代，具体年代不详	不详	
濂溪书院	不详	宋代，具体年代不详	不详	
冠山书院	平定县冠山	宋代，具体年代不详	不详	
翠屏书院	浑源县翠屏山	后金，具体年代不详	苏保衡	

二、元代山西书院建筑的发展

元朝统一中国后，在实行民族歧视政策的同时，加强了政治思想的控制。在文化教育方面，元朝统治者比较注意保护书院制度，下令各行省恢复书院建设，积极引导理学北传，以收聚人心，巩固其统治地位。此时，山西作为元朝的"腹里"，社会环境趋于安定，农业生产和手工业生产得到恢复与发展，社会经济逐渐繁荣，为文化教育事业的发展提供了有利的条件。在此基础上，由于元朝书院保护政策的推动，山西很快修复了长治的雄山书院和平定的冠山书院等一批旧书院，并迅速修复了14所新书院，形成了山西书院发展的第一次高潮（图4-1-4）。

元朝山西书院主要分布在太原以南的运城、临汾、长治一带，这些书院在创建者当中，官民兼有，并且还得到了最高统治者的支持，如汾阳卜山书院就由皇帝御赐匾额。由于朝廷和士人的共同重视，许多书院从兴建时就规模宏大，资金充裕，生徒众多，藏书丰富。如儒士李恒修复雄山书院后，"殿庑斋堂，略仿郡学，有田二顷，以资讲学费"。新建涑水书院，"堂七楹，中设司马文正像，颜曰粹德堂，左延宾，右延师，闿斋五，聚邑士之俊"。黎城知县白谦创建沧溪书院，"首出藏书，为吏民倡，又规赢息，市经史子集共四千二百二十七卷，资士人观阅"。

总体来讲，元代全国有400余所书院，山西书

图4-1-4 芮城永乐宫壁画中的私塾（资料来源：摹自永乐宫壁画）

院为18所，数量虽不多，但较之宋、辽、金时期已长足发展，为明清时期书院的繁荣奠定了基础。元代山西书院修建情况，可以从表4-2中观其大略（见表4-2）。[⑦]

元代山西书院一览表　　　表4-2

	所在地	创建年代	创建人	备注
雄山书院	长治县	泰定二年	李恒 李惟馨	元代重修
冠山书院	平定县	不详	吕思诚	元代重修
沧溪书院	黎城	延佑二年	白谦	
涑水书院	夏县	至治三年	不详	
晋山书院	临汾	泰定二年	石彦明	
涑阳书院	绛县	泰定年间	吕士俊	1324～1327年
首阳书院	蒲州	至正三年	王无衿	
凤池书院	汾西	至正九年	不详	原名不详
文忠书院	陵川	至正年间	不详	1341～1367年
温公书院	夏县	至正年间	不详	1341～1367年
源池书院	榆次	不详	赵彬	
藕泽书院	屯留	不详	宋思约	
松峰书院	乐平	不详	孙克威	
裕斋书院	解州	不详	不详	
董泽书院	闻喜	不详	赵仕元	
卜山书院	汾阳	至正十年	不详	
暖泉书院	蔚州	不详	王敏	
清泉书院	清徐县	不详	不详	

三、明代山西书院建筑的兴盛

元末明初，由于战乱和经济凋敝，山西的书院不毁则废，书院的发展又一次停滞不前，加之明代政府文化教育的重点放在举办官学和提倡科举制度上，对书院不加重视，这样从明太祖洪武年间直到明宪宗成化年间，在长达100多年的时间里，山西书院一直处于沉寂状态。弘治后，各级官学日益腐败，书院作为一种传统的教育机构重新引起了一些学者和开明官吏的重视，创办书院，提倡讲求实学的风气日趋兴盛，到嘉靖、万历年间，山西书院的发展达到极盛，形成书院发展史上的第二次高潮。

明中期山西书院的发展，不仅在数量上大大超过了元朝，而且规模更加宏大，设施也更加完善，表现为：其一，书院遍布全省各地，一些经济文化

发达的县份，并不限于建一所书院，如平定、运城、蒲州、翼城、交城等地，都建有两所或两所以上的书院。其二，书院文化随之繁荣起来，出现了一些有关书院的著作，如曾创建运城河东书院的侍卿张仲修，撰写了《河东书院志》七卷；曾任蒲州同知的吕经，著有《河中书院图记》一卷等。据民国《安邑县志》和碑刻记载，明正德九年（1514年）御史张士隆创建河东书院；万历八年（1580年）改名三圣祠、万历十三年（1585年）改为崇圣祠；清初复名河东书院，光绪二十八年（1902年）更名为河东中学堂。现书院其他建筑被毁，仅存藏书楼。楼坐北朝南，东西长20.941米，南北宽20.874米，占地面积437.12平方米。楼体为2层砖石结构，平面方形，上下二层略有收分，楼身正面设拱券门，檐部仿木构雕出额枋、椽飞等，单檐歇山顶。西边有砖砌楼梯通二层。藏书楼四周用圆形水池隔开，南边有石拱桥相通。藏书楼周围现存明代碑刻4通（图4-1-5～图4-1-7）。

除河东书院外，当时比较著名的书院还有运城的解梁书院，永济的河中书院、河津的文清书院、太原的河汾书院等，这些书院均成为当地的文化教育中心。

图4-1-5　运城河东书院藏书楼全景（资料来源：自摄）

图4-1-6　运城河东书院藏书楼正面（资料来源：自摄）

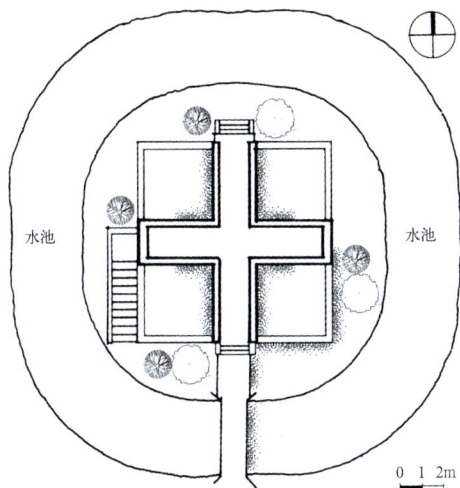

图4-1-7　运城河东书院藏书楼平面图（资料来源：山西　图4-1-8　寿阳受川书院大门（资料来源：山西省第三次文物普查资料）
省第三次文物普查资料）

明中叶后，由于官学的衰落，书院教育本身的迅猛发展，从而对官学构成了威胁，明朝统治者先后掀起了四次大规模的禁毁书院的运动，前三次运动中，全国共毁掉书院64所，其中就包括山西太原的三立书院和运城的河东书院。但每次都是禁而不止，书院重建的速度也很快。天启五年（1625年），宦官魏忠贤矫旨尽毁天下书院，使山西几乎所有书院全毁为他用，山西的文化教育发展遭到了巨大打击，在明代其后的时期，一蹶不振。

据统计，明代全国共修建书院1701所，山西修建61所。其中，山西书院分布于晋中20所，晋南22所，晋东南9所，晋北8所。从表中可以看出，明代山西书院修建数量在全国属中上水平，文化事业相对发达，其中，太原地区是山西社会文化的中心地区，晋南及晋东南地区是山西文化发达地区，晋北则相对落后，但比起前代已有较快的发展，山西书院发展臻于成熟。

四、清代山西书院建筑的繁荣

清朝作为中国封建社会发展的最后阶段，经济、文化的发展都达到了巅峰，山西书院的发展也在此时进入了繁荣兴盛期，创造了前所未有的辉煌。

清初，统治者对书院采取抑制手段，像顺治九年上谕中明确规定："不许别创书院，群聚结党，

及号召地方游食之徒，空谈废业。"书院建设一度处于低迷状态，但随着康乾盛世的到来，康熙帝对书院的发展采取了积极扶持的政策，"特命各省并建书院"，还先后给全国十多所书院赐书赐匾，鼓励各地大力兴办书院，在这种形势下，山西书院迅速掀起了修复、兴建高潮。一批旧书院如太原三立书院、太平龙门书院、永济河中书院、运城河东书院相继修复，开始收徒授业，同时，大批的新书院也破土动工。仅此康熙一朝，山西兴建书院27所，总数量达到近40所，几乎接近明朝书院总量，可谓空前繁荣。乾隆即位后，书院政策日益开放，他认为书院"实即古代侯国之学，"应为一方教育和学术研究之中心，各省督抚须加强控制，慎选山长、生徒，并对其中优秀者"酌量议叙"，"举荐一二，以示鼓舞。"据统计，乾隆时期，山西新建书院达57所，超过了历史上任何时期，甚至不少社学、义学也改为书院，山西书院在此时真正达到了黄金期。在乾隆当政的60年间，山西平均每年建一所书院，就是晋北一些文化教育比较落后的地方，也有了很大发展，例如左云、繁峙等以前从未有过书院的地方也开始兴建书院。山西的文化教育取得了整体发展的良好态势。当时较为著名的书院有永济河东书院（原河中书院，清代改建）、三立祠书院、令德堂书院、受川书院、莲池书院等（图4-1-8、

图4-1-9）。如河东书院"太原、平定诸生千里闻风云集"，河南、陕西来学者"书剑载道，衿带盈门"，就读生徒，达200余人；三立祠书院，招生范围遍及全省，择优而录，影响力广泛。

位于稷山县小杜村东隅的杜陵书院，明末清初时称为"杜工部读书台"，清雍正时县令蔡长淳题为"致极书院"，清嘉庆二十一年（1816年）邑令张应辰重建书院改题为"杜陵书院"，民国20年（1931年）改称为"临城书院"。创建年代不详，据清嘉庆版《稷山县志》和书院内现存碑碣记载：清嘉庆二十年（1816年）重建，道光二十一年（1841年）、光绪三十三年（1907年）均有修葺。书院坐北向南，一进院落布局，南北长31.85米，东西宽17.7米，占地面积563.7平方米。中轴线上现存山门，藏书楼及两侧东西耳殿。山门面宽一间，进深二椽，单檐悬山顶，灰筒瓦覆盖，檐下无斗栱装饰，中辟板门，藏书楼一层为砖券窑洞三孔，平顶，其顶部为二层孔圣堂的月台，窑洞两侧有石砌台阶可登二层；孔圣堂面宽五间，进深三椽，单檐悬山顶。屋内梁架结构为四檩前廊式架构，檐下无斗栱装饰，廊柱四根，柱头均有砍斜。明间柱础为双层，上层为素面鼓式，下层圆雕六位力士。孔圣堂两侧各跨耳殿一间，进深二椽，单檐硬山顶。东耳殿檐下走马板，阴刻楷书"敬业"两字，通雀替高浮雕牡丹、莲花等图案；西耳殿檐下走马板阴刻楷书"乐群"两字，通雀替高浮雕二龙戏珠纹饰。书院内现存清道光二十一年（1841年）、光绪三十三年（1907年）重修、植树记事碣2方。小杜村杜陵书院布局保存完整，为研究河东地区明清时期书院建筑的形制及

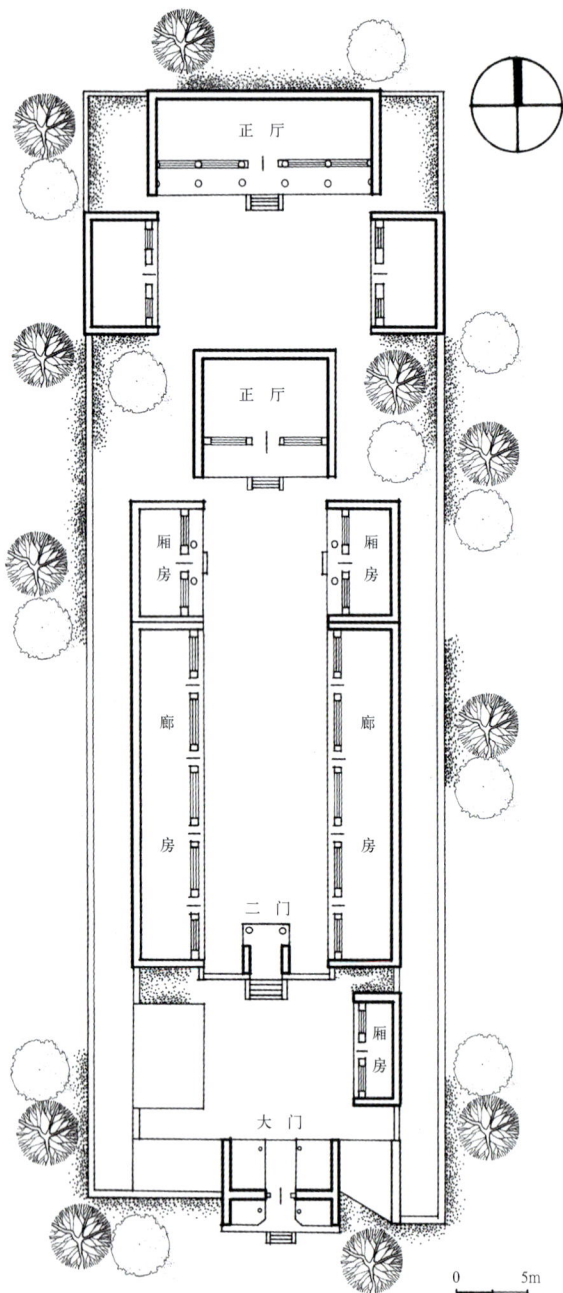

图4-1-9　寿阳受川书院平面图（资料来源：山西省第三次文物普查资料）

图4-1-10　稷山小杜村杜陵书院藏书楼东侧（资料来源：山西省第三次文物普查资料）

图4-1-11 稷山小杜村杜陵书院藏书楼正面（资料来源：山西省第三次文物普查资料）

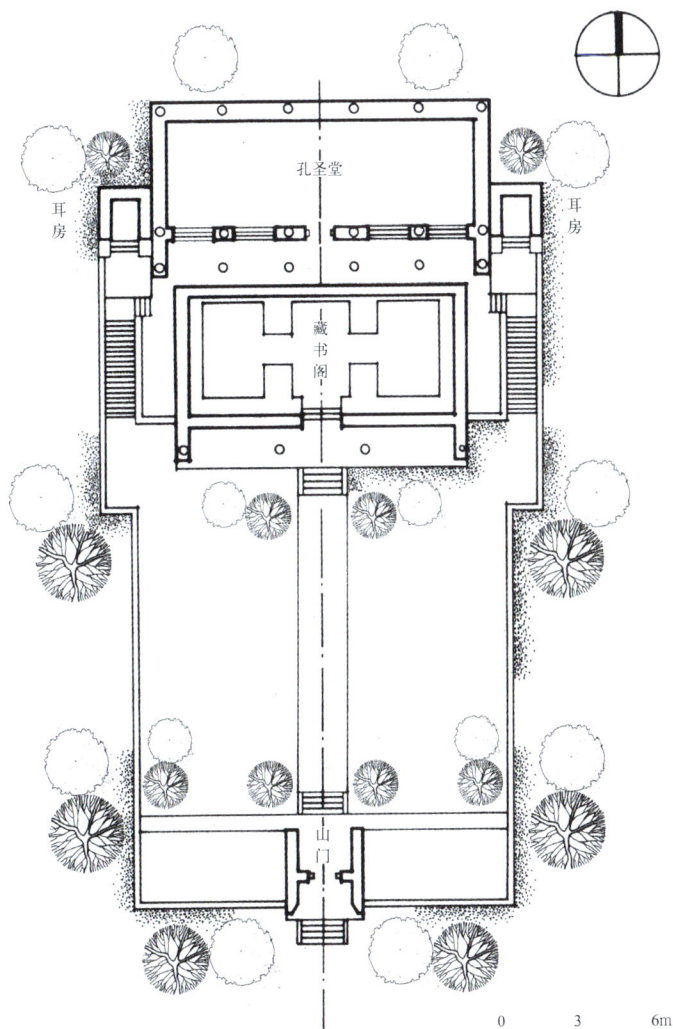

图4-1-12 稷山小杜村杜陵书院平面图（资料来源：山西省第三次文物普查资料）

演变规律，提供了珍贵的实物资料，具有极高的研究价值（图4-1-10～图4-1-12）。

据统计，清代全国共修建书院3667所，山西为152所，在全国排第八名，书院发展处于繁荣兴盛期。此外，从山西书院分布中可以看出，除晋南地区书院数目占绝对优势外，其他地区分布较为平均，晋北地区较之明代有了较大幅度发展。

第二节 山西书院建筑的选址与布局

书院是古代文人聚集、讲学、习艺、游憩之所，又是地方学术文化中心或者某一学派的研究基地，其选址及环境意境营造，无不处处体现出中国古代文人的精神境界和情趣，体现出中国传统文化的深厚内涵和底蕴。山西书院在漫长的历史发展中逐渐形成了讲求风景环境的选址和经营，寓教于游息之中的特点，出现了山林书院、园林式书院、城郊型书院等类型。历代山西书院，无论地处城镇郊外，还是乡野山村，大都选择山清水秀、风景绮丽的地方营建，即使处于闹市中也尽力以人造自然弥补环境不足，体现出"择胜地、立精舍，以为群居读书之所"的选址观。同时，山西书院非常重视环境的营造。书院或建于山林胜地，得林泉之美；或者精心造景，构筑亭池园林，自成佳境，提供游憩场所，闲暇时师生共游观赏，随感而发，交流思想，探讨学术，成为书院的第二课堂，营造出一种悠闲自适的园林意境。目的都是为了能达到人与自然的和谐统一，追求"天人合一"的理想境界。环境营造还包括人文环境的经营和渲染，力求文化与风景有机结合，"景借文传"，突出文化特色。

一、山西书院建筑的基址类型

（一）选址于山林

很多私人或家族式书院，往往由园林改建而成或将书院建于园林之中。这是由于园林、书院皆为文人主要的活动场所，二者常结合紧密。同时受隐逸文化影响，文人们常"开一镜方塘，植几株翠竹"自

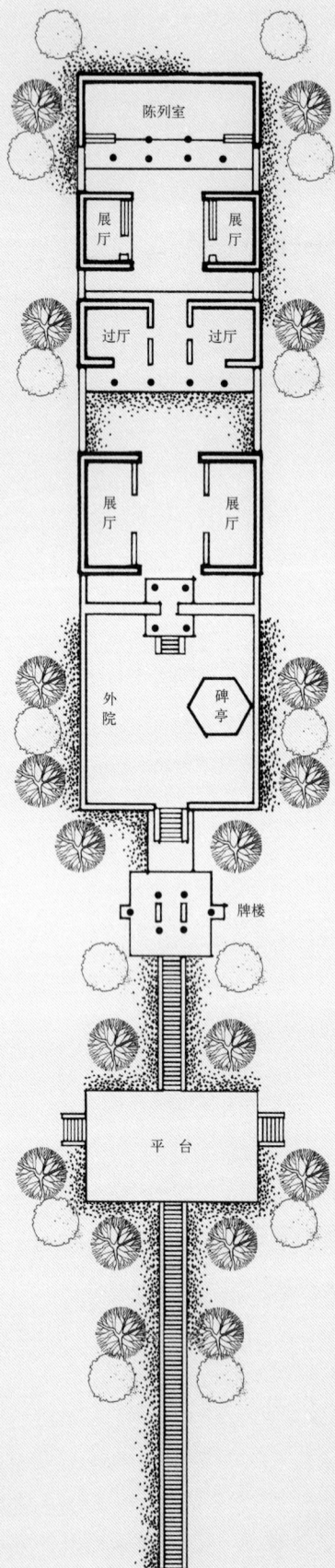

图 4-2-1　交城卦山书院平面图（资料来源：自绘）

图 4-2-2　交城卦山书院牌山道（资料来源：自绘）

筑小园以读书修身，远避尘世（图 4-2-1、图 4-2-2）。

园林式的书院，往往通过对环境的创造和经营来增加其文化氛围，创造充满诗意的环境布局。如在书院建筑四周配置亭、台、楼、榭，点缀花、草、山、石。利用自然景物与艺术加工的园林，创造出如小桥流水，荷塘月色等诗意空间。

创建于明嘉靖五年（1526 年）的太原晋溪书院，原为明代大臣王琼的私人园林晋溪园，改建成书院后则成为王氏后人读书学习之地。晋溪园西依悬瓮山，三面环水，园内朝东。园内堂榭清雅，亭宇整齐。有记载曰："王晋溪太宰卜筑于晋水边，甚为佳境。乃自绥德谪所，以书来乞诗。自谓儿辈为我营一供老之所。池馆之间，胜植花竹，稻畦蒲扯，烟汀雪濑，弥漫极目，颇得秀润闲雅之趣。"王琼在晋溪园每日读史、吟诗、弈棋、作画，过上了山水怡情的生活，留下了"汾水故宫迷绿野，晋溪书院隔红尘"，"菡萏池塘荫叶水，垂杨门俯稻花田。烟霞拍塞藏诗囊，鸥鹭将迎载酒船"的优美诗句。王琼逝后，其子王朝立遵遗命将晋溪园改为书院（图 4-2-3）。

阳城止园书院，因建于清代大学士陈廷敬府邸的止园而得名。止园书院为陈氏一族子孙读书之处。把孩子们读书学习的学堂修建在景色怡人的官家园林中，陈氏的长辈可谓用心良苦，让莘莘学子远离家族社会的喧嚣和烦忧，在优美清静的良好环境中陶冶情操，启发灵感，以利于提高成绩，健康成长，是他们为学堂选址的良好初衷。"止"是一种处世哲学，一种超然的心态。止园以其空灵、通透的文人写意式山水格调将主人的心态用意表现得淋漓尽致。园中景点有水榭、曲桥、莲池、快哉亭、烟柳亭等。远山疏树，近水薄荷，处处皆景，步移景异。在这种环境中读书，其景与情，景与文之间灵气贯通。难怪陈氏一族数位进士，书香满门（图 4-2-4）。

（二）选址于城郊

封建社会后期，书院受官学化影响加深，出现了由山林逐渐向城镇靠拢的趋势，但由于城镇环境的嘈杂和用地的限制，设于城内的书院离净心怡情的境界已相去甚远，"是以实学潜修之士虽入院课而不居业其中，甚不足储育英贤，兴崇文教。"所以最后许多书院遂采取"半依城市半郊原"的折中方式以设在城乡交界处来缓解同喧嚣的市镇环境的矛盾。如永济河中书院曾重建于蒲州府衙内，因"近市嚣尘"，后又迁址城外东原旧址。至清代，城郊型的书院已占主导地位。可见书院始终不放弃对清净环境的追求。凤池书院位于汾西县永安镇南街社区居委会西部，因临近汾西县八大景之一"凤池"而得名。创建年代不详，新修《汾西县志》记载："清宣统元年（1909），凤池书院改建为高等小学堂"。现用作汾西第二小学教师宿舍。现存建筑为清代遗构。占地面积505.6平方米。坐东面西，原为二进院布局，中轴线上仅存正房，两侧前后院均存南厢房。正房砖砌台明，高0.5米，砖窑3孔，明间均设一门二窗。前后院南厢房均为砖木构，面阔一间，进深四椽，硬山顶（图 4-2-5、图 4-2-6）。临溪书院位于昔阳县乐平镇西大街村西门坡，坐东朝西，占地面积195.66平方米。创建年代不详，据现存建筑风格判断应为民国所建。一进院落布局，

中轴线由西向东建有照壁、大门、西房，两侧为南北房。院内房屋均为四椽五檩硬山顶。南、北房东侧筑门，内设台阶可通向屋顶，门额处分别有"山作画"、"水为琴"石匾（图 4-2-7）。

城郊型的书院，在环境布局和建设上多加以人工的干涉，来创造闹市中的幽静。"天下郡县书院，堂庑斋舍之外，必有池亭苑囿，以为登眺游息之所"。如建于明正德九年（1514年）的运城河东书院，选址于离城十里，南对中条山的清幽之地。书院内亭台楼榭一应俱全，还建有石榴园，牡丹园等供师生游息。姑汾书院位于襄汾县郊的徐氏别业，书院

图4-2-5 汾西凤池书院后院（资料来源：崔凯摄）

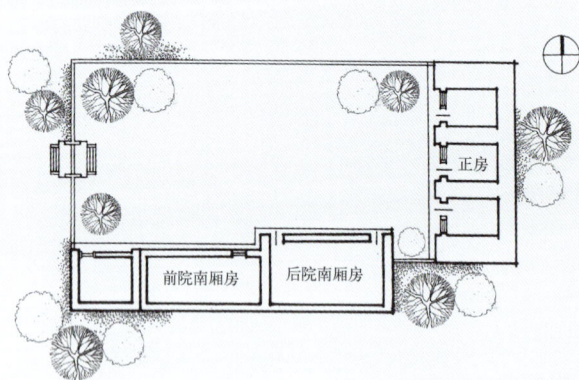

图4-2-6 汾西凤池书院平面图（资料来源：山西省第三次文物普查资料）

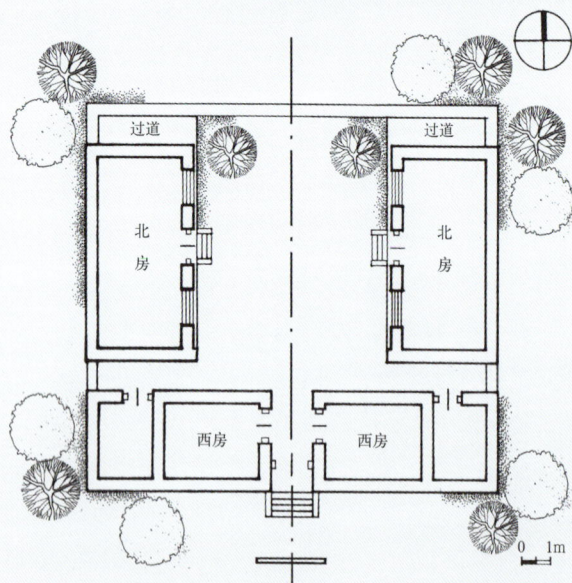

图4-2-7 昔阳临溪书院平面图（资料来源：山西省第三次文物普查资料）

内"其讲堂廊如，其学舍奥如，有亭翼然，有池渊然，曲水流清，乔木耸翠，盖无画栋雕梁之盛，而因地之形，尽人之力，以成兹盖胜"。临汾正谊书院，建于平阳府东门附近，书院内曲廊环绕，池水流碧，佳木丛杂，风景怡人。解州裕齐书院、闻喜香山书院、平陆子夏书院、孝义中阳书院等皆为此类型。

二、山西书院建筑的环境因素

（一）"择胜"的环境观

山西书院建筑选择山林胜地，求得自然与人文之胜，深刻体现了中国文人阶层"择胜"的环境观。儒学崇尚天人合一、自然比德、讲求人与自然的亲和，"居山水为上"是儒家理想的环境观。孔子在《论语·雍也》中曰"智者乐水，仁者乐山。智者动，仁者静。智者乐，仁者寿"，以自然山水来比喻君子"智"和"仁"的品德。山水本无情，而从儒家道统上，山水映照人之智和仁，山水即文章，充满哲理和寓意。董仲舒在《春秋繁露·循天地之道》中说："故仁人之所以多寿者，外无贪而内清静，心平和而不失中正，取天地之美以养其身"。董仲舒认为秀丽的山水不仅能淘洗掉人的欲念，还可以培养人中正平和的品德，使人的生命焕发出光彩，获得更长久的寿命。李渔对山水与人性的关系说得更为明白："故知才情者，人心之山水；山水者，天地之才情"。山水既是人格的象征，又是孕育人的最佳空间。中国古代文人忘情山水，放浪形骸，就是为了从自然中获取灵气，实现自我人格的超越。其次，书院以自学为主，倡导自由讲学，并且常常采取"游学"的方式，在游中学，寓教化于游息之中。这种教育方式也要求书院有一个清静幽美的环境。

晋城书院位于城区北街街道办事处古书院社区152号，坐北朝南，一进四合院，东西长19米，南北宽27米，占地面积513平方米，创建年代不详，现存建筑为清代风格。中轴线上由南至北依次为倒座、正房，两侧为倒座耳房、厢房、廊房、耳房，大门开于倒座东端。正房面宽三间，进深五椽，四梁八柱式结构，前有出廊，单檐悬山顶，合瓦屋面，明次间均为六抹隔扇门，前檐施八棱抹角青石柱，柱头斗栱为一斗两升交麻叶。东西厢房及倒座均为二层，四梁八柱式结构，有木构出檐，下施檐柱，二层无走廊。2007年元月被晋城市人民政府公布为市级文物保护单位（图4-2-8～图4-2-10）。据说著名理学家程颢在山西晋城书院讲学的时候，就常常带着学生登山煮茶、品茗论学、分享人生，将旅行、读书、生活、研究、切磋、成长，融为一体，是书院独特的教学方法，而将书院置于一个群山环抱、流水潺潺、绿荫掩映的环境之中，才能促使文人学子修身养性、感悟人生。

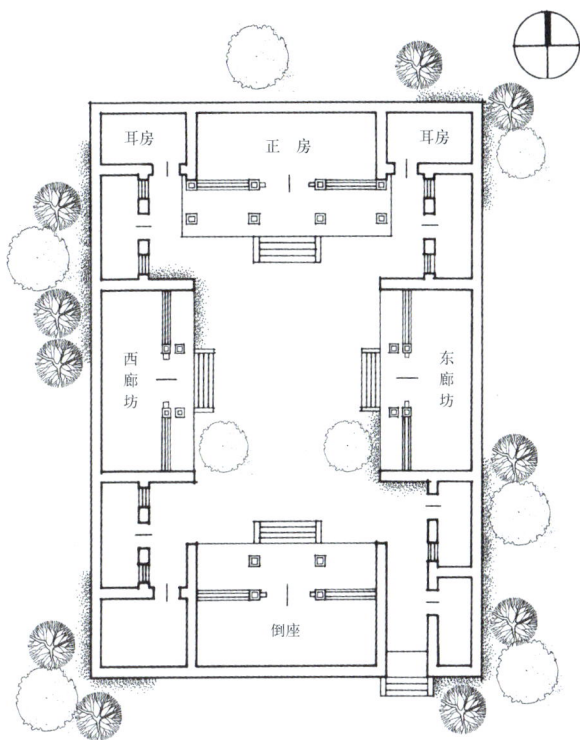

图4-2-10 晋城书院平面图（资料来源：山西省第三次文物普查资料）

图4-2-8 晋城书院正房（资料来源：申建摄）

图4-2-9 晋城书院东厢房（资料来源：申建摄）

此外，书院选址山林深受文人的隐逸思想影响。中国古代文人思想大多兼容儒道，即儒家的"入世"观与道家的"出世"观始终是他们的处世之道，所谓"天下有道则见，无道则隐"，"达则兼济天下，穷则独善其身"。一方面，文人们积极入世，发扬儒家精神，批判现实，以治国平天下为己任；另一方面，文人儒士又常因为洁身自好，不愿随波逐流而处处碰壁，于是归隐山林，修建书院读书自娱。如永济费君书院，就是文人费冠卿在中条山五老峰下隐居读书之处，"已将心事随身隐，认得溪云第几重"恐怕就是书院主人真实心境的写照（图4-2-11～图4-2-13）。

（二）"形胜"的风水观

从地形地势上看，风水学所称的"山屏水障，藏精聚气，钟灵汇秀"的"吉地"，与现代生态学家和景观设计师眼中的"理想景观模式"的要求是不谋而合的，可见中国古人已具备了丰富的地理文化知识和宝贵的顺应自然的生态智慧。

由于书院通常是一个地方的学术文化中心，担负着教育士民和示范风化的作用，书院的环境选址

图4-2-11 交城卦山书院石亭（资料来源：自摄）

图4-2-12 交城卦山书院石阶（资料来源：自摄）

图4-2-13 交城卦山书院全景（资料来源：自摄）

被看作是"兴地脉"、"焕人文"的象征，人们相信"地灵"与"人杰"是相辅相成的。因此无论是朝廷或地方政府拨款营建，还是地方士绅斥资营建，都对书院的选址极为重视，一般由官绅、士人和匠师共同推敲商定。因此，书院的选址深受民间风水观念的影响。山西书院建筑的相地择址，自觉不自觉地在风水学的指导下进行，其目的一方面，在风水学指导下的书院环境一般均为山川秀美之处，与书院建筑"择胜而处"的士人传统相吻合。另一方面，风水的选择在士人看来可以感应文章，所谓"山水自然之奇，与文章之奇秀，一而已矣。山水之体骨形势不一，求其畅适人情而止；文章之体骨形势不一，求其恰肖题神而止，两者理相同而机亦相同"。[⑧]

到了清代，山西书院以风水择址的风气较前代更甚，这主要是因为清代山西书院多以官立为主，书院成为科举的预备学校，以风水之胜求文章之胜，所谓"悟风水之涣我以文章也"。[⑨]据载，临县知县莫友仁建凤山书院，就因为"此院跨西山之麓，东有梯云诸山为之向，尤跨胜地，占奥区，宜乎科名显达，甲于郡属"；闻喜香山书院由知县李遵唐亲自踏勘校址，陈择地一区，其境"有案山屏立于前，三台拱照于右"，"势厚而不露，气秀而能融"，在此建书院"以培地灵而育英俊"；忻州秀容书院选址于城西南高地，与州城"西靠龙岗，东俯马川"的形势相契合，被风水师誉为形胜之地，此后从清初到光绪六年，秀容书院共培育出 39 位进士，也许与此不无关系（图 4-2-14）。陵川黄庄村杜家书院位于村北高岗，背山向水，风景宜人，成为邑中胜迹（图 4-2-15、图 4-2-16）。

山西书院建筑在风水观影响下，按照建筑与山水三者的组合，选址分为四种类型：

其一，为三面环山，一面向水型，这种类型为最佳吉形，最为风水所推崇，即书院背靠祖山，左有青龙、右有白虎二山围护，前面还有流水环抱，形成一个封闭的地理空间，最有利于藏风聚气。以永济王官书院为例，王官书院位于中条山麓的王官谷内，据《虞乡县志》记载："王官谷，地名。在王官古城之侧，因以为名"。书院背靠天柱峰，东西两侧为挂鹤诸峰，峰间各有一瀑布飞流直下，在天柱峰脚合成一股，汇入贻溪，最终注入谷北的涑水河。天柱峰为王官谷主峰，独立擎天，巍然高耸，挂鹤诸峰如同护卫殷臣服于主峰，贻溪萦绕其间，书院选址于此，形成"枕山、环水、面屏"的格局，山环水抱，重峦叠嶂，具有良好的自然环境。其二，是三面环水，一面背山型，外部环境以水为主，在

图 4-2-14 忻州秀容书院全景（资料来源：自摄）

图 4-2-15 陵川黄庄村杜家书院正厅（资料来源：常红川摄）

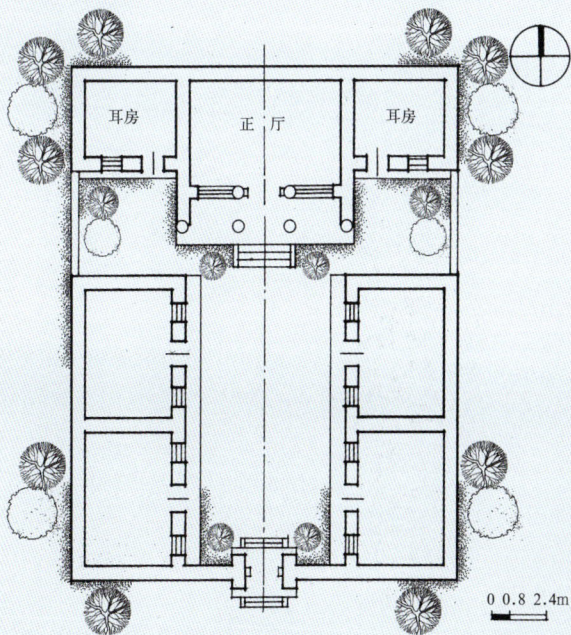

图 4-2-16 陵川黄庄村杜家书院平面图（资料来源：山西省第三次文物普查资料）

风水说中亦为吉形，即书院以水为龙脉，形成水抱之势。以太原晋溪书院为例，据《太原县志》、《晋祠志》记载，晋溪书院西依悬瓮山麓，晋水的陆堡河、鸿雁南河、鸳鸯中河从北、西、南绕书院而流，依山环水，风光秀丽。其三，是依山傍水型，山水分列书院两侧，亦与风水相通，即书院前后或左右为山水并列，形成青龙白虎围护的格局。襄汾姑汾书院就因汾水环其左，姑山峙其右，而得名。其四，是背山面水型，这种类型在风水中属吉形，即书院坐北朝南，背靠祖山，有龙脉，面水，为水流或湖水，有流水环抱之势，利于聚气，山西大多选址于山林的书院都为此类型，以首阳书院为例。书院背靠首阳山，山前为一宽阔平原，黄河环绕奔腾而过，可谓"山屏水障"，"藏精聚气"。明蒲州同知吕经曾赞首阳书院为："兹方形胜地，山河岂依劣！仰面首阳山，清风可攀挹……"，首阳书院兴建前后五百余年，文道兴盛，明王崇古曾作诗赞道：

"凭高开艺苑，列馆授诸生。济济人文会，悠悠泮诵声……。"也许是人借山水的灵气，而文采斐然，山水因人而增色，更显其秀。

当有些书院的地理条件不理想，不能构成风水中的吉型模式时，为了弥补自然环境的不足，就需要人工构造，引水补基或挖塘蓄水以补水脉，或筑坝造桥，以固一方之气，或植树造林，以培补龙背砂山，甚至运用建筑手段来弥补自然的不足和强化风水的优势。如修建文峰塔、魁星楼、文昌阁和牌坊、亭、桥等建筑镇凶煞，兴文运。据《蒲州府志》载，解梁书院在修建时，因上下两庭院相距较远，风水师授意在两院中间建宜亭以通其气，束其脉，聚气补缺，又创文昌、魁星两阁，主曜文运（图4-2-17）。

（三）佛教禅林思想影响

书院择址深受佛教禅林思想的影响，并对其充分借鉴学习。禅是天竺语，意译为"静虑"，禅定就是安静地沉思，佛教把禅定看作是宗教修养的重要

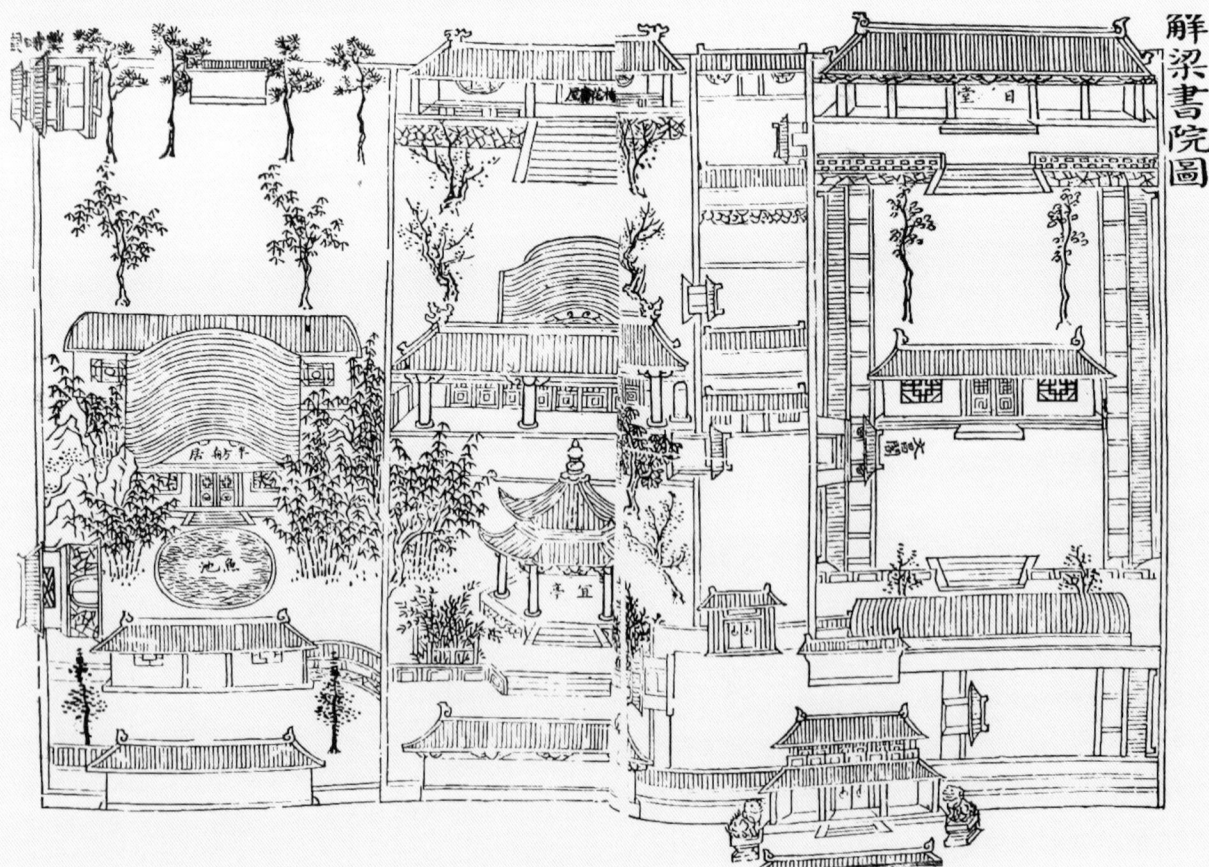

图4-2-17　解梁书院图（资料来源：清《解州志》）

途径之一。从佛教在我国传播发展历史看，传入后的初始时期，寺院多数建设于都市之中，到隋唐时期，禅宗五祖弘忍在黄梅双峰山（今湖北省黄梅县境内）创立东山法门，其后的禅门五宗七家纷纷效法，寺院择址开始转向山林胜地。及六祖惠能创立禅宗顿教，淡化了佛教的宗教色彩，讲求内心的修行，山林禅定修行之风大盛。历代佛门祖师更是屡屡"命弟子至江南选山水佳处，将以终老"。就这样，久而久之即形成了"天下名山僧占多"的局面。佛教中人认为，自然界中之山，林海云涛衬其静，飞瀑流泉见其净，莽莽苍苍显其空，虎踪鹿迹明其虚，自然之风采，天造的神韵，难以状貌，是摒除杂念，坐禅和研修佛法的首选之地。寺观的山林选址，对书院无疑是个启迪。同时，唐末五代，政局混乱，文人士子多避难于山林之中，借住寺院攻读的风气，随之逐渐形成，而且成为后来书院选址的先导因素之一。"名山古刹既富藏山，又得随僧斋餐，此予贫士读书以极大方便。当然政府不重教育，惟以贡献招揽人才，故士子只得因寺院之便，聚读山林，蔚为时风。致名山巨刹，隐然为教育中心之所在"。[10]

书院与佛教的紧密联系，促使书院借鉴学习佛教禅林制度，在相地择址上更是以禅寺为准：如书院和佛寺常常共处一山，相互渗透并存，甚至有些书院就是在寺庙的基础上建造起来的（图4-2-18～图4-2-20）。以山西书院为例，平定冠山自古以来为三晋名山，有槐音书院、崇古书院、高岭书院、资福寺等，书院与佛寺共处一山，交相辉映，共同凝聚成了冠山的文秀；交城卦山，天宁寺、圣母庙、卦山书院、朱公祠等，殿堂楼阁，鳞次栉比，组成卦山规模宏伟的古建筑群；长治雄山书院与藏龙寺、牛王寺、西庵、八仙堂等构成雄山的十景；永济河中书院，位于城东三里的峨眉原南坡，与北坡普救寺相对，儒释共存。永济王官书院，原为王官谷西岭上的一寺观，明嘉靖十三年（1534年）知县焦某，毁寺建书院，使"邑人明真儒之大道，敬鬼神而远之"；运城解梁书院，为知州林元叙和州判吕楠创建于城北广慈寺旧址，将广慈寺后殿改为乡贤祠，

图4-2-18　交城卦山书院入口（资料来源：自摄）

图4-2-19　平定冠山资福寺（资料来源：自摄）

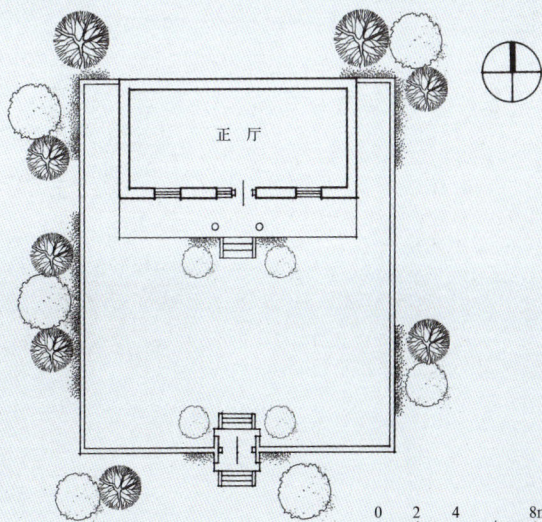

正厅

0　2　4　　8m

图4-2-20　平定冠山槐音书院平面图（资料来源：山西省第三次文物普查资料）

祭祀名宦乡贤，前殿及厢房改为讲堂，请大学生房彬、王玉瓒执教州中子弟，并寺观的田产划归书院，以奉士膏火之用；天镇紫阳书院由知县朱宗洛重建于慈云寺，长治莲池书院由潞安知府萧来鸾创建于圣泉寺，原平崞阳书院由尚书梁璟修建于崇圣寺，皆为由寺观改建而来的书院类型。

（四）历史人物因素

书院选址除了注重自然环境中的山水特征外，还要强调和表现历史文化古迹，纪念名人等人文环境，即"远尘俗之嚣，聆清幽之胜，踵名贤之迹，兴尚友之思"。[①]山西很多书院建筑都是纪念先贤名人，缅怀前人而建，在择址上一般选择名人的家乡或曾经讲学之处。例如汾阳卜山书院选址于城东北卜山下的子夏祠内，此地为孔子学生卜商（字子夏，魏国西河人，七十二贤之一）晚年设教之处。卜子一生桃李满天下，门生有300余人，学生中著名的有段干木、田子方、吴起、李悝、西门豹等，被誉为"王者之师"，对后世影响颇大。明万历年间，芮城修建的子夏书院和清乾隆年间修建的西河书院都选址于卜子曾经讲学之处，以纪念卜子的教诲之

德。河津文清书院原为明代大儒薛瑄（字温德，号敬轩，谥号文清，明代著名理学教育家，河汾学派创始人）设教讲学之处，明孝宗弘治元年（1488年），薛瑄的学生王盛，时任河东道参政，巡视至河津，捐资修缮了薛瑄设教之故宅，并亲书"文清书院"匾额，以纪念恩师。此后在明穆宗隆庆六年（1572年）河津县令张汝乾奉上司命，追寻薛文清公之遗迹，在文清书院周围买地扩建。清康熙、乾隆、道光年间曾多次修建，有讲堂、学舍70余间。永济首阳书院建于首阳山伯夷、叔齐墓旁，为缅怀二人的仁义气节，晋城宗程书院则建于宋代理学家程颢办学遗址，选址皆为此类型（图4-2-21）。

三、山西书院建筑的空间布局

书院建筑创建于唐代，早期只有藏书、校书的功能。"院者，取名于周垣也"，将藏书的地方用围墙围合，即为书院。后期，因在书院讲学之风兴盛，加之对学派渊源的继承，对书院创始人及先贤的祭祀，管理规章化等因素，书院型制得以固定，逐渐发展成包括讲学、藏书、祭祀、居住、游息等多种

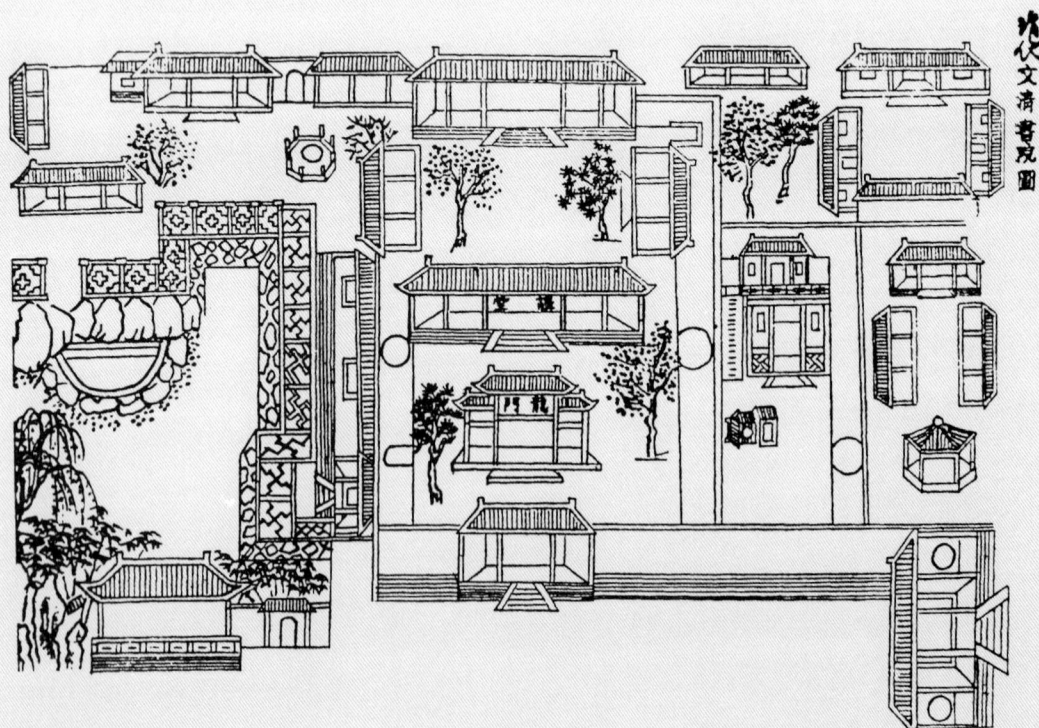

图4-2-21 文清书院图（资料来源：《河津市志》）

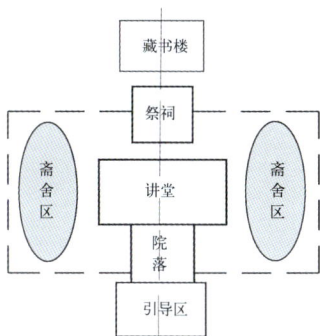

图 4-2-22　书院建筑功能分区图（资料来源：自绘）

功能的综合性建筑，成为一个独立的建筑类型。

（一）书院建筑的功能分区

讲学、藏书、供祀先贤被称为书院的"三大事业"，而与这三部分功能相对应的，讲堂、藏书楼、祭祠即成为书院的主体建筑，同时书院兼有供士子们生活居住的斋舍、厨浴，游憩的园林亭台及储藏的仓廪等。有的还设有行政管理的监院和习武的射圃。若按功能划分，书院建筑大体可以分为教学区、祭祀区、藏书区、生活区、游息区五大部分，下面分述之（图 4-2-22）。

1. 教学区：以讲堂为中心

书院"辅翼学校"，"补学校之不逮"，为人们提供"读书之处"，承担起了中国古代社会普及教育的任务，成为推广儒家文化意识和观念的主要渠道，它的最主要功能就是讲学育人。而讲堂是实现教育目标的空间场所，是书院中的核心部分。讲堂一般为三至五开间，正中置长方形讲坛，位于主轴线上，为了扩大空间，中部都有四根柱子，面阔一般大于进深。讲堂空间常为半开敞式，面对庭院的一面开敞，以增加活动的余地，带有穿插流通性。讲堂除了具有讲学功能，还是举行公共活动和仪式的场所。如书院每年的开学仪式（通常在二月上旬）和放假仪式（通常在十二月上旬），都在讲堂举行，谓之"启馆"、"散馆"，一般由地方行政长官主持，场面隆重。可见，讲堂属于书院中具有公共性的空间场所，是院内与院外功能的交汇处，其空间领域应包括讲堂和以讲堂为中心所辐射的庭院空间。世济书院，位于尧都区土门镇亢村中。据《临汾市志》记载，亢村刘彦柱等人于清康熙三十六年（1697 年）创建东义学，即为世济书院。坐北向南，二进四合院布局，现存建筑有大门、二门、照壁、西厢房、正房等，南北长 28.72 米，东西宽 16.19 米，占地面积 464.9 平方米（图 4-2-23、图 4-2-24）。前

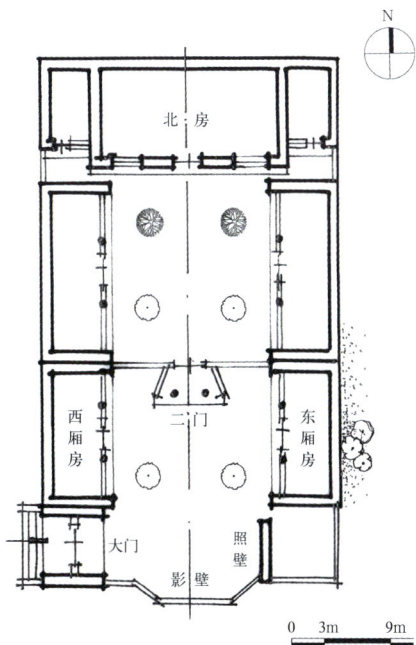

图 4-2-23　临汾世济书院平面图（资料来源：山西省第三次文物普查资料）　图 4-2-24　临汾世济书院二门（资料来源：山西省第三次文物普查资料）

院西厢房面阔三间，进深两椽，灰筒板瓦单坡顶。正房1968年改建为窑洞，其余建筑均有损坏。唯前院照壁保存完好，大门面对的照壁其上书"世济书院"四字，其侧为八字形照壁，照壁中圆形砖雕鱼化龙图案，两侧壁上刻鹿、鹤图案。二门两侧墙分别砖雕竹、梅图案，其上书联"看一堂之善气士心与竹心并虚，听五夜之歌声声韵和梅韵俱佳"。

2. 祭祀区：以祭祠为中心

祭祠也可称为祭殿、先贤堂，是供奉和纪念学派宗师、文化名人和建院功臣，举行祭祀活动的场所，一般位于讲堂之后。有些书院由于受官学影响，院内不设祭祠，而在书院外另设文庙祭祀，如榆次凤鸣书院、平遥超山书院等（图4-2-25）。书院的祭祀对象一般除了祭祀孔子、四圣之外，还可包括与该书院学术渊源有关的学派代表人物，与该书院有关的著名学者，与该书院有关的地方官员及书院所在地的乡土先贤。太原三立书院原祀奉王通、司马光、薛瑄三位山西名士，后增祀55位山西历代名宦乡贤。天镇紫阳书院以宣扬朱熹之学为宗旨，塑朱子像于祭殿内，以"使离经叛道之志不敢萌，是非异同之说不敢争，将以讲鹅湖、鹿洞之规，接杏坛，邹峰之传。"平定嘉山书院是先有祭祠的典型。元至正年间，平定知州刘天禄将涌云楼改为四贤堂，祭祀金代礼部尚书赵秉文、吏部尚书杨云翼、左司郎中元好问、翰林学士李冶，后加祀元代翰林编修王构、左丞相吕思诚，改四贤堂为六贤堂，以后历代加祀名士，六贤堂也更名为崇贤堂。乾隆三十三年，嘉山书院在崇贤堂基础上修建，此时共祭祀平定名士23人。山西书院中，除了祭孔、祭先贤名儒以外，文昌和魁星二君也是学子祭祀的对象。清顾炎武在《日知录》中提到："以魁为文章之府，故立庙祀之"。魁星也作"奎星"，据说魁星形象极像鬼魅，赤发蓝牙，手握朱笔，被点中者即可高中。文昌君为天上文曲星，与魁星一样主管文运。在官学和科举制度影响下，祈求文运的功利色彩使得祭祀逐渐从精神人格的崇拜转向求取功名利禄的世利，因此，书院中常常设魁星楼与文昌阁。魁星楼和文昌阁一般都为楼阁形式，多作攒尖顶或歇山顶，所在之地要么在一地的最高处，要么在一地的中心点，即标示一地的文风之盛，又为学子们提供祈求文运的场所（图4-2-26）。

3. 藏书区：以藏书楼为中心

书院因藏书得名，并以藏书为重。清戴钧衡在《桐乡书院四议》中指出："书院之所以称名者，盖实以为藏书之所，而令诸士子就学其中也"。班书阁先生在《书院藏书考》中更称"书院所以教士，而书籍为教士之具。使有书院而无书，则士欲读不能，是书院徒有教士之名，已失教士之实。故凡教士之所，皆有广搜书籍之必要，以供学者之博览，不独书院而已"。书院藏书的多少，是书院号召力

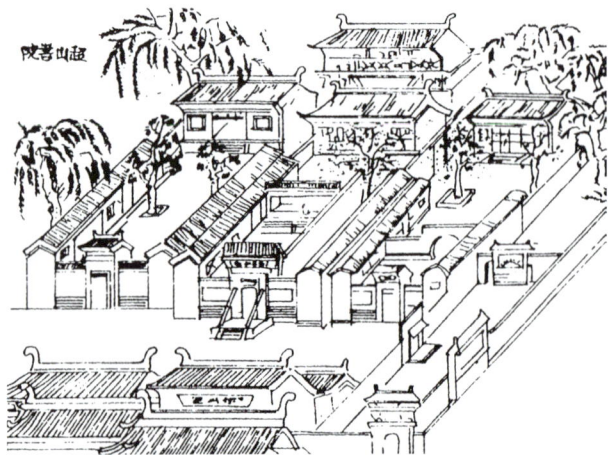

图4-2-25　平遥超山书院图（资料来源：清光绪《平遥县志》）

图4-2-26　榆次凤鸣书院文昌阁（资料来源：自摄）

的一个重要标准。如黎城沧溪书院，有经、史、子、集各类书籍4227卷，"资士人观阅"，长治莲池书院，藏书逾万卷，书院"人文蔚起，负笈者云趋"。藏书楼是书院中收藏图书及整理校编经籍为主的建筑，也是书院中少有的楼阁式建筑。由于古代的藏书楼阁以藏为主，仅供少数人使用。实行封闭式管理，其建筑一般采用木构架结构，有井斡式、重层式、平坐式、通柱式等。为了有效防火，藏书尽可能采用防火性能的砖石结构，青砖砌墙、青瓦或琉璃瓦盖顶，多为2层或3层，有时因地制宜，也可以是1层砖石窑洞（图4-2-27、图4-2-28）。"复藏书之旧观，阁凡三层皆出飞檐以远风雨"。山西书院建筑中，常在藏书楼中辟出一间祭祀文昌、魁星或先贤名人，这样藏书楼也带有了部分祭祀功能。运城河东书院藏书楼在一层明间设有祭祀三晋名贤的神堂，将藏书和祭祀功能合一。有的藏书楼还设计有天井，以利于通风和采光。对于藏书楼来讲，如何防火是首先要解决的问题，因此我国古代藏书楼与"水"有着不解之缘：从方位上看，藏书楼大多为坐南朝北。坐南朝北属"坎"，即"水"位。从藏书楼周边环境上看，力求远山近水，常借助河道，加固防守。藏书楼前后多有大缸盛水或凿池蓄水。不少藏书楼内还以与水有关的作为装饰，例如河东书院藏书楼周围有环池，书楼墙壁四周环浮雕有鱼龙变化图案，寓意以水压火。

4. 生活区：以斋舍为主

书院教育讲求"讲于堂，习于斋"，同时能"容四方游学士子"，这样在功能上必须设置能供学生住宿的场所，称为斋舍或号房。斋舍一方面是学生生活起居的场所，另一方面也是读书自修的地方。由于书院一般不设自修教室——所有的殿、祠、讲堂，在清代甚至还包括它们的前庭，在不举行仪式或讲课时都是紧闭的；更没有阅览室——藏书楼仅供收藏，虽可借阅，却不提供阅览。这样，学生在书院中可去之地不多，斋舍就显得尤为重要。书院一般采取严格的规章，以规定学生在斋舍中的举止行为。如太原令德堂书院章程共6个方面42条，其中对学生自习、住宿生活方面采取了严格的规定，如诸生若有早眠晚起、出不请假、夜出迟归、喧哗闲语、听戏醉酒、冠履不整行为的，记过一次，达到六次者扣除膏火银一两。斋舍一般沿书院中轴线分布两边，为东西朝向，采光较差，居住条件并不理想。山西书院的斋舍多为3～5开间，每开间宽2.8～4米之间，进深约为3～5米（图4-2-29）。如冠山书院斋舍为三开间，开间宽3.2米，进深为5米；卦山书院斋舍开间宽为2.8米，进深4.7米。

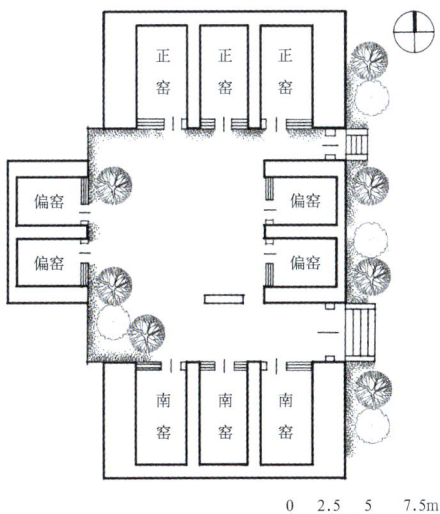

0　2.5　5　7.5m

图4-2-27　君庄刘氏私塾平面图（资料来源：山西省第三次文物普查资料）

图4-2-28　君庄刘氏私塾大门（资料来源：李大勇摄）

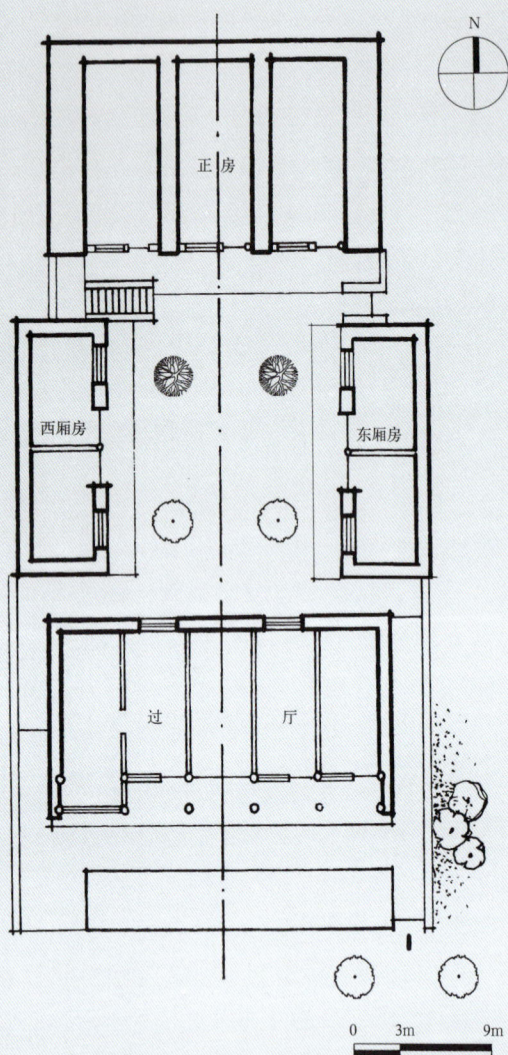

图 4-2-29　乡宁鄂水书院平面图（资料来源：山西省第三次文物普查资料）

图 4-2-30　榆次凤鸣书院园林（资料来源：自摄）

斋舍的数量视书院规模而定。多的如太原晋阳书院，斋舍达七十余间，住宿就读学生有 200 余人，而石楼仰山书院为小型书院，斋舍为十余间，就读学生仅为 30 余人。书院斋舍命名一般都含义深远，如受川书院的东斋舍名为"进德"，西斋舍名为"修业"；长治东山书院四斋舍分别名为"志道"、"据德"、"依仁"、"游艺"……表达了书院建造者对学子学业德行殷切的期望。配套与斋舍的还有厨房、浴厕、米仓等，它们与斋舍一起组成生活区。此外，书院的山长（相当于现代学校的校长）一般另辟院落居住。

5. 游憩区：以园林为主

《学记》云："故君子之于学也，藏焉、修焉、息焉、游焉"。寓教化和人格培养于游息之中，是书院教育的又一特色。游息功能在书院建筑中主要表现为园林形态，供士子们读书之余怡情赏心。书院园林中常常种植树木，设置花台，开凿水池，堆叠假山，栽立峰石，将自然景观引入庭院。这些绿化、山石、水体不仅在生理上起着洁净空气，遮挡烈日、调节温度的作用，而且给士子在心理上、审美上起到增添自然情趣，蕴含诗情画意，提供令人赏心悦目的游赏功能（图 4-2-30）。运城解梁书院中，游园几乎占了书院的三分之一，有半船坊、鱼池、亭台阁谢等；闻喜香山书院"构亭凿池，为游息之所"。[12]书院园林中还经常举行多种聚会和活动，如有些书院提倡"雅集"，雅集上有上巳花朝、中秋坐月、九月赏菊、冬至观梅等，由师生共同参加，"讲礼于斯，会友于斯"。也有的书院，如长治上党书院除了设置园林外，还设射圃，供士子射箭强身。

（二）官办书院与家族书院的空间布局

1. 中轴对称，对称布局，复道重门

山西书院布局均采取南北中轴线，左右对称，主次分明等一整套的传统建筑布局章法。其间不同等级、不同用途的建筑空间定位与组合，首先遵从的是宗法礼制秩序。以传统礼制和家族观念为纽带的宗法礼制长期是中国封建社会统治的强大精神支柱之一。长幼有序、男女有别、尊卑有等、内外有差这些封建的伦理道德方面的礼制规范，作为"修身、齐家、治国、平天下"的准则，同时也成了书院建设所遵循的准则。山西官办书院中采取棂星门、仪门、院门等，家族书院中采取宅门、垂花门、月洞门等多道门的形态在纵向造就书院建筑的序列感和庄严感，门成了分隔空间，组织交通的主要手段（图4-2-31、图4-2-32）。

2. 合院形式布局

合院形式是山西官办书院和家族书院的主要布局形式。合院首先是一种围合的概念，追求较为封闭，以自我为中心的安逸空间，不受外界的干扰，这正是书院所追求的静谧的空间形式。其次，合院利用廊院围合及低矮斋舍反衬出主要建筑的雄伟，这种宾主分明、层次清晰的布局方式，体现出山西书院建筑的严谨规整的整体美感，充分发挥了传统建筑艺术的精髓—建筑"虚"的庭院空间的特点（图4-2-33、图4-2-34）。同时，山西历代作为九

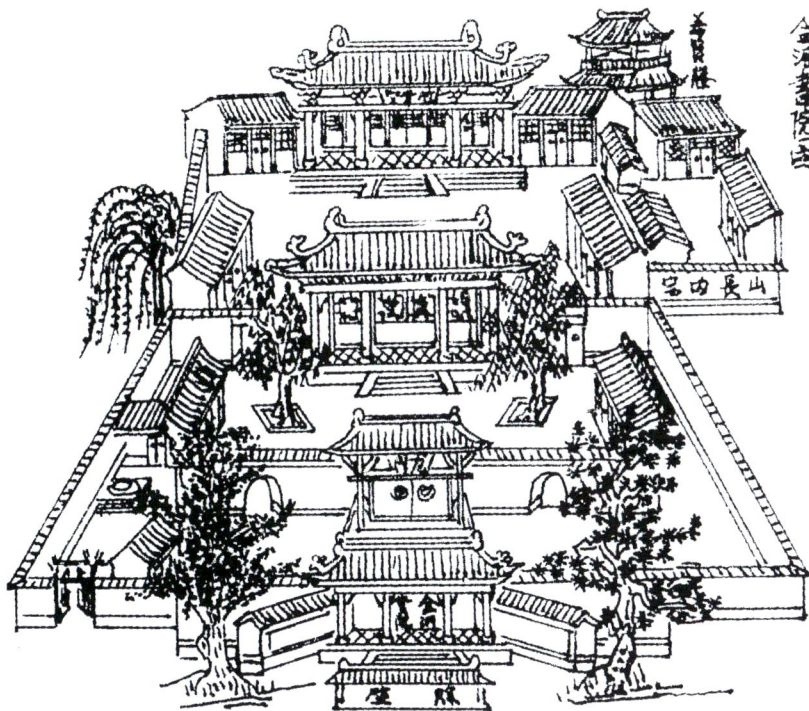

图4-2-31 金河书院图（资料来源：民国《徐沟县志》）

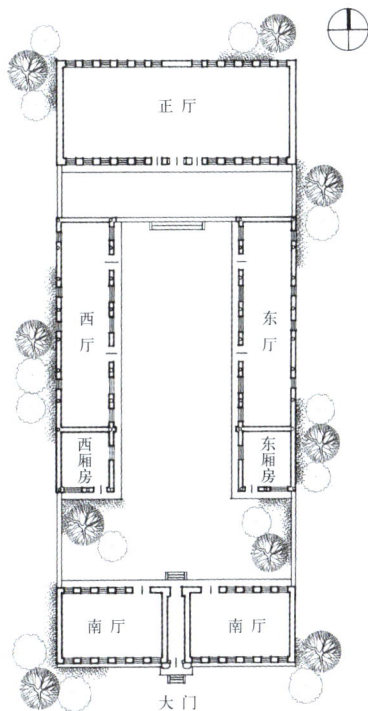

图4-2-32 清徐西谷学堂平面图（资料来源：山西省第三次文物普查资料）

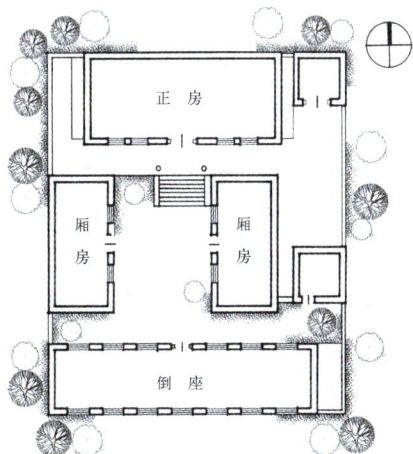

图4-2-33 阳泉大阳泉义学堂平面图（资料来源：山西省第三次文物普查资料）

图4-2-34 阳泉大阳泉义学堂内院（资料来源：自摄）

边重镇，战乱频繁，封闭围合的合院形式，具有良好的防御性，这种特性也体现在书院建筑布局中。止园书院和桂馨书院就是典型实例。小河村神萃宫位于阳泉小河村中。坐北朝南，东西 29.7 米，南北 15.4 米，占地面积为 457.4 平方米，创建于清康熙三十四年（1695 年），清乾隆二十九年（1764 年）曾设立官房，清乾隆三十五年（1770 年）石湛又创设为学堂。据《平定州志》记载："石湛，字映寰，初居州北八里小河村，于乾隆三十五年在该村建立义学。捐施石窑两眼，瓦房四间，田地十亩"。另据宫内现存碑记载，清道光二十四年（1844 年）重修。现存正房、西配房、东配窑为清代原构，尚有东西配房为重修。正房面宽三间，进深五檩，硬山顶；西配房面宽三间，进深三檩，硬山顶；东配窑为一明二暗式窑洞（图 4-2-35、图 4-2-36）。

3. 顺应自然，因地制宜

山西书院建筑布局上讲究顺应自然、因地制宜，依山就势，或纵深布局，或横向展开，灵活多样，尤重背山面水，山环水绕之势；建筑以院落或天井组合有序，层层叠叠，高低错落，与自然环境、庭院绿化有机结合，融为一体。如秀容书院顺应山势，建造于三层山地平台上，各成体系又互相联系。白羊墅周氏私塾，又名学房院，位于阳泉市郊区义井镇白羊墅窑垴上。坐西朝东，一进院落布局，东西 17.7 米，南北 13.5 米，占地面积约 239 平方米。该院建于其他院落房顶之上，为"院上之院"，由正房、南房和北厢房组成。其中正房为窑洞式建筑，前檐辟圆拱形的窗各一，平顶。屋面四周砌筑花篮式女儿墙。南山墙置门楼式神龛 1 个，龛上方砖雕匾额 1 方，内雕"天地"二字，之上仿木结构砖雕椽飞，单坡顶，筒板瓦覆盖（图 4-2-37）。

第三节　山西书院建筑实例分析

山西书院建筑作为全国书院建筑体系的一个分支，在平面布局上既反映了书院建筑的共性特点，同时又有鲜明的地域特征。山西书院建筑按存在形式大体可以分为官办书院建筑和家族书院建筑两

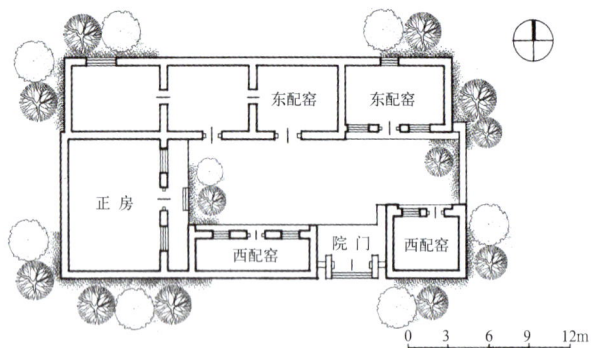

图 4-2-35　阳泉小河神萃宫平面图（资料来源：山西省第三次文物普查资料）

图 4-2-36　阳泉小河神萃宫内院（资料来源：潘磊摄）

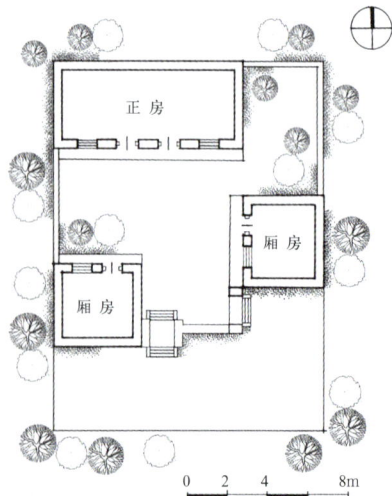

图 4-2-37　阳泉白羊墅周氏私塾平面图（资料来源：山西省第三次文物普查资料）

种。官办书院一般由官方（由县令、知府等）等募资修建，书院的创办、修复、经费、聘师与择生权利多由各级行政长官控制；家族式书院则指同以父系血亲组织所创建和共享的书院，家族书院创办的目的是为了提高后代的文化素质水平，为家族的繁衍发展提供动力。二者既有相似之处又互有区别，下面择例详述。

一、河东书院

（一）历史沿革

运城河东书院，位于运城市西北八里，明正德九年（1514年）由巡盐御史张士隆创建。据《河东书院碑记》载，御史张士隆到任后兴除利弊，受到商人、市民的爱戴。他夜晚秉烛读书，白天给河东儒生授课，本地的官绅儒士上书请于张士隆，要求建学校以教诸民，于是河东书院应此而建。"正德甲戌春，御史安阳张子仲修，巡盐河东，官吏革惩，商民胥悦，夜读书，尽诲河东生，乃从官请，作河东书院于路"。[13]书院修建过程中，得到市民鼎力相助，车人、店人、牙人既出木石工料，又出体力助其完工，工匠献其技能，园艺者贡献出花草树木，真可谓各显其能、各尽其才，"费取诸山野"，"力取诸役夫"。

河东书院自创建至清末，绵延了几个世纪，历经多次改建、重建或修复。万历八年（1580年），张居正诏毁天下书院，河东书院也在当毁之列。御史李延观，借书院内祭祀尧、舜、禹三位圣人之名，将书院之名改为"三圣祠"才使之逃过一劫。十三年，御史李延观将书院名改为"崇圣馆"，十六年御史吴达可又改称"育才馆"。天启年间，御史李日宣以书院年久失修，风雨剥落，杂草丛生，命令增建书院书屋，以开来学。清康熙十年（1671年）御史布舒、熊一洒重修，恢复"河东书院"原名。道光二年，河东道张大镛又倡导商民对书院重新修建。清末实行新政，河东书院改名为河东中学堂。1937年抗战爆发，10月奉令停办。河东书院自建成至停办，历经明、清、民国三代，计423年，为当时晋南最高学府（图4-3-1、图4-3-2）。

（二）功能布局

据《河东书院志》记载，河东书院占地三十余亩，有学田四十余亩，坐北朝南，规模庞大，建筑布局规整。整体来看，一条中轴线贯穿南北，坐落在中轴线上的建筑自南向北依次为：先门、仪门、讲经堂、退思堂、四教亭、书林楼、环池、乱石滩、仰止峰、

图4-3-1 运城河东书院遗碑（资料来源：自摄）

图4-3-2 "山西省立第二中学校"石刻（资料来源：自摄）

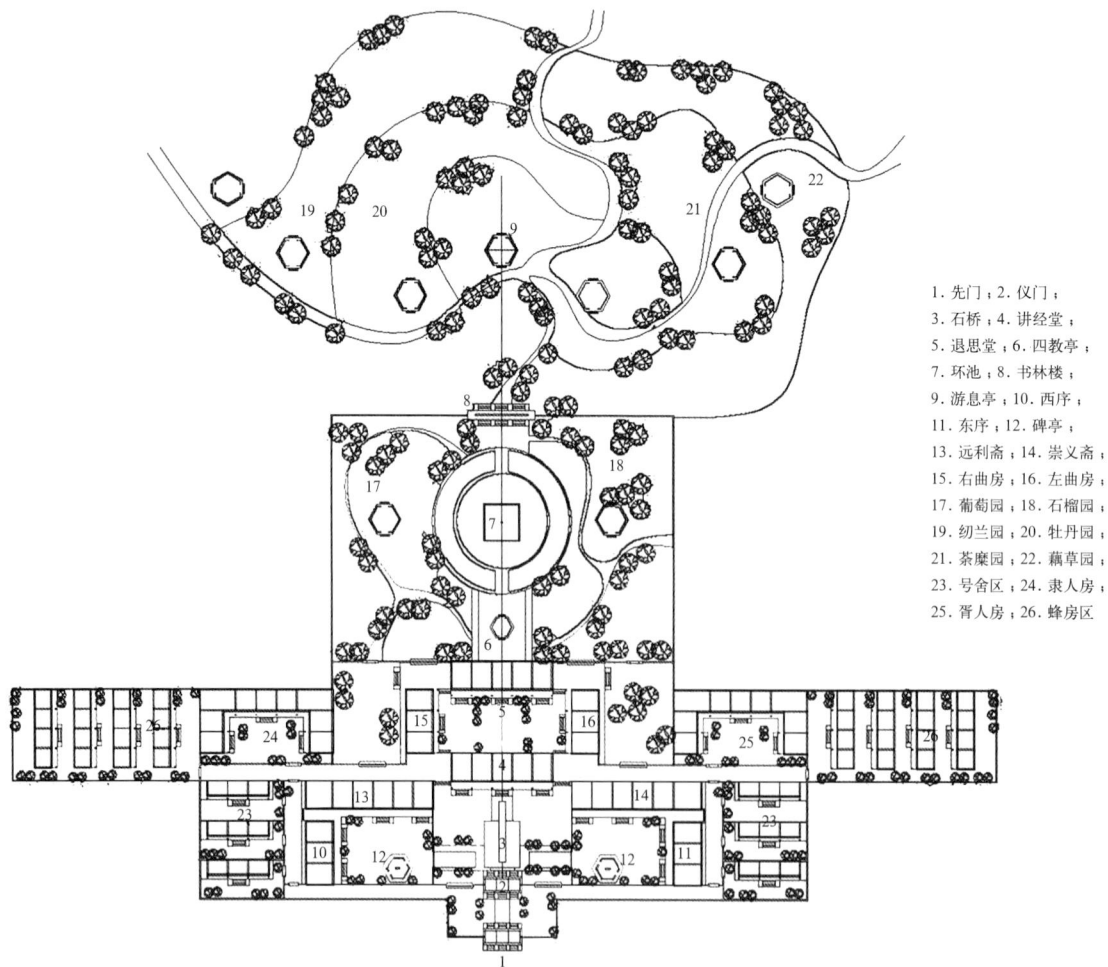

1. 先门；2. 仪门；
3. 石桥；4. 讲经堂；
5. 退思堂；6. 四教亭；
7. 环池；8. 书林楼；
9. 游息亭；10. 西序；
11. 东序；12. 碑亭；
13. 远利斋；14. 崇义斋；
15. 右曲房；16. 左曲房；
17. 葡萄园；18. 石榴园；
19. 纫兰园；20. 牡丹园；
21. 荼蘼园；22. 藕草园；
23. 号舍区；24. 隶人房；
25. 胥人房；26. 蜂房区

图4-3-3 河东书院平面示意图（资料来源：自绘）

游息亭和百果园。轴线东侧配崇义斋，西侧配远利斋，加之左曲房、右曲房、号房等建筑沿轴线呈对称状层层推进。书院纵、横向均跨越五进院落，布局严谨有序，气势宏大（图4-3-3）。

进入书院首先要穿过先门，先门为三楹，向北穿过先门，接着跨过一座颇具象征意义的石桥，来到书院的第二道大门—仪门前，为书院的正门。进入仪门，来到了河东书院的中心位置—讲经堂所在地。讲经堂为教师讲学及举行集会之所，南北朝向，为五开间，具体尺寸大小、形制现已无考。讲经堂两侧各立一斋舍，东为"崇义斋"五楹，西向；西为"远利斋"五楹，东向，都是学生自习之处。"南面斋负序，序交仪门之南埔"，在崇义、远利二斋的南面和仪门之间是"序"坐落的位置，这里是学生平时学习和考试的场所。从仪门两边的东、西号门进入，可到学生的生活区—号舍，号舍均为南向。号舍的道路两旁，依次栽种着楸树、槐树、梧桐、梨树，可见生活区绿树成荫，环境优美。

退思堂是位于中轴线的第二个中心建筑，位于讲经堂北面，堂名取自《左传》"进思尽忠，退思补过"之意。退思堂亦为讲学、集会之处，五开间大小，坐北朝南。"堂东偏南下，为左曲房西面，其后胥人房。西偏南下，为右曲房东面，其后隶人房。西窗之西，蜂房四区东面。东窗之东蜂房，亦四区西面"。退思堂东偏南方位为左曲房、西偏南为右曲房，皆为教师休息之处。在左曲房、右曲房后是属于生活服务区即杂物院所在地，包括胥人房（书院管理人员办公处）、隶人房（杂役所在处）、蜂房四区（服务人员住所）等。过退思堂沿着中轴线继续向北，为四教亭。四教亭以北是名为"书林楼"的藏书楼。书林楼为方形二层，砖石构造。歇山式仿木结构楼顶，通高近7米，底层面积为81平方米，二层为38平方米。一层明间为祭祀三晋名贤的神堂，

其余为藏书的房间，将藏书和祭祀功能合一。

沿着环池向北，穿过乱石滩（书院中的假山群）之后，一片连绵不断、起伏跌宕的山峰便映现在眼前，这就是书院中有名的仰山。"滩北为山，九峰，中峰曰仰止"。仰止峰并没有将书院的中轴线打断，在山下有四洞，通过山洞可由山前曲折通向后山，洞名"游仙"。山北有亭为"游息亭"，游息亭再北为"百果园"。百果园是书院中轴线的末端。书院的纵向轴线从先门开始，到百果园结束，跨越了五进院落，可见规模之大。

（三）特征分析

河东书院由大小十余个庭院组成，整个建筑群布局严整，规模宏大，气势庄严，堪称山西书院建筑的典范。对河东书院布局特征加以分析，可以使我们深入了解明清时期山西官办书院建筑的布局特色。

首先，河东书院的布局严格遵循儒教伦理中的礼制要求。先门、仪门、讲经堂、退思堂、四教亭、书林楼、环池、乱石滩、仰止峰、游息亭和百果园，形成一个强烈的中轴线。中轴线因建筑的有序排列而深化、强调，甚至随建筑高度的起伏而具有了跳动的乐感。书院的其他建筑包括斋房、号房、甚至园林、绿化、碑亭等小品建筑也是服从于书院整体的对称布局。这种中轴线贯穿，两边的建筑呈对称状，层层推进，井然有序、主次分明的建筑排列，正是礼制等级分明的体现（图4-3-4、图4-3-5）。

图4-3-4　环池遗址（资料来源：自摄）

图4-3-5　藏书楼现状近景（资料来源：自摄）

其次，书院建筑群的功能分区十分明确，各部分既有明确分隔，又有紧密连接。从总体上看，书院可以分为讲学区、藏书与祭祀区、生活区、游憩区四大部分，藏书与祭祀合一。从仪门到退思堂及两旁的斋舍、序、左右曲房为讲学区，处于书院中心位置；书林楼为藏书和祭祀区，葡萄园、石榴园、牡丹园等游园为游憩区，这两区处于书院的后半部分；生活区即包括学生住宿的号房区，又包括管理人员办公住宿的隶人房、胥人房、蜂房区，位置按照与讲学区关系远近而定。如为了读书自习的方便，号房区紧挨中心区，而蜂房区就处于较远的院落。相较于国内其他书院教学、生活区功能混为一体，河东书院更体现出功能的明确性和布局的严谨性。

二、凤鸣书院

（一）历史沿革

榆次凤鸣书院，位于榆次区龙王庙街北侧西，东靠文庙，据《榆次县志·卷六》（民国版）记载：清乾隆十三年，钱知县之青就两贤祠设义学，出脩脯延师课士……越十八年史知县湛，增建学舍榜曰"凤鸣书院"，嘉庆二十四年，路之县孟达重修……清末改称凤鸣学堂，民国2年复奉部令，称县立高等小学。从中我们可以了解到，凤鸣书院最早为两贤祠，乾隆十三年（1748年）榆次知县钱之青出资，聘请教师在两贤祠设义学。到乾隆三十一年（1766年），知县史湛增建学舍，改义学为"凤鸣书

院"。"凤鸣"源自"凤集于榆次"的传说。据传西晋时，荀藐任榆次县令，政绩清明，百姓安居乐业。咸宁二年（1276年），天降凤凰落于榆次，轰动全国。书院取自"凤鸣"，自为教诲学子以荀藐为榜样，读书时心装百姓。凤鸣书院自此成为榆次县最高学府。光绪三十一年（1905年），书院改为凤鸣学堂，民国2年（1913年）改为榆次县立高等小学（图4-3-6、图4-3-7）。

（二）空间布局

凤鸣书院占地27000平方米，古建面积约为2000平方米，坐北朝南。主轴线上由南向北依次为：大门、四达楼、南厅、砚水湖、两贤祠、化成堂、藏书楼。其中，砚水湖贯穿于主轴线，湖水面积达4800平方米，为书院显著特色。在主轴线东西侧配有牌楼、祭坛、水井、水斋堂、丰礼斋、咏花轩、思源亭，这些建筑沿湖而建，部分以游廊相连。

山门，即凤鸣书院的大门，位于书院南墙，面阔三间，单檐硬山形式（图4-3-8）。两侧南墙呈逐次对称抬升，从而使书院大门在造型上显得极为突出。进入山门，正面所对的为四达楼，二层重檐，顶部为十字歇山。四达楼在书院中起引导作用，它的底部架空，可通向东、南、西、北四个方向。柱子分列于四个台基之上，台基上刻有"仁"、"义"、"礼"、"信"，可见"四达"并不单指通向四方，更深指达到儒家的道德规范要求。向北走，过南厅，迎面而来的一长方形水池，长23.4米，宽18.3米，

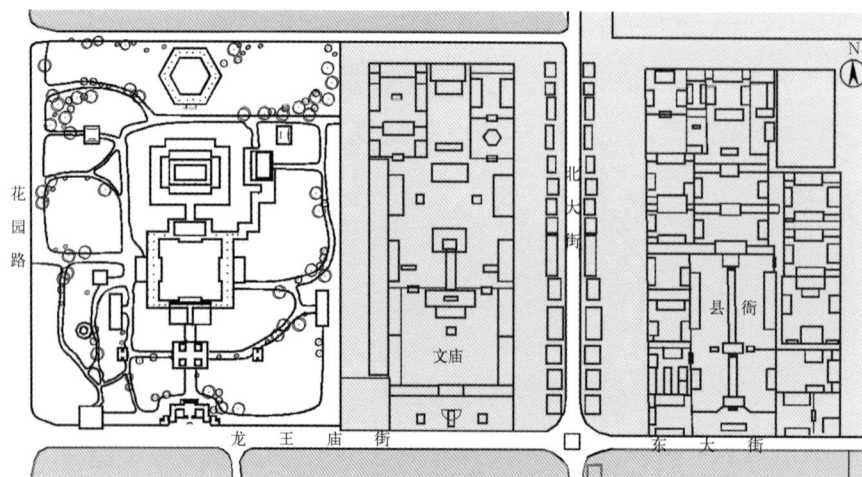

图4-3-6　榆次凤鸣书院位置图
（资料来源：自绘）

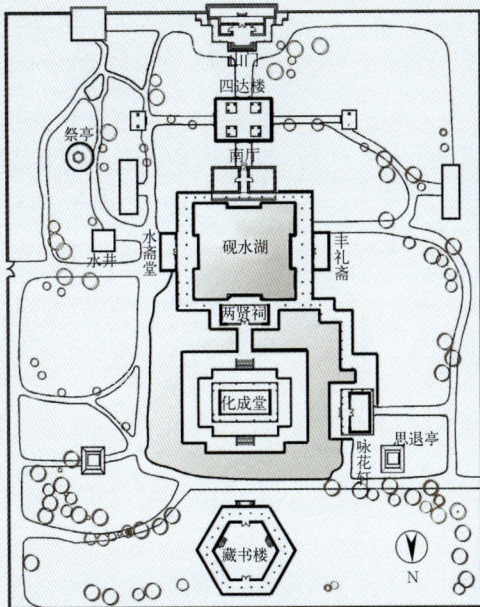

图 4-3-7　榆次凤鸣书院平面示意图（资料来源：自绘）　　　图 4-3-8　榆次凤鸣书院大门（资料来源：自摄）

将主轴线打断（图 4-3-9）。因水池形似砚台，故书院建造者给起了儒雅的名称"砚水湖"。砚水湖流过水池，延伸至书院后部，形成较大的湖面。砚水湖向北正对的为三开间的两贤堂，两贤堂面阔 11 米，进深 4.55 米，单檐歇山顶。两贤祠祭祀榆次历史上卓有政绩的两位知县。东开间立有西晋时期榆次知县荀崧的神位。西开间供奉的是北宋名臣文彦博。两贤祠西面配"丰礼斋"，东面为"水斋堂"，为学子自习之处。二者都为东西朝向，三开间，面阔 8.4 米，进深 5.9 米，屋顶为硬山勾连卷棚，卷棚下设柱出挑。沿中轴线继续向北，一孔石桥从两贤祠延伸到湖心岛上的"化成堂"。

化成堂为书院中的讲堂，平面为副阶周匝式，三开间，面阔 11.5 米，进深 5.5 米，廊宽 2.6 米。屋顶为歇山式，并联歇山抱厦，檐下斗栱三踩，屋顶起翘轻盈。化成堂位于湖心岛 1.6 米高的方形平台上，台明四周设石围栏，南北设石踏步，四面被砚水湖所环绕。将讲学之处设于此地，不仅毫无市井喧嚣干扰，还能陶冶身心，促进学业。与化成堂隔湖相望的为书院的藏书楼。藏书楼为三层楼阁式砖木结构，重檐盝顶，高 32 米，为书院中的最高建筑。平面为六边形，边长 7.2 米，底层面积为 140 平

图 4-3-9　榆次凤鸣书院四达楼（资料来源：自摄）

方米，副阶周匝。底层为文昌阁，祭祀文昌帝君，二层以上为藏书楼部分，将祭祀与藏书合为一体（图 4-3-10）。

（三）特征分析

从书院的位置来讲，凤鸣书院作为清代榆次县的县学，它位于县中心，且处于文庙右侧，体现了清代书院靠近文教中心的特点，同时符合礼制中

图 4-3-10 榆次凤鸣书院化成堂（资料来源：自摄）

图 4-3-11 榆次凤鸣书院全景（资料来源：自摄）

"左庙右学"，"以左为尊"的要求。从平面布局上来看，与一般封闭围合的书院不同，凤鸣书院为开敞式格局，采用通透的游廊连接建筑，与周围的园林景致很好的融合在一起。园林规模较大（面积达25000平方米），甚至渗透到了主轴线上（砚水湖贯穿中轴线的主要部分），因此书院代表"礼"的森严、肃穆的气氛被冲淡了不少，更多体现了"乐"的调和，属于典型的园林式书院。此外，书院中的两贤祠位于化成堂之前，与通常书院将祭祠置于讲堂后的做法不同（图 4-3-11）。

三、秀容书院

（一）历史沿革

秀容书院，位于忻州市忻府区旧城西南高地，建于清乾隆四十年（1775 年），当时忻州称秀容县，故以此得名。据乾隆《直隶忻州志》记载："忻州儒学在州治西北，旧在治西南九龙岗上，后晋天福二年建。金天德、大定问知州付慎征继修。元皇庆问知州白朝列又修。明洪武三年知州钟有谅，宣德、天顺间学正杨献、知州夏至明次第缮葺，成化问知州刘清重修。弘治五年，知州王轩徙建今所，规模宏敞，视旧有加。"明嘉靖十一年（1532 年），忻州的书院在儒学基础上开始建设。到了清乾隆四十年改称秀容书院。当时的负责人称山长，执掌全院文衡，并有助教、讲师等助理其事。经费主要靠捐款，山长、讲师的束修，生童膏火奖赏，皆由生息项下开支。每年二月开课，评定等第，月末另加奖赏。秀容书院建成后，取代了当时的忻州儒学，成为忻州的最高学府。清光绪二十八年（1902 年）改称"新兴学堂"，创山西书院改学堂之首例。民国元年又改称忻县中学。

（二）空间布局

秀容书院占地面积 20000 平方米，坐北朝南，依自然地形而精巧设计。据光绪六年的《忻州直隶州志》记载"秀容书院在治西岗上文昌祠西"，最初秀容书院的布局中是不包括文昌祠的，而后书院屡次扩建、修葺，将文昌祠包括其中。到光绪二十八年，书院改为学堂，秀容书院已形成上、中、下三座院落的布局。上院为原文昌祠所在院落，改建后成为秀容书院的主院，中、下院为书舍（图 4-3-12）。

书院地形西高东低，三个院落依坡地而建，中院高出下院 9 米，上院高出中院 3 米，两院之间以台阶或坡道相连，层层叠落、错落有致。从大门进入，首先到达的是秀容书院的下院和中院部分。这两部分为书舍区，即学生的自习住宿区。书舍坐北朝南，多为卷棚或硬山顶。从书舍区分为两个院落就可看出当时秀容书院的招生规模。现在书舍多改为职业中学的教室，良好的朝向和宽裕的面积，即使现在作为教室使用，也能充分满足要求（图4-3-13～图4-3-15）。

从中院向西走，沿台阶而上，就可到达秀容书院的主体部分—文昌院，即上院，这是书院中

教学部分。中间过厅将文昌院分为前后两部分，以南部分为前宫院，以北为后宫院。过厅为三开间，其中明间部分为开敞式，将前、后宫院连为一体。由于上院原是文昌祠改建而成，因此继承了寺庙建筑的布局特点：在一个纵长形的大庭院主轴线

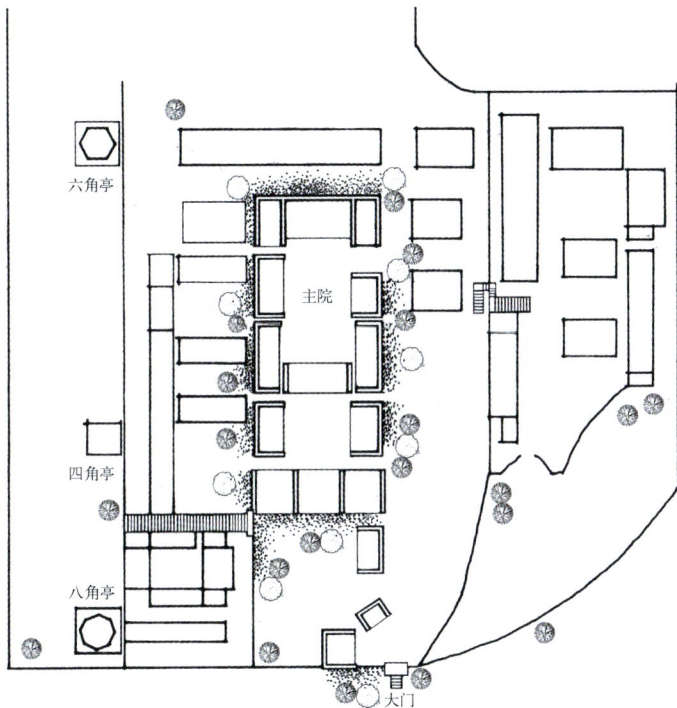

图4-3-12 忻州秀容书院平面图（资料来源：自绘）

图4-3-14 忻州秀容书院入口（资料来源：自摄）

图4-3-13 忻州秀容书院主院（资料来源：自摄）

图 4-3-15　忻州秀容书院甬道（资料来源：自摄）

图 4-3-16　忻州秀容书院戏台（资料来源：自摄）

上设置几重主要的殿阁，前后数院只以殿屋分隔，不加横墙封闭，而形成贯通的长院；前后院之间既是分开的，又是贯连的，既有相对独立的各进庭院空间，又融合成完整统一的纵深空间。这样的格局作为寺院建筑来讲，有利于大量游客的集散及举行宗教活动。改成书院后，前宫院主要作为书院举行仪式的活动场所，后宫院作为教学场所，空间灵活划分，动静相宜。后宫院的末端为书院的讲堂，五开间，面阔 15.8 米，进深 7.6 米，硬山顶。

前宫院以南为书院的戏台院（图 4-3-16）。戏台坐南向北，规模虽小，构造却较特别：原先台高 2 米左右（年久院子垫高，眼下只留米半多些），宽不足 8 米，正面与两侧皆以经过凿雕的石料砌起——中腰凹回，较阔的平面雕出花卉枝叶的图案，中腰的上下再凸出阶梯样多层石条，底部较高的基座上面也雕有简洁的图案。这样细腰的台体总归显得精致些。台上建筑的东西跨度外径仅有 7 米、南北也不过 4 米有余。在书院西部，建有三个风景亭，正中四角亭，南八角亭，北六角亭。三个亭子占据书院的制高点，彼此遥相呼应。据当地的风水传闻，书院所在地为九龙岗，有飞龙过麓之势，因此建亭，以不同方位将龙形镇住，以保书院的文气不泄。正中四角亭，开间尺寸为 2.9 米 ×3.2 米，单檐歇山顶，四角亭始建日期不详，我们在亭子的大梁下发现了"大清乾隆五十一年六月初六重建"的字样，看来这座古亭至少也矗立了有二百年的春秋。

六角亭为三亭中之最，每边长约 3 米，亭高约 9 米，旧称"寥天阁"，现改称"凌霄阁"，为全城最高点，台基上四周边沿筑有花墙护栏，花墙内圆石柱础上立起梅花桩般六根朱红明柱，撑定六角凉亭的高顶，顶下围绕明柱护栏周匝，居中六角形天花板，有外角处向周边辐射出巧妙构筑的卧栏斗栱，彩绘有日月、山川、星斗、阁楼宇等图案，上部绿瓦攒顶，六角飞挑，整体简洁明快，玲珑轻巧。立于亭上，可俯瞰全城。原六角亭这里有一砖拱门，称天之衢，意取书院读书人，通过天之衢，登上寥天阁，飞黄腾达（图 4-3-17 ~ 图 4-3-19）。

（三）特征分析

从整体布局来看，秀容书院属于典型的山地建筑，书院充分利用自然地形条件，因地制宜，依山就势，整个书院建于三个层层跌落的山地平台上，形成参差变化、高低错落的建筑形体。同时使建筑物的屋顶与上一个院落的地平相齐，从山脚望山上书院，正好不会出现建筑物的遮挡，体现了设计者的周详考虑。

秀容书院由于几经扩建和地形因素影响，逐步形成了横向拓展的多重院落组合格局。院落之间没有用围墙隔断，而是依靠厢房的自然连接而围合，建筑之间不经意空出的间隙，就构成书院横向的交通要道，加之台阶、坡道的设置，整个书院交通流线灵活多样。书院的屋顶造型也颇有特色，有硬山、卷棚、歇山、悬山，或组合式，形式变化多样、层次错落有致。在环境方面，秀容书院很好的保存了清代留存的古树，淡雅的建筑掩映在林木花草之间，清风习习，树影婆娑，加上学子的琅琅读书声，形成了一幅有声有色、诗情画意的画面。

图 4-3-17　忻州秀容书院西侧全景（资料来源：自摄）

图 4-3-18　忻州秀容书院六角亭（资料来源：自摄）

图 4-3-19　忻州秀容书院四角亭（资料来源：自摄）

图4-3-20　平定冠山石坊（资料来源：自摄）

图4-3-21　平定冠山石门（资料来源：自摄）

此外，秀容书院设有戏台院，有别于一般书院，显示了书院受世俗文化的影响，增添娱乐设施以丰富课余生活。

四、冠山书院

（一）历史沿革

平定县冠山共建有三所书院，分别为"高岭书院"、"槐音书院"和"崇古冠山书院"。高岭书院建于明代嘉靖九年（1530年），时任临洮太守的孙杰，回归故乡后寓居于冠山，见山腰中有一巨石，即出资凿石洞曰"夫子洞"，供奉孔圣人，另凿两洞，供奉颜子、曾子，在夫子洞的左面修建了高岭书院，聚书万卷，校勘其间，从严规范以导迪子孙，亦称"上书院"。明代陆琛作《高岭书院孔子调铭》今犹立于夫子洞院中，书院建筑已无存，仅余夫子洞遗迹。槐音书院，建于清乾隆年间（1736年），郡人张佩芳任寿州时，与多人募资，在冠山资福寺东面修建。起初欲名"梵宇书院"，因院内有古槐参天浓荫盖地，山风时至疑有丝竹音，直隶总督那彦成题额"槐音书院"，亦称"下书院"，现已无存。崇古冠山书院历史最为悠久，据《平定州志》记载："冠山书院，在冠山之腹，元左丞吕思诚父祖数辈读书处，初名'冠山精舍'"。据考此书院可追溯至北宋直和年，后历有兴废。元左丞吕思诚曾奏请朝廷赐额，又赐书万卷，并建燕居殿、会经堂，设宣圣像及行源、德本二斋，名为"吕公书院"。元末明初，由于战争和自然灾害，书院受到了破坏。明弘治十三年（1498年），平定州知州吴贤对书院进行了重修，名为"名贤书院"，到明正德六年（1511年），书院沦为一片废墟。300余年后，清嘉庆十一年（1806年），奉直大夫孙裕在原书院废墟上重建之，名为"崇古冠山书院"，即现在所存格局（图4-3-20～图4-3-22）。据不完全统计，从宋至清，书院共培养出进士131人，举人680人，各类贡生785名，其中包括元代著名学者、中书左丞相吕思诚和明代兵部尚书乔宇，冠山书院人文荟萃，声名远扬，"在太原，唯冠山书院显于当时"。

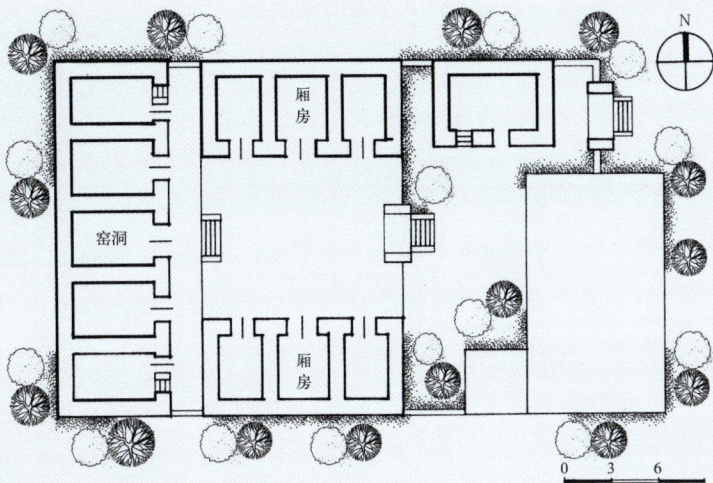

图4-3-22 平定冠山崇古书院平面图（资料来源：山西省第三次文物普查资料）

图4-3-23 崇古冠山书院石坊（资料来源：自摄）

（二）空间布局

崇古冠山书院，位于冠山之腹，坐西朝东，背山而临谷。书院的引导部分借鉴了宗教建筑中的"香道"做法。从冠山山门进入书院，需要通过一条幽深曲折的山道，途中经过团龙照壁、龙池、傅青主所题的"丰周瓢饮"摩崖石刻，迈上六十余石阶，穿过科名坊、"欣饮南风"牌坊方能到达。整条山路时而坡道，时而磴道，时而林荫掩映，时而云霞蒸蔚，景象万千，创造了富有变化的空间序列。同时，在自然景观的变化中融入丰富人文景观，使人未入书院，已感受到浓郁"文气"。

书院分为两进三合院落，大门面东而开，书院占地740平方米。第一进院落为书院的杂务院，院北侧有砖砌窑洞一孔为仆役居室，南侧为书院便所。第二进院落地势要高出前院，为书院正院。正院西侧月台上有西窑五孔，居中三孔一明两暗，称为"崇古洞"，为书院讲堂，室内正中供奉孔子行教像，将讲学与祭祀功能合一。最内的两孔窑洞被南北侧斋舍所完全遮挡，因此在正院中只能看到崇古洞的三孔窑洞，是山长和教师休息之处。南北两侧对称布置了三孔窑洞，皆为一明两暗式，为学子住宿的斋舍。书院的讲堂与斋舍均是石券窑洞建筑，圆形拱券，窑面以青砖挂面，窑顶为硬山式，外形简洁朴实，无任何多余装饰（图4-3-23～图4-3-25）。

图4-3-24 崇古冠山书院大门（资料来源：自摄）

图4-3-25 崇古冠山书院二门（资料来源：自摄）

在正院两侧还对称立有四块石碑，分别为汪藻的《冠山名贤书院》、陈凤梧的《游冠山书院》、乔宇的《雪中访左丞吕公书院旧址》、白金的《新建高岭书院记》。这些石碑记录了冠山书院在漫长岁月中的辉煌，就如乔宇在《雪中访左丞吕公书院旧址》中写道："峻岭崇冈冒雪来，冠山遥在白云隈。松盘厚地蜿蜒出，花散诸天缥缈开。傍险欲寻归隐洞，凌高还上读书合。平生仰止乡贤意，莫遣遗踪闷草莱"，诗中流露出对冠山的自然美景的赞叹和先贤的崇敬。漫长岁月流逝，昔日名贤已不知所终，只余石碑静静伫立，凝视着书院内的花开花落，寒来暑往。

（三）特征分析

崇古冠山书院的建筑结构十分有特色，从外表看像砖木结构，实则为砖石结构的窑洞式建筑。全部建筑既无梁柱，又无椽桁，除了门窗外，不假寸木，全用细砖连拱垒筑，也可称为"无梁洞"结构。书院窑洞跨度为约 3.2 米左右，进深约 6 米，墙厚达 0.8 米以承受拱券传来的侧向推力。由于书院建筑结构全部采用非燃烧材料质地的砖、石、瓦砌成，没有传统的木质梁柱，因此耐火性能较好，适于收藏书籍。同时在当时取暖设施简陋的情况下，窑洞结构对抵御冬季的寒冷起到了保暖作用。此外，建筑屋顶采用硬山顶式，能使雨水分流两坡，起到快速散水的目的（图 4-3-26 ~ 图 4-3-28）。

五、褚铁书院

褚铁书院位于榆次区西南街道办事处城隍庙社区富户街。始建于明代，现存建筑为清代建筑风格，2002 年维修。占地面积 1157 平方米。坐北向南，原为两跨两进四合院布局，西院中轴线上仅存过厅，两侧建有耳房，东院仅存院门，两院其余建

图 4-3-26 崇古冠山书院内院（资料来源：自摄）

图 4-3-27 崇古冠山书院内室（资料来源：自摄）

图 4-3-28 崇古冠山书院大门近景（资料来源：自摄）

图 4-3-29 褚铁书院过厅（资料来源：郭峪摄）

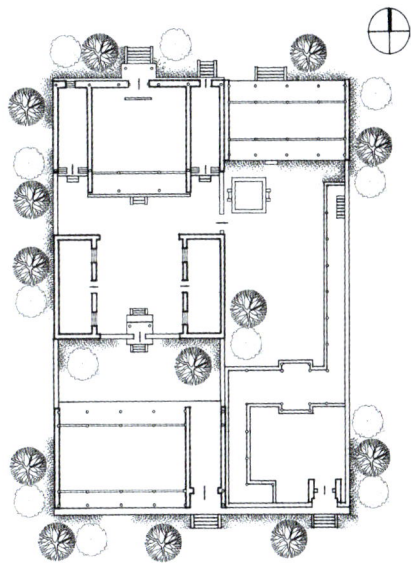

图 4-3-30 榆次褚铁书院平面图（资料来源：山西省第三次文物普查资料）

筑均为新建。主体建筑过厅建于高 0.4 米砖砌台基之上，面宽三间，进深五椽，硬山顶。六檩前廊式构架，明间五架梁下加支柱，新维修时支柱间安装隔扇。前檐斗栱三踩单翘，耍头雕为麻叶头，平身科 1 攒。各间均施槅扇门窗。后墙明间出抱厦，歇山顶。耳房各一间，卷棚硬山顶。院门一间，位于东院东南角。1988 年榆次区政府公布为第二批县级文物保护单位（图 4-3-29、图 4-3-30）。

六、卦山书院

卦山书院位于交城县天宁镇田家山村西北约 1200 米卦山卧龙岗，坐东北向西南，三进院落，东西长 117.68 米，南北宽 14.76 米，占地面积 1737 平方米。清康熙四十七年（1708 年）创建，现存建筑为清代遗构。中轴线自西南向东北依次为牌楼、院墙门，一进院东南为碑亭。清代嘉庆癸酉年（1813 年）交城县事王鸿文建牌楼，两柱一楼式，进深四椽，单檐悬山顶，阴抱阳刻"卦山书院"。院墙门面宽一间，进深四椽，五架梁式梁架，单檐歇山顶。碑亭为六柱攒尖顶，内置清康熙四十五年（1706 年）《重修卦山书院碑记》碑 1 通。1989 年重建后厅，2002 年重建过厅、二进院厢房、三进

院厢房（图 4-3-31 ～图 4-3-33）。

七、止园书院

（一）历史沿革

止园书院，位于阳城县皇城相府（又称午亭山庄）止园内，是陈氏一族共用的家族书院，初建于明崇祯十五年（1642 年）。明清两代，由于重视教育，陈氏家族科甲鼎盛，人才辈出，逐步成为山西的文化巨族。止园书院见证了陈氏家族的兴盛，从书院走出登上仕途的陈氏子弟共有 38 人，其中举人 19 人，进士 9 人，6 人入翰林，享有"德积一门九进士，恩荣三世六翰林"之美誉。陈廷敬是其中的杰出者。陈廷敬（1639 ～ 1712 年），字子端，号说岩，晚号午亭，官至清代康熙朝光禄大夫、文渊阁大学士兼吏部尚书。据史书记载，陈廷敬学识渊博、文采斐然，康熙帝曾赞誉他道："房姚比雅韵，李杜并诗豪"。有感于教育对家族未来的重要，陈廷敬于康熙四十一年（1702 年），对止园书院进行了大规模的修葺，形成了现在的格局与风格。

（二）空间布局

止园书院位于皇城相府城外南侧，因而又称为南书院。从总平面上看，书院坐北朝南，自成体系，

二〇七

图 4-3-31　交城卦山书院二门（资料来源：自摄）

图 4-3-32　交城卦山书院后院（资料来源：自摄）

图 4-3-33　交城卦山书院碑亭（资料来源：自摄）

且毗邻止园，环境清幽；从院落形态上看，止园书院围合而封闭，形成了安静无干扰的学习空间。在这种环境条件下，保证了陈氏子孙能摒绝杂念，刻苦攻读。从皇城进入书院，需先通过外城的"景熏门"，进入止园，书院就位于止园南侧。在紧邻高大城墙的月洞门旁，立有"南书院"的石碑，这就是进入书院的第一道大门。半通透的月洞门将书院与止园分隔成内外两个空间，青翠的绿茵小径由门外蜿蜒延伸向深处，吸引着参观者一探书院幽境。跨过月洞门，沿着小径向前走，正前方为一雕刻着

"莲花濯清涟"图案的影壁。从月洞门到影壁之间，是书院空间序列的引导部分。影壁在这里起到了视觉聚焦、结束引导部分，过渡空间的作用。

从影壁一侧的大门进入，就到了书院所在的院落。止园书院规模中等，东西长 23.5 米，南北长 53.5 米，占地 1246.5 平方米，沿中轴线纵向扩展为两进院落。两院落均在东南角设了两道门，第一道门为随墙门，两坡硬山顶，立于两建筑的檐墙之间，比例高而窄。第二道门为如意门，装饰较为华丽，门楣上雕有如意图纹。两道门之间形成一道通向院内狭长的过渡空间，也显示了止园书院较强的封闭性和私密性。止园书院沿南北轴线依次为倒座"悟因楼"，厅堂"清立堂"，正房"崇典阁"。悟因楼为三开间，二层，楼梯间设在两门之间的过道一侧。在楼上二层设有前檐廊，以悬臂梁从底层出挑，二层当心间檐柱不落地，而悬于中柱穿枋上，柱头刻有花瓣莲叶等华丽的木雕，做成垂花式（图 4-3-34）。

悟因楼以北为三开间的过厅"清立堂"。"清立堂"是康熙皇帝为陈廷敬所题匾额，以此褒扬勉励陈廷敬以清廉立身。陈氏一族为纪此殊荣，将匾额悬挂于厅堂中，并加以修缮，称此堂为"清立堂"，以示沐泽圣恩。清立堂为南北过厅，起联结和分隔前后两进院落的作用，主要用来敬奉康熙的墨宝，以及诸代祖先的著作，供后世子孙瞻仰。建筑为单

山西古建筑

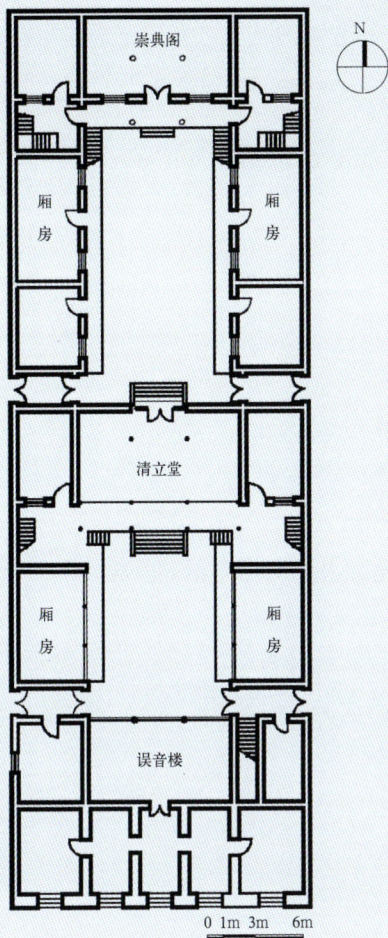

图 4-3-34 止园书院平面图（资料来源：自绘）

层悬山顶，体量较大，是书院中级别、规制最高的建筑。

清立堂以北是位于轴线末端的正房。正房为三层阁楼，"明三暗五"式。最外两个尽间被左右厢房所遮挡，尽间与厢房之间设楼梯间。正房一层为陈氏子弟读书的教室"日知书屋"。室内北墙悬挂孔子像，师生在每月初一、十五上香，以求"文圣"眷顾。西墙挂弟子规，以严格的学规教条约束学子的言行。正房二层为书院的藏放书籍的"崇典阁"，三层为印刷刻版书籍之处。崇典阁为书院中最高的建筑，二层处设挑檐廊，檐柱直通到底，墙面以清水砖墙，不设装饰，建筑显得朴素简洁。书院在轴线两侧对称的布置厢房，前院为三开间，后院为五开间，分为一门两窗和一间一窗两种模式。厢房二层都设挑檐廊，楼梯为木制，设在室外挑廊下。

（三）特征分析

止园书院内分区合理。院内除了厅堂以外，其余单体建筑都为重楼形式。厅堂以南的院落空间方正，主要是举行仪式活动的场所，因此装饰较为华丽，而以北院落主要是教学场所，所以清水砖墙较少装饰，厚重典雅。平时清立堂的门一关闭，两进院落就各成体系，互不干扰，为学子创造了安静的学习空间。止园书院的平面布局，深受当地民居形式影响。如书院的正房、厅堂、倒座、厢房均设有耳房，四面共八间耳房，为两进院落的"四大八小"形式。每进院落四个屋檐相互毗连于同一个高度，形成一个方正的天井空间，每个单体建筑回廊上下都能享有天井的空间。这种建筑组合形式除了阳城外，在山西极为少见，非常接近南方民居的天井形式。考虑到陈氏家族几代人曾在南方为官，书院在空间组合形式上受到南方建筑的影响是可能的。从结构上来看，书院建筑坐落在一层窑洞顶之上，窑洞为书院花房，与倒座一层相通。书院院落表现为高墙深院，数道重门，当大门关闭时，高大的院墙就围合成了一个宁静的、封闭的空间。这一方面是为了给子孙创造一个不受干扰的学习环境，一方面是出于防御性要求。明末清初，农民军屡犯皇城相府，"须臾间，赤衣遍野，计郭峪一镇，辄有万贼。到时劈门而入，掠夺金帛……。"[14] 因此，皇城相府中的建筑，包括止园书院都建造的高大坚固，门户隐蔽以抵御外敌，与寻常书院重视"门面"不同（图 4-3-35 ～图 4-3-37）。

图 4-3-35 止园书院全景（资料来源：自摄）

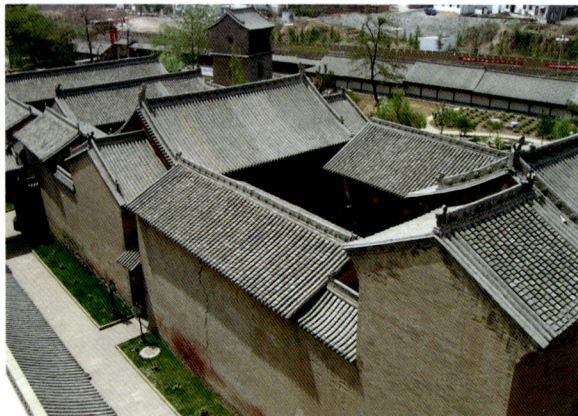

图 4-3-36　止园书院俯瞰（资料来源：自摄）

图 4-3-37　止园书院园囿（资料来源：自摄）

图 4-3-38　灵石王家大院桂馨书院内院（资料来源：自摄）

八、桂馨书院

（一）历史沿革

桂馨书院位于灵石县静升镇王家大院内，是静升王氏一族的家族书院。桂馨书院属于高家崖院落群中，因此修建年代大致在嘉庆元年（1796 年）到嘉庆十六年（1811 年）之间。"桂馨"名称为王氏18 世子孙湖南宝庆府知府王肯所起，意为期望王氏子孙金榜题名，一举折桂，文气有如丹桂的馨香般绵延不绝。

静升王氏家族为太原王氏后裔，于元皇庆年间迁入静升村，初为佃农兼营豆腐，后以商贾起家，耕读入仕，逐渐成为"以商贾兴，以官宦显"的灵石县一大望族。很明显，"经商、入仕、耕作"这种三位一体的结合与深化，实质上是与"学而优则仕"的传统观念分不开的。其中，在家族教育方面桂馨书院功不可没，为王家共培养出举人 9 名，进士 4 名，走上仕途的达 43 人，实现了家族由商转仕的扩张和转变。

（二）空间布局

桂馨书院是高家崖主体建筑群西端的最后一套院落，坐北朝南，为有主有从式布局。主院与跨院纵向均分为三进，分为前院、中院、内院，入口位于东南角（图 4-3-38、图 4-3-39）。

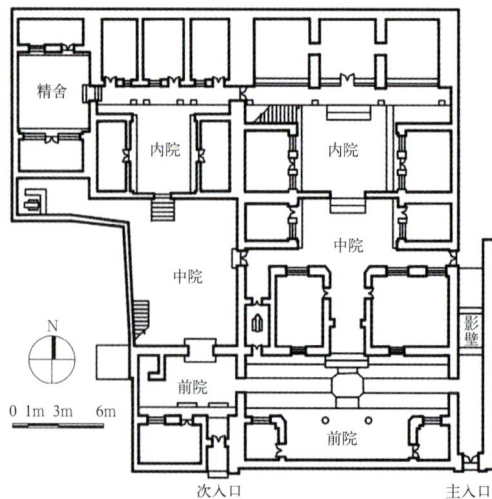

图 4-3-39　灵石王家大院桂馨书院平面图（资料来源：自绘）

每进院落皆有一道通往主院的侧门，使院落内部横向交流更为便捷，于纵向则互不干扰。桂馨书院主院为规整的长方形，以严格的中轴线布局。前院由向西的月洞门引入，门前装饰有石雕的楹联和匾额。院内纵横两条方砖甬道通至四方，于西端又引出一道通往跨院的月洞门。东西两道月门在院内花草的点缀下相映成趣，使王氏子孙们能踱出那憋闷的宅院，于草长莺飞处得以偷闲片刻。院南侧的五开间倒座的构成非常特殊，只有尽间被墙壁围合，中部的三个开间完全开敞，为庭院增加了不少通透的感觉。主院的二、三进院落间只留有门的意象，因高差的关系，设了三级台阶。通往中院的入口处同样也设有三级台阶，而内院正房前的台阶仍然是三级。这重复三次的三级台阶隐含有连升三级之意，可见读书入仕，求取功名代表了王氏家族对子孙的厚望。内院正房是先生授课之处，为三开间的锢窑，出挑屋檐，外立檐柱，但装饰简朴清雅，有一种脱俗的书卷气息。正房西向，又是一道通向跨院的侧门。桂馨书院的开敞并非宽阔的院落所致，最重要的原因是院内房屋均为单层，层高减半的屋宇在很大程度上改善了院落的采光条件。

桂馨书院跨院由于地形原因，平面为不规则形，但纵向依然有明确的轴线，设有精舍和花院。第一进院落的倒座内设有花窖，然此花窖实为通往堡外的暗道，这里非常隐蔽，主人临险可避难于此，以保万一。院落西北角筑起一座高台，名为观景，实则起了瞭望哨的作用。因其位于大院西端，紧靠堡墙，家丁可利用其高度进行巡查，防止歹人的侵袭。由于前院狭小，登台的楼梯只能置于中院。院北垂花门仅为美观而置，它与居住区分隔男女之礼的作用不同，故而其两侧看面墙的墙心装饰着镂空的砖雕，形似放大了尺度的什锦窗。

位于内院的正房是王氏长辈读书之处，与主院相同为三开间锢窑式。每开间有一门一窗，六根檐柱的排列疏密相间，形体细巧，分别对应三组门窗。檐下木雕更是简捷，只在柱间进行了简单的勾勒。朴实无华的书斋与奢华的堡院形成了强烈的对比，它鲜明地解读出主人静心苦读以追求功名的传统思想。跨院中的精舍，在院落的西北角，以地偏为胜，借景为情，为书院中藏书和主人静修之处。通过精舍的轩窗远望，近可以观瞻月亭、远则赏文笔宝塔、霍山雪巅；仰观绵山奇峰，层峦叠嶂；平视深山藏古寺，层云绕梯田，组成一幅有空间层次的景观，是主人赏景清修的最佳去处（图4-3-40 ～图4-3-42）。

图4-3-40 灵石王家大院桂馨书院前院（资料来源：自摄）

图4-3-41 灵石王家大院桂馨书院中院（资料来源：自摄）

图4-3-42 灵石王家大院桂馨书院东厢房（资料来源：自摄）

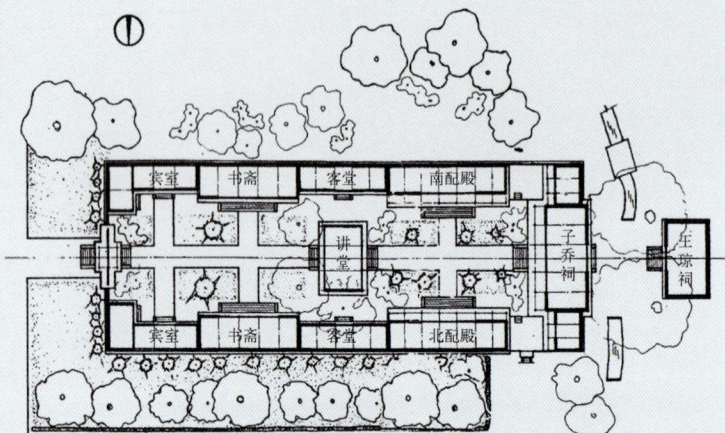

图4-3-43 晋溪书院平面图（资料来源：《古建园林技术》1996年4期）

图4-3-44 晋溪书院大门（资料来源：自摄）

图4-3-45 晋溪书院太原堂（资料来源：自摄）

（三）特征分析

桂馨书院整体布局严谨对称，通过宅门→影壁→垂花门→内院→室内的空间序列组合，显示出主次分明、前低后高、循序渐进，步步推向高潮的传统四合院特征。同时像院落狭长，左右厢房相距较近，厢房部分挡住正房以利于挡风沙，庭园内较少叠石造水，而以摆设花盆水缸为装饰，绿化较少则是晋中地区四合院的特征。值得指出的是跨院内还设有通往院外的暗道和瞭望用的高台。这样书院不仅可以读书怡情还增加了防御、避难的功能，充分显示出其鲜明的地域特色。同时，桂馨书院一个特色就是它的门景设置。古人相宅有"端正为吉，直长不祥"的营造规矩，桂馨书院吸取民间做法，用月洞门、垂花门把院落分作三进，于直长中取端方，在保留书院气脉贯通的同时，又为院落增加了许多变景因素。这些通透的门景，方中套圆、圆内有方，环环紧扣，方圆互衬。错落复杂的循环往复路线，使人们入院后往而复返，无终无尽，如入迷宫。同一个院落，由于有东西南北上中下几道形状相似而又同中有异的不同门路，改变了视觉方向，同一景观给人以不同的审美感受。

九、晋溪书院

（一）历史沿革

晋溪书院是明清时期太原王氏一族的家族书院。晋溪书院，初名"晋溪园"，位于太原市晋祠中轴线侧，王琼祠前，为明代大臣王琼始创。王琼（1459～1532年），字德华，号晋溪，别号双溪老人，明成化二十年进士，曾历事成化、弘治、正德和嘉靖四帝，由工部主事六品直做到户部、兵部、何吏部尚书，与于谦、张居正被称为明朝三重臣。嘉靖五年（1526年），王琼告老还乡，在晋水畔建园，以号为名，称之为"晋溪园"，嘉靖十一年（1532年）王琼卒，次年，其长子王朝立在晋溪园西建王琼祠，并改"晋溪园"为"晋溪书院"，遂成为王氏后代读书之地。据明嘉靖《太原县志》、清道光重修《太原县志》、《晋祠志》等史料记载，当时晋溪园"筑于晋祠水边，甚为佳胜……"，"正亭三楹，后辟门以通王公祠。南北荣各十，中设讲堂，前门东启……"，"其北墙根下绕以陆堡河，河之北岸即祠垣，垣距书院仅十步"。清初，晋溪书院渐渐衰败，房屋年久失修，大半倾圮，几成废墟。民国以后，王琼十四世孙王惠等集资重修书院之正房五间、厨房三间及正门面三间。新中国成立后，20世纪50年代省干部疗养院利用书院基址和建筑加以修葺供干部疗养及文管所的办公用房。1992年，在政府和海外王氏的支持下，晋溪书院进行了重建（图4-3-43～图4-3-45）。

（二）空间布局

晋溪书院复原工程在原址上进行，占地面积2100余平方米，东西长76米，南北宽30米，建筑坐东朝西。平面采用对称布局，分为前后两进院落，以居中的讲堂为界，前院为书斋、宾堂、客堂，海外王氏联谊会常在此聚会。后院为王氏宗祠、奉祀王氏始祖王子乔。晋溪书院大门为垂花门，面阔三间，正面采用了琴、棋、书、画为主题内容的透雕门罩，并将由王琼十四世孙王宪题书的"晋溪书院"牌匾挂于门上，两旁为砖雕假门施以淡雅的彩绘，配有明吏部尚书刘龙赠王琼的诗句"门前鸥鹭寻常客，镜里菱荷次第花"作为楹联，显得格外秀丽、淡雅。

中轴线上的第一个建筑为书院的讲堂"太原堂"，讲堂面阔三间，进深两间，悬山顶，立于90厘米高的台基上，三间前均置隔扇门，便于通行。讲堂最初名为"溪翁堂"，是历代王氏子孙听讲之处。由于书院房舍宽敞，设施完善，明清时太原知县课试本县生员，还将考场设在晋溪书院。在晋溪书院重修后，溪翁堂改称"太原堂"，成为王氏后裔祭祖、联谊的场所。讲堂两侧对称布置书斋五间、客堂八间，开间宽3.2米，深4.2米，卷棚式屋顶，由于书斋是南北朝向，因此采光较好。

讲堂后为子乔祠，是祭祀王氏始祖的场所。子乔祠面宽五间，进深三间，悬山式屋顶，前廊深两米，台基高1.2米，是全书院的主建筑，因此体量、规制都是最高级的。殿中置神龛一座，内塑子乔公座

像，龛内周壁绘有祥云图案，顶部与殿内天花均绘飞鹤降翔图案，寓意王子乔跨鹤成仙，殿内两山及后墙壁均有壁画，绘有子乔史画24幅。大殿两侧设耳房三间，内供王氏宗族牌位。子乔祠明间辟门可通向院后王琼祠。子乔祠两边配殿面阔七间，进深六椽，廊深1.4米，台基高0.9米，卷棚悬山式屋顶，均为陈列室。陈列有王氏列祖列贤画像，有关王氏的史籍、志书，牒谱以及海外王氏社团的祭品（图4-3-46、图4-3-47）。

图4-3-46　晋溪书院内院（资料来源：自摄）

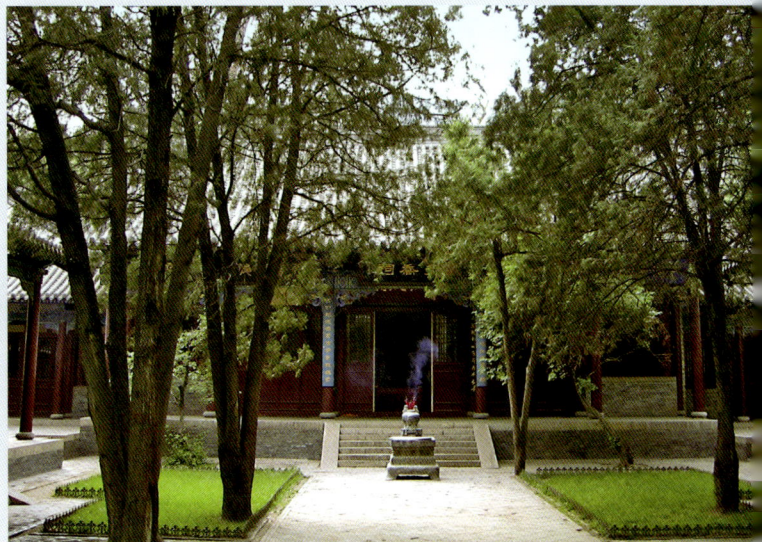

图4-3-47　晋溪书院子乔祠（资料来源：自摄）

（三）特征分析

晋溪书院在功能布局上是以祭祀为主，建有子乔祠和王琼祠两座祠堂。书院以祭祀王氏家族始祖王子乔和书院创始人王琼为主，而不像官办书院一样是以祭祀孔子等儒家先贤，体现了家族书院祭祀上的特点。作为祭祀性书院，晋溪书院环境营造十分成功。书院坐依悬瓮山，环境清幽，加之院内对称排列的古松、绿茵，隆重的建筑形制，给人的感觉是秩序井然，充满象征性和仪式感，气氛肃穆而庄严。

十、山西官办书院与家族书院的功能差异

（一）布局模式差异

山西官办书院布局受官学影响较大，与府学、县学类似，讲究森严等级和庄重形制，故较为模式化。一般以讲堂、祭祠、藏书楼、斋舍为建筑主体，充分体现了讲学、祭祀和藏书的三大功能。

家族书院布局较为灵活，没有固定的模式，例如祭祠常在书院外另辟院落设置，有些小规模书院甚至省略藏书楼的设置。除了供族中子弟读书，家族书院常辟出一两个别院供族中长辈作为读书休憩的场所。像常家石芸轩书院，主院为常氏子弟读书之处，西边跨院则是养和堂主人常麟书的小书院，用于其小憩、会客及读书。家族布局更多的是与当地的传统民居相结合，体现出地域特点和民俗风格（图4-3-48、图4-3-49）。如止园书院体现出的是阳城地区"四大八小"的院落组织形式，桂馨书院体现的是晋中民居院落特征。

（二）祭祀方式差异

山西家族书院与官办书院一个明显差异就是"家族血缘性"的体现。家族是以血缘关系为纽带的宗法共同体，家族存在的基础包括共同的祖先信仰、严厉的宗法制度等。许多家族举全族之力兴办书院，家族子弟在书院接受教育，读圣贤之书，学伦理纲常、礼义廉耻，在严厉的宗法制度大背景下，耳濡目染，自觉践履家规家法要求，"由学而礼让著，由让而孝义敦"，在"家传孝义"和"期取青紫"的目标导向下，家族书院成为维护家族稳定，提升家族声望的重要力量。因此，为了体现一家族的血缘性与凝聚力，山西家族书院常以家族祠堂代替官办书院中的祭祠，将祭祀先祖看成比祭祀孔子等先贤更为重要的活动，使后代子孙在读书治学时不忘敬祖崇孝，以此维护和发展宗族统治。例如晋溪书院中就立有王氏祖先的祠堂。王氏子孙在书院一个重要任务就是定时按礼仪祭祖。而一般不举行正式的祭孔仪式，只是在讲堂墙壁悬挂孔子画像，在初一或十五，举行上香等简单仪式。

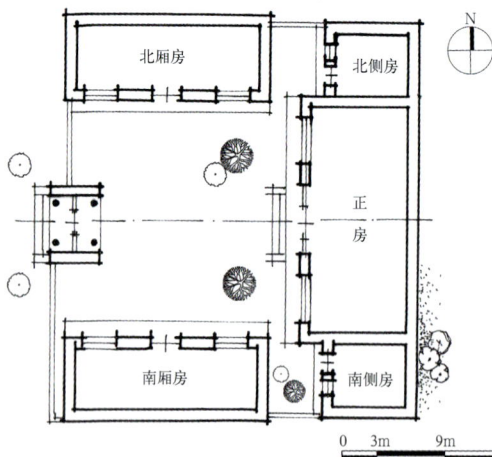

图4-3-48　临汾苏村书院平面图（资料来源：山西省第三次文物普查资料）

图4-3-49　榆次常家庄园石芸轩书院内院（资料来源：自摄）

注释

① 姓卜名商，字子夏，又称卜子，魏国西河人，为孔子72门人之一。卜子一生极力宣扬孔子学说，在故乡西河广招门徒，设堂讲学。他曾被魏文侯聘为老师，因此又被喻为"王者之师"。

② 辽代应州人，曾任辽翰林学士、礼部侍郎、户部尚书等职。

③ 杨慎初.书院建筑与传统文化思想[J].华中建筑.1999（2），111.

④ 张卫.谈谈中国传统的书院建筑[J].建筑师.1993（51），33.

⑤ 见《全唐诗》卷333，第103首.

⑥ 数据来自王炳照所著《中国古代的学校》附录：各省（区）历代书院统计表。

⑦ 数据来自王炳照所著《中国古代的学校》附录：各省（区）历代书院统计表。

⑧ 丁钢，刘琪.书院与中国文化[M].上海教育出版社，1992，192-193.

⑨ （清）于霈.新建苏泉书院记.

⑩ 严耕望.唐代多读书山寺[J].大陆杂志.1951（4）.

⑪ 朱汉民，李弦祺.中国书院[M].长沙：湖南教育出版社，1997，112.

⑫ 季啸风.中国书院辞典[M].长沙：浙江教育出版社，1996，2.

⑬ 详见"河东书院碑记"。

⑭ 李新平，张学社.乡间皇城[M].太原：山西古籍出版社，2004，79.

山西古建筑

山西古建筑

第五章　衙署建筑

山西衙署建筑分布图

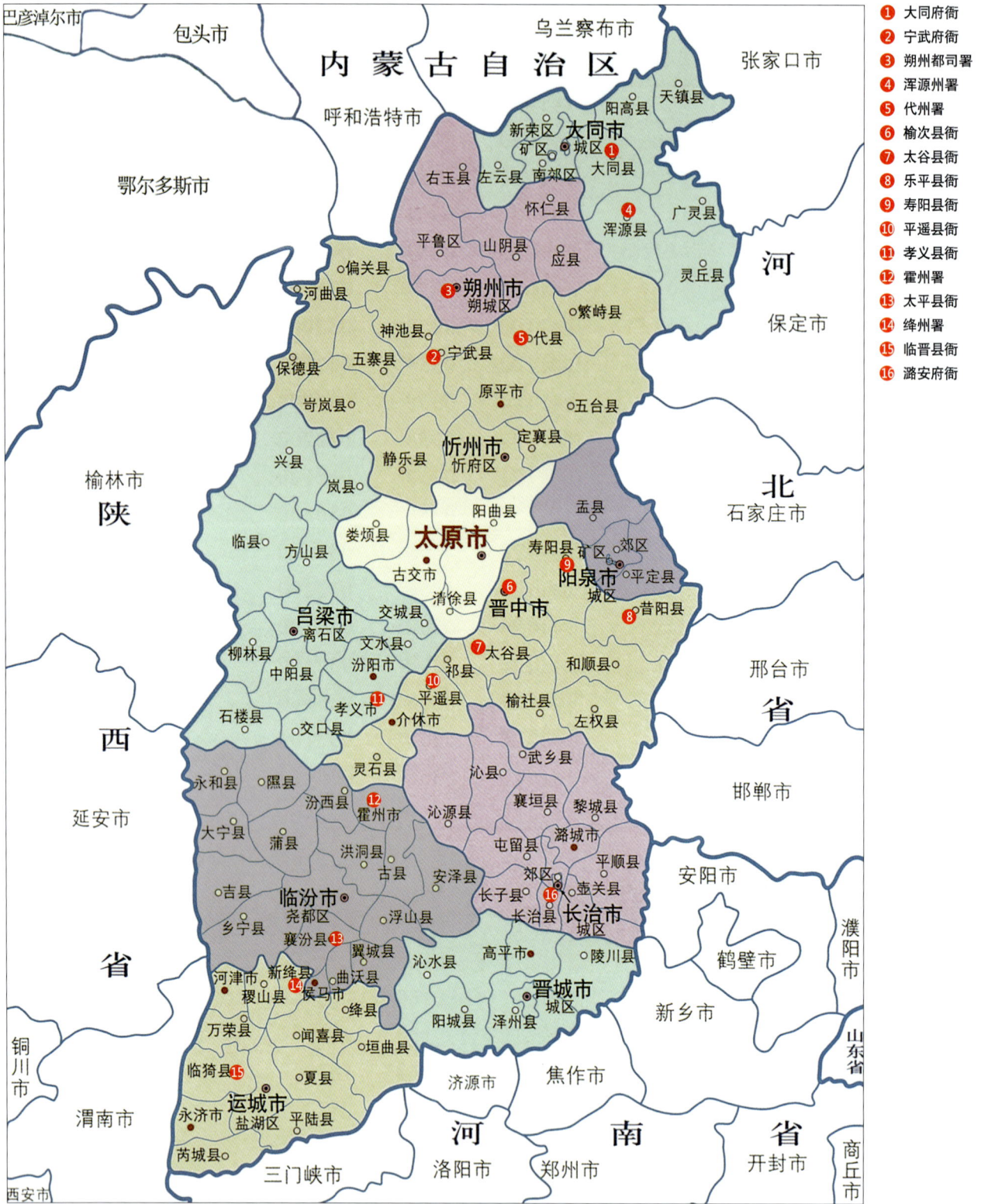

（地图引自：中华人民共和国民政部编. 中华人民共和国行政区划简册 2014. 北京：中国地图出版社，2014.）

图例：

1. 大同府衙
2. 宁武府衙
3. 朔州都司署
4. 浑源州署
5. 代州署
6. 榆次县衙
7. 太谷县衙
8. 乐平县衙
9. 寿阳县衙
10. 平遥县衙
11. 孝义县衙
12. 霍州署
13. 太平县衙
14. 绛州署
15. 临晋县衙
16. 潞安府衙

内蒙古自治区

巴彦淖尔市　包头市　呼和浩特市　乌兰察布市　张家口市

鄂尔多斯市

榆林市　陕

保定市　北

石家庄市

西　省

延安市

铜川市　渭南市

西安市　三门峡市　洛阳市　郑州市　开封市　商丘市

河　南　省

焦作市　新乡市　山东省

濮阳市

鹤壁市

安阳市

邯郸市

邢台市

天镇县　阳高县　新荣区　矿区　城区　大同市　大同县　左云县　南郊区　右玉县　怀仁县　广灵县　浑源县　平鲁区　山阴县　应县　灵丘县　偏关县　朔州市　朔城区　代县　繁峙县　河曲县　神池县　宁武县　五寨县　原平市　五台县　保德县　岢岚县　定襄县　兴县　静乐县　忻州市　忻府区　岚县　娄烦县　阳曲县　盂县　临县　方山县　太原市　寿阳县　矿区　郊区　古交市　阳泉市　平定县　清徐县　城区　昔阳县　吕梁市　离石区　交城县　晋中市　柳林县　文水县　太谷县　和顺县　中阳县　汾阳市　祁县　石楼县　孝义市　平遥县　榆社县　交口县　介休市　左权县　灵石县　武乡县　沁县　汾西县　霍州市　沁源县　襄垣县　黎城县　大宁县　蒲县　洪洞县　古县　屯留县　潞城市　平顺县　吉县　临汾市　尧都区　安泽县　长子县　郊区　壶关县　乡宁县　襄汾县　浮山县　长治县　长治市　城区　陵川县　河津市　新绛县　翼城县　曲沃县　沁水县　高平市　稷山县　侯马市　绛县　晋城市　城区　万荣县　闻喜县　垣曲县　阳城县　泽州县　临猗县　夏县　济源市　运城市　盐湖区　平陆县　永济市　芮城县

第一节 衙署的演变与发展

衙署是旧时官吏办理公务的处所，起源于春秋，推广于战国，定制于秦朝。有关衙署的记载最早可见于战国《周礼注疏》："以八法治官府。"衙署最初称为官府，汉代时，太守、校尉的衙署称府，县衙称寺，此见于《汉书·平帝纪》卷12："罢安定呼池苑，以为安民县，起官寺市里，募徙贫民，县次给食。"唐代以后称衙署、公署、公廨、衙门。①而衙门又是由"牙门"演变而来。牙，指牙旗，旗杆上饰有象牙的大旗。《宋史·仪卫志六》载："牙门旗，古者，天子出，建大牙。今制，赤质，错采为神人象，中道前后各一门，左右道五门，盖取周制'树旗表门'、'天子五门'之制。"天子出行之时，立牙旗以表门，以作仪仗之衬托。唐代封演所著《封氏闻见录》中有："近俗尚武，是以通称公府为公牙，府门为牙门。字称讹变，转而为衙也"的记载。唐代尚武，武官治所称"牙门"，文官治所以带武夫气为荣，其官府也开始称为"牙门"，且唐代史籍中"牙"与"衙"互用，"牙门"讹为"衙门"则为正常。到了宋代，"衙门"之称普遍，且文武官府一律通用，"牙门"之称甚至不为人所知。元明清时，官府以"衙门"之称为定制，故后来不论是州、府、县的治所一律称为"衙门"（图5-1-1）。

中国古代衙署有中央衙署与地方衙署之分，中国古代的封建统治是依靠从中央到地方的各级官吏来维系，这是我国古代政治制度使然。

自秦实行郡县制以后，郡、县治所在的地方城市即成为朝廷派驻各地的政治、军事统治中心，又往往是经济、文化、交通或手工业的地方中心。为保证政权的有效运作，这些城市均设置有一套相关的机构与设施，府县衙署作为其中之一，相当于行政首脑机构。随着中国道教思想和民俗文化的发展，城隍庙逐级成为构成城市体系的要素之一，在地方城市中占有一席之地。城隍是神话中守护城池的神灵。唐代，奉祀城隍神的活动已经较为盛行，地方城市中城隍庙的设置较为普遍，几乎各府州县都有。宋代亦信仰城隍神，明代时达到了极盛。明太祖朱元璋夺取天下后，下令各地大修城隍庙。城隍庙在地方城市体系中一般和县衙对称设置，县太爷管理阳间，城隍爷管理阴间，它护神佑民，主管冥籍，体现了"阴阳各司其职，人神共治"的思想，表达了中国古代"天人合一"的思想观念（图5-1-2）。

图5-1-1 孝义县衙鸟瞰图（资料来源：自绘）

图 5-1-2 孝义城隍庙鸟瞰图（资料来源：自绘）

一、汉代的衙署

西汉已有关于衙署的规定和等级区别的记载，汉以前的衙署具体情况不详。唐宋以后大体可考。汉代官寺多建在附属于大城的小城内，采取庭院式布局，其围墙基本呈长方形，寺门一般对着大路，由《后汉书·宣张二王杜郭吴承郑赵列传》卷 27 可知，汉代的衙署，门前有二桓表，如刘敦桢先生所说："其县寺前夹植桓表二，后世二桓之间架木为门曰桓门，宋避钦宗讳，改曰仪门。门外有更衣所，又有建鼓，一名植鼓，所以召集号令为开闭之时，官寺发诏书，及驿传有军书急变亦鸣之"（图 5-1-3）。

基于古人"圣人南面而听天下，向明而治，"[②]"廷者，阳也，阳尚生长，"[③]以及"衙门八字朝南开"的古谣，可以推知寺门应为南北方向。县寺门旁常有"塾"，与围墙相连，左右各有一间。《古今注》卷上载："塾，门外之舍也。臣来朝君，至门外当就舍更衣，熟详所应对之事。塾之言熟也，行至门内屏外，复应思惟。"寺门之后为屏风，汉人称之为"罘罳"，《古今注》曰："罘罳，屏之遗象也。……罘罳言复思也。汉西京罘罳，合版为之，亦筑土为之，每门阙殿舍前皆有焉。于今郡国厅前亦树之。"绕过罘罳，就进入庭中，庭中最重要、最显赫的建筑物就是正厅（堂），为县令长正式听事办案之地，故又称"听事"或"厅事"，是官寺中的主要建筑。[④]正堂两侧的厢房中多受理一般小事。县廷中供诸曹小吏处理各曹事务的办公处所常视衙署大小而定，小者即在正厅两厢，大者在主庭院侧另建院落。

县廷中还有一个重要设施，就是狱。《后汉书·孝安帝纪》卷 5 载："皇太后幸洛阳寺及若卢狱，录囚徒。"张继海考证出：狱应在县廷之北，与汉代人北方主刑杀的思想观念一致。[⑤]由此可知，汉代县寺有"南衙北狱"的格局。

汉代县长吏可以带家属去其所掌之县，《后汉书·光武帝纪》卷 1 载："皇考南顿君初为济阳令，以建平元年十二月甲子夜生光武于县舍。"由此可见，济阳令可以带家属相随。《后汉书·吴延史卢赵列传》卷 64 记述吴佑为胶东侯相时："济北戴宏父为县丞，宏年十六，从在丞舍。佑每行园，常闻讽诵之音。"由此可知，县寺主官有单独的居住院落，院内还有花园，作为官吏宴集、待客及游观之所。与此相比，小吏不能带家属入住县寺之内，所以他们只有集体宿舍"吏舍"可供居住。吏舍常集中设置，并有"吏舍厕"随之设置，见于《后汉书·党锢列传》卷 67："时宛陵大姓羊元群罢北海郡，赃罪狼藉，郡舍溷轩有奇巧，乃载之以归。"章怀注曰"溷轩，

图 5-1-3 榆次县衙前牌坊（资料来源：自摄）

图 5-1-4 内蒙古和林格尔汉墓壁画中的宁城县图（资料来源：《罗哲文历史文化名城与古建筑保护文集》）

厕屋。"县廷还设有专门机构管理居住在寺内的诸多县吏的生活，即：厨舍，见于《后汉书·刘玄刘盆子列传》卷11。光武于宜阳接受赤眉投降时，"帝令县厨赐食，众积困赣，十余万人皆得饱饫。"

汉代衙署的格局可见于长安的丞相府，该府四面辟门，门外建阙，主体建筑"百官朝会殿"的西部有王公百官更衣处，还附有官邸和车马厩、客馆、奴婢舍等建筑。由内蒙古和林格尔汉墓壁画中画有多幅墓主生前担任过官职的城市的官衙图，可探知当时地方衙署的具体形象（图5-1-4）。护乌桓幕府分幕府堂院、营舍和庖舍三个部分。幕府有南门、东门，南门有门、屋、塾和双阙。按照汉代官署制度，

图 5-1-5　代州衙署全景（资料来源：任青田摄）

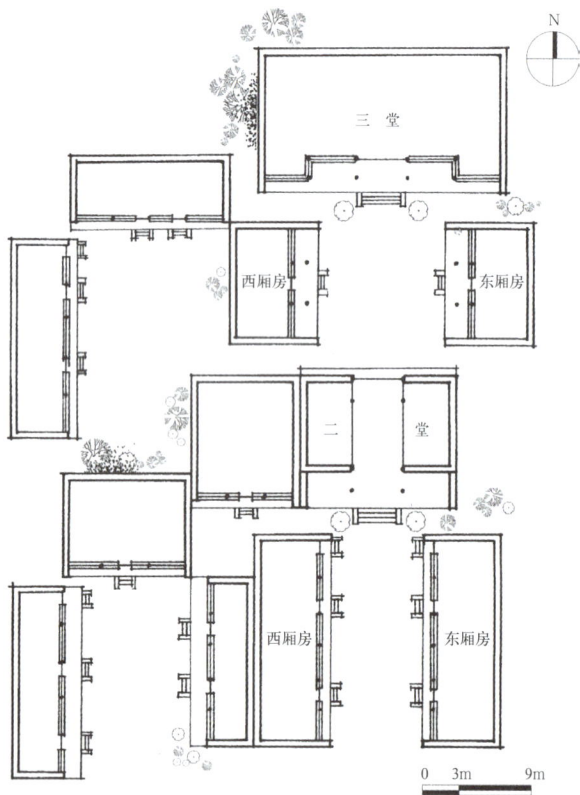

图 5-1-6　代州衙署现状平面图（资料来源：山西省第三次文物普查资料）

门内有庭，过庭才是"堂"或"厅事"，庭为堂的前奏，又叫前庭或前院。庭院东面有较为长阔的一排房屋，由《汉书·公孙弘传》所载"于是起宾馆，开东阁，以延贤人"可推知，这排房屋应当是宾馆、东阁。经前庭进入正中堂院，即为宽阔的广场和高大的堂屋。堂后小屋，内坐妇人，当为居室，又叫"寝"或"内"。堂之北，为四间廊庑，过其尽头处的门亭，北部又有一狭长院落，院后有长房一列，上书"库"字，当为仓库。幕府堂院之后为一区用墙垣划出的营舍，可能是幕府中管理军务的机构所在。在北营舍中，有"营曹"（管理军营事务的官吏治事之处）和"司马舍"（校尉下的属官治事之处），司马舍之北为仓房，为营舍储存粮秣之用。幕府衙门的西南隅，紧靠幕府南门，为一区四合房舍，应是幕府的庖舍。庖舍东面有廊庑五间，门一间；北面廊庑分作两大间；西面廊庑之外有廊屋三间，内有牛、马，当为牛马棚，旁为马卒。庖舍院中有堂一间，内坐有庖正指挥庖丁供膳者。

　　该建筑群对后世产生影响之处在于，其一，堂前设"前奏院"的作法延续至后世的宫殿、衙署、宅第中，依等第不同常设一至数重不等，除供使用外，兼示威仪。如：帝王宫殿前常作好几重前奏院落；其二，该建筑群是迄今发现的最早的"前堂后内"制度的形象资料。与此相仿，封建帝王的宫廷为"前朝后寝"，官吏、士大夫的府第为"前堂后寝（或内）"（图 5-1-5、图 5-1-6）。"和林格尔汉墓壁画中的宁城县图中，宁县寺（县衙）屈居于图中幕府衙门的东南角，面积不及幕府的十分之一。"⑥县寺南面有一书有"宁县寺门"的门亭，门内仅有一座似书有"吏舍"字样的单层无殿顶的房舍，内有二县吏。县衙门与幕府衙门在占地面积和建筑规模上均相差悬殊，这些体现了封建社会的建筑等级制度。

二、唐代的衙署

唐代称汉时的小城为子城、牙城或衙城。节度使驻节的州府城衙城正门称"鼓角楼"，设鼓角旌节，下开两个门洞，俗称双门。府县子城正门和无子城的衙署前正门称"谯楼"或"谯门"，上设鼓和为城市报时的钟。唐代以后中央和地方衙署多在主庭院外围建若干小院落，分几路布置（图5-1-7）。唐长安尚书省中路主庭院内建尚书令厅，称"都堂"。主庭院两侧建筑并列三路，以巷相隔，每路的前后各串连四个小院，共有24院，是尚书六曹的公廨。

三、宋代的衙署

宋代府县谯门前建名为"颁春"、"宣诏"的二亭，是名义上的接诏布政场所。衙署位于子城中心，官邸附于署后。属官公廨、住所和军营、仓库等布置于周围。子城战时可设防，又是军事据点。宋代州府衙署也有因无子城而分散设立的。南宋绍兴三年（1133年）重建的平江府治是唐宋时期整个子城作为衙署的实例。子城有南、西两门，南门内轴线上布置府署和府邸。署由廊庑围成庭院。庭北正中正厅称"设厅"，以宴设将士得名。设厅后面为丁字形小堂。设厅、廊庑、小堂为长官办公之处。小堂后工字形的宅堂和东斋、西斋是府邸。邸北有池塘、园圃，散列轩亭，并可北通城上的齐云楼。唐宋时期州郡有供官吏宴会用的楼，称"郡楼"，或建在官署中，或建在风景优美的处所。齐云楼即属郡楼性质。府署前两侧整齐布列五个小院，是属官廨署。西部多是军事机构，还有练兵的教场和制造军器的作坊院落。平江子城和衙署重建于宋、金交战之际，还保留着兼作军事据点的特征。

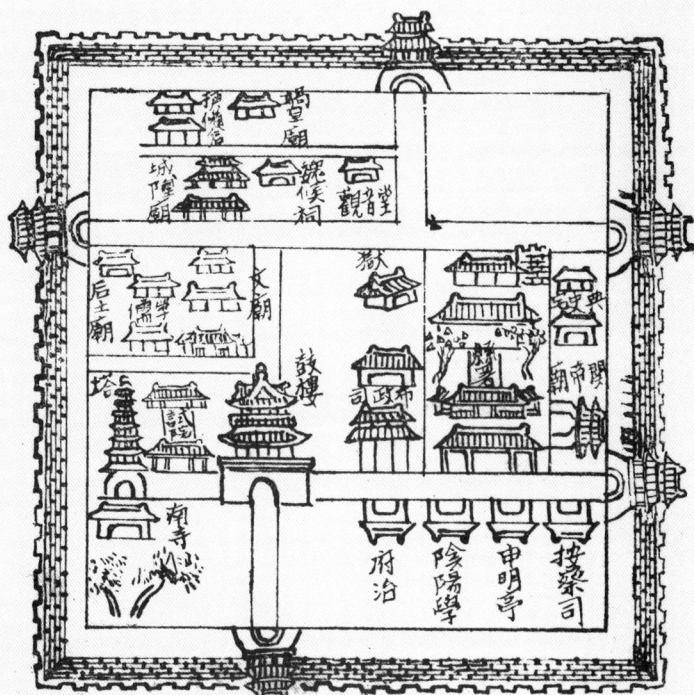

图5-1-7　唐鄂国公食邑太平县城图（资料来源：《太平县志》）

四、明代的衙署

元灭宋后，下令毁天下城墙，明代重建时，一般不再建子城。洪武二年（1369年）定制，地方衙署集中建在一处，同署办公，同门出入，以便互相监督。现存始建于明代的官署多在城市中心偏北，前临街衢。明正统七年（1442年）在北京皇城千步廊侧建的中央各部院衙署，布局基本一致，都是正堂为五间工字厅，两侧建若干院落。以吏部为例，总平面呈矩形，分前后两部。前部外门三间，门内分三路。中路是以面阔五间工字形正堂为中心的主庭院，前有三间的仪门，左右各有东西庑16间，正堂左右各有二小堂。左右两路各为六个院落，与中路以巷道相互间隔，是各职能司的公廨，后部为仓库。广盈仓，俗称老仓，位于应县金城镇西关内。坐北朝南，东西46.6米，南北18.15米，占地面积约846平方米（图5-1-8）。据明代《应州志》记载，为明应州知州黄彪创建，清代重修，是明、清及民国时期的应州官仓，可储粮二千石。现存为清代遗构。粮仓建于高1米的砖砌台基上，面宽十三间，进深四椽，前出廊，硬山顶，

图 5-1-8　应县广盈仓
（资料来源：张哲摄）

图 5-1-9　榆次县衙郑侯祠
（资料来源：自摄）

图 5-1-10　榆次县衙马王庙
（资料来源：自摄）

筒板瓦覆盖。顶部上设通风天窗 4 孔，地下置南北向通风孔道。明代以后，地方府县衙署内常建土地祠、酂侯祠、马王庙等（图 5-1-9、图 5-1-10）。

五、清代的衙署

据清康熙年间官僚王士祯记载，京城"六部、都察院公署，吏、户、礼在禁城之东，兵部、刑部、工部在三部后街之东，皆沿明制。惟三法司及兵部督侍郎公署与太常寺在禁城之西"。清北京城以皇宫为中心，官衙分布在宫城（"紫禁城"）南部的东、西两边，形成宫室与官衙各成体系又相互照应的格局。清代地方官衙是一个集大堂、内宅、六房等建筑于一体的复合建筑群体，在总体布局上，大堂和内宅建于中轴线上，佐杂胥吏办公的六房及仓房、库房、客房、书房、监狱等则位于大堂两旁的附属轴线上。通常，六房距大堂最近，位于仪门之后，大堂之前的东、西两侧，东为吏、户、礼三房，西为兵、刑、工三房，均沿轴线一线排开，分列于甬道两侧，其余的库房、仓房等建筑仍沿纵轴排开，位于距中轴线稍远处，这种布局符合《大清会典》记载："各省州县与民最亲，凡大小案件无不始终于州县衙门，是以旧制，钱粮刑名等项分委承办，设有六房，即附于公堂之左右，使经制胥吏居处其中。"地方官衙严格依照此制，虽占地面积和形态有所差异，但总体格局却一致（图 5-1-11 ~图 5-1-13）。

图 5-1-11 寿阳县衙大门（资料来源：自摄）

图 5-1-12 寿阳县衙大堂（资料来源：自摄）

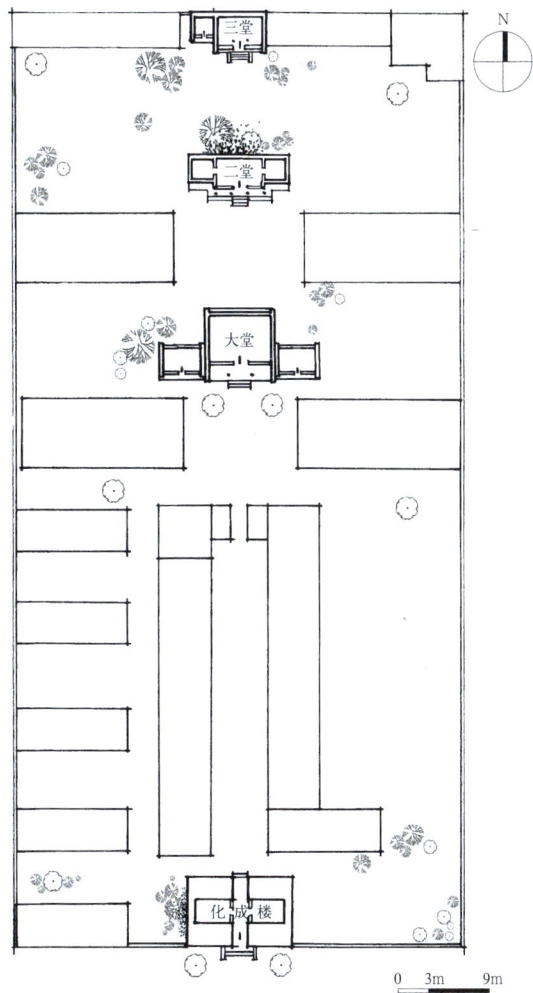

图 5-1-13 寿阳县衙平面图（资料来源：自摄）

第二节 山西衙署建筑的组成与布局

根据《清会典·工部》卷 58 载："各省文武官皆设衙署,其制,治事之所为大堂、二堂,外为大门、仪门,大门之外为辕门(仅武官有之),宴息之所为内室、为群室,吏攒办事之所为科房。"结合山西地方衙署建筑的遗存现状,在调查资料的基础上,拟将山西地方衙署的组成分为五个功能分区,即:旌表戒箴之所,治事之所,宴息之所,吏攒办事之所,祭祀之所。并对其空间布局逐一分析,分述如下。

一、旌表戒箴之所

旌表,指封建统治者用立牌坊或挂匾额等方式表扬遵守封建礼教的人。戒,指禁止做,防备。旌表戒箴之所大多位于衙署建筑群的前部,包括影壁、牌坊、大门、仪门、监狱、大门以外东西两侧的申明亭、旌善亭等。

(一)影壁

是建在衙署院落的大门外,与大门相对的屏蔽物,是按道教习俗修建的中国古代建筑所独有的形式,主要增加建筑群的气势,同时也可以遮挡外人视线,避免一览无余,又称照壁、照墙。照壁面北所绘图案无一定的规定,但多为形如麒麟的贪婪之兽,乃龙之九子,四体生火,周围是宝,但它生性贪婪,不知满足,大张血口,妄图吞日,结果利令智昏,葬身悬崖大海之中。此画意在警诫官员不要贪赃枉法(图5-2-1)。

(二)牌坊

照壁对面即为牌坊,是官员每月初一、十五在此宣讲圣谕教化百姓的地方,故又称"宣化坊"。《诗经·陈风·衡门》:"衡门之下,可以栖迟。""衡门"是以两根柱子架一根横梁的结构存在的,旧称"衡门"也就是现在所说的牌坊。由此可以推断:牌坊至迟在《诗经》产生的春秋中叶即已出现。牌坊又称牌楼,但严格地说两者仍有区别。在单排立柱上加额枋、斗栱等构件而不加屋顶的称为牌坊,来源于古代常用来表彰人或事的"坊门"。"坊门"于北宋中期随着里坊制的废除而改用牌坊代替。牌坊上施以屋顶便称为牌楼,这种屋顶俗称为"楼",常用楼的数目表示牌楼的规模,如一间二柱三楼,三间四柱七楼,三间四柱九楼等。它们多建于宫苑、寺观、陵墓、祠堂、衙署等大型建筑组群的入口处,

图 5-2-1 霍州署影壁(资料来源:自摄)

主要起着显示尊贵身份、组织门面空间、丰富组群层次、强调隆重气氛等作用，现已成为互通的称谓了。牌坊上可设匾，使其成为弘扬礼教、歌功颂德、旌表功名等的最隆重形式。牌坊在具有纪念碑性质的同时，往往含有标志性功能，它横跨于大道上，常常作为通往重要建筑物道路的标志性起点，可以收束视线，起到门和"对景框"的作用（图5-2-2）。

（三）戒石坊

戒石坊跨甬道设于大堂与仪门之间，向南刻"公生明"三个大字，向北刻"尔俸尔禄，民膏民脂，下民易虐，上天难欺"铭文16字。"公生明"作为官场箴规，意为公正方能明察事之本末，即所谓"公生明，偏生暗"（图5-2-3、图5-2-4）。在公堂之前立圣谕戒石坊的做法，是宋太祖赵匡胤首倡的。唐末宋初之间，为动荡不已的五代十国时期，当时的后蜀皇帝孟昶为了励官安民，在广政四年（公元941年）亲自撰写了《戒喻辞》："朕念赤子，旰食宵衣，言之令长，抚养惠绥；政存三异，道在七丝，驱鸡为理，留犊为规；宽猛得所，风俗可移，无令侵削，无使疮痍；下民易虐，仁天难欺，赋兴是切，军国是资；腾之爵赏，固不逾时，尔俸尔禄，民膏民脂；为民父母，莫不仁慈，勉尔为戒，体朕深思。"后来，宋太祖吸取了后蜀及同期其他各国政治腐败、不战而败的教训，便提取《戒喻辞》中的四句，即"尔俸尔禄，民膏民脂，下民易虐，上天难欺"，作为戒石铭的"规定内容"来晓谕百官，昭示天下。至南宋绍兴二年（1132年），宋高祖将这一祖训颁于各州府县刻于大堂前，并称之为"戒石亭"。清时，因嫌出入不便，将"戒石亭"改为牌坊，称为"戒石坊"。堂前的戒石坊使堂中的地方官抬头可见，起到劝诫县令以民为本，秉公办事的作用。从建筑学角度来看，戒石坊建设于主体建筑之前，起到衬托主体建筑的作用（图5-2-5、图5-2-6）。

（四）大门

节度使驻节的州府城衙城正门称"鼓角楼"，下设两个门洞，俗称双门。府县子城正门和无子城的衙署前正门称谯楼或谯门，上设鼓，兼为城市报

图5-2-2 霍州署"古霍名郡"牌楼（资料来源：自摄）

图5-2-3 "公生明"石刻（资料来源：自摄）　图5-2-4 "廉生威"石刻（资料来源：自摄）

时建筑。还有一类县衙大门，俗称八字门，平面呈八字形，俗语"衙门八字开，有理无钱莫进来"中所说的门即为这类大门，又称头门。一般门前两侧都置有石狮。大门东边是击鼓鸣冤的地方，有人告状或有紧急案情时才击鼓，知县闻声升堂。如果无缘无故击鼓，就要惩罚击鼓人（图5-2-7）。

（五）仪门

是县衙的第一道礼仪之门，通常是关着的，只有在新官上任、重大庆典、迎接重要官员时才打开，

图 5-2-5　霍州署戒石坊正面（资料来源：自摄）

图 5-2-6　霍州署戒石坊俯瞰（资料来源：自摄）

图 5-2-7　霍州署谯楼（资料来源：自摄）

同时燃放礼炮以表示隆重。"仪"有礼节、法度之意。《国语·周语下》载："所以宣布哲人之令德，示民轨仪也。"明清时官署中设仪门，即取"有仪可象"之义。据《明会典·官员礼》记载："凡新官到任之日，至仪门下马。"仪门，取"有仪可象"之义，表示以适宜的行为为民表率。清朝末代皇帝溥仪登基时，出于避讳，一度将仪门改称宣门。仪门两侧设便门，因为古人讲究东为上，所以东门又称为"生门"、"人门"、"喜门"，通常大开，供平时车马、行人出入；西门又称"死门"、"鬼门"，通常关着，只有提审犯人和押解死囚犯时才打开。大门至仪门形成衙署

的第一进院落（图5-2-8～图5-2-10）。

（六）监狱

在大堂西南仪门之外，故俗称"南监"，内有普牢、死牢、女牢和狱神庙等建筑。因西南属于坤地，风水学认为该处为肮脏之地，所以该方位在州县衙署多为牢狱。洪洞明代监狱位于洪洞县城古槐南路政府大楼西侧，原为洪洞县衙组成部分，俗称苏三监狱，相传明代京城名妓苏三曾在此监禁。据新修《洪洞县志》记载，创建于明洪武二年（1370年），清康熙三十四年（1696年）地震坍塌后重建，"文革时期"又被毁，1984年修复。整体院落坐东朝西，

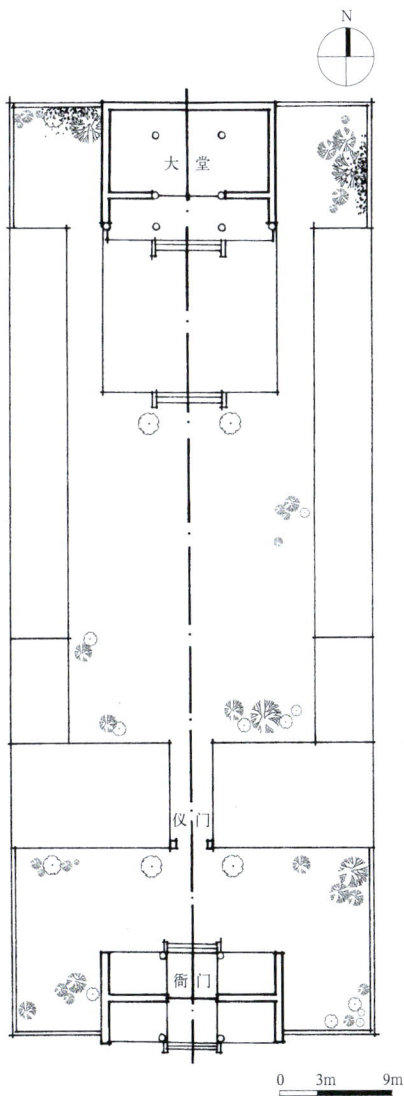

图5-2-9　昔阳乐平县衙仪门（资料来源：自摄）

图5-2-8　昔阳乐平县衙平面图（资料来源：山西省第三次文物普查资料）

图5-2-10　霍州署仪门（资料来源：自摄）

占地面积660平方米。大门楣书"明代监狱"。监狱位于院南，双门双墙，围墙高筑，两侧有普通牢房两排共10间，东侧小院为死囚牢，东、西、北各一栋，普通牢房与死囚牢之间设虎门牢（陛狎牢），虎门牢南侧为禁房，禁房西侧墙壁嵌一微型狱神庙，下有一死囚洞。以上建筑均为砖砌。死囚牢院内有囚犯使用的水井1眼，洗衣槽1个。1985年被洪洞县人民政府公布为第二批县级文物保护单位。1996年被山西省人民政府公布为第三批省级文物保护单位（图5-2-11、图5-2-12）。

（七）彰瘅亭和申明亭

于衙门的东西两侧对称设置。"彰瘅"，语出《尚书·毕命》"彰善瘅恶"，意思是表彰善的，憎恨恶的，以示劝惩。彰瘅亭是宣讲圣谕、乡规民约，彰善瘅恶之所。"申明"即陈述、说明之意。明初，申明亭是张贴衙门中官员劣迹的地方。清代，这里是代书的活动场所。代书是为人代写呈状的人。《大清律例·诉讼》中规定："内外刑名衙门，务择里民中之诚实识字者，考取代书。凡有呈状，皆令其照本人情词据实誊写。呈后登记代书姓名，该衙验明方许收受，无代书姓名，即严行查究……。"因此代书是官方批准，并经刑房书吏考试而录用的非官方人员，又称作"官代书"。

二、治事之所

治事之所指的是县官的办公处所，包括大堂、二堂。"堂"之称谓早在周代就已经出现。"堂"本来的意思是指台基，因为立于高大的台基之上的必定是与之相称的高大的建筑物，于是"堂"就成为高大的建筑物的别称了。自汉代以后，衙署和宅第等的主体建筑一般称为"堂"，以至于建筑物中的主要公共空间也称作"堂"，如：大堂、厅堂等。"堂"一般均为南北朝向，位于中心线上。[⑦] 作为单体建筑的堂，其形制分为台阶、屋身、屋顶三个基本部分，具有中国古代建筑最明显的外观特征。封建等级制度对堂的形式、构造有所规定，在台阶做法上，堂只有阶，没有陛。在屋顶形式上，唐代时规定堂只能用歇山顶或悬山顶。宋代以后，官署、住宅等只能用悬山或硬山屋顶。在结构方式上，宋《营造法式》中规定堂是用柱梁等构件组成一榀榀横向梁架，再用檩枋等构件将各榀梁架联结而成。宁武府署位于宁武县城的头百户街，坐北朝南，东西18米，南北62米，占地面积约1000平方米。沿中轴线自南向北建有大堂、宅门、二堂、内署等建筑。大堂面宽20米，进深13米，硬山顶，前后门相通，前后窗相对，现存已改造为民国年间的会议厅；宅门

图5-2-11　洪洞明代监狱牢房（资料来源：崔凯摄）

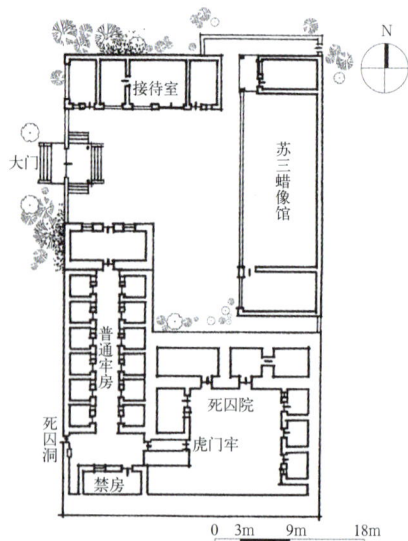

图5-2-12　洪洞明代监狱平面图（资料来源：山西省第三次文物普查资料）

宽 20 米，硬山顶，拱券门洞；二堂、内署现在被改造为民居。根据《宁武县志》记载："1725 年（雍正三年）设宁武府，下属宁武县，府署和县衙均设于宁武县城内"。另据《宁武府志注》府署图，中轴线上的建筑依次为大门、仪门、大堂、宅门、二堂、内署。现存的建筑除仪门、大门不存外，其余建筑保存较好（图 5 2-13 ~ 图 5-2-15）。

（一）大堂

即正堂，取名为"亲民堂"，表示县官是人民父母官，与人民相亲相爱的意思，为整个衙署建筑群的核心。大堂高大、轩昂、庄重，代表着官衙的威严。大堂面向大院，两边为厢房，东面厢房是供

礼师爷办公的地方，西面厢房是供刑师爷办公的地方，也属武器库。《阳宅三要》曰："夫衙署大堂为听政之所，临民之地，以大堂为主，宜正大光明。"大堂内部正中为暖阁，是知县发号施令的法堂。暖阁内设置公案、座椅，公案上摆放有令签、朱笔和惊堂木，令签有黑色和红色两种颜色，黑色代表较轻的刑罚，红色代表死刑。暖阁之上悬挂"明镜高悬"、"正大光明"等匾额。暖阁之后是屏风，上面绘制的图案是象征清正廉明的"海水朝阳图"，又叫"旭日东升"。暖阁前列有县令仪仗，即桐棍、皮槊、肃静牌和刑具，如水火棍、讯杖等。知州、知府的暖阁前列有肃静牌和回避牌，而知县的暖阁前仅列

图 5-2-13 宁武府署宅门（资料来源：褚国静摄）

图 5-2-14 宁武府署大堂（资料来源：褚国静摄）

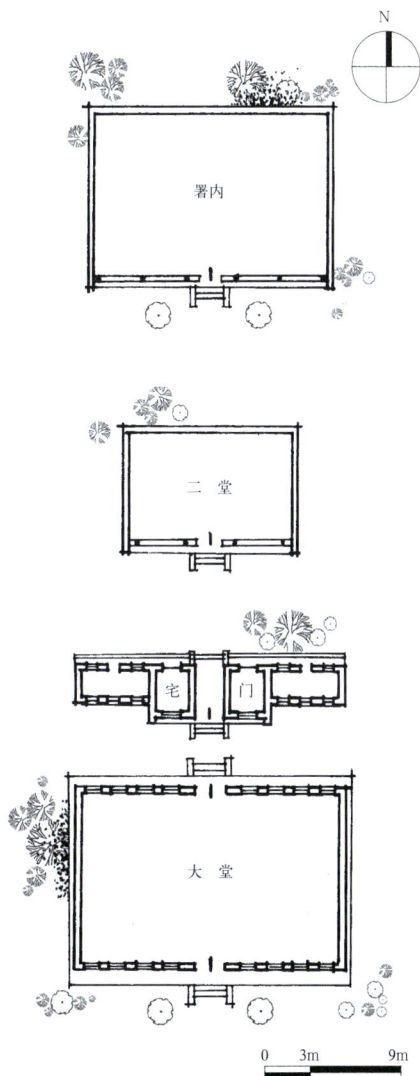

图 5-2-15 宁武府署平面图（资料来源：山西省第三次文物普查资料）

肃静牌。大堂前有下跪石供原告和被告下跪。清朝，知县审案前，由差役将惊堂木、朱笔、墨笔、红、黑砚台、笔架、红绿头签、签筒等用品摆放在公案上，将印盒、印垫放于印架上，磨好墨，然后堂役传齐原告、被告、干证于班房，书吏将原告和被告姓名、性别、年龄、籍贯、事由填写清楚。刑房、站堂衙役排衙，齐喊堂威，击堂鼓，知县升堂入座。堂讯开始，用朱笔点名，刑书唱名，皂隶传唤，原告跪于东，被告跪于西，由书吏记录口供，拒不认罪的，施笞、杖等刑，审理毕，知县点朱加印，批出判词，案毕退堂。明清两代，知县很讲究大堂办事，为的是"日与百姓相见"，以加强在百姓心目中的威望和影响力。有时对泼皮之流"坐大堂对众杖之"，以惩一警百，教育民众。浑源州衙大堂位于浑源县永安镇永安社区永安西街路北。坐北朝南，东西长42.16米，南北宽11.05米，占地面积466平方米。

创建于清顺治年间，原牌匾上书"岂第"二字。现存大堂为清代建筑。面阔十一间，进深四椽，单檐硬山顶。正堂五间出抱厦，抱厦东侧护风板上刻"礼堂"二字。州衙大堂于1982年被公布为县级文物保护单位（图5-2-16、图5-2-17）。

（二）二堂

是知县处理一般民事案件、接待外地官员、预审案件和大堂审案时退思之所，又叫"退思堂"或"思补堂"。二堂内正中的屏风绘有"松鹤延年图"，公案上的令签只有黑色的，表明此处所判的刑罚较轻。二堂以德治县，大堂动刑罚，依法治县。二者相结合，为"德法并用，文武兼治"（图5-2-18）。

三、宴息之所

"凡治必有公署，以崇陛辨其分也；必有官廨，以退食节其劳也，举天下郡县皆然。"[⑧] 宴息之所顾

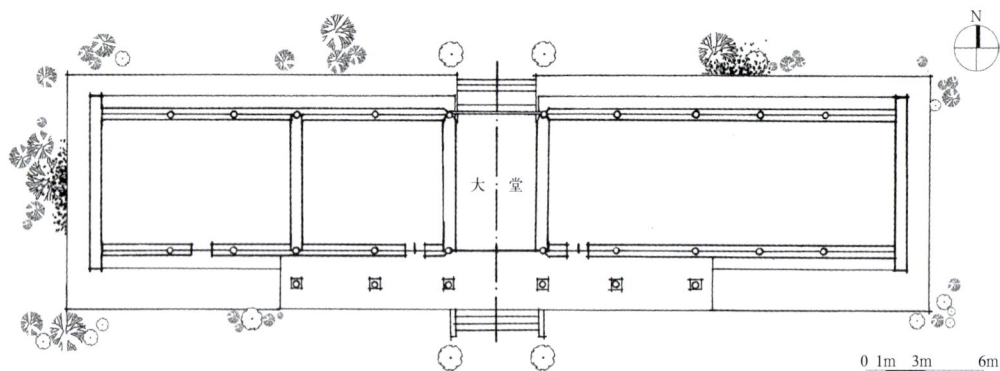

图5-2-16 浑源州衙大堂平面图（资料来源：山西省第三次文物普查资料）

0 1m 3m 6m

图5-2-17 浑源州衙大堂外观（资料来源：李威摄）

图 5-2-18 寿阳县衙二堂（资料来源：自摄）

图 5-2-19 寿阳县衙三堂（资料来源：自摄）

图 5-2-20 大同府衙全景（资料来源：李晔摄）

名思义是作为衙署的行政长官及其亲属生活起居的地方，位于二堂后面的内宅门之内，包括位于中轴线上的三堂以及后花园、东西花厅等建筑。由于同属居住类建筑，这里将寅宾馆亦归入此类建筑。

（一）三堂

是知县接待上级官员，商议政务及起居的地方。有些案件事关机密，也在此审理。三堂的建筑体量、规格同二堂相似，但装饰则较为华丽，体现了它作为知县居所的特点，有较浓厚的生活气息。大同府衙署坐北朝南，东西长 20.1 米，南北宽 103.94 米，占地面积 2089 平方米。据《大同府志》载："府署在城内西北隅，明洪武九年（1376 年）陈则创建，知府汪承爵增修，是一组规模较大的建筑群，清初顺治五年（1648 年），由于姜瓖兵变被毁，清初顺治六年（1649 年）知府胡烨鼎重建"。自此重建后，历任随时补葺，规模仍然很大，衙署原为三进院布局，中轴线有大门、仪门、正堂、后堂。后堂左右为同知宅和通判宅。前堂两侧为经历司，东西厢房为吏房。仪门两侧有依仗库。大门内两次有吏公厅、土地庙、银库等建筑。府衙署现仅存二堂和后堂。二堂面宽五间，进深四椽前出廊，硬山顶，后堂面宽五间，进深四椽，硬山顶。1981 年 2 月 24 日公布为市级文物保护单位（图 5-2-19 ～图 5-2-21）。

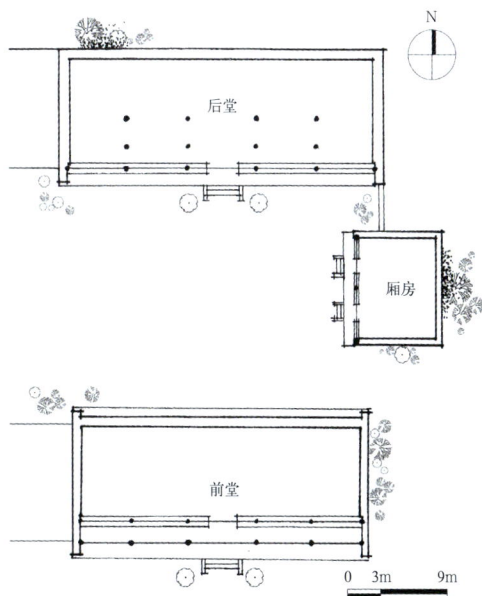

图 5-2-21 大同府衙现状平面图（资料来源：山西省第三次文物普查资料）

（二）花厅

衙署建筑中的花厅主要供知县及其眷属生活起居和会客之用，也可作为高级官员的密室，供密谈之用。花厅的位置多在三堂左右。厅前庭院往往植花木、叠石峰，构成幽静、恬淡的园林环境。

（三）后花园

在三堂之后，经过一个小巧的角门，方可进入。内有山水、亭阁。虽然仅方寸之地，但往往别有洞天，与内宅门以前的空间形成鲜明的对比，是知县与其眷属赏心悦目及县官回避政事之处。

（四）寅宾馆

是明代县衙安置上级官员、差人住宿的公馆。寅，尊敬之意。《尚书·无逸》记："严恭寅畏。"《尚书·尧典》记："寅宾日出。"寅宾馆是作为招待尊贵客人和外地官员的处所（图5-2-22～图5-2-24）。

四、吏攒办事之所

吏攒办事之所包括衙署最高行政长官的佐贰官的衙署、三班六房及属官的办事机构等，是知府的下属办理公务和居住的地方（图5-2-25～图5-2-27）。

（一）佐贰官

其省级衙署称为藩司、臬司；府级衙署称为同知宅、通判宅，县级衙署称为县丞衙、主簿衙。它们在衙署中的位置是相对固定的，均在治事之所的两侧。

（二）三班

指快班、壮班、皂班。快班，也就是捕快，专管民、

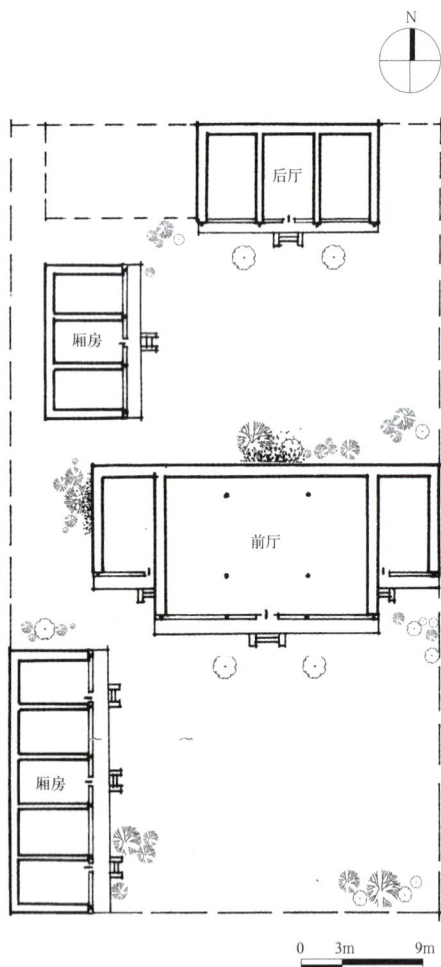

图5-2-23　朔州都司署前厅（资料来源：赵波摄）

图5-2-22　朔州都司署现状平面图（资料来源：山西省第三次文物普查资料）

图5-2-24　朔州都司署后厅（资料来源：赵波摄）

图 5-2-25 霍州署捕署（资料来源：自摄）

图 5-2-26 霍州署刑厅（资料来源：自摄）

图 5-2-27 霍州署六房（资料来源：自摄）

刑案件，相当于现在的刑警队；壮班，在当时管征纳税，相当于现在的税务局；皂班，在升堂时站立在两旁的衙役，专管打板子。

（三）六房

位于衙院大堂前的东西两侧，亦称"六曹房"、"六科房"。自北向南，按照以东为上、左文右武的方式排列，东三房是吏、户、礼，西三房是兵、刑、工。东房由县丞分管，西房由典史分管。六房之中各房的职能是：吏房，掌署内人事，乡绅丁忧、起复等事，类似于现在的人事局；户房，主管全县征粮、纳税、赈灾、户口、劝农等事，类似于现在的粮食局；礼房，掌管教育、庆典、礼仪、祭祀以及知县的信件、帖子等事，类似于现在的教育局；兵房，主管全县征集兵丁、马匹、训练兵卒，兼管驿站；刑房，伽杀贼盗、堂事笔录，拟写案牍、管理刑狱诸事；工房，掌蚕桑织造、工程营造、起盖衙门等事，类似于现在的建设局；铺长房，掌邮传及迎送官员之事；承发房，应办各种公文信札，皆由此房挂号，又分发各房转办；仓库积储粮食，库房积储财物。其职权无一不是在知县的主持监督下，由各房办理具体事务。六房职权不同，利亦不等，民间有"户富、吏贵、刑威、兵武、礼贫、工贱"之说。

图 5-2-28 霍州署"霍叔碑亭"（资料来源：自摄）

图 5-2-29 平遥县衙大仙楼（资料来源：自摄）

图 5-2-30 榆次县衙戏台（资料来源：自摄）

五、祭祀之所

在衙署建筑中，往往设有象衙神庙、萧曹庙等一类的祭祀性建筑。这些建筑在教育人们树立忠孝人伦观念的同时，在一定程度上，也起到了维护封建宗法礼制的作用（图 5-2-28、图 5-2-29）。

（一）狱神庙

在我国古代地方衙门的监狱里，除设有普牢、死牢和女牢以外，都设有狱神庙。每逢初一、十五或狱内发生重大事情，甚至连犯人也都要到庙堂里去祭祀、祈求狱神的保佑。狱神就是监狱的发明者——皋陶。皋陶是古代传说中尧舜时代的刑官，他断案公正，善辩是非曲直，赏罚严明，深受百姓的欢迎，加之他发明了"囚"、"牢"，是我国最早的监狱。所以他就成了监狱的祖始爷，不管哪一级的监狱，都供奉着他的偶像，并在这里教化犯人改恶从善。

（二）衙神庙

又称为"酂侯庙"或"酂阳侯祠"，所谓"萧曹"，就是指汉代的两位大臣萧何和曹参。萧何是西汉名相，曾封酂侯。萧何死后，曹参继为相国，凡事无所变更。萧何与曹参二人均政绩卓著，世有"萧规曹随"之典故，后代官员多祀之，表明他们有以萧何、曹参为偶像，忠君爱民，照章办事，恪尽职守当一个好官的愿望。酂侯祠内的主要建筑有三：萧何庙、献亭、风雅台。正面萧何庙，南面风雅台，献亭居中。风雅台即戏台，每逢重大节日，知县都要调戏班来唱戏，中间的献亭有两项功能，一是祭祀萧何庙时摆放供品，二是供知县坐在上面看戏（图 5-2-30）。

（三）马王庙

旧时，马为运输、作战、行旅等农业生产劳动、军事活动和日常生活中不可缺少的重要畜力，素有"马通人性"之说。信仰中的马王爷掌管牲畜的生死病疫，自古以来，邑人多有敬仰、供奉马王者。马王庙是祀祭马王神的神庙。马王是道教神统中的"灵官马元帅"。

（四）土地祠

里面供奉的是土地爷，用来保护一方水土的平安。明初，朱元璋规定地方官贪赃60两以上者要砍头示众，并要剥皮于大堂，土地祠就是剥皮场所，所以，土地祠又称"皮场庙"。

第三节　山西衙署建筑实例分析

山西现存保护较好的衙署建筑有榆次县衙、平遥县衙、霍州州署和绛州州署等，这些建筑格局完整，风貌保持良好。其他如临晋县衙、太平县衙等，除个别建筑保存较好外，格局和风貌破坏严重（图5-3-1）。在这些衙署建筑中，位于临汾市的霍州州署大堂、位于运城市的绛州州署大堂和临晋县衙，被列入国家级文物保护单位。

从建筑形制与空间布局来看，尽管受地理环境、地方民俗以及营造主持者的个人意志等因素的影响，规模大小不尽相同，但其形制和布局有相似之处，具有一定的规律性。这些衙署建筑位置并不固定，如霍州州署与绛州州署均位于城内显著的高地，前者位于霍州城的东北部位，后者位居绛州城西北高崖之上。榆次县衙与平遥县衙位于偏离于城市几何中心的中央地带，以表示与都城宫室的等级差异，前者在榆次城的中央稍偏西南部位，且地势较高，后者建于平遥城的中央偏西南部位。在建筑朝向上，衙署建筑群均坐北朝南。由此可见，山西地方衙署在选址和朝向方面总的趋势是势高、居中、向阳（图5-3-2）。

图5-3-1　襄汾古太平县衙署大堂
（资料来源：自摄）

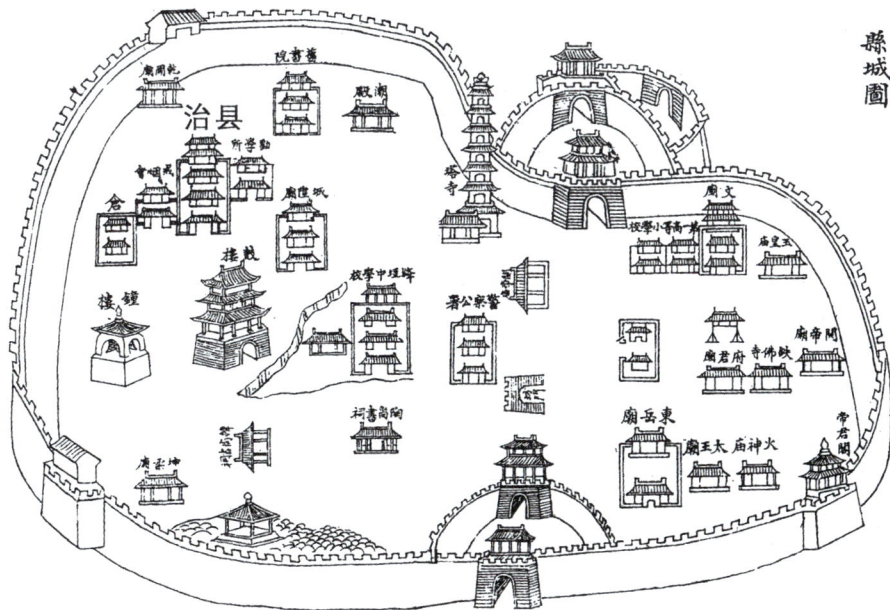

图5-3-2　新绛县城图（资料来源：民国《新绛县志》）

在总体布局上，山西的衙署建筑群均采用轴线控制下的合院式布局方式，均于南面设门，门内沿南北纵向分东、中、西三路布控全局，以中路为主，布置衙署的主要建筑，如大堂、二堂、内宅等。中路建筑除霍州州署的中轴线有偏移现象外，其他衙署的中路建筑均有恒定、贯通的中轴线，且以中轴线对称布置。

它们的主要构成要素以及这些要素在衙署总体中的布局，也很有规律性，尤其体现在中路建筑中。这些衙署的中路建筑由南至北均有：照壁或牌楼（坊）、大门、仪门、戒石亭（坊）或堂前牌坊、大堂、二堂、内宅。戒石亭（坊）或堂前牌坊位于大堂之前，

其东、西两侧由北至南分别为吏房、户房、礼房和兵房、刑房、工房，呈现出"东文西武"的布局特点，六房的布置即使由于官制的变化机构有所增设也不打乱这种格局特征。

归纳总结山西地方衙署建筑的形制与布局规律，主要体现在四个方面。其一是择中而居，唯我独尊；顺应自然，因地制宜；其二是坐北朝南，轴线控制；院落组合，复道重门；其三是前堂后宅，宅园合一；前部开敞，后部幽静；其四是左尊右卑，左文右武；中间对称，两边灵活（图5-3-3、图5-3-4）。下面择其要逐一进行分析。

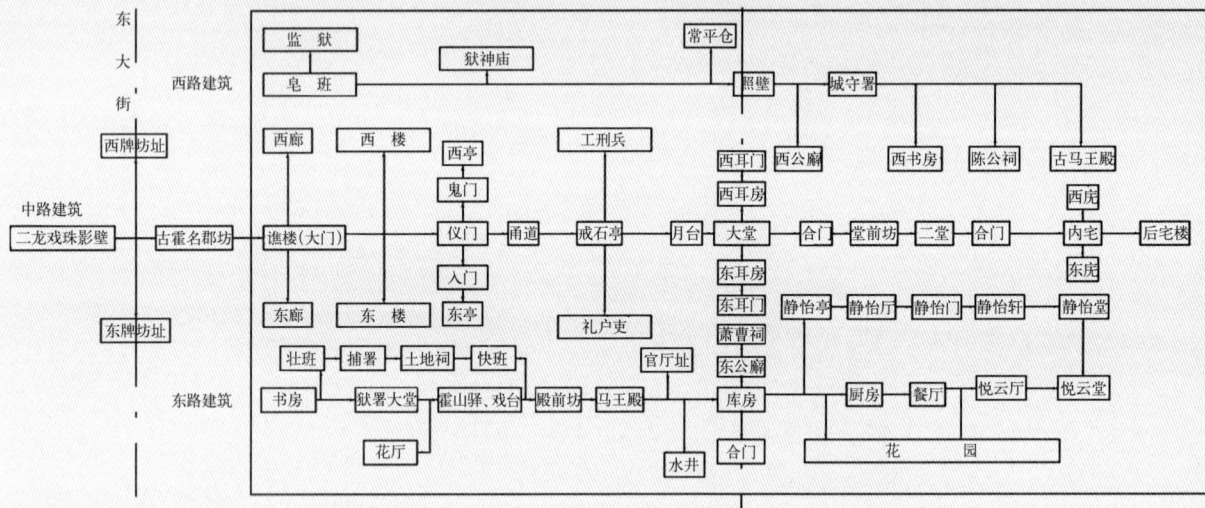

图 5-3-3　霍州署功能配置图（资料来源：自绘）

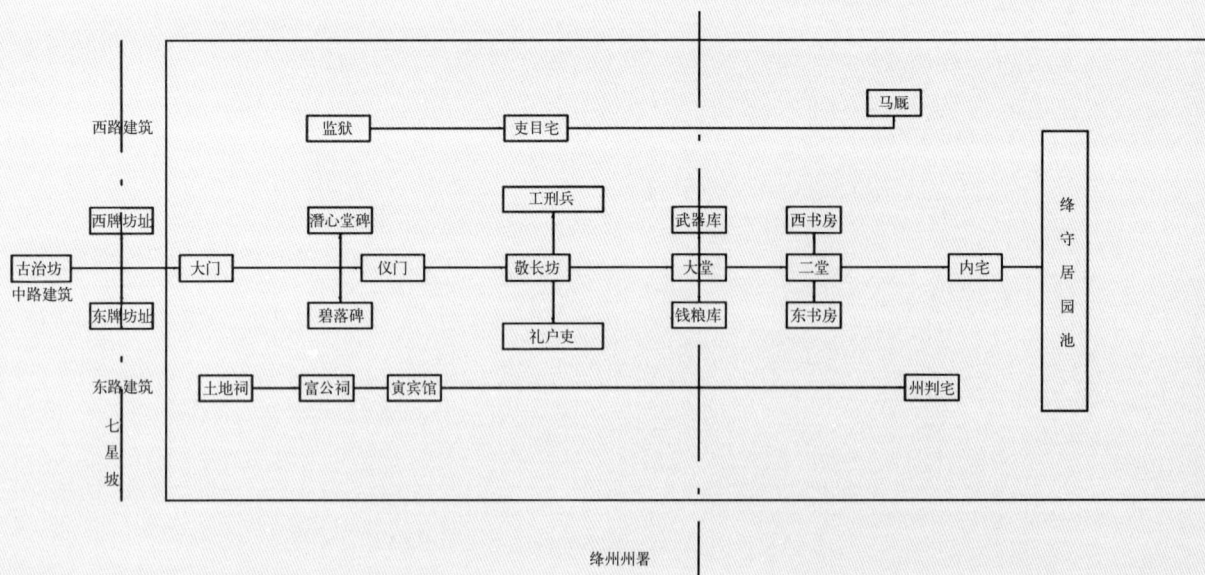

图 5-3-4　绛州署功能配置图（资料来源：自绘）

一、绛州州署

(一) 历史沿革

新绛县位于山西省西南部，运城市北端，临汾盆地南缘，汾河下游。新绛县旧称绛州，自古翼辅汾晋，以晋国三城而驰名，历代设州置郡，为河东要区而不衰。绛州州署始建具体年月已不可考。

据民国《新绛县志·卷八》载："县署即旧州署在城内西北崖上，高敞宏壮，甲于列郡，创建不知所始。大门三楹，寅宾馆在大门内东隅。清康熙七年（1668 年）知州刘显第修，清乾隆二十八年（1763 年）知州张成德重修。仪门三楹，门西有潜心堂碑，东有碧落碑，仪门外东隅有土地祠、富公祠。大堂为帅正堂，明洪武九年知州顾登重缮，清乾隆十八年（1679 年）秋因雨久半圮，知州张成德修，清光绪四年（1878 年）知州陈世纶以工代赈重修。静观楼一名望禾楼，在署后园，明正德十六年（1521 年）知州李文洁建。清乾隆十八年（1753 年）知州张成德因圮重修署旧有公楼，楼后有花萼堂，堂后有园池，池上有亭曰洄涟，轩曰香，承西南门曰虎豹，东南亭曰新，前舍曰槐，负渠曰望月，又东南有苍塘、凤堤、鳌冢、白滨，诸名盛唐刺史樊宗师有记，后久废。清光绪二十五年（1899 年）知州李寿芝即园池遗址，缭以周垣，重加建筑亭榭渠塘，一如旧制……"。

又据《平阳府志·卷之八》载："城西北崖上。明洪武九年（1376 年）知州顾登重修，成化六年知州言芳、弘治九年知州时中增修。万历五年知州屈大伸、十八年知州白壁、国朝顺治间知州张云龙、康熙七年知州刘显第、三十九年知州胡一俊重修……"。

绛州州署在明洪武年间、清顺治、清光绪年间陆续有所修葺。署内曾有建筑：大堂、戒石亭、东西六房、仪门、门、幕厅、知州宅、州同宅、吏目宅、土地祠、寅宾馆、牢狱、申明亭等。署内现存建筑有：绛州大堂、二堂、州署花园——绛守居园池。绛州大堂、二堂在今新绛中学校园内（图 5-3-5、图 5-3-6）。

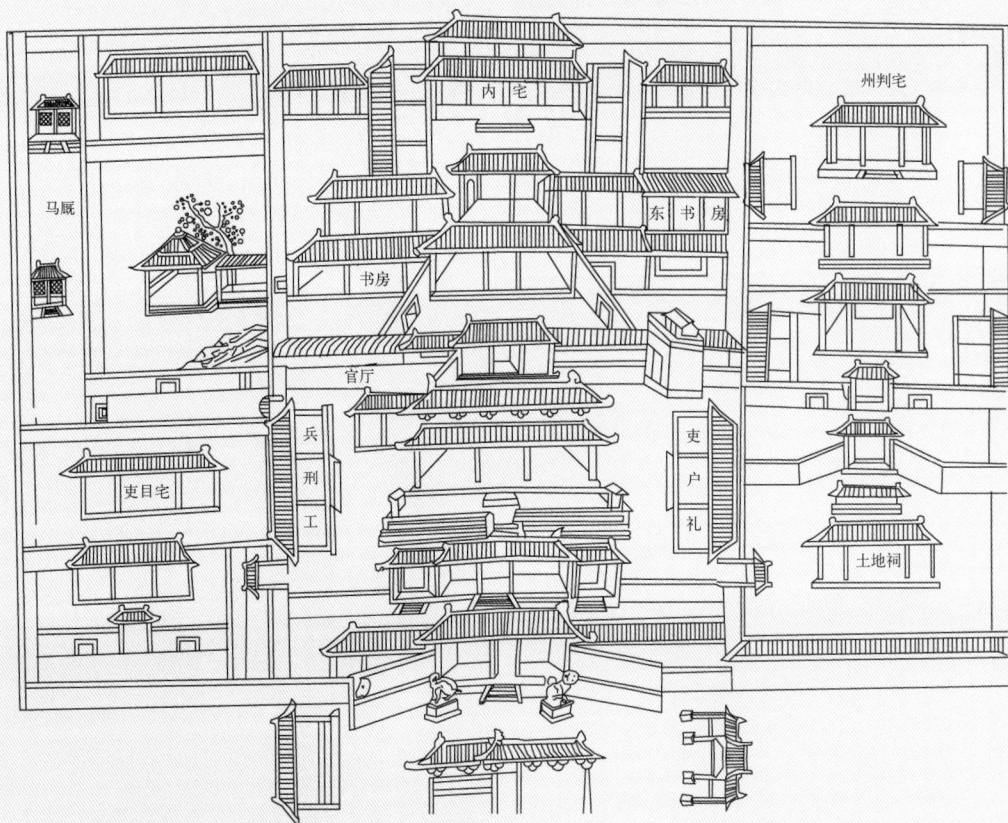

图 5-3-5　直隶绛州州治图（资料来源：《直隶绛州志》）

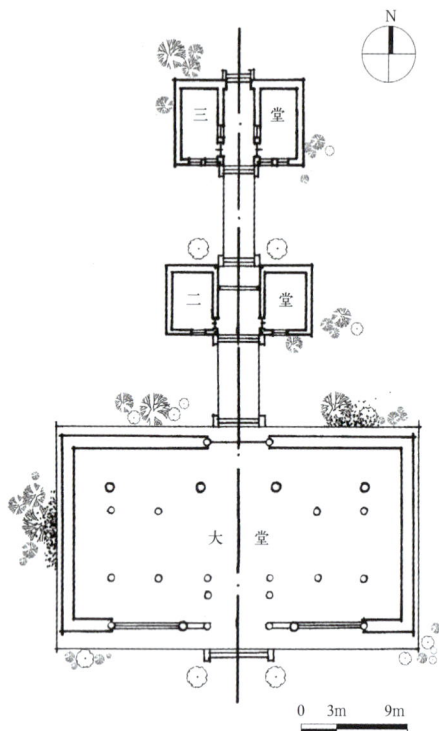

图 5-3-6　绛州州署现状平面图（资料来源：山西省第三次文物普查资料）

（二）形制与布局

根据史料记载，绛州州署按照传统的南北轴线对称布局方式分布，纵向有三条轴线、三串院落。正中的一串院落是整个建筑群的主体，从南到北依次有牌坊、大门、仪门（仪门两侧东西分别有潜心堂碑、碧落碑）、大堂（大堂之前东西两侧分别为吏户礼房、兵刑工房）、官厅、二堂、内宅、绛守居园池。西侧轴线建筑有：吏目宅等；东侧轴线建筑有寅宾馆、土地祠、富公祠等。

1. 旌表戒箴之所

署前三坊，东西两座牌坊横跨州署大门正对的街道，东为尧里坊，中间一座设于州署大门之南，即古治坊，是明万历五年知州屈大陆所建。大门，面阔三楹，门两侧八字砖墙。仪门，面阔三楹，门西有潜心堂碑，东有碧落碑。监狱，在仪门外偏西。敬畏坊，在大堂甬道中，清雍正十二年（1734 年）知州童绂建。原为"忠爱坊"，明万历十八年（1590年）知州白壁所建。预备仓，在大门内西隅。常平仓，在预备仓内。

2. 治事之所

大堂，又称"帅正堂"，史载唐太宗李世民征讨高丽时，曾诏命大将军张士贵在此设帐募军，故称。相传，大堂还是张士贵募军时名将薛仁贵的投军之处。大堂始建于唐代，自建成起为历代州署衙门的正堂。大堂坐北向南，面宽七间，进深八椽，占地面积 557 平方米。堂前原有卷棚式抱厦三间，屋宇已毁于解放初期，基础尚好，部分莲花瓣柱础石尚存唐代遗风。大堂现存主体结构为元代遗物。堂内北壁东侧镶有宋代"文臣七条"碑石。碑文为：真宗皇帝大中祥符二年作文臣七条彝伦攸叙敷锡庶官，恭刻坚珉，昭示万世，仰遵圣训焉。其文曰：一曰清心。谓平心待物，不为喜怒爱憎之所迁，则庶事自正。二曰奉公。谓公直洁己，则民自畏服。三曰修德。谓以德化人，不必专尚威猛。四曰责实。谓专求实效，勿竞虚誉。五曰明察。谓勤察民情，勿使赋役不均，刑罚不中。六曰劝课。谓劝谕下民勤于孝悌之行，农桑之务。七曰革弊。谓求民疾苦，而厘革之。碑文中话语警策有力，告诫为官者清正廉明。大堂内现存有鱼儿跪石。钱量库，在帅正堂东偏。武器库，在帅正堂西偏。幕厅，在大堂西。二堂，在官厅之北。吏目署，在县署仪门内西夹道（图 5-3-7 ～图 5-3-9）。

图 5-3-7　绛州大堂侧面（资料来源：自摄）

图 5-3-8　绛州大堂正面（资料来源：自摄）

图 5-3-9　绛州大堂细部（资料来源：自摄）

3. 宴息之所

内宅，在二堂之北。吏目宅，西夹道。州判宅，在内宅之东。知州宅，堂后次公楼北。州同宅，东夹道。寅宾馆，仪门外东北，清康熙七年（1668 年）知州刘显第修，乾隆二十八年（1763 年）知州张成德重修。

绛守居园池，即绛州太守的宅园，其位置在当时绛州州署二堂之北，俗称"新绛花园"，又称"莲花池"，是我国现存唯一的隋代州府花园。隋初，新绛一带屡遇旱灾、井水咸卤，而当时的经济生活中，农业耕作居于支配地位，内军将军临汾县令梁轨遂于开皇十六年（公元 596 年）"导鼓堆泉开渠灌田，又引余波贯牙城蓄为池沼，中建洄莲亭，旁植竹木花柳。"[9] 绛守居园池即成。现存园池，在民国初年修建的基础上，经新绛县抢修文物指挥部于 1991 年召开"修复绛守居园池论证会"，于 1998 年开始修复园林，先后修复了洄莲亭、洄莲池、积水池、嘉禾楼、梁公祠、望月台、嫦娥奔月雕像、假山、苍塘以及隋唐形制的孤岛亭、拙亭、虎豹门台阶等 20 多处，新开了园池北门，移建了清代门楼，敷设了水系管道，铺设了青砖卵石曲径，种植了牡丹、芍药、玫瑰、石榴、蜡梅、海棠、桂花等名贵花木 100 余种 5000 余株。修复后的居园池有春、夏、秋、冬四景，每个景区内分别植有四季相应的迎春、夏

莲、秋菊、冬梅等花卉，花木葱茏，池水寂静。步入园池，与历史对望，万念俱消，古人携酒洗尘心、抚琴荡凡襟的情景如在目前，园池之古韵令人屏息、赞叹（图 5-3-10 ～图 5-3-12）。

（三）特色分析

从州署在城市中的位置来说，绛州州署位于"城内西北崖上"。因绛州古城临水而建，州署位于城内高地，既可以防涝，又可以俯瞰全城，便于对百姓的管理，同时位居高处也显示了它的统治地位。这种做法类似于唐长安城在城市东北龙首原高地上建造大明宫的布局方法。在建筑单体的形制方面，绛州州署大堂前后檐开间尺寸不一，前檐尽间用砖墙砌筑，梢间设栅栏，明、次间为敞口。后檐明间设有板门，其余以砖墙封护。大堂运用抬梁式结构，堂内有金柱四根，为减柱造、移柱造营造法。前后檐用柱各八根，两山用柱各三根，所有柱子均无统一规格可循。前檐次、梢间，后檐金柱头上施有大内额（这种结构类似于霍州州署大堂中的大额结构）。梁架用材弯曲，剥皮后稍加砍镟则用之，表现出元代遗构粗犷豪放的风格特征。大堂斗栱共六种，分别置于前后檐柱头与补间上。前檐五铺作双下昂并计心造，后檐四铺作单栱。大堂举折平缓，出檐深远，屋顶为单檐悬山式，布瓦覆盖，两山博风板、悬鱼基本保存完好。

图 5-3-10 绛守居园池洄连亭
（资料来源：自摄）

图 5-3-11 绛守居园池孤岛亭
（资料来源：自摄）

图 5-3-12 绛守居园池嘉禾楼
（资料来源：自摄）

二、潞安府衙

潞安府衙位于长治市城区西街街道上党门社区。古为上党郡及潞安府衙大门，坐北朝南，东西长 67.52 米、南北宽 21.4 米，占地面积 1444.93 平方米。据清乾隆（1736～1795 年）《潞安府志》记载，创建于隋开皇年间（公元 581～600 年），金元之际毁于兵火，明洪武三年（1370 年）重建，三十二年（1399 年）增建钟楼，成化七年（1471 年）增建鼓楼，弘治三年（1490 年）及清代均有重修。上党门一字排列，正中为大门，两侧为钟楼、鼓楼。存明碑 1 通。国务院于 2006 年公布为全国重点保护单位。上党门大门，石砌台基高 0.83 米，门前设有月台，长 7.30 米，宽 18.50 米，高 12 米。面宽三间，进深六椽，屋顶单檐悬山顶。七檩中柱式构建，柱头科三踩单昂。门内中柱间施门，两次间置砖雕影壁，门两侧各建砖雕八字墙。上党门钟、鼓楼为明代建筑，清代重修。钟、鼓楼均坐落于砖砌高台之上，台高 7 米，下宽 18 米，上宽 17 米，外侧设台阶可转折而上。二层单檐歇山顶。楼身均面宽、进深各三间，下层四周围廊，密梁式；前檐明间设四扇六抹隔扇门；上层七檩梁架，清小式建筑，明间辟八角形窗。新开潞安府治记碑位于大门后，东边台基上。青石质，圆首，赑屃座，通高 3.14 米，宽 0.96 米，厚 03.5 米。明嘉靖十三年（1534 年）立石。额篆书"新开潞安府治记"，碑身楷书，首题"新开潞安府治记"，记载明嘉靖年间（1522～1566 年）青羊人（平顺县）造反，政府军镇压后在当地设虹梯关、玉峡关，并将青羊划归潞安府管理的史实。后文为潞安府管辖民众的条文。崔铣撰文，姚谊篆额并书丹，长相刻石（图 5-3-13～图 5-3-15）。

三、太谷县衙

太谷县衙位于太谷县明星镇鼓楼社区居委会县前街。据民国版《太谷县志》记载，始建于北朝北周建德六年（公元 577 年），元大德三年（1299 年）重修，明清两代多次修葺。占地面积 3784 平方米。坐

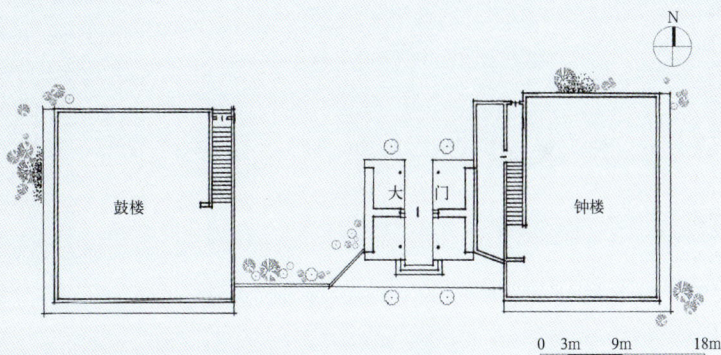

图 5-3-13　潞安府衙上党门平面图（资料来源：山西省第三次文物普查资料）

图 5-3-14　潞安府衙上党门正面（资料来源：自摄）

图 5-3-15　潞安府衙上党门全景（资料来源：自摄）

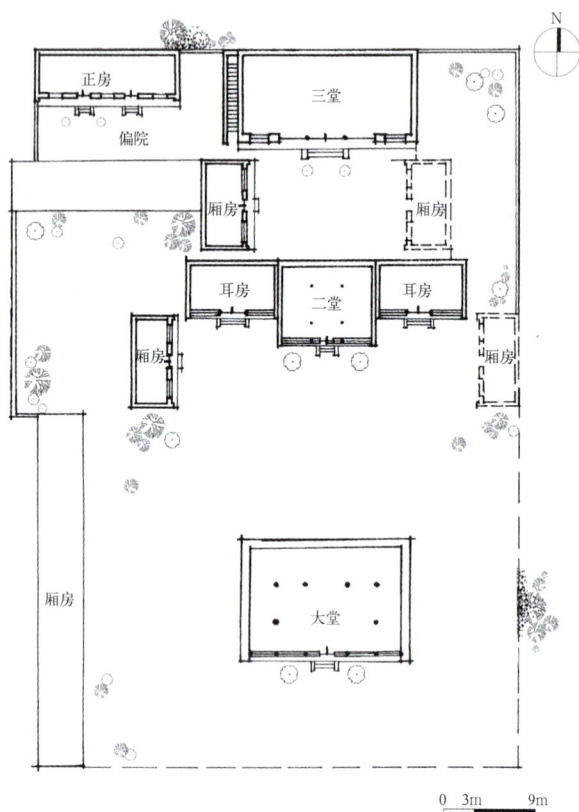

图 5-3-16　太谷县衙平面图（资料来源：山西省第三次文物普查资料）

图 5-3-17　太谷县衙大堂（资料来源：自摄）

图 5-3-18　太谷县衙二堂（资料来源：自摄）

图 5-3-19　太谷县衙三堂（资料来源：自摄）

北朝南，三进院带偏院布局，中轴线存大堂、二堂、三堂，东西两侧有二、三进院西厢房、耳房，偏院内仅存正房五间。大堂为明代遗构，余皆为清代遗物。大堂面宽五间，进深六椽，单檐悬山顶，七檩前廊式构架，外檐斗栱五踩双昂，麻叶形耍头。三堂为二层楼阁式，面宽五间，进深六椽，单檐硬山顶，鼓镜式柱础，二层挑出勾栏平座，斗栱三踩单翘，一层梢间为四方灯笼锦灵花窗，部分门窗装修已改。现由太谷武装部占用。1995 年太谷县人民政府公布为县级重点文物保护单位（图 5-3-16 ～图 5-3-19）。

四、榆次县衙

（一）历史沿革

　　榆次区位于山西中部的晋中盆地，东与寿阳县交界，西同清徐县毗邻，南与太谷县接壤，西北与太原相连。现为晋中行署所在地，是晋中政治、经济、文化中心。榆次之名最早始于战国时期，战国赵置榆次县，属太原郡。可考的榆次县衙建于宋朝。宋太平兴国四年（公元979年）正月，宋太宗赵光义出兵围攻北汉的统治中心太原，五月北汉战败投降，其10州、41县从此并入了北宋。宋太宗把太原地区改称并州，州址设在榆次县，榆次作为并州治所，三年后并州治所移到唐明镇，即今太原市。

据明万历《榆次县志·卷一》中有关公署的记载，"公署察院在县治东，中为堂，扁曰振扬风纪，前为仪门，左右为东西序。又前为大门，后为退堂，东西为吏舍厨次，週绕以棘垣，弘治十六年创建，嘉靖二十五年重为缮理。布政分司在察院东，中为堂，左右为厢房，前为仪门，扁曰甘棠。暂憩，又前为大门，后为退堂，东西为吏舍厨次，正德四年建，嘉靖二十四年继葺。按察分司在布政司东，其制略如察院而规模隘，宣德五年知县曹显毁尼庵改建，成化二十二年知县梁琮继修。阴阳学，在县治东，今废。医学，在县治东，今废。旌善亭，在县治东。申明亭，在县治西……"（图5-3-20、图5-3-21）。

另据清同治二年凤鸣书院刻本《榆次县志·卷之二》公署："县治为宋并州守署之遗，在城中央少西南。大门三楹，榜曰榆次县，又榜其楣曰晋藩首辅，前明晋王封国太原，以县拟三辅，故云，至今仍焉。门内东南为思凤楼，相传潞公所筑，上列钟鼓以司晨昏。明祭酒阎朴有记，旧在仪门内，国初移此，下为寅宾馆，今改役舍。迤北为税课亭，为土地祠，后移祠于西，改建关帝庙。土地祠后为狱祠，左右为役舍，迤东转北为仪门，榜曰古并州治内建。圣谕牌坊旁列六曹，正北为大堂，榜曰牧爱。东西为库，再东为赞侯祠。堂后左为永益库，右为听事舍，中为宅门，门内有古槐二株。东为门房，西为花亭。院内厅三楹，知县会客于此，二堂旧榜为思补，今曰悬鉴涵冰。又内为三堂榜曰思凤，今为优学。内为四堂，知县寝室在焉。最后厅九楹，甚宏敞，今止存三楹。优学堂西偏，旧有槐月轩、冰雪堂、半憩亭，后俱倾，今为幕友舍。东列屋数间，为庖厨。墙东隙地数亩，有高阜可以眺远……北为马厩，中有马王庙三楹。庙旁有井，知县邹双建仓于其南。

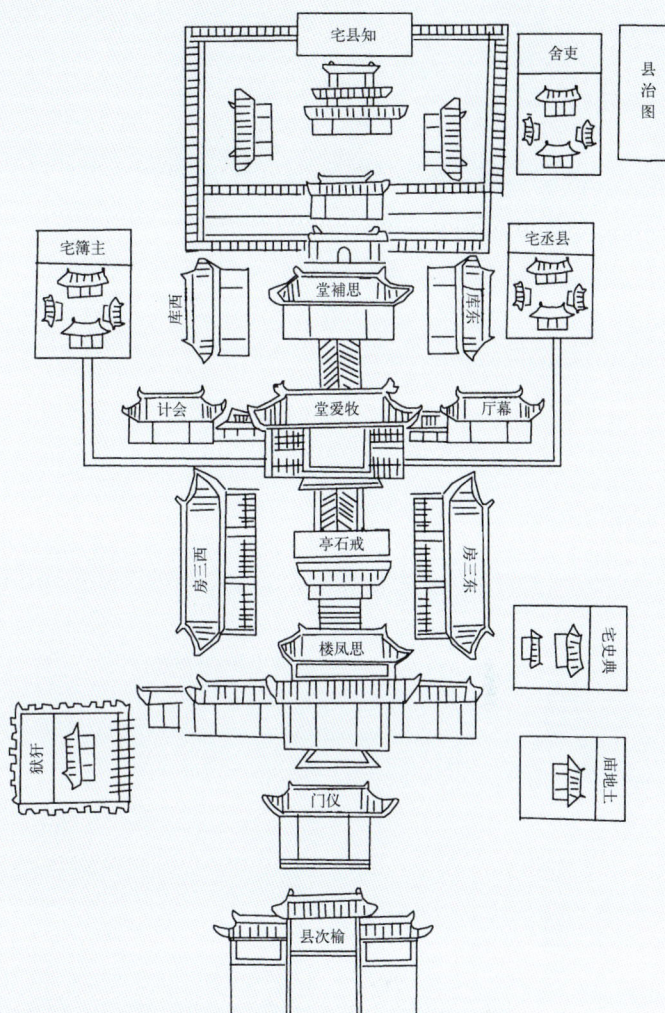

图5-3-20 榆次县治图（资料来源：明万历《榆次县志》）

图5-3-21 榆次县衙三省堂（资料来源：自摄）

又东为旧仓，乾隆四年知县刘涛以公署多敝，自内宅至大门毕修之。其后，宅门内屡有补葺，惟大堂兴。圣谕牌坊仪门、大门数处，知县张映南于道光二十四年重修，今尚壮丽可观……故察院公署在县治东，明崇祯十五年夏炎于火，国朝康熙二十七年知县刘星以其址建雨贤祠……"（图5-3-22）。

根据上述记载，可以初步得出结论。衙署的沿革与当时社会的职官制度密切相关，衙署的中路建筑清代较明代变化不大，东西两路建筑随着官制的变化和发展而有较多变化，规模较明代增大。

（二）形制与布局

榆次县衙位于榆次区北大街东侧，占地面积21000平方米，共有5个堂26个院落。分为东、中、西三路建筑，中路为牌楼、大门、仪门、戒石坊、大堂、二堂、三堂，内宅门、四堂、五堂，是县衙的主体建筑；东路为土地祠、思凤楼、衙神庙、寅宾馆、采亭、侯祠、巡捕厅、县丞院；西路为膳房院、牢狱、牢神庙、三班房、钱税院、主簿院、钱税院、西花园、马王庙。大堂是整个衙门的核心建筑，堂前有宽敞的庭院和月台，两厢是"吏、户、礼、兵、刑、工"六房，建筑风格肃穆庄严（图5-3-23）。

1. 旌表戒箴之所

牌坊，立于榆次县衙门前，草白玉石质，四柱三门，两侧带耳门，顶部雕刻为华表式柱头，其他部位分别刻有二龙戏珠、丹凤朝阳、狮子、杂宝、博古等图案，表达了为政者和百姓对美好生活的同共向往。牌楼阳面正中题字为"民具而瞻"，出自《诗·小雅·节南山》。两侧题字分别为"正风"、"敦仁"、"崇礼"、"尚俭"。阴面正中题字为"恪慎天鉴"，也出自《诗经》，提醒官吏及庶人要注意经得起"上天的审察"；两侧题字分别为"举直"。"厚俗"、"庄敬"、"牧爱"，集中讲述了从政为官之道。

大门，在牌坊之北。大门面阔三楹，进深两间，里外左右对称，悬山式正脊顶。门两侧是刻有麒麟、牡丹和杂宝图的八字砖墙，上有砖雕联语："经纶疆守为政戒贪警于黎众何妨署冷如冰勿骛声花忘职事学焉得所近固奉忠孝发为文章左宜右有，衣被苍生养廉唯俭察其所安但愿百姓若堵还从宽大保和钟爱其能勿劳应以父兄止于子弟上君下民。"门前左右各蹲一尊石狮，象征着官衙皇权的威严。左边雄狮脚踏绣球，

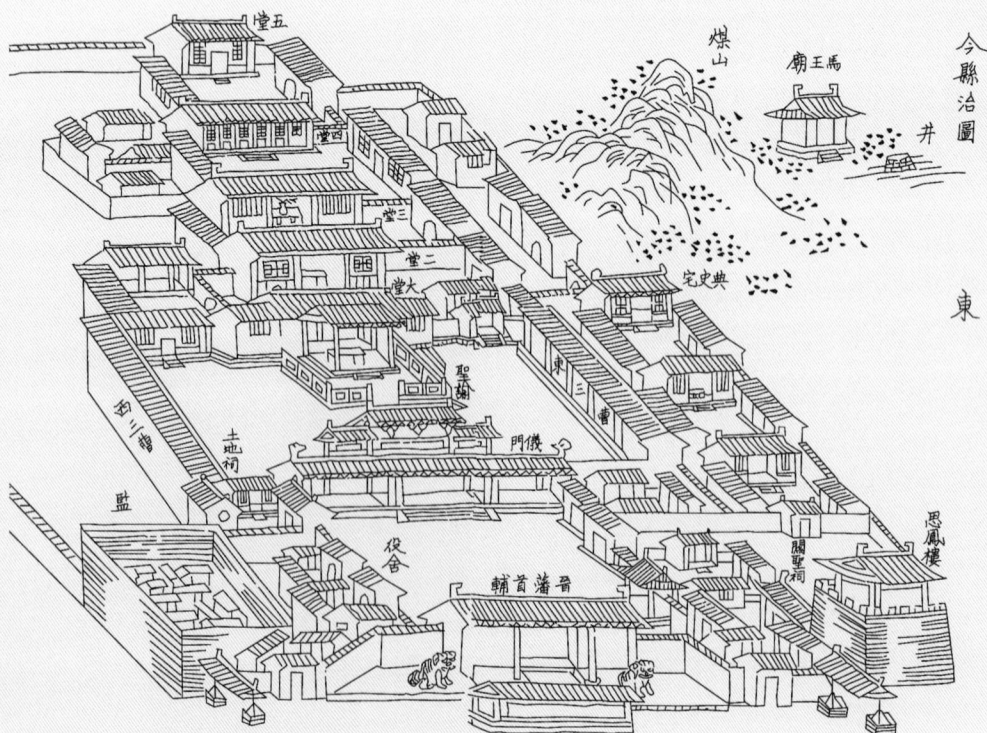

图 5-3-22　榆次县治图（资料来源：清同治《榆次县志》）

右边雌狮脚抚幼狮，是取阴阳和泰之意。衙门楹联也是劝官尽责："居官当思尽其天职，为政尤贵合乎民心。"衙门檐下有登闻鼓，这就是人们通常说的"击鼓鸣冤"所用的鼓。如果递状人案情较急，而门子又不予禀报时，便可以取槌擂鼓，"咚咚"鼓声惊动了里面的知县，状子就可以递进去了。门内还有一副清代名吏赵慎珍所撰的楹联："为政不在多言，须息息从省身克己而出；当官务存大体，思事事皆民生国计所关。"此联一出，为清代官场所盛传，并被当时的榆次知县选来挂此，用以励己励人（图5-3-24）。

仪门，是大门之内的门，俗称"二门"。仪门为三门六扇，东西两侧各有一座耳门，分别为"人门"和"鬼门"。仪门阳面上书"晋藩首辅"，阴面匾额为"古并州治"，言明榆次县衙之倚重。仪门上安有二十七格走马板，中间三格画着福禄寿三星，其余画了二十四孝图。仪门两旁也挂有楹联，阳面为"好学近知，力行近仁，知耻近勇；在官惟明，莅事惟平，立身惟清"，明面为"官有典常，任一日，则尽一日之心，况兼地广事繁，敢不夙兴夜寐？民供正课，宽几分，则受几分之惠，纵使时丰岁检，常如怨暑恋寒"。字里行间，渗透着"牧民为民"的为官之道（图5-3-25）。

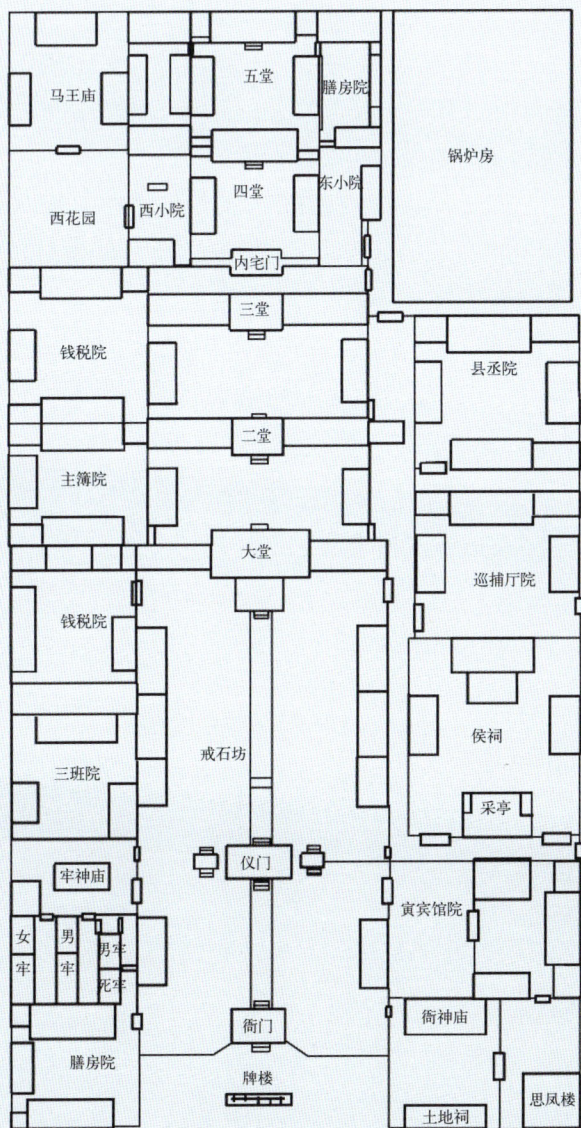

图5-3-23　榆次县衙现状平面图（资料来源：自绘）

图5-3-24　榆次县衙大门（资料来源：自摄）

图5-3-25　榆次县衙仪门（资料来源：自摄）

图 5-3-26　榆次县衙戒石坊（资料来源：自摄）

图 5-3-27　榆次县衙大堂（资料来源：自摄）

图 5-3-28　榆次县衙二堂（资料来源：自摄）

戒石坊，县衙仪门到大堂之间的甬道中间立有戒石坊，全名为"圣谕戒石坊"。戒石坊阳面匾额为"廉生威"，楹联是"大其牖天光人，公其心万善出"，阴面匾额为"公生明"。戒石坊左右各有两块石碑，左碑阳面碑文是明代山西霍州人曹端（1367～1434年）所写的"吏不畏吾严，而畏吾廉。民不服吾能，而服吾公。廉则吏不敢慢，公则民不敢欺。公生明，廉生威"（公生明，廉生威，后来成为明清以来的官箴）。这段碑文是明嘉靖三年（1524年）冬天，河北无极知县郭允礼书写的（拓制）；阴面的碑文是"为官者，当清、当慎、当勤，何患不治乎"。"戒石坊"右碑阳面碑文为大文人黄庭坚于公元1132年奉南宋皇帝赵构之命所书的《戒石铭》正文："尔俸尔禄，民膏民脂，下民易虐，上天难欺。"阴面即为孟昶所撰的《戒喻辞》全文（图5-3-26）。

2. 治事之所

大堂，又称朝堂，面阔五间。榆次县衙大堂的屏风图案与众不同，屏风上画的是一种非常贪婪的瑞兽。根据民间传说，这种动物，平日以金银财宝为食，浑身金光闪闪的，它还想吃掉天上的太阳，却从天上掉下来，落入东海而亡。这种屏风寓意在警诫县太爷要勤政廉明，不可贪赃枉法。大堂前有面阔三间的抱厦，抱厦题匾为"牧爱堂"，联曰："得一官不荣，失一官不辱，勿说一官无用，地方全靠一官；吃百姓之饭，穿百姓之衣，莫道百姓可欺，自己也是百姓。"金柱联为："为政戒贪，贪利贪，贪名亦贪，勿务声花忘政本；养廉惟俭，俭己俭，俭人非俭，还须克己守廉正。"由大堂正中举目南望，视线可穿越抱厦、戒石坊、仪门、大门，有空旷肃穆之感（图5-3-27）。

二堂，是知县议事及审理民事纠纷的地方，匾额题字"悬鉴涵冰"，楹联为"浮躁一分到处便招尤悔，因循二字从来误尽英雄"，里面有栩栩如生的蜡像人物，展示了发生在一百多年前的张之洞与阎敬铭秉烛夜谈的情景（图5-3-28）。

三堂，是知县日常办公的地方，匾额为"恭敬惠义"，楹联是"要办事，莫生事，要任怨，莫敛怨；

可兴利，毋近利，可急功，毋喜功"。三堂的东西
耳房是师爷室，楹联分别是"行不得则反求诸己，
躬自厚则薄责于人"；"慎其前则无悔于后，忘以往
而有失之今"。宅门两侧设"门子房"和"更夫房"
（图5-3-29）。

3. 宴息之所

四堂、五堂，都是供知县生活起居的用房。四
堂匾额题为"思补堂"。楹联为"光前须种书中粟，
裕后还耕心上田"，有居而励志之意。五堂匾额题
为"冰雪堂"，楹联"堂上一官称父母，莫言当官易，
要广施父母之恩典；眼前百姓即儿孙，应知为民难，
须多照儿孙以福星"（图5-3-30）。

4. 吏攒办事之所

六房，甬道的东西两侧各有廊房九间，这就是
县衙必设的吏、户、礼、兵、刑、工六房。东三房是吏、
户、礼，西三房是兵、刑、工。

三班，县衙三班指皂班、快班、壮班，负责衙
署中站堂、行刑、缉捕等事。

5. 祭祀之所

思凤楼，是宋代榆次县令文彦博为祭拜西晋榆
次知县荀浪而修筑的建筑，为二层重檐十字歇山顶
建筑，高17米，是榆次县衙特有的标志性建筑之
一。思凤楼建在二米多高的方形台明上，台明四周
设石围栏，南北两侧设石踏步。后来，世人在思凤
楼一层塑文彦博坐像，二层立荀浪像，以纪念这二
位贤人。荀浪，西晋咸宁年间（公元275~280年）
任榆次知县，卓有政绩。晋武帝下诏襄奖荀浪道：
"就之如日月，敬之如神明，爱之如父母，乐之如
时雨。"咸宁二年（公元276年）六月，凤凰翔集
于榆次，人们纷纷传言这是荀公政风清廉带来的吉
兆。文彦博，宋天圣八年（1030年）出任榆次县令，
勤于政务，后来历任仁宗、英宗、神宗、哲宗四朝，
出将入相长达五十余年，称"文潞公"。[10]牢神庙，
是祭祀牢神的庙堂。牢神是中国杂神中最年轻的神
（图5-3-31）。

（三）特色分析

从平面布局来看，由于历史原因，榆次县衙在

图5-3-29 榆次县衙三堂（资料来源：自摄）

图5-3-30 榆次县衙"冰雪堂"（资料来源：自摄）

宋朝太平年间曾作为并州治所，州府县衙合署，从
而使其具有州级规模，因此一般县级衙署的中路建
筑是四进三堂制，而榆次县衙的中路建筑则是六进
五堂制，这一特有的布局方式蕴涵着中国古代政治
制度的变迁和发展。除建筑本身的布局和形式外，
中国古代建筑常常借助楹联、匾额、雕刻艺术等装
饰手段表达其自身的内容和格调，达到其形制的完

图 5-3-31　榆次县衙衙神庙（资料来源：自摄）

整性。榆次县衙富含山西黄土风情的民俗文化，县衙内保存有大量内涵丰富的楹联、匾额及历史文献。县衙内的石雕、砖雕、木雕等艺术品刻工精细，生动古朴，例如：县衙中常见的六合通顺照壁，这种照壁以鹿（六）、鹤（合）、松树等为主要内容，有"踏入府门，六合通顺"的寓意，这些建筑雕刻艺术也是榆次老宅院中常见的装饰形式。榆次县衙包含有建筑文化、民俗风情、名人文化等衙署文化的诸多内容，有着极高的历史、艺术价值，堪称宝贵的文史资料库以及封建社会县级衙门的历史标本，因而有"三晋第一衙"之称。

五、临晋县衙

　　位于山西省西南部的临晋县城，本是春秋刼首故城，北魏为北解县治，隋为桑泉县治，唐初一度为河东郡治和蒲州治，此后为临晋县治达 1200 年之久。1954 年，临晋县与猗氏县合并后，县人民政府迁驻猗氏，原临晋县城改为临晋镇至今。临晋县衙，位于"城中央"，[11] 建于元大德年间，明洪武四年（1371 年）、弘治四年（1491 年）重修。明嘉靖

三十四年（1555 年）地震损毁，重建。后在明隆庆年间、清康熙年间有所增修。

　　临晋县衙建筑群纵向分三路布置，中路建筑除照壁无实物及史料记载外，由南至北依次为：大门、仪门、戒石亭、大堂、二堂、内宅。戒石亭东、西两侧由北至南分别为吏、户、礼三房和兵、刑、工三房。西路中的监狱位于六房西南，东路中的寅宾馆、土地祠位于县衙东南。县衙中的主体建筑大堂面阔五间，正面不出抱厦，与平遥县衙类似，体现了县级衙署大堂的规制特征。该大堂采用大额式结构，与霍州州署大堂和绛州州署大堂中所用的结构方式相类似。临晋县衙在城市中的位置以及县衙建筑群的形制与布局均显示了前述山西地方衙署建筑的形制和布局特征（图 5-3-32～图 5-3-34）。

六、霍州州署

（一）历史沿革

　　霍州市位于山西省中南部临汾地区的北端。古时因霍州北藉韩信岭，南扼白璧关，山高河急，地势险要，地处南北交通要冲，历来为兵家必争之地，素有中州重镇、河东屏障之称。西周初年，周武王封其弟叔处于霍，称为霍国。金贞祐三年（1215 年）置霍州。其后几十年间，兵革连年，县庭不守，生灵涂炭，城池圯毁。元成宗元贞三年（1297 年），铁穆耳命程荣复立霍州城池，起盖公廨。此时霍州州署"权为国王行邸"。元大德七年（1303 年），洪洞、赵城特大地震，牵连霍州，州署民宅荡然无存。元大德八年（1304 年），监州矢剌不花同知州李伯渊主持重新修建。大德九年（1305 年）夏四月落成。元至正十八年（1358 年），王士元兵至霍州，焚毁州署，唯大堂幸存。明洪武四年（1371 年）知州重修，成化初知州相继增修。嘉靖二十一年（1542 年），知州荡克宽于仪门前修建大门一座，上盖谯楼，改大门为"承流宣化"坊。嘉靖三十六年（1557 年），知州褚相改路建坊，筑东、西、南三面围墙，立左右廊房各三楹于大门外，改"承流宣化"坊为"古霍名郡"坊。

图 5-3-33 临晋县衙全景（资料来源：自摄）

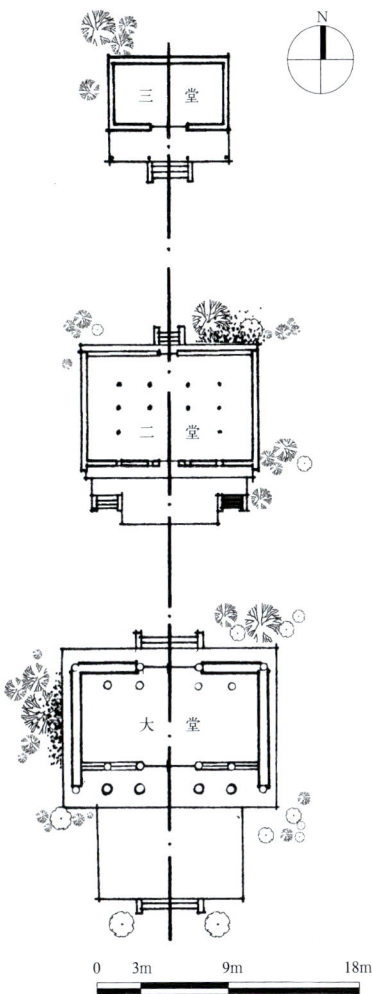

图 5-3-32 临晋县衙平面（资料来源：山西省
第三次文物普查资料）

图 5-3-34 临晋县衙大堂（资料来源：自摄）

清顺治年间，知州相继修葺。乾隆年间，知州又相继增修。到清光绪十七年（1891 年），知州铁岭德生再度重修。霍州州署经顺治、乾隆年间两次较大的扩建增修，进入鼎盛时期，占地面积达到 3.85 万平方米。自清末到民国，天灾无常，兵连祸结，霍州州署除中轴线建筑保存基本完好外，东西辅线及署外建筑或被严重破坏，或被改建（图 5-3-35）。

今日之霍州州署，位于山西省霍州市东大街北侧，占地面积 1.87 万平方米，现存主要建筑由南至北分别为："二龙戏珠"影壁、"古霍名郡"坊、谯楼、丹墀、仪门、甬道、戒石亭、东、西厢房、月台、抱厦、大堂及东、西耳房、二堂、内宅、静

怡轩等 60 多处，是我国目前尚存唯一一座较完整的古代州级署衙，与故宫博物院、河北保定直隶总督署（府级）、河南内乡县衙（县级）构成了我国从中央到地方的四大古代官衙。1965 年霍州州署大堂被公布为山西省省级文物保护单位，1996 年霍州州署被公布为全国重点文物保护单位（图 5-3-36）。

（二）形制与布局

据明嘉靖三十七年《霍州志·卷二》载："在宣一里。元权为国王行邸，大德七年（1303 年）地震倾圮。大德八年（1304 年）监州失利不花，同知州李伯渊修葺，至正十八年（1358 年），毁。国朝洪武四年（1371 年），同知吕稷建。成化初，知州张圯、鲍克恭继修。嘉靖三十六年（1557 年），知

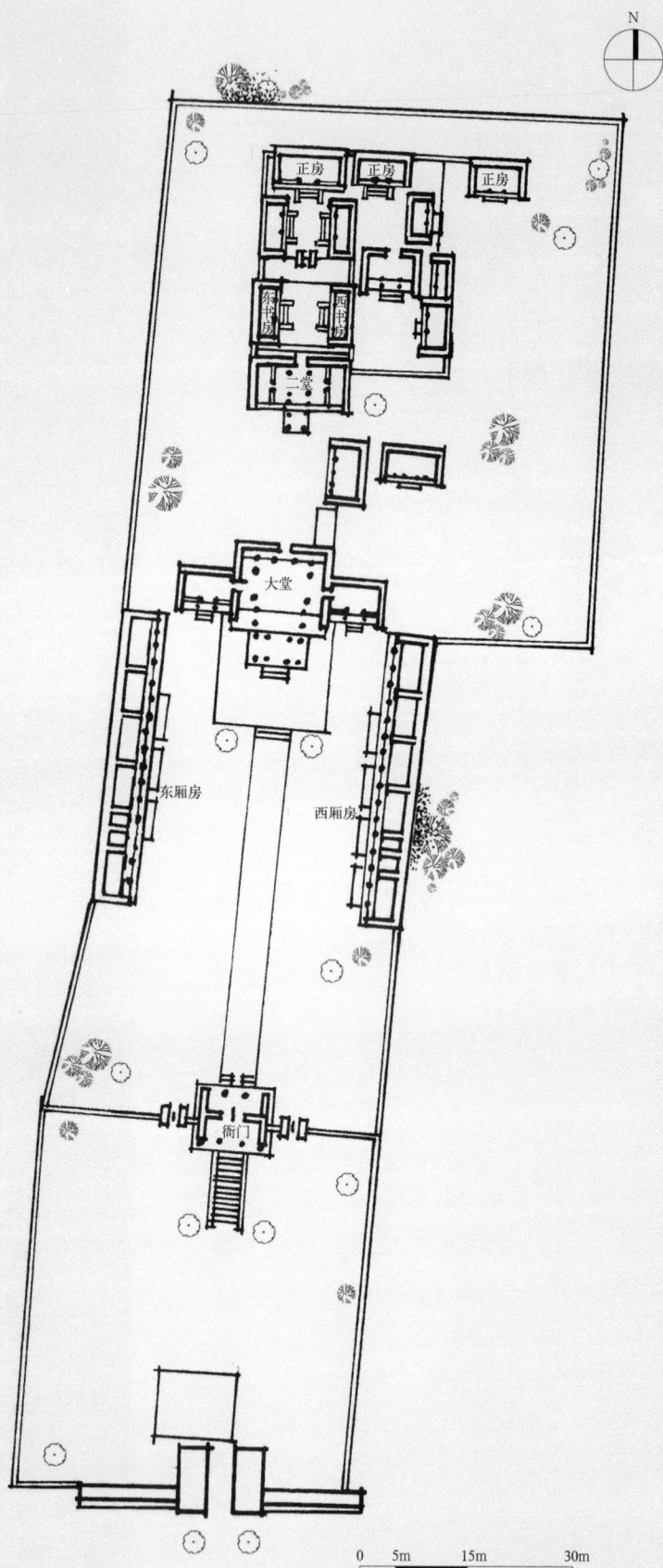

图 5-3-35 霍州州署平面图（资料来源：山西省第三次文物普查资料）

州褚相改路建坊，筑东西垣墙。又于大门外，立左右廊房各三楹，旷然改观焉……。"又据清道光五年《直隶霍州志·卷六》载："州治在宣化坊南向，前有坊表三，列东、西、中。大门一座，门之上有谯楼。楼东为土地祠，为吏目署，西为图圉。由大门而仪门入，为大堂。堂前甬道，恭设武石亭，亭东西列各书吏房。东上南向，为酂阳侯祠。祠东侧有官厅，堂之西为库，其东则承发房居焉。大堂后即宅门，中设同门。入门，为二堂。康熙四十二年圣祖皇帝西巡，于三月十五日御书：'日色才临仙掌动，香烟欲傍衮龙浮'十四言赐知州臣李绍祖制匾，恭悬于此。左翼为客座，右为签押房，皆有廉。二堂之西，书室三所，其后有古马神庙，前有州陈公祠。二堂后即内宅，东西翼为内书房。迤东为静怡轩；又东为绿云山馆，中有曲水池；东南隅有景岳亭，缭以短垣；南为东厨、杂屋。署以间计，在宅门以内，大小七十余楹……。"

根据上述记载可知，霍州州署建筑群在明朝时期即分为中轴线和东西辅线三路建筑，中轴线上有：州前坊、谯楼、仪门、戒石亭、大堂（大堂之前东西两侧分别为吏户礼勘合科、兵刑工承发司）、二堂、知州衙、同知衙、判官衙、内宅或后宅；东辅线建筑有：壮班、吏目衙、吏目厅、快班、东公廨、霍山驿、花园等；西辅线建筑有：皂班、监狱、西公廨、书房等。清代时霍州署建筑群在中轴线上有：署前三坊、谯楼（大门）、仪门、戒石亭（戒石亭东西两侧分别有东西三房）、大堂、宅门、二堂、内宅；在东辅线上有：壮班、捕署、捕厅大堂、花厅、霍山驿、快班、土地祠、吏目署、酂侯庙、官厅、东书房、静怡轩、绿云山馆、景岳亭、庖厨、杂屋、马王殿等；西辅线建筑有：皂班、监狱、狱神庙、书室、陈公祠、马神庙、西书房城守署、常平仓等。对比明清两代的衙署建筑格局，可以进一步得出这样的结论：明清两代衙署的中轴线上的建筑比较稳定，变化不大，东、西辅线建筑由于官制的改变而呈现较大的变化，霍州州署东、西路建筑清代较明代构成要素增多，规模增大（图5-3-37、图5-3-38）。

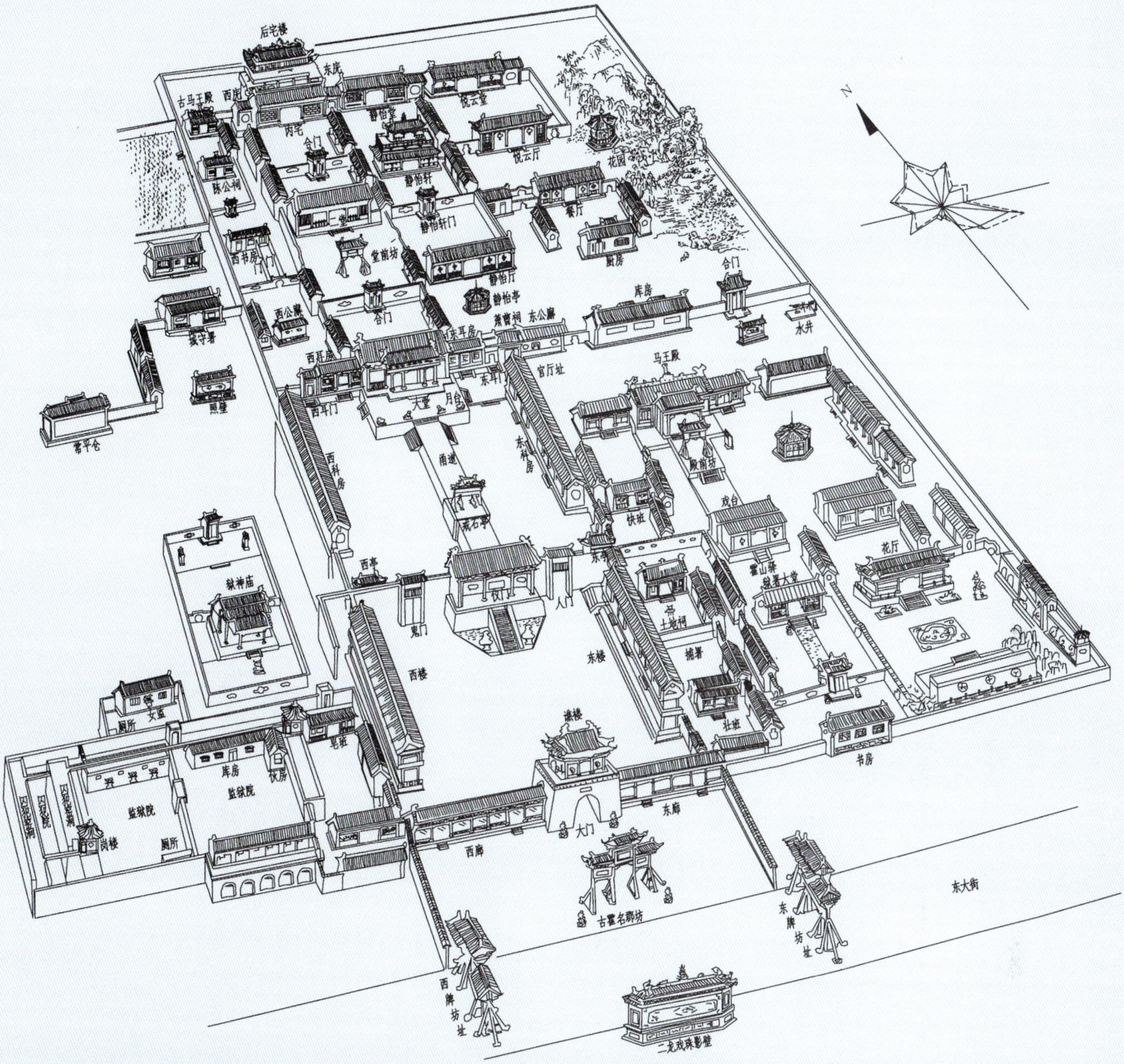

图 5-3-36 霍州州署轴测图（资料来源：张海英绘）

图 5-3-37 霍州州署全景（资料来源：自摄）

图 5-3-38 大堂前庭院（资料来源：自摄）

受"堪舆学说"及皇家建筑布局的影响，霍州州署建筑群由中间的主轴线和东西辅线将衙署格局连带成主次分明、功能各异的长方形院落，主体建筑物均对称布置在主轴线上，附属建筑分布于东西两侧的附属轴线上。各轴线均有数进院落，每进院落中，以主要建筑为中心，左右分布次要建筑，构成合院式的布局特征。各院落之间通过门、廊、过道等连接成一个有机的整体。霍州州署中轴线上的建筑以大堂为核心，"二龙戏珠"影壁、"古霍名郡"坊、谯楼、丹墀、仪门、甬道、戒石亭等均用来烘托主体建筑，渲染庄重威严的气氛。壮班、捕署、土地祠、快班、东书房、捕厅大堂、霍山驿、马王殿、花厅等东辅线建筑和狱神庙、城守署、常平仓等西辅线建筑处于附属地位（图5-3-39）。

1. 旌表戒箴之所

"二龙戏珠"影壁，位于霍州市东大街南侧，与古霍名郡坊隔街相对，早年毁坏，现已重建。署前三坊，原东西两座牌坊横跨东大街，中间一座设于州署大门前，即州前坊。州前坊，原为明代所建，为一间四柱三楼式，中间较两边宽阔，顶部由圆椽、方桷、斗栱、筒瓦构成，琉璃瓦剪边，显得炫目辉煌，中门楣顶木格子内，南书"古霍名郡"，北书"保障三城（清代直隶霍州及其所辖的灵石、赵城）"

大字。两边小门框的斗方上，南向左右分别写有"平理"、"保厘"，以示其施政宗旨。谯楼，位于仪门前，对着仪门35米处，雄伟高大、宛若城门。周祈《名义考》中有："门上为高楼以望曰谯……下为门，上为楼，或曰谯门，或曰谯楼也。"谯楼砖砌底部东西宽15米，南北进深11米，中间开有宽5米的门洞。门洞上楣书"振辰"二字，源出《论语》，"以政为德，譬如北辰，居其所而众星拱之"，意为执政者如能以德感人，则近者悦，远者来，天下归顺。谯楼顶部楼阁二层，飞檐翘角，富丽堂皇，称为霍州"两秀"明珠之一（另一秀明珠为霍州鼓楼）。明嘉靖二十一年（1542年）知州荡克宽建，1985年塌毁，1990年复修（图5-3-40）。

丹墀，位于谯楼与仪门之间，南北长60米，东西宽35米，因古宫殿阶上地面以丹漆之而得名，原是官吏朝拜王公之所，因霍州署元代权为国王行邸，故有此规格档次。后来用作知州迎接皇谕圣旨、举行仪式和群众"闹社火"等集会的署内广场。仪门，即州署第二重正门。从丹墀拾级而上宽4.5米的18级台阶，至仪门。台阶前面两侧，端坐有石狮一对，二者神态各异，栩栩如生。此门建于明嘉靖年间，为一高台悬山式建筑，基座与地面垂直高度2.5米，房脊距离地面8.3米，东西宽15米，南北进深10

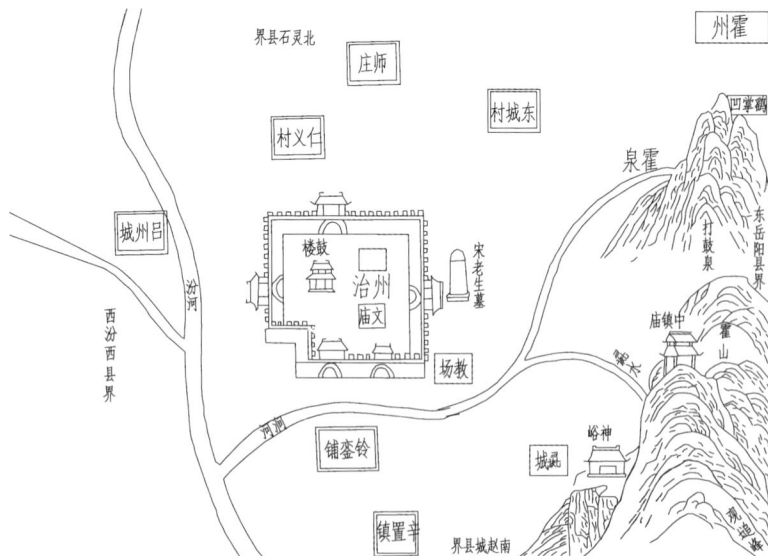

图5-3-39 霍州署位置图（资料来源：《平阳府志》）

图5-3-40 从谯楼处看仪门（资料来源：自摄）

图 5-3-41 戒石亭侧面（资料来源：自摄）

米。仪门面阔三间，四梁八柱，五檩四椽，檐檩之上有七朵斗栱，建筑明间开阔，气势雄伟。"霍州署"金字牌匾悬于仪门上端。仪门东侧便门为"人门"，西侧便门为"鬼门"。甬道，连接大堂与仪门间的通道，长62米，宽6米，高出地面1米，是古时衙役站立两旁，迎送各级官员的礼仪之道。戒石亭，立于甬道中仪门之北20余米处的木牌坊，南楣书"天下为公"，北楣书"清慎勤"。原设亭的地方立一石碑，后改建为"戒石亭"。原石碑南刻"公生明"，北刻"尔俸尔禄，民膏民脂，下民易虐，上天难欺"。用以告诫官吏，永铭不忘（图5-3-41）。监狱，即谯楼西之图圄。明代监狱在丹墀之西南角，自成一个院落，关押重罪犯，有男监狱、女监狱及其他生活用房，如：库房、伙房、厕所等。看守所居于丹墀的东南角，原属吏目衙的一角，曰"东看守"，关押轻罪犯（图5-3-42、图5-3-43）。

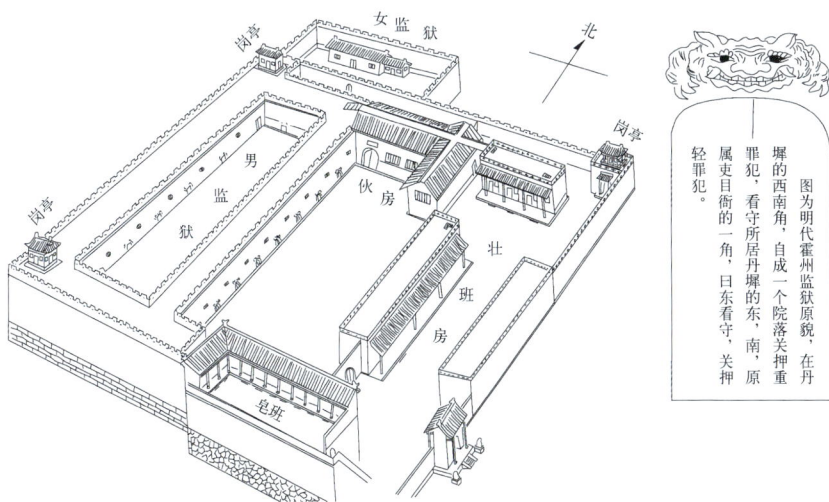

图为明代霍州监狱原貌，在丹墀的西南角，自成一个院落关押重罪犯，看守所居丹墀的东、南，原属吏目衙的一角，曰东看守，关押轻罪犯。

图 5-3-42 霍州署明代监狱（资料来源：张海英绘）

图 5-3-43 霍州署明代监狱签押房（资料来源：自摄）

2. 治事之所

大堂，大堂底部的平台叫月台，为一高于甬道约0.2米的长方形平台，南沿边伏卧石虎、石狮各一对。经专家鉴定，这对石虎属唐代石刻标本，是1000多年历史沧桑的见证，石狮为元代作品。大堂前部是抱厦，又称卷棚，面阔三间，东西宽11.3米，南北进深7.5米，四梁八柱，五檩四椽，脊檩距地7米，前后沿两根圆周1.5米的粗檩，通贯两端，8根大柱直径都在1米以上，鼓形雕花柱础石圆周2.3米。抱厦前额所挂牌匾上有明代知州褚相题写的"亲民堂"三个大字。抱厦明柱上镌刻着一副楹联：莫谓民可欺一二事偶不经心其怨其咨议腾众口；漫说官易做千万户于兹托命以教以养责在藐躬（图5-3-44）。

抱厦与大堂浑然一体，结构甚是严密。明清时期，知州一般为五品官员，他们举行重大仪式，处理大案要案，俱在大堂进行。大堂始建于唐代，现存大堂建于元大德八年（1304年），一般都称为"亲民堂"，明时又叫"正厅"，面阔、进深各五间，上为悬山式屋顶，东西宽22米，南北进深15米，占地面积为332平方米。大堂脊顶距大堂内地面10米，堂内地面高出堂外地面1.2米。堂内后梁额上，悬有一匾，写有"正大光明"，大堂正中设公案，两侧列"肃静"、"回避"牌及其他仪仗等，衙役则分立两厢听命行事。大堂东西两侧，各有一面阔三间的带廊耳房，东为议事厅，西为刑厅，分别经大堂东西墙壁中间的便门与大堂连通（图5-3-45）。二堂，在大堂后，现存为民国年间

图5-3-44 霍州署大堂正面（资料来源：自摄）

图5-3-45 霍州署大堂侧面（资料来源：自摄）

建筑，面阔、进深各五间，前后设回廊。二堂在明时也叫退厅，为知州初审民事、刑事案件，处理日常州务大事的办公地方，一般处理钱粮和民事诉讼（图5-3-46）。

3. 宴息之所

内宅，二堂后，明代建筑，明代为知州、同知、判官及其家眷生活、居住的地方，知州居中，东为同知，西为判官，又称后宅，清代屡有修复，为知州居住的地方。东、西公廨，明代建筑，为知州读律令或待客之所。花园，内宅之东有便门通花园，经询，霍州州署花园之水由"官渠"引进，花园为州官提供了一个可游可赏，忘倦忘归的境地，可惜该花园现已损毁（图5-3-47～图5-3-49）。

4. 吏攒办事之所

三班，皂班驻丹墀西南角，负责监押犯人；壮班设在丹墀东南角，负责侍卫警戒；快班设在东科房后院内，负责缉捕事宜。六房，吏、户、礼房与兵、刑、工房分别设于东、西科房，位于大堂前甬道东、西两侧，各为回廊式厦房十七间。东、西科房左右对称，为明嘉靖三年（1524年）知州宇文铺建。霍山驿，明代建筑，在仪门内东侧，负责接待来宾和传递公文（图5-3-50）。

图5-3-46 霍州署二堂庭院（资料来源：自摄）

图5-3-47 霍州署内宅全景（资料来源：自摄）

图 5-3-48　霍州署典册厅（资料来源：自摄）

图 5-3-49　霍州署内宅室内陈设（资料来源：自摄）

图 5-3-50　霍州署客座（资料来源：自摄）

5. 祭祀之所

鄷阳侯祠，位于大堂东耳房东侧。陈公祠，系清道光二年（公元1822年）知州崔允昭为纪念陈钧所建的祠堂。位于古马王庙之前，为西辅线建筑。陈钧，清乾隆十一年（公元1746年）升任霍州知州。大金川之役，因无法应付上司的威逼，公款供应不支，又不忍剥脂膏以病民，于清乾隆十四年（1749年）元旦自杀。霍民多祀之。狱神庙，位于男、女监之北，庙里有三尊神像。中间坐着的老者，即所谓狱神。据传这位狱神是尧舜时代的刑官皋陶，他制定了法典，用法断决案件，且断案公正，善辩是非曲直，赏罚严明，深受百姓的欢迎。皋陶是牢狱的首创者，是远古以来声名最为卓著的刑狱之神。史称其"决狱明白，察于人情"。皋陶任大法官时，"天下无虐刑"，实属难得（图5-3-51）。

（三）特色分析

从州署在城市中的位置及其平面布局来说，霍州署众多的建筑集居于州城东北处的最高地域，而非按"居中不偏"、"不正不威"等礼制思想布置于城市中央，原因大致有三：一是按八卦方位布就；二是霍州素为兵家必争之地，其军事地位显著，所以出于军事原因，将州署设于城中最高处，可居高临下；三是因于地形，类似春秋战国时期齐临淄、燕下都、赵邯郸的城址中"因地制宜"的规划思想。霍州州署虽然遵循定型化的衙署建筑布局模式，即：若干条纵向轴线控制下的层层院落式布局，大堂及其所在院落在整个建筑群中位置明显，主题突出。但其总体布局中有一奇特之处在于：并非所有中轴线上的建筑物均以中轴线对称布置，即：大堂、堂前坊、二堂、内宅等共用一条中轴线，"二龙戏珠"照壁、"古霍名郡"坊、谯楼、仪门、戒石亭、甬道的中轴线有所偏移，出现这种中路建筑的中轴线不恒定的现象，原因大致为：大堂为元代所留建筑，谯楼为明嘉靖二十一年（1542年）知州荡克宽所建。

从单体建筑来说，元代霍州州署大堂，似"一块分层化石"，可谓一"滑稽绝伦的建筑独例"。[12]大堂位于城内地势最高处、霍州州署中轴建筑群的

中心点上，表现出的风格质朴大方，在营造法式上更是别出心裁：为五间六椽，前后乳栿用4柱，大胆采用偷梁减柱造，明间金柱全部减去，仅用前后4根檐柱，大梁内额跨度大，明间开阔，14根顶梁大柱，直径均在0.5米左右，6根粗壮大梁，直径均在0.8米以上（图5-3-52、图5-3-53）。

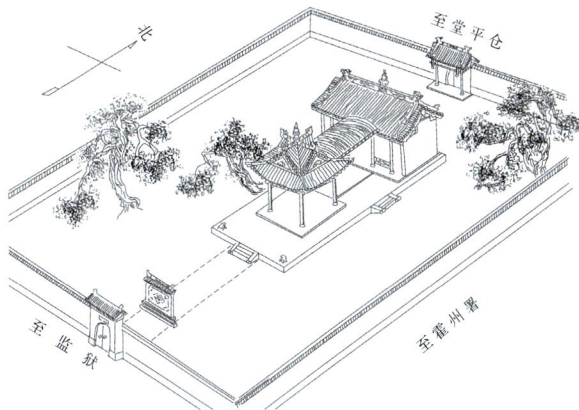

图5-3-51 霍州署明代狱神庙（资料来源：《平阳府志》）

图5-3-52 霍州署大堂屋脊（资料来源：自摄）

图5-3-53 霍州署大堂梁架（资料来源：自摄）

所有梁架檩柱选材用料，均不旋不刨，顺其自然，粗头尽其材，细头稍加垫，以节省材料。这种木结构营造法式，史所罕见，体现了元代粗犷豪放的风格，与前面建于明代的雕梁画栋、富丽堂皇的抱厦恰成对照。这种对照做法体现了营造者的独具匠心。抱厦作为大堂的门面，装饰得华美庄严，充分体现了大堂中为官者的身份及其所代表的皇权的威严；大堂内部的梁架朴实无华，既反映出州署官员对民情的体察，又说明衙署的建设多由地方官员捐款修建，因缺少专项经费而较多因陋就简，以实用功能为主。面阔三间的大堂抱厦，其奇异之处，一奇在当心间阔而梢间稍狭，四柱之上，以极小的阑额相联，其上却托着一整根极大的普拍枋，将中国建筑传统的构材权衡完全颠倒。这根极大的普拍坊就是大额式结构，在这种结构中，沿面阔方向纵向架设的这条大梁——普拍枋，可以承担梁架上部传来的一切荷载，再把荷载传递到支撑在下部的立柱上。正是这种结构的成功应用，才使得额上的斗栱可以灵活布置，不受限制（图 5-3-54）。而斗栱刻意的均匀排列，可能是出于建设者想要表达“秉公执法，断案公正”的意图。霍州州署大堂，这座超越常规的建筑，以其独特的建筑结构、构造手法历经几百年之久，不圮不朽，是我们研究衙署建筑难得的实物资料。

七、孝义县衙

位于山西省中部吕梁地区南端的孝义市，地势西高东低。这里，春秋时晋置瓜衍县，秦灭魏置兹氏县，三国魏设中阳县，北魏改置永安县，隋属西河郡治，唐贞观元年（627 年）以邑人郑兴孝行闻名于朝，敕赐名孝义县。宋太平兴国年间曾一度改称中阳县，熙宁五年（1072 年）改县为镇，元祐元年复置县，1958 年并入介休县，1961 年复置县。1991 年设县级市。

孝义县衙位于“城西门内十数步”，地势高爽（图 5-3-55）。该县衙于元魏孝静帝武定元年筑成，元初尽毁。至元丁亥重修，大德七年，地震复圮。次年再新，以后在明代天顺二年、弘治六年、国朝年间相继增修。孝义县衙建筑群纵向分三路布置，中路建筑由南至北依次为：照壁、大门、仪门、戒石亭、大堂、宅门、二堂、内宅，戒石亭东西两侧分别为吏户礼承发房和兵招刑工仓储书吏办事房，这种格局与上述实例相仿。东路建筑主要有：秦书宝庙、戏楼、捕班房、典史署、酂侯庙、东快班房。西路建筑主要有：壮班房，马神、关帝、土地庙、皂班房、禁狱、茶房、西快班房、书房、厨房、马神庙、花厅。禁狱位于县衙西南方位，与其他实例中牢狱所处的方位相一致。县衙大堂底部有宽敞的月台，正面不

图 5-3-54 霍州署大堂普拍枋
（资料来源：自摄）

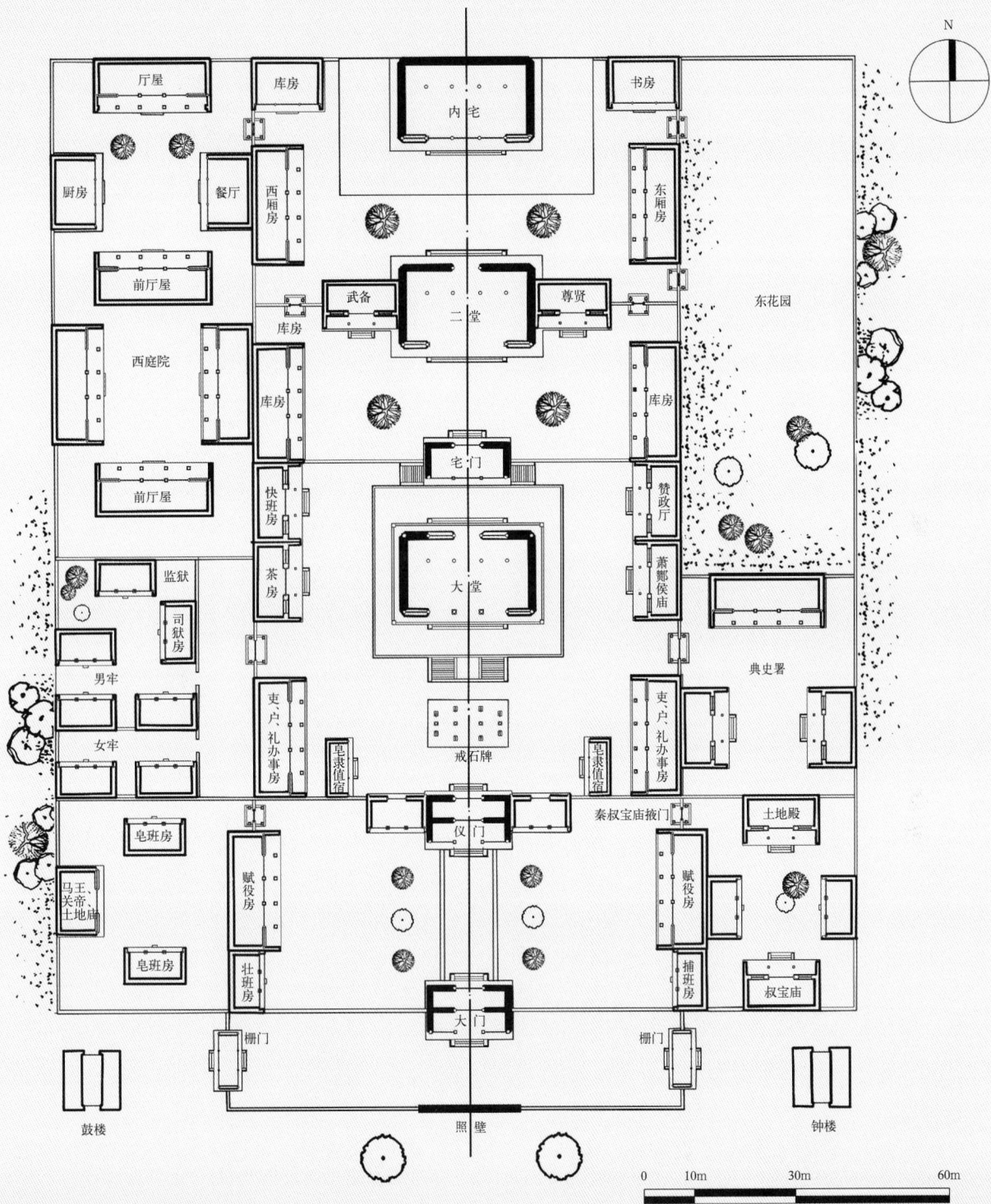

图 5-3-55 孝义县衙平面图（资料来源：自绘）

出抱厦，具有县级衙署大堂的规制特征。孝义县衙在城市中的位置及其自身的布局与形制特征与前述衙署建筑相近，反映出山西地方衙署建筑的形制和布局具有一定的规律性（图 5-3-56 ~ 图 5-3-58）。

八、平遥县衙

（一）历史沿革

平遥县位于山西省中部，太原盆地西南，太岳

图 5-3-56　孝义县衙戒石亭
（资料来源：自绘）

图 5-3-57　孝义县衙二堂及
书房（资料来源：自绘）

图 5-3-58　孝义县衙内宅
（资料来源：自绘）

山之北，太行山、吕梁山两襟中央。自公元前221年，秦朝政府实行"郡县制"以来，平遥城一直是县治所在地，延续至今。平遥县衙位于县城内西南政府街（明代称行道街，清代叫衙门街）平遥古城中心，东西宽131米，南北长203米，占地2.66万平方米。

始建年代待考，早期的形制全貌已荡然无存，现存建筑为明清规制，除少量元代建筑外，大部分为明万历年间重修。据平遥县志记载，元大德七年（1303年）八月六日夜，县境发生大地震，人员伤亡，房屋倒塌，县衙建筑亦倒塌殆尽。明万历十九年（1591

年），知县何其智将三间大门改修为砖砌门洞，于门洞上增修谯楼三间，并在县衙内东侧新修寅宾馆三间。明万历二十五年（1597年），知县周之度在县衙大门外东侧增修观风楼一座。明万历四十七年（1619年），知县杨延谟对县衙进行了大规模的修缮，重新修建大门三间、仪门三间、东西角门各一间、土地祠三间、木结构牌楼观政亭一座、大堂五间（其中东梢间为钱粮库，西梢间为武备库）、公堂东西耳房各三间（东为赞政亭，西为銮驾库）、吏、户、礼、兵、刑、工六房22间以及大堂后内宅（东设县丞宅，西设典史宅），在兵、刑、工房后修建公廨房，公廨房以北修建县仓。至此，平遥县衙在明清两代的格局已基本定型。明万历四十八年（1620年），将牢狱围墙改为砖石结构，在仪门之外、大门之内修建砖窑14间，名曰"赋役房"，以便里老收粮。衙门外东侧新修彰瘅亭、阴阳学、医学，西侧添修申明亭。衙署对面路西修筑管支马户，轿夫房，总捕司房共9间。清顺治十二年（1655年），在衙署内东侧增修钟楼一座。清乾隆十九年（1754年），在县署内东侧空地又修建鄷侯庙，包括正殿、前殿各三间，戏台一座。清乾隆五十六年（1791年），维修县署内东侧的关帝、观音、火神祠，将原址的三间正殿扩修至五间，祠西侧增修壮班正班房三间。清嘉庆六年（1801年），在壮班房前增修影壁一座，在关帝、观音、火神祠前重修乐楼三间。清道光七年（1827年），重修关帝、观音、火神祠内院东西配房，外院增修壮班西班房三间，厨房一间。清光绪五年（1879年），整修县衙东花厅。清光绪七年（1881年），整修二堂、耳房及东西门子房，同时整修宅门东西耳房及花厅院南房、东房，其余各处有毁坏者都予以修葺。由此可见，平遥县衙东西两路建筑规模逐渐增大（图5-3-59）。[13]

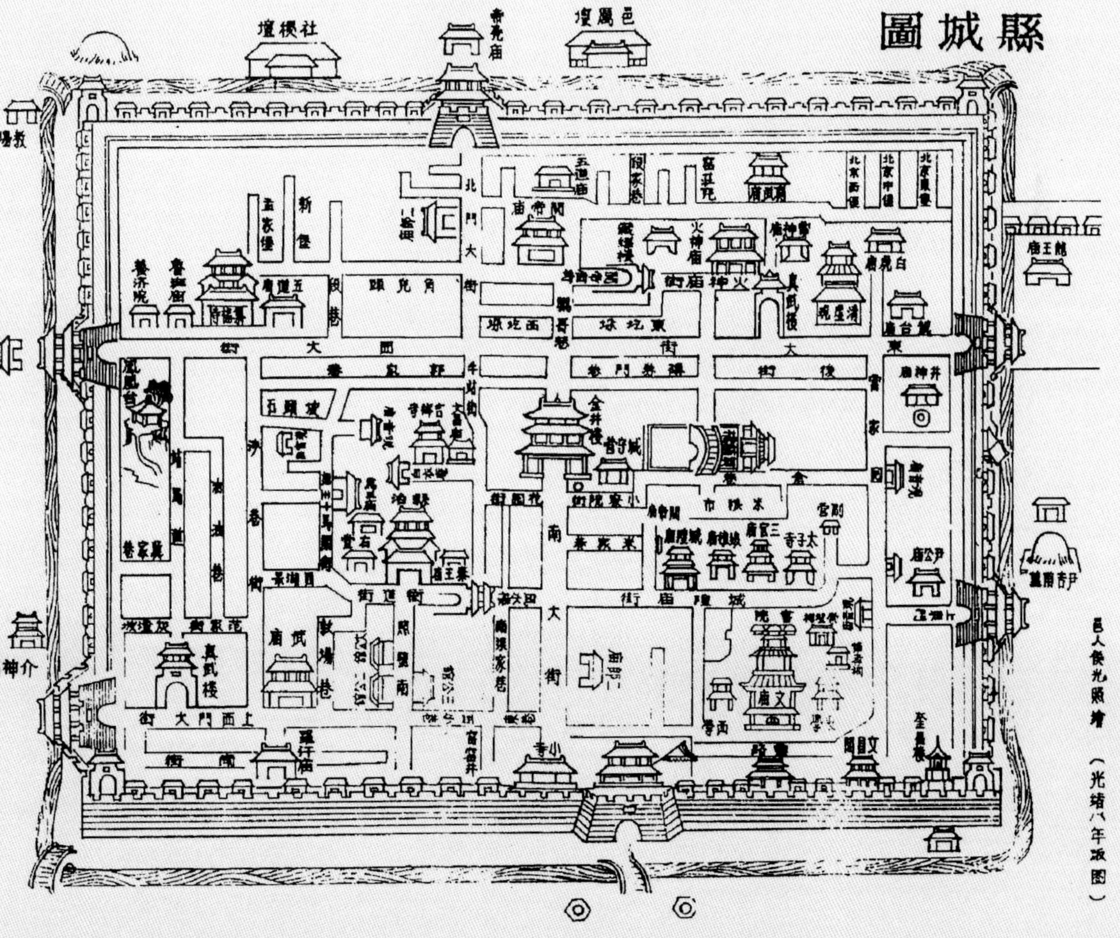

图5-3-59 平遥县城图（资料来源：清《平遥县志》）

（二）形制与布局

平遥县衙建筑群纵向分为东、中、西三条轴线，中轴线上为六进院落，自南向北依次为大门、仪门、牌坊（牌坊已毁，它的两侧为六房）、大堂、宅门、二堂、内宅、大仙楼；东侧线上由南至北有彰瘅亭、土地祠、寅宾馆、酂侯庙、常平仓（又叫钱粮厅）、花园；西侧线上由南至北有申明亭、牢狱、公廨房（遗址）、十王庙、洪善驿、督捕厅、马王庙等。衙门外，左翼有观风楼，右翼有乐楼（尚未复原），前有照壁。平遥县衙整个建筑群主从有序，前堂后寝，左文右武。房屋间数为二百九十九间半，是封建王朝最基层统治机构的完整再现（图5-3-60、图5-3-61）。

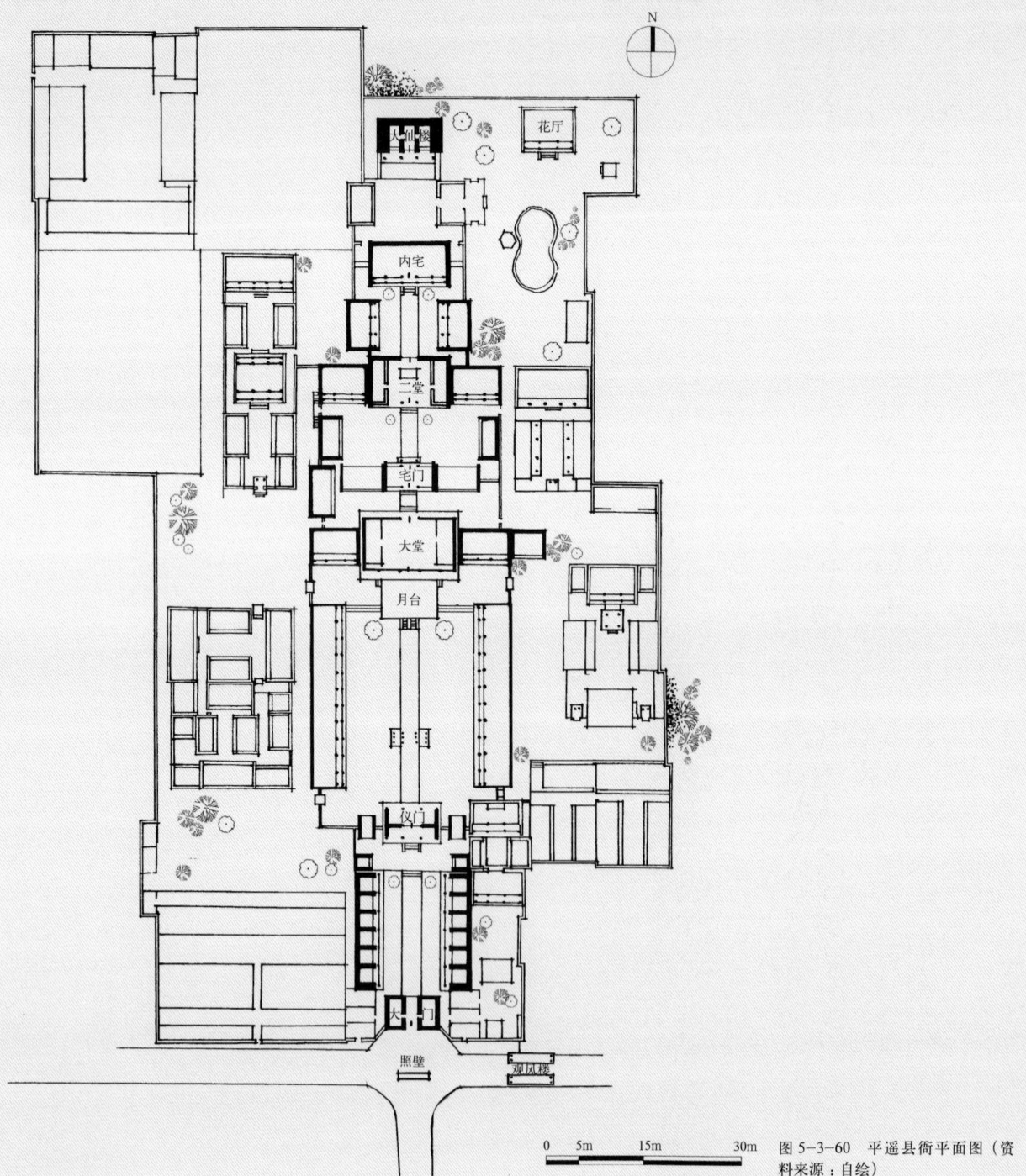

图 5-3-60 平遥县衙平面图（资料来源：自绘）

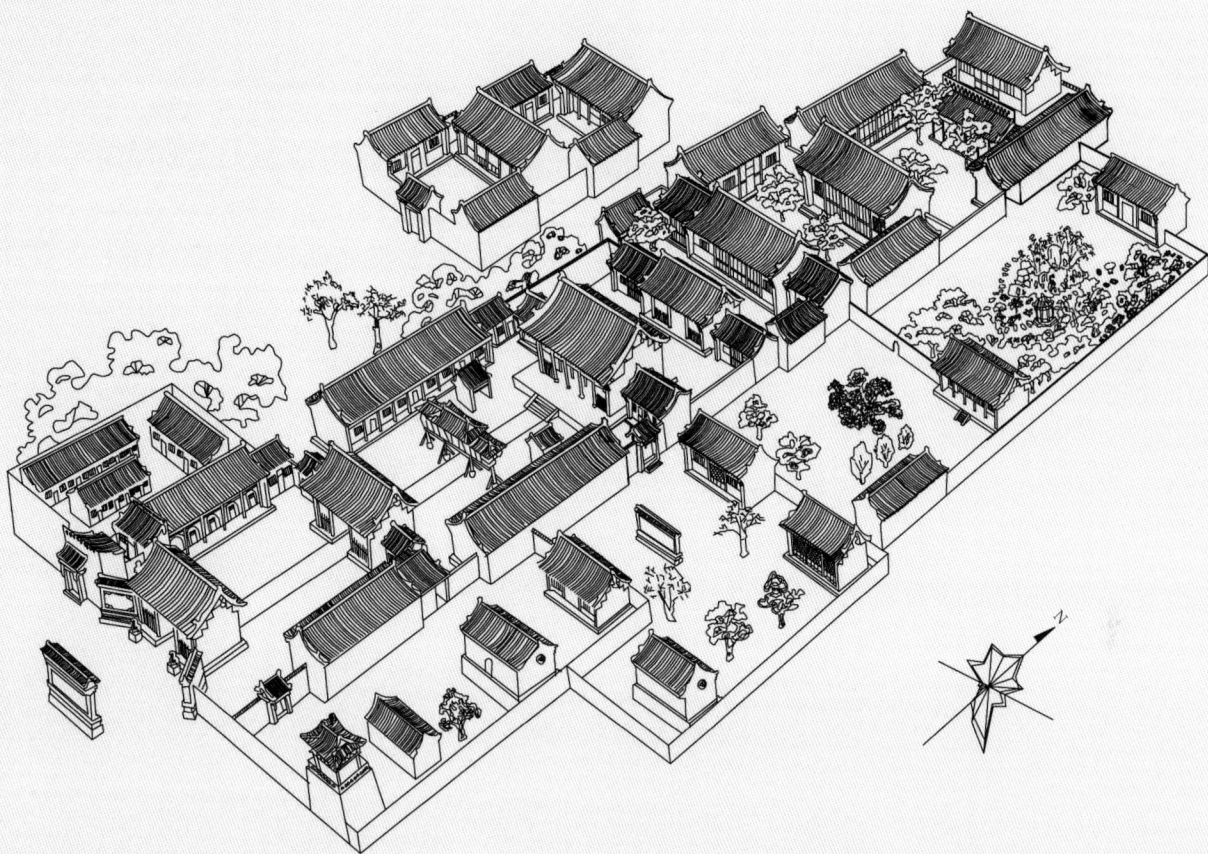

图 5-3-61　平遥县衙鸟瞰图（资料来源：张海英绘）

1. 旌表戒箴之所

影壁，正对衙门之南建有一座砖砌独立式影壁，主要用于避邪。衙门之南的照壁南街之名便由此而来。大门，在衙门街的西端，坐北朝南，面宽三间，进深两间，单檐悬山顶，前檐斗栱三踩，朴实而威严。中间是走道，前檐东侧放置有一面"登闻鼓"，俗称"喊冤大鼓"，以备百姓击鼓申冤。衙门的后檐各有一间房舍，是门子和更夫的居所。大门于1996年修复。彰瘅亭和申明亭，分别位于衙门的东西两侧，建于明代。后来，申明亭正房里又加塑了观音菩萨塑像，叫"观音堂"。于1996年修复申明亭。观风楼，在衙门东侧20米处，民间俗称"风水楼"，上下两层，第一层是砖砌高台，中间为砖券门洞。第二层是木构建筑，面宽三间，进深三间，前后出廊，单檐歇山顶。阁内塑有武圣关羽像，该楼由知县周之度创建于明万历二十五年（1597年），毁于20世纪50年代。仪门、衙门往北是仪门，是进入

县衙的第二道屏障。平遥县衙仪门面宽三间，进深二间，五檀悬山顶，檐下斗栱三踩，创建于明代，1999年修复。仪门两侧各建一角门，东角门叫"人门"，西角门叫"鬼门"。牢狱，位于县衙西南方位，其占地面积在清朝时达到1700平方米，有轻狱、重狱、女狱之分。轻狱是仿窑洞建筑，内有火炕。重狱是重刑牢房，没有窗户，没有火炕，墙厚是普通牢房的两倍。司狱房，狱司（即现在的监狱长）在牢狱中的办公场所，为里外套间（图5-3-62～图5-3-64）。

2. 治事之所

大堂，是在原基址上重建的仿古建筑，位于仪门之前甬道的尽端，是平遥县衙的主体建筑。大堂又叫公堂、正堂、正厅等，面阔五间，进深六椽，七檩前后廊式，单檐悬山顶，前檐斗栱五踩，补间一攒，栅栏门，直棂窗，灰瓦顶，前有月台。大堂明间和次间敞口，东西梢间分别是钱粮库和武备库。

图 5-3-62　平遥县衙听雨楼（资料来源：自摄）

图 5-3-63　平遥县衙大门（资料来源：自摄）

图 5-3-64　平遥县衙仪门（资料来源：自摄）

钱粮库内存放供当地日常开支及赈灾用的粮食银两及账册，由县丞负责，其职能类似于"财务会计"。武备库是明清时县衙内存放升堂时所用的刑具和部分兵器，以及存放县衙内所有兵器和刑具清单的地方，平常由典吏负责管理。与大堂在同一轴线上，位于大堂东西两侧，还有赞政厅和銮驾库。赞即参与、佐助，赞政厅即参政厅，是县丞及师爷参赞知县政务的地方。同时，知县在这里常可以听到各里坊耆老、乡绅以及告老还乡的官员对县里各方面情况的意见。銮驾库是存放县衙中用来迎接和引导圣旨的龙亭和仪仗的地方。这种仪仗仿制宫中的銮驾，平时不用，存放于銮驾库。二堂，绕过大堂内的暖阁屏风便走出了大堂，看到宅门。宅门是县署内院的屏障，平时常人不能随意出入，门口有门子把守。门子房类似现在所说的"传达室"和"保卫科"。宅门阔三间，硬山式样，前出廊，后檐明间抱厦一间，檐下有屏门，遇到迎接上级官员、钦差及重大庆典等情况时才全部打开。进入宅门就是二堂院，正中是二堂和东西耳房，二堂是县署中的第二大主要建筑，面宽五间，明次间敞口，梢间为茶房和招房，二堂室内也设有暖阁、刑具及仪仗，与大堂陈设基本相同。凡是由婚姻、土地、债务等引起的民事纠纷，知县都要在这里审理，直至调解，但对顽固不化分子也要施以刑法。可以说：二堂是不公开的法堂。二堂的东西两侧分别是县丞房和主簿房，是县衙的二把手和三把手办公的地方，他们相当于今天的副职，协助知县工作。此外，二堂院的东西厢房还设有"钱谷师爷房"和"刑事名师爷房"，做为知县的幕僚的办公场所（图5-3-65）。

3. 宴息之所

内宅，出了二堂便是内宅院。内宅，名曰"忠爱堂"，面宽五间，硬山顶建筑，内外装修略显豪华，较其他建筑有生活气息。内宅是知县居住、接待上级官员、与僚属商议政事、处理一般公务，以及审理机密案件或不宜公开的案件的地方，是县衙的主体建筑之一。明清时期，五品州官可以携带家眷上任，而县官则不能，所以平遥县衙的县官内宅没有家眷居住。东花园，从鄬侯庙出来经过衙署粮厅，便是东花园。花园为县令提供了赏月观花、品茗对弈、去烦息静的处所。花园内有"对弈亭"，是在外做官的刘伯温回平遥祭祖时与平遥知县达鲁海下棋的地方。洪善驿，设于明万历三十七年（1609年），

清雍正八年（1730年）裁驿丞，驿铺迁移于县署西侧。洪善驿是当时接待来往的下级官员住宿的地方，具有现在的"招待所"的性质。寅宾馆，位于土地祠的东北侧。清代，由于平遥属于"冲繁"之县，官差往来频繁。寅宾馆是招待上级官员住宿的地方。

4. 吏攒办事之所

衙役房，进入县衙大门，沿中间甬道两侧便是赋役房，共有砖券窑洞14间。平遥县衙征收的赋税，主要由户房经管。雍正十三年（1735年），规定征收分上下两期，上期从农历二月开征到五月截止，下期从八月开征到十一月截止。衙役房建于明万历四十八年（1620年），是征收赋税钱粮的场所，也是壮班的班房。东西赋役房以北建有两间小屋，东为厨灶，西为炭房，供赋役们自己烧水煮饭而用。六房，吏、户、礼、兵、刑、工六房位于大堂前面的甬道两侧，对称设置，各为廊房11间，清一色的青砖灰瓦，六檩硬山前廊式。吏、户、礼房居东，兵、刑、工房在西。六房中的办事人员叫胥吏。胥吏各有所司，处理着社会生活的各个方面的事宜。据《牧令书辑要》（袁枚著）记载："夫治民者，州县之职也，然治民不自民始，胥吏者，官民交接之枢纽也。"说明了一个很深刻的社会现实，即没有胥吏的大量

图5-3-65　平遥县衙大堂（资料来源：自摄）

图 5-3-66　平遥县衙二进院（资料来源：自摄）

工作，国家机器就无法正常运转，社会秩序就得不到基本保障，由此可见州县胥吏的重要性。三班，快班房，位于牢狱之北，现为遗址；皂班，位于大堂前甬道两侧；壮班房，位于大堂、赞政厅之东。督捕厅，始建于清初，主管八旗及各省驻防逃人之事，隶属兵部。与牢狱南北呼应，主要是便于提审犯人。粮厅，在花园以南，是县衙储存粮食的地方（图5-3-66）。

5.祭祀之所

大仙楼，内宅之后还有一进院落，其主体建筑是大仙楼，是县衙中现存的唯一一座元代建筑。大仙楼为砖木结构，上下两层，底层是砖券窑洞带前廊，是知县吃饭的餐厅。二层是木结构建筑，面宽三间，五檩悬山前廊式，殿内神龛内供奉的是守印大仙。据传守印大仙就是狐仙。十王庙，屋顶使用有琉璃饰品，这反映出明朝时平遥烧制琉璃的技术达到一定的水平，当时琉璃饰品一般仅用于皇宫或庙宇。衙神庙，又称"酂侯庙"，供奉的是汉初三杰：正中为萧何，左为张良，右为韩信。酂侯庙的对面即为戏台，戏唱给神听。土地祠，为明代建筑，坐落于县衙东南端，由戏台、献殿和正殿组合成两进

院落。除了它的常规作用保佑一方平安外，还有特殊的功能，即临时囚禁涉嫌犯科的有功名的人。土地祠的格局与酂侯庙的格局相似，对面也是戏台，是唱给土地爷听的。戏台以南为钟楼、鼓楼，晨钟暮鼓，但鼓楼已被破坏。马王庙，在洪善驿之北。

（三）特色分析

从县衙位置及平面布局来说，平遥县衙位于"城中之西南"，位居风水观念中的城市"正穴"。由于平遥城历代为县治所在地，因此平遥县衙始终保持县级衙署的规制，为我们研究县级衙署的布局和形制规律提供了宝贵的实物依据。平遥县衙使用传统方法进行恢复重建，在建筑的群体布局、单体形式及细部做法上均尊重历史，如：严格遵守"前堂后宅"、"左文右武"等整体布局方法，建筑形式采用官式和民间地域传统相结合的做法，并以地域传统为主导，以山西其他县衙形制为参考。在复建六房部分时，注意"东高西低"的传统做法，即东三房在地面高程上略高于西三房。在修复内宅部分时，建筑风格较大堂、二堂部分活泼，以显示生活气息。总之，平遥县衙为传递传统建筑文化遗产的仿古建筑重建工程提供了一个范例。

注释

① 刘煦．霍州志，宫室志，公署（卷二）[M].明嘉靖三十七年，25.

② 见周易·说卦，卷9[M].

③ 应劭撰，王利器校注．风俗通义校注[M].北京：中华书局，1981.

④ 邹水杰．汉代县衙署建筑格局初探．北京大学历史系南都学坛[J].Vol.24（No.2）2004，2.

⑤ 汉人认为"廷者，阳也，阳尚生长。狱者，阴也，阴主刑杀。故狱皆在廷北，顺其位"的观念。应劭撰，王利器校注．风俗通义校注[M].北京：中华书局，1981，585.

⑥ 罗哲文．罗哲文历史文化名城与古建筑保护文集[M].北京：中国建筑工业出版社，2003，214.

⑦ 李允鉌．华夏意匠[M].天津：天津大学出版社，2005，66.

⑧ 完颜绍元．封建衙门探秘[M].天津：天津出版社，1994.

⑨ 详见雍正十二年刊本、嘉庆十六年校刊本．山西通志，卷六十，古迹.

⑩ 郭润生．榆次老城[M].太原：山西古籍出版社，2005，27-28.

⑪ 详见孔尚任．平阳府志（卷之八）[M].148.

⑫ 梁从诫．林徽因文集[M].天津：百花文艺出版社，1999，200.

⑬ 李少华．平遥县衙[M].太原：山西经济出版社，2001，1-4.

山西古建筑

山西古建筑

第六章　宫观建筑

山西宫观建筑分布图

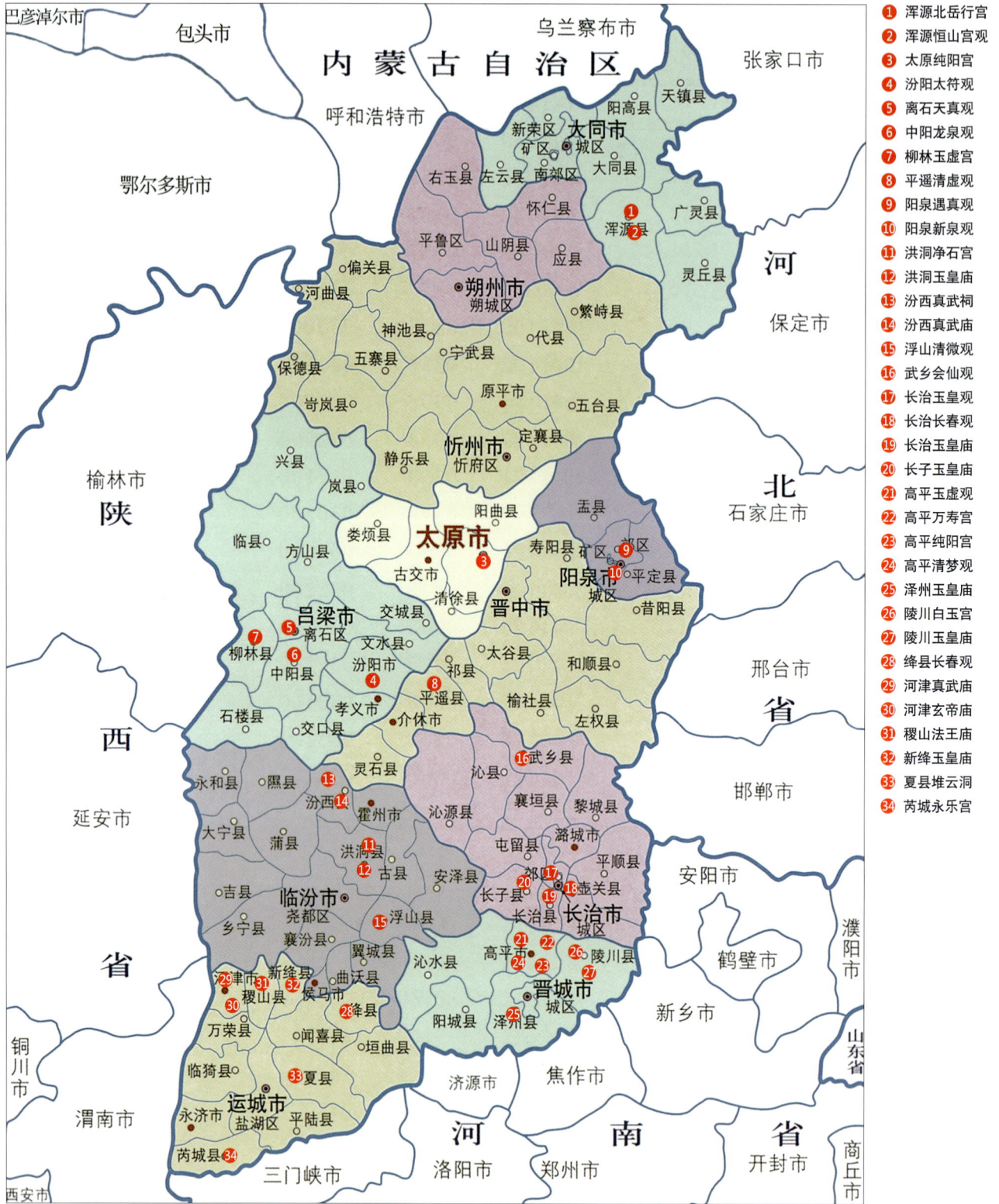

- ① 浑源北岳行宫
- ② 浑源恒山宫观
- ③ 太原纯阳宫
- ④ 汾阳太符观
- ⑤ 离石天真观
- ⑥ 中阳龙泉观
- ⑦ 柳林玉虚宫
- ⑧ 平遥清虚观
- ⑨ 阳泉遇真观
- ⑩ 阳泉新泉观
- ⑪ 洪洞净石宫
- ⑫ 洪洞玉皇庙
- ⑬ 汾西真武祠
- ⑭ 汾西真武庙
- ⑮ 浮山清微观
- ⑯ 武乡会仙观
- ⑰ 长治玉皇观
- ⑱ 长治长春观
- ⑲ 长治玉皇庙
- ⑳ 长子玉皇庙
- ㉑ 高平玉虚观
- ㉒ 高平万寿宫
- ㉓ 高平纯阳宫
- ㉔ 高平清梦观
- ㉕ 泽州玉皇庙
- ㉖ 陵川白玉宫
- ㉗ 陵川玉皇庙
- ㉘ 绛县长春观
- ㉙ 河津真武庙
- ㉚ 河津玄帝庙
- ㉛ 稷山法王庙
- ㉜ 新绛玉皇庙
- ㉝ 夏县堆云洞
- ㉞ 芮城永乐宫

（地图引自：中华人民共和国民政部编．中华人民共和国行政区划简册 2014.北京：中国地图出版社，2014.）

第一节　道教与宫观建筑

道教源于古代的巫术、神仙方术、阴阳五行之说，至东汉逐渐成为宗教，是我国土生土长的传统宗教，是中国古代文化的综合体，其得名缘于道教以"道"为最高信仰，奉春秋时的道家老子为教主，以其所著《道德经》为主要经典。道教作为一种文化，对中国古代社会，尤其是古代低层社会的居住、生活、信仰、道德、社会交往等各方面产生了不可估量的影响。散布于中国每个村村镇镇的道教建筑，是中华民众世世代代的精神家园，其与民众生活距离之近、影响之宽泛，几非言语所能表白。一般认为，道教肇始于老聃，形成于汉朝末年，由张角创立"太平道"，张陵、张衡父子创立五斗米道（也称天师道）为标志。[①] 南北朝时，天师道发展到上层社会，并被逐步改造成为皇权服务的官方宗教，形成了南天师道和北天师道两大道教派别，南北天师道首领分别为陆修静与寇谦之。[②] 从隋唐到北宋，道教在统治者的扶植下，大力发展，尤其经过魏晋南北朝时期儒、释、道之间的思想大辩论，道教教礼进一步深化，道教融合各方文化，更为完备。至金、元时期，

道教重新步入鼎盛，此时道教分为北方的全真教和南方的正一教。尤其是北方的全真教由于得到成吉思汗的赏识，发展迅猛，在北京、山西、陕西都留有全真教祖庭建筑群。全真教主张三教合一，道士潜心修炼之余，还应积极出世，肩负起高于朝廷、佛教的社会职责。全真教书写了道教发展史上又一个高潮时代。[③] 明、清以降，道教逐渐衰微，失去了统治阶层的支持。尤其在清朝，推行"崇佛抑教"的宗教政策，道教发展受到了前所未有的打击。道教宫观建筑数量也因此有明显减少的趋势。道教思想同孔孟儒家思想都是中国古代思想成就的精华，对中国古代历史的方方面面产生了巨大而深远的影响，中国古代建筑的发展也不例外（图6-1-1、图6-1-2）。

一、道教建筑的形制

道教建筑一般称之为宫、观、祠、庙、洞，尤以"宫"、"观"、"洞"的称谓最为普遍，是道士用以祀神、修炼、传教以及举行斋醮仪式的场所。道教建筑的形制，是伴随着道教的产生与发展而演进、变化的。

图6-1-1　芮城永乐宫壁画中的人物（资料来源：摹自永乐宫壁画）

图6-1-2　芮城永乐宫壁画中的宫观（资料来源：摹自永乐宫壁画）

（一）靖治之制

道教在其产生之初，巫祝方士并无固定宗教活动场所，皆以山区野地作道士修真地。史书记载，东汉张陵、张衡父子创立五斗米道初期，五斗米师所立的场所称为"治"，为民所敬。而普通信徒所立的敬修之所，则为"靖"，意为静修之所。"治"与"靖"作为早期道教活动场所，一是等级不同，"民家曰靖，师家曰治"。二者又不是一个固定的称谓，反映的只是等级。五斗米师相对民众来讲，所立为"治"；而相对于天师所立"治"而言，也只能称为"靖"了。二是规模也有差别，称之为"治"，建筑规模并不大，形制也不是十分明确，治所只

有堂、台（坛）、房、舍等少数建筑，但仍不失气派。而民间"靖"室建筑，其构造则极为简单，只要求与居室隔绝，并保持清洁，但也有一定的规矩（图6-1-3～图6-1-6）。《玄都律文》载："小治广八尺，长一丈八；中治广一丈二尺，长一丈四尺；大治广一丈六尺，长一丈尺。面户向东，炉案中央。"逾越了规定，还要受相应的处罚。

（二）宫观之制

宫观之制出现于"靖""治"之制后。道教之"观"，在汉时只是借用馆、观二名。在南北朝时，其名称逐渐确定下来，如庐山招真馆，衡山九真馆等。在唐朝时，由于道教极盛，道教建筑规格进一

图6-1-3　芮城永乐宫壁画中的宅院（资料来源：摹自永乐宫壁画）（左）

图6-1-4　芮城永乐宫壁画中的楼阁（资料来源：摹自永乐宫壁画）（右）

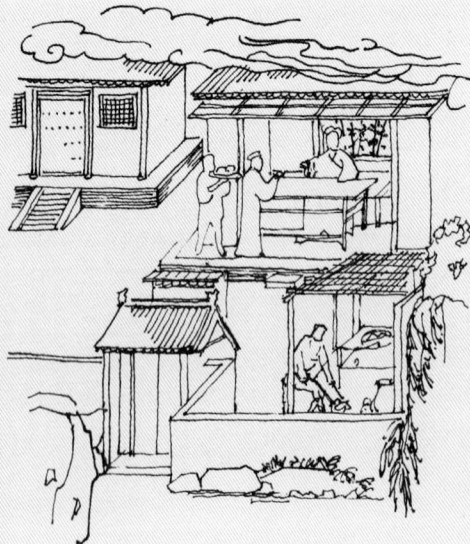

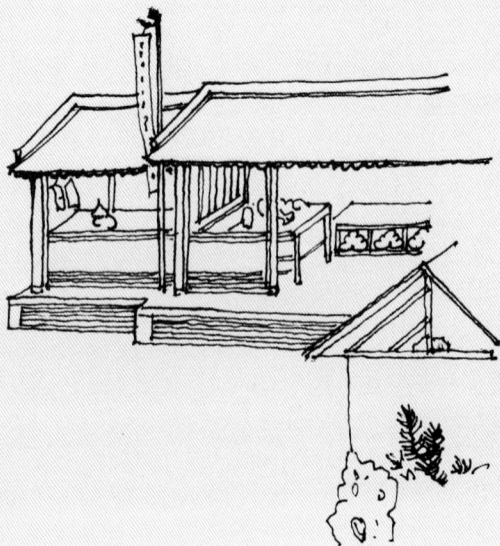

图6-1-5　芮城永乐宫壁画中的旅店（资料来源：摹自永乐宫壁画）（左）

图6-1-6　芮城永乐宫壁画中的酒店（资料来源：摹自永乐宫壁画）（右）

图 6-1-7 芮城永乐宫壁画中的道教诸神（资料来源：摹自永乐宫壁画）

步提高，馆、观遂演变为宫观。④ 唐时全国建有宫观一千六百多处，两京建有规模宏大的太清宫、太微宫与玉芝观等，名噪一时。宋代时，道教十大洞天，三十六小洞天，七十二福地都建有宫观建筑群。元时，全真教兴起，又建立了严林之制，道教宫观更为兴盛。山西著名的永乐宫就建于此时，为宫观之制的代表。宫、观名称，来源于道教自身有一套类似于人间政权制度的神仙体系，从"三清、四御"到诸神（图 6-1-7）。供奉神灵的道教建筑自然会和皇宫一样，被称为"宫"。至于观，陈国符先生引《释名》曰，"观者，于上观望也"，其得名可能源于道家观天象、望气之类活动。⑤ "观"的地位级别较之于宫要低一些。

宫观之制，还受皇室宫殿形制之影响，所以有严格的中轴线。中轴线上依次布置山门，宫殿，讲坛等。两侧为配殿和供道众使用的厢房等，基本符合"前朝后寝"之制。以山西省芮城永乐宫为例。宫址坐北朝南，中轴线上依次有宫门、龙虎殿、三清殿、纯阳殿、重阳殿五座主体建筑，沿南北向垂直布置，主殿三清殿位于宫区中央，单檐庑殿顶七间殿，为宫区最高形制，轴线两侧不设廊庑与配殿，为元代宫廷建筑形制（图 6-1-8）。

宫观之制的形成，对于规范道教建筑形制，提高道教建筑等级，弘扬道教文化，起到了极为重要的作用。

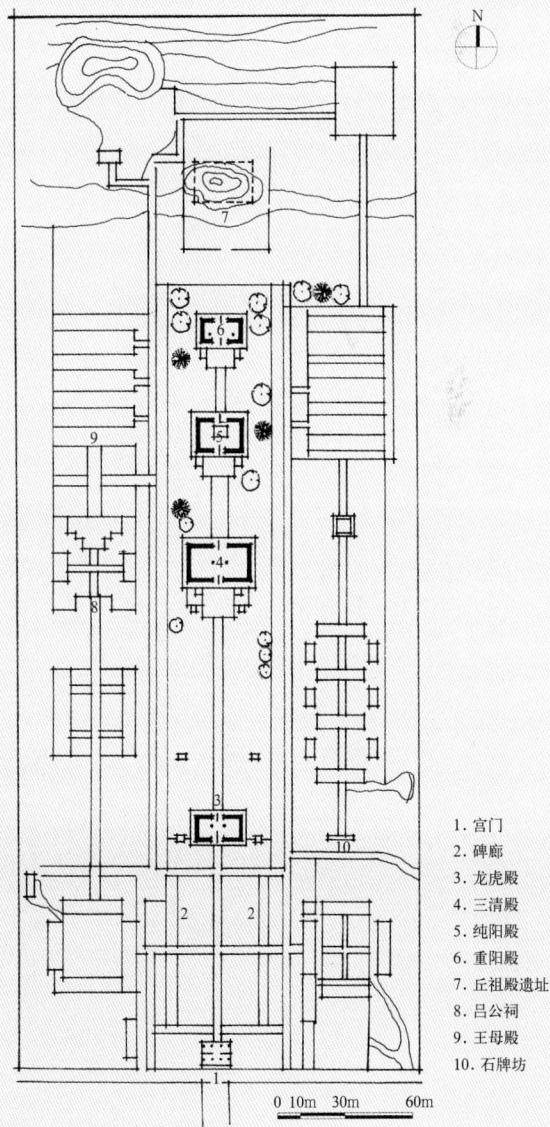

1. 宫门
2. 碑廊
3. 龙虎殿
4. 三清殿
5. 纯阳殿
6. 重阳殿
7. 丘祖殿遗址
8. 吕公祠
9. 王母殿
10. 石牌坊

0 10m 30m 60m

图 6-1-8 芮城永乐宫平面图（资料来源：自绘，1996 年实测）

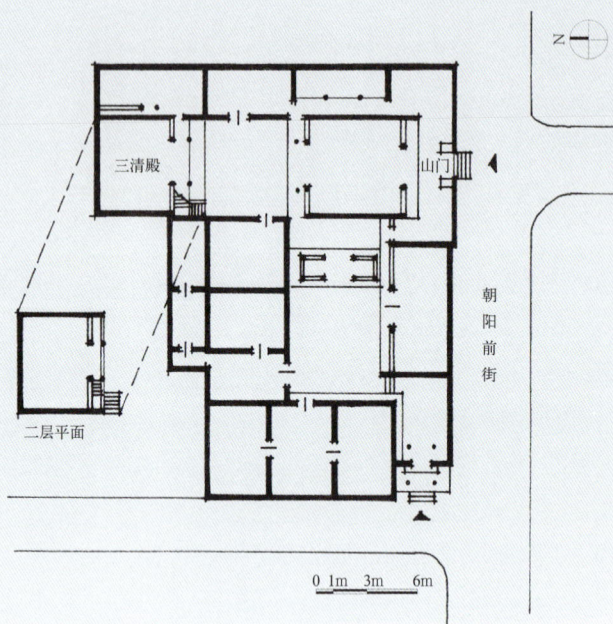

图 6-1-9 大同朝阳宫平面图（资料来源：自绘，1996 年实测）

图 6-1-10 大同朝阳宫山门（资料来源：自摄）

图 6-1-11 大同朝阳宫三清殿（资料来源：自摄）

二、山西道教建筑的发展

据《魏书·释老传》载，北魏太武帝始光元年（公元 424 年），嵩山道士寇谦之奉道书献阙，筑天师道场于代都东南，"宣扬其法，宣布天下。"太平真君三年（公元 440 年），太武帝又从寇谦之请求，亲备法驾诣道坛受符。从此以后，北魏皇帝每践位之初，必受符，成为皇帝登基的必行礼仪。可以推断，北魏坛祭极有可能吸收了古代鲜卑的风尚。这就是山西省道教建筑发展的开端。山西最早的道教建筑，建于北魏孝文帝太和十五年（公元 491 年）。"诏起道坛于都南桑乾之阴，越山之阳。仍名崇虚寺"。这个崇虚寺在光绪《山西通志》记载清晰，"在大同县南三公里，始光初建。"⑥崇虚寺名虽为寺，但实为道教道场，同样不可排斥崇虚寺的建筑风格和仪规典祀中引入一些鲜卑风俗的事实。据此可知，山西道教建筑始建于大同一带，并由北魏鲜卑族统治者兴建，说明山西的宫观建筑从一开始就不可避免地融入了其他民族的建筑风格，在当时无疑是很有特点的（图 6-1-9 ～图 6-1-11）。

唐代时，道教尊为国教，异常兴盛。山西作为李唐王朝的龙兴之地，加之唐时经济繁荣，所建的道教宫观应该很多，但由于距今时代久远，逾千年的风风雨雨和改朝换代的战火硝烟，所建的大量道教宫观已经荡然无存了。晋祠残留的唐太宗御笔《晋祠之铭并序》，似乎仍能说明当时山西道教建筑的繁荣。

宋时，天师道归为正一派。在北方，王重阳创建全真教。元朝时，全真教大受元太祖的尊崇，盛极一时。山西的全真派也活动频繁，在山西地区建了大量的道观建筑。现存的有建于北宋熙宁九年（1076 年）的山西晋城玉皇庙，其主殿玉皇殿为宋代遗物；建于宋大观元年（1107 年）的晋城二仙观正殿；建于金代的汾阳太符观昊天玉帝殿以及元代的芮城永乐宫等。这些遗构对于研究宋、元时山西乃至全国的道教宫观建筑，意义重大，弥足珍贵（图 6-1-12）。

图 6-1-12　晋城玉皇庙献亭（资料来源：自摄）

总体来讲，山西的宫观建筑，遗留至今的大多建于明、清两代。虽然清代崇佛抑道，但由于民间信仰的玉帝、皂君、土地、山神等诸神均来自道教的神仙体系，出于宗教信仰，较小规模的道教建筑在民间还是自发建了许多，而且保存得较为完好。[⑦]大型宫观建筑，相对于明清以前历史上的大肆修建，数量要少许多。

在山西道教传播的历史中，有两个关键性的人物不能不提。一是吕岩，也就是民间传说八仙之一的吕洞宾，号纯阳子，唐代著名道士，河中府永乐县人，进士不第，投身学道，终成大果。唐末，乡人建吕公祠，以示纪念。金末扩为道观，吕岩被尊为全真教始祖，元太宗时敕升为纯阳宫，与北京的白云观、陕西终南山重阳宫并称为道教全真派三大祖庭。明清两代进行过小的修缮，但整个建筑群属于元代布局、结构、形制；殿内壁画、彩画和殿顶琉璃均为元代遗物。另外一位是元代道士宋德方，号披云真人，是丘处机西游大雪山晋见成吉思汗的十八侍卫之一。元太宗九年（1237 年），遵师嘱来到平阳，主持刊刻《玄都道藏》这一道教宝典。并曾于元太宗六年（1234 年），历时三年，在魏石窟基础上，于太原附近龙山开凿了全国唯一的道教石窟，龙山石窟。[⑧]

三、山西宫观建筑的分布

山西宫观建筑，呈区域性分布。可以大致分为晋北区域，晋中区域，晋东南区域和晋南区域。由于中国古代的山西，省境被各种走向的山脉自然横断分隔，所以各区域间的联系总的说是内部多于外部。造成了这些宫观建筑、分布区域并不连续，各个区域间彼此相对独立。而各个区域内部都有各自的几个中心，这些区域中心之间常常有便捷的交通或蜿蜒的河流联系，类似一个共同体，所以区域内各个中心之间的联系相对要紧密的多。这些区域中心多为历史上的府、州所在地，是本地区政治经济中心。由于政治、经济、文化结构关系，大部分的宫观建筑散落在这些自然村落中。因此，客观上形成了区域内的宫观建筑围绕区域中心分布的局面。

一般而言，山西的宫观建筑分布还有一个显著特点，就是晋南多于晋北，晋东南多于晋西，分布并不均衡。从现存的道教宫观建筑来看，基本可以验证这种分布特点。宋金元以前的木构建筑中，包括汾阳的太符观、太原的纯阳宫、晋城玉皇庙，芮城永乐宫，陵川玉皇庙，悉数属于晋南、晋东南和晋中地区（图 6-1-13 ～图 6-1-15）。

图 6-1-13　汾阳太符观五岳殿
（资料来源：自摄）

图 6-1-14　太原纯阳宫方亭
（资料来源：自摄）

图 6-1-15　陵川北马村玉皇庙
（资料来源：自摄）

山西的道教宫观，多由道士组织，村民捐资修建，一是满足了布道传教的需要，二是满足了村民祀神的需要。出于这两点考虑，道教宫观一般就会建在人烟稠密的地方。因为盆地中的人口聚居，村落城镇较多，加上盆地中央地区较之山区良好的经济条件，所以直接导致这些盆地中的道教建筑数量，远远多于盆地周边的山区。

山西的北部，包括关外的大同、朔州，关内的代县、五台、忻州一带。在两千余年的封建历史上，战火迭起，烽烟连绵，这块土地历来是中原封建王朝抗击胡人、匈奴的主战场。地处边塞、恶劣的自然环境，山脉纵横，再加上连年征战，生灵涂炭，使得山西省北部地区在历史上就比较贫困，由于受游牧民族影响，文化也说不上发达。虽然遗留

至今的道教宫观建筑当属恒山道教建筑群，以其规模宏大、建筑精美而举世闻名，但总体数量比之山西境内其他地方，还是要少许多（图6-1-16～图6-1-18）。而中部太原地区，为盆地地形，历史久远，春秋时即为晋国领地。由于其接近塞外这样特殊的地理位置，一直被视为北方重镇，为历朝统治者所重视。太原又是李唐王朝的发祥地，五代末，为北汉都。其时"宫刹林立，人烟繁华，商旅云集。"宋初虽曾毁于战火，但历宋元明，又恢复了往日的繁华。以太原为中心的晋中地区，由于其悠久的历史，古老的文明，且向为富庶之地，所以文物古迹众多，其中道教建筑分布也很广泛。山西南部及东南部，包括晋南的运城、临汾等地区和晋东南的长治、晋城等地区，古为河东、上党郡辖地。上党，

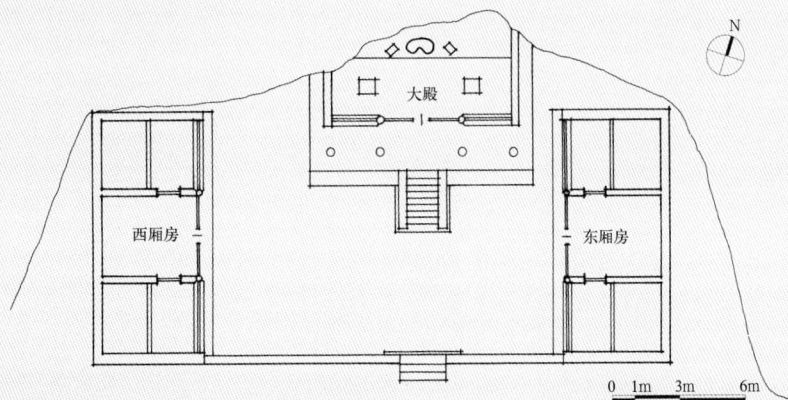

图6-1-16 恒山纯阳宫平面图（资料来源：山西省第三次文物普查资料）

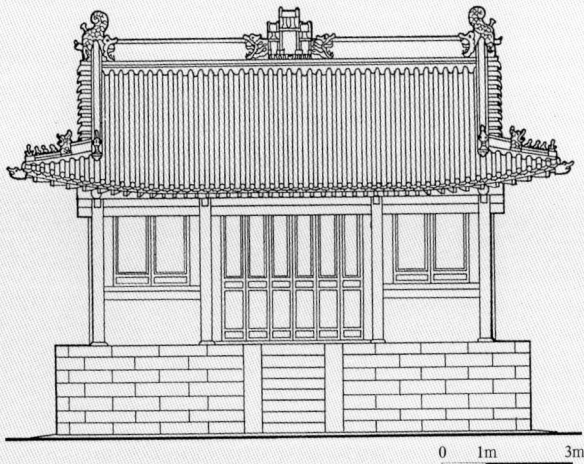

图6-1-17 恒山纯阳宫大殿立面图（资料来源：山西省第三次文物普查资料）

图6-1-18 恒山纯阳宫大殿剖面图（资料来源：山西省第三次文物普查资料）

因其雄踞太行山之巅,地势高峻,与天为党,故名"上党"。上党地区历史源远,从商、周而今,都设都、府,古老的历史与文明,使得该地区道教建筑分布尤为广泛,可以说的上是"星罗棋布"。而与之相比邻的河东地区,是山西省少有的地势平坦地区。自秦、汉以来,与西京长安、东京洛阳仅以河之隔,而且又是"武圣人"关羽、"八仙之一"的吕洞宾等文化名人的故乡,民风淳朴,信道者甚众。虽经过元、明、清几次大的地震,但流传至今的道教建筑依然数量很多。管中窥豹,可见该地区道教建筑昔日之繁华。而山西省的东、西两地区,吕梁山、太行山横亘,人烟较北、中、南部尤少,经济、文化状况自不必说,所以境内道教建筑分布较少,也就不足为奇了。

由上可知,晋南、晋东南和晋中地区,无论在历史、文化、经济,以及地理状况、居民数量各方面,都要优于山西北、东、西地区,造成了山西境内道教建筑呈不均衡分布的状况。

第二节 山西宫观建筑的空间布局

山西宫观建筑选址及其空间布局十分复杂,不同类型的宫观建筑都有自身的特点。宫观建筑所处的外部环境,包括自然环境和社会环境无不对道教建筑发生影响。宫观建筑的空间既涉及道教教义的追求,又涉及具体的外部环境,自然村落中的宫观建筑就与村落的地理环境有关。从社会人文大环境来看,有些宫观建筑是出于人们祭祀的需要。此外,传统的风水理论,也对宫观建筑的选址与布局产生一定的影响。

一、山西宫观建筑的选址

(一)影响宫观建筑选址的因素

道教宫观建筑的选址,与道教活动内容休戚相关。道教最主要的活动内容包括静修、祀神、弘道,所以影响山西宫观建筑选址布局的因素有以下几个方面。

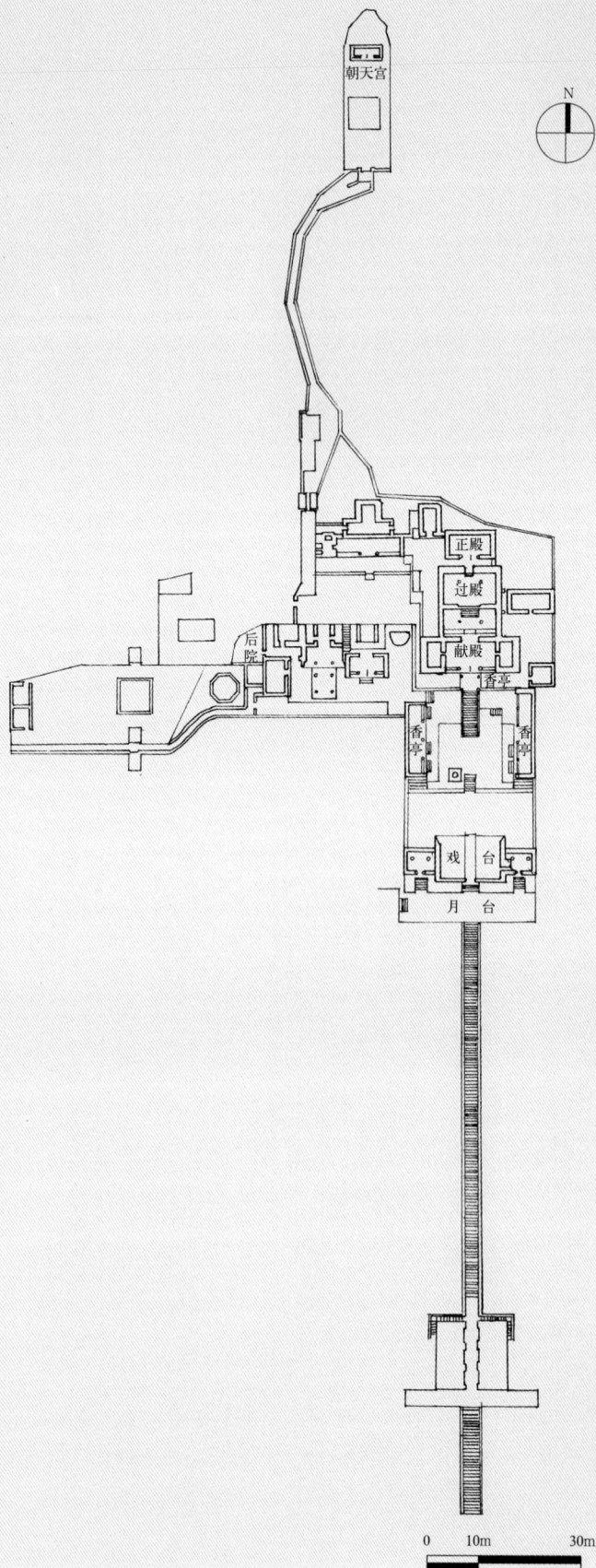

图 6-2-1 河津真武庙总平面(资料来源:山西省第三次文物普查资料)

1. 静修

中国自秦汉以来，道术之士往往择深山幽谷静修，追求长生不死之仙道，所谓"人有灵，因修而会道"；"守静不止，长生不死"。《洞古经》曰："无为则神归，神归则万物云寂。不动则气泯，气泯则万物无生。"《太清中黄真经》云："专修静定，身如玉。"静修之法，首先是一个"静"字，所以出于静修的目的，道教宫观大多选在山奇水秀的风水宝地，以避俗世之喧哗（图6-2-1）。道教兴起，不少道士无不择名山奇洞，作为隐居修真和炼丹场所。在不断发展过程中，逐渐形成宫殿楼台的道教宫观。或依山而建，顺应山形；或反其道而行，建宫观于山体激凹处，凸现宫观之雄浑；还可择山洞岩缝而建，远远看去恍若仙宫。凡此种种，无不是"静修"的好去处。所以道教宫观凡建于深山大川，远离都市者，一般都是出于静修的考虑。

2. 祀神

祀神是道教最主要的活动内容之一，也是山西宫观建筑最主要的使用功能之一。道教祀神的内容包括日常奉祀、斋仪、醮仪、坛仪、诵念经诰等。祀神还可以是民间活动，包括烧香、拜神、祈雨、香会、庙会等活动。祀神也是影响道教选址布局的重要因素，统治阶层出于祀神方便的考虑，常常愿意把道教宫观建在城内或距离都城较近的地方。大型的祀神庙宇则建在名山之麓，这样便于选取较大的庙址，建筑也可借山势而更加雄伟，便于皇帝大臣们来祭祀封禅。而自然村落中宫观建筑的选址，也和民间大众祀神的需求相关。祀神活动还直接影响了道教宫观的方位，布局与规模，因为道教宫观的布局、形制、规模都和所奉祀的尊神的等级、数量，有着密不可分的联系（图6-2-2～图6-2-4）。

3. 弘道

弘道也是道士的重要职责之一。道教作为一种宗教形式，同世界上其他宗教一样，也需要获得一定数量的信徒，以维持道教的社会地位和经济运转。道教成立之初，张陵设立"靖""治"之制，其实就是为了吸纳道众。"三宣五令，令民知法"；"如

图6-2-2 晋城玉皇庙玉皇像（资料来源：自摄）

图6-2-3 晋城玉皇庙侍女像（资料来源：自摄）

图6-2-4 晋城玉皇庙诸神像（资料来源：自摄）

此道化宣流，家国太平"。尤其宋代以后北方盛行的全真教，更以弘扬清心寡欲之全真教义为己任，除了修复道教遗迹、广纳弟子之外，并力主道教应与皇权结合，借以影响统治者，以使"大道"得以普济苍生。全真派著名道士邱处机就曾亲率弟子，远赴域外会晤蒙古大汗成吉思汗，晓以道法，致使全真教得以空前发扬光大。道教建筑自然是弘道的主要场所，而散布于村村落落的乡野祠庙，更是道教传播的触角，是道教植根于民俗文化，拥有无数

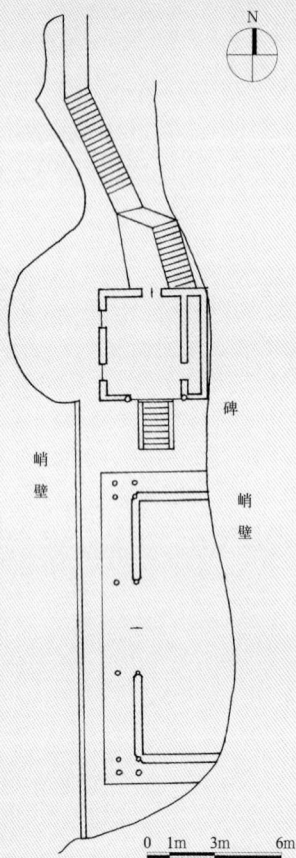

图6-2-5 恒山羽化堂平面图（资料来源：山西省第三次文物普查资料）

香客、善男信女的原因所在。

以上三个方面，是道教的主要活动内容，也是道教"立道之本"，客观上影响了道教宫观建筑的形成以及选址布点。

（二）山西宫观建筑的选址

1. 位于名山大川

道教起自神仙之说，故道家最羡慕神仙居处，称之"仙境"。道士常以之为修道成仙的归宿，且道家向来信奉"归隐"学说，欲求成仙，必先离世绝俗进行修炼与祀神。而名山大川不但风景优美，且一般远离都市，所以名山大川就往往成为道士修道成仙的首选之地，当然也就要把道教宫观建于其间。

位于山西北岳恒山的宫观建筑群，其选址就是出于恒山清幽险峻的考虑。恒山，又名常山、大茂山，呈东北至西南走向，为桑干河与滹沱河的分水岭。这里山势磅礴，连绵数百里，为五岳之冠，号称"入北天柱"。东西两峰对峙，东为天峰岭，西为翠屏山，浑水穿过峰中峡谷，形势极其险要。金龙峡内，悬崖壁立，群峰突起。徐霞客的《游恒山日记》写道："两崖壁立，一涧中流，透隙而入，逼仄如无所向，曲折上下，俱成窈窕"。这两峰一涧，山水兼备，乱石峥嵘，苍松翠柏，奇花异草，怪石幽洞，构成了恒山十八景，活脱脱人间仙境。这样的人间圣境，难怪早在汉代，就被选为是道教道场。相传，我国神话中的古代道教八洞神仙之一的张果老就是在恒山隐居潜修的。遍布恒山的岩、窟、洞，充分满足了道士择僻静处炼丹，静修、自我的需要（图6-2-5、图6-2-6）。历代修建的道教建筑群诸建筑就散布其间，并和峰岩很好地结合在一起。飞丹流翠的楼阁，

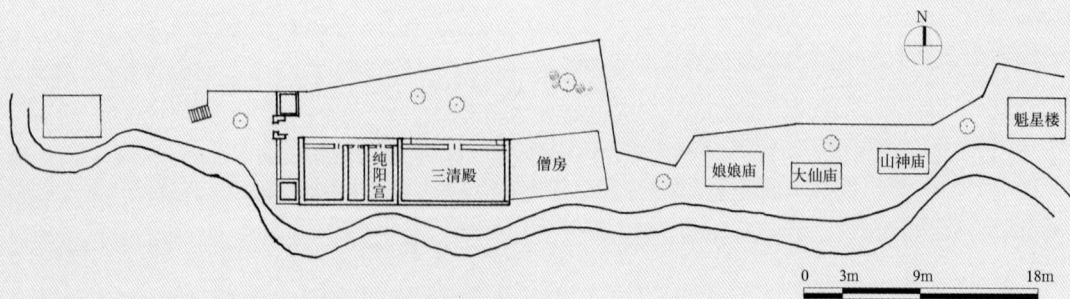

图6-2-6 恒山三清殿平面图（资料来源：山西省第三次文物普查资料）

有的掩映于翠柏苍松之中，有的缥缈于云烟细雾之中，有的雄踞于山峰之巅。位于"飞石窟"内的寝宫，原为恒山主庙，殿宽三间，进深两间，垂檐歇山顶，古朴优雅。因其建于窟内的缘故，不临其境，难辨其真面目。远远望去，云烟缥缈，若隐若现，胜似天宫。明诗赞道："可是神剜更鬼凿，也应天巧代人谋"。寝宫南侧耳殿内有一"还元洞"，深不可测。有洞有窟，加之风景迷人，正是道士追求的"仙境"。类似的景观恒山比比皆是，所以无怪乎恒山会成为驰名中外的道教大道场之一（图6-2-7、图6-2-8）。

类似恒山道教建筑群择名山而建的情形，在全省范围内还有不少，如北武当山道场等（图6-2-9）。

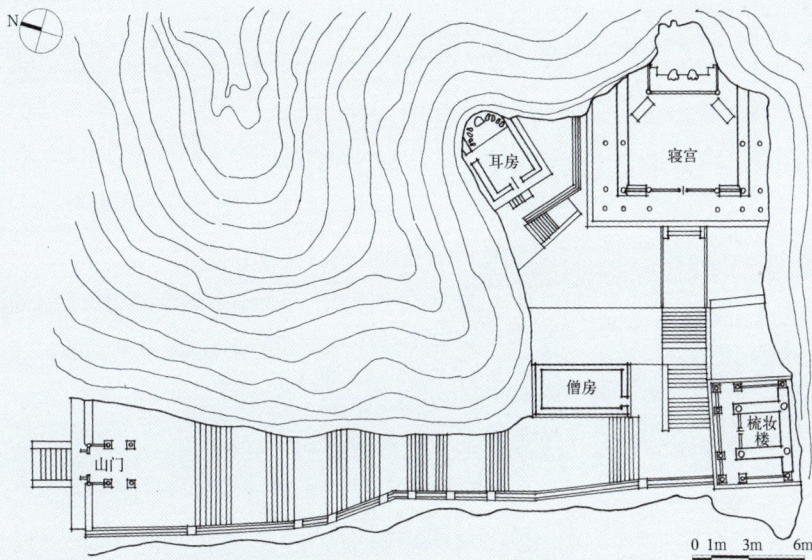

图6-2-7 恒山寝宫总平面图（资料来源：山西省第三次文物普查资料）

图6-2-9 方山北武当山青龙白虎庙（资料来源：王建芳摄）

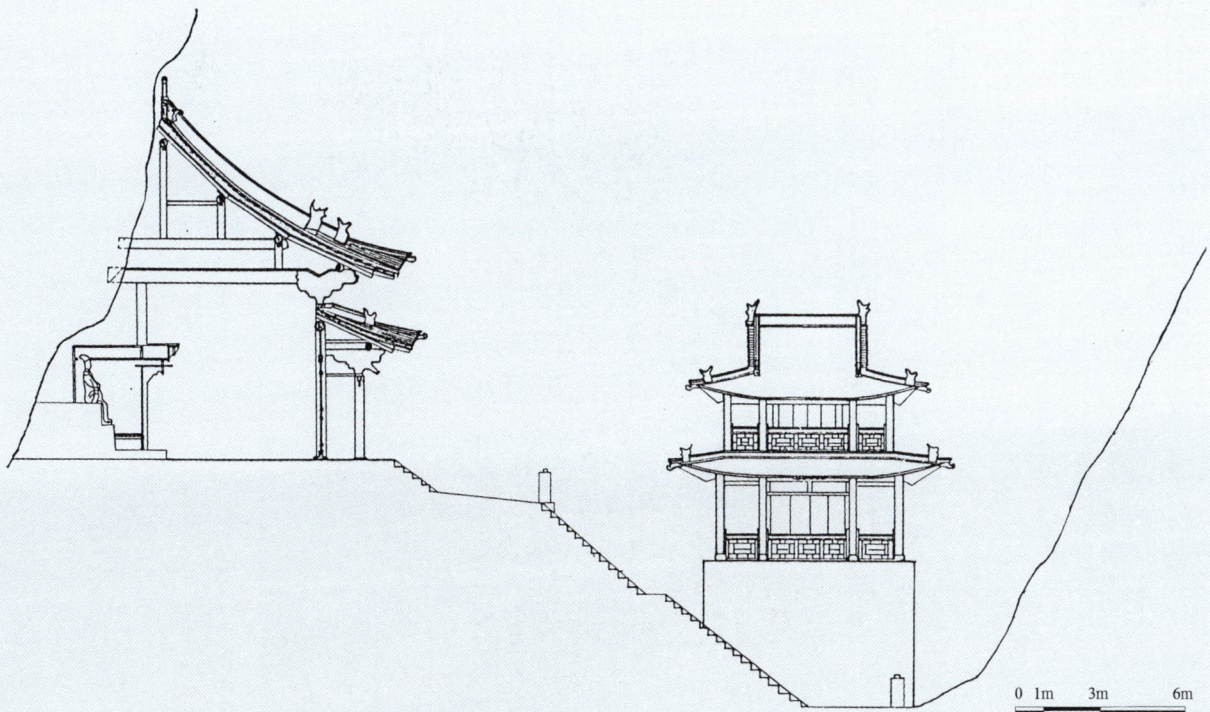

图6-2-8 恒山寝宫横断面图（资料来源：山西省第三次文物普查资料）

2. 位于城镇中心或边缘

有些宫观建筑选址于城镇的中心地带，或者距离城镇很近的地方。这主要缘于宋、元以降，道教人士更愿意与皇权结合。这就要求道士走出深山幽谷，将宫观建在便于宏教布道的都城相府。这也是道教不同于其他宗教的地方，它除了主张"静修"外，同时主张要同封建统治阶层接洽，也就是"出世"的思想。道士张三丰在《大道论》中提出的"儒也者，行道济时者也；佛也者，悟道觉世者也；仙也者，藏道度人者也"主张，就说明了高深的道士除了独善其身之外，更以"度人"为其职责，尽力去影响当权者，宣传道教济世敬天、明道立德思想，自然需要选址于都城相府。而历代封建统治阶层中，笃信道教的，从最高统治者皇帝到各级地方官员显贵，都不乏其人，比如唐高宗李渊、明成祖朱棣以及嘉靖皇帝等等。出于信仰，也为了福佑一方的需要，加之祀神方便的考虑，都需要在城镇中建有宫观庙宇。这两种因素导致了大量的道教宫观被安置在城镇中，或靠近城镇的地方。

太原市的纯阳宫，就是基于这种选址原则的佳作。纯阳宫位于太原市五一广场西北侧，始建于明万历年间（1573～1619年），宫内四进院落，门前有四柱三楼木牌坊。轴线上依次为牌楼式山门、穿过式前殿、主殿和后殿（图6-2-10）。从明代太原城地图可以看出，当时纯阳宫就建于整个城市的中心区域，靠近府城的地方。

3. 位于自然村落

还有大部分的宫观建筑分布于山西省的自然村落中。在这些村落中，道教建筑充当了村民信仰的载体，是一种独特的，充满了巫神性质的空间。自然村落中道教建筑的布局一般比较简单，多为村民集资兴建，所供奉的神像名目繁多，但有一个特点，就是村民一般会选神通广大、关系自己切身利益的神来奉祀，具有很强的功利性，希望借此来保护全村老少，最常见的比如玉皇大帝、吕祖、民间俗神等等。祭祀活动也比较世俗化，不必拘泥于固定的道教祭祀斋醮礼仪。[⑨]

这些道教建筑由于其地位显赫，又属于村落的公共活动空间。所以常常被安插在村落的重要节点部位，比如村落的入口处，或者村落中心地带，还有可能建在村外的某处山水圣境。反过来，它们又成为村落中关键性的节点景观。陵川石掌玉皇庙、

图6-2-10　太原纯阳宫牌楼
（资料来源：自摄）

方山武当村真武行宫等，就是典型的村落道教建筑
的实例（图6-2-11、图6-2-12）。

（三）道教名贤宫观建筑的选址特点

道教名贤主要是指著名的道士、修炼有成的真
人、仙人，以及民间传说中遇仙羽化之人。这些人
士曾经对当地的社会文化生活产生过深远的影响，
所以将宫观建筑选址于名贤曾经修炼过、游历过的
地方。或者选址于道教名贤的故里及其墓葬所在地，
以示纪念。

芮城的永乐宫，就是乡人因纪念吕祖而修建的。
芮城永乐宫，原为一处道观，是为奉祀中国古代道
教"八洞神仙"之一吕洞宾而建。吕洞宾是唐代举人，
真名叫吕岩，河中府永乐人，出生在镇北的招贤里。
传说两考进士不第，于是浪迹江湖，遇钟离全点化，
遂投身道教，终成大果。吕洞宾死后，乡人慕其德，
因宅为庙，建吕公祠。金代末年，增修门廊，略微
扩充，易祠为观。元代始升为"宫"，名为"大纯
阳万寿宫"。永乐宫工程浩大，自元太宗十二（1240
年）年进行修建，元末才完工，前后耗时百余年。
后陆续加建吕公祠、玄宗殿以及吕祖墓冢等。1959
年因修建三门峡水库，迁址于芮城县城北2.5公里
的龙泉村五龙庙附近。重修后的永乐宫保持了原来
的格局（图6-2-13）。

二、山西宫观建筑的功能

（一）祭祀和修炼

祭祀和静修是道士最主要活动内容，所以祭祀
与修炼也就成为道教建筑最主要的使用功能。道教建
筑的祭祀活动分为三种，一是道士日常的功课，比如
诵经、诰、咒等，还包括为奉祀的神灵每日烧香上供、
维护等奉祀活动，所谓"视死如生"；二是由道士主
持的斋醮仪式，这种活动形式固定，要求十分严格，
也是道教最为引人关注的活动。斋醮时，附近的大批
善男信女、居士香客都会前来参加，规模宏大。第
三就是乡人们在重大节日或庙会期间烧香拜神的活
动，这种活动功利性很强，没有十分严格的仪式规格，
比较随意，多为乡人们试图以祈求祷告的方式，获得

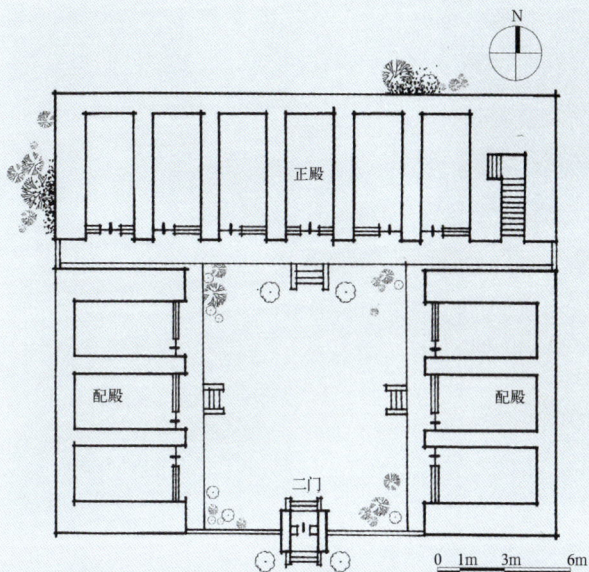

图6-2-11　方山武当村真武行宫平面图（资料来源：山西省第三次文物普查资料）

图6-2-12　方山武当村真武行宫外观（资料来源：自摄）

图6-2-13　芮城永乐宫石牌坊（资料来源：自摄）

图 6-2-14 晋城玉皇庙场院（资料来源：自摄）

图 6-2-15 方山武当村真武行宫场院（资料来源：自摄）

图 6-2-16 长治南宋村玉皇观祭台（资料来源：自摄）

神灵降福，荫佑亲人。所谓"见庙你就拜，礼多神不怪"就反映了这种祭祀活动的状况。

道教的上述祭祀活动，一般在道教宫观内完成，分为室内祭祀和室外祭祀两种，室内的祭祀活动就包括日常的奉祀、功课，以及有些把坛设在殿堂室内的斋醮仪式。室外的祭祀主要指在斋醮时设露天坛，斋醮仪式在室外开阔地带举行（图 6-2-14、图 6-2-15）。

法事道场一般就设在主殿前的空地上，祭坛多为临时搭建。斋醮仪式由专门负责的道士完成。仪式那天，一般会有来自附近各地的信徒，居士参加，人员甚众。因为道教的祭祀仪式规模宏大，因此要求用于祭祀的庭院广场一定要开阔，以便容纳很多的人。鉴于祭祀在道教公共活动中的核心地位，有些道教建筑主体建筑前专门建有祭台，用作道教仪式的舞台；也有些宫观，在主体建筑前卷连一献厅，三面开敞，专门用于仪式（图 6-2-16）。

（二）修真与炼丹

道教的"修炼"同样包括两层含义，道教的"修"是修真的意思，包括吐纳导引、守静存思之术，就是道家相信人通过静修，是可以和仙界的神仙沟通的，更进一步就可以长生化仙。而道家的"炼"就是专指炼丹，炼丹术是道教修炼长生成仙的主要道术，包括内、外丹两种，内丹主修，外丹为用。人们常说的炼丹术是指外丹，就是道家试图通过烧炼得到长生不死的仙丹。

"修真"的要求，同样是道教宫观布置不得不考虑的问题。道教宫观无论建筑形式还是装饰，都隐约透出"静谧"主题。我们对道教宫观的普遍印象是清烟缭绕、楼宇敦立、没有俗物、没有喧嚣。同时，"修真"的要求还直接影响了道教宫观内部的动静分区。道教宫观在主轴线上，依次布置了献殿、主殿与后殿，主殿以前的空间一般来说，祭祀人员流动较大，所以应该为"动"区域；所以静修的用房一般就是后殿的附属用房，包括起居用房（图 6-2-17）。出于静修的需要，在自然条件允许的地区，道士们还往往会发掘一些天然洞窟、悬崖绝壁等人迹罕至之地，用作修炼之所（图 6-2-18）。比如恒山的果

图 6-2-17 浮山老君洞（资料来源：自摄）

图 6-2-18 代县赵杲观（资料来源：自绘）

老岭，传说就是张果修炼、升天处。"炼丹"时多掘地为炉，可能是为防火，或者是要吸大地之精华的缘故，很少有在建筑物内进行的，所以对建筑单体影响并不大。有的只是围绕宫观留下一些纪念性的"炼丹井"之类，或者是在道教宫观院落空间中布置两尊"炼丹炉"，借以显现道家炼丹之术。

（三）祭祀与娱神

宫观建筑除了民间祭祀酬神之外，也是地方的文化活动中心。文化活动和祭祀活动常相伴进行。常见的活动内容就是阴历节日的祭祀活动和庙会。各地开展的庙会会期不同，相同点就是搭台唱戏。村民们祭祀的模式并不规范，一般的内容就是烧香、贡拜、请神、还愿之类，在庙会的时候，还可以一边看戏，抽空祭拜。这反映了古代社会，道教信仰和世俗的公众娱乐紧密结合在了一起，这也就造成了自然村落中宫观建筑，比之大型宫观庙宇布局更为自由。而且由于这些建筑往往是乡民集资兴建，所以建筑规模非常有限，一般的也就是山门、献殿与主殿还有配殿围合而成，有些宫观仅有一组四合院落，主轴上就是山门、大殿（图 6-2-19）。

图 6-2-19 高平纯阳宫乐楼过廊（资料来源：自摄）

三、宫观建筑的空间布局

以"院落"为单位是我国古代建筑群体组合的基本特点，作为传统宗教的宫观建筑自然不会例外，它把使用功能和精神需求相结合，融合成了一种相对固定的道教建筑空间系列，即将山门、前殿、献殿、主殿、后殿依次排列在中轴线上，并采用中轴线对称布局，体现了道教对礼制的认同和对宗法制度的服从。主体建筑两侧建配殿，从而进一步强调对称性，同时增加了祀神房间的数量，还解决了众道士生活起居以及静修的问题。有些道教建筑，道士起居、用膳用房会另外辟一院落。这种空间组合序列，巧妙地将建筑的使用功能划分为"闹与静"。为了便于民众参与道教礼仪活动，在主殿前要留足够大的广场。形制完整的道教宫观，在主殿前还砌筑有祭坛，便于祭祀活动时使用（图6-2-20）。

（一）山西宫观建筑群体的空间组合方式

山西宫观建筑因其所处的地形、地势之不同，建筑布局形式也会有所差异，按其空间组合方式的不同，可以分为宫殿式、散点式和合院式几种。

1. 宫殿式

这种形制的宫观建筑，多为封建君主敕建或支持建造，其规制大体相当于帝王的宫殿格局，只不过规模要小罢了，多建于较大的平整开阔地上，符合儒教礼制思想，有明确的中轴线。单体建筑布置严谨，尊卑分明，中轴线上一般有山门、献殿、主殿、后殿等建筑，两侧为配殿、耳房等陪侍建筑，主殿前多建有露台，作为祭祀时的舞台，院落进深规矩，祭祀空间阔大。宫殿式道教建筑还有一个明显的特点，就是轴线上的主体建筑等级森严，屋顶多采用庑殿、歇山类型，有的主殿还会采用重檐的形式。建筑的开间数也因建筑的地位不同各异，配殿亦然，重要建筑的配殿采用廊庑式，一般的则采用硬山或悬山顶（图6-2-21）。

2. 散点式

山西道教宫观往往选址在地形变化大、风景佳丽的地方，打破了道教宫观基本的序列与格局，追求因地制宜，景到其随。这种散点灵活的布局方式，体现了道家不羁的豪情。一方面适应了地形，充分利用了风景，完全发挥了建筑的景观作用；另一方面，得景随形的手法虽然打破了规整的道教宫观基本规制，但反过来讲，又形成了不同于楼宇森严的另外一种宗教建筑景观，形成了亭台楼榭、依山傍势、烟雾缭绕的神仙府第的宫观建筑形象（图6-2-22）。

3. 合院式

山西大部分宫观建筑多采用合院组合形式，同时又分为简单合院式和组合合院式两类。

简单合院式的空间形态，多见于山西广大农村地区。简单四合院道教宫观中，山门、大殿、配殿是基本的构成要素，并且有比较固定的组合方式，建筑同样要求主从分明，尊卑有序。一般而言，山门与大殿形成南北向的纵轴线，在条件允许的情况下，配殿或厢房尽量对称布置。这种简单的合院式宫观建筑，由于周边建筑数量较少，内院空间就显

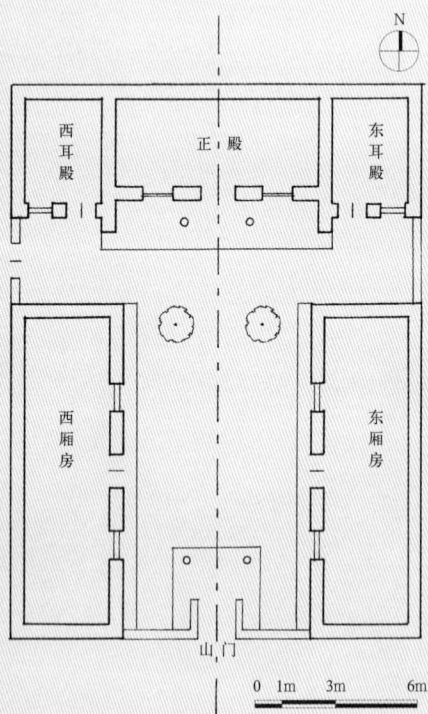

图6-2-20　长子河峪老君庙平面图（资料来源：山西省第三次文物普查资料）

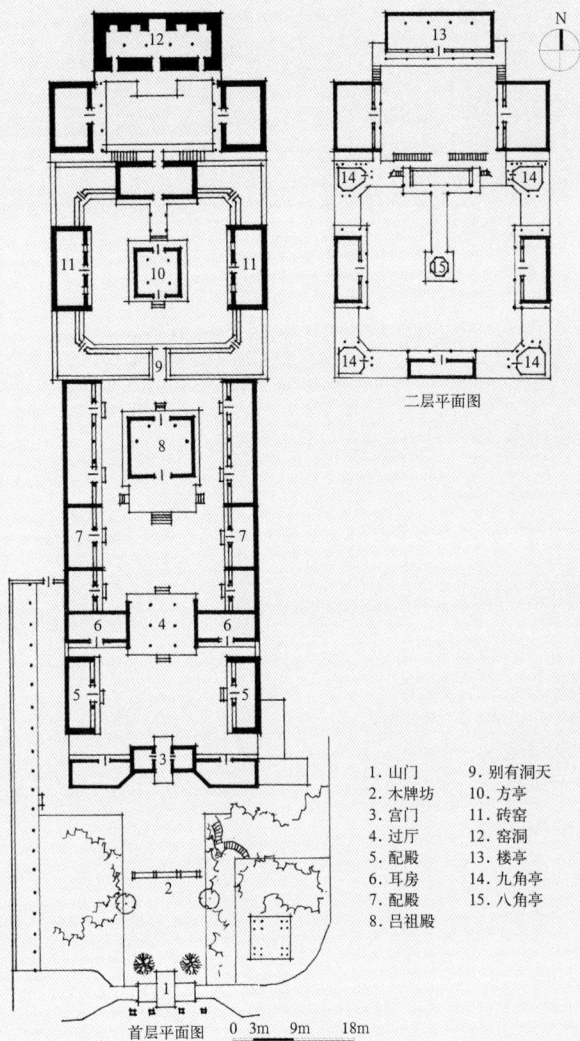

二层平面图

1. 山门　9. 别有洞天
2. 木牌坊　10. 方亭
3. 宫门　11. 砖窑
4. 过厅　12. 窑洞
5. 配殿　13. 楼亭
6. 耳房　14. 九角亭
7. 配殿　15. 八角亭
8. 吕祖殿

首层平面图　0　3m　9m　18m

图 6-2-21　太原纯阳宫平面图（资料来源：自绘，1996 年实测）

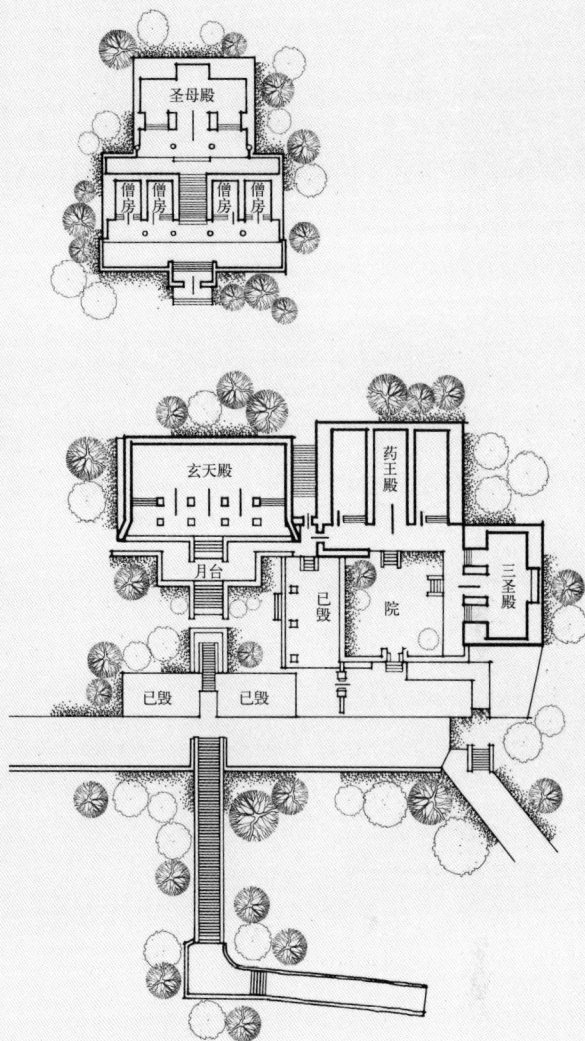

图 6-2-22　柳林玉虚宫平面图（资料来源：山西省第三次文物普查资料）

得很是豁亮，而且由于山门正对主要的大殿，给人以开门见山的清新感觉。有些道教宫观建筑为了人神同乐，在原有占地面积不变的情况下，入口山门上往往建有戏楼，满足了乡人祀神看戏的需要。还有的在大殿前凸出一块月台，或者改变庭院纵横向尺寸比例，将纵向长方形院落改为横向长方形等等（图 6-2-23）。

当道教建筑功能比较繁杂，需要建筑数量较多时，就有必要在单进院落的基础上，形成多进或多跨的建筑群。组合后的建筑群依然保持清晰的中轴线，轴线上除了山门，布置殿堂空间，规模和等级有严格的划分，主殿无论屋顶形式，开间数，还

是斗栱、鸱吻的级别都要明显高于其他殿堂形制。这样，每个院落之间除了甬道相通外，各自又形成独立的神性空间单元。各个单元的主体殿堂和两侧的配殿以及前面殿堂的后面，又形成一个个四合院落空间。各个院落又是尊卑有序、等级森严，符合礼制人伦思想。各个院落内主体建筑的配殿的等级也有严格的规定，配殿的等级是随着它所配侍的主体建筑等级的不同而不同。所以，道教宫观内，主殿附属的配殿，无疑也是宫观内配殿形制最高的，其余配殿随主体建筑的地位逐减。非常重要的大殿的配殿，会采用廊庑式，檐下形成的空间会使院落感觉阔大。而地位较低的配殿，则采用无檐廊的形

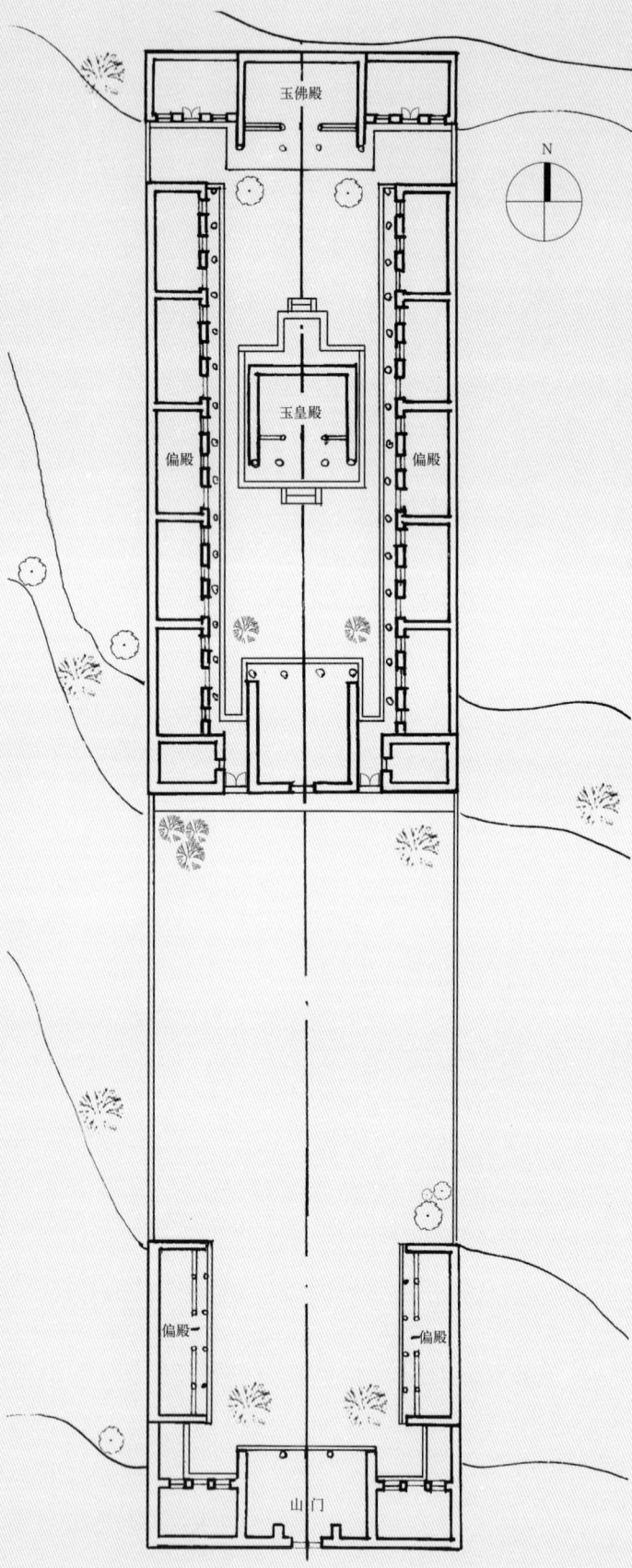

図 6-2-23 陵川白玉宫平面图（资料来源：山西省第三次文物普查资料）

式（图 6-2-24）。

（二）山西宫观建筑群的地域特色

1. 巧借地势

山西大多数宫观建筑选择在背山面水的环境中，视域开阔，利于烘托道教宫观作为宗教建筑庄严肃穆的气氛，以恒山道教建筑为例，整个建筑群背依青山，面向浑水，与山石古木，浑然一体，营造出一种雄浑豁朗的气势。又比如芳岱诸神观，位于壶关县树掌镇芳岱村东，坐西朝东，南北 14.2 米，东西 23.64 米，面积 335.688 平方米，四围峰岭重叠，群山叠翠，谷壑纵横，松柏苍茫，山谷之中溪水细流，潺潺做声。其借山依水，龙盘虎踞，风

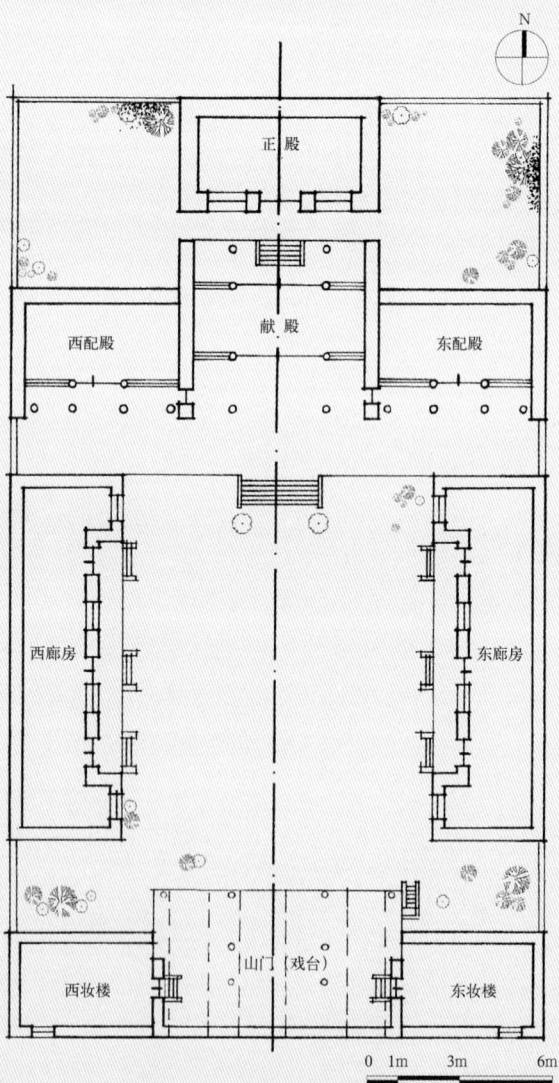

图 6-2-24 屯留蓬莱宫平面图（资料来源：山西省第三次文物普查资料）

图 6-2-25　壶关芳岱诸神观外观（资料来源：焦磊摄）

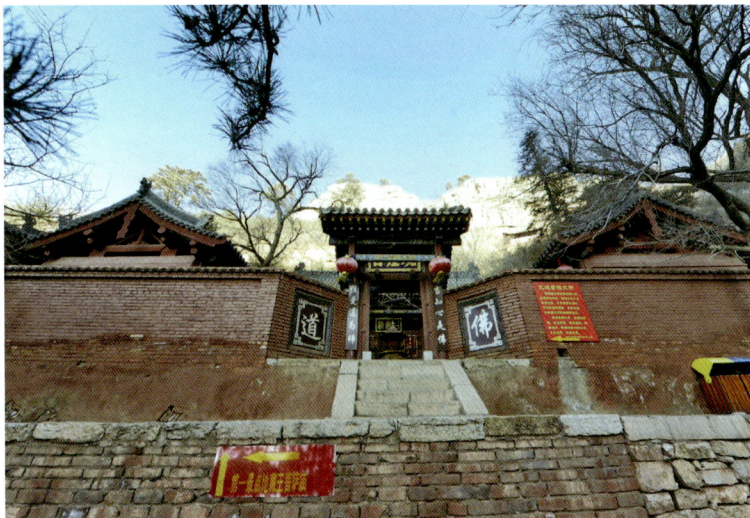

图 6-2-26　恒山十王庙外观（资料来源：自摄）

景独好（图 6-2-25）。

2. 适应山地环境

这是地处山地的道教宫观建筑所应遵守的特定的规律，需要更多地考虑与山水环境相结合，相适应。随高就低，分级而建，不拘一格。北岳恒山建筑群各单体建筑顺应地形，沿山地等高线展开，由山下通向建筑的路径则依赖山势，灵活地处理成为曲折多变的甬道或台阶，建筑则坐落于层层跌落的基台之上，创造引人入胜的空间序列。远远望去，仙雾缭绕，建筑点缀山间，堪称人间仙境（图 6-2-26）。

3. 建筑形式民居化

山西宫观建筑，布局不拘一格，除表现为随山就势外，还表现为对民居建筑风格的自由吸纳。首先，空间布局采用了民居宅院的处理手法。山西道教宫观整体上延续了北方民居建筑内向封闭、墙体厚重、对外不设窗的特点。所有主体建筑基本坐北朝南，北向少有门窗，利于防风御沙，对抗黄土高原凛冽的西北风。其次，地处山西农村的宫观建筑，造型朴实无华，装饰格调素雅，颇具地方特色。在山西宫观建筑中，除了主要的殿堂采用官式做法，如庑殿、歇山、悬山的形式，大部分的建筑一般都采用山西民居常见的硬山屋顶，山墙全部砖砌，侧面看去，除了遍布脊线的走兽仙人暗示其身份外，俨然就是山西民居。十王庙，又名白虚观、十王殿，地处恒山主峰天峰岭南面的山腰上，西望翠屏山，恒山水库和悬空寺，地势北高南低。坐北朝南，东西长 28.11 米，南北宽 28.53 米，占地面积约 802 平方米。山门为木结构垂花门楼，两面坡悬山顶，具有民居建筑之风格（图 6-2-27、图 6-2-28）。

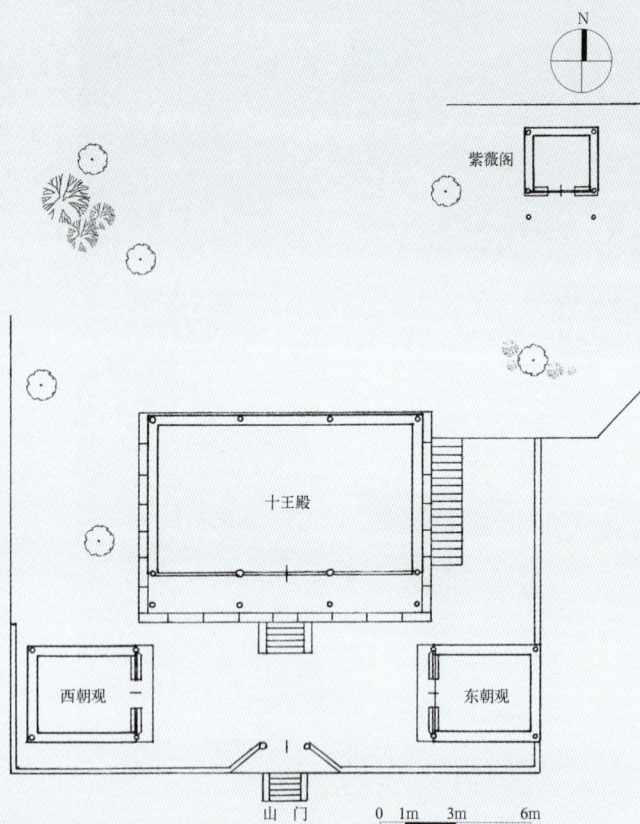

图 6-2-27 恒山十王庙平面图（资料来源：山西省第三次文物普查资料）

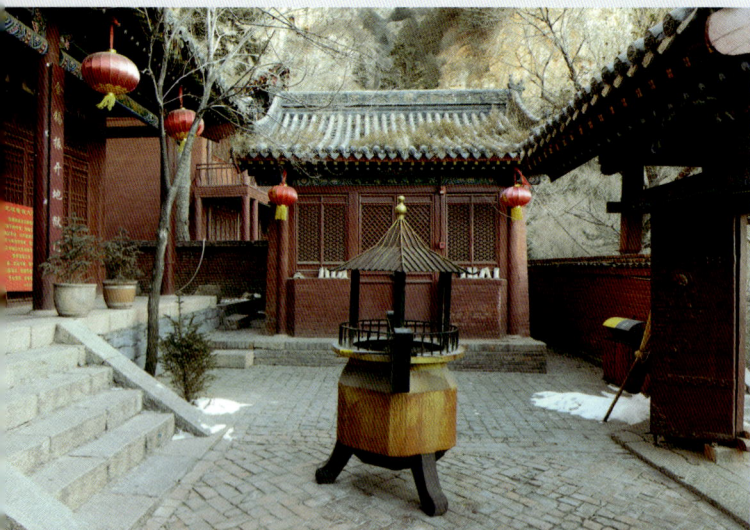

图 6-2-28 恒山十王庙内院（资料来源：自摄）

四、山西宫观建筑的空间组成

（一）前导空间

构成山西宫观建筑的元素包括牌坊、入口甬道、山门，有些还在山门两侧建有钟鼓二楼。一般来说，地处平原的宫观建筑，入口空间比较程式化，虽然地方建筑对它的影响也很大，但基本上停留在外观、材料等方面。而名山大川中的道教建筑入口前导空间则多采用园林化手法，形式多样，变化莫测。

牌坊在道教建筑中比较多见，牌坊包括楼、坊两种。其中牌坊是立柱上只加额枋等构件不加屋顶；牌楼是在立柱上加额枋、斗栱及屋顶。牌楼的规模是由"楼"的数目决定，称为"一间二柱三楼"、"三间四柱九楼"等。道教宫观建筑一般采用牌楼的形式。牌楼可以为石筑，也可以为木质。太原纯阳宫，入口山门前建有一木牌楼，四柱三楼，体态匀称，雄伟壮观。从木牌坊的中柱间看去，山门门洞不偏不倚，居乎其中，木牌坊起到了很好的框景作用。同时，也使得山门前广场不至于过分空旷无物，限定了广场的界限。但对于一些大山大川中的道教宫观建筑群，牌楼的作用还不止于此。牌楼一般会位于进山香道途中某一点，作为一个独立的建筑元素，暗示了道教宫观建筑群的存在，标志性的作用非常明显。牌楼的匾额上一般会写有道教宫观建筑的名称，或者人们对于山川宫观的盛赞之词，以此来激发游人的浓厚兴趣，达到未见其貌，先闻其声的作用（图 6-2-29、图 6-2-30）。

不论是宫殿式道教建筑，还是散点式道教建筑，入口甬道的处理，都是体现宗教特性的重要环节。具体来说，规整对称的宫殿式道教建筑入口甬道，就是围绕其内部主题，着力表现道教作为宗教的神圣性，营造庄严肃穆的气氛。宫殿式道教建筑的入口甬道是其轴线的先导，笔直的甬道暗示了宫殿式道教建筑群中轴线的存在。作为全真教祖庭的芮城永乐宫就是典型的一例，其通向山门的甬道长约一百余米，甬道两侧遍植松柏，走在其间，肃穆庄严，崇道之情顿生。而对于那些散布于名山大川

图 6-2-29　河津真武庙朝天宫牌楼（资料来源：自绘）

图 6-2-30　离石天真观牌坊（资料来源：自摄）

图 6-2-31　河津真武庙朝甬道（资料来源：自绘）

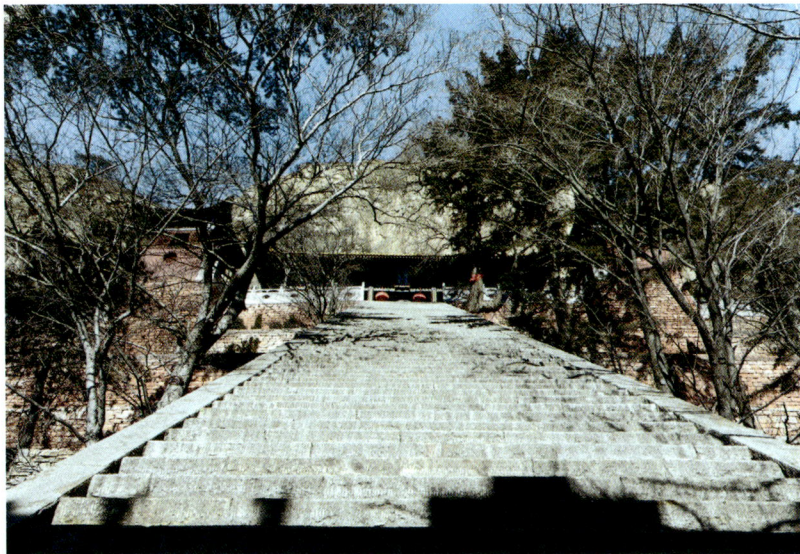

图 6-2-32　恒山恒宗殿甬道（资料来源：自摄）

的道教宫观建筑而言，它们要与自然环境有机融合，其入口甬道充当了道教宫观建筑与自然环境的连接点，将香客从对自然的酣畅流连引入到建筑中来。所以入口甬道的布置，既要尊重自然地形，又需要一定的标识功能，而不致使宫观建筑与自然环境脱节。这类入口甬道一般会曲折幽邃、景观丰富、节奏明晰。如恒山飞石窟，为了使较短的入口甬道取得深远幽邃的效果，采取了曲折与隐蔽的处理手法，故意将入口甬道置于窟的翼侧，使甬道正对的是建筑群的次要建筑，待爬上甬道后，峰回路转，始看见主体建筑隐于石窟下。有些入口甬道，为了彰显

道教宫观体量雄浑，尽量使建筑居于高处，结合坡地地形，形成大量连续的台阶，两侧则山崖壁立，树木丛生。拾阶而上，使香客有种朝圣的宗教情绪，达到物我两忘的地步。恒山主殿恒宗大殿就采用了这样的入口甬道形式，顺应地形，砌筑 103 个台阶，抬眼望去，主殿建筑群巍峨挺拔、浑厚稳重、与天齐高、煞是壮观（图 6-2-31、图 6-2-32）。

山门无疑是道教宫观建筑必备的元素之一。一般位于牌坊之后，是山门、献殿、主殿、后殿序列的起点。作为道教宫观组群的入口，其形式多样。分布于山西的道教建筑，山门很有地方特

色。有的使用门洞作为主要入口；有的用牌坊作为入口空间的标记；有的结合戏台，利用戏台底层架空作为入口空间；也有用门屋作为主要入口的；还有的入口采用阁楼的形式。总的来说，山门更易与地方乡土特色相结合，形式也丰富的多。山门按其体量特征又分为独立式或连体式两种，独立式山门是指入口山门两侧没有耳殿等附属建筑，山门形体比较独立；而连体式山门是指山门两侧建有附属建筑耳殿，耳殿作为山门的陪衬，一般会低于中央山门，起到陪衬的作用，突出中央山门的主体地位，整体体量较独立式山门要大许多。耳殿和传统封闭四合院一样，一般对外不设门窗（图6-2-33、图6-2-34）。

牌楼式山门指的是入口山门采用牌楼形式，山门屋顶分为三段，门洞以上中央部分较高，两侧屋顶较低，类似牌楼的"三楼"型制，山门两侧有的还带有八字墙。这种山门多见于道教建筑，是道教建筑区别于佛教建筑的显著特征之一。在山西省道教建筑中，这种牌楼式入口山门也比较多见，汾阳太符观就是典型一例。山门三屋顶全部为悬山顶，宝顶、脊、屋瓦、兽吻全部蓝绿色琉璃烧制，雍容华贵。入口有三门，皆为木做，主入口两侧带有砖砌垛墙，

墙面盘龙琉璃雕饰生动逼真，在其下部还设有出水孔洞，可见其设计之细腻。山门两侧外八字墙，一副欢迎游客的姿态（图6-2-35、图6-2-36）。

在山西乡村，山门舞楼是最为常见的一种山门形式，是属于连体式山门，但特点鲜明。一般为两层建筑，主体建筑一层为门洞，二层为戏曲舞台，附建东西耳楼，有些院内还建有东西看楼。外观是巍峨耸立的山门，内看是高敞气派的戏台，底层通行，上层演戏。耳房上层即戏房，是化妆用的，有门与舞台相通，下层是艺人的伙房及临时休息处，也有的耳房下层两处辟为掖门。山门上建戏楼的形式起源于元代，原为过厅式戏楼，后来逐渐发展，日趋成熟，基本成型。但是由于地理、经济等多方面原因，全省各地的戏楼形式在上述基本形式基础上，多有出色发挥。现在保留下来的山门戏楼，造型各异，颇具地方特色。大会诸神观位于壶关县树掌镇大会村西。坐北向南，一进院落布局，东西23米、南北32.3米，占地面积742.9平方米。现存建筑为清代遗构，中轴线上从南到北依次遗有戏台（山门），正殿；两侧遗有东西妆楼，东、西廊房，东、西耳殿。正殿建在高0.8米高青石台基之上，面阔三间，进深六椽，屋单檐硬山顶，灰布筒板瓦屋面，

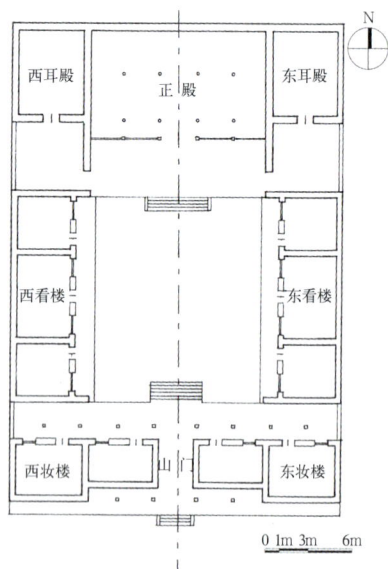

图6-2-33 壶关流泽三帝观平面图（资料来源：山西省第三次文物普查资料）

图6-2-34 壶关流泽三帝观山门（资料来源：焦磊摄）

图 6-2-35 汾阳太符观山门（资料来源：自摄）

图 6-2-36 洪洞玉皇庙山门（资料来源：自摄）

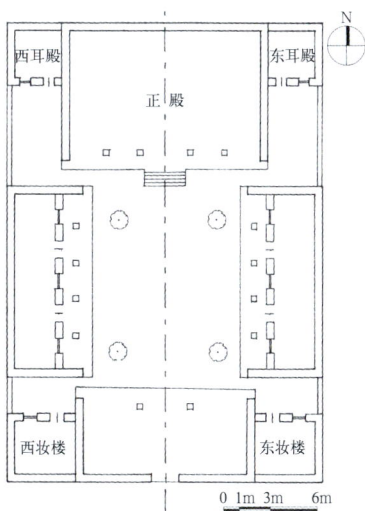

图 6-2-37 壶关大会诸神观平面图（资料来源：山西省第三次文物普查资料）

图 6-2-38 壶关大会诸神观戏台山门（资料来源：焦磊摄）

琉璃脊饰；七檩前廊式构架，檐下设五踩重昂斗栱，门窗装修为后人新换。正殿两侧山墙残存 36 平方米壁画。戏台建于石砌台基之上，两部分组成，下为入庙山门。上为倒座戏台，面宽三间、进深四椽，五檩单檐硬山顶，灰布仰板瓦屋面。使得该庙看起来恢宏壮阔、迎神赛戏时虽士女纷纭，亦畅通无阻了（图 6-2-37、图 6-2-38）。

（二）祭祀空间

中国古代建筑群中的主体建筑，包括殿和堂两类建筑形式，其中殿是宫室、礼制、宗教建筑专用。殿堂之称均出现于周代。"堂"出现更为早点，意思是相对内室而言，指建筑对外敞开的部分。泛指天子、诸侯、大夫、士的居住建筑。"殿"出现较晚，原意是后部高起的物貌，用于建筑物，表示其形体高大，地位显著。"殿"、"堂"二字起初可以通用，后来有了等级差别。到东汉，殿成为皇帝起居、朝会、宴乐、祭祀之用建筑物的统称。后来，寺庙宫观建筑供奉神佛的建筑物也叫"殿"。自汉代以后，堂的地位就明显次于殿了，堂一般指衙署和宅第中的主要建筑，但宫殿寺观中的次要建筑也可称堂。道教祭祀的建筑多称为"殿"，一般按照主从关系，分为献殿、主殿、偏殿等；按相互位置关系区分，分为前殿、中殿、后殿。殿一般随殿内供奉的主要神像的名称（或道号）或者职位而命名，比如供奉吕洞宾的大殿有的用其姓氏称为"吕祖殿"、有的则用其"纯阳真人"的道号，称为纯阳殿（图6-2-39）。而供奉玉皇大帝的则称为玉皇殿，在道教神仙谱系中，仅次于"三清"的统治者"玉皇"就是职位。有些道教祭祀活动当参加者甚众，或者举行一些祭祀天地的活动时，也会在主体建筑前的广场设醮坛举行，称为"露坛"、"斋坛"；或者有的道教建筑前留有宽阔的月台，专为祭祀时使用（图6-2-40）。有些道教建筑的祭祀空间除了"殿"空间之外，献厅也是一个非常重要的祭祀空间。献厅位于道教宫观主要建筑大殿之前，临近主殿而建，一般为四面或南北两面开敞式建筑，是专为摆设祭品而建造的，献厅中央施以条形石桌，上面放置香客敬献的贡品，香烛。这样，就使得祭祀活动由室内转移至室外进行，扩大了祭祀空间的领域。献厅的形制一般不会太高，多为一开间或三开间，屋顶形式多采用歇山、悬山以及卷棚等。

（三）庭院空间

山西道教建筑和中国其他类型传统建筑一样，建筑组群是对外封闭的。在这些封闭的建筑群中，庭院空间自然占有重要的地位，是建筑组群中不可缺少的部分。山西道教宫观在这方面积累了丰富的空间组织经验，创造了许多有层次的空间序列和舒适美观的空间环境。在数进院落组成的道教组群中，庭院空间有主次之分。主殿前的庭院即为主体庭院，它不仅是整座建筑群的中心，也是主殿宗教功能的延伸，在盛大道教祭祀礼仪中，充当室外祭祀场所。不仅如此，为了渲染宗教气氛，加强宗教建筑的特有的神秘肃穆的审美功能，大多数的主体庭院规模较大，一般多严格按照对称的原则进行布局，并前后延伸，形成明确的轴线。为了烘托主殿的宏伟壮丽，采用欲扬先抑、欲放先收的原则，来规划庭院间的空间关系。沿主体轴线布置大门、前殿、主殿、后殿等建筑，将整座建筑群分割为大小不等，用途各异的若干院落。一般香客进入道教宫观，都会经历山门前开阔空间，逼仄的山门门洞，而后是略微放开的大门与前殿前庭院，穿过前殿，最后进入整个路线的高潮：阔大的主体庭院，给人的感觉顿觉

图6-2-39 芮城永乐宫纯阳殿（资料来源：自摄）

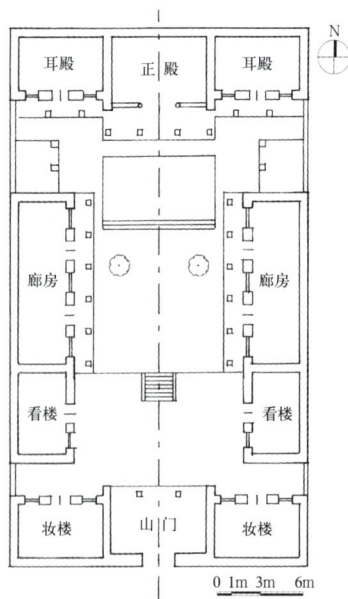

图6-2-40 晋城大车渠玉皇庙平面图（资料来源：山西省第三次文物普查资料）

豁然开朗（图6-2-41）。[⑩]

一般而言，道教建筑生活区的庭院如同山西四合院落形制，规模不大，体形自由灵活，给人以浓厚的生活气息。有些道教建筑则往往结合园林构景手段，充分运用亭、台、楼、榭等园林小品要素，创造出"仙山琼阁"的境界，用以描绘虚幻的神仙府第，同时也满足了道众游客的游乐需要，用"寓教于乐"的方式来达到宗教的目的（图6-2-42）。这类道教建筑在山西并不普遍，而在我国南方地区，道教"洞天福地"建筑群多采用此种布局。

道教建筑的选址十分注意因借山水，大多数道教宫观常建于山水形胜之地。这些道教建筑常结合地形、地理环境，采用大山、大水、大园林、大手笔来营造建筑整体的环境气氛。所谓"山形水胜"之地，也正是"风水"学说中的宝地。这些独立的、封闭的园林空间位于主体轴线末端，作为轴线的收尾，是道士香客游览、休闲的场所。有些宫观园林会结合山崖、峭壁、洞窟、潭泉、瀑布、奇石珍木等自然因素，形成独具一格的建筑奇观。代县的赵昊观，以前为道教建筑，后来逐渐演变为佛教建筑，就是于山崖石缝间，精心搭建的层层木石结合建筑，煞是壮观。其构思之巧妙，与石缝罅隙结合之紧密，引人深思，恍若天宫（图6-2-43）。

第三节　山西宫观建筑典型实例分析

一、芮城永乐宫

永乐宫，原名大纯阳万寿宫，位于芮城县城古魏镇城南村永乐北路77号，是全真教的三大祖庭之一。主要供奉全真教祖师吕洞宾，原址在芮城县永乐镇招贤里，故又名永乐宫，1963年后搬迁至现址。建筑群坐北向南，三进院落，东西205.44米、南北385.18米，占地面积79131.38平方米。元代定宗贵由二年（1247年）动工兴建（包括彩绘壁画在内），元代至正十八年（1358年）竣工，施工期长达110多年。明、清均有修葺。中轴线由南至北依次为宫门、无极门（龙虎殿）、三清殿、纯阳殿

图6-2-41　高平清梦观全景（资料来源：自摄）

图6-2-42　太原纯阳宫庭院一角（资料来源：自摄）

图6-2-43　代县的赵昊观北洞全景（资料来源：自摄）

及重阳殿；中轴线东侧由南至北为石牌楼、玄帝庙；中轴线西侧有吕公祠等。无极门（龙虎殿）、三清殿、纯阳殿及重阳殿为元代遗构，余为清代遗构。吕公祠，位于永乐宫内墙西侧，为一古雅的大四合院。北庭面宽三间，进深两间，后间上带阁楼，阁楼面宽三间，进深两椽，两旁各有耳房三间。院落东、西两侧各有厢房五间。门厅为阁楼式，面宽三间，进深二椽，两侧带耳房各二间。院内所有建筑屋顶形制皆为硬山顶。元代建筑内四壁全绘壁画，是当今现存元代壁画的鸿篇巨制，对研究历史及中国绘画艺术具有重要价值。1961年3月公布为全国重点文物保护单位。[11]

无极门，又称龙虎殿，是永乐宫原有的宫门。建于元至元三十一年（1294年）。砖砌台基，前设礓磋坡道，面宽五间、进深六椽，单檐四阿屋顶，灰布筒板瓦屋面、琉璃吻。梁架为六架椽屋分心用三柱，檐下铺作为五铺作单杪单下昂、里转双杪，补间铺作挑斡下施以上昂。殿中柱上辟板门间，梢间及两山筑墙壁。门上方悬"无极之门"竖匾一方，为至元三十一年（公元1294年）遗物。门枕石上雕石狮6尊。后槽两梢间三面墙壁上绘有元代人物壁画80.10平方米（图6-3-1）。

三清殿，又名无极殿，供奉道教三清祖像，是永乐宫中最主要的一座殿宇。面宽七间、进深八椽，单檐五脊顶，灰布筒板瓦屋面，琉璃脊、吻、兽、剪边。殿前设大月台，月台的两侧各设朵台一个，上下各设踏道四条，殿的平面减柱造，仅后半部设金柱八根，扩大了建筑空间。梁架为前后四椽栿对接用四柱，檐下铺作为六铺作单杪双下昂重栱计心造。前檐中五间设隔扇，后檐明间辟板门。殿内四壁绘《朝元图》，画幅平均高度4.4米，总长97米，面积429.56平方米，共画神祇290尊，俗称360值日神，八位主神身高近3米，最低的玉女也在1.9米以上，超过了真人的高度。壁画创作完成距今已有680年，构图宏伟，气势磅礴，笔法生动传神，设色富丽堂皇，是永乐宫壁画的精华，也是迄今所知的中国古代最大的人物画，在中国绘画史特别是壁画史上占有重要地位（图6-3-2）。

纯阳殿，亦名混成殿，因供奉道教祖师吕洞宾，又俗称吕祖殿。面宽五间、进深八椽，单檐九脊顶。平面减柱造，梁架清代维修时改动较大，殿内设斗八藻井和平棊天花，檐下铺作为单杪双下昂六铺作计心造。正面中三间及背面当心间设五抹头隔扇门装修，余皆以墙体封闭。殿内东、西、南、北墙和神龛背面遗有元代壁画。东、西、北壁为《纯阳帝君神游显化图》。南壁东、西两梢间为《道观斋贡》和《道观乐队》图，神龛背面为《钟吕论道图》。

图6-3-1 芮城永乐宫无极门（资料来源：自摄）

图6-3-2 芮城永乐宫三清殿（资料来源：自摄）

图6-3-3　太原纯阳宫角　图6-3-4　太原纯阳宫连廊（资料来源：自摄）　图6-3-5　太原纯阳宫方亭与灵宝洞（资料来源：自摄）
亭（资料来源：自摄）

北面门楣上遗有《八仙过海图》。后门内东、西两旁画着松仙和柳仙。

重阳殿，又名七真殿，又称袭明殿，因供奉王重阳和他的七个弟子而得名，面宽五间、进深六椽、单檐九脊顶。平面柱网采用减柱造以扩大空间，梁架为五椽栿前压剳牵用三柱，檐下铺作为单杪单下昂五铺作计心造，次间补间铺作两攒，梢间补间铺作一攒。殿内东、西、南、北四壁和扇面墙背面遗存元代壁画150平方米，东、西、北三壁满绘王重阳和他的七个弟子活动的故事，共49幅，主要叙述王重阳一生的活动，可谓"王重阳画传"。

玄帝庙，位于永乐宫中轴线东，明代建筑，面宽三间、进深两椽，单檐歇山顶。檐下设五铺双下昂斗栱，明间施补间斗栱两攒，两梢间各施一攒。神龛北面墙上残存部分壁画。

二、太原纯阳宫

纯阳宫，俗称吕祖庙，位于太原市迎泽区五一广场西北侧起凤街1号。坐北向南，五进院落，东西43米、南北122米，占地5246平方米。为供奉唐代著名"道仙"吕洞宾而修建，创建于宋代，明万

历二十五年（1597年）晋藩王朱新、朱邦祚及本城富户范朝引等道教笃信者捐资在宋代旧址上重修和扩建，清乾隆间郡守郭晋以及太谷人范朝升先后出资再扩建，嘉庆年间道士高炼昌主持在潜真洞上建玉皇阁，新中国成立后增建假山、关公亭及碑廊等。中轴线由南至北为宫门、木牌楼、二道宫门（道德门）、过厅、吕祖殿（纯阳殿）、虚无洞、方形单间回廊亭、灵宝洞、玉皇阁（巍阁），两侧各院现存厢房、配殿及八卦楼等。一进院假山、关公亭、碑廊、宫门为新中国成立后新建，余皆明、清遗构。吕天仙祠木牌楼，四柱三牌楼，单檐歇山顶，绿琉璃瓦顶，檐下设九踩斗栱。牌坊高8.8米。方形单间回廊亭，清代遗构。砖砌二层楼阁建筑，一层是平面方形建筑，四面为砖砌窑洞，均面宽三间，正面明间砖券拱门。上层四面建楼，四角建八角攒尖亭，有飞桥连通。亭内存一尊铜镏金菩萨像，亭前有"大明万历二十一年（1593年）岁次夏季吉日成造"铁狮一对。宫内保存有铁狮2对、石狮3对、琉璃狮1对，还有铜弥勒像、铜关公骑马像、石柱等，碑廊中存造像18尊，碑76通（方）。现为山西省艺术博物馆。2013年5月公布为全国重点文物保护单位（图6-3-3～图6-3-5）。

图6-3-6 太原纯阳宫二道宫门（资料来源：自摄）

图6-3-7 太原纯阳宫吕祖殿（资料来源：自摄）

图6-3-8 太原纯阳宫虚无洞（资料来源：自摄）

二道宫门，又名道德门，明代遗构。面宽三间，单檐歇山顶，檐下砖雕三踩单昂斗栱。二门为拱券门阁，正门上方有砖雕"道德之门"四个大字，四字中间"正阳书"三字。宫门两侧刻有"道合昊天茂上仙班第一，祠洲晋地寮下栋宇无双"、"太白山人题"对联。右侧上方刻有"龙飞"大字，中间有"河上仙翁"。左侧上方刻有"虎跃"大字，中间有"山中宰相"。宫门背面上方刻有"莲壶佳瑞"九又叠篆纹四字。门两侧有明代铁狮一对（图6-3-6）。⑫

吕祖殿，又名纯阳殿，明代遗构。位于纯阳宫第三进院中，为宫内主体建筑，砖砌台基，平面呈方形，面宽三间，进深四椽，五檩无廊式构架。单檐歇山顶，黄绿白三色琉璃瓦布顶，吻兽齐备。檐下额枋、平板枋上皆施苏式彩面，檐下无斗栱，直接由平板枋伸出翘头来承托卷幅云梁头，上承挑檐檩。前檐明、次间均设隔扇门，方格窗棂，素面裙板。后檐明间设板门，两山墙施八边形砖券窗。殿前设砖甬道，两侧为石雕柱板围持护，雕刻精细。台阶下有一对琉璃狮子，两侧东西厢房、配殿为清代建筑（图6-3-7）。

玉皇阁，即巍阁，位于第五进院中，是宫内最高的建筑。正面底层为砖石结构，二、三层为木结构。底层正门"潜真洞"，洞内面宽七间，进深三间；二层阁为面宽，进深二椽，单檐歇山顶，黄绿琉璃瓦铺顶，三层楼阁较小，面宽只有一间，可俯视远眺。巍阁两侧有楼梯连接配殿的二层，东西配殿上下两层都是面宽三间，进深一间，东西互相对称，屋顶为单檐悬山顶。阁前有清代造文殊、普贤铜像坐骑各一尊（图6-3-8）。

三、柳林玉虚宫

玉虚宫，位于柳林县柳林镇青龙村南宝宁山半山腰。坐南向北，依山而建，分上下两院，东西59.7米、南北104米，占地面积6208.8平方米。碑文记载，明万历二十八年（1573年）河津信士张思璘断指募化重建，清顺治十一年（1644年）临邑居士董和爵主持修葺，1995～2003年进行了维修。

下院分东、西两院，东院中轴线上有石砌台阶、山门、玄天殿，西院内设有偏门、药王殿、三圣殿；上院存有山门、僧房、圣母殿。现存下院主体建筑为明代风格，上院为清代建筑。圣母殿砖券枕头窑三孔，面宽三间，前设插廊，单坡硬山顶。玄天殿位于下院。据殿内脊檩题记"明万历二十八年（1573年）"重建。砖石砌台基，前设月台，四周围石雕栏杆。面宽五间，进深四椽，单檐悬山顶，琉璃脊饰、剪边，为明万历二十九年烧造。五檩前廊式构架。前檐柱头科五踩双下昂，平身科每间1攒，明间施45度斜栱。明次间槅扇门窗，梢间置直棂窗。明间檐下悬明正德五年（1510年）"玄天殿"木匾1方。殿两侧设八字形影壁，上施琉璃团龙图案。殿内有木雕神龛，内供明代真武塑像1尊。庙内存明代碑1通、清代碑1通、石碣2方、塑像1尊。2004年6月公布为山西省级文物保护单位（图6-3-9、图6-3-10）。

四、陵川白玉宫

白玉宫，位于陵川县潞城镇郊底村西，坐北朝南，三进院落。创建年代不详，据白玉宫内存碑碣记载，金崇庆元年（1212年）、明嘉靖二十三年（1544年）、明永昌元年（1644年）、民国（1912～1949年）期间均有修缮，中轴线上现存舞楼（山门）、三仙殿、正殿、后殿，两侧为垛殿、僧楼、廊房、耳殿。南北长102.7米，东西宽24.5米，占地面积2516平方米。2006年，郊底白玉宫被国务院公布为第六批全国重点文物保护单位。现存正殿为金代遗构，其他为明清建筑。正殿，石砌台基，面阔三间，进深四椽，单檐歇山顶，梁架结构为三椽栿对前搭牵，柱头斗栱为四铺作单昂，隔扇门窗（图6-3-11）。

五、高平万寿宫

万寿宫，又名圣姑庙，位于高平市原村乡上董峰村北。坐北朝南，创建于元至元二十一年（1284年），元、明、清历代均有修缮。二进院落，中轴线上建有山门、三教殿、倒座戏台、玉宇石亭、圣

图6-3-9　柳林玉虚宫圣母殿（资料来源：高继平摄）

图6-3-10　柳林玉虚宫药王殿（资料来源：高继平摄）

图6-3-11　陵川郊底白玉宫（资料来源：自摄）

姑殿，两侧现存东西配殿、东西耳殿。现存三教殿、圣姑殿为元代建筑，其余皆建于清代。庙占地面积约 1285 平方米。庙内现存元代壁画约 5 平方米，历代重修碑 14 通，其中元碑 4 通、明碑 3 通、清碑 7 通。该庙对研究宋元时期的古建筑有较高价值。2004 年 6 月 10 日公布为第 4 批省级重点文物保护单位。万寿宫三教殿，重建于元至元二十一年（1284 年），砖砌台基，高 0.7 米。面阔三间，进深六椽，单檐九脊顶，琉璃脊饰。梁架为六架椽，四椽栿后压乳栿用三柱，梁架有平梁、叉手和丁华抹栱。檐下柱头斗栱五铺作单抄单昂，补间一朵。前檐当心间设板门，两次间置直棂窗。门砧石雕青石狮子，明万历年间（1573～1620 年）造。殿内东西壁残存元代工笔重彩绘道教壁画约 5 平方米。圣姑殿内遗有"仙姑祠堂记"碑，青石质，圆首，方座。通高 2.24 米，其中碑身高 1.74 米，宽 0.74 米，厚 0.24 米，座高 0.5 米，宽 0.5 米，长 0.9 米。至元二十一年（1284 年）立石。额题篆书"仙姑祠堂记"，首题"仙姑祠堂记"。碑文楷书，记述仙姑的身世来历及仙姑委蜕后乡民为其构建庙堂三间及两庑的始末。董庭谏撰文，张克孝书丹，王忠刻石。三教殿西北檐下遗有"太上祖师天公玉

皇庙碑"碑，青石质，螭首，龟趺。通高 2.18 米，其中身高 1.6 米，宽 0.76 米，厚 27 米，座高 0.58 米，宽 76 米，长 1.6 米。元至元二十一年（1284 年）立石。额题篆书"太上祖师天公玉皇庙碑"，首题"太上祖师天公玉皇庙碑并序"，碑文楷书，记述太上祖师、天公、玉皇（即三教殿祖师）殿地创建经过及仙姑修道，既不归于空门，又不入于玄教，无易服于异，特同于流俗的来历。董庭谏撰文，张克孝书丹，王忠刻石。西配殿廊下遗有"重修万寿宫记"碑，青石质，螭首，龟趺。通高 3.58 米，其中碑首高 0.95 米，宽 0.91 米，厚 0.27 米，碑身高 1.98 米，宽 0.87 米，厚 0.23 米，碑座高 0.65 米，宽 0.87 米，长 1.45 米。元至元二年（1265 年）立石。额题篆书"重修万寿宫记"，首题"重修万寿宫记"。碑文行书，记述万寿宫的四至景色及重修万寿宫诸殿的原因。撰文、书丹者不详（图 6-3-12、图 6-3-13）。

六、高平纯阳宫

纯阳宫又名仙翁庙，位于寺庄镇伯方村中，坐北朝南，占地面积约 2122 平方米。创建年代不详，据碑文记载，元皇庆二年（1313 年）、明景秦六年

图 6-3-12 高平万寿宫山门（资料来源：自摄）

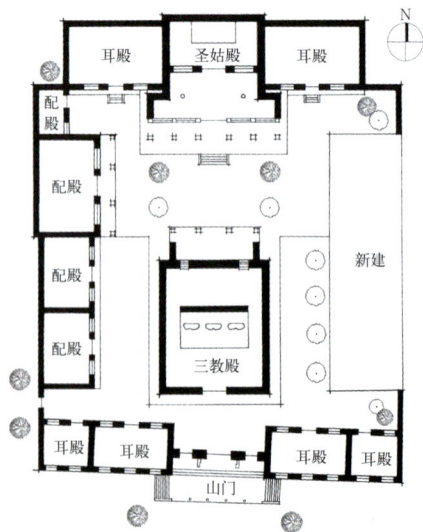

图 6-3-13 高平万寿宫平面图（资料来源：山西省第三次文物普查资料）

（1455 年）、嘉靖十七年（1538 年）均有重修，现存正殿为明代遗构，余皆清代重建。一进院落，中轴线上建有山门、乐楼、过廊、献殿、正殿，两侧建有耳殿、配殿等，正殿石砌台基，面宽五间，进深六椽，单檐悬山顶，琉璃脊饰，正脊上有明"嘉靖十七年"题记，为大殿重修确切年代。七檩梁架，前檐施方形抹棱石柱，柱上架通长大额枋，枋头镂空雕刻。柱头斗栱五踩单翘单昂，平身科隐刻，柱础为方形，前檐设隔扇门窗。过廊、献殿剪蓬顶，钟楼、鼓楼歇山顶。庙内现存明代道教壁画 143 平方米，其中绘有唐玄宗泰山封禅图，是国内现存唯一反映皇帝封禅内容的壁画，具有较高艺术价值（图 6-3-14、图 6-3-15）。1986 年 8 月 18 日公布为第二批省级重点文物保护单位。重修仙翁庙记碑位于正殿前檐下，明代石碑，青石质，圆首。高 0.98 米，宽 0.68 米，厚 0.19 米。明景泰六年（1455 年）立石。额题篆书"重修仙翁庙记"。碑文楷书，记述本村耆老景昭维修东庑、斜殿等的经过。王彪撰文，侯英书丹，李瑞刻石。

七、洪洞净石宫

净石宫位于洪洞县堤村乡干河村西。据碑文记载，创建于明万历年间（1572 ~ 1620 年），清乾二年（1737 年）、嘉庆七年（1802 年）、民国十七年（1928 年）均有修葺。占地面积 914.9 平方米。坐北面南，四合院布局，中轴线上建有南门（兼倒座戏台）、大殿（融宁宫），为明代建筑；两侧存东西配殿、东西垛殿、南北窑洞、北门、廊房，为清代建筑。庙院和西配殿内存清代维修记事碑及明万历二十九年（1601 年）"永镇水利碑"等 8 通、碣 1 方；另有民国碑 1 通。庙西南侧净石山上原有"南天门"、"渡仙桥"等建筑，后毁，近年又重建。1987 ~ 2006 年间，先后维修戏台、东西配殿等，立有新碑 10 通。1985 年被洪洞县人民政府公布为第一批县级文物保护单位，2004 年被山西省人民政府公布为第四批省级文物保护单位。净石宫大殿，位于净石宫中轴线后部，建于明代，砖砌台明，高 0.5 米，面宽三间，进深五椽，悬山顶，六檩前檐廊构架，明次间均设隔扇门；殿内设木雕重檐悬山顶神龛，上施帐幔，塑人物悬塑，现存 17 尊；佛坛塑玄帝像 1 尊。殿内东、西山墙及后墙存彩绘人物壁画共约 70 平方米，西山墙左上角有清"顺治五年（1648 年）绘画题记"。净石宫戏台，位于净石宫中轴线前部，明代建筑。为倒座戏台，下部为过路。坐南面北，砖砌台明，

图 6-3-14　高平纯阳宫内景（资料来源：自摄）

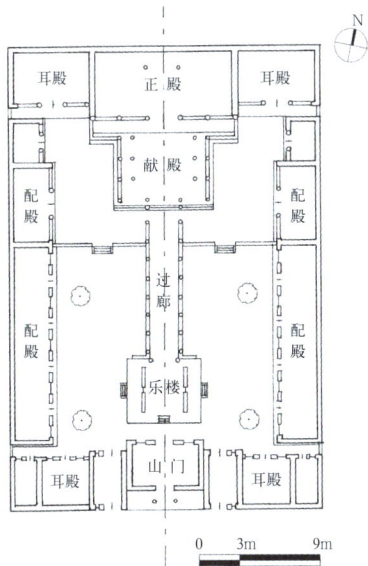

图 6-3-15　高平纯阳宫平面图（资料来源：山西省第三次文物普查资料）

高 1.5 米。面宽三间，进深四椽，顶部为悬山顶与十字歇山顶相结合，明间为十字歇山顶，次间为悬山顶，前檐下额枋施有彩绘。告示碣，嵌于戏台台明西侧墙壁，明万历二十九年（1601 年）刻石。青石质，长方形。长 0.86 米，宽 0.5 米。碣文楷书，正文 19 行，满行 19 字，记载汾西县（干河村原属汾西县管辖）官府关于加强干河村汾河滩地管理的一份告示（图 6-3-16、图 6-3-17）。

八、洪洞玉皇庙

洪洞玉皇庙位于洪洞县辛村乡辛北村南部。据新修《洪洞县志》记载，创建于蒙古太宗己丑年（1229 年）；正殿脊檩题记："时大清光绪丁亥（1887 年）重修"。占地面积 3559.4 平方米。坐北面南，原为二进四合院布局，中轴线上现存二门、仪门、正殿（灵霄宝殿），两侧存有东西朵殿、东

图 6-3-16 洪洞净石宫全景（资料来源：自摄）

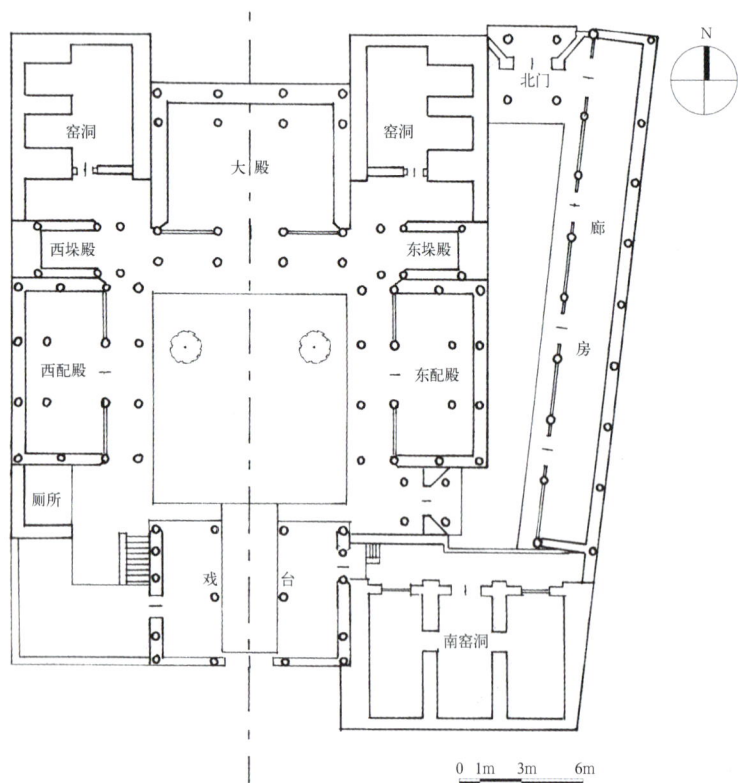

图 6-3-17 洪洞净石宫平面图（资料来源：山西省第三次文物普查资料）

西厢房。现存建筑正殿和东西朵殿为元代遗构，余皆为清代建筑。正殿前月台上存石质八卦罗盘1个。2002～2004年对东西厢房进行了维修，对八卦盘设置防护玻璃，立新碑4通。2007年，在庙前院南侧重建戏台。1985年被洪洞县人民政府公布为第二批县级文物保护单位，2000年被国务院公布为第四批全国重点文物保护单位。正殿砖砌台明，高2.5米，殿前砖石砌月台，殿身面阔三间，进深六椽，悬山顶，琉璃脊饰，梁架四椽栿为稍作砍锛的原材，结构为四椽栿对前乳栿，通檐用三柱，檐下柱头斗栱五铺作双昂，前檐装修已改为现代形式。正殿前月台中央存明代砂石质八卦罗盘1个，直径1.65米，为现存道庙中最大的石质罗盘。玉皇庙东朵殿，又称二郎殿，民国26年（1937年）局部维修，现存主体结构为元代建筑。殿身面阔三间，进深四椽，单檐悬山筒板瓦顶，琉璃脊饰，殿内梁架草栿做法，四架椽屋四椽栿通达前后檐用二柱，前檐柱头斗栱五铺作双昂，昂为琴面式，柱头施有卷杀，梁架结构保存了元代建筑风格。玉皇庙西朵殿，又称关帝殿，面阔三间，进深四椽，单檐悬山筒板瓦顶，琉璃脊饰，殿内梁架草栿做法，四架椽屋四椽栿通达前后檐用二柱，前檐柱头斗栱五铺作双下昂，补间铺作施用真昂，柱头施有卷杀，梁架结构保存了元代建筑风格。殿内后檐墙及两山墙存道教题材壁画约11.8平方米（图6-3-18～图6-3-20）。

九、汾阳太符观

太符观，位于汾阳市杏花村镇上庙村西北部。始建年代不详，据观内现存碑、碣记载，金承安五

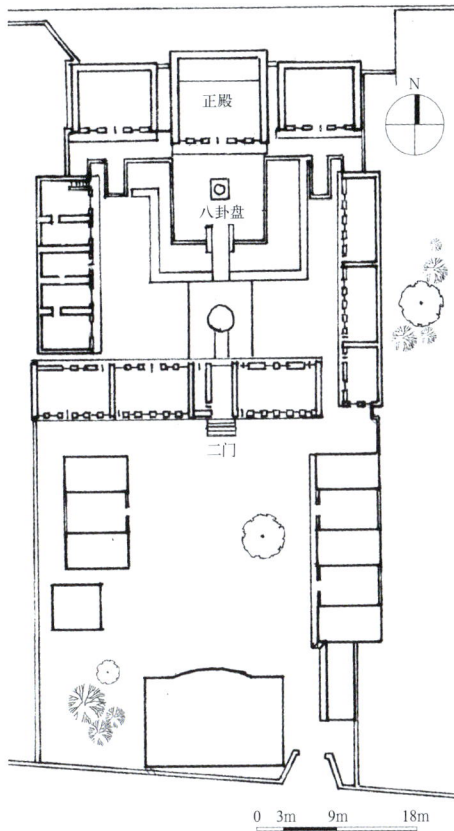

正殿

八卦盘

二门

0 3m   9m   18m

图6-3-18　洪洞玉皇庙正面（资料来源：自摄）（左上）
图6-3-19　洪洞玉皇庙侧面（资料来源：自摄）（左下）
图6-3-20　洪洞玉皇庙平面图（资料来源：山西省第三次文物普查资料）（右上）

年（1200年）创建醮坛；明代后土圣母庙被火焚烧，万历十一年（1583年）重建；明万历三十六年（1608年）增建紫薇阁；清顺治十四年（1657年）重修五岳殿；1978年对全庙进行整体维修。观坐北面南，原构布局不详，现存为一进院，南北长101.41米，东西宽50.28米，占地面积5099平方米。中轴线上由南至北现存山门、正殿（昊天玉皇上帝殿），西侧存偏门一座（砖券门洞）、舍窑五孔（砖券窑洞）和西配殿（五岳殿），东侧存办公室（新建）和东配殿（后土圣母殿）。现存正殿整体保持金代建筑结构形制，为金代遗构；其余建筑均为明代遗存。各殿宇中彩塑、壁画和悬塑保存较为完整，数量众多、制作精美，具有较高的历史、艺术价值。2001年6月，中华人民共和国国务院公布为全国重点文物保护单位。昊天玉皇上帝殿，金代建筑，位于观内北端，坐北面南，座于台基之上。大殿单檐歇山顶，琉璃脊饰，面阔三间（12.48米），进深6架椽（11.22米），四椽栿前对扣乳栿用三柱，单檐厦两头造。大殿前檐设五铺作双抄计心造斗栱，前檐及两山次间设补间铺作明间设板门，次间设直棂窗，殿前设月台。殿内神台之上设竹木神龛，龛内塑像7尊。殿内山墙及后壁绘"朝元图"壁画共93平方米。大殿前墙外侧镶金承安五年《太符观创建醮坛记》碣石，大殿结构稳定完整。殿内神台之上设竹木神龛，龛内塑像7尊，

制作精美，金代遗物。殿内山墙及后壁绘"朝元图"壁画共93平方米，每组画旁列有榜题，明代遗物。五岳殿创建年代不详，结构与后土圣母殿相同。其前檐柱头有明显卷杀。殿宇神坛之上设五岳四渎神像，南北两山悬塑"五岳巡幸"、"四渎出行"。殿内遗有彩塑19尊，悬塑16平方米，明代遗物。后土圣母殿，位于中轴线之东侧，坐东向西，坐于台基之上。该殿创建年代不详，据其结构推断为明代建筑。殿宇悬山顶，灰布瓦顶，面阔五间，进深三间。梁架为五架梁前后单步梁，四柱前廊式结构。前檐斗栱五踩双下昂，檐柱柱头刹面明显。明次间施六抹隔扇门，梢间施直棂窗。殿内神坛供奉九位女仙，为后土圣母及众生育女神。正壁神龛之后绘"燕乐图"壁画，描绘圣母宫中生活场景。两山墙壁满布悬塑，为圣母"出行"和"回宫"场景。殿内遗存彩塑35尊，壁画51平方米，悬塑16平方米，明代遗物（图6-3-21～图6-3-24）。

十、离石天真观

天贞观（又名凤山道院）位于离石区滨河街道前瓦村。坐北朝南，东西长85米，南北宽42米，占地面积约3570平方米。该观创建于宋代，元代曾遭火焚，明、清均有重修、维修、扩建。1986～2006年进行过多次维修，现存建筑为明清风格。依山而

图6-3-21　汾阳太符观外景（资料来源：自摄）

图 6-3-23 汾阳太符观内景（资料来源：自摄）

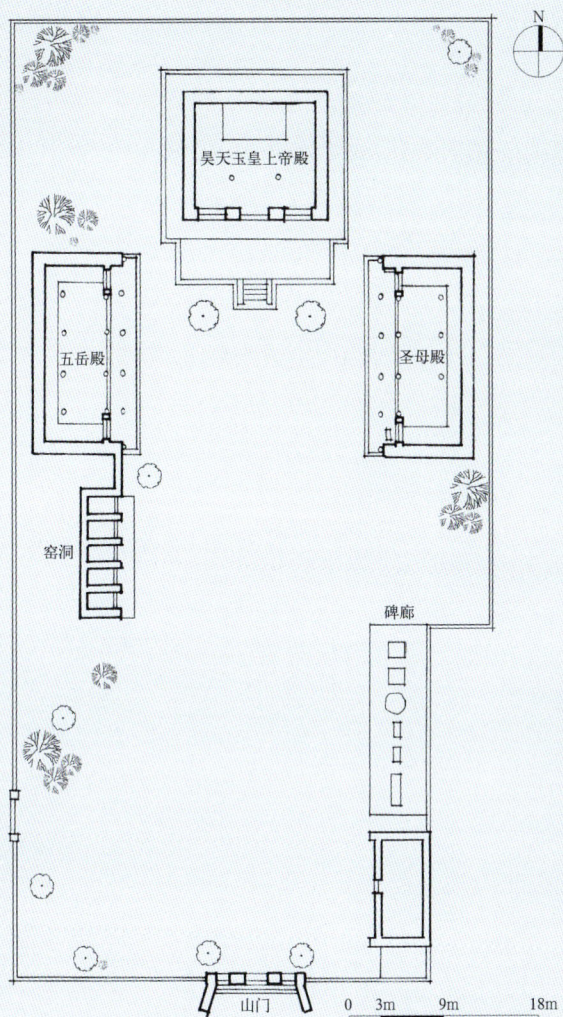

图 6-3-22 汾阳太符观平面图（资料来源：山西省第三次文物普查资料）

图 6-3-24 汾阳太符观后土圣母殿（资料来源：自摄）

建形成上下两院，上院自西向东现存三清殿、僧舍、真人殿、读书楼、上院门、膳房，下院自西而东现存观音殿、陈抟殿、玉皇楼、雷公殿、三官殿，观外台阶两侧现存古建筑有关帝庙、土地庙、五道庙等（图 6-3-25、图 6-3-26）。观内还有碑 3 通、石碣 19 方、经幢 1 尊。陈抟殿内有重建武当山宫观感应之图壁画 32 平方米。2006 年 5 月 25 日公布为第六批全国重点文物保护单位。陈抟殿位于天贞观院内，该殿因宋代著名道士陈抟而得名。创建年代不详，据殿内梁架题记，明景泰年、清代均有重修，现存主体结构为明代建筑。石砌台基，面宽三间，进深四椽，五檩前出廊结构，单檐悬山顶，屋顶施有琉璃脊饰，柱头科两攒，前檐明间设板门，两次间设直棂窗。殿

内神台上存陈抟及侍者像 3 尊。山墙上存道教壁画约 32 平方米，为明永乐十一年（1413 年）《修建武当山宫观感应之图》，壁画上部为"十次神主显现图"，下部为"武当山全景鸟瞰图"，图中亭台楼阁采用沥粉贴金绘制。重修三阳山希夷祖师庵记，位于天贞观院内玉皇楼西侧。青石质，圆首，龟座，通高 1.68 米，宽 0.67 米，厚 0.18 米，景泰元年（1450 年）立石。碑文楷书 26 行，满行 51 字，记载重修三阳山祖师庵的情况。张显撰文，元卿书丹。三清殿面阔三间，进深四椽，单檐悬山顶，五檩前处廊梁架，前檐施斗栱七攒，柱头科、平身科均为五踩双下昂。门为六抹隔扇门，窗为直棂窗。真人殿位于天贞观上院东侧，坐北向南，东西长米，南北宽米，占地面积

图 6-3-25　离石天真观全景（资料来源：自摄）

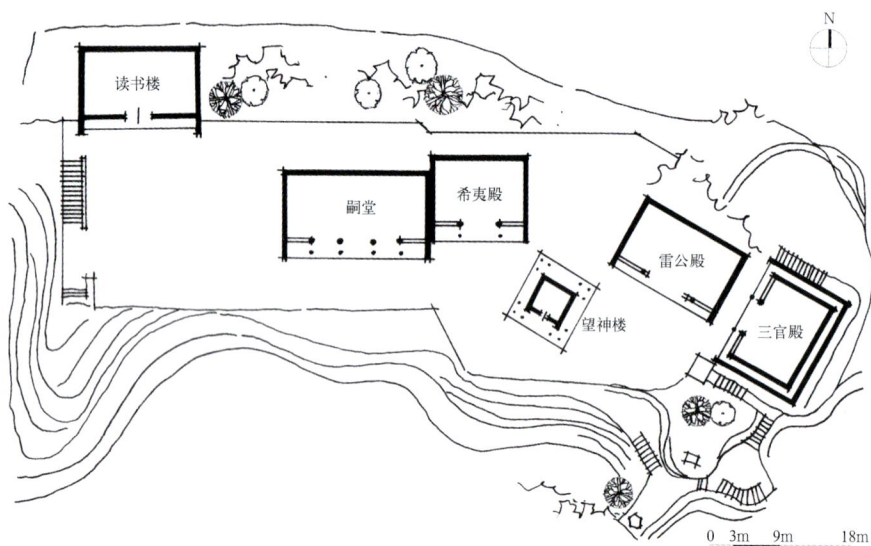

图 6-3-26　离石天真观平面图（资料来源：自绘，1996 年实测）

平方米。据碑载创建于明成化十九年（1483 年），清代多次重修，现存建筑为清代遗构。真人殿筑于高 0.8 米的石砌台明上。为砖券窑洞 1 孔，前设硬山顶插廊，面阔三间。另存石碣 4 方。

十一、浮山清微观

　　清微观，位于临汾市浮山县城北 2.5 公里的天坛镇诸葛村中。坐北向南，三进院落，东西 34.23 米、南北 91.7 米，占地面积 3138.89 平方米。民国 24 年版的《浮山县志》载："清微观在县西北五

里，宋元祐七年（1092 年）建"。据《重建清微观记》碑载，元延祐七年（1320 年）重修；据《创建山门记重修清微观老君殿碑记》碑载，明万历六年（1578 年）重修；清嘉庆三年（1798 年）《重修圣母、牛马王、浮山神殿捐资姓氏》碣载，圣母、牛马王、浮山神殿；据三官殿脊板题记，清乾隆十七年（1752 年）重建三官殿。中轴线由南至北遗有道士院、山门（戏台）遗址、献殿基址、老君殿，两侧遗有山门东、西掖门、东耳房，一进院东厢房、西道舍基址及财神殿，二进院东遗三官殿、

图6-3-27 浮山清微观全景（资料来源：自摄）

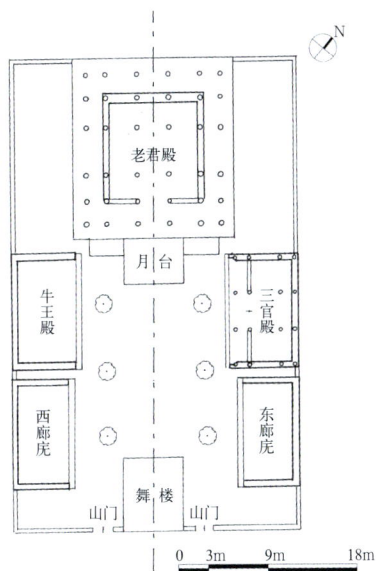

图6-3-28 浮山清微观平面图（资料来源：山西省第三次文物普查资料）

西遗圣母殿。老君殿为元代遗构，余皆清代建筑。老君殿砖石台基，面宽五间、进深八椽，副阶周匝重檐九脊顶，灰布筒板瓦屋面。梁架为六椽栿檐用三柱，副阶周匝。上檐铺作为双下昂五铺作计心、里转双杪计心造，廊檐四铺作单杪计心造。正面当心间设隔扇门、次间隔扇窗装修，背面当心间辟板门。1996年1月公布为山西省级文物保护单位（图6-3-27、图6-3-28）。

十二、武乡会仙观

会仙观，位于长治市武乡县城东25公里监漳镇监漳村西侧。坐北向南，三进院落，东西31.8米、南北65.6米，占地面积2086平方米。庙内碑文记载，始建于金正大六年（1229年），明正德七年（1512年）和明嘉靖七年（1528年）两次重修。中轴线由南至北遗有戏台、关公殿、玉皇殿、三清殿。关帝殿东、西遗有钟、鼓楼及耳房，二、三进院东、西遗有厢房，三清殿东侧遗奶奶庙、西遗三间殿。三清殿为金代遗构，玉皇殿为元代遗构，余皆清代建筑。三清殿面阔五间、进深六椽，前廊式单檐九脊顶，灰布筒板瓦屋面。梁架为四椽栿前压乳栿用三柱，檐下铺作为五铺作单杪单昂，当心

间柱头铺作45度方向出斜栱，次间柱头铺作插昂造，不设补间铺作。前檐明间辟板门、次间设直棂窗，均2010年修缮恢复。玉皇殿面阔三间、进深四椽，前廊式单檐九脊顶，灰布筒板瓦屋面琉璃脊、吻、兽。梁架为四椽栿通檐用二柱。檐下铺作为五铺作双下昂、45度方向出斜栱，不设间铺作。前檐明间辟板门、次间设直棂窗，均2010年修缮恢复。2001年6月公布为全国重点文物保护单位（图6-3-29～图6-3-32）。

十三、长治玉皇观

长治玉皇观，位于长治市长治县南宋乡南宋村中。坐北朝南，一进院落布局，创建年代不详，现存正殿为元代遗构，五凤楼、八卦亭为明代风格，其余皆为清代建筑。中轴线上由南向北依次为戏台、五凤楼、八卦亭、正殿；东、西两侧分别对称有钟、鼓楼，配殿。观东西长24.65米、南北宽70.8米，占地面积1745.2平方米。国务院2006年公布为全国重点文物保护单位。五凤楼为明代遗构，为三层五檐歇山顶楼阁建筑，楼基石砌，高0.80米，楼身面阔三间，进深四椽，平面呈方形，楼体由四根通天柱构成主体构架，其间以额、枋联结成框架

图 6-3-29　武乡会仙观三清殿（资料来源：自摄）

图 6-3-30　武乡会仙观全景（资料来源：自摄）

图 6-3-31　武乡会仙观戏台（资料来源：自摄）

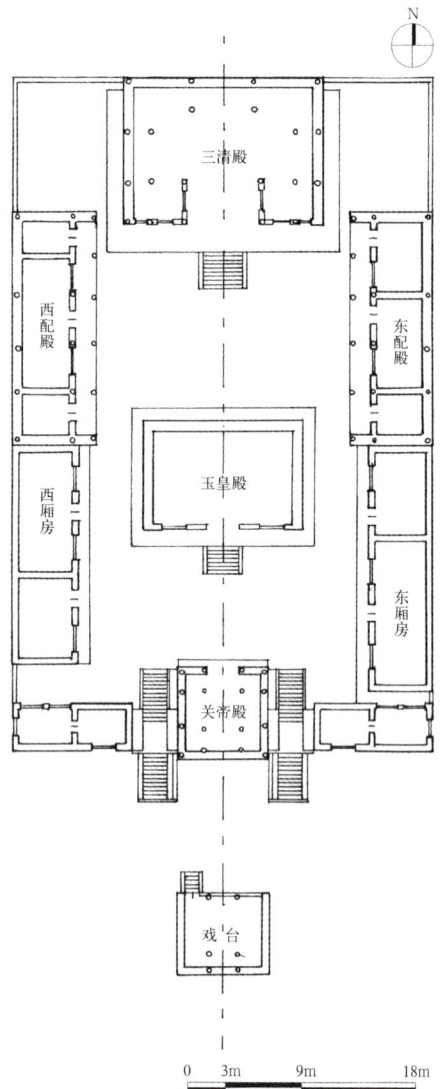

图 6-3-32　武乡会仙观平面图（资料来源：山西省第三次文物普查资料）

式构架。一层前檐辟廊，上施腰檐；二层柱身间施大额枋，置平座，上承檐柱，形成围廊；顶层柱头施斗栱，承角梁、抹角梁。斗栱底层腰檐施把头绞项作，其余为五铺作重昂斗栱。底层前檐明间施板门，后檐开敞，两山砖砌。正殿为元代遗构，建于高0.18米石砌台基之上，殿前筑月台，长7.25米，宽12.25米，殿身面阔五间，进深六椽，单檐悬山顶，梁架为四椽栿后压乳栿通檐用三柱构架，斗栱为明代补修的十三踩单翘五下昂，明、次间各设四扇六抹头隔扇门，梢间近人新制直棂窗。八卦亭明代遗构，台基石砌，束腰须弥式，高0.83米。平面呈方形，每边长6.17米，四柱单开间亭式结构，檐柱砂石质抹八角柱，浮雕盘龙，柱头上施阑额、普柏枋，柱头科七踩三下昂，平身科每面三攒。亭内由十三踩斗栱层叠组成八角形藻井。亭四周围石栏杆，地面方砖铺墁（图6-3-33、图6-3-34）。

图6-3-33　长治玉皇观山门（资料来源：自摄）

十四、长治长春观

长春观位于长治县荫城镇长春村中。坐北朝南，东西长31.4米、南北宽88.15米，占地面积2786.75平方米。创建年代不详，据观内碑碣记载，明成化九年（1473年）大修，清康熙五十一年（1712年）、清乾隆三十五年（1770年）屡有修缮，现存正殿为元代遗构，大佛殿为明代遗构，其余皆为清代建筑。二进院落布局，中轴线上由南向北依次有戏台、山门、正殿、大佛殿；两侧仅存钟、鼓楼，西耳殿。观内存明、清各代重修碑5通，碣1方。该观为研究晋东南地区的寺庙建筑提供了实物资料。长治市人民政府于1999年公布为市级文物保护单位。长春玉皇庙正殿，主体建筑结构为元代，斗栱构件保留有金代特征，清康熙五十一年（1712年）大修。石砌台基，高0.85米，殿身面阔三间，进深四椽，屋顶单檐悬山顶，梁架四椽栿通达前后檐，通檐用四柱，前檐柱头铺作五铺作单抄单下昂，后檐柱头铺作四铺作单抄。前檐装修已不存。长春玉皇庙大佛殿，现存为明代遗构。石砌台基，高0.6米，殿身面宽五间，进深六椽，屋顶单檐悬山顶，

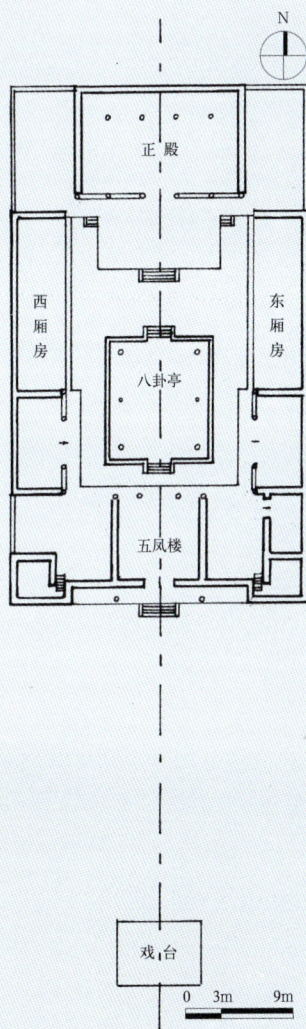

图6-3-34　长治玉皇观平面图（资料来源：山西省第三次文物普查资料）

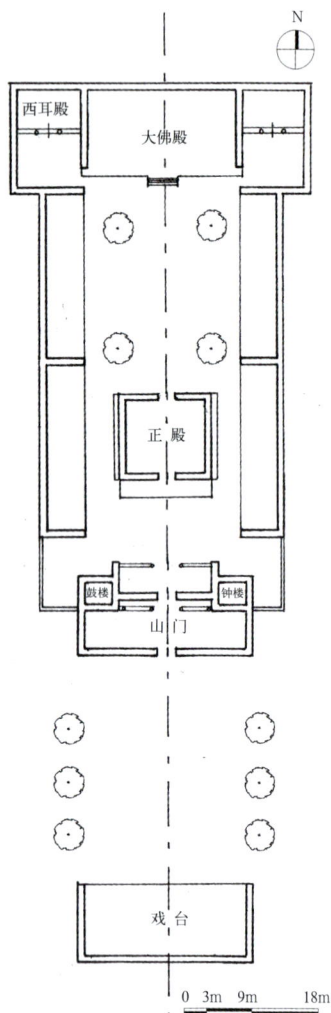

图 6-3-35 长治长春观平面图（资料来源：山西省第三次文物普查资料）

七檩前廊式构架，柱头科五踩双翘。后檐封护墙，装修已不存（图 6-3-35、图 6-3-36）。

十五、长治琚寨玉皇庙

琚寨玉皇庙位于长治县荫城镇琚寨村村委会院内。坐北朝南，东西长 27.3 米、南北宽 56.55 米，占地面积 1543.8 平方米。该庙创建年代不详，据庙内碑碣及题记记载，清乾隆四十七年（1782 年）、道光十二年（1832 年）屡有重修。现存正殿为元代遗构，其余皆为清代建筑。二进院落布局，中轴线上由南向北依次为照壁、山门、正殿，东、西两侧对称有钟鼓楼、廊房、夹殿、配殿、耳殿。正殿建在高 0.7 米的石砌台基之上，面阔五间，进深六椽，单檐悬山顶，琉璃屋面，梁架为四椽栿对后乳栿用三柱构架，柱头铺作为五铺作双下昂。四椽栿为自然圆木，元代风格明显。庙内存清代重修碑 2 通，碣 2 方。该庙为研究晋东南地区的寺庙建筑提供了实物资料。长治市人民政府于 2007 年公布为长治市市级文物保护单位（图 6-3-37 ~ 图 6-3-39）。

十六、高平清梦观

清梦观，位于高平市区东北 15 公里陈区镇铁炉村东北角。坐北向南，二进院落，南北 65.35 米、

图 6-3-36 长治长春观山门（资料来源：自摄）

图 6-3-37　长治琚寨玉皇庙照壁（资料来源：自摄）

图 6-3-38　长治琚寨玉皇庙配殿（资料来源：自摄）

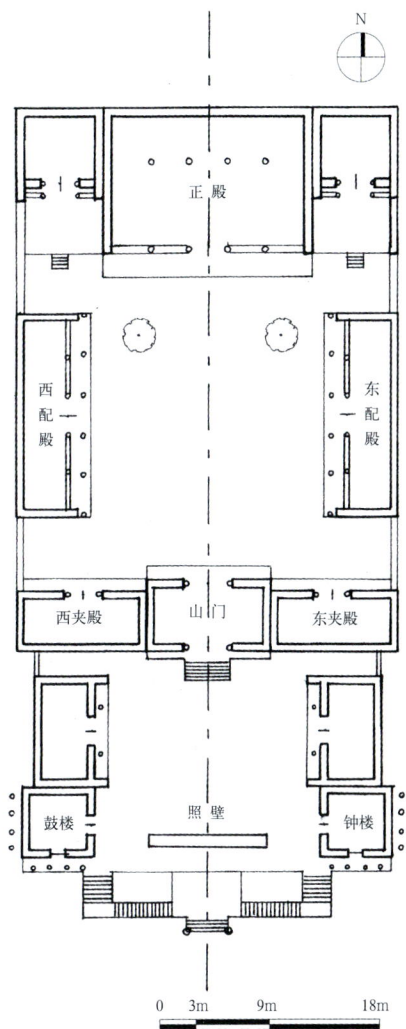

图 6-3-39　长治琚寨玉皇庙平面图（资料来源：山西省第三次文物普查资料）

东西 37.33 米，占地面积 2439.52 平方米。创建于元中统二年（1261 年），明万历四十年（1612 年）、嘉庆二十二年（1817 年）、道光四年（1824 年）均有修缮。中轴线上由南至北遗有山门、三清殿、正殿；山门东西遗有钟、鼓楼，一进院东、西遗有三官殿、阎王殿，三清殿东侧遗有厢房、西侧遗有厢房基址（2011 年复建），二进院遗有东、西配殿，玉皇殿东遗耳房基址（2011 年复建）、西遗耳房。三清殿为元代遗构，玉皇殿为明代遗构，余皆清代建筑。三清殿：石砌台基，平面方形，面阔三间，进深六椽，单檐九脊顶，屋面灰布筒板瓦覆盖，琉璃脊、吻、兽、剪边。梁架为五椽栿后压搭牵用三柱，檐下铺作为四铺作单昂计心造，补间施四铺作单抄

计心造。当心间辟板门，两次间设直棂窗，殿内四壁绘有壁画。观内现存元代创建碑 1 通，明清重修碑碣 2 方。2006 年 5 月公布为全国重点文物保护单位（图 6-3-40 ～图 6-3-44）。

十七、平遥清虚观

清虚观位于平遥县县城内。据碑刻记载，创建于唐显庆二年（公元 657 年），名太平观。北宋治平元年（1064 年）改称清虚观。元初名太平兴国观，后名太平崇圣宫，清代复称今名。清代以"清虚仙迹"为名列入平遥"十二景"之一。1979 年，清虚观由文物部门接管后，逐年进行维修整治，终成现存规模。1998 年辟为平遥县博物馆。占地面积 7948 平

图 6-3-40　高平清梦观鼓楼（资料来源：自摄）　　图 6-3-41　高平清梦观配殿（资料来源：自摄）

图 6-3-42　高平清梦观三清殿（资料来源：自摄）

图 6-3-43　高平清梦观正殿（资料来源：自摄）

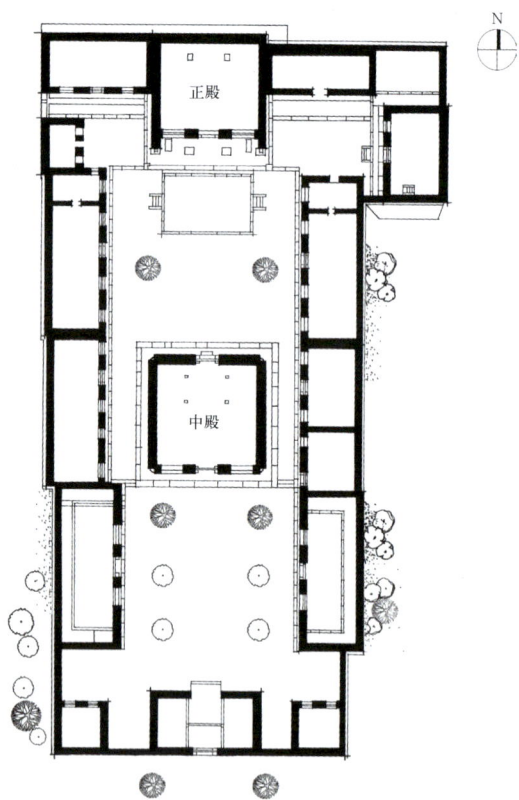

图 6-3-44　高平清梦观平面图（资料来源：山西省第三次文物普查资料）

方米，坐北朝南，三进院落布局。中轴线上由南向北依次为牌坊、山门、龙虎殿、纯阳宫及三清殿、真武殿及玉皇阁（阁不存），两侧建厢房、耳殿和廊庑。龙虎殿为元代建筑，余皆为明清时所建。龙虎殿建在高 0.64 米的砖砌台基上，面宽五间，进深四椽，单檐歇山顶，檐下斗栱四铺作单昂，柱头

图 6-3-45　平遥清虚观纯阳宫（资料来源：自摄）

带卷刹，梁架四角采用悬梁吊柱手法。殿内存同期彩塑"青龙"、"白虎"像2尊，高5.1米，面南而坐。三清殿建在0.94米高的砖砌台基上，明代遗构，面宽五间，进深九椽，单檐歇山顶，檐下斗栱五踩，殿顶琉璃方心、剪边。殿内梁枋间留有"大明万历二十八年（1600年）重修"题记。观内存宋、金、元、明、清碑碣25通（方）。1973年11月15日公布为县级文物保护单位，1996年1月12日公布为省级文物保护单位，2006年5月25日公布为全国重点文物保护单位（图6-3-45～图6-3-47）。

十八、绛县长春观

长春观位于绛县陈村镇东荆下村中，坐北向南，南北长71米，东西宽24.5米，占地面积约1739.5平方米，建筑面积347平方米。混元宝殿梁脊板记载，始建于元延祐元年至元延祐七年（1320年），中轴线上自南向北原有戏台、献殿、玉皇殿、混元宝殿，两侧有配殿、廊房。现仅存献殿、混元宝殿、配殿、东廊房。献殿为清代建筑，面宽三间，进深一间，抬梁式构架，单檐硬山卷棚顶，两面山墙为水磨砖墙。混元宝殿，面阔三间，进深四椽，单檐悬山顶，前椽施四根粗木柱。木柱上承粗圆形通面额枋，通额上施七朵五铺作双下昂斗栱。斗、栱、昂敦实、硕大、粗犷，具有较典型的元代建筑特色。据梁脊板记载，西配殿为清代建筑，东配殿为明代建筑，东厢房为清代建筑。长春观曾被改建成

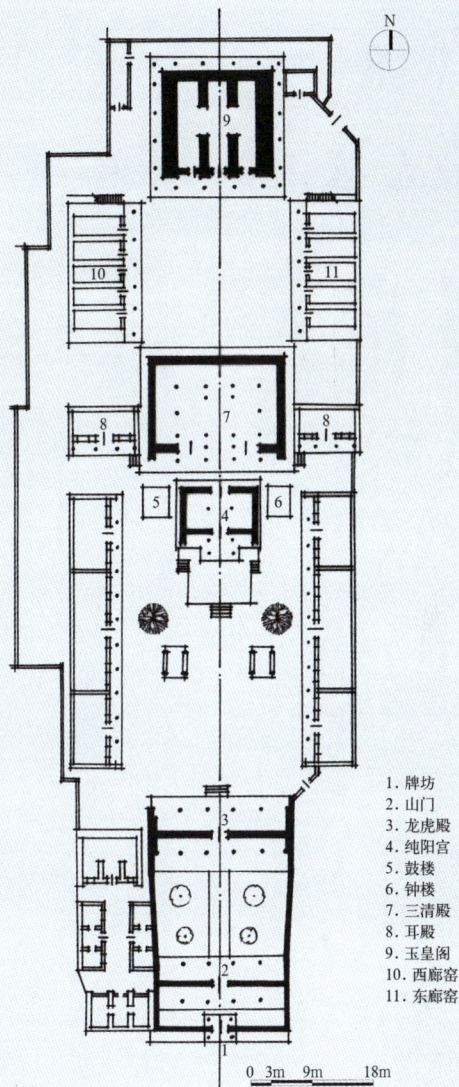

1. 牌坊
2. 山门
3. 龙虎殿
4. 纯阳宫
5. 鼓楼
6. 钟楼
7. 三清殿
8. 耳殿
9. 玉皇阁
10. 西廊窑
11. 东廊窑

0　3m　9m　18m

图 6-3-46　平遥清虚观平面图（资料来源：自绘，1996年实测）

图 6-3-47　平遥清虚观龙虎殿（资料来源：自摄）

图 6-3-48　绛县长春观混元宝殿（资料来源：自摄）

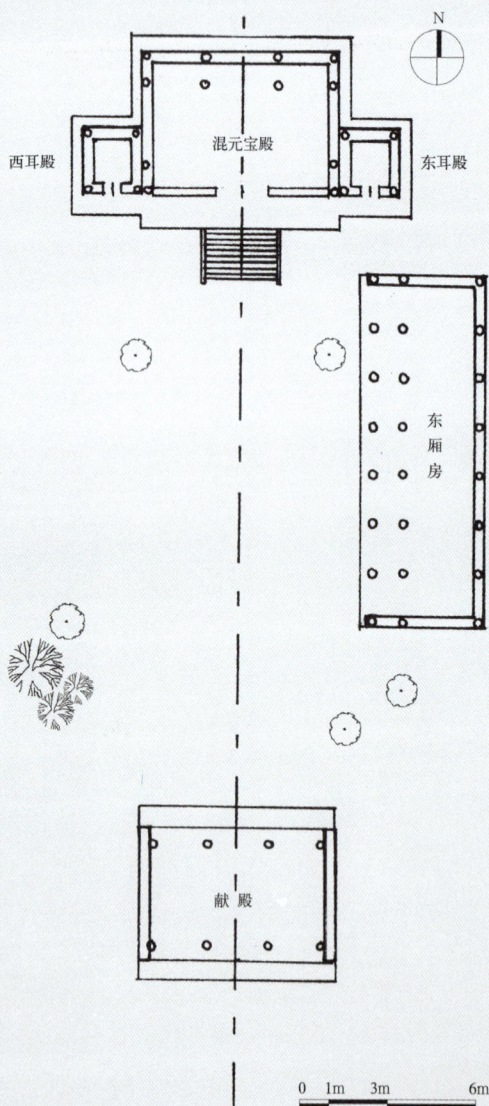

图 6-3-49　绛县长春观平面图（资料来源：山西省第三次文物普查资料）

村办学校。2009 年，省文物局拨专款进行了全面维修。2004 年公布为省级重点文物保护单位。长春观是研究元代道教建筑在民间影响力和研究元、清建筑形制及构造特色的宝贵资料。混元宝殿是长春观的主要建筑，石砌台基，宽 12.12 米，深 10.46 米，前檐高 0.85 米，后檐高 2.1～2.4 米，面阔三间，进深四椽，单檐悬山顶。明间梁架结构为四架椽屋四椽栿通檐用二柱，两山梁架为平梁对前后搭牵梁。殿顶覆盖板筒瓦，正脊为陶制堆花脊，垂脊为平板瓦平扣。前檐施四根粗柱。木柱上承粗圆形通面额枋，直径约 60 厘米，长 10 米。通额上施七朵五铺作双下昂斗栱。斗、栱、昂敦实、硕大、粗犷，具有较典型的元代建筑特色。檐下枋木依稀可见彩绘（图 6-3-48、图 6-3-49）。

十九、泽州府城玉皇庙

府城玉皇庙，位于晋城泽州县城东北 12 公里的金村镇府城村北土岗上。坐北向南，三进院落，东西 65.78 米、南北 137.3 米，占地面积 9031.59 平方米；西、北空地，东为管理区，庙区随地势形成高差，东西 32.25 米、南北 105.12 米，占地面积 3390 平方米。据庙内碑载，始建于宋熙宁九年（1076 年）、金泰和七年（1207 年）重修，贞祐年间（1213～1217 年）兵乱大毁，元至元元年（1335 年）扩建，至元正十五年（1355 年）重修，明、清屡有修葺。中轴线上由南至北遗有头道山门、二道山门、成汤殿、献殿、玉皇殿。头道门东西遗有耳房，一进院东西有配楼及文昌殿、咽喉殿；二道门东西遗有钟楼、六神殿及地藏殿、鼓楼；二进院东西遗有五道、老君殿及药王、高禖殿；成汤殿东侧遗东岳殿、西遗三王殿；三进院东遗太蔚、蚕神、关王殿马厩、十三曜星、风伯、风伯殿，西遗二十八宿殿、十二辰殿、雨师殿；玉皇殿东遗三垣殿、西遗四圣殿。玉皇殿金代遗构，东西廊庑及成汤殿元代遗构，头、二道门明代遗构，余皆清代遗构。昊天玉帝殿，即玉皇殿，又称灵霄宝殿。据庙内金泰和七年（1207 年）碑石记载，殿顶琉璃是晋城东元庆村琉璃匠人李道真制作，虽明代补修，胚胎及部分脊块仍为金泰遗物；西侧门枕石上刻元"大元至正十四年"（1354年）题记。结合晋城宋至元建筑特征组合分析，玉皇殿为金代遗构，元代维修，面宽三间、进深六椽，前廊式单檐不厦两头造，灰布筒板瓦屋面，琉璃脊、吻、兽、剪边。梁架为四椽栿前压乳栿用三柱，檐下铺作为四铺作单下昂计心、里转单杪偷心造，补间铺作每间一朵。前檐明间辟板门，两次间设破直棂窗次间。成汤殿，又称诸神殿。元代遗构。面宽三间、进深六椽，单檐不厦两头造，灰布筒板瓦屋面，琉璃脊、吻、兽、剪边。梁架为四椽栿后压乳栿用三柱，前檐柱头铺作四铺作单昂计心、里转单杪偷心造，无补间铺作。前檐当心间辟板门、次间设直棂窗。殿内置神坛。庙内保存有宋、元、明三代彩塑260余尊，壁画23.3平方米，金、元、明、清记事、重修碑碣39通（方），详细记载了庙宇历史沿革。1988年1月公布为全国重点文物保护单位（图6-3-50～图6-3-52）。

图6-3-50 泽州府城玉皇庙二道门及钟鼓楼（资料来源：自摄）

图6-3-51 泽州府城玉皇庙成汤殿（资料来源：自摄）

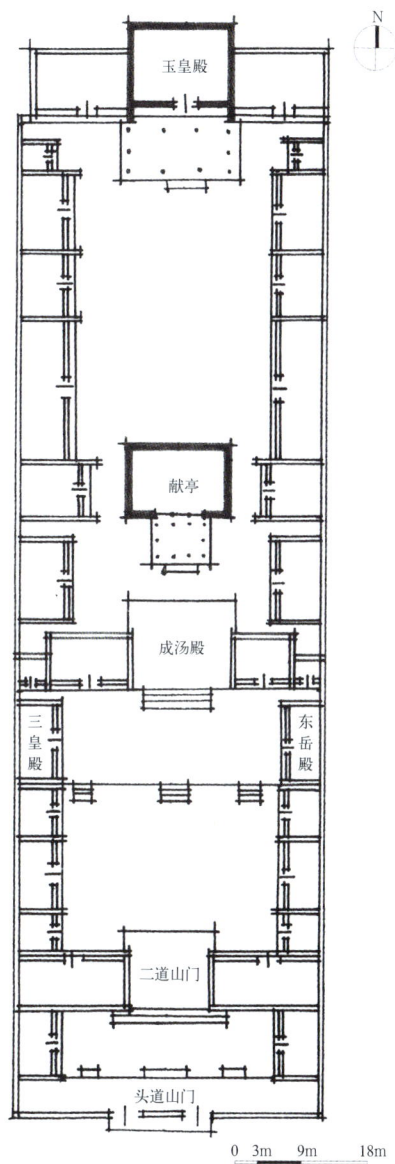

图6-3-52 泽州府城玉皇庙平面图（资料来源：自绘，1996年实测）

二十、陵川石掌玉皇庙

石掌玉皇庙，位于晋城市陵川县城东南10公里的潞城镇石掌村西侧。坐北向南，三进院落，东西29米、南北65米，占地面积1890.8平方米。创建年代不详，碑文记载，明万万十一年（1583年）重修，清咸丰四年至同治十各三年（1854～1874年）增修扩建，民国曾进行维修。中轴线上由南至北遗有舞楼（山门）、玉皇殿，两侧为山门东、西耳楼、院内东、西厢房各三座，正殿东、西耳殿。现存建筑玉皇殿为金代遗构，余皆清代遗构。玉皇殿石砌台基，面阔三间、进深六椽，单檐九脊顶，灰布筒板瓦屋面，琉璃脊、吻、兽。梁架为四椽栿前压乳

栿用三柱，檐下柱头铺作为四铺作单昂计心造，补间45度方向出抄。前檐当心间辟板门，两次间设破直棂窗。山门二层单檐悬山顶，下层为入庙山门，上为倒座戏台。2006年5月公布为全国重点文物保护单位（图6-3-53～图6-3-55）。

二十一、河津真武庙

真武庙位于河津市城区街道办事处杨家巷村北。坐北朝南，总面积约3400平方米，建筑面积约2500平方米。真武庙创建年代不详，据现存碑文记载，明嘉靖、万历及清康熙、乾隆、咸丰、道光年间均有不同程度增建和重修。自下而上依次为灵官楼、朝殿坡、过风戏台、东西厢房、香亭、献殿、

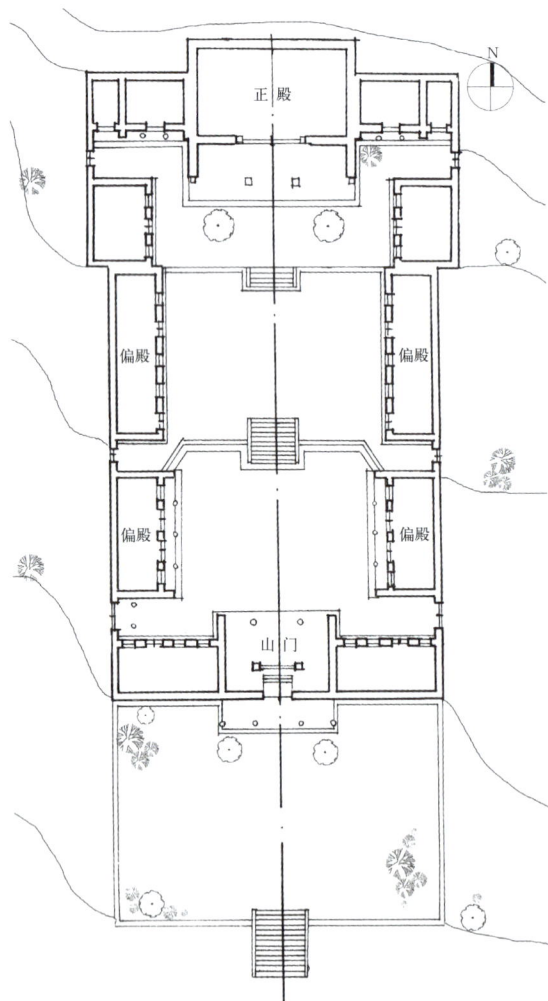

图6-3-53　陵川石掌玉皇庙平面图（资料来源：山西省第三次文物普查资料）

图6-3-54　陵川石掌玉皇庙玉皇殿外观（资料来源：武向军摄）

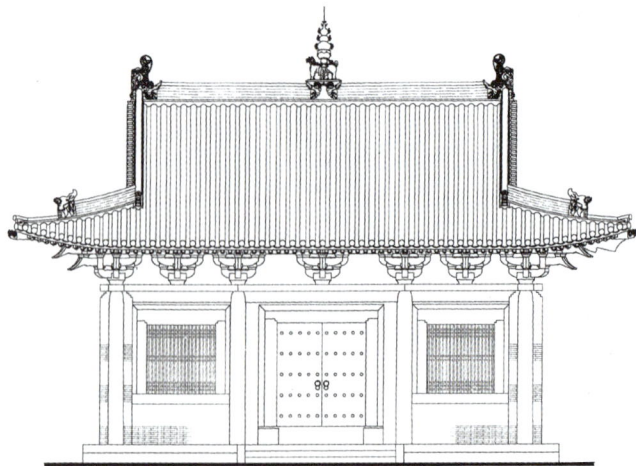

图6-3-55　陵川石掌玉皇庙玉皇殿立面（资料来源：山西省第三次文物普查资料）

图 6-3-56　河津真武庙麟岛（资料来源：自绘）

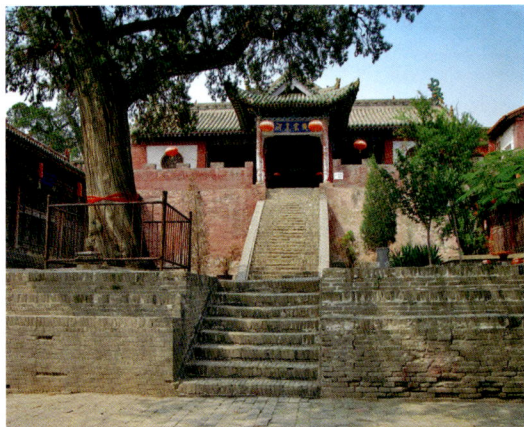

图 6-3-57　河津真武庙香亭（资料来源：自摄）

过殿、正殿，自戏台小院向西依次为药王庙、吕祖阁，经正殿西侧小门向西依次为娘娘庙、三皇洞、玉帝阁，从三皇洞西侧向北经南天门过栈道通真武庙制高点朝天宫。真武庙依山势而建，其势突兀，高下悬绝，东望虎岗，西瞰龙门，南临汾水，北枕紫金，故有"西河画舫"、"孤云送月"、"雁塔凌空"、"倚斗金銮"、"太华晴峰"、"汾水秋波"、"小桥飞凤""原麟叠翠"麟岛八景的美丽传说。2004 年公布为山西省重点文物保护单位（图 6-3-56、图 6-3-57）。

二十二、河津玄帝庙

玄帝庙，位于河津市樊村镇樊村东北隅。坐北向南，三进院落，南北 90.89 米、东西 22.1 米，占地面积 2008.67 平方米。碑文记载，创建于明隆庆三年（1570 年）至明万历三十二年（1603 年）竣工。现仅存中轴线建筑，由南至北依次遗有山门、香亭、中殿、正殿。山门梁脊记载万历二十三年（1595 年）创建。面宽三间、进深四椽，单檐悬山顶，梁架为五架梁通檐用二柱，檐下斗栱三踩单下昂计心造。香亭面宽三间、进深三椽，二层三檐回廊式歇山顶，梁架为四角施抹角梁承托角梁与三架梁，上檐斗栱三踩单下昂计心造。中殿面宽五间、进深四椽，重檐歇山顶，顶层梁架结构为五架梁通檐用二柱，廊柱与檐柱以单步梁联络形成回廊，檐下斗栱三踩单翘。正殿面宽五间、进深四椽，单檐悬

山顶。2004 年 6 月公布为山西省级文物保护单位（图 6-3-58 ～图 6-3-60）。

二十三、夏县堆云洞

堆云洞位于夏县城西 25 公里稷王山上牛村土岗上，两侧沟壑深近百米。蛇虎、石健二涧环绕，涧水东流入涑水河。因雨后岗上积云缭绕，雾霭长存，洞门云封，故称"堆云洞"。堆云洞是一座道观，始于元代，明清两代相继增建和扩建。布局严谨，设计巧妙，亭台阁楼，因地制宜，错落有致，规模宏大，气势壮观。现存建筑有北极台、笔锋塔、三皇阁、三圣殿、真武殿、三王祠（药王、牛王、马王）和白衣大士祠等，配以廊庑、厢房、道院，形成一组宏丽的道观建筑群。庙内现存石刻"堆云洞全景图"，形象地反映了兴盛时期的洞景。由于堆云洞所处地势高峻，环境幽邃，景致秀丽，清人慕其景色，题赞堆云八景为：双涧合流、石穴隐云、路盘层磴、庭俯乔林、东楼朝雨、西殿晚风、笔锋留月、高台孤耸。有诗云："曲折螺旋步步升，青云足下会飞腾。回头试看行将处，已离琼楼十二层。"被列为夏县十二景观之一。堆云洞地处幽僻，革命年代，嘉康杰同志曾于 1922 年在此创办"平民中学"，进行革命活动。1929 年 4 月，中共山西省委书记汪铭同志在此主持召开了河东特委会议，决定成立以嘉康杰为领导的中国共产党河东特别委员会。解放战争时期，这里

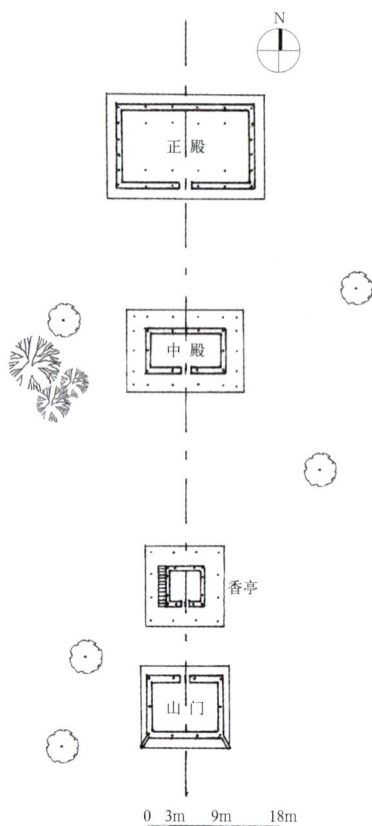

图 6-3-58 河津玄帝庙香亭（资料来源：自摄）（左上）

图 6-3-59 河津玄帝庙中殿（资料来源：自摄）（左下）

图 6-3-60 河津玄帝庙平面图（资料来源：山西省第三次文物普查资料）（右）

被作为党的地下组织领导中心，组织和领导晋南人民进行着不屈不挠的斗争（图6-3-61～图6-3-63）。

二十四、高平玉虚观

玉虚观位于高平良户村东街南侧，玉虚观是良户村规模最大、保存最好的一座村庙，南北长98米，东西宽35米，占地约3500平方米，正殿高约10米。据庙内现存元代至元十六年（1279年）金代状元李俊民撰文碑刻看，属于元代早期建筑，但从正殿的须弥座题记"金大定十八年四月十六日记石匠北赵庄赵琮赵进"来看，该建筑的初建年代，应为金大定十八年（1178年）。此须弥座上雕有大量的线刻图案，内容为"化生童子"的婴戏纹。由此推断，玉虚观在金代时应为佛教建筑，元代改建为道教建筑。

佛教寺院和道教宫观的形制有所不同，玉虚观的中殿，平面形状接近四方形，有人认为是由佛教的四方塔演变而来的晋东南寺院类型，这种平面形制在唐代非常盛行。到了金代，虔诚的和尚在此礼佛诵经，既方便了行人的住宿，也在迎来送往的程式中发展了信徒，传播了教义。有元一代，道教兴盛一时，道教领袖占领了这一方佛教圣地，易名为玉虚观，由于史料不足，原来的佛寺名称，遂不可知。据调查资料分析，玉虚观历史格局共有三进院落。主入口位于东南角，自东西行，进入一进院，院西为药王殿，院南为倒座，东建魁星楼，北侧正中原有一随墙门，已毁。过了随墙门，来到第二进院，正北建有中殿。穿过中殿，来到后院，后院北侧即为正殿，正殿东侧，面向东街开有后门。从玉虚观的现状看，中殿和后

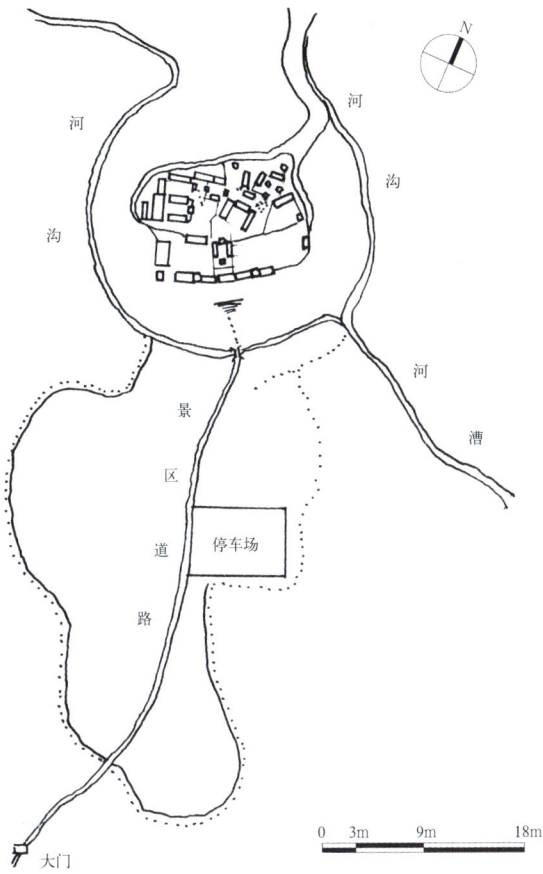

图6-3-61　夏县堆云洞平面（资料来源：山西省第三次文物普查资料）

图6-3-63　夏县堆云洞全景局部（资料来源：自摄）

图6-3-62　夏县堆云洞全景（资料来源：自摄）

殿保存完好。中殿为单檐悬山顶，雕花石柱收分明显，斗栱多用批竹昂，也有清代的龙头昂，拱间画有龙凤图案。中殿出檐深远，梁架粗大规整，彩画内容为道教故事，依稀可见。有的斗栱用的是明清时期的龙形昂、凤形昂，有的瓦件如勾头、滴水也有过更换。玉虚观正殿，面阔五间，进深七架椽，位于镶有浮雕石刻的须弥座上，这是宋金时期重要建筑的典型特点之一。玉虚观的第一进院西侧建有药王殿，正对东门，南侧倒座尽端建有魁星楼。从现状来看，药王殿位于西云堂位置，但在当时并无该建筑。玉虚观是良户及附近村民的信仰中心，旧时玉虚观正当高平至沁水的交通要道上，商旅行人必经此地，且此地距高平沿旧路山道约40里，一路上人烟稠密。而西边则为大山，一路人烟稀少，野兽出没，所以按照以往的出行规律，该地正当一日行程的歇脚点。商人、行人的消费和赞助，保证了此地建设

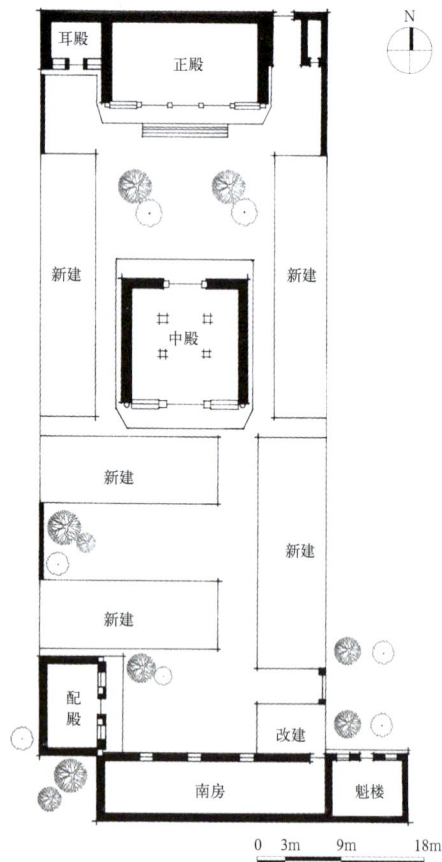

这座具有相当价值的古道观的可能性，巩固和促进了良户村的进一步繁荣，也丰富了该村的精神生活。良户村玉虚观布道千年，极具历史、科学和艺术价值，当属泫西胜迹无疑（图6-3-64～图6-3-69）。

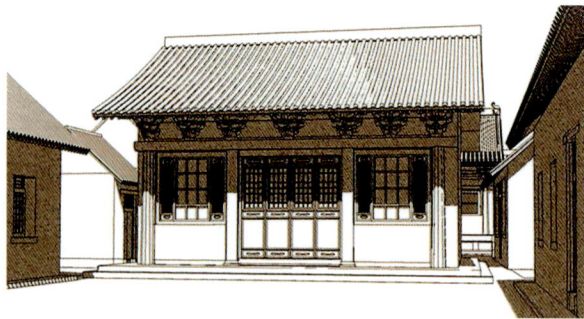

图6-3-65　高平玉虚观中殿（资料来源：自绘）

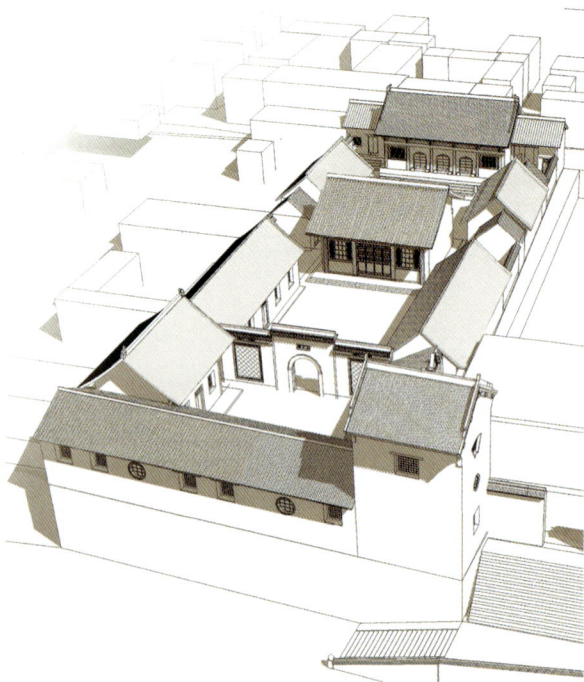

图6-3-66　高平玉虚观鸟瞰（资料来源：自绘）

图6-3-64　高平玉虚观平面图（资料来源：自绘）

图6-3-67　高平玉虚观正殿透视（资料来源：自绘）

图 6-3-68 高平玉虚观正殿实景（资料来源：自摄）

图 6-3-69 高平玉虚观魁星楼（资料来源：自绘）

二十五、汾西真武祠

真武祠位于汾西县姑射山主峰，创建年代不详，金大定年间（1161～1189年）改称青山龙王庙，元大德二年（1298年）改称青山庙，延祐二年（1315年）、明洪武二年（1369年）均有重修，清顺治十一年（1645年）创建真武祠，改称真人庙，现存主体建筑结构为元明清建筑。姑射山，又名青山，唐天宝时期也称汾西山。为吕梁山支脉，北起介休，南至运城绛州，长达数百里。主峰老爷顶，位于汾西境内，一峰突起，傍分九支。真武祠依山

势而建，以真武殿为主体附之戏楼、看厅、韦驮楼、真武殿、文殿、圣母宫、铜殿、玉皇楼等古建筑群，尤以清代重建的真武殿制作精美，工艺考究，金碧辉煌而闻名三晋。庙内至今保留碑碣石刻一百余帧，石雕栏板，石柱兽雕，雕刻细腻，神态生动。除此之外，还有头天门、二天门、三天门、魁星楼等附属建筑。真武祠是汾西、蒲县、隰县、交口四县居民信徒敬仰的三教圣地。真武铜殿位于圣母宫中央，与玉皇楼遥相呼应，距之咫尺，置木桥踏步相接。建于清康熙年间，四方台基，八角束腰莲台石雕须弥基座，座高4米。圭脚素面，下枋微缩，下枭莲台，束腰雕动物走兽，转角金刚柱，上枭微伸，复雕莲台，上枋卷草，廊下莲台。围廊望柱转角，柱间望板，南北留口，柱头雕狮、猴、象等动物，形态各异，栩栩如生。望板浮雕麒麟走兽、仙鹿伴竹、仙鹤鼎力、双凤朝阳、三国故事等等。康熙十三年铸殿高丈许，围匝二丈有余，香案栋宇通体鼓铸浑成。解放初期不幸毁于战火。现存铜殿为公园一九九九年重制，仿木楼阁设计，平面八角构造，围经9.6米，高5.8米，八角金柱，正面格门、风门盘龙装饰，五踩斗栱，豪丽藻井，攒式尖顶，八角铃铛，脊兽飞檐。内供真武铜像，怒眼批发，

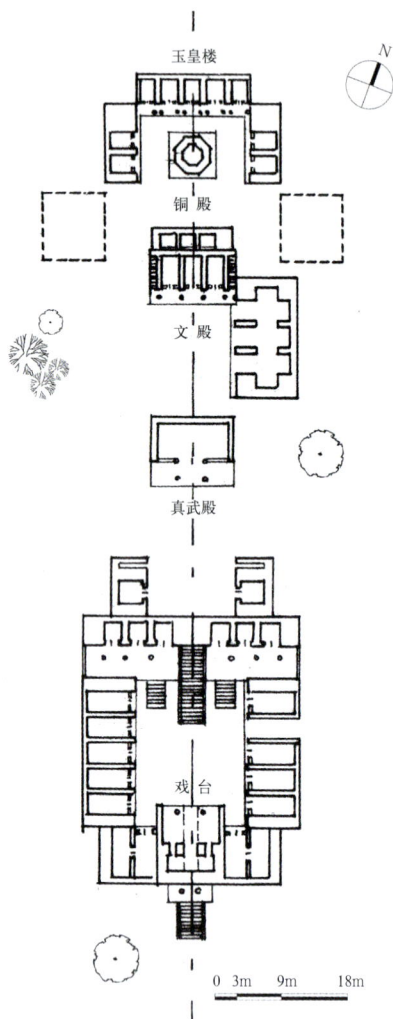

图 6-3-70 汾西真武祠平面（资料来源：山西省第三次文物普查资料）

图 6-3-71 汾西真武祠山门（资料来源：自摄）

图 6-3-72 汾西真武祠戏台（资料来源：自摄）

手持宝剑，脚踏龟蛇，威震北方。整体建筑结构合理，设计独特，工艺高超，宏伟壮观。庙内保存有元碑1通，明清重修碑、记事碑 70 余通（图 6-3-70 ～图 6-3-75）。

二十六、汾西神符真武庙

神符真武庙位于汾西县永安镇神符村中部。创建年代不详，据重修真武庙碑记载，清道光二十九年（1849 年）、咸丰元年（1851 年）、同治六年（1867年）均有修葺。占地面积 888.75 平方米。坐北面南，一进四合院布局。中轴线上建有戏台、正殿，两侧存东西耳殿（砖窑各 1 孔）、东西配殿；山门建于院东南。正殿前存清代维修记事碑 3 通、碣 1

图 6-3-73 汾西真武祠玉皇楼（资料来源：自摄）

图 6-3-74　汾西真武祠铜殿（资料来源：自摄）　　图 6-3-75　汾西真武祠真武殿（资料来源：自摄）

方。正殿砖砌台明，高 1.2 米，殿身二层，一层为砖窑 3 孔，内有 3 尊塑像为新塑；二层为木构，面阔三间硬山顶。戏台面阔三间，进深四椽，卷棚硬山顶，前台木雕雀替，后台中设屏风，额题"声通云霄"，台内梁架遍施彩绘。东西配殿均为二层，一层砖窑 3 孔，二层面阔五间，进深二椽，单坡硬山顶瓦房。该建筑于 20 世纪 50 ～ 80 年代曾用作学校。1985 年被汾西县人民政府公布为第二批县级文物保护单位，2004 年被山西省人民政府公布为第四批省级文物保护单位（图 6-3-76 ～图 6-3-78）。

二十七、新绛乔沟头玉皇庙

乔沟头玉皇庙，位于运城市新绛县城西北 18 公里泽掌镇乔沟头村西侧。坐北向南，一进院落，东西 47.22 米、南北 82.7 米，占地面积 4722.17 平方米。创建于唐代，明嘉靖四十一年（1562 年）、万历四十二年（1614 年）、清顺治元年（1644 年），乾隆四十四年（1779 年）均有修葺。由东、中、西三条轴线组成，中部轴线上遗有戏台基址、献殿基址、玉皇殿，东部轴线遗有戏台、药王殿、稷王殿，西部轴线遗有戏台、献殿、娘娘殿基址；玉皇殿北东遗柏王殿遗迹、西遗马王殿。玉皇殿为元代遗构，

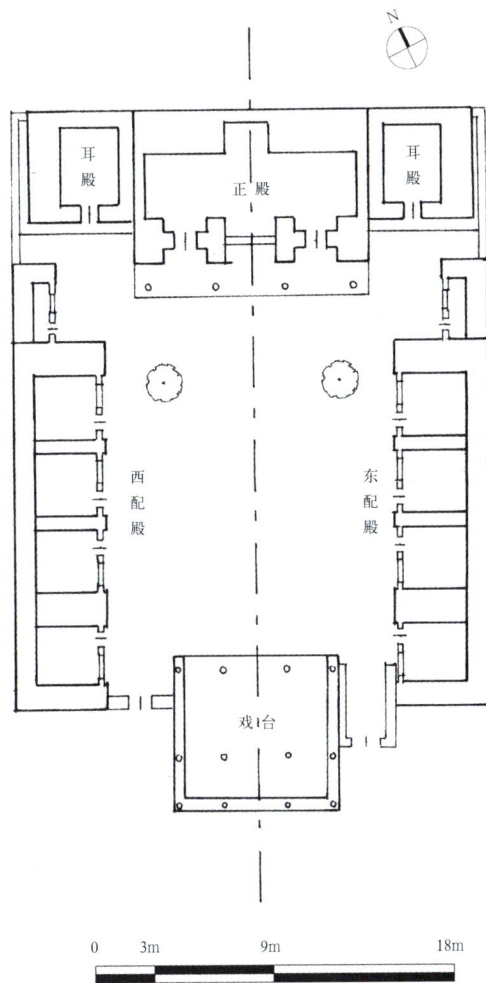

图 6-3-76　汾西神符真武庙平面图（资料来源：山西省第三次文物普查资料）

图6-3-77 汾西神符真武庙正殿（资料来源：
崔凯摄）

图6-3-78 汾西神符真武庙戏台（资料来源：
崔凯摄）

两戏台清乾隆四十四年（1779年）重建之构，娘娘殿、药王殿清代重修之构；马王殿清道光四年（1878年）遗构，殿内后墙及山花处的内壁绘有51.3平方米的写意水墨山水人物故事壁画；药王殿后檐墙内壁存有10余平方米的壁画。玉皇殿，为元代遗构，面阔三间、进深四椽，单檐不厦两头造，梁架为四椽栿后压劄牵用三柱，前檐设四铺作单下昂铺作。前檐当心间设隔扇门、次间设直棂窗装修。庙内存明代重修庙碣2方，清同治二年（1863年）《重修玉皇殿创建稷王殿碑记》石碑1通。2006年

5月公布为全国重点文物保护单位（图6-3-79～图6-3-82）。

二十八、稷山南阳法王庙

南阳法王庙，又称"玄帝庙"。位于稷山县稷峰镇南阳村西隅。坐西向东，二进院落，东西77.6米、南北45米，总面积3492平方米。创建年代不详，据庙内梁架题记及碑文记载，明天顺九年（1465年）、弘治十五年（1502年）、成化七年（1741年）、清乾隆六年（1714年）、同治九年（1870年）、光

图6-3-79 新绛乔沟头玉皇庙玉皇殿（资料来源：自摄）

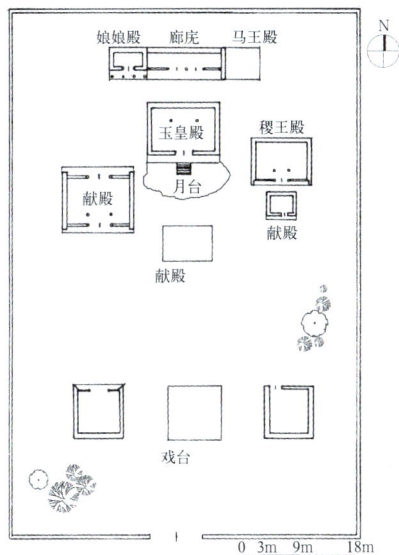

图6-3-80 新绛乔沟头玉皇庙平面图（资料来源：山西省第三次文物普查资料）

图6-3-81 新绛乔沟头玉皇庙稷王庙（资料来源：自摄）

图6-3-82 新绛乔沟头玉皇庙稷王庙献殿（资料来源：自摄）

绪十四年（1888年）均有修葺或增建。中轴线上现存山门、乐楼、法王殿及两侧牛王马王殿、瘟神药王殿、十帅殿、后土殿、七星殿和九曜殿。山门建于清同治九年（1870年），面宽三间、进深二椽，单檐硬山顶，琉璃脊、吻、兽、剪边，三架梁用二柱，中辟板门，上悬"玄天上帝法王之庙"木匾额。十帅殿面阔三间、进深四椽，单檐歇山顶，灰布筒板瓦屋面，琉璃脊、吻、兽、剪边；梁架为抹角梁承老角梁置隔架科斗栱承三架梁；檐下柱头施五踩双下昂计心造斗栱；前檐当心间辟版门，次间

为直棂窗。戏台，庙内《法王庙创建舞庭记》载，创建于明成化七年（1471年）。为倒座乐楼，面宽三间、进深五椽，重檐十字歇山顶，琉璃吻、脊、兽。梁架结构为斗栱上设抹角梁置栌斗、替木承五架梁，又设斗栱承三架梁，三架梁上立瓜柱、栌斗丁华抹颏栱承脊檩，两侧设叉手捧戗，檐下施五踩重昂斗栱，里转均设45度鎏金斗栱。整体结构古朴，尚存元代遗风。法王殿，面宽三间、进深四椽，单檐不厦两头造，灰布筒板瓦屋面，琉璃脊、吻、兽、剪边。梁架为四椽栿后压顺栿串用三柱，梁栿

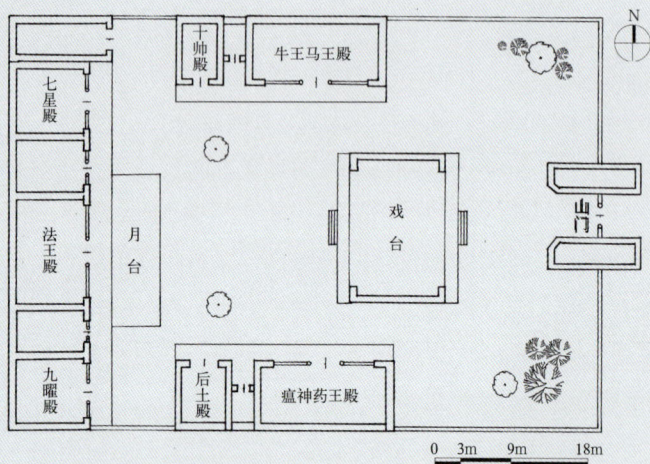

图 6-3-83 稷山南阳法王庙平面图（资料来源：山西省第三次文物普查资料）

图 6-3-84 稷山南阳法王庙法王殿（资料来源：自摄）

图 6-3-85 稷山南阳法王庙戏台（资料来源：自摄）

间设蜀柱及栌斗顶承；平梁上立蜀柱置栌斗、丁华抹颏栱及单材襻间隐刻栱、替木承脊槫，又手捧戗脊槫下部及替木两侧；纵架平槫结点设捧节令栱及替木扶承，脊部次间属柱间设顺脊串联络。前檐施四铺作单下昂铺作，补间出 45 度斜杪、里转挑斡造，正面当心间辟版门、次间设直棂窗。庙内遗存明成化七年（1471 年）、弘治十五年（1502 年）修庙记事碑。2004 年 6 月公布为山西省级文物保护单位。2013 年 5 月公布为全国重点文物保护单位（图 6-3-83～图 6-3-85）。

二十九、长子布村玉皇庙

布村玉皇庙，位于长治市长子县城东南 20 公里慈林镇布村北侧，坐北向南，两进院落，东西 55.15 米、南北 36.2 米，占地面积 1996.4 平方米。历史沿革无文献可考，中轴线由南至北遗存有山门（倒座戏楼）、献亭、中殿、后殿，山门两侧遗有两层倒座耳房、两院东西厢房、后殿东西耳房。西侧遗存跨院，南端辟侧门。结合长治地区宋、金建筑结构特征，考其庙内建筑，中殿为宋代遗构，后殿及东耳殿为金代遗构，献亭为明代建筑，倒座戏台、东西妆楼，山门、东西配殿为清代遗构，东厢房为民国时期遗构。中殿石砌素须弥座台基，面阔三间、进深四椽，单檐九脊顶，灰布筒板瓦屋面、琉璃脊饰。梁架为三椽栿后对剳牵用三柱，檐下铺作为五铺作双杪偷心造，不设补间铺作，仅于每间素枋中部隐刻异形栱承散斗。门窗装修毁坏无存。中殿构架制作粗糙，考平梁尺度及做法特征，当为后人在修缮时延用了前期构件，梁栿所施瘦高驼峰与高平游仙寺毗卢殿相同，为晋东南地区仅存两处实例之一，梁架结构特点及加工手法、构件特征为宋代遗构。后殿石砌素须弥座台基，面阔三间、进深六椽，单檐硬山顶，梁架为四椽栿后压乳栿用三柱，檐下设五铺作单杪单下昂，重栱计心造斗栱。墙体及装修后人改换。2007 年 12 月公布为长治市文物保护单位。2013 年 5 月公布为全国重点文物保护单位（图 6-3-86、图 6-3-87）。

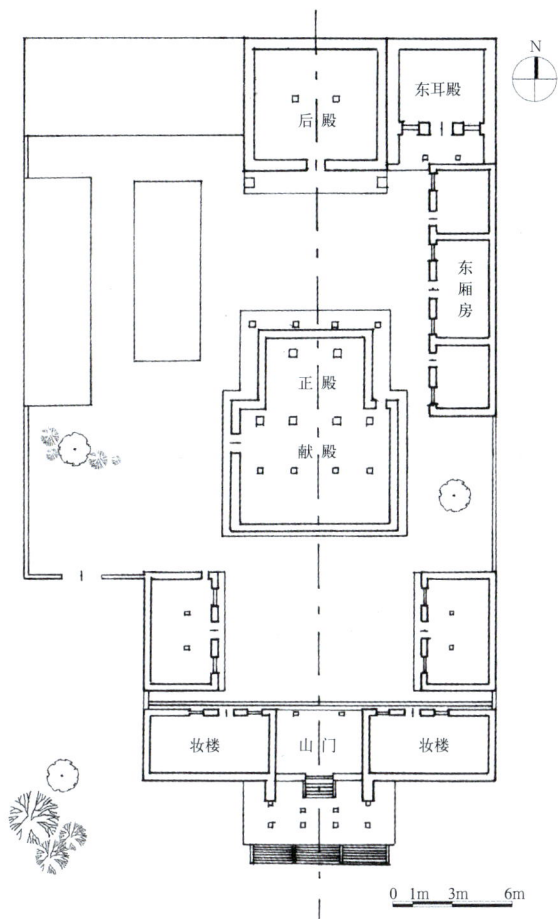

图6-3-86 长子布村玉皇庙平面图（资料来源：山西省第三次文物普查资料）

三十、浑源北岳行宫

北岳行宫，又称南宫、恒狱庙。位于浑源县永安镇永兴社区南顺街路东。坐北朝南，东西长26.5米，南北宽51.84米，占地面积约1374平方米。据碑刻记载，创建于唐贞观十九年（公元645年），明清均有修葺，现存为明清时期建筑。据《浑源州志》记载，恒狱庙，位于南门外，为恒山的北岳大帝行宫，为三进院落，建造规模宏大，住庙道人很多。现存二进院布局，大门已毁，中轴线建有天王殿、太贞宫、后宫，东西两侧建配殿。天王殿面阔三间，进深四椽，五檩前廊式构架，单檐硬山顶。太贞宫面阔三间，进深六椽前出廊，勾连搭式构架，后硬山前卷棚顶。西配殿面阔三间，进深三椽，单檐硬山顶。后宫面阔三间，进深四椽，五檩前廊式构架，单檐硬山顶。东西配殿均为面阔二间，进深三椽，单檐硬山顶。天王殿东侧建前殿，面阔三间，进深四椽，单檐硬山顶。行宫内现存唐贞观十九年(公元645年)"天下第一宫"碑记1通、唐"贞元胜会"碑记1通、清乾隆五十九年（1794年）石经幢1通。北岳行宫于1982年被公布为县级文物保护单位（图6-3-88、图6-3-89）。

图6-3-87 长子布村玉皇庙全景（资料来源：自摄）

图 6-3-88　浑源北岳行宫太贞宫（资料来源：自摄）

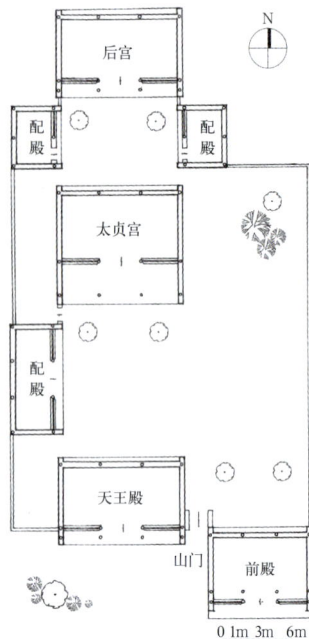

图 6-3-89　浑源北岳行宫平面图（资料来源：山西省第三次文物普查资料）

三十一、阳泉南庄遇真观

南庄遇真观位于阳泉市郊区义井镇南庄村中。坐北朝南，两进院落布局，东西15米，南北42.39米，占地面积635.85平方米。创建年代无考，据现碑记可知，明万历年间（1573～1619年）曾有修葺，清、民国均有修复。中轴线上建有山门、三官殿和太清殿，轴线两侧建有东西配殿和钟鼓楼等，均为清代遗构，2006年村民集资维修。太清殿台基砖砌，高0.6米，面宽三间，进深五檩，前置廊，硬山顶，筒板瓦覆盖。檐下斗栱为异形栱交蚂蚱头。前檐明间装六抹隔扇门4扇，次间为坎墙、槅扇窗。殿内老君像为2006年村民集资重塑之物。观内存碑碣11通（方）。《太清殿重修碑记》，石灰石质，圆形，高142厘米，宽61厘米，厚18厘米。额篆书"太清重修记"，碑文楷书，13行，行最多31字。碑文下半部漫漶不清，书撰人姓名不详，时代为明万历十七年（1589年）（图6-3-90～图6-3-92）。

三十二、阳泉新泉观

新泉观位于阳泉市城区上站街道办事处小阳泉北社区的南大西街中段北侧。坐北朝南，东西15.05米，南北8.76米，占地面积132平方米。创建年代不详，据观内现存石碑记载，清康熙九年（1670年），乾隆三十三年（1768年），嘉庆二十四年（1819年）多次予以维修。现中轴线上建有山门、正殿，轴线两侧建东西配殿，山门上建钟楼。山门前建牌坊和乐楼，除牌坊外，均为清代遗构，1997年维修。山门面宽三间，明间辟为通道，之上建钟楼。面宽一间，进深四椽，歇山顶，筒板瓦覆盖。前后檐下置斗栱3朵。正殿为窑洞建筑，面宽三孔，前出廊。明间辟六抹隔扇门4扇，两次间砌墙。戏台面宽三间，明间为卷棚悬山顶，两次间另出东西向的单坡顶。戏台中部置木隔扇将戏台分为前后台。观内现存碑刻13通，隋槐1株，铁钟1口，古井1口。2002年阳泉市城区人民政府公布为区级文物保护单位。正殿也称三清殿，为观中主殿。为一座横式窑洞建筑，进深3.4米。前出木廊，仿木结构建筑式样置有前廊。殿内有新塑神像6尊，分别为元始天尊、灵宝天尊、道德天尊、纯阳天尊、左青龙、右白虎。坐北朝南，硬山顶（图6-3-93、图6-3-94）。

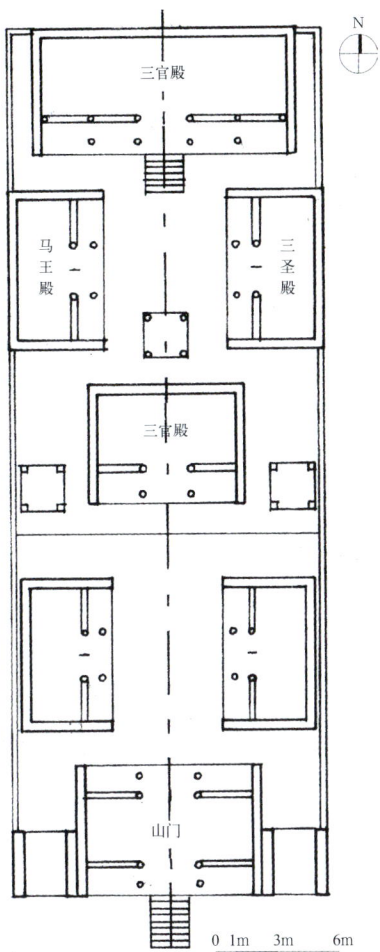

图6-3-90 阳泉南庄遇真观平面图（资料来源：山西省第三次文物普查资料）

0 1m 3m 6m

图6-3-91 阳泉南庄遇真观全景（资料来源：潘磊摄）

图6-3-92 阳泉南庄遇真观内院（资料来源：潘磊摄）

图6-3-93 阳泉新泉观内院（资料来源：潘磊摄）

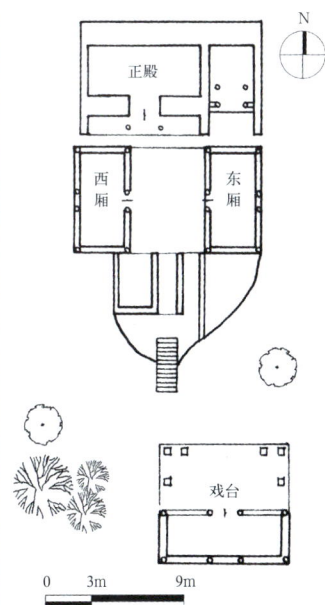

图6-3-94 阳泉新泉观平面图（资料来源：山西省第三次文物普查资料）

0 3m 9m

三十三、中阳龙泉观

龙泉观位于中阳县宁乡镇柳沟村柏家峪自然村东约 1000 米，坐北向南，占地面积 16000 平方米。创建年代不详，据观内碑文记载，金大定十五年（1175 年）重修，元中统二年（1261 年）、明清两代曾扩建，现存主体建筑为明代建筑。道观依山而建，分上中下三组建筑，上为玉皇庙，中为昭济圣母庙，下为真武庙。为目前县城内保存规模最大的道教建筑，清康熙八年（1669 年），傅山先生曾旅居一年之久，至今观内仍保留其珍贵的手迹。1995 年中阳县人民政府公布为县级文物保护单位。真武

庙位于柏洼山南部龙泉观南端，坐北向南，占地 1000 平方米。创建年代不详，清康熙、乾隆、道光年重修。四合院布局，中轴线建有山门、正殿，两侧建配殿、藏经楼（图 6-3-95 ～图 6-3-97）。正殿建在高 0.9 米的台基上，为砖券无梁殿，面宽三间，单檐硬山顶、前檐插廊，一斗三升式斗栱，覆盆柱础。庙现保存清泥塑像 5 尊。圣母庙位于柏洼山龙泉观中，坐北向南，占地 4000 平方米。创建年代不详，金大定十年（1218 年）、元中统二年（1261 年）、明清两代屡有维修扩建。二进院布局，依山而建，中轴线建有戏台、昭济圣母庙、扶桑大帝庙，两厢建有配殿，庙左右有土地庙、老君庙、三官庙、

图 6-3-95 中阳龙泉观内院（资料来源：自摄）

图 6-3-96 中阳龙泉观全景（资料来源：自摄）

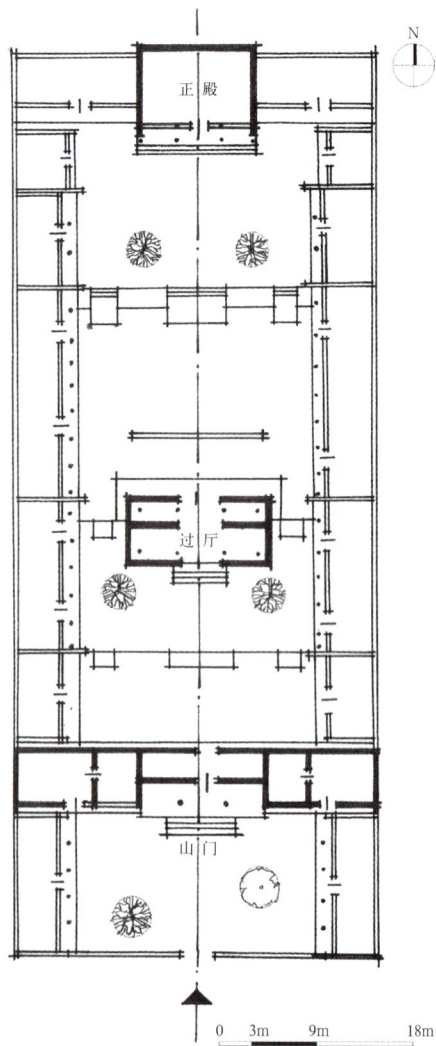

图 6-3-97 中阳龙泉观平面图（资料来源：自绘，1996 年实测）

山神庙及傅山真迹碑亭等。圣母庙、扶桑庙、老君庙均面宽三间、进深四椽、五檩廊式构架，斗栱一斗二升，前檐明间装五抹隔窗门。

三十四、恒山宫观建筑

　　恒山宫观建筑群，位于浑源县大磁窑镇停旨岭村北，北岳恒山与东岳泰山、西岳华山、南岳衡山、中岳嵩山并称五岳，齐名天下，是中国北方著名的道教发祥地之一。恒山主峰天峰岭阳面坡上。整个建筑群占地面积约1260000平方米。据清乾隆《恒山志》、《浑源州志》记载，恒山建筑群始建于北魏，明代大规模修建，清代屡有修葺。现存主要建筑有:恒宗殿、寝宫、梳妆楼、会仙府、十王庙、纯阳宫、九天宫、关帝庙、羽化堂、真武庙、白龙王庙、苦甜井、塔林、魁星楼、接官亭等20余处。建筑内现存明、清时期塑像约60尊、碑碣约79通、摩崖题刻200余处。恒山庙群建筑规模宏大，文化底蕴深厚，历来是我国道教圣地，号称"第五洞天"。1986年8月18日恒山建筑群被公布为山西省重点文物保护单位。

　　真武庙，位于恒山停旨岭上。坐北朝南，东西长51米，南北宽51米，占地面积约2600平方米。2003年重修。庙内现存明成化五年（1469年）重修北岳庙碑记1通、成化七年（1471年）北岳神公昭感碑记1通、成化十五年（1479年）祈雨有感碑记1通。真武庙西侧建牌坊，牌坊南北存古松树2株（图6-3-98、图6-3-99）。

图6-3-98　真武庙入口（资料来源：自摄）

图6-3-99　真武庙内院（资料来源：自摄）

恒宗殿，又名朝殿、贞元殿、元灵宫，为恒山建筑群的主庙，位于恒山恒宗峰南岩峭壁下。坐北朝南，东西长63.2米，南北宽52.1米，占地面积约3293平方米。中轴线现存崇灵门、恒宗殿，创建于明弘治十四年（1502年）。东西两侧建有钟楼、鼓楼、藏经楼、更衣楼、斋房、青龙殿、白虎殿等。崇灵门面阔三间，进深四椽，单檐悬山顶，中柱设板门三合，斗栱五踩双下昂。过崇灵门登103级石砌垂带踏跺达恒宗殿。恒宗殿面阔五间，进深六椽，七檩前廊式构架，单檐歇山顶，黄琉璃瓦盖顶，斗栱五踩双下昂。殿内现存明代北岳大帝金身塑像、清康熙御匾"化垂悠久"、明清时期重修碑记、御祭文碑等共计31通（图6-3-100～图6-3-104）。

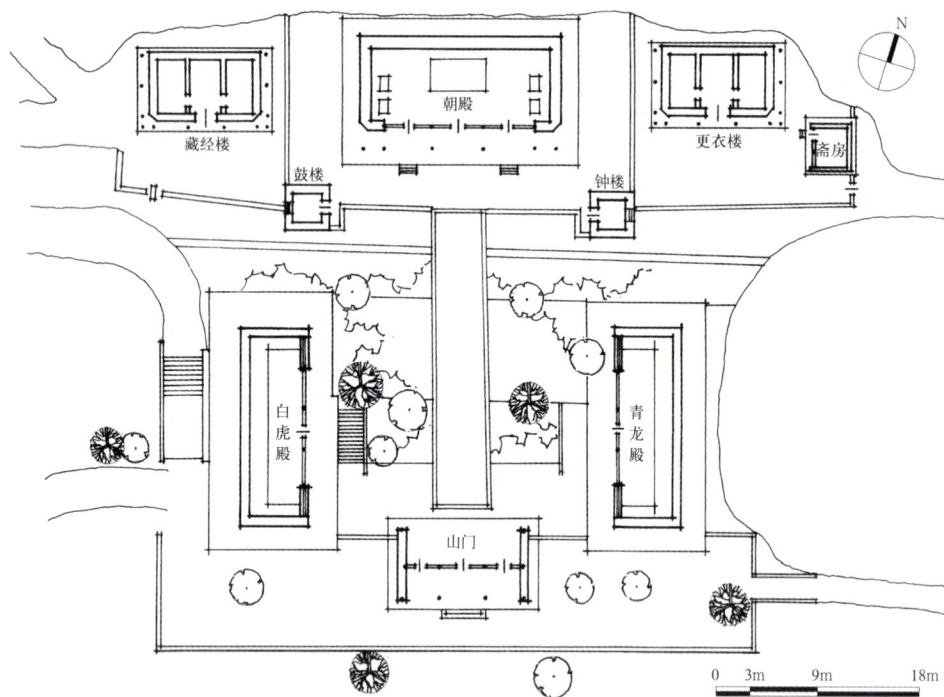

图6-3-100 恒宗殿总平面图
（资料来源：自绘，1996年实测）

图6-3-101 恒宗殿朝殿立面图（资料来源：山西省第三次文物普查资料）（左）
图6-3-102 恒宗殿钟楼（资料来源：自摄）（右）

图 6-3-103　恒宗殿内院（资料来源：自摄）

图 6-3-104　恒宗殿全景（资料来源：自摄）

会仙府，又名集仙洞，位于恒山恒宗殿西北高处的会仙崖石窟内。坐北朝南，东西长 59.6 米，南北宽 24.7 米，占地面积约 1472 平方米。创建于明代，是恒山建筑群最高的一组建筑，海拔 1820 米。面阔三间，进深六椽，六架梁前出廊式构架，单檐硬山顶，黄绿琉璃瓦盖顶。会仙府东侧建有玉皇阁和御碑亭。玉皇阁为四角二层楼阁式建筑，面阔三间，进深四椽，重檐歇山顶，四周建回廊。御碑亭为八角攒尖顶，亭内现存清康熙御制碑 1 通，为青石质，龙首，通高 3.53 米，宽 0.87 米，厚 0.25。碑文行书"化垂悠久"四字。会仙府内现存明代北岳大帝等神仙塑像 30 多尊、清代碑碣 17 通、历代摩崖题记约 7 处（图 6-3-105～图 6-3-109）。

寝宫，俗称旧岳庙，原为北岳正殿，位于恒山飞石窟内东崖龛。坐东朝西，东西长 28.67 米，南北宽 48.9 米，占地面积约 1402 平方米。据清乾隆《恒山志》记载，创建于北魏太延元年（公元 435 年），为恒山古建筑之祖。唐、金、元时期屡毁，现存为明弘治十四年（1501 年）遗构。为木构楼阁，建筑后部完全嵌入山岩。面宽五间、进深三椽，单坡重檐歇山顶，斗栱下檐三踩单昂，上檐五踩重昂，梁架结构省去三架梁，以五架梁上托矩形构架承脊瓜柱与脊檩，明间置井口天花，次间为彻上露明造，后槽神龛为小木作精品，内塑北岳大帝和帝妃像，

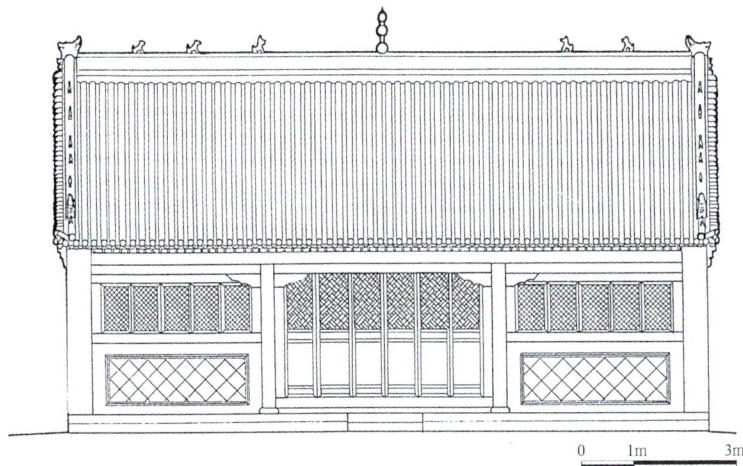
图 6-3-105　会仙府正殿正立面图（资料来源：山西省第三次文物普查资料）

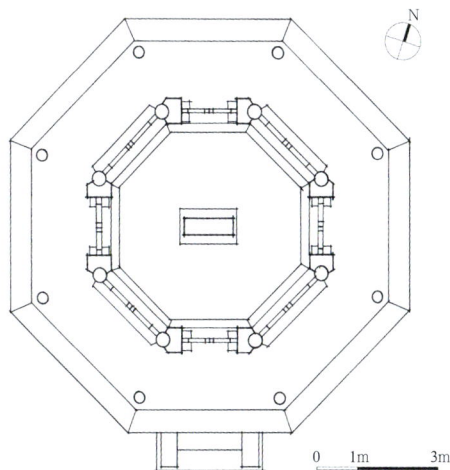
图 6-3-106　会仙府御碑亭平面图（资料来源：山西省第三次文物普查资料）

图 6-3-107　会仙府山门（资料来源：
自摄）

图 6-3-108　会仙府御碑亭（资料来源：
自摄）

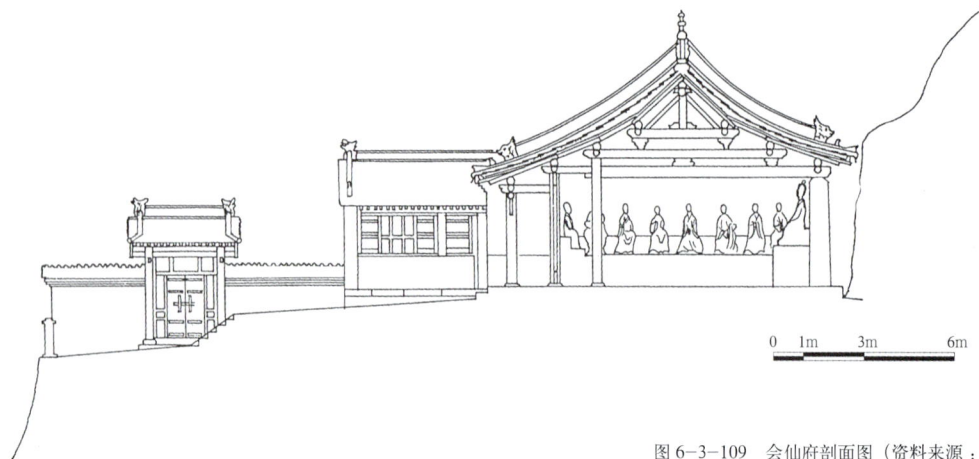

图 6-3-109　会仙府剖面图（资料来源：山西省第三次文物普查资料）

图 6-3-110　寝宫正殿（资料来源：自摄）

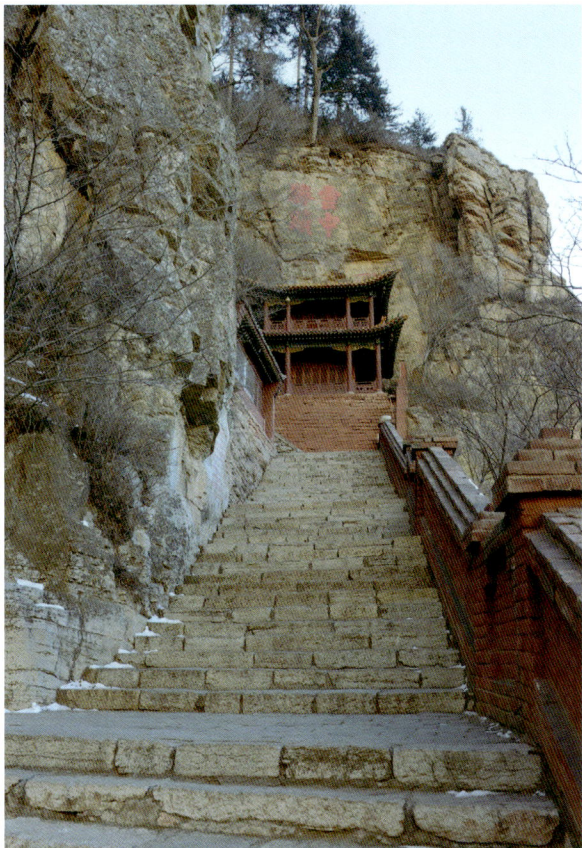

图 6-3-111　寝宫梳妆楼（资料来源：自摄）

为明代原作。寝宫南侧石砌高台上建有一座梳妆楼，坐南朝北，创建年代不详，现存为清代二层楼阁式建筑，面阔三间，进深四椽，五檩前后廊式构架，重檐歇山顶。寝宫内现存明清时期碑碣 19 通、摩崖题记约 16 处（图 6-3-110、图 6-3-111）。

十王庙，又名白虚观、十王殿，位于恒宗殿下方西侧。坐北朝南，东西长 28.11 米，南北宽 28.53 米，占地面积约 802 平方米。创建年代不详，现存建筑为清代。山门为木结构翠花门楼，两面坡悬山顶。正殿面阔三间，进深五椽，六檩前出廊，单檐悬山顶。殿内正中塑地藏王菩萨，两边为十殿阁君塑像，墙上绘十八层地狱壁画。东西配殿均为面阔一间，进深四椽，单檐悬山顶。紫薇阁面阔一间，进深三椽，单檐硬山顶。庙内现存清康熙十三年（1674 年）重修恒山十王庙碑记 1 通、古树 2 株（图 6-3-112、图 6-3-113）。

羽化堂，遗址位于寝宫南侧，东山崖峭壁上。坐东朝西，东西长 5.4 米，南北宽 21.9 米，占地面积约 118 平方米。创建于清康熙十六年（1677

图 6-3-112　十王庙内院（资料来源：自摄）

图 6-3-113　十王庙外景（资料来源：自摄）

年），2002年重修。庙内现存清康熙十六年（1677年）创建羽化堂碑记1通（图6-3-114）。

纯阳宫，位于恒宗殿西侧，西邻九天宫。坐北朝南，东西长22.2米，南北宽13.8米，占地面积约306平方米。创建年代不详，现存正殿、东西厢房为清代建筑。正殿面宽三间，进深四椽，五檩前廊式构架，单檐歇山顶。东厢房面阔四间，进深二椽，单檐硬山顶。西厢房面阔二间，进深二椽，单檐硬

山顶（图6-3-115）。

九天宫，又称碧霞宫、娘娘庙。位于恒山恒宗殿西面，东邻纯阳宫。从规模上讲，是恒山诸庙中仅次于北岳主庙恒宗殿的重要祠庙。坐北朝南，东西长28.71米，南北宽20.28米，占地面积约582平方米。创建年代不详，据《恒山志》记载，在明代以前就有了此庙。明万历二十四年，神宗皇帝赐给北岳庙道经五百一十二卷，就存放在九天宫内。

图6-3-114 羽化堂全景
（资料来源：邢志磊摄）

图6-3-115 纯阳宫正殿
（资料来源：自摄）

这些明代道经大部分于"文革时期"被毁。现存山门、正殿、东西配殿、钟鼓楼。山门为砖雕仿木结构，拱形门洞，两面坡悬山顶。正殿面阔五间，进深六椽，七檩前廊式构架，单檐歇山顶。东西配殿均为面阔四间，南侧一间为钟鼓楼，进深四椽，单檐硬山顶（图6-3-116～图6-3-121）。

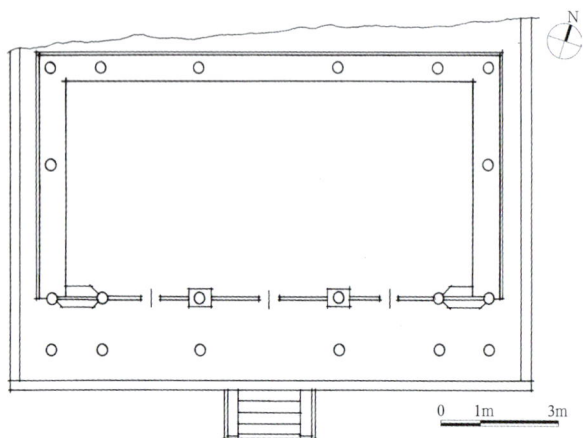

图6-3-116 九天宫正殿平面图（资料来源：山西省第三次文物普查资料）

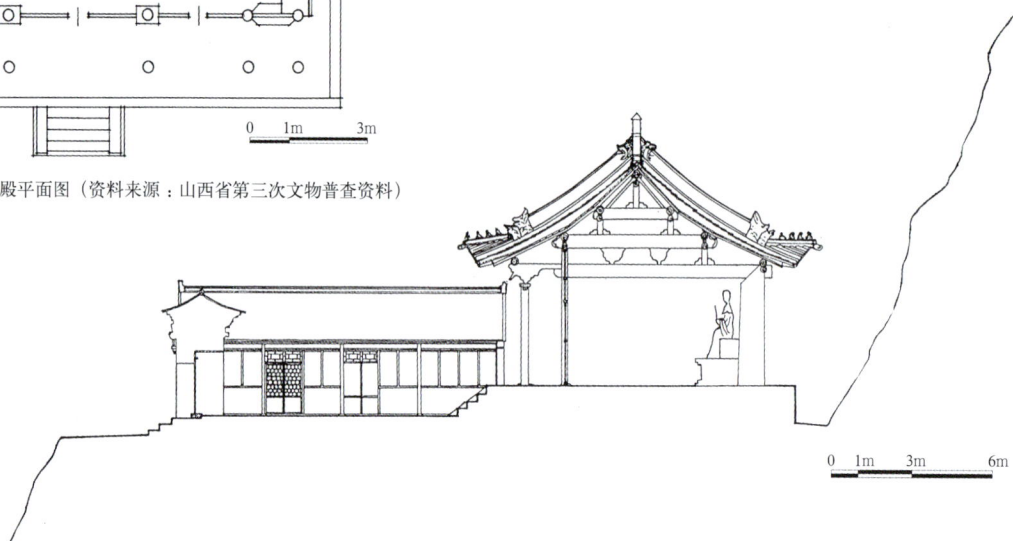

图6-3-117 九天宫剖面图（资料来源：山西省第三次文物普查资料）

图6-3-118 九天宫全景（资料来源：自摄）

图 6-3-119 九天宫入口（资料来源：自摄）

图 6-3-120 九天宫钟楼（资料来源：自摄）

图 6-3-121 九天宫内院（资料来源：自摄）

注释

① 柳诒徵.中国文化史[M].上海：上海古籍出版社，2001，255-262.

② 范文澜.中国通史（第二册）[M].北京：人民出版社，1978，643-645.

③ 潘谷西.中国古代建筑史（第四卷）[M].北京：中国建筑工业出版社，2001，357-359.

④ 李允鉌.华夏意匠[M].天津：天津大学出版社，2005，66.

⑤ 陈国符.道藏源流考[M].北京：中华书局，1949.

⑥ （清）王轩.山西通志（光绪十八年）[M].北京：中华书局，1990年.

⑦ 马书田.中国道教诸神[M].北京：团结出版社，1996，36-38.

⑧ 侯伍杰.山西历代纪事本末[M].北京：商务印书馆，1999，549-554.

⑨ 王金平.风土环境与建筑形态[J].建筑师，2003（1），60-70.

⑩ 段玉明.中国寺庙文化[M].上海：上海人民出版社，1994，154-165.

⑪ 山西省古建筑保护研究所.中国古建筑学术讲座文集[M].北京：中国展望出版社，1986，270-272.

⑫ 赵明正.太原名胜古迹集萃[M].太原：太原文史资料总第十九集（内部资料），1993，80-86.

山西古建筑

山西古建筑

第七章　寺庙建筑

山西寺庙建筑分布图

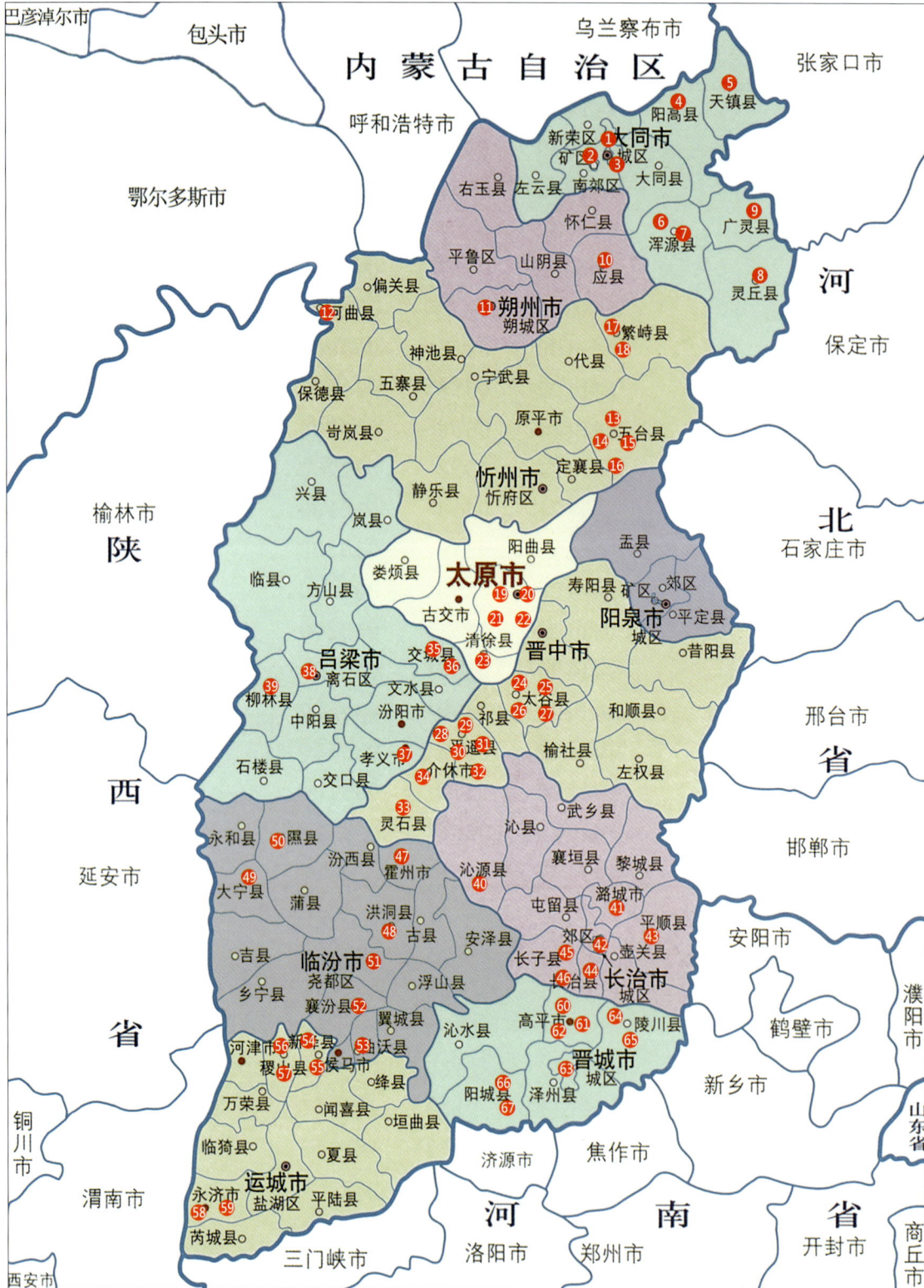

内蒙古自治区

巴彦淖尔市　包头市　乌兰察布市　张家口市
鄂尔多斯市　呼和浩特市
河
北
保定市
石家庄市
省
邢台市
邯郸市
安阳市
濮阳市
山东省
新乡市
焦作市
河　南　省
洛阳市　郑州市　开封市　商丘市
三门峡市
西安市　渭南市
铜川市
延安市
榆林市
陕　西　省
济源市
鹤壁市

（地图引自：中华人民共和国民政部编．中华人民共和国行政区划简册 2014．北京：中国地图出版社，2014.）

① 大同华严寺
② 大同善化寺
③ 大同观音堂
④ 阳高县云林寺
⑤ 天镇慈云寺
⑥ 浑源永安寺
⑦ 浑源悬空寺
⑧ 灵丘觉山寺
⑨ 广灵水神堂
⑩ 应县佛宫寺
⑪ 朔州崇福寺
⑫ 河曲海潮庵
⑬ 五台南禅寺
⑭ 五台佛光寺
⑮ 五台尊胜寺
⑯ 五台山寺庙群
⑰ 繁峙秘魔岩
⑱ 繁峙公主寺
⑲ 太原崇善寺
⑳ 太原净因寺
㉑ 太原南十方院
㉒ 太原多福寺
㉓ 清徐香岩寺
㉔ 太谷天宁寺
㉕ 太谷圆智寺
㉖ 太谷无边寺
㉗ 太谷净信寺
㉘ 平遥县镇国寺
㉙ 平遥双林寺
㉚ 平遥白云寺
㉛ 平遥慈相寺
㉜ 平遥隆福寺
㉝ 灵石资寿寺
㉞ 介休云峰寺
㉟ 交城玄中寺
㊱ 交城天宁寺
㊲ 孝义净安寺
㊳ 离石安国寺
㊴ 柳林香严寺
㊵ 沁源圣寿寺
㊶ 潞城原起寺
㊷ 长治观音堂
㊸ 平顺龙门寺
㊹ 长治县正觉寺
㊺ 长子法兴寺
㊻ 长子崇庆寺
㊼ 霍州观音庙
㊽ 洪洞广胜寺
㊾ 大宁清泉寺
㊿ 隰县千佛庵
51 临汾碧岩寺
52 襄汾普净寺
53 曲沃大悲院
54 新绛福胜寺
55 新绛白台寺
56 稷山大佛寺
57 稷山青龙寺
58 永济万固寺
59 永济普救寺
60 高平定林寺
61 高平游仙寺
62 高平清化寺
63 晋城青莲寺
64 陵川崇安寺
65 陵川吉祥寺
66 阳城开福寺
67 阳城海会寺

第一节　山西佛教建筑的发展

"寺"，原为古代官署名称。东汉明帝时，佛教传入中国，最初在洛阳的鸿胪寺接待天竺高僧，后将鸿胪寺改为专供僧人居住的处所，称白马寺。后世相沿以"寺"为佛教建筑的通称。所谓"寺庙"，就是佛教僧侣供奉佛像、舍利（佛骨），进行宗教活动和居住的处所。"佛寺"在中国历史上曾有浮屠祠、招提、兰若、伽蓝、精舍、道场、禅林、神庙、塔庙、寺、庙等名。有的源于梵文音译、意译，有的为假借、隐喻，有的为某种类型的专称、别名，到明清时期通称寺、庙。佛教是世界三大宗教之一，自公元 1 世纪传入中国以后，历经两千年的历史，一直久盛不衰，对古代中国的社会、政治、经济、文化都产生过深刻的影响。佛教的雕塑艺术、壁画艺术、装饰艺术以及建筑艺术，是中国古代艺术珍藏中的主体内容。佛教建筑艺术与其他艺术门类相互吸收、影响、参借，成为中国古代建筑艺术重要的组成部分（图 7-1-1、图 7-1-2）。

图 7-1-1　平遥县镇国寺佛教造像（资料来源：自摄）

图 7-1-2　大同上华严寺壁画（资料来源：自摄）

一、佛教的起源与传布

佛教最早创始于印度，约在公元前 6～前 5 世纪。始祖名释迦牟尼，俗名悉达多·乔答摩，为古代印度迦毗罗卫国净饭王之子，由于看到人世间的各种痛苦而产生厌世思想，出家学道，创立了佛教。佛教的基本教义是"四谛"、"八正道"、"十二因缘"等，它宣扬世界虚幻不实，人生充满痛苦，苦难是由前生的"造恶因"与今生的"惑"、"业"所致，要摆脱苦难，只有依靠经律、论三藏、利用修"道"消除烦恼之因，改变世俗欲望的认识，超脱生死轮回，达到"寂灭为乐"的涅槃境界。

佛教约在公元之初传入中国。传播的途径一般认为有两条道路。一路为陆路，即经由大月氏国翻越葱岭进入西域（即今日的新疆），沿河西走廊至中国内地。另一路为海路，即经由锡兰、缅甸、爪哇、泰国等地乘船而至中国东南沿海一带。公元 4～5 世纪东晋时期，中国著名高僧法显去印度求取经律，

图 7-1-3　大同上华严寺写生（资料来源：自绘）

图 7-1-4　五台山图（资料来源：《五台山风景名胜区总体规划》）

就是由陆路前去，由海路返回的。佛教传入中国以后，约在 4 世纪时传入高句丽（今朝鲜半岛北部），5 世纪时传入百济、新罗（今朝鲜半岛南部），6 世纪中叶佛教又从百济传至日本。中国西藏地区由于其特殊的地理条件，在 7 世纪时由中国内地传入佛教，同时又从印度求得佛教经论，8 世纪时印度僧人莲花生进入西藏传授密宗佛教，后来与当地的苯教相结合，形成西藏独特的佛教宗派喇嘛教。在中国封建社会的后期，喇嘛教成为遍布全国的巨大的佛教宗派。

佛教虽然源于印度，但盛行于中国。在中国传教的时间最长，地域最广，在建筑方面亦有着辉煌的成就。中世纪以后，中国佛教在教义上较印度又有了新的发展，形成了自己的宗派禅宗，成为东亚各国求法的中心。因此佛教在东亚一带传播的过程中，中国起到了重要的主导作用（图 7-1-3、图 7-1-4）。

二、山西佛教建筑的历史分期

在两千年的发展过程中，佛教建筑同其他建筑一样，产生了许多不同的结构布局和形式风格，它的佛塔、佛殿形式，布局方式，装饰题材都有自己的特点，综合构成了中国式佛教建筑的特有风貌。佛教建筑的发展大致可划分为四个历史阶段。[①]

（一）祠祭时期（东汉至东晋）

东汉永平十年（公元 67 年）佛教传入中国，由于当时佛教教义尚不完备，中国的宗教观念也未形成，佛教被看作类似黄老之学，统治者利用传统的坛庙一类祭祀建筑来礼佛。史载汉桓帝时"宫中立黄老浮图之祠"；据《后汉书·楚王英传》记载，东汉光武帝的儿子楚王刘英"诵黄老之微言，尚浮屠（即佛）之仁祠"。说明当时对佛的认识与固有的天、地、山、河之神同样看待。中国最早的佛寺洛阳白马寺，是利用驻在专司接待宾客的官署鸿胪寺改建而成。而最早有关于"建寺造像"明确记载的是笮融在徐州建造的"浮屠祠"，具体式样是"垂铜盘九重，下为重楼阁道"。此时的寺院数量不多，所以尚未形成具有特点的佛教建筑类型。

（二）模仿创新时期（南北朝时期）

这一时期佛教在中国盛行起来，寺庙建造活动频繁。这一时期的佛寺主要有三种类型。第一种是石窟寺。寺大多是仿照印度"支提窟"模式而建，依山开凿。有的洞正中有方形的塔柱或佛龛，如敦煌、云岗等处，有的窟正中后靠壁前雕刻大佛或立或坐，左右置菩萨、天王。第二种是沿用东汉以来"浮图祠"（即塔庙）式样，以塔为中心，周围环绕着僧房的佛寺布局方式（即印度佛寺常用的布局方式），只是塔的作用逐渐减弱，佛殿的作用更加突出。第三种是宫室宅第型，北魏中晚期通过舍宅为寺的"功德"活动，许多宫室、宅第改建的佛寺，以原前厅为佛殿，后堂为讲堂，廊庑环绕，有的还附有花园，形成与前期迥然不同的风格，成为其后佛寺建筑格局的主流。中国化的佛寺布局，在南北朝已基本完型。它主要采用中国传统建筑的院落式格局，院落重重，常至数十院；院院深入，回廊周匝，廊内壁画鲜丽，琳琅满目，引人入胜（图7-1-5）。

（三）发展时期（隋唐至宋代）

隋唐是中国佛寺的鼎盛时期，此时佛教与传统的儒家思想融合，发展成为中国式的宗教，出现许多具有高深佛学修养的中国僧人，并创立许多佛教宗派。这时的佛教建筑也完全形成了中国式的宗教建筑。寺庙布局逐渐向宫室建筑形制转化，平面布局继承了南北朝以来的传统，仍采用以殿堂廊庑等组成的庭院为单元的群落方式，以塔为中心转变成以佛殿为主体的纵向轴线式布局，廊院式变为一正两厢式。根据中国建筑以木结构体系为主的特点，在泥墙上绘制壁画的风气极为流行。由于统治者的提倡，出现许多大型佛像，带动了多层楼阁建筑的建造活动，形成别具一格的中国式高层建筑。南方禅宗寺院中为讲习义理增设了法堂或讲堂建筑，而密宗为诵祷陀罗尼经以祈福，在寺院中设置了固定的石质经幢。这些都是中国佛教建筑内容的新发展。这一时期的佛塔已由木结构向砖石结构转变，平面形式和外观都很丰富多彩，几种类型的佛塔都已出现。在室内装饰上除了活动性的华盖、佛幡以外，逐渐出现固定式的藻井、佛龛、佛帐，以及表现天国世界的模型式的天宫楼阁。总之，这个时期中国式佛教建筑特征已经全面显现出来（图7-1-6、图7-1-7）。

图 7-1-5　敦煌莫高窟壁画中的佛寺（资料来源：《中国古代建筑史》）

图 7-1-6　五台山佛光寺东大殿写生（资料来源：自绘）

图 7-1-7　五台山佛光寺俯瞰（资料来源：自绘）

图 7-1-8　五台山寺庙建筑群（资料来源：自摄）

（四）神秘化时期（元代至清末）

从元代起出现了佛寺的新类型，它的兴建同喇嘛教传入内地有关。8世纪中叶高僧莲华生在密宗教义的基础上，融合吐蕃原有的巫教（即钵教或苯教）并吸收印度婆罗门教的某些神秘法术创建喇嘛教。喇嘛教几经起落，至元代大盛。萨迦寺法王八思巴被元世祖忽必烈拜为国师，主管全国宗教事务，喇嘛教也成为蒙藏两族的主要宗教。喇嘛教特有的佛塔式样，即类似瓶子式样的塔在全国各地建造起来。喇嘛教寺院内僧徒众多，经常聚在一起诵经，需要建立室内空间巨大的经堂建筑。这种建筑的屋顶往往是由几个屋顶组合在一起的，由顶部采光，室内昏暗神秘，在传统建筑中很少见到这种形式。很多喇嘛教寺院建在山区，因山就势，不规则地布置了佛殿、学院、僧房院等许多建筑，规模庞大，气势恢宏，较过去时代的佛寺具有更大的艺术感染力。很多寺庙在建筑艺术形式上更多地吸收了藏式建筑风格，高台座、红白色的外墙粉刷、金瓦顶、梯形黑色窗套等，装饰效果更富于刺激性。另外还出现了一种新塔型，如在高台上建立五座小塔的金刚宝座塔，其形制是象征佛所居住的须弥山。喇嘛教的佛像与壁画往往表现出形状怪异的鬼神形象，与前期的汉式佛像完全异趣。

明代以后传统佛寺布局也有变化，此时佛寺更加讲究中轴的绝对对称，即山门或天王殿内布置钟、鼓楼，然后是大雄宝殿，更加强调大殿的中心地位，而法堂、方丈则随之势微，有些佛寺在正殿前、山门之后增设金刚殿（也叫二进山门）、天王殿两座，在空间序列上也加强了对正殿的渲染作用。此时期佛教建筑较以前更具有超凡脱俗的趋向，更加强调烘托佛的法力无边，与反映人世间情趣的建筑艺术面貌拉开较大距离，神秘气氛加重（图7-1-8、图7-1-9）。

三、山西寺庙的创建

东汉和帝（公元147年）时，在山西创建十几座大型佛寺，留存到今天的广胜寺，就是当时所建的大型佛寺之一，初名俱卢舍寺，唐代改称今名

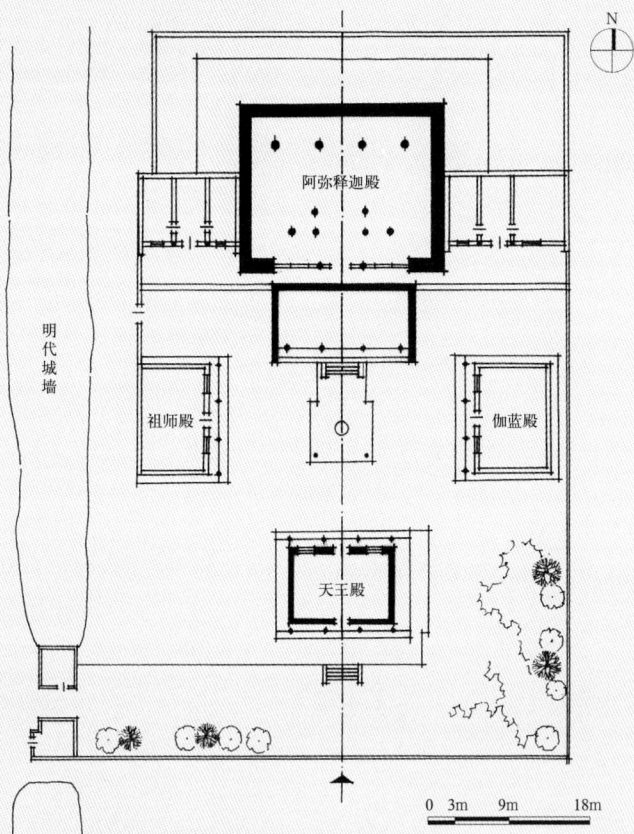

图 7-1-9 阳高县云林寺平面图（资料来源：自绘，1998 年实测）

图 7-1-10 广胜寺下寺写生（资料来源：自绘）

（图 7-1-10）。[②] 山西最早寺庙的创建，传说颇多。其中，"东汉说"和"北魏说"是两种具有代表性的说法。一种说法是东汉永平十一年（公元 68 年），高僧摄摩腾和竺法兰来到清凉山，见五座台顶围护的腹地台怀，其山形地貌与释迦牟尼佛修行的灵鹫山极其相似，就奏请汉明帝在五台山修建寺院大孚灵鹫寺，即现今显通寺的前身（图 7-1-11）。"东汉说"的宗教色彩极为浓厚，在佛教界流传广泛，但考据不足。《古清凉传》有云："大孚图寺（即大孚灵鹫寺），寺本元魏文帝所立。"又云："清凉寺，魏孝文所立，其佛堂尊像于今在焉。"按照这一记载，五台山佛教肇始于北魏孝文帝时，大孚灵鹫寺和清凉寺都是北魏孝文帝时创建的。清代著名史学家顾炎武在《五台山记》中说："五台在汉为虑虒县，而山之名始见于齐。其佛寺之建，当在后魏之时。"中国社会科学院世界宗教研究所主编的《宗教词典》亦说五台山的佛教肇兴于北魏孝文帝之际，曰："北

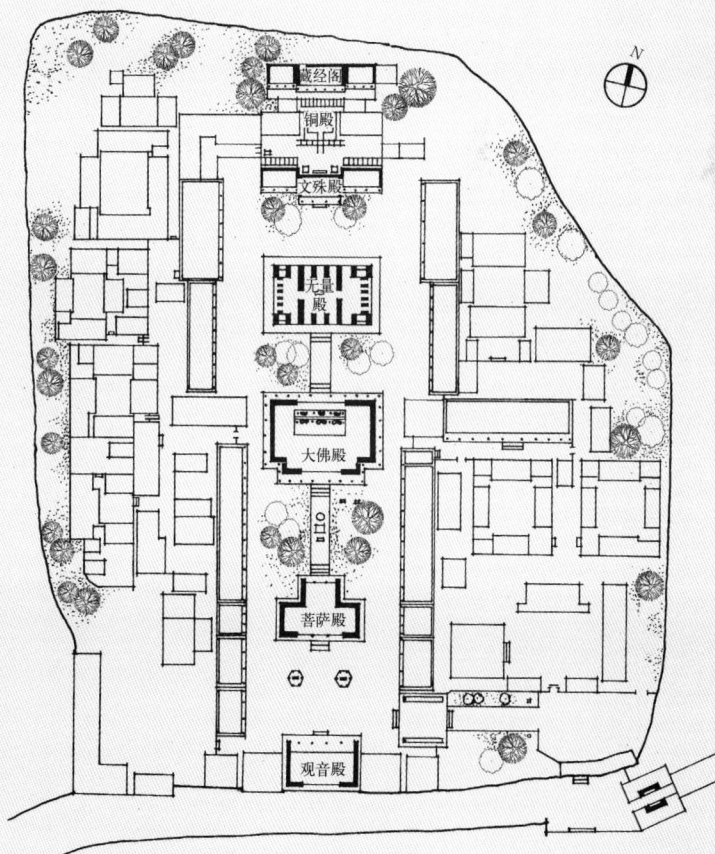

图 7-1-11 五台山显通寺平面图（资料来源：山西省第三次文物普查资料）

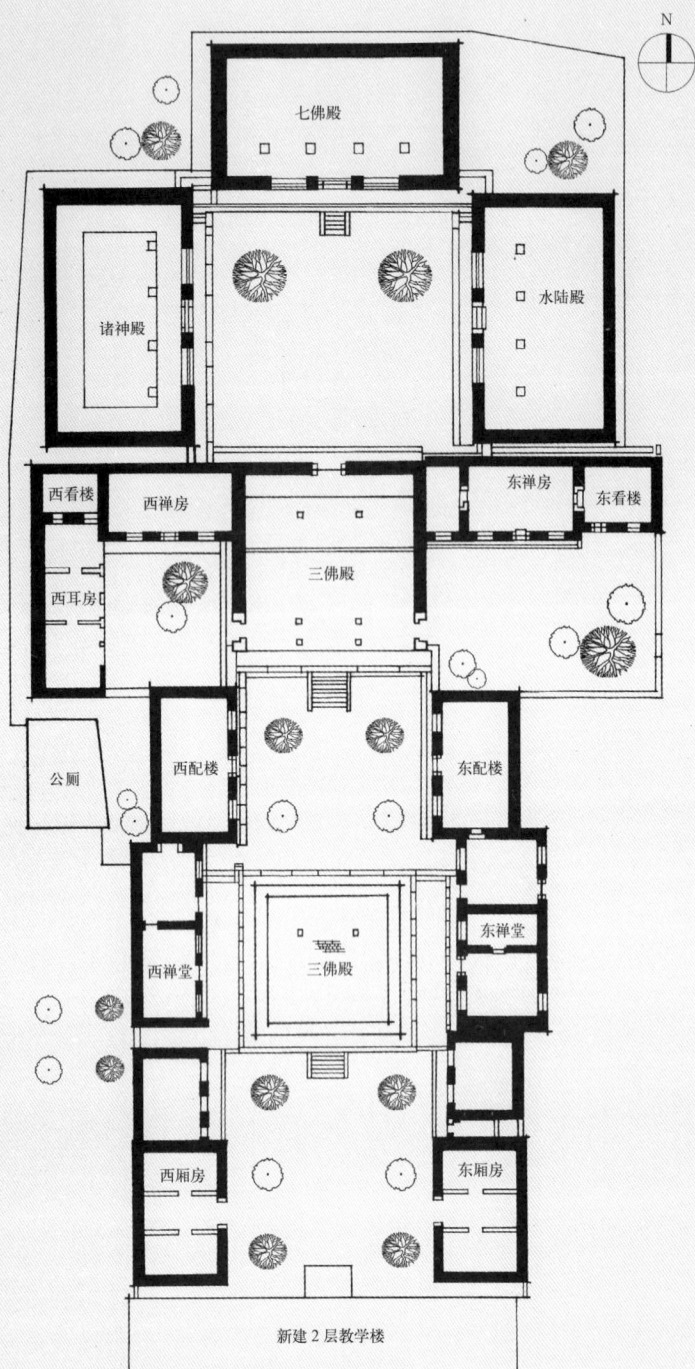

图 7-1-12 高平清化寺平面图（资料来源：山西省第三次文物普查资料）

魏时即建有佛寺。"相比较而言，"北魏说"是较符合历史实际的。

北魏孝文帝时期，仅在平城（今大同）就建造了许多座寺院，云冈石窟寺只是其中之一。这个时期建造的寺庙，有据可查的还有太原的悬瓮寺，汾城的惠善寺，高平羊头山的清化寺，五台山的佛光寺、清凉寺、大孚灵鹫寺和碧山寺等（图 7-1-12）。这些佛寺，在当时都很有名，山西佛教开始兴盛。北齐时曾在五台山建娑婆寺，在太原建童子寺，在天龙山建寿圣寺等，约计 20 多处佛寺。此时，五台山已有寺庙 200 余所。屡经修建而传承至今的一些寺庙，如公主寺、灵峰寺、古竹林、寿宁寺、秘魔岩、金刚窟等，都建造于这个时期。

隋唐时期，是五台山佛教圣地形成的关键时期。史载，唐朝时候五台山有"大寺三百六，兰若无其数"、"万圣朝五台，祖师创宗派"、"天下学佛道者，多宗旨于五台"。五台山成了中国佛教的"首府"，成为与印度灵鹫山角立相望的"灵山圣境"。印度、尼泊尔、斯里兰卡、缅甸、越南、日本、韩国的僧人纷纷至五台山从事佛教文化交流，五台山又成了"世界佛教文化交流中心"。于是五台山的文殊信仰、华严思想、建筑造像、五会念佛等佛教文化艺术传到了南亚、东亚和东南亚等国家和地区，文殊信仰成了东方各民族佛教徒的共同信仰。此后，随着宗教势力逐渐衰微，五台山寺庙建筑也相应地缩小。入宋之后，藏传佛教传入五台山，时有寺庙 72 座。元初世祖帝师、萨迦派五祖八思巴至五台山，写下颂扬文殊菩萨的五首赞歌。之后相继有胆巴、意希仁钦都至五台山。胆巴国师首倡在五台山为藏传佛教建立寺庙。元代诸帝也为其在五台山大规模地建立寺塔，敕赐田产遂使藏传佛教在五台山兴起，五台山成了汉地唯一的"汉藏佛教圣地"。从此，五台山就成了"中国佛教的缩影"。明清时代是五台山佛教发展的又一个兴盛时期。明永乐十二年（1414 年），黄教祖师宗喀巴的弟子释迦也失来到五台山为黄教创建了 5 座寺庙，使黄教在五台山传布兴起。从此五台山形成了青、黄两庙并存的格局（图 7-1-13、图 7-1-14）。明万历年间，释智光等一百二十三名高僧大德和宰官同僚于狮子窝创立十方净土禅院，这又使五台山成了子孙庙和十方庙共存的形式。此时五台山台内有寺 68 座，台外有寺 36 座，总计 104 座。入清之后，清代诸帝扶植黄教，优礼黄教领袖至五

图 7-1-13　五台山殊像寺全景（资料来源：自摄）

图 7-1-14　五台山龙泉寺山门（资料来源：自摄）

台山传教弘法。清康熙二十二年（1683年）将台内10座青庙改为黄庙，连和尚也改为喇嘛。康熙三十三年（1684年）台内有寺64所，台外有寺36所，总计100所。清雍正年间五台山有黄庙26座，仅菩萨顶就有喇嘛561人，最多时竟达3000余人。民国年间五台山有寺122处，其中黄庙25处，青庙97处。

除五台山之外，山西各地的寺庙建设也很兴盛（图7-1-15～图7-1-17）。

据《山西通志》统计，宋代时在山西64个府州县建寺院142处，在这些寺院中，除重建2处、重修1处、改建1处外，其他均属创建。辽圣宗、兴宗、道宗尊崇佛法，讲经刻藏，铸造佛像，华严宗盛行。从公元947年到1125年，即在山西的大同、山阴、应州就建寺院6座。金统治者对所攻占的辽、宋地区的寺院也是极力保护、修茸、扩建。金称大同为西京，金熙宗于1140年大规模修复并重建华严寺，征访经藏，几乎同金立国相始终，华严寺直

图7-1-15 平遥县镇国寺全景（资料来源：自摄）

图7-1-16 平遥慈相寺外观（资料来源：自摄）

图 7-1-17 晋城青莲寺写生（资料来源：自绘）

到元初仍是塞外巨刹。天会三年（1125年）十月，"僧献佛骨"，金太宗皈依，每岁举行有万余人参加的"饭僧"斋会。金熙宗既崇儒又奉佛，当时，"浮图之数，虽贵戚望族，多舍男女为僧尼"。元世祖建立元代后，尤重喇嘛，信奉密宗，禅宗得到更大发展，在朝廷地位最高。"百年之间，朝廷所以敬礼而尊信之者，无所不用其至，虽帝后妃主，皆因受戒而为之膜拜；正衙朝会，百官班列，而帝师抑或专席于坐隅。"在全国诸路府州县均置僧禄司、僧正司、都纲司，管理各地佛教僧尼。元代从忽必烈建国号元至元八年（1271年）到元顺帝至正二十八年（1368年）历十一帝九十八年，在山西全省80个府州县建寺院220座。③ 明代时，山西各地增建的寺庙很少，全省寺庙总数保持在1300座左右。到清代雍正年间，山西所存佛寺总数仍有1625所。④

第二节　山西寺庙建筑的类型与实例

　　山西寺庙建筑的分布广泛，类型丰富，遍布省境各个地区。从城镇到乡村，从深山到大川，随处都有佛寺。从寺庙的分布及其选址来看，可分为聚落中的寺庙、郊野中的寺庙和山林中的寺庙三种类型。其中，聚落中的寺庙，又可分为城镇中的寺庙和乡村中的寺庙两种类型。由于我国的寺庙最初是由"舍宅为寺"发展演变而来，所以无论是何种类型的寺庙，无不受到中国传统建筑"宫室制度"的影响。从寺庙的总体布局，到其中的单座建筑，都是按照我国固有的建筑形制建造的。虽然后世的佛寺建筑不再与宫室相同，有其独特的建筑形制，但礼制的影响从没改变。在空间布局上，主要表现在居中为尊、左右对称、轴线突出、空间封闭等方面。在单座建筑上，则主次分明、井然有序、大小高低、繁简有致（图7-2-1~图7-2-3）。⑤

一、聚落中的寺庙

　　历史上，山西境内的府、州、县、大小城镇和乡村，几乎都建有寺庙，有的在一城之中建有数座佛寺。经济比较发达的地方，尽管是规模较小的乡村，也纷纷建庙立寺。由于政府在地方设置僧禄司、僧正司、都纲司等宗教管理组织，寺庙常被作为官僚机构对待，故往往被布置在聚落中的显要位置。在城镇中，规模较大的寺庙，其用地可跨两个街坊。

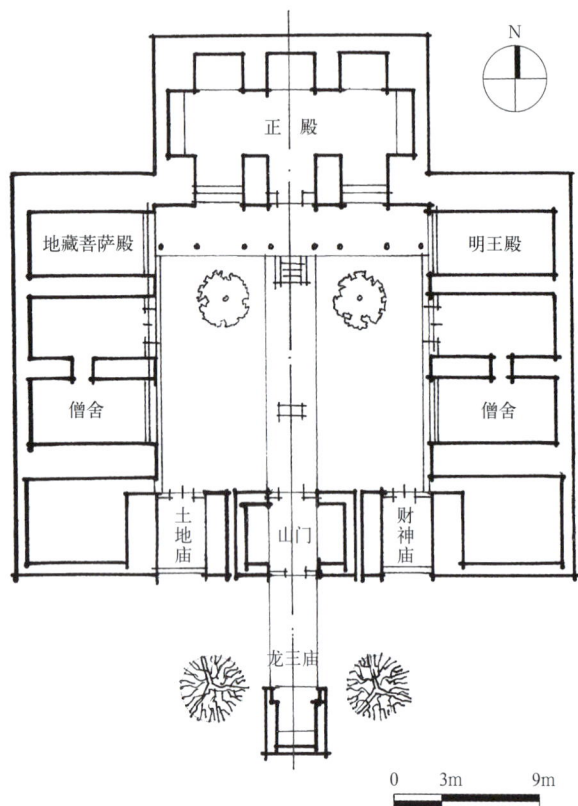

图 7-2-1 大宁清泉寺平面图（资料来源：山西省第三次文物普查资料）

这些寺庙，有的位于聚落的空间几何中心，有的则建在聚落的重要节点部位，成为聚落中的地标性建筑之一。如建在乡村，或在村之中心，或在村之一侧，或在前，或在后，无不成为当地定期庙会、社会交往或公共活动的空间场所。山西现存的佛教寺庙，多数分布在城乡聚落中，下面择其要分别述之。

（一）太原崇善寺

崇善寺，位于太原迎泽区文庙街道办事处崇

善寺街，地处明清太原城的东南部。坐北向南，一进院落，东西 119.2 米、南北 71.7 米，占地面积 8546.64 平方米。据清道光二十三年（1843 年）《阳曲县志》记载，崇善寺原为隋炀帝行宫，唐初称白马寺，后改名为延寿。明太祖朱元璋第三子晋恭王为纪念其母，于明洪武十四年（1381 年）在原址重予扩建，洪武二十四年（1391 年）修建完备。明成化十六年（1480 年）增修，明嘉靖年间改名崇善寺。清同治三年（1864 年）寺院被火焚毁，仅存主体建筑大悲殿及后殿的部分残构，清光绪八年（1882 年）山西巡抚张之洞倡议，在崇善寺的废墟上建起一座规模巨大的文庙，使崇善寺一分为二。现状中轴线遗有山门、大悲殿，山门两侧为钟、鼓楼，大悲殿前两侧有钟、鼓亭，东侧有东厢房。大悲殿、山门、钟楼为明代遗构，鼓楼依据钟楼复建，钟、鼓亭及东厢房是解放初保留明代遗构残存部分并以此为据为修复之构。大悲殿前设月台，面宽七间、进深四间，重檐歇山顶，黄绿琉璃瓦剪边。四周檐柱侧角显著，上檐斗栱七踩单翘重昂，下檐斗栱五踩重昂。内柱直承上檐梁架，殿内设有平棊两层，均施沥粉彩画，前檐明、次间设四抹方格隔扇门，梢、尽间设隔扇窗，后檐明间设板门。殿内佛台上供奉高 8.5 米千手千眼十一面观音及千钵文殊、普贤像 3 尊。塑像比例适度，造型秀美，与大悲殿同为明洪武年间遗物。崇善寺现为山西省佛教协会所在地。2013 年 5 月大悲殿被公布为全国重点文物保护单位（图 7-2-4 ~ 图 7-2-7）。

图 7-2-2 大宁清泉寺全景（资料来源：山西省第三次文物普查资料）

图 7-2-3 大宁清泉寺观音庙（资料来源：山西省第三次文物普查资料）

图 7-2-4　太原崇善寺山门（资料来源：自摄）

图 7-2-5　太原崇善寺钟亭（资料来源：自摄）

图 7-2-6　太原崇善寺大悲殿（资料来源：自摄）

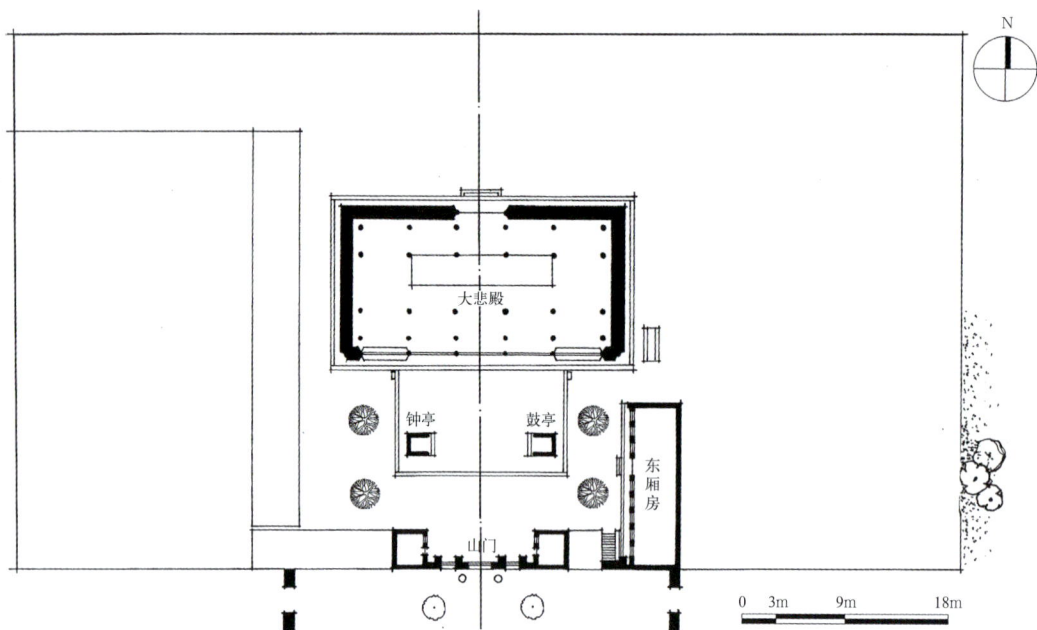

图 7-2-7 太原崇善寺平面图（资料来源：山西省第三次文物普查资料）

（二）朔州崇福寺

崇福寺，俗称大佛寺，位于朔城区东关村东大街94号，坐北向南，五进院落，东西117.6米、南北200米，占地面积23520平方米。创建于唐高宗麟德二年（公元665年），由鄂国公尉迟敬德奉敕建造，金熙宗崇佛得以扩建，金皇统三年（1143年）大将军翟昭度奉敕建造弥陀殿，金天德二年（1150年），海陵王完颜亮题额"崇福禅寺"一直至今。元、明、清各代屡有修重建。中轴线上由南至北遗有山门、金刚殿、千佛阁、文殊堂、弥陀殿和观音殿，两侧建有钟楼、鼓楼、三宝殿、地藏堂（图7-2-8、图7-2-9）。弥陀殿、观音殿为金代遗构，三宝殿、千佛阁、钟楼、鼓楼、文殊堂、地藏堂为明代遗构，金刚殿为清代遗构，山门是20世纪90年代复建。

图 7-2-8 朔州崇福寺弥陀殿（资料来源：自摄）

图 7-2-10　朔州崇福寺钟、鼓楼（资料来源：自摄）

图 7-2-11　朔州崇福寺朔州崇福寺文殊堂（资料来源：自摄）

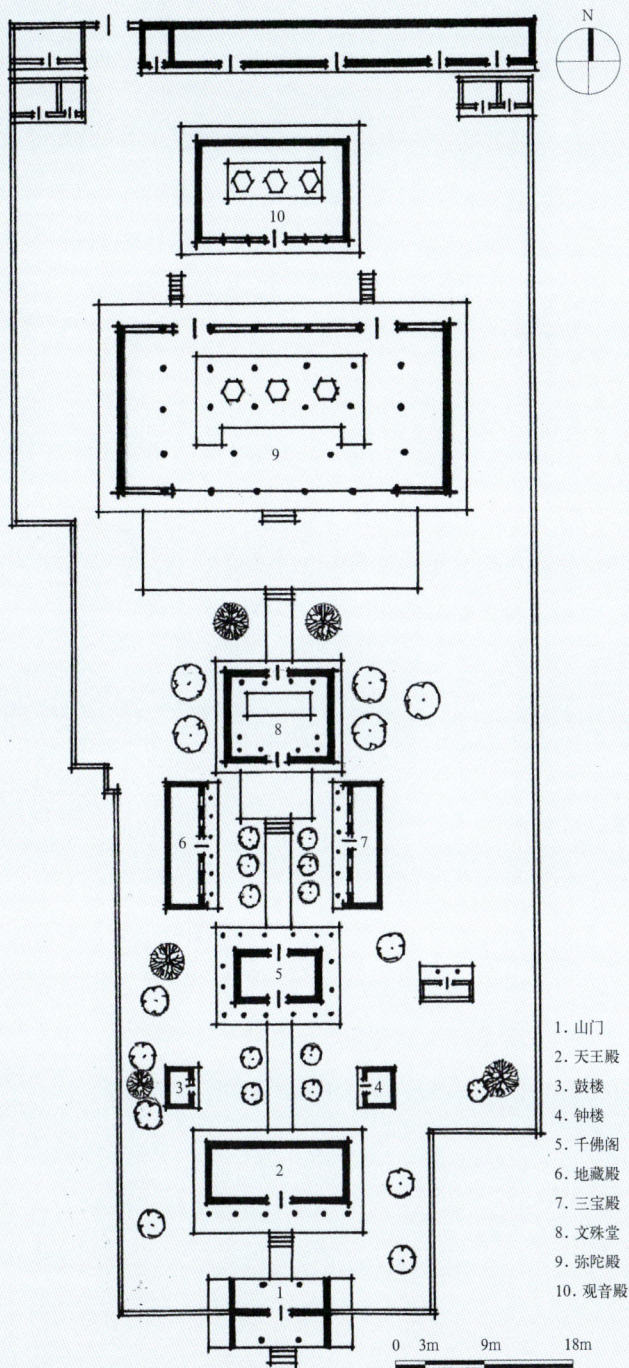

图 7-2-9　朔州崇福寺平面图（资料来源：自绘，1998 年实测）

1. 山门
2. 天王殿
3. 鼓楼
4. 钟楼
5. 千佛阁
6. 地藏殿
7. 三宝殿
8. 文殊堂
9. 弥陀殿
10. 观音殿

弥陀殿为全寺精华所在，金皇统三年（1143 年）开国侯翟昭度主持兴建，元、明、清三代多次予以重修，1987 ~ 1991 年落架大修。台基砖砌，殿前月台宽敞，面宽七间、进深八椽，单檐九脊顶，屋面灰布筒板瓦覆盖，琉璃脊、吻、兽、刹、剪边。平面内柱施以减柱、移柱造。梁架属四椽栿前后乳栿用四

柱，檐下施铺作一周，形式多样，柱头铺作为七铺作双杪双下昂偷心造、里转四杪隔跳偷心造，前檐柱头及后檐明间、梢间铺作大量采用斜栱。前檐中五间设雕花隔扇门，图案多达 15 种。尽间砌墙封闭。前檐正中悬金大定二十四年（1184 年）"弥陀殿"匾一方。殿内宽大佛台遗有"西方三圣"佛，金刚、胁侍菩萨 9 尊彩塑。内壁四周遗有金代壁画 345.75 平方米。梁架上存有历代维修题记 18 处。东尽南墙之上嵌有元至正十四年（1354 年）"大元朔州林衙崇福寺量公禅师施财遗迹记"石碣 1 方。寺内存碑 35 通，古树 7 株。1988 年 1 月公布为全国重点文物保护单位（图 7-2-10、图 7-2-11）。⑥

（三）应县佛宫寺

佛宫寺，位于应县县城西关内，坐北向南，二进院落，东西 156 米、南北 169 米，占地面积 26364 平方米。创建于辽清宁二年（1056 年），金明昌四年（1193 年）增修，元延祐七年（1320 年）及明、清两代曾多次予以修葺。中轴线上由南至北依次遗有牌楼、山门、释迦塔、大雄宝殿，两侧遗有钟楼、鼓楼、夹屋、配殿。释迦塔为辽代遗构，钟楼、鼓楼为明代重建之构，牌楼、大雄宝殿、夹屋、配殿为清代建筑，山门为 20 世纪末新建（图 7-2-12、图 7-2-13）。佛宫寺是以释迦塔为主体的"塔院式布局"实例。释迦塔，俗称应县木塔。创建于辽清宁二年（1056 年），元、明、清屡有修葺，现存建筑为辽代原构。塔通高 67.31 米，底层直径 30.27 米，塔体平面八边形，外观 5 层六檐腰缠平坐，屋顶攒尖式，是国内外现存时代最早、规模最大的木结构塔。由塔基、塔身、塔刹三部分组成。塔基高 3.74 米分 2 层砌筑，下层方形，上层八角形，均青石砌筑；塔体每层间以平坐内设暗层，实为 9 层。底层

重檐，四周环廊，南向辟门；二层以上皆设平坐勾栏。塔体采用底层双壁、塔身双筒式构架的套筒式结构。所用铺作多达 54 种。每层内设木制楼梯逐层攀登直达顶层。寺内释迦塔中存金代塑像 24 尊，辽、金壁画 304.65 平方米，寺内存有大量的碑、碣、匾，其中重要碑、碣、匾 10 件。1961 年 3 月公布为全国重点文物保护单位。[⑦]

图 7-2-12 应县佛宫寺写生（资料来源：自绘）

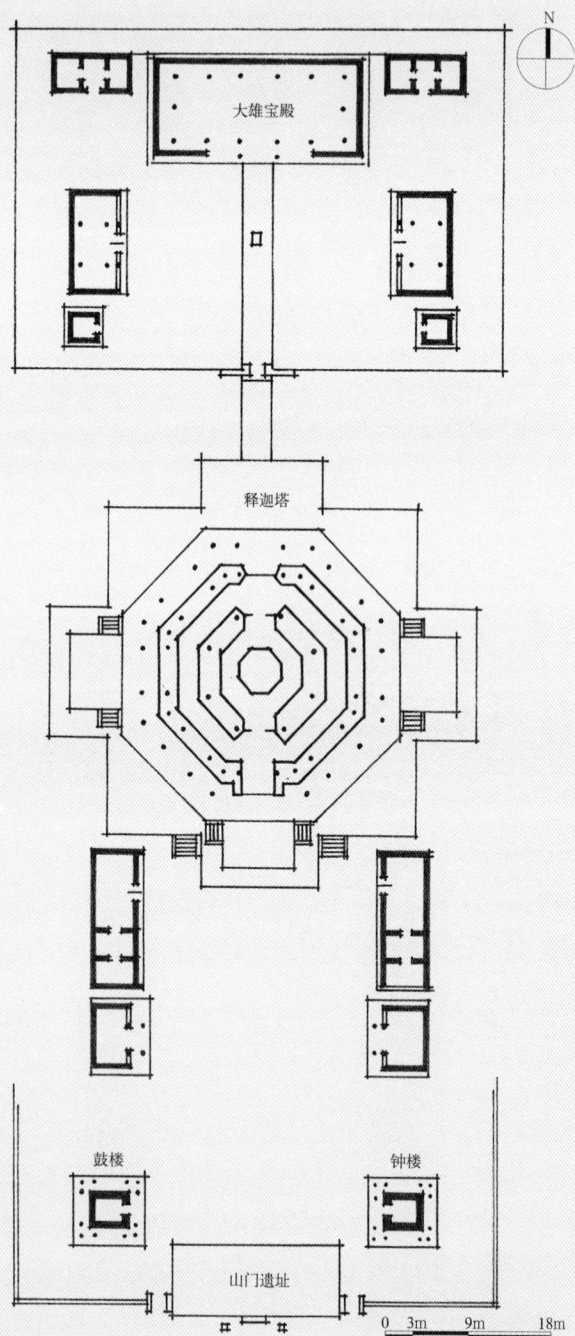

图 7-2-13 应县佛宫寺平面图（资料来源：《中国古代建筑史》）

（四）大同善化寺

善化寺，俗称南寺，位于大同市城区南寺街9号。坐北向南，二进院落，南北209米、东西251.4米，占地面积52543平方米。寺碑记载：始建于唐开元年间，称开元寺。五代后晋更名大普恩寺，辽末保大年（1122年），金兵攻陷西京，遭受破坏，"仅存者十不三四"，金代圆满和尚主持重修重建，"经始于天会之戊申（1128年），落成于皇统之癸亥（1143年）"。历经15年工程告竣，修葺一新。明宣德三年（1421年）重修，明正统十年（1445年）明英宗赐名善化寺，沿用至今，明万历至清康乾时期先后进行过局部修缮，历代屡修，今辽金之规制尚存。中轴线由南至北遗有天王殿（山门）、三圣殿和大雄宝殿，东侧遗有东配殿、东垛殿，西侧遗有西配殿、普贤阁及西垛殿。现存天王殿（山门）、三圣殿、普贤阁为金代遗构，大雄宝殿为辽代遗构，余皆为明、清遗构（图7-2-14）。考大雄宝殿现状遗构特征，当为辽末保大年间兵毁时"仅存者十不三四"之幸。建在3.3米高的月台上，月台前有明万历年间建造的铁钟、鼓亭和牌坊。殿面阔七间、进深五间，单檐五脊顶，灰布筒板瓦屋面。柱网似金箱斗底槽，减柱造布列。明间梁架为六椽栿前四椽栿后乳栿插内柱通檐用四柱，当心间有斗八藻井。檐下铺作为五铺作里外双杪、里转偷心造，内檐补间铺作使用60度斜栱。明、梢间劈板门、次尽间以墙封闭。殿内佛坛上遗有五方佛，中为大日如来，东方阿閦佛，南方宝生佛，西方无量寿佛，北方不空成就佛，两侧砖台上伫立着24尊天王等塑像33尊，均为金代遗物。遗有壁画190平方米，清康熙四十七年至五十五年间（1708～1716年）重修寺院彩绘的"六十间"壁画之残余内容有释迦牟尼"七处九会"说法场面，"西方三圣"及"三大士"部分内容。寺内保存金代塑像34尊，清代壁画190平方米。明代塑像9尊，金碑2通，明清重修碑3通。该寺1961年被公布为全国重点文物保护单位（图7-2-15～图7-2-18）。

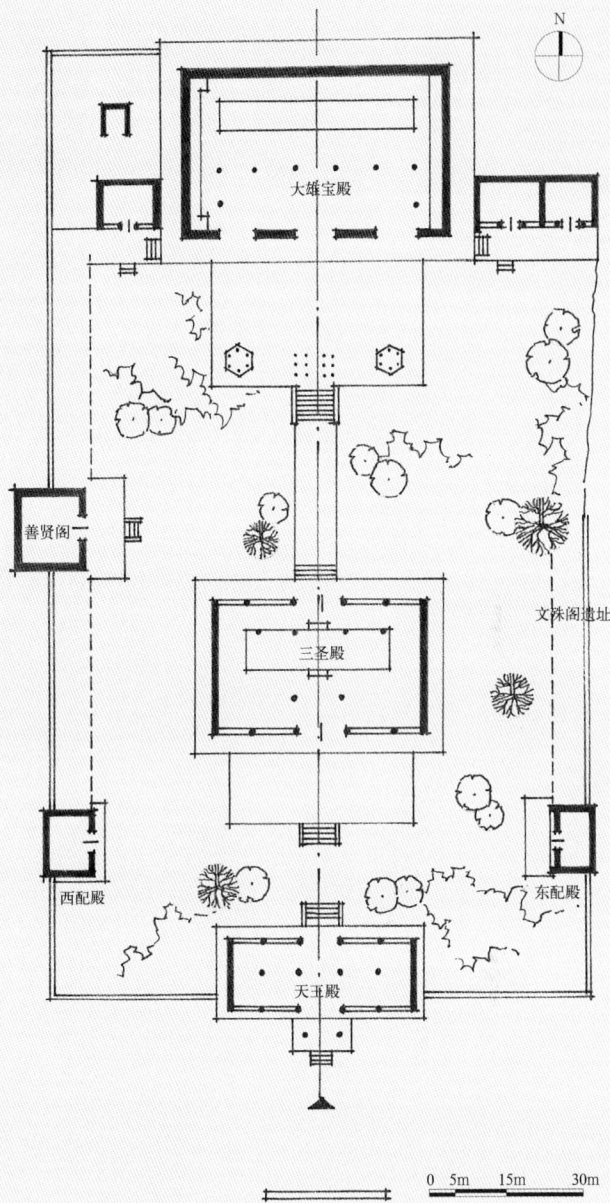

图7-2-14　大同善化寺平面图（资料来源：自绘，1998年实测）

（五）大同华严寺

华严寺，亦名大华严寺，位于大同城内清远街中段西侧。坐西向东，南北209.89米、东西304.55米，占地面积63922平方米。寺依据佛教的七大宗之一、华严宗的经典《华严经》而修建，故名华严寺，由于契丹族信鬼拜日、以东为上的宗教信仰和居住习俗，一反汉族寺庙的传统建置，沿袭了坐西向东的建筑朝向。辽代佛教华严宗盛行，道宗亦曾亲撰《华严经随品赞》十卷，故云中（即云

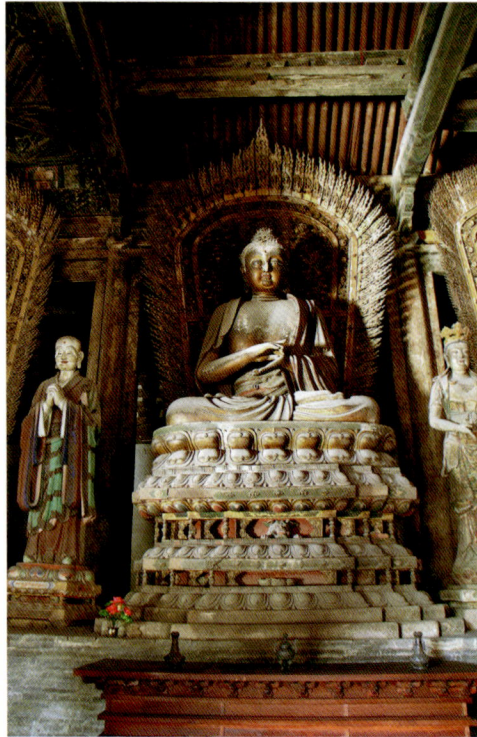

图 7-2-15　善化寺文殊阁
（资料来源：自摄）（左）
图 7-2-16　善化寺塑像
（资料来源：自摄）（右）

图 7-2-17　善化寺普贤阁写生（资料来源：自绘）

图 7-2-18　大同善化寺全景写生（资料来源：自绘）

图 7-2-20 大同上华严寺大雄宝殿（资料来源：自摄）

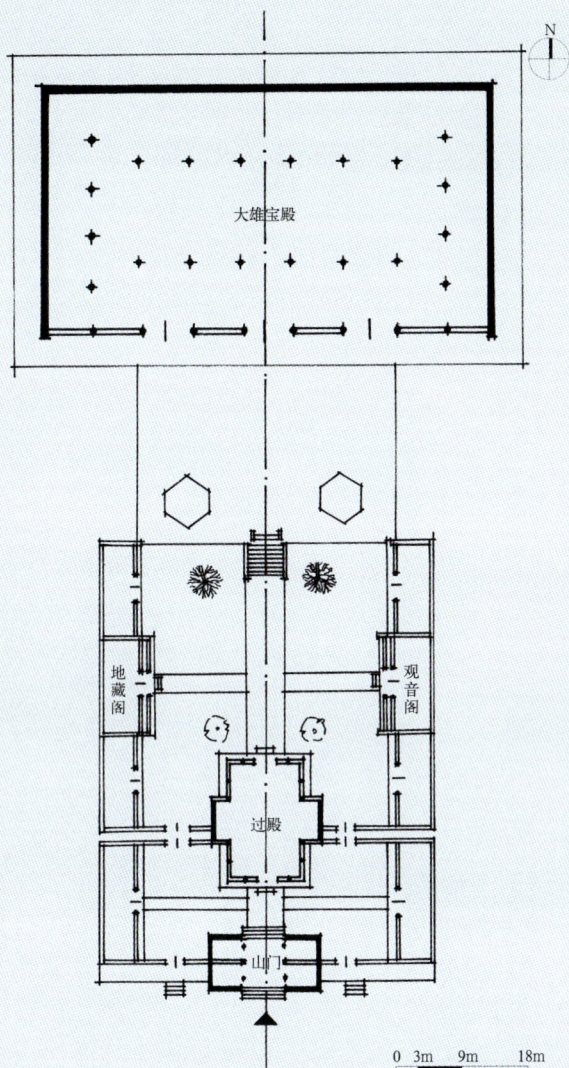

图 7-2-19 大同上华严寺平面图（资料来源：自绘，1998 年实测）

图 7-2-21 大同上华严寺钟鼓亭（资料来源：自绘）

中郡，今大同雁北一带）特建华严禅寺。辽重熙七年（1038 年）建薄伽教藏殿，辽清宁八年（1062 年）重建，是年并"奉安诸帝石像、铜像"，兼具皇室宗庙性质。辽保大二年（1122 年），金人攻入西京，毁于兵火。金熙宗天眷三年（1140 年），通悟、慈慧等法师重建殿堂，广植花木，华严寺得到恢复，大雄宝殿即此原址重建。以后历有修葺，元至大年间（1308～1311 年）补葺。明成化、万历年间（1465～1620 年）寺院一分为二，上寺居于西北侧，下寺偏东南，自成格局。明、清屡修。2008 年进行周边环境综合治理及华严寺辽、金文化博物馆修建工程，成今规模。上寺以大雄宝殿为主，清代增建

山门、享殿、观音阁、地藏阁，布局严谨。上寺前隔原有辽建海会殿一座，毁于 20 世纪 50 年代，台基尚存（图 7-2-19～图 7-2-21）。下寺中轴线由东向西依次建有山门、薄伽教藏殿，两厢明清建配殿、厢房。寺内现存薄伽教藏殿和大雄宝殿为辽、金遗构，余皆为明、清建筑。1961 年 3 月公布为全国重点文物保护单位（图 7-2-22～图 7-2-24）。

（六）天镇慈云寺

慈云寺，又名法华寺，位于大同市天镇县西北街村西大街北侧 176 号。坐北向南，东西宽 111.8 米、南北长 141 米，占地面积约 15763.8 平方米。原寺东、中、西并排三院落。现存中院完整，为三进院落布局，

图 7-2-22 大同下华严寺牌楼（资料来源：自摄）

图 7-2-23 大同下华严寺全景（资料来源：自摄）

据清光绪版《天镇县志》记载："慈云寺，在城内西街，唐时建，原名法华寺。辽开泰八年（1019 年）修，明宣德三年（1428 年）春至五年（1430 年）夏重修，千户熊亮奏赐额更名'慈云寺'。"明嘉靖七年（1528 年）至清乾隆三十八年（1773 年）屡次修葺。"文化大革命"期间，慈云寺被粮食局、针织厂等多家单位占用（图 7-2-25 ~ 图 7-2-28）。中轴线建筑由南向北依次遗有山门（金刚殿）、天王殿、释迦殿和毗卢殿，两侧遗有山门东、西掖门，钟、鼓楼，天王殿东、西掖门及角楼，地藏殿、观音殿、厢房；释迦殿两侧设月门，再进东遗文殊殿、西遗普贤殿，毗卢殿东、西侧遗有耳殿。钟、鼓楼为元代遗构，余皆为明、清遗构。寺院内现存残碑 15 通、碑额 4 方、石狮 6 尊、旗杆石 3 方、柱顶石 2 方、石香炉 1 座。2006 年 5 月公布为全国重点文物保护单位。

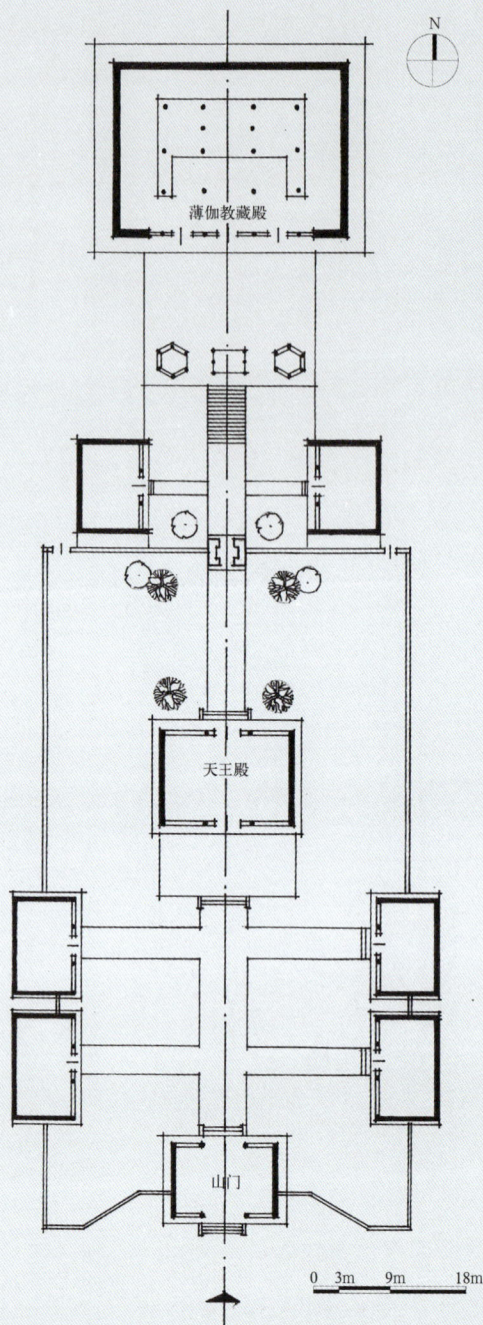

图 7-2-24 大同下华严寺平面图（资料来源：自绘，1998 年实测）

（七）浑源永安寺

浑源永安寺，俗称大寺。位于浑源县永安镇永安社区鼓楼北巷。坐北向南，二进院落，东西 45.8 米、南北 51 米，占地面积约 2336 平方米。据明《寰宇通志》及《大永安禅寺铭》记载，始建于金代，是恒山脚下一座香火旺盛的寺院，后焚于火。元初永安军节度使高定回归故里邀归云禅师主持捐资重建，因高定

图 7-2-25　天镇慈云寺释迦殿
（资料来源：自摄）

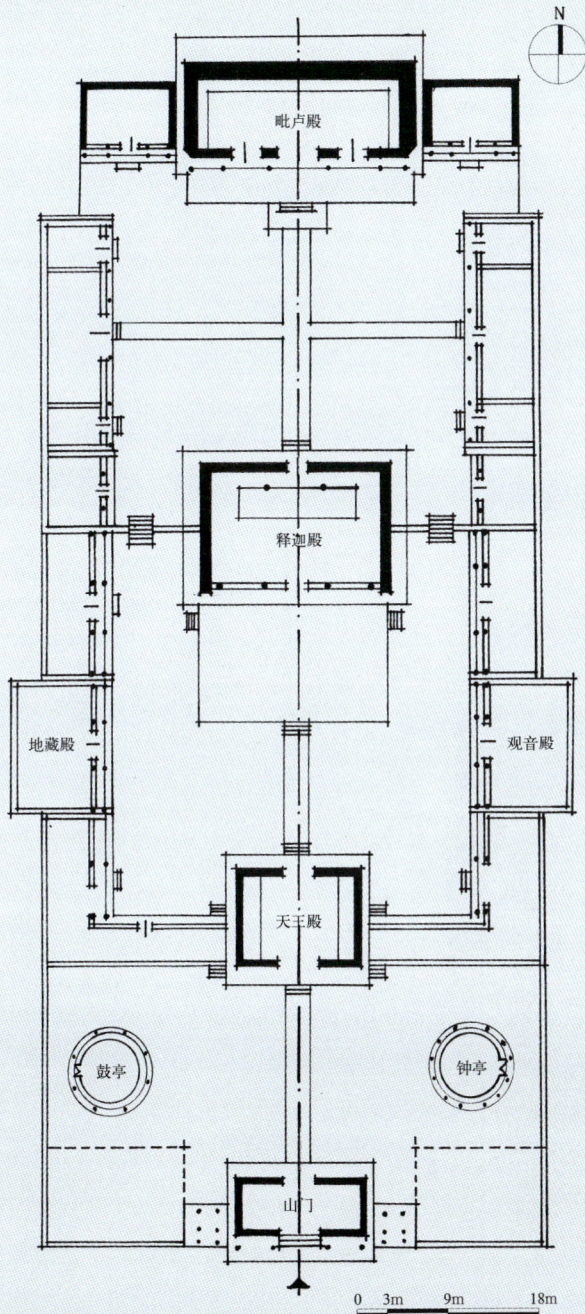

图 7-2-26　天镇慈云寺平面图（资料来源：自绘，1998 年实测）

图 7-2-27　天镇慈云寺天王殿（资料来源：自摄）

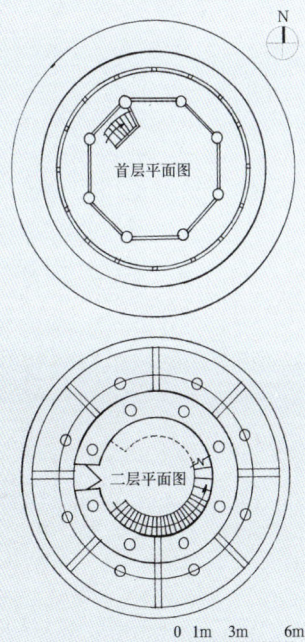

图 7-2-28　慈云寺鼓楼平面图（资料来源：自绘，1998 年实测）

图 7-2-29 浑源永安寺传法正宗殿（资料来源：自摄）

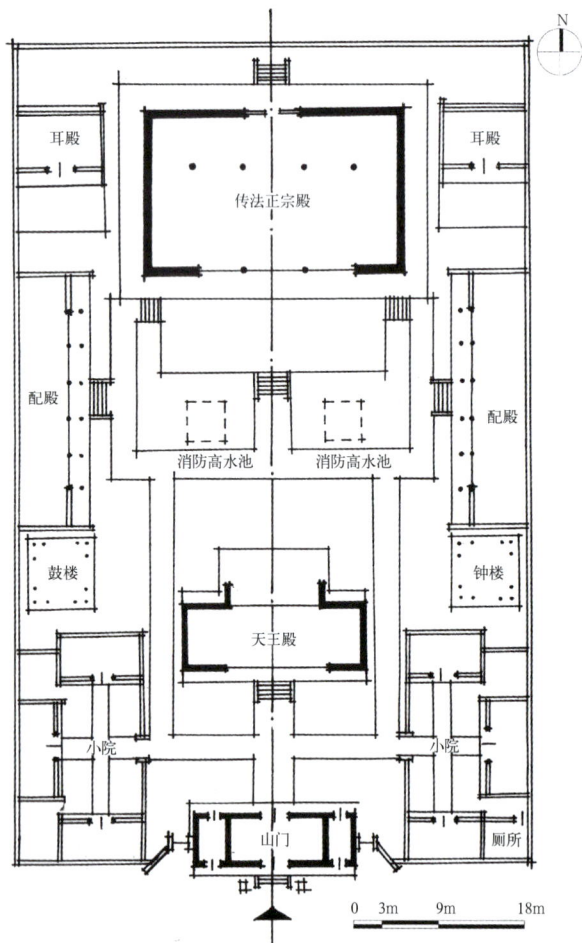

图 7-2-30 浑源永安寺平面图（资料来源：自绘，1998 年实测）

官职是永安军节度使，归里后又号永安居士，故寺名为"永安寺"。元延祐二年（1315 年）高定之孙高璞捐款在寺内建造了"传法正宗殿"，明、清屡有修建。中轴线上由南至北依次遗有山门、天王殿、传法正宗殿、铁佛殿（已毁），东西两侧建垛殿、配殿。传法正宗殿为元代遗构，余皆为明、清遗构。传法正宗殿面阔五间、进深六椽，单檐五脊顶，黄绿蓝琉璃瓦屋面，正脊中心施宝刹。梁架为四椽栿后压乳栿用三柱。当心间设藻井，四周为天宫楼阁。檐下周施五铺作单抄单下昂铺作。前檐明、次间设隔扇门，梢间以墙封闭书"庄严"二字。殿内存有明代壁画 169.45 平方米重彩工笔水陆画。北壁绘十大金刚像；东、南、西壁绘水陆法会图，即儒、释、道三教仙佛鬼神和亡灵朝拜释迦牟尼佛祖（图 7-2-29、图 7-2-30）。2001 年 6 月公布为国家级文物保护单位。

（八）繁峙公主寺

公主寺，位于繁峙县杏园乡公主村中，坐北向南。三进院落，东西 50 米、南北 82.9 米，占地面积 4145 平方米。据寺内碑文记载，公主寺原址在山寺村，明代迁于今址（原文殊寺址）。因北魏文成帝第四女诚信公主出家于此，故名。创建年代

图 7-2-31　繁峙公主寺全景（资料来源：自摄）

不详，据寺内现存元至正二十七年（1367 年）《德公道行碑铭》记载"……又唐昭宗乾宁三年有僧名丑丑于寺得一玉石自持至都献武则天赐绢百束且需置额重兴殿宇……金宋以来兵烬之……"，明弘治十六年（1503 年）重修，清代、民国年间均有重修增建。中轴线由南至北遗有山门、毗卢殿、韦驮殿、大雄宝殿和大佛殿，二、三进院东、西遗有配殿，分别是马王殿、二郎殿及神殿、祖师殿。一进院东、西遗有偏院，东院遗有戏台和关帝殿，西院遗有戏台和奶奶殿。毗卢殿、大雄宝殿、大佛殿为明代遗构，余皆为清代遗构。大雄宝殿面宽三间、进深六椽，单檐悬山顶。梁架为七架梁通檐用二柱。前檐明间施六抹隔扇门。殿内明、次间设佛台，台上遗有清代三世佛及侍者塑像 5 尊。四壁有明代水陆画 99 平方米，内容为仙佛鬼神及亡灵朝拜佛教世尊的场面。东、西、北三壁当心以卢舍那、弥陀佛、弥勒佛为中心，两侧及四周分布有菩萨、仙佛神祇、神仙帝君及十大明王像；南壁两侧分别绘亡灵及地狱冤魂像，巧妙地将儒、释、道三教将为一体。寺内另存明代塑像 23 尊，元、明、清碑 10 通（图 7-2-31 ～图 7-2-34）。2006 年 5 公布为全国

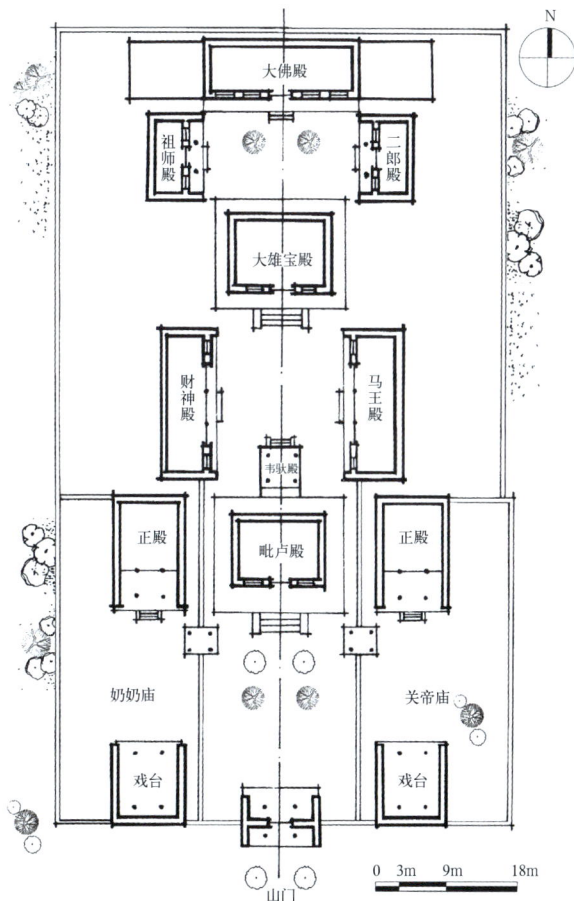

图 7-2-32　繁峙公主寺平面图（资料来源：山西省第三次文物普查资料）

图 7-2-33 繁峙公主寺壁画之一（资料来源：自摄）

图 7-2-34 繁峙公主寺壁画之二（资料来源：自摄）

重点文物保护单位。

（九）陵川南、北吉祥寺

南吉祥寺，位于陵川县礼义镇平川村中，坐北向南，二进院落，东西 39.96 米、南北 73.89 米，占地面积 2952.64 平方米。据寺内存碑记载，始建于唐太宗贞观年间（公元 627 ~ 649 年），原址位于礼义镇平川村以南，宋淳化三年（公元 993 年）敕赐院额，宋天圣八年（1030 年）迁至平川村重建。元至元六年（1269 年）、至治三年（1323 年）重修，明、清增建和补葺。中轴线遗有山门（天王殿）、中殿、后殿（圆明殿），山门及后殿两侧遗有耳楼，院两侧遗有厢房。中殿迁移平川时重建，为宋代遗构；后殿为明代遗构；余皆为清代遗构。中殿面宽三间、进深六椽，单檐九脊顶，灰布筒板瓦屋面、琉璃脊、吻、兽。梁架结构为四椽栿通檐用二柱，檐下柱头铺作为五铺作单抄单下昂，一跳偷心，昂形耍头、

里转六铺作三杪一跳偷心造；当心间补间铺作五铺作双杪，出 45 度斜栱；次间补间铺作五铺作双杪，二跳出 45 度斜栱。装修已改换。寺存大宋国天圣八年（1030 年）《吉祥院碑文并序》碑及元至治三年（1323 年）《维大元晋宁路泽州陵川县云川乡平川里南吉祥禅院记》碑（图 7-2-35、图 7-2-36）。

北吉祥寺，初名什柱院。坐北向南，二进院落，寺东西 30 米、南北 81.5 米，占地面积 2445 平方米。始建于唐大历五年（公元 770 年），宋太平兴国三年（公元 978 年）赐额"北吉祥院"。元贞二年（1296 年）、明洪武十八年（1385 年）重修，明成化十二年（1476 年）建水陆殿与东侧圆觉殿、西侧诸天殿，形成现在的院落规模。清康熙三十三年（1694 年）、清光绪三十四年（1908 年）间屡有修葺。中轴线由南至北建有城楼（已毁）、山门（已毁）、观音殿、中殿、水陆殿；山门两侧建有钟鼓楼（已毁），一

图 7-2-35　陵川南吉祥寺圆明殿（资料来源：自摄）

进院已废，观音殿两侧遗有挟门和东、西茶室，二进院遗有东、西廊庑，中殿两侧遗有东、西僧楼，三进院东遗圆觉殿、西遗诸天殿，水陆殿两侧遗有东、西耳殿（图 7-2-37 ~ 图 7-2-40）。观音殿为宋代遗构，中殿为金代遗构，后殿为明代遗构，东、西廊庑及圆觉、诸天殿为明代遗构，余皆为清代遗构。观音殿面阔三间、进深六椽，单檐九脊檩，灰布筒板瓦屋面，琉璃脊、吻、兽、剪边。梁架为四椽栿后压乳栿用三柱，檐下铺作为五铺作单杪单下昂计心造、里转双杪偷心造。前檐当心间辟板门，次间设直棂窗。1996 年 11 月陵川南、北吉祥寺捆绑公布为全国重点文物保护单位。

（十）阳城开福寺

开福寺，位于阳城县凤城镇东关村凤凰东街人民巷 13 号。坐北向南，一进院落，南北 75.8 米、东西 45.5 米，占地面积 3447 平方米。清同治十三年（1874 年）《阳城县志》记载，创建于北齐天保四年（公元 553 年），后晋天福四年（公元 939 年）重建，名文殊寺；金大定年增修，名福严寺；元大德元年（1297 年）重修，明洪武年间维

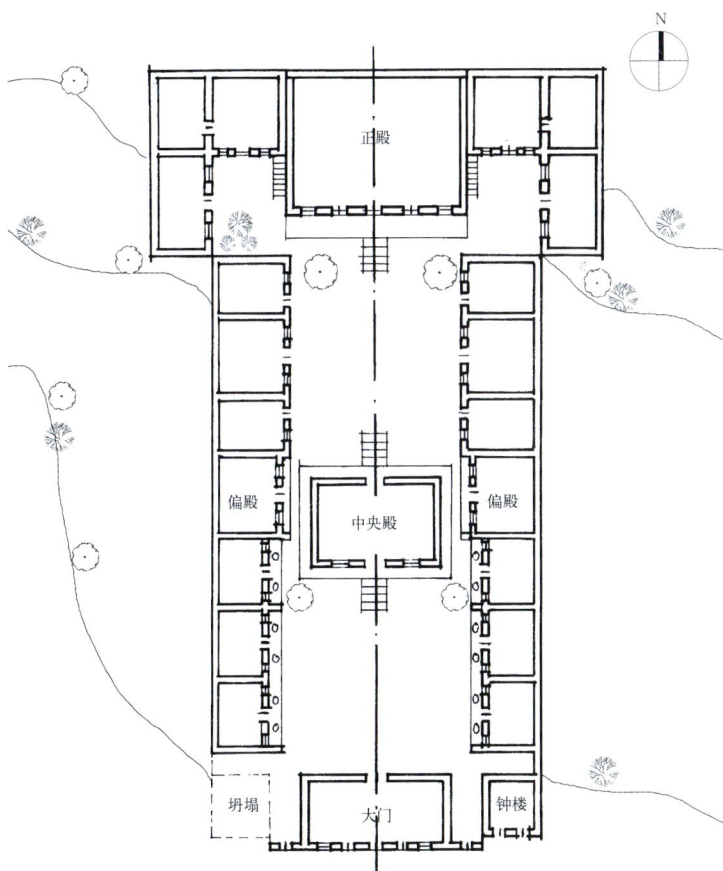

图 7-2-36　陵川南吉祥寺平面图（资料来源：山西省第三次文物普查资料）

图 7-2-37　陵川北吉祥寺水陆殿（资料来源：自摄）

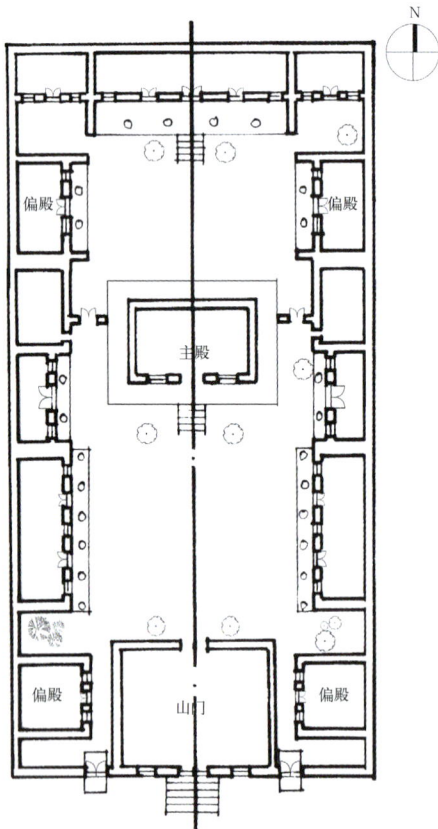

图 7-2-38　陵川北吉祥寺平面图（资料来源：
山西省第三次文物普查资料）

图 7-2-39　陵川北吉祥寺观音殿（资料来源：自摄）

图 7-2-40　陵川北吉祥寺中殿（资料来源：自摄）

图 7-2-41　阳城开福寺献殿（资料来源：自摄）

修后名开福寺；清乾隆十七年（1752年）、三十一年（1766年）重修，民国6年（1917年）重修大雄宝殿、前后各殿东西禅房。中轴线上由南至北遗有戏台（护神殿）、献殿和大雄宝殿。戏台两侧的钟楼和鼓楼、东西配殿、后院的千佛阁、地藏王殿已损毁不存。献殿为金、元遗构，大雄宝殿为元、清遗构，舞台为明代遗构。大雄宝殿石砌台基，面宽五间、进深六椽，单檐不厦两头造，灰布筒板瓦屋面，琉璃脊、吻、兽。梁架为四椽栿后压乳栿用四三柱，檐下铺作为五铺作双下昂计心、里转双杪一跳偷心造，补间五铺作双杪，门窗装修及墙体为后人改换。献殿石砌台基，面宽三间、进深六椽，单檐九脊顶，灰布筒板瓦屋面，琉璃脊、吻、兽。梁架为四椽栿后压乳栿用三柱，檐下铺作为五铺作单杪单下昂计心、里转单杪计心造二跳为楂头木，补间每间1朵挑斡式。当心间辟板门，次间设破直棂窗（图7-2-41、图7-2-42）。2006年5月公布为全国重点文物保护单位。[8]

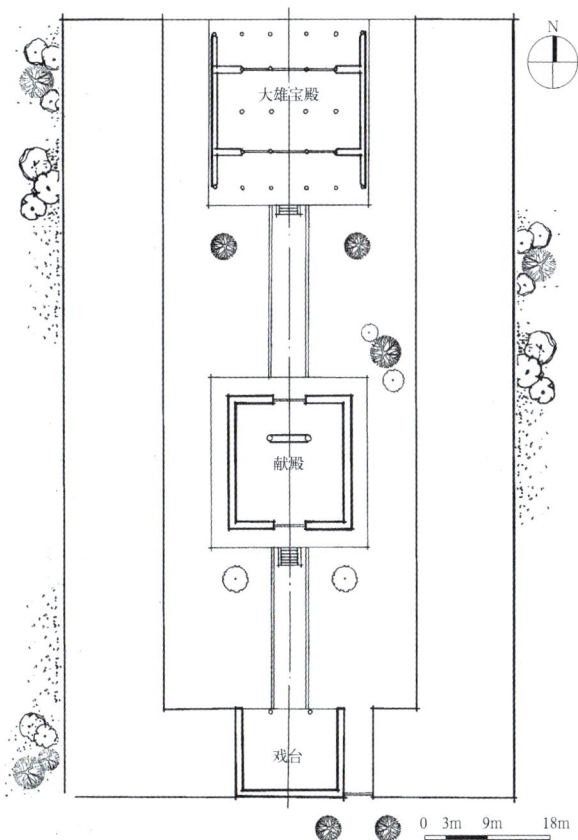

图 7-2-42　阳城开福寺平面图（资料来源：山西省第三次文物普查资料）

（十一）长治县正觉寺

正觉寺，俗称大寺，位于长治市长治县苏店镇看寺村中。坐北朝南，二进院落，东西31.7米、南北70.85米，占地面积2246平方米。明《潞州志》记载：唐大和年间建，宋熙宁三年（1070年）重建，元至顺三年（1332年）重修，据寺内碑刻记载，明天启三年（1623年）、清同治年间（1862～1874年）修葺。中轴线上由南至北遗有中殿、后殿，前院东、西侧遗存配殿，后院遗存耳殿。中殿梁架主体为金代遗构，后殿为金早期遗构，前院配殿为元代遗构，耳殿为明代遗构。后殿面阔五间、进深六椽，单檐不厦两头造，殿内减去前内柱，梁架结构为四椽栿压后乳栿用三柱，檐下设五铺作单杪单下昂真昂造铺作，补间不设出跳栱。前檐明间辟板门，两次间设直棂窗，均为2004年维修之物。寺内存明、清重修碑3通（图7-2-43、图7-2-44）。2001年6月公布为全国重点文物保护单位。

（十二）霍州观音庙

霍州观音庙，位于霍州市开元街道办事处赵家庄村中。坐北向南，东西两院组成，东西43.75米、南北64.83米，占地面积2836.31平方米。创建于元代，明、清屡有修建。东院轴线南遗山门、北遗后殿，山门东侧遗有后殿文昌阁、院东遗有厢房及配殿；西院轴线由南至北遗有戏台、观我楼、过厅、观音殿，西有碑廊、西便门。东院后殿和西院观音殿间遗有土地殿。观我楼为元代遗构，观音殿、后殿、山门为明代遗构，余皆为清代遗构。观我楼面宽三间、进深四椽，副阶周匝，重檐九脊顶，屋面筒板瓦覆盖，琉璃脊、吻、兽。南向下部三面敞开为过街通道，上铺木板三面设栅栏可观景，原为"龛川镇河"神龛阁楼。顶层梁架为四椽栿通檐用三柱，檐下铺作四铺作单下昂。明代紧贴其北侧建有戏台，面阔三间、进深四椽，四梁架通檐用二柱，单檐卷棚顶，灰布筒板瓦屋面。山门面阔三间、进深四椽，单檐悬山顶，梁架为双步梁对插中柱通檐用三柱。檐下斗栱单昂三踩计心造、补间为鎏金斗栱，明间辟板门。观音殿面阔五间、进深四椽，前廊式单檐

图7-2-43 长治县正觉寺西配殿（资料来源：自摄）

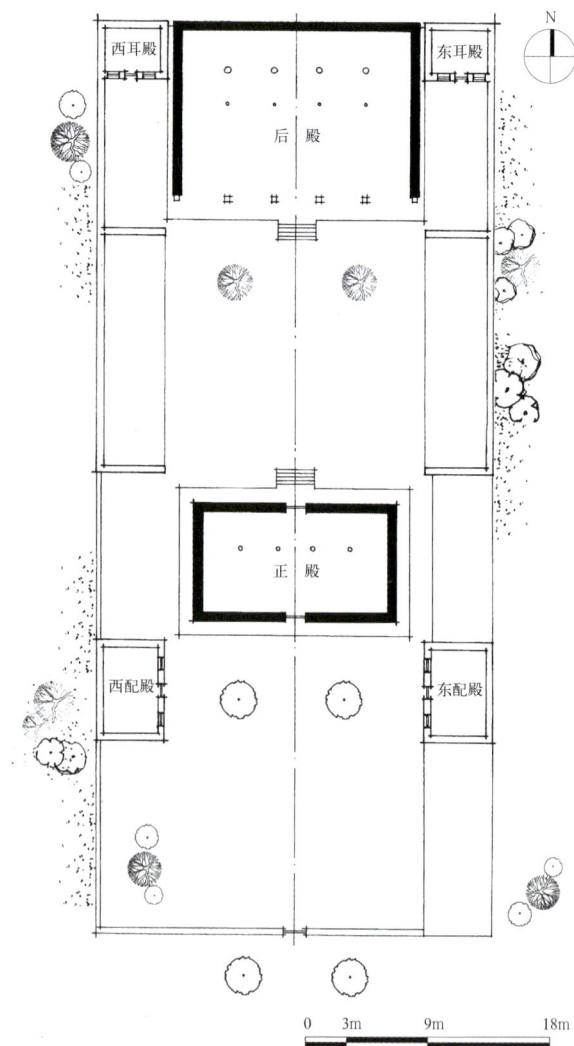

图7-2-44 长治县正觉寺平面图（资料来源：山西省第三次文物普查资料）

图 7-2-45　霍州观音庙俯瞰（资料来源：自摄）

图 7-2-46　霍州观音庙观我楼（资料来源：自摄）

悬山顶建筑，梁架为五架梁前单步梁用三柱，檐下斗栱三踩单下昂计心造。隔间设隔扇门装修。观音庙是集儒、释、道为一体的典型的寺庙统合建筑（图 7-2-45 ～图 7-2-47）。 2006 年 5 月公布为全国重点文物保护单位。

（十三）曲沃大悲院

大悲院，位于临汾市曲沃县曲村镇曲村内，坐北向南，东西两院组成，东西 62.58 米、南北 83.36 米，占地面积 5216.67 平方米。碑刻记载，初建于唐，宋治平四年（1067 年）、金大定二十年（1180 年）重修，清乾隆二十三年（1758 年）重修天王殿和献殿。1956 年县政府进行过重修，整合为学堂及办公场所。现状主院仅存献殿，西院保存四合院布局，由南至北遗有天王殿、过殿，东、西遗有配殿。献殿为金代遗构，余皆为清代遗构。献殿砖砌台基，面阔三间、进深六椽，单檐九脊顶，灰布筒板瓦屋面。平面柱网布列为分心造，梁架为六架椽屋分心前后乳栿用三柱，檐下铺作为五铺作双下昂计心造、里转双杪计心造，补间铺作上施挑斡、下施真昂共承下平槫。大悲院是元代大德七年（1303 年）平阳大地震后该地区保存下来为数不多的金代木构建筑。院内存金大定二十年（1180 年）《大悲院卢舍那佛记》碑 1 通，明万历十六年（1588 年）

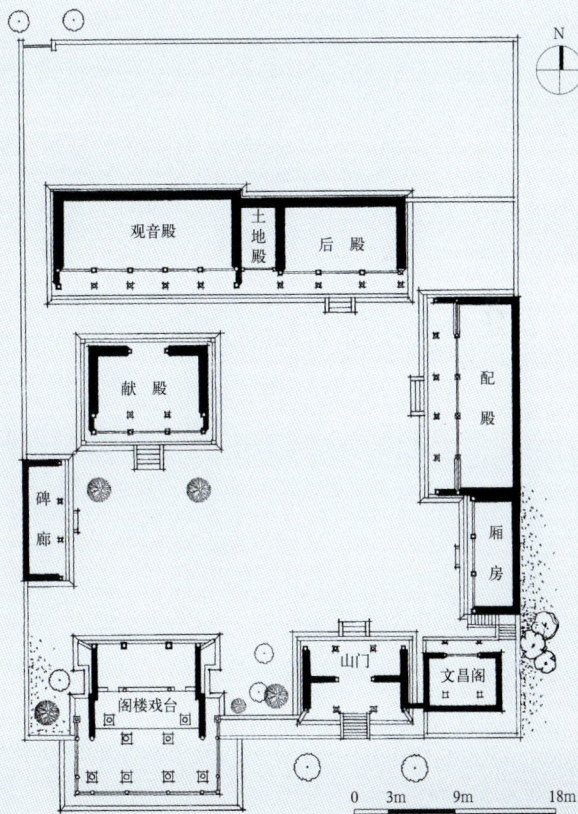

图 7-2-47　霍州观音庙平面图（资料来源：山西省第三次文物普查资料）

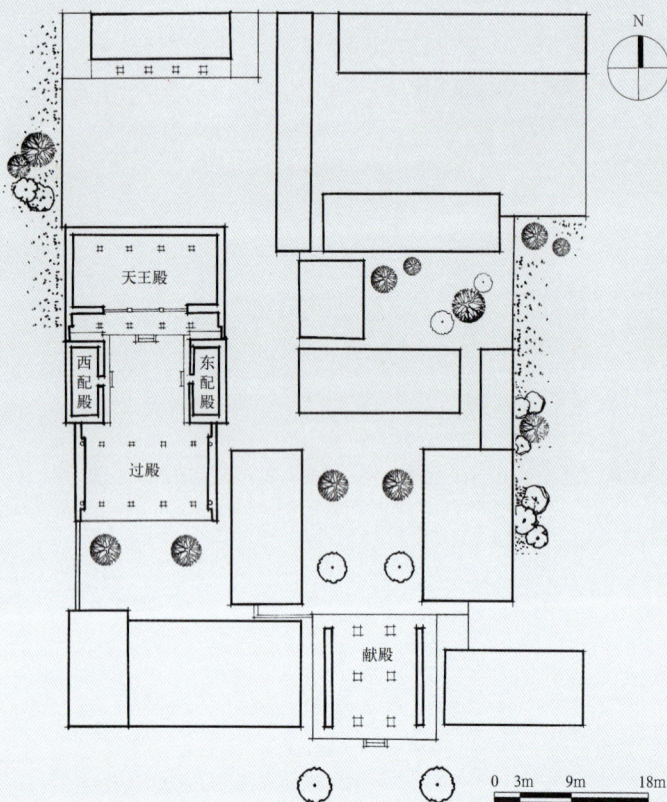

图 7-2-48 曲沃大悲院平面图（资料来源：山西省第三次文物普查资料）

图 7-2-49 曲沃大悲院献殿（资料来源：自摄）

图 7-2-50 曲沃大悲院天王殿（资料来源：自摄）

《大悲院碑记》等碑 3 通（图 7-2-48 ～图 7-2-50）。2001 年 6 月公布为全国重点文物保护单位。

（十四）新绛福胜寺

福胜寺，位于新绛县泽掌镇光村西北隅，坐北向南，二进院落，东西 39.3 米、南北 90 米，占地面积 3537 平方米。据寺存"尚书礼部牒"记载，唐贞观年间（公元 627 ～ 649 年）太宗李世民敕建，宋代补葺，金大定三年（1163 年）赐名"福胜院"，元代补修，明弘治十一年（1498 年）重修，后屡经修葺。中轴线上由南至北遗有寺门坊、山门、牌坊、弥陀殿、后大殿，山门东西遗有钟、鼓楼，一进院东遗阎王殿及厢房、西遗三霄娘娘殿及厢房，二进院东遗配殿及廉颇殿、西遗配殿及蔺相如殿。弥陀殿为元代遗构，余皆为清代遗构。弥陀殿面阔五间、进深六椽，副阶周匝，重檐九脊顶，灰色筒板瓦屋面。梁架为四椽栿后压乳栿用三柱，檐下铺作为五铺作双下昂计心、里转双杪二跳偷心造，补间里转设挑斡。前檐当心间设隔扇门、后檐辟板门。殿内设佛坛，坛上供佛、菩萨、罗汉塑像 27 尊，均为元代彩塑（图 7-2-51 ～图 7-2-53）。2001 年 6 月公布为全国重点文物保护单位。

（十五）稷山青龙寺

青龙寺，位于稷山县稷峰镇马村西隅。坐北向南，二进院落，东西 26.1 米、南北 75.6 米，占地面积 1973.16 平方米。《稷山县志》及碑文记载，创建于唐龙朔二年（公元 662 年），金末兵燹，元至元、大德、至正年间重修，明、清两代屡修。中轴线上遗有天王殿、中殿、大雄宝殿；一进院东遗

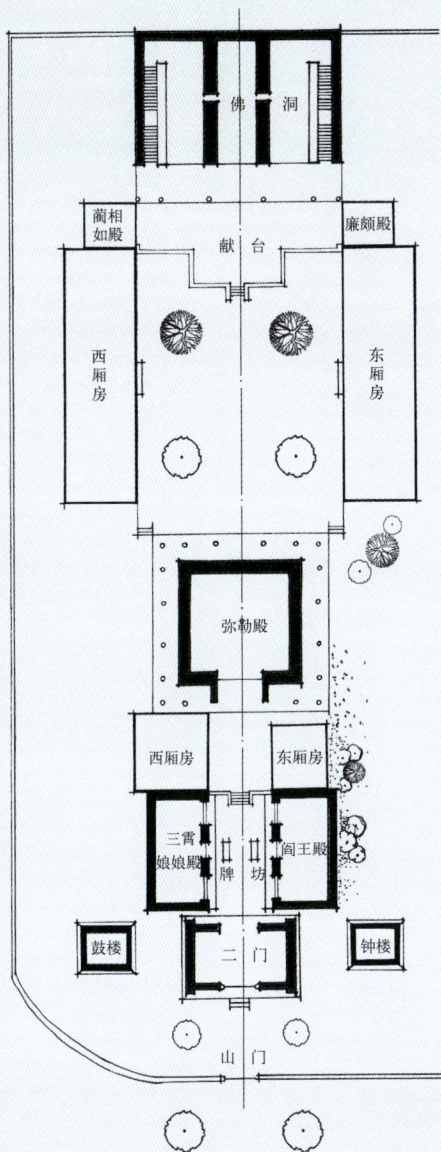

图 7-2-51　新绛福胜寺平面图（资料来源：山西省第三次文物普查资料）

图 7-2-52　新绛福胜寺全景（资料来源：自摄）

图 7-2-53　新绛福胜寺弥陀殿（资料来源：自摄）

图 7-2-54　稷山青龙寺腰殿（资料来源：自摄）

配殿，二进院遗有东、西配殿，中殿和大雄宝殿两侧遗有耳殿。中殿、大雄宝殿及大雄宝殿东西耳殿为元代遗构，余皆为明代重建（图 7-2-54 ～图 7-2-56）。中殿，又称腰殿。梁架题记载，重建于元至元二十六年（1289 年）。面阔三间、进深四椽，单檐不厦两头造，灰色筒板瓦屋面。梁架为三椽栿前压搭牵用三柱，前檐铺作为里外四铺作单杪计心造，后檐铺作为五铺作双下昂、里转双杪计心造，补间铺作衬头枋后延制成挑斡。前后当心间辟板门、次间墙体封闭。殿内四壁及栱眼壁遗存元代

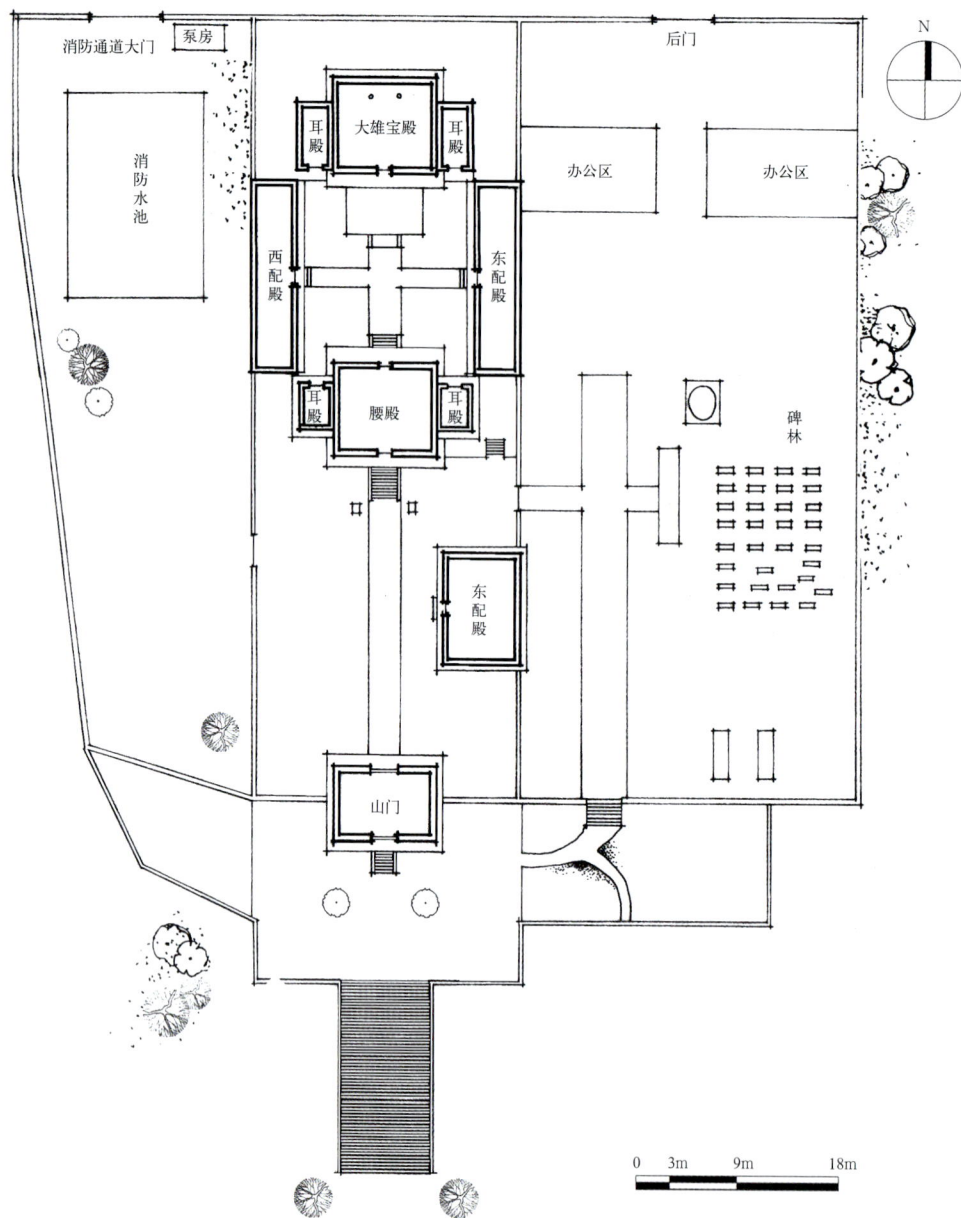

图 7-2-55 稷山青龙寺平面图（资料来源：山西省第三次文物普查资料）

图 7-2-56 新绛福胜寺壁画（资料来源：自摄）

壁画 125.19 平方米，北壁为明代补绘外，余皆为元代原作。四壁绘水陆法会场面，儒、释、道三教同堂，仙、佛、神、鬼融为一体。西壁上为三世佛和礼佛图，下为道教诸神图；北壁西墙上为十八罗汉、下为十殿阎君，北壁东墙六道轮回等，下为阴曹地府行刑场面。殿内塑像已毁。寺内所遗存唐代创建寺院碑，运城市文物中心收存；现存明、清寺庙重修记事碑 2 通，石碣 3 方。2001 年 6 月公布为国重点文物保护单位。

（十六）柳林香严寺

香严寺，位于柳林县柳林镇贺昌村香严北路。坐北向南，三进院落、西设偏院，东西94.61米、南北76.78米，占地面积7264.16平方米。据万历、乾隆《汾州府志》、《汾州府志》，光绪《永宁州志》及碑刻记载，始建于唐贞观年间（公元627～649年），贞元元年（公元785年）唐德宗李适敕赐"香严"，金正隆元年（1156年）、元至大三年（1310年）、明宣德九年（1434年）、明正德六年（1511年）、清光绪二十年（1894年）均有维修和扩建；1995年、1997年及2002～2005年进行了保护修缮。⑨主院中轴线由南至北遗有天王殿、大雄宝殿、毗卢殿、东、西侧遗有钟、鼓楼，东配殿、水洗殿基址，伽蓝殿、地藏十王殿、观音殿、慈氏殿；西院中轴线由南至北遗有藏经殿、崇宁殿、七佛殿。大雄宝殿是金代遗构，毗卢殿、地藏十王殿、观音殿、慈氏殿、伽蓝殿为元代遗构，余皆为明、清代建筑。大雄宝殿面阔五间、进深六椽，前廊式单檐不厦两头造，屋面为灰色筒板瓦覆盖琉璃脊、吻、兽及剪边。平面减柱，梁架为六椽栿对前后搭牵用四柱，檐下铺作为五铺作单杪单下昂真昂造。前檐明、次间设隔扇门，梢间设直棂窗；后檐明间辟板门，次、梢间以墙封闭。殿内槛墙上存元大德二年（1298年）砖雕人物、花卉、动物图案108块。七佛殿内遗存明代彩塑7尊。2001年6月公布为全国重点文物保护单位（图7-2-57～图7-2-59）。

（十七）太谷无边寺

无边寺，俗名"南寺"。位于太谷县明星镇白塔社区居委会南寺街10号。坐北向南，三进院落，东西37.6米、南北119.3米，占地面积4485.7平方米。《太谷县志》载，始建于西晋泰始八年（公元272年），宋治平二年（1065年）重修，改寺名为"普慈寺"，宋元祐五年（1090年）续修，元、明屡有修葺，清光绪三十二年（1906年）改建，复其旧名无边寺。中轴线由南至北遗有倒座戏台、献殿、白塔、过殿、正殿，两侧遗有便门、碑廊、厢

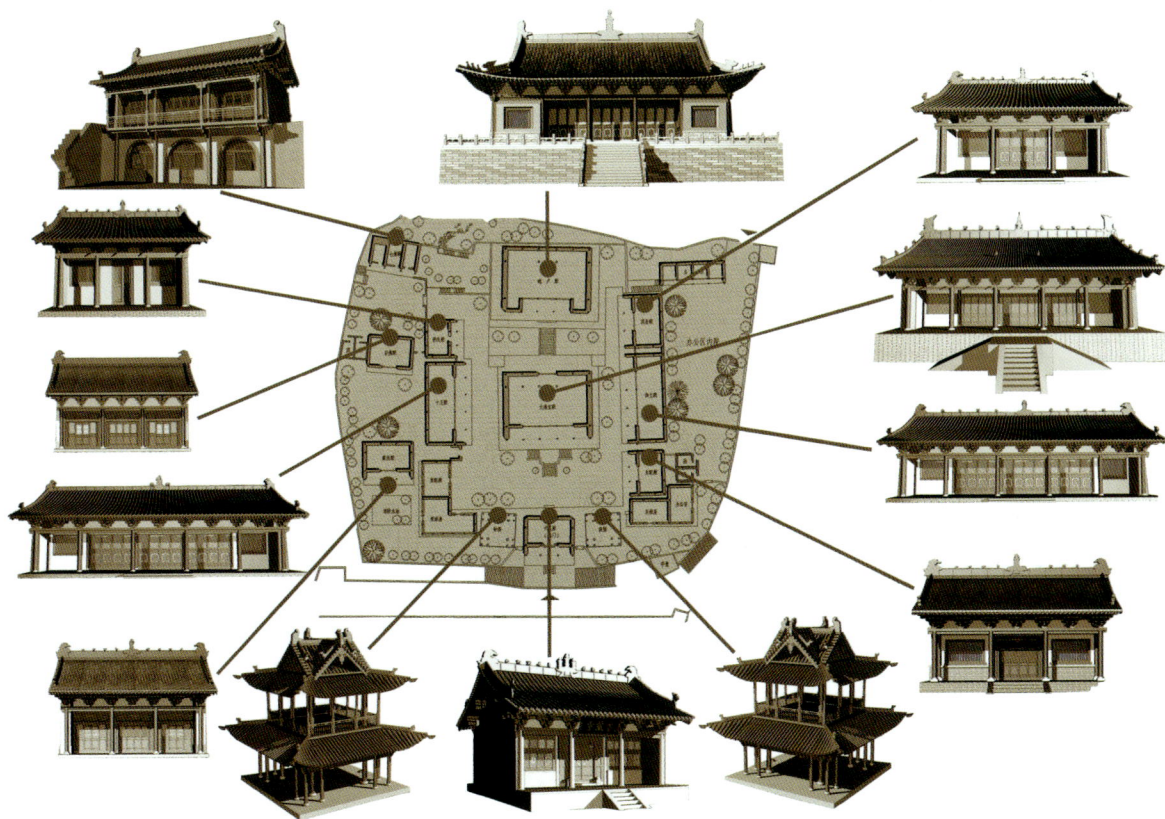

图 7-2-57　柳林香严寺建筑分析（资料来源：展海强绘）

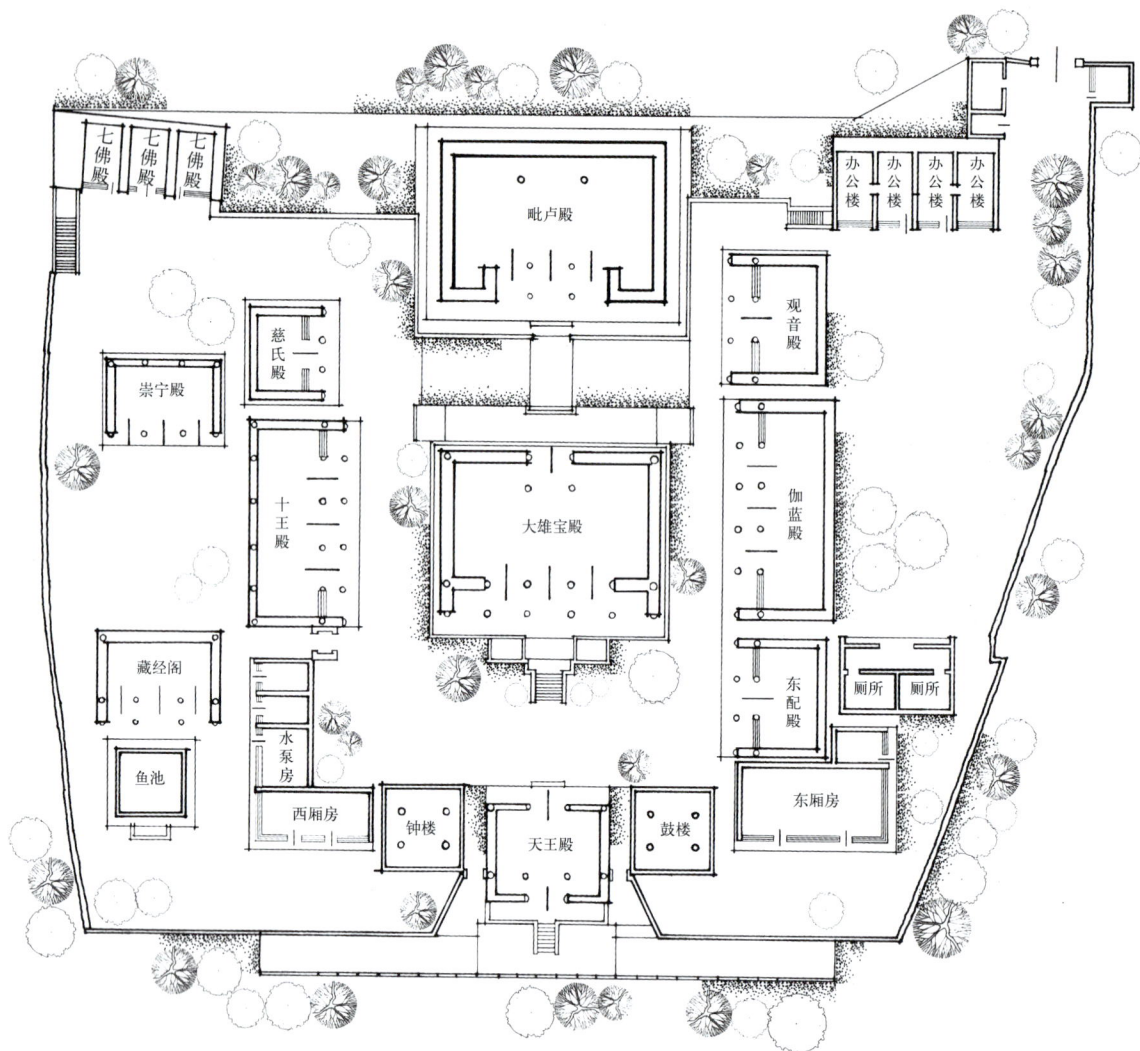

图 7-2-58　柳林香严寺平面图（资料来源：山西省第三次文物普查资料）

图 7-2-59　柳林香严寺全景（资料来源：自摄）

房、垂花门、藏经楼、配殿及耳殿。白塔为宋代遗物，余皆为明、清遗存。白塔，因塔垩色经久而白不减，色白如雪，故俗称白塔。宋治平年间（1064～1067年）重修后遗物。塔高42米，八边7层空心楼阁式砖塔，各层设平坐，形成塔内9层，内设木楼梯盘旋上登。塔一层砖檐上屋面为灰陶筒板瓦，塔身南面砖券拱门，门外出二柱歇山顶抱厦（是1979年文物管理所从其他地方迁建之构），塔室东、西、北三面均设佛龛，各层平坐及塔檐由铺作、叠涩砖檐构成。二层平坐施以砖雕仰莲捧铺作。塔刹为八角攒尖式，上置束腰刹座，仰莲承托窣堵波式刹身。正殿砖砌台基，面宽五间、进深五椽，单檐硬山顶，六檩前廊式构架，柱头斗栱五踩重昂，平身科五踩重翘。2006年5月公布为全国重点文物保护单位（图7-2-60～图7-2-62）。

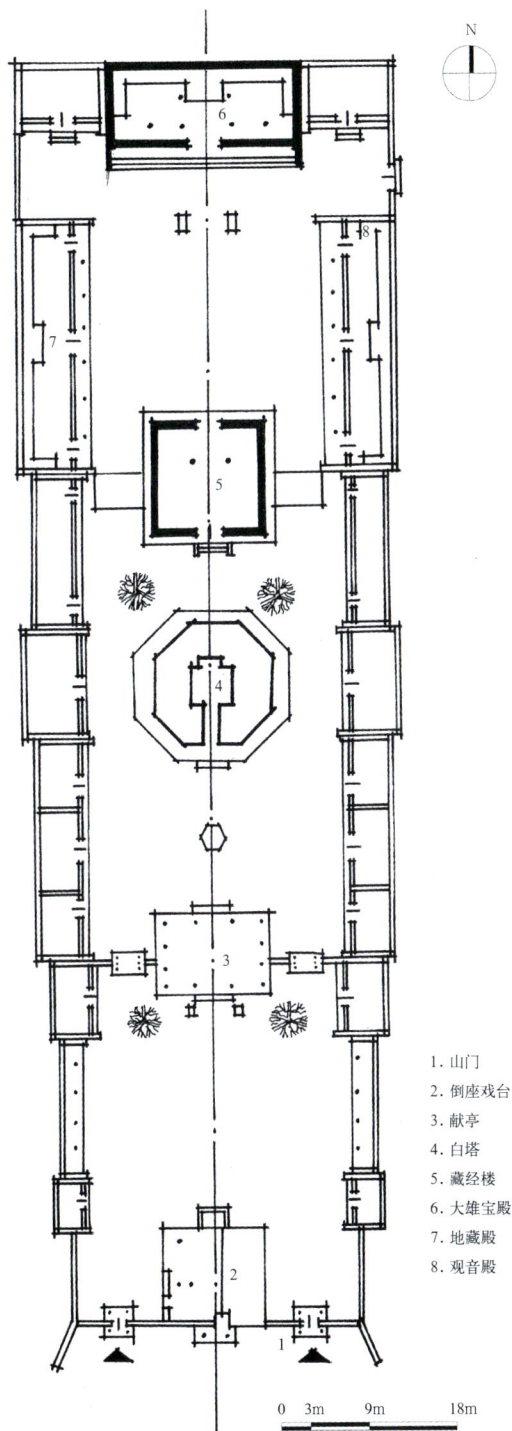

1. 山门
2. 倒座戏台
3. 献亭
4. 白塔
5. 藏经楼
6. 大雄宝殿
7. 地藏殿
8. 观音殿

图7-2-60　太谷无边寺平面图（资料来源：自绘，1998年实测）

图7-2-61　太谷无边寺写生（资料来源：自绘）

图7-2-62　太谷无边寺山门（资料来源：自摄）

（十八）平遥镇国寺

镇国寺，原名京城寺，位于平遥县城东北15公里郝洞村北侧。坐北向南，寺前场地开阔，原为戏场，寺西侧为禅院。东西68.8米、南北183.3米，占地面积12611.4平方米。寺内石碑及墨书题记载，创建于五代北汉天会七年（公元963年），金天德三年（1151年）局部修葺。元、明时期重建天王殿、三佛殿等，清雍正、乾隆年间重修，清嘉庆元年至二十年（公元1796～1815年）于山门南建舞榭。现状二进院落，中轴线由南至北遗有天王殿、万佛殿和三佛殿，两侧遗有钟楼、鼓楼、观音殿、地藏殿及廊庑（图7-2-63～图7-2-65）。万佛殿为五代原构，余皆为明、清遗构。万佛殿面阔三间、进深六椽，单檐九脊顶，灰色筒板瓦屋面，琉璃脊、吻、兽。殿脊槫下皮遗有"维大汉天会七年岁次癸亥三月建造"题记。梁架为复合式六椽栿通檐用二柱，檐下铺作真昂造，七铺作双杪双下昂隔跳偷心造铺作；补间五铺作双杪偷心造。柱头卷刹和缓，柱间以兰额联络，不设普拍枋，阑额至角柱不出头，沿袭唐代规制。前后檐当心间辟板门，前檐次间设直棂窗。殿内佛坛平面"凹"字形，坛上遗存塑像11尊，塑于五代天会年间（公元957～973年）。释迦佛居中，结跏趺坐于须弥座上，佛像背光高大。佛两侧为阿难、迦叶立像，四胁侍菩萨位于弟子两侧，坛前两隅为二天王护卫。佛座前二供养童子跪坐于出水莲花台上。寺内另存明清塑像11尊，

图7-2-63　平遥镇国寺天王殿（资料来源：自摄）

图7-2-64　平遥镇国寺三佛殿（资料来源：自摄）

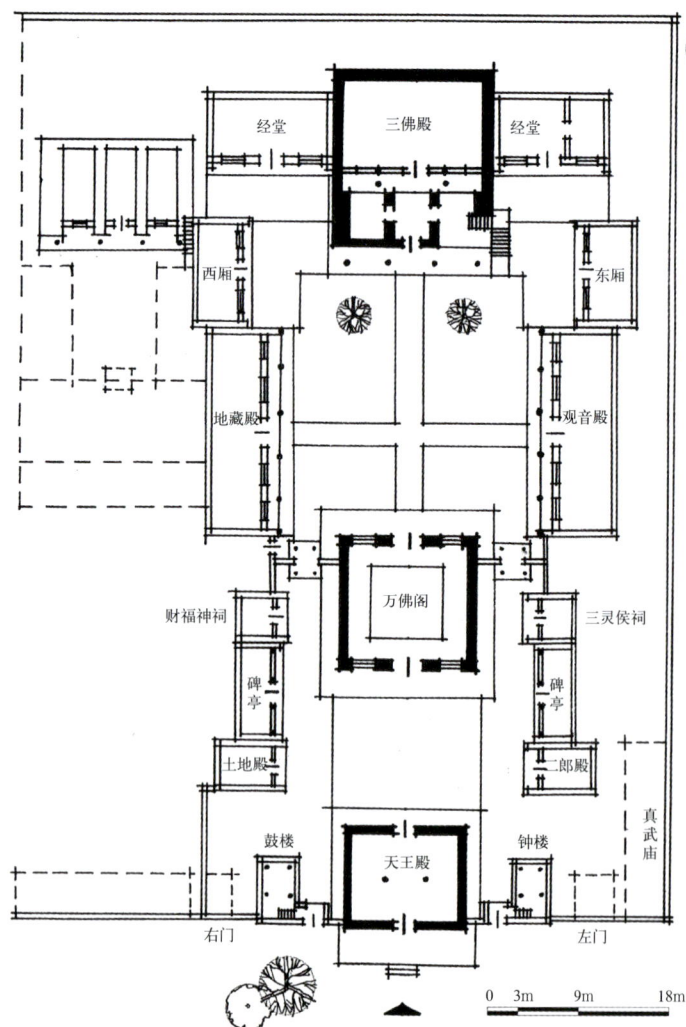

图7-2-65　平遥镇国寺平面图（资料来源：自绘，1998年实测）

图 7-2-66　平遥镇国寺塑像之一（资料来源：自摄）

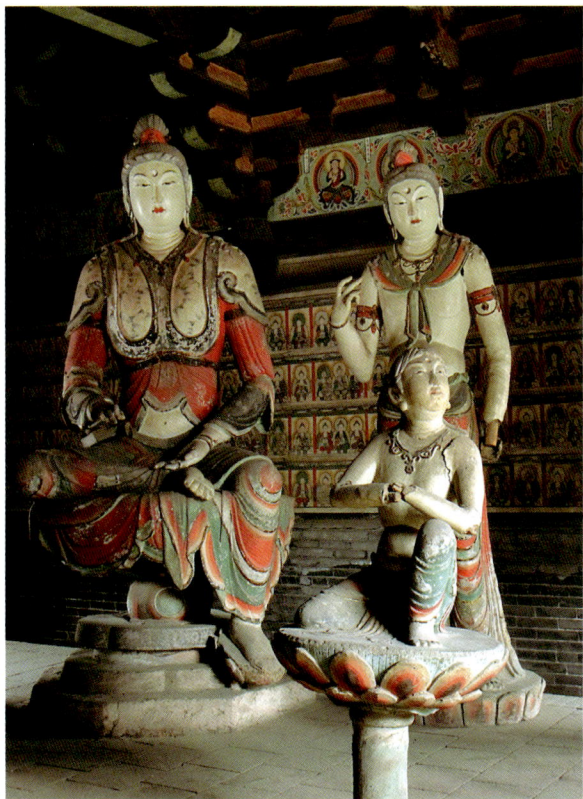

图 7-2-67　平遥镇国寺塑像之二（资料来源：自摄）

明清壁画 150 平方米，金皇统五年（1145 年）铸铁钟 1 口，明清碑 12 通，碣 6 方，其中"半截碑"是五代北汉时期遗物（图 7-2-66、图 7-2-67）。1988 年 1 月公布为全国重点文物保护单位。1997 年 12 月以平遥古城组成部分，列入《世界文化遗产名录》。

（十九）陵川崇安寺

崇安寺位于陵川县崇文镇城西社区古陵路 1 号，坐北朝南，二进院落。东西宽 61 米，南北长 93.5 米，占地面积 5722 平方米。创建年代不详，唐初名"丈八佛寺"，宋太平兴国元年（公元 976 年）赐名"崇安寺"，明、清均有修葺，现存西插花楼为元代风格，其他建筑为明清风格。中轴线有山门、过殿、正殿、佛龛，两侧有钟楼、鼓楼、掖门、廊房、插花楼、影壁。山门为明代建筑，面宽五间，进深六椽，2 层三重檐歇山顶。山门两侧为钟、鼓二楼，清代建筑，面宽进深均三间，重檐歇山式顶。过殿面阔五间，进深六椽，单檐歇山顶，七檩前出廊式构架，檐下斗栱五踩双翘，门窗为 20 世纪 80 年代维修时新制。正殿面阔五间，进深七椽，单檐悬山顶，八檩前出廊式构架，檐下斗栱五踩双翘，门窗同为 80 年代维修时新制。正殿两侧各有影壁一座。正殿后有一佛龛，龛内雕刻有一佛二弟子二菩萨像。西插花楼位于过殿西侧，平面形制为正方形，面宽进深均三间，2 层三重檐歇山顶。东插花楼清代已毁。2006 年，崇安寺被国务院公布为第六批全国重点文物保护单位（图 7-2-68～图 7-2-71）。

（二十）孝义白壁关净安寺

净安寺位于孝义市城西 8 公里高阳镇白壁关村东，创建年代不详，考寺院内现存正殿依据结构特征判定为元代遗构，清代修建配殿及山门、耳殿，2008 年修葺了正殿。坐北向南，一进院落布局，东西长 28.76 米，南北宽 43.43 米，占地面积 1249.33 平方米。中轴线由南到北依次遗有山门、正殿，两侧建配殿、耳殿。院内遗存圆首方碑 1 通，字迹已无法辨认。2004 年 8 月被孝义市人民政府公布为市（县）级重点文物保护单位。正殿位于

图 7-2-68　陵川崇安寺山门（资料来源：自摄）

图 7-2-69　陵川崇安寺过殿（资料来源：自摄）

图 7-2-70　陵川崇安寺正殿（资料来源：自摄）

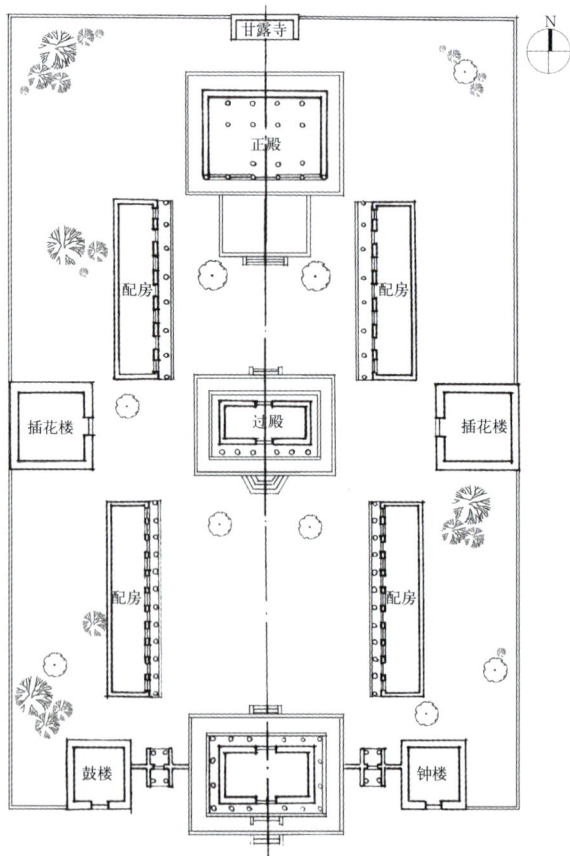

图 7-2-71　陵川崇安寺平面图（资料来源：山西省第三次文物普查资料）

图 7-2-72　孝义白壁
关净安寺正殿（资料
来源：自摄）

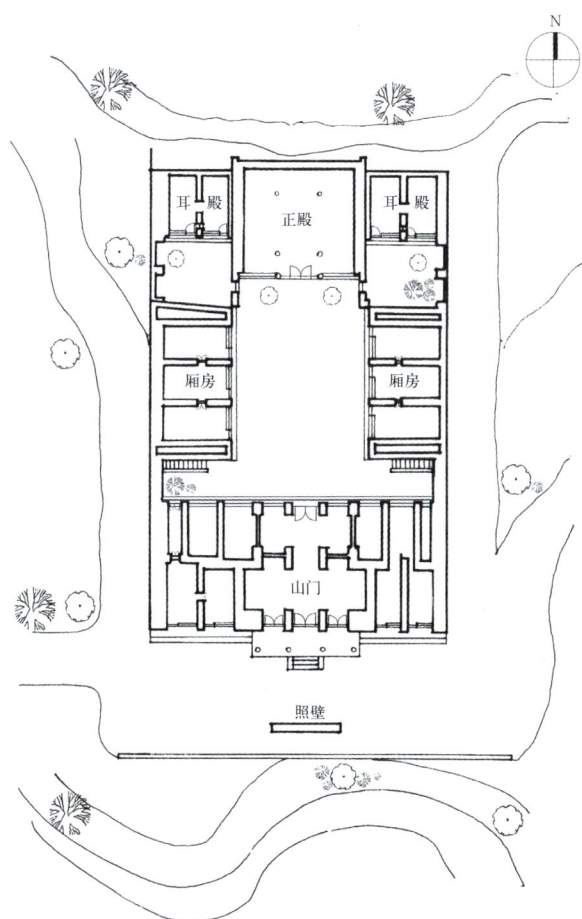

图 7-2-73　孝义白壁关净安寺平面图（资料来源：自绘，2006 年实测）

寺院内北端，砖砌台基，面阔三间，进深四椽，单
檐悬山顶，梁架为二椽栿前后压乳栿用四柱，屋面
琉璃剪边，施琉璃脊饰，明间板门装修，次间直棂
窗，柱头铺作为四铺作真昂计心造，补间每间施铺
作 1 朵。殿内后柱向后移，形成后内柱后移的移柱
造布列手法，梁栿为自然弯材，梁架举折和缓，前
檐明间东柱头铺作施以真昂造，具有早期建筑特征
（图 7-2-72、图 7-2-73）。

二、郊野中的寺庙

本书将地处聚落与山林之间的寺庙，称之为郊
野中的寺庙。唐代末期发展起来的禅宗，吸取了魏
晋时的玄学思想，主张清静无为和超凡脱俗。佛寺
位置的选择，往往以远离尘世为目标，由此产生了
许多郊野中的寺庙。由于受自然环境条件和社会文
化意识的影响，郊野中寺庙建筑的位置选择，并非
固定不变。某些具有特殊意义的重要地段，常常成
为建造寺庙的理想位置。山西地处黄土高原，山川
阻隔，环境恶劣，大多数人工环境常常被高山峻岭
环抱，人们习惯于将其生存环境与周围的自然环境
加以联系，赋予神圣的宗教意义和价值，并以人工

的建筑物将这种联系付诸实现。事实上，建造在郊野中的寺庙，不仅成为聚落的一个有机组成部分，而且也成为自然环境中的文化景观。郊野中的寺庙所处的位置，实际上是环境景观构图的中心点、制高点、转折点和空白点。

（一）永济普救寺

普救寺，唐名西永清院，位于永济市蒲州镇西厢村仁和堡自然村西南部。坐北向南，依垣而建，南北450米、东西300米，占地面积13万平方米。据《蒲州府志》及碑记载，隋唐时期曾予扩建、修补，宋至清历代修葺，是元代杂剧《西厢记》的发源地。明嘉靖三十四年（1555年）毁于地震，四十一年（1562年）蒲州知州张佳胤重修寺塔。民国9年（1920年）寺毁于火灾，仅存砖塔及菩萨洞3眼。1986年在唐宋建筑基址上仿唐重建，分三条轴线布列，西轴线有山门、大钟楼、塔院回廊、砖塔（原有）、大雄宝殿；中轴线有天王殿、菩萨洞（原有）、弥陀殿、藏经阁、十王殿、罗汉堂；东轴线有垂花门、僧舍、枯木堂、长老堂、禅堂、正法堂、香积厨等，加建有梨花深院、西轩、书斋、花园等建筑。砖塔、菩萨洞皆为明代遗构。另存唐代瓦棱小道遗址1处，清石牌楼1座；北朝晚期石佛像3尊；宋元时期观音菩萨、侍童彩塑3尊；唐代铁人1对；明代石狮2对，石虎1尊及宋、金、明、清碑刻、塔碣19通（方）。1965年公布为山西省级文物保护单位（图7-2-74～图7-2-76）。⑩

（二）新绛白台寺

白台寺，又名普化寺。位于新绛县泉掌镇光马村西南300米处，传说因释迦佛座莲台为白色而得名，坐北向南，二进院落，东西40米、南北66米，占地面积2640平方米。创建年代不详，唐开元十四年（公元726年）、金大定与明昌年间、元至正十五年（1355年）、明正德六年（1511年）均有重修，清代进行扩建。中轴线由南至北遗有法藏阁、释迦殿和后大殿；法藏阁东侧建山门，一进院东侧遗有弥陀殿，二进院西侧遗有配殿、东侧遗有配殿基址。释迦殿为金代遗存，法藏阁和后大殿为元代遗构，山门及西厢房为清代建筑。法藏阁依土崖建造，金代创建，元代重修。面阔三间、进深六椽，2层三檐悬山顶，顶层灰色筒板瓦屋面，琉璃脊、吻、兽、剪边。顶层梁架为三椽栿前压劄牵乳用三柱，檐下铺作为四铺作单下昂计心造、里转单杪偷心造。北面当心间辟板门。二层设额枋置五铺作双杪斗

图 7-2-74　永济普救寺写生（资料来源：自绘）

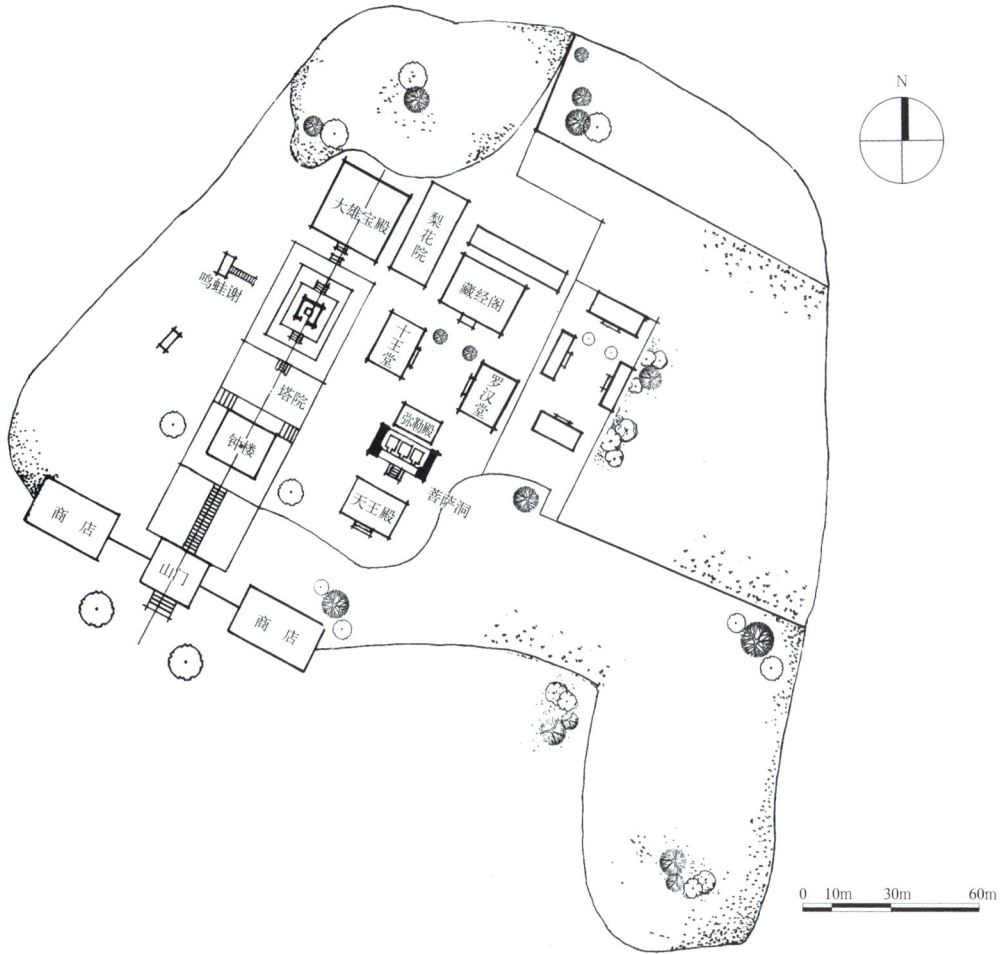

图 7-2-75　永济普救寺平面图（资料来源：山西省第三次文物普查资料）

图 7-2-76　永济普救寺砖塔（资料来源：自摄）

图 7-2-77　新绛白台寺三滴法藏阁（资料来源：自摄）

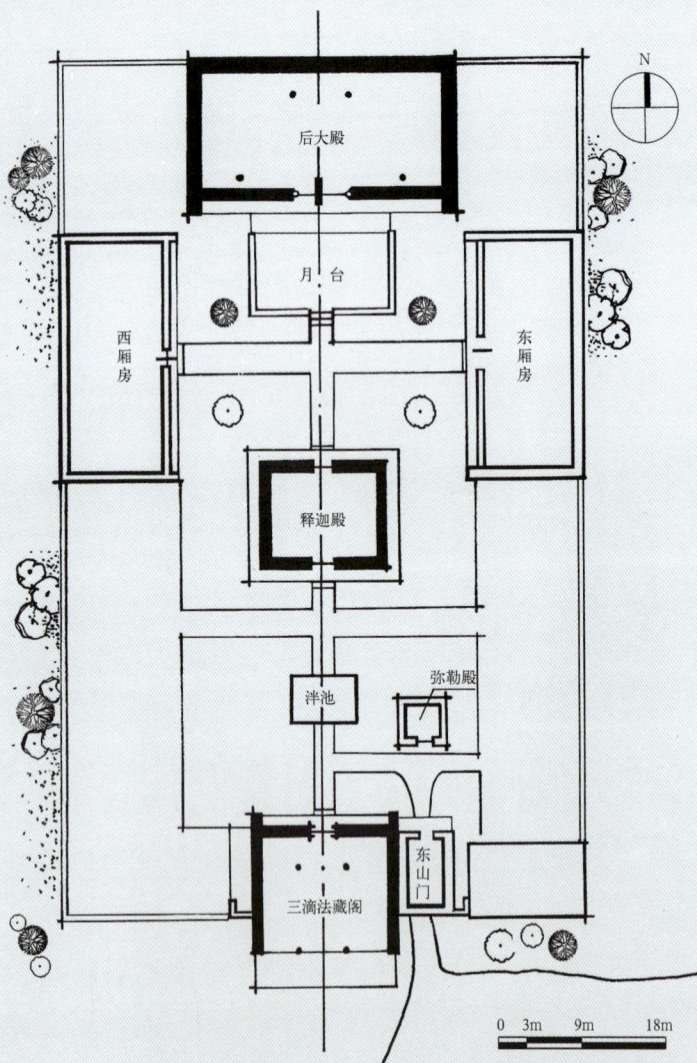

图 7-2-78　新绛白台寺平面图（资料来源：山西省第三次文物普查资料）

栱，承廊檐。一层中依土崖砌洞，内设神坛奉药王神（图 7-2-77、图 7-2-78）。释迦殿金明昌年间（1190～1194 年）重建。面阔三间、进深四椽，单檐九脊顶，灰色筒板瓦屋面。梁架为三椽栿、劄牵对插后内柱用三柱，檐下柱头铺作为四铺作单下昂计心、里转出楅头木；当心间施补间铺作一朵，为四铺作单下昂计心、里转五铺作挑斡造，令栱头两侧制成昂状形制。前檐当心间辟板门，次间设直棂窗，殿内佛坛上原奉佛像 12 尊，释迦佛居中，两侧为阿难、迦叶、菩萨，两山墙下存罗汉 6 尊，扇面墙后为韦陀像。其中阿难、迦叶佛像、韦陀像已毁，后人补塑。前后墙上各嵌石碣 2 方。后殿重建于元至元十一年（1274 年），面阔五间、进深四椽，单檐硬山顶，灰色筒板瓦屋面。梁架为三椽栿后压搭牵用三柱，檐下铺作为里外五铺作双杪计心造，不设补间。前檐当心间设隔扇门，次间方格窗为后人改换。殿内设有佛坛，释迦牟尼佛端坐于正中莲台之上，两旁菩萨协侍。殿前设月台，四角各置宋代八棱经幢 4 座。寺内保存有宋代经幢 4 幢，碑碣 7 通（方），元、明时期彩塑十余尊。2006 年 5 月公布为全国重点文物保护单位。

（三）稷山大佛寺

稷山大佛寺，原名清凉院，又名佛阁寺。位于稷山县稷峰镇寺后窑村东南隅。坐北向南，南北 180 米、东西 106 米，占地面积 1.5 万平方米。寺内现存碑文载，创建于金皇统二年（1142 年），元大德十一年（1307 年）、元至正十四年（1354 年）、清康熙二十年（1681 年）、清咸丰九年（1859 年）、民国 5 年（1916 年）均有修葺。中轴线由南向北，建有山门、天王殿、大殿及两侧钟楼、鼓楼、碑廊、文殊殿、普贤殿、十八罗汉洞和十殿阎君洞。大殿内正中遗有高 16.68 米、宽 6.80 米金代土雕大佛一尊，大佛端坐施说法印，双腿着地。面相端庄而肃穆，两耳垂肩，额中有白毫印，袒胸露肌，身披袈裟。如此巨大的土雕大佛在全国甚为罕见。十殿阎君洞系在土崖开凿而成，洞内塑有地藏菩萨和十殿阎塑像 13 尊，形象逼真，为元代泥塑艺术精品

图 7-2-79　稷山大佛寺全景（资料来源：自摄）

图 7-2-80　稷山大佛寺大殿（资料来源：自摄）

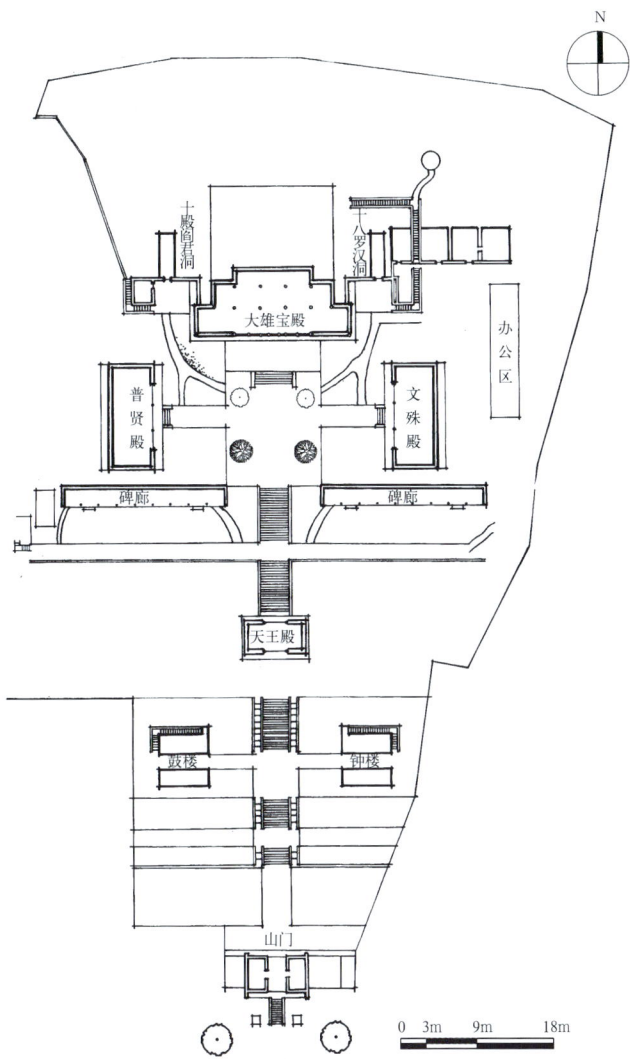

图 7-2-81　稷山大佛寺平面图（资料来源：山西省第三次文物普查资料）

（图 7-2-79 ～图 7-2-81）。1996 年 1 月公布为山西省级文物保护单位。

（四）襄汾普净寺

普净寺，位于临汾市襄汾县赵康镇史威村西南 500 米处。坐北向南，四进院落，东西 48.55 米、南北 119 米，占地面积 5777.45 平方米。明成化元年（1465 年）《太平县南史普净寺重修殿宇碑铭并序》碑载，"后汉明帝永平七年，声教流于震旦，是以立刹，曰南史寺，号普净，寰中古刹，海内名蓝，敝云水之情丘，挟山水之英秀"的记载。正殿脊槫下遗有："大元国大德七年闰五月十八日

立□□……"题记，考寺存明清碑，明隆庆、成化、正德，清乾隆、道光年间均有修建。中轴线由南至北遗有山门、天王殿、罗汉殿、关公殿、正殿；天王殿前东侧为 2 层卷棚钟楼，罗汉殿西侧遗有药王殿，殿前设拜殿。正殿为元代遗构，药王殿、罗汉殿为元、明代遗构，余为清代遗构。正殿为元大德七年（1303 年）遗构，面阔三间、进深六椽，平面减去次间内柱，单檐不厦两头造，灰色筒板瓦屋面。梁架为四椽栿后压乳栿用三柱，前檐铺作为四铺作单下昂、里转单杪计心造，后檐为四铺作单里外单杪计心造。前檐当心间设六抹头隔扇门，

次间两抹头隔扇窗装修。寺内遗存元明彩塑 43 尊（图 7-2-82 ~ 图 7-2-84）。2006 年 5 月公布为全国重点文物保护单位。

（五）潞城原起寺

原起寺，位于长治潞城市黄牛蹄乡辛安村东。一进院落，寺东西 20 米、南北 18 米，占地面积 360 平方米。寺存唐代石幢铭记载，创建于唐天宝六年（公元 747 年），北宋元祐二年（1087 年）建青龙宝塔，后历代屡修。中轴线现存献亭、大雄宝殿，东侧为配殿，西侧为青龙宝塔。大雄宝殿及青龙宝塔为宋代遗构，其余建筑为清代遗构。大雄宝殿面阔三间、进深四椽，单檐九脊顶。梁架为四椽栿后对搭牵用三柱，檐下铺作为斗口跳，栱枋用材较大。

柱头卷刹和缓，栌斗坐兰额、兰额不出头。青龙宝塔平面呈八角形，7 层砖砌楼阁式，高约 17 米，一层南向券门、北向设虚掩门，东、西雕砌直棂窗。一、二层檐部砖雕五铺作斗栱，三层以上砖雕四铺作斗栱。塔身条砖跑砌，塔檐砖雕椽飞，翼角微微升起，转角设木制角梁冠以琉璃套兽，塔檐屋面筒板瓦覆盖（图 7-2-85 ~ 图 7-2-87）。寺内存宋代残碑 1 通，经幢 1 座，残造像碑 1 通。2001 年 6 月公布为全国重点文物保护单位。

（六）长子法兴寺

法兴寺，初名慈林寺，位于长子县城东南 20 公里张店乡庄头村附近的慈林山上。坐北向南，二进院落，东西 62.44 米、南北 99.3 米，占地面积

图 7-2-82　襄汾普净寺塑像（资料来源：自摄）

图 7-2-83　襄汾普净寺罗汉殿（资料来源：自摄）

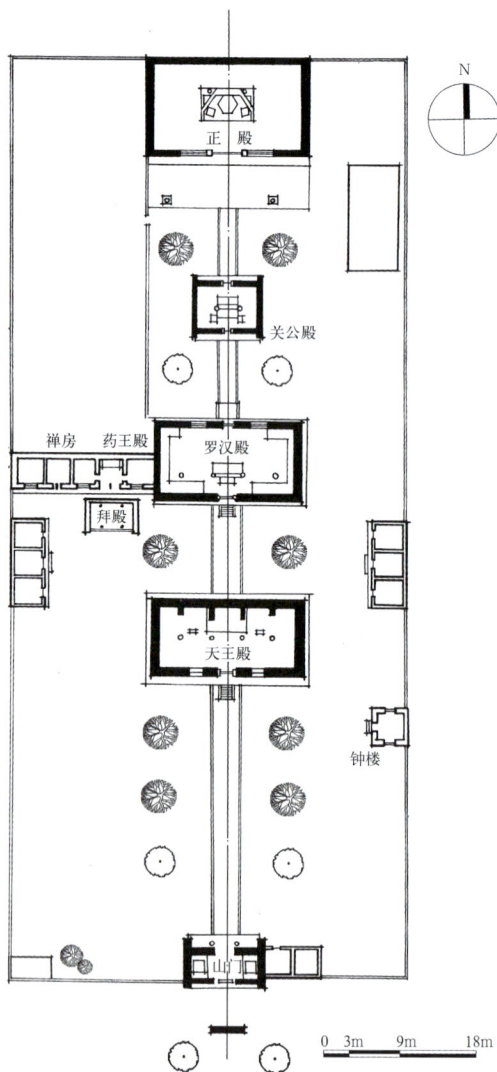

图 7-2-84　襄汾普净寺平面图（资料来源：山西省第三次文物普查资料）

图 7-2-85 潞城原起寺大雄宝殿（资料来源：自摄）

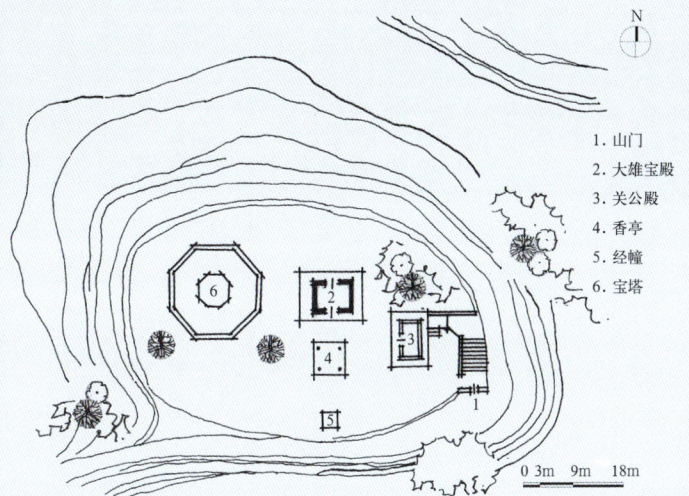

1. 山门
2. 大雄宝殿
3. 关公殿
4. 香亭
5. 经幢
6. 宝塔

0 3m 9m 18m

图 7-2-87 潞城原起寺平面图（资料来源：自绘，1998 年实测）

图 7-2-86 潞城原起寺写生（资料来源：自绘）

6200.29 平方米。原址在翠云山东 2 公里的慈林山腰，由于地质原因于 20 世纪 80 年代搬迁于翠云山南坡，依山而建，原寺庙布局保存不变。据文献及寺存碑刻记载，法兴寺创建于北魏神鼎元年（公元 401 年），唐上元元年（公元 674 年）鼎盛、扩建，并改慈林寺为广德寺，唐郑惠王建石舍利塔，唐大历八年（公元 773 年）造长明灯（燃灯塔）1 座，五代时麻衣道者修建山门，宋治平年间（1064～1067 年）改

寺名为"法兴寺"，宋元丰四年（1081 年）重建圆觉殿，宋政和元年（1111 年）新塑释迦及胁侍群像，以后历代都有不同程度的修葺。中轴线上由南至北依次建有山门、石舍利塔、长明灯、圆觉殿、毗卢殿。一进院落东西两侧为关帝殿和伽蓝殿、二进院落东西两侧为东配殿和西配殿。现存石舍利塔、长明灯为代遗物，圆觉殿为宋代遗构，毗卢殿为明代遗构，其余为唐清代遗构，寺内另存唐代石塔 2 座，

元代石塔 1 座，宋代彩塑 22 尊，唐宋以来碑碣 19 通。1988 年 1 月公布为国家重点文物保护单位（图 7-2-88 ～图 7-2-90）。

（七）长治观音堂

观音堂，位于长治市郊区大辛庄镇梁家庄村东。坐东向西，二进院落，东西 65.65 米、南北 29.4 米，占地面积 1930.1 平方米。碑碣记载，创建于明万历十年（1582 年），清代重修。中轴线遗有天王殿、献亭、观音殿，两侧为钟楼、鼓楼、配殿。观音殿面阔三间、进深四椽，单檐悬山顶，灰布筒板瓦屋面，琉璃脊、吻、兽，梁架为四架梁后对单步梁通檐用

三柱，檐下斗栱三踩单昂，前檐明间设六抹四隔扇门，次间设隔扇窗装修。前檐明间悬"观音堂"木匾 1 方，上款"万历十年孟冬吉日"，下款"诰封兵部侍郎郜钦立"。殿内三面设佛坛，坛上、三面墙壁及梁架、门窗顶部满布彩塑、悬塑。明、次间遗有观音、文殊、普贤三大士像；四壁及龛墙悬塑为儒、释、道三种神祇人物，以佛教神祇为主，有佛、菩萨、弟子、金刚、罗汉和诸天；道教神祇置于墙上沿，体量较小；儒家及鬼神布列与南壁门窗之上；正壁取材《华严经入法界品》中善财童子拜师求教，历访五十三位"善知识"的五十三参，即生成

图 7-2-88　长子法兴寺圆觉殿（资料来源：自摄）

图 7-2-89　长子法兴寺塑像（资料来源：自摄）

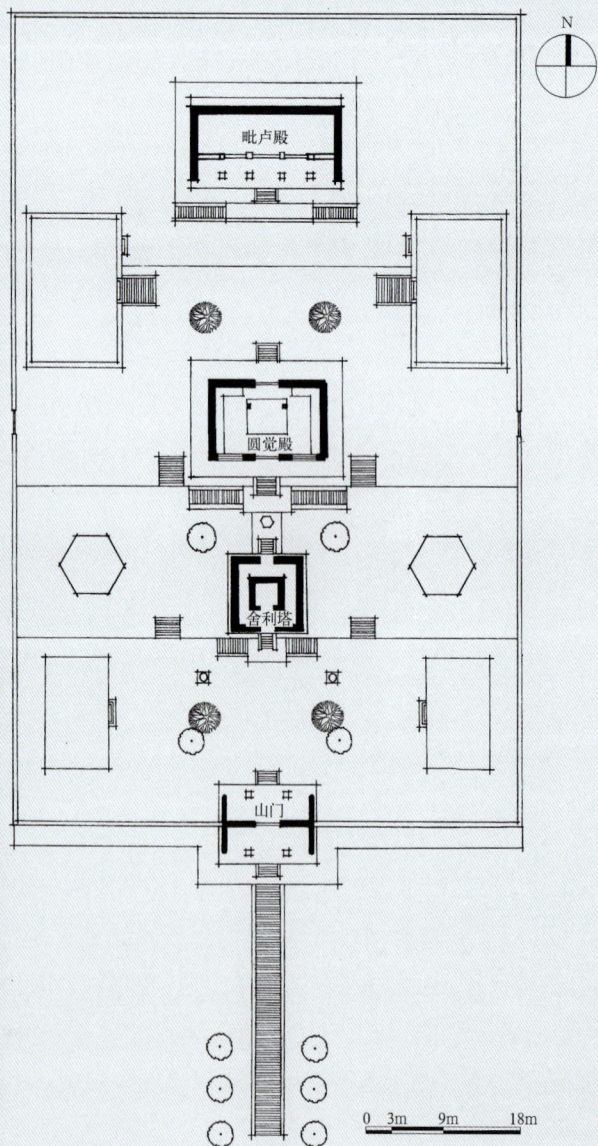

图 7-2-90　长子法兴寺平面图（资料来源：自绘，1998 年实测）

图 7-2-91 长治观音堂山门（资料来源：自摄）

图 7-2-92 长治观音堂悬塑（资料来源：自摄）

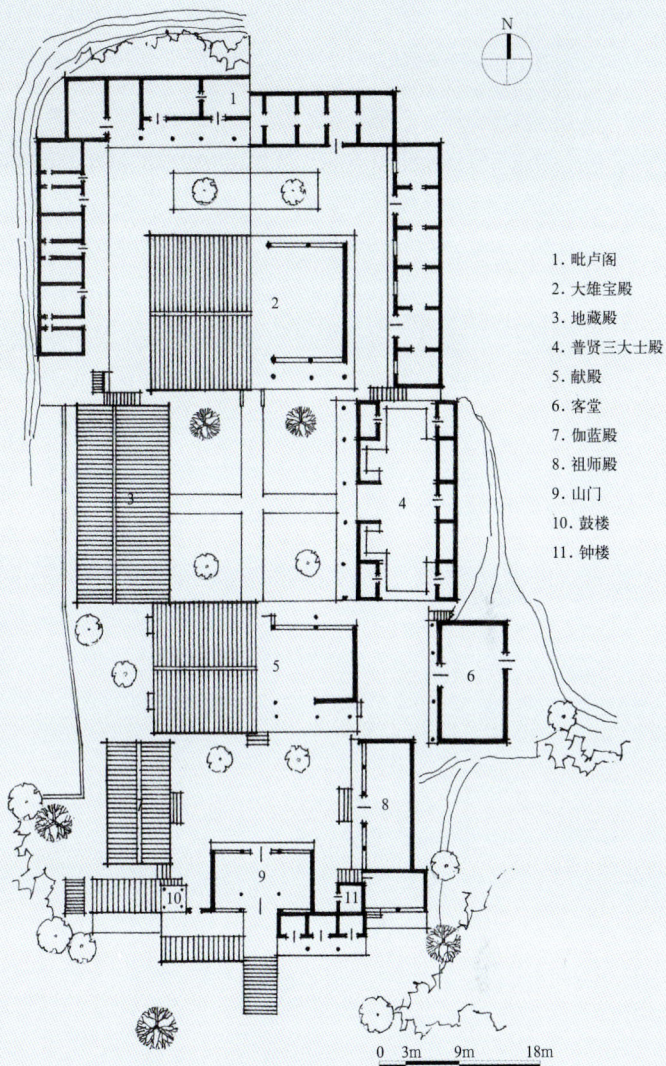

1. 毗卢阁
2. 大雄宝殿
3. 地藏殿
4. 普贤三大士殿
5. 献殿
6. 客堂
7. 伽蓝殿
8. 祖师殿
9. 山门
10. 鼓楼
11. 钟楼

0 3m   9m   18m

图 7-2-93 长治观音堂平面图（资料来源：自绘，1998 年实测）

佛、灵山会等佛传故事（图 7-2-91 ～ 图 7-2-93）。2001 年 6 月公布为全国重点文物保护单位。

（八）太谷净信寺

净信寺，位于太谷县城东 10 公里处阳邑乡的西南侧。坐北向南，二进院落，东西 33.89 米、南北 96.35 米，占地 3265.30 平方米。寺内碑刻及脊刹题记载，创建于唐开元元年（公元 714 年），金大定（1161 ～ 1189 年）重修，明正德年间（1506 ～ 1521 年）扩建、嘉靖十七年（1548 年）修葺，万历三十三年（1606 年）、四十四年（1617 年）增建，清道光四年（1824 年）

再次增建和扩建。中轴线上由南至北遗存倒座戏台、毗卢殿、大雄宝殿（图 7-2-94、图 7-2-95）。前院戏台两旁各有掖门一座，一进院东侧遗有看廊、娘娘殿、鼓楼、天王殿，西侧遗有看廊、灰泉殿、钟楼、天王殿；二进院东侧遗有碑廊、东配殿（门神、观音、普贤殿），西侧遗有碑廊、西配殿（土神、地藏、文殊殿）；天王殿与碑廊间设月门，为寺东、西方向入院通道。毗卢殿两侧遗存东、西掖门，大雄宝殿东侧遗存有关公殿，西侧遗有僧舍。现存建筑均明清遗构。戏台两个部分构成，平面呈"凸"字形，

图 7-2-94 太谷净信寺毗卢殿（资料来源：自摄）

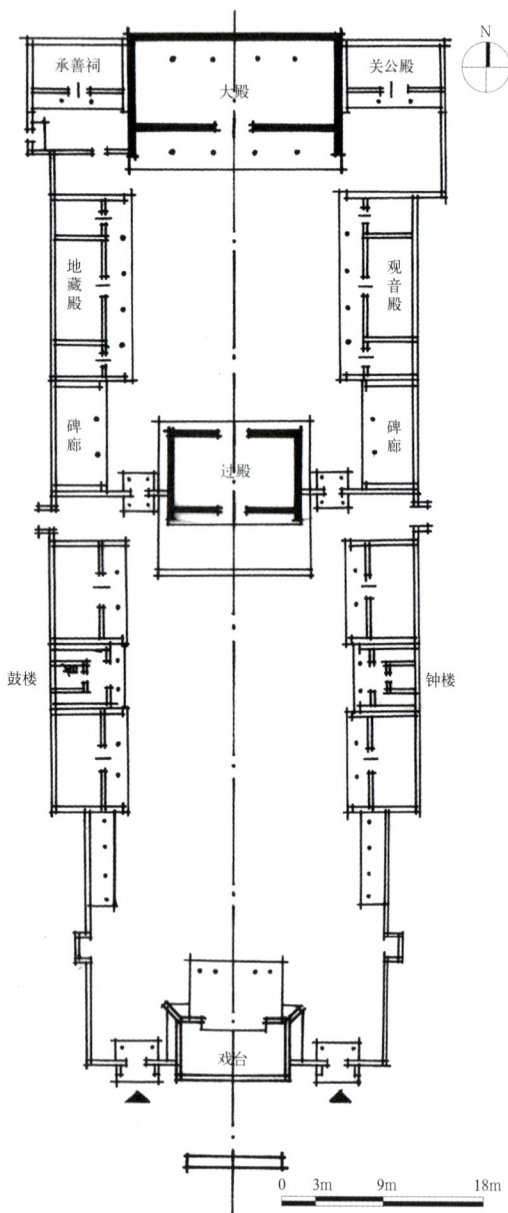

图 7-2-95 太谷净信寺平面图（资料来源：自绘，1998 年实测）

前为演台，面宽三间，单檐卷棚歇山顶，东西建有八字木构墙；双面斗栱九踩四下昂，后为出台后室，面宽五间、进深四椽，单檐悬山顶。演台前檐斗栱、耍头、栱眼刻工形态逼真，做工精致，后台梁架五架梁通檐两柱造，后檐下施五踩双下昂，里转五踩双翘斗栱，前檐斗栱与演台共用。屋顶施孔雀蓝色琉璃瓦件覆盖。演台前檐阑额上悬匾一块，书"神听和平"，落款"大清道光四年十二月毂旦"。寺内遗存碑刻 32 通，明、清彩塑 84 尊，明清壁画 180 平方米。2006 年 5 月公布为全国重点文物保护单位。

（九）平遥双林寺

双林寺，原名中都寺，位于平遥县城西南 6 公里中都乡桥头村北侧。坐北向南，三进院落，东西 94 米、南北 150 米，占地面积 14100 平方米。庙内北宋大中祥符四年（1011 年）《姑姑之碑》记载，创建于北齐武平二年（公元 571 年），宋代重新修建，取释迦佛"双林入灭"之义，改名"双林寺"。金、元之际，毁于战火，明代依旧址重建，清道光、宣统年间屡修。中轴线由南至北遗有山门、天王殿、释迦殿、大雄宝殿和佛母殿，前院两侧遗有罗汉、地藏、武圣、土地殿，释迦殿两侧遗有钟、鼓二楼，中院东、西遗有千佛殿、菩萨殿，院之东北向遗有贞义祠小殿一间。东侧原有禅院，现仅存正房一座（图 7-2-96 ～图 7-2-99）。各殿塑像满堂，共计 1566 尊，多为明代遗物，少部分为清代补塑。寺内存壁画 400 余平方米，宋、明、清、民国重修碑 9 通。1988 年 1 月公布为全国重点文物保护单位。

图 7-2-96 平遥双林寺全景（资料来源：自摄）

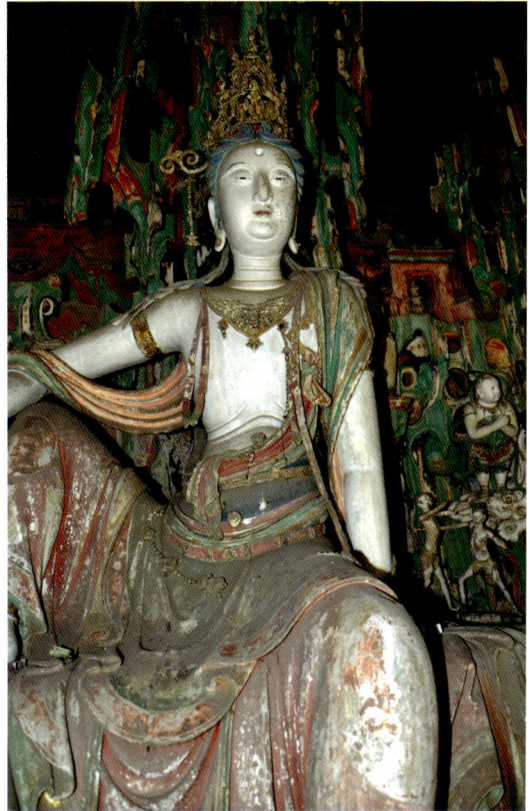

图 7-2-97 平遥双林寺平面图（资料来源：自绘，1998年实测）

1. 山门
2. 天王殿
3. 释迦殿
4. 大雄宝殿
5. 娘娘殿
6. 菩萨殿
7. 千佛殿
8. 鼓楼
9. 钟楼
10. 阎罗殿
11. 罗汉殿
12. 土地殿
13. 武圣殿
14. 夯土砖围墙
15. 禅院经房

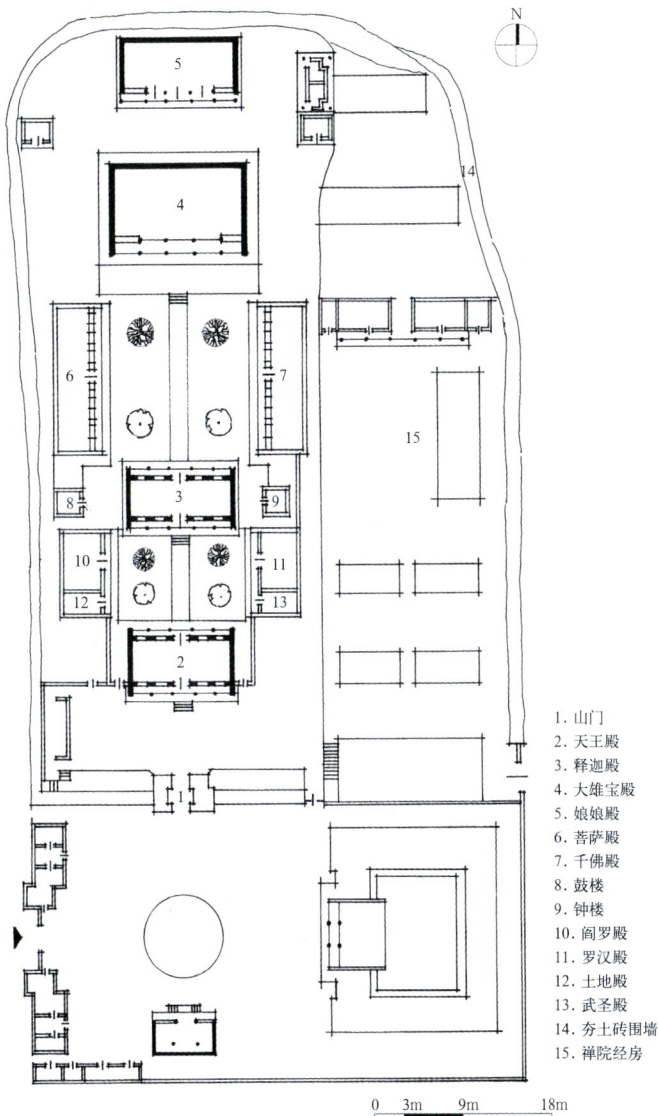

图 7-2-98 双林寺塑像之一（资料来源：自摄）

图 7-2-99 双林寺塑像之二（资料来源：自摄）

图 7-2-100　平遥白云寺全景（资料来源：刘升斌摄）

图 7-2-101　白云寺大雄宝殿（资料来源：自摄）

图 7-2-102　白云寺塔墓（资料来源：自摄）

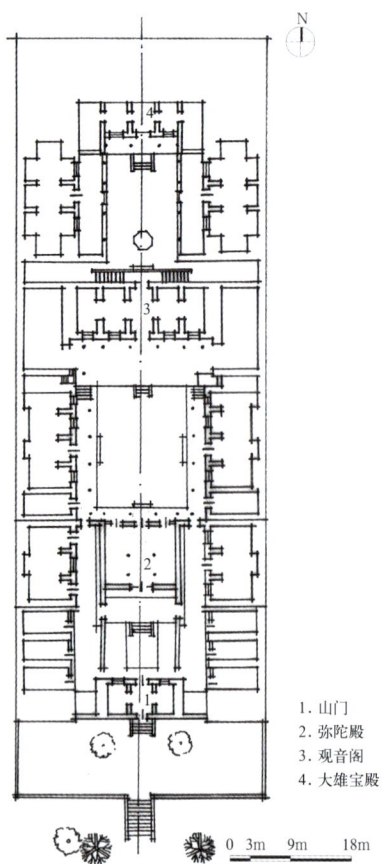

1. 山门
2. 弥陀殿
3. 观音阁
4. 大雄宝殿

0　3m　9m　18m

图 7-2-103　平遥白云寺平面图（资料来源：自绘，1998 年实测）

（十）平遥白云寺

　　白云寺，位于平遥县卜宜乡梁家滩村西，古称西域寺，坐北向南，三进院落，占地面积 5098 平方米，创建年代不详，重修于明嘉靖十六年（1537 年），清乾隆、嘉庆、道光及民国年间增修补葺。中轴线建有山门、弥勒殿、大雄宝殿和禅堂。山门 2 层，面宽三间，下层明间辟拱券门洞，上建三间硬山顶小殿，称之为关帝殿。弥勒殿面宽三间，进深六椽，单檐硬山顶，五架梁对前后单步梁用四柱，前檐插廊。大雄宝殿 2 层，下层为 5 孔砖券窑洞，带前廊，其上建观音阁，面宽三间，进深五椽，单檐卷棚硬山顶，六檩前后廊式构架。大雄宝殿内存明代彩塑 3 尊；禅堂 2 层，上下均为砖窑，上层窑洞砖砌前檐墙为仿欧式做法，称之为古佛殿（图 7-2-100 ～图 7-2-103）。寺内存明、清、民国碑 10 通，山门外古柏 4 株，寺院西南和东北遗有 12 座塔墓。2004 年 6 月公布为山西省级文物保护单位。

（十一）灵石资寿寺

资寿寺，位于灵石县城东 10 公里静升镇苏溪村西侧。坐北向南，三进院落，占地面积 17000 平方米。创建于唐懿宗咸通十一年（公元 870 年），重修于宋咸平二年（公元 999 年），金代末年因周围林木失火而烧毁，元泰定三年（1326 年）释法海主持大修，明成化三年至正德十六年（1467 ～ 1521 年）大规模扩建，至明天启二年（1622 年）初具规模。中轴线由南至北遗有照壁、仪门、山门、天王殿、大雄宝殿；山门东侧为关帝殿，山门与天王殿之间，东侧遗有三世佛殿、西侧遗有伽蓝殿；大雄宝殿与天王殿之间，东侧遗三大士殿、弥勒殿，西侧遗有二郎殿、地藏殿；大雄宝殿东侧遗弥陀殿、西侧遗药师殿。寺院西北处建有方丈院、禅堂院、藏经楼。现存建筑明代遗构。寺内遗有明、清壁画，塑像大小 150 余尊，元、明、清、民国时期的石碑 15 通，残经幢 1 座。2001 年 6 月公布为全国重点文物保护单位（图 7-2-104 ～图 7-2-106）。

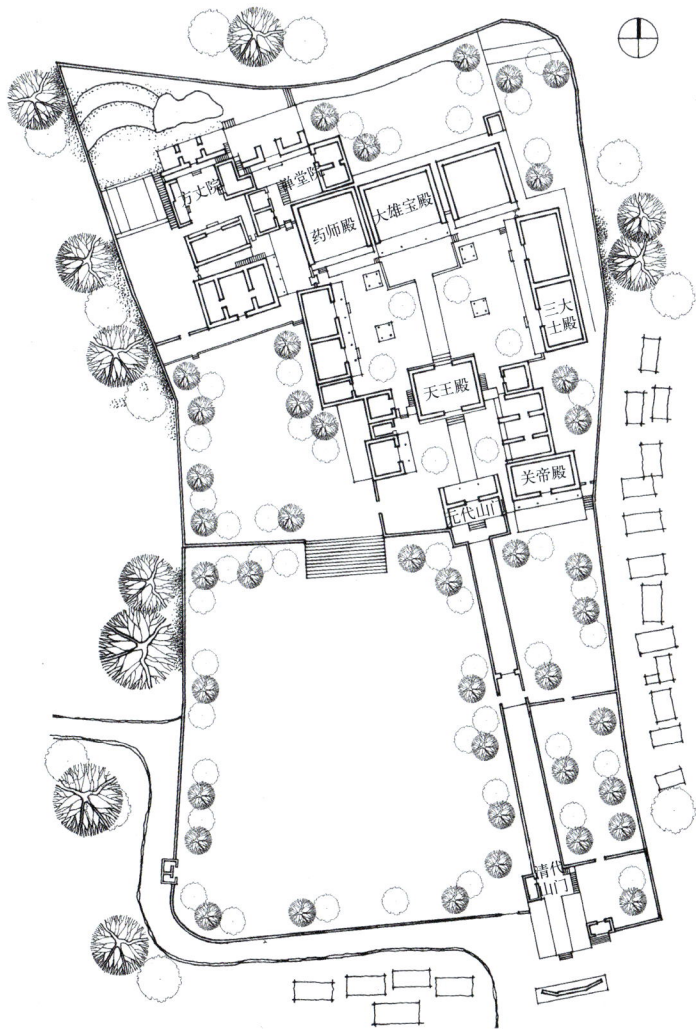

图 7-2-104 灵石资寿寺平面图（资料来源：山西省第三次文物普查资料）

图 7-2-105 灵石资寿寺塑像（资料来源：自摄）

图 7-2-106 灵石资寿寺大雄宝殿（资料来源：自摄）

图 7-2-107　太原永祚寺写生（资料来源：自绘）

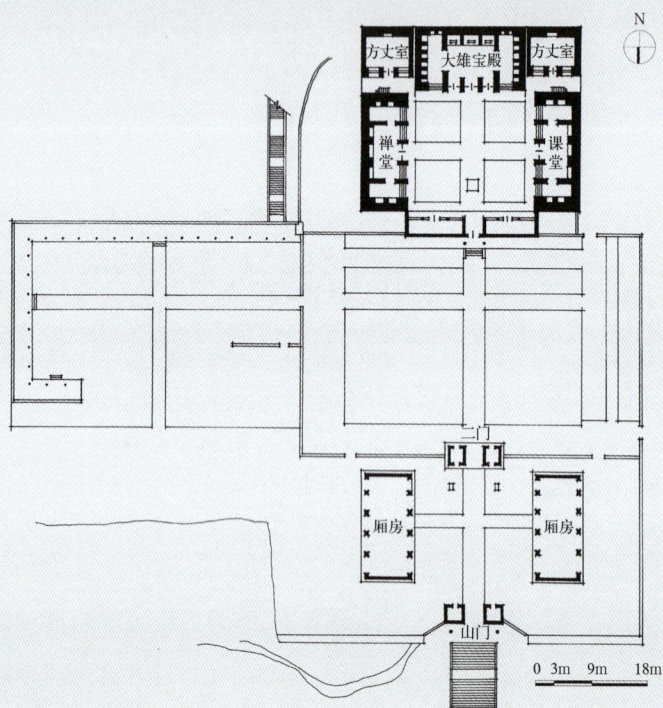

图 7-2-108　太原永祚寺平面图（资料来源：自绘，1998 年实测）

图 7-2-109　太原永祚寺大雄宝殿（资料来源：自摄）

（十二）太原永祚寺

永祚寺，俗称双塔寺，位于太原市迎泽区郝庄镇郝庄村南隅。由寺院和塔院两部分组成，东西141.96米、南北216.98米，占地面积30802.48平方米。寺坐南向北，二进院落布局，东西42米、南北166.7米，占地面积4001.4平方米；寺院东南向形成独立轴线，遗有为双塔。始创于明万历二十七年（1599年），初名永明寺，万历三十六年（1608年），五台山高僧妙峰（福登）和尚奉敕续建，易名永祚寺。清顺治十五年（1658年）续建两塔间过殿，完善了禅堂和殿宇，民国16年（1927年）维修。中轴线上现存山门、如意门、三门、大雄宝殿和三圣阁，一、三进院东、西侧现存厢房和禅房、客房；东南存有宣文塔、过殿、文峰塔。宣文塔、文峰塔、大雄宝殿和三圣阁、禅房、客房为明代遗构，如意门和过殿为清代遗构、三门为民国遗构。山门、一进院东西厢房、二门及塔院过殿、宝贤堂法帖碑廊为20世纪80年代复建（图7-2-107～图7-2-109）。寺内保存明代石碣《宝贤堂集古法帖》180余方，清代《古宝贤堂法帖》48方。清代著名书法家祁寯藻《子史粹言》石碑4通。寺内还种植牡丹1000余株，有名的品种20余种，其中明代"紫霞仙"为最古老的牡丹品种之一。2006年5月公布为全国重点文物保护单位。

（十三）太原净因寺

净因寺，又称大佛寺。位于尖草坪区上兰街道办事处土堂村西。依山崖而建，分前后二院，东西112.9米、南北43.5米，总占地面积4911.15平方米。《太原府志》载："土堂寺在城西北四十里刘村，金太和五年建（1205年），旧名净因，内有土洞殊高敞，名土堂，有大佛像。"明嘉靖二十年（1541年）《重修土堂阁楼记》载，汉代此处土山崩坏，裂陷成洞，洞内土丘高及33米，形似佛像，传为山崩现佛，乃佛教"净土"之因缘，在此建寺，便取名净因寺。《元一统志》及寺碑记载，五代后唐长兴元年（公元930年）立有匾额，金泰和五年（1205年）重建，明、清多次修葺。前院坐西向东，东西36.82米、南北25.73米，占地面积947.38平方米；中轴线遗有天王殿（原山门）、大佛阁，两侧存南殿，南殿北侧为禅房。后院坐北向南，东西 27.69 米、南北 31.62 米，占地面积 875.56 平方米，中轴线遗有韦驮殿、大雄宝殿，东西两侧遗有观音殿、地藏殿。大佛为金元遗物，韦驮殿、大雄宝殿、观音殿、地藏殿为明代遗构，大佛阁为 20 世纪 80 年代复建，余皆清代遗构。寺内遗存塑像 33 尊，碑 12 通，经幢 1 座，古树名木 3 株。2006 年 5 月公布为全国重点文物保护单位（图 7-2-110 ～图 7-2-113）。

图 7-2-110　太原净因寺剖面图（资料来源：自绘，1998 年实测）

0　1m　3m　6m

图 7-2-111　太原净因寺大佛（资料来源：自绘）

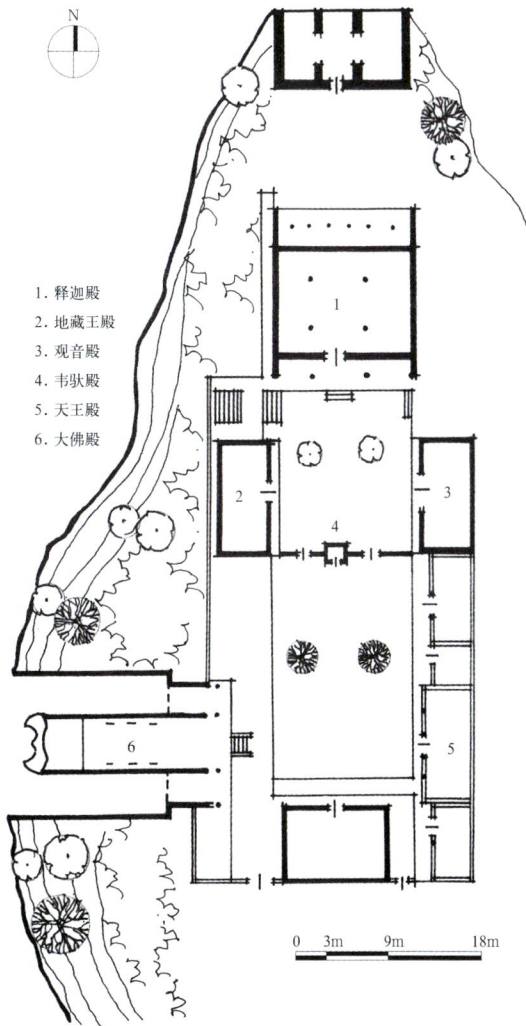

图 7-2-112　太原净因寺内院（资料来源：自摄）

N

1. 释迦殿
2. 地藏王殿
3. 观音殿
4. 韦驮殿
5. 天王殿
6. 大佛殿

0　3m　9m　18m

图 7-2-113　太原净因寺平面图（资料来源：自绘，1998 年实测）

图 7-2-114 大同观音堂写生（资料来源：自绘）

图 7-2-116 大同观音堂戏台（资料来源：自摄）

图 7-2-117 大同观音堂三真殿（资料来源：自摄）

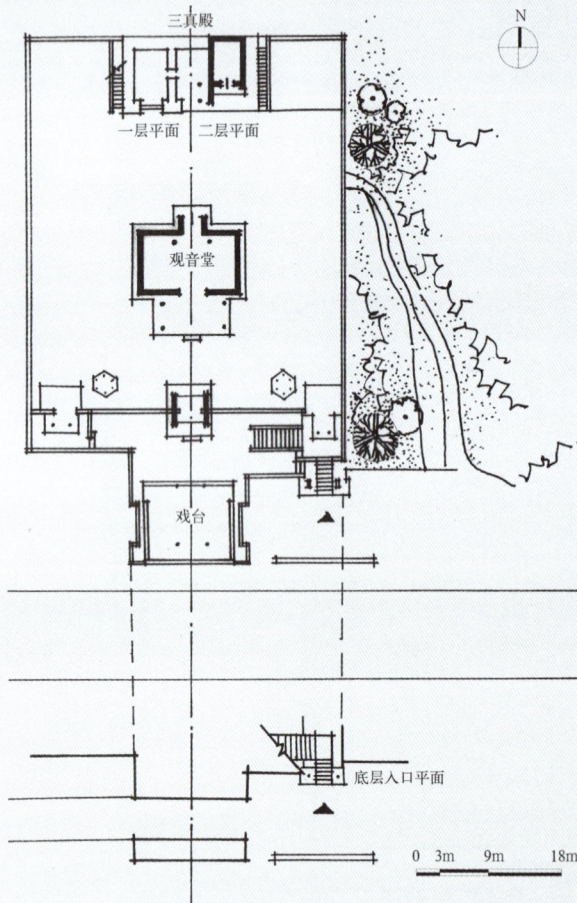

图 7-2-115 大同观音堂平面图（资料来源：自绘，1998 年实测）

（十四）大同观音堂

观音堂，位于大同城西 7.5 公里通往云冈石窟的道路北侧，创建于辽重熙年间，天辅六年（1122 年）毁于兵火。明清时期多次修葺，现存建筑系清顺治八年（1651 年）重建。寺院坐北朝南，布局紧凑，

分前后两院。戏台、观音堂、三真殿、沿中轴线由前至后排列，迭层升高。不同于一般寺院布局的是山门位于中轴线东侧。山门结构为砖券门洞。门额上书"观音堂"三字。前院有一倒座戏台，建造于离地 8 米高的券洞口上，洞下是古代车马人行之道。戏台与正殿（观音殿）之间有腰墙相隔，进入腰门，左右两侧各有钟鼓楼和碑廊。正殿面阔三间，进深两间，殿顶为悬山式，覆以琉璃瓦。殿前增置抱厦以扩大佛事活动场地，殿内正中有一尊 6 米高的石雕观音像，头饰花冠直达屋顶。观音两侧有 2 米高的石雕胁侍立像两尊，系辽代所作。殿内东西两侧伫立十大明王。壁上还绘有 24 幅观音菩萨救难的故事。后院是一座砖券窑洞与木构楼阁相结合的三真殿，殿外东西两端各设砖梯楼道可拾级而上。上层即五间木构楼房，正中三间内塑观音、文殊、普贤像，

四壁绘"普救老人"壁画多幅。寺前有三龙琉璃照壁，是大同市唯一的一座双面照壁，为明代遗物。寺西摩崖上镌有 3 米 ×3 米的双钩"佛"字，据考证为辽代遗迹（图 7-2-114 ～图 7-2-117）。[⑪]

（十五）阳城海会寺

海会寺又名龙泉寺、龙泉禅院，位于阳城县北留镇大桥村西南约 500 米。坐北朝南，占地面积为 2.48 万平方米。据寺内碑文记载，乾宁元年（公元 894 年），唐昭宗赐额为"龙泉禅院"；五代后周显德年间（公元 954 ～ 960 年）扩建；太平兴国七年（公元 982 年），宋太宗赐"海会寺"额；金大定二十七年（1187 年）重修并更名"海会寺"；明、清两代均有重修，现存为明至清建筑。中轴线由南向北依次分布：山门、天王殿、药王殿、毗卢阁、大雄宝殿，两侧建有钟鼓楼、十王殿、卧佛殿、观音殿、文武圣君殿等，东南为塔院，建有宋塔、琉璃塔各一，塔后为海会别院。2006 年海会寺被国务院公布为全国重点文物保护单位（图 7-2-118 ～图 7-2-120）。

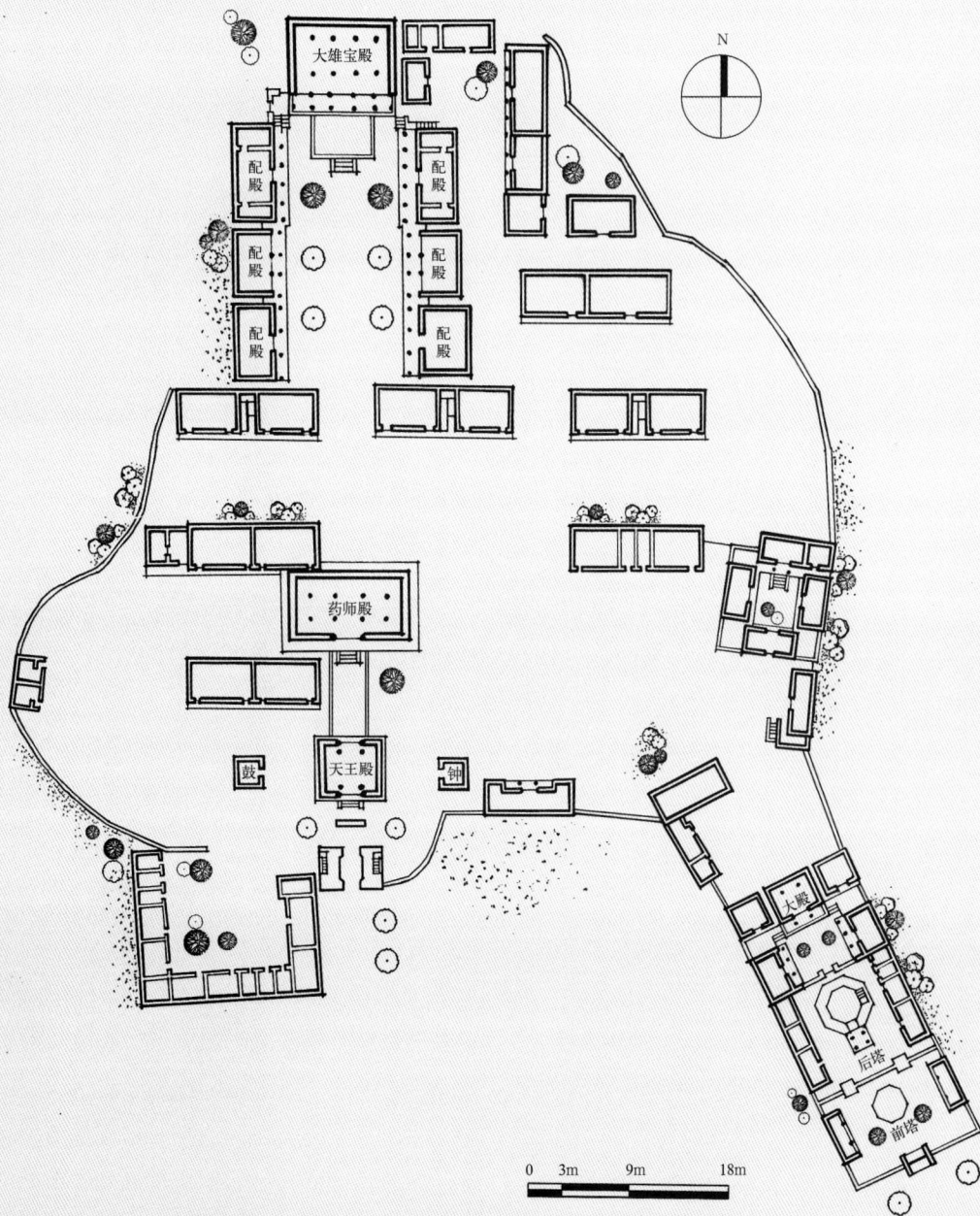

图 7-2-118　阳城海会寺平面图（资料来源：山西省第三次文物普查资料）

图 7-2-119　阳城海会寺全景（资料来源：自摄）

图 7-2-120　阳城海会寺毗卢阁（资料来源：周锋庆摄）

三、山林中的寺庙

　　古人追求"人之居处，宜以大地山河为主"，"以山水为血脉，以草木为毛发，以烟云为神采"的境界。山林中寺庙的营建，常用因山就势、顺应水脉、保土理水、培植养气、就地取材等原则。山之形势常给人不同的感受，山峰峭壁多有雄险挺拔之势，而给人以威严、崇高和惊险感；谷壑洞天则有幽奇之势，给人以宁静、神秘感。山体的这些抽象特征，一旦成为人们的欣赏对象，将引起感情上的共鸣，产生情景交融之感。寺庙建筑选址于山顶，从山下观望，只见顶上云雾缭绕，红墙黄瓦若隐若现，山

图 7-2-121 云峰寺外景之一（资料来源：自摄）

体之势挺拔雄伟似高不可攀，佛的神圣之感油然而生，趋人探寻；登上山顶，顿然会有"会当凌绝顶，一览众山小"的豪壮气概，山下之物都囊括于佛法的广阔之中。山林中的寺庙建筑，或位于山麓，或踞于山顶，或处于山腰，借山体雄壮之势，衬托着佛的博大姿态。

（一）介休云峰寺

云峰寺，又称灵官仙窟、大云寺，位于介休市绵山镇兴地村南绵山山腰抱腹岩。坐北朝南，建筑分上、下2层布局，并以石梯栈道相连。下层分东、西、中3个院落，据碑载，始建于唐贞观年间，宋、元、明、清历代均有修葺。上层建筑以石佛殿为主，东有龙池、天自所出殿、五龙殿、无名殿及栈道上眼光菩萨殿、诵经堂、闭关洞、修行洞。西有十大明王殿、

罗汉殿、释迦殿、马鸣菩萨殿、送子娘娘殿，其中石佛殿为明代遗构，余多为1998年以后复建而成。石佛殿依悬空石崖而建，面宽三间，进深一间，单檐歇山顶，檐下施三踩单翘石雕斗栱，前檐施石雕门窗。殿内存彩塑与包骨真身泥像。寺内存唐、元、清塑像72尊。2004年6月公布为省级重点文物保护单位（图7-2-121～图7-2-124）。

（二）永济万固寺

万固寺，初名縣哉寺。地处中条山麓，位于永济市蒲州镇鹿峪村胜利庄自然村南300米处。依山而建，坐东向西，四进院落，东西200米，南北100米，占地面积2万平方米。据碑记载，创建于北魏正光三年（公元522年），唐大中八年（公元854年）重建，宋代为河东名刹，明洪武、天顺年间多次重

图 7-2-122　云峰寺外景之二（资料来源：自摄）

图 7-2-123　云峰寺外景之三（资料来源：自摄）

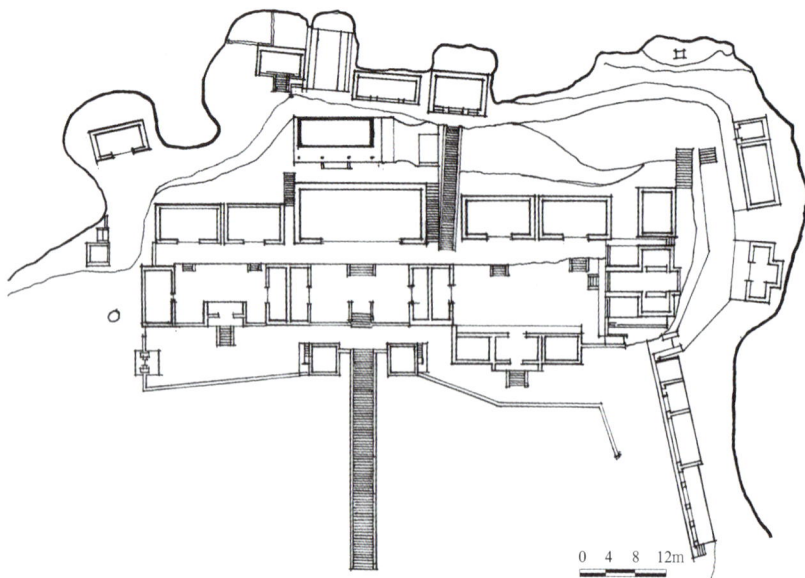

0　4　8　12m

图 7-2-124　介休云峰寺平面图（资料来源：山西省第三次文物普查资料）

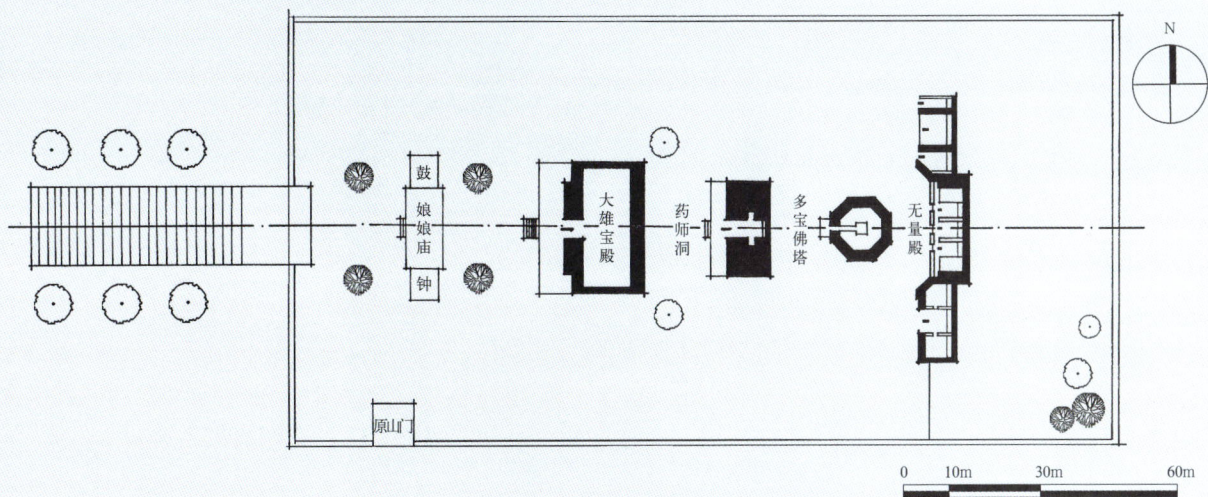

图 7-2-125　永济万固寺平面图（资料来源：山西省第三次文物普查资料）

修，明嘉靖四十四年（1565 年）毁于地震，明万历年间（1573～1620 年）重修，时称"中条第一禅林"。原中轴线自西向东建有钟楼、鼓楼、大雄宝殿、药师洞、水陆殿（毗卢阁）、多宝佛塔、无量殿（如来殿）、藏经阁等，南侧原有万固别院、东西僧院、罗汉殿。现仅存药师洞、多宝佛塔、无量殿，为明代遗构；余皆为 20 世纪末重建。其中多宝佛塔，为明正统十四年（1449 年）云瑞庵主持重建；明万历十九年至二十八年（1591～1600 年），福登（妙峰）主持修建了药师洞、无量殿，并对多宝佛塔做了较大修缮。寺内保存有宋、金、元、明、清历代碑刻 21 通，毗卢阁水陆石刻 4 方。1965 年 5 月公布为山西省级文物保护单位（图 7-2-125～图 7-2-127）。

（三）洪洞广胜寺

广胜寺，位于洪洞县城东北约 17 公里广胜寺镇圪垌村东霍山南麓。寺分为上寺、下寺和水神庙三部分，占地总面积 43771.3 平方米。据清道光七年（1827 年）《赵城县志》记载，创建于汉建和元年（公元 147 年），原名"阿育王塔院"，又名"俱卢舍寺"。唐代改称今名，唐大历四年（公元 769 年）汾阳王郭子仪奏请重建。宋、金之际毁于兵火后重建，元大德七年（1303 年）地震毁坏，九年（1305 年）重建，明嘉靖三十四年（1555 年）、清康熙三十四年（1695 年）平阳一带大地震，该寺遭到

图 7-2-126　永济万固寺砖塔（资料来源：自摄）

图 7-2-127　永济万固寺无量殿（资料来源：自摄）

图 7-2-128　洪洞广胜上寺全景（资料来源：自摄）

图 7-2-129　飞虹塔琉璃藻井（资料来源：自摄）

图 7-2-130　广胜上寺悬塑（资料来源：自摄）

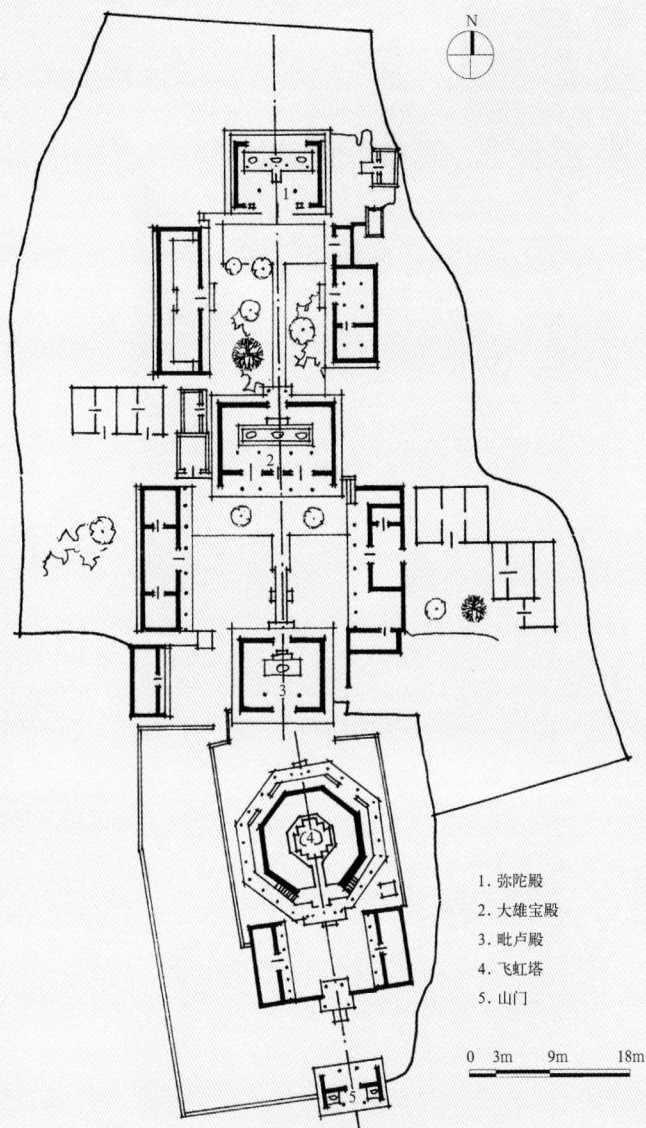

图 7-2-131 广胜上寺平面图（资料来源：自绘，1998 年实测）

1. 弥陀殿
2. 大雄宝殿
3. 毗卢殿
4. 飞虹塔
5. 山门

0　3m　9m　18m

图 7-2-132 广胜上寺写生（资料来源：自绘）

不同程度损毁，但没有毁灭性破坏，之后多有修缮（图 7-2-128 ～图 7-2-130）。上寺位于山巅，下寺位于山脚，相距约 500 米，水神庙位于下寺西侧。

上寺坐东北偏西南，三进院落布局，西北至东北 102.17 米、东北至西南 179.47 米，占地面积 18336.45 平方米。中轴线上遗有山门、飞虹塔、弥陀殿、大雄宝殿、毗卢殿；一进院为塔院，遗存飞虹塔，过弥陀殿为二进院，弥陀殿东、西遗有掖门，院内东、西遗有配殿，大雄宝殿至毗卢殿为三进院，大雄宝殿西侧遗有韦驮殿，院内东侧为观音殿、西侧为地藏殿。弥陀殿、韦驮殿、毗卢殿为元代遗

构，飞虹塔及大雄宝殿为明代遗构，余为清代建筑（图 7-2-131、图 7-2-132）。

下寺坐东北偏西南，二进院落，中轴线上遗存有山门、弥陀殿、大雄宝殿（后大殿）；弥陀殿东、西两侧建有钟、鼓楼，大雄宝殿西侧遗有西耳殿。院内东西两侧建有廊屋窑洞式建筑。弥陀殿东西两侧建有钟鼓楼，大雄宝殿西侧建有西垛殿，二进东、西遗有廊屋窑洞式建筑。山门、前殿、后大殿、西垛殿为元代遗构，余皆为清代遗构（图 7-2-133 ～图 7-2-135）。

水神庙位于下寺西南，与下寺连接，二进院落，中轴线上有山门（戏台）、仪门（二门）、牌楼、明应王殿。二进院内东西遗有多座窑洞式建筑。水神庙与下寺间建有便门（开涅槃门）与下寺互通。明应王殿为元代遗构，余为清及民国建筑。飞虹塔，俗称琉璃塔，为阁楼式琉璃砖塔，通高 47.31 米。据塔碑记载，始建于明正德十年（1515 年）、竣工于明嘉靖六年（1527 年）。塔基平面八边形，塔内

图 7-2-133　广胜下寺山门（资料来源：自摄）

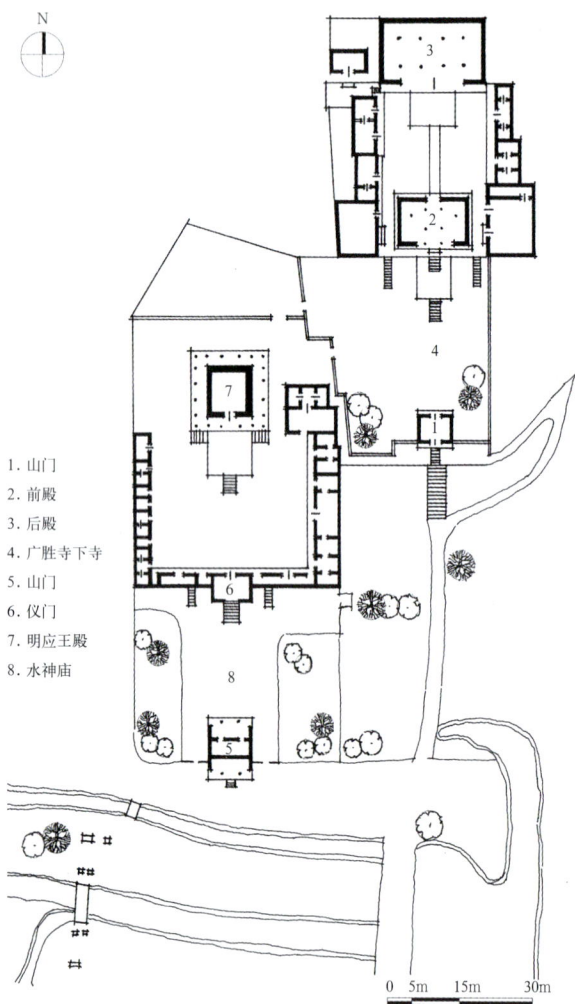

图 7-2-135　广胜下寺鼓楼（资料来源：自摄）

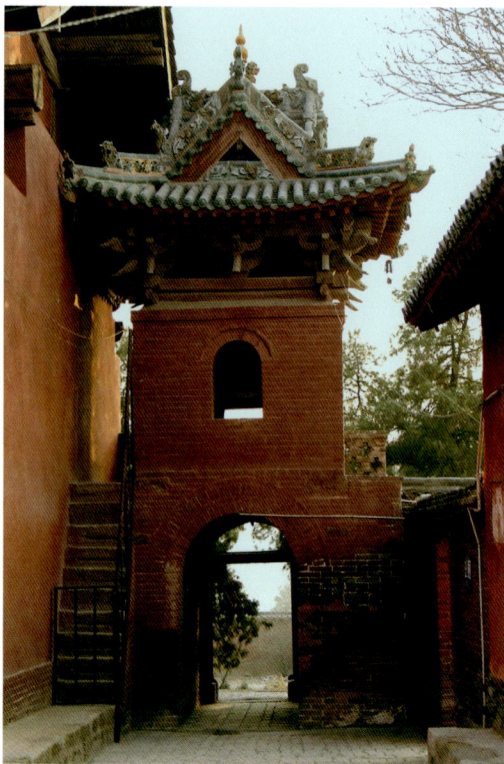

1. 山门
2. 前殿
3. 后殿
4. 广胜寺下寺
5. 山门
6. 仪门
7. 明应王殿
8. 水神庙

0　5m　15m　30m

图 7-2-134　广胜下寺平面图（资料来源：自绘，1998 年实测）

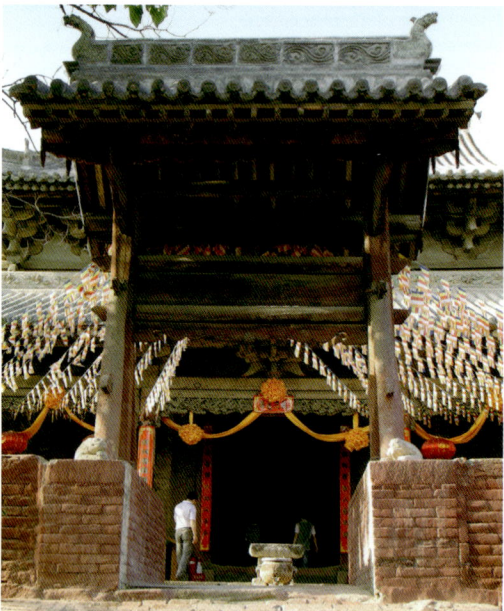

图 7-2-136　水神庙山门（资料来源：自摄）

中空，设壁内折上式阶梯攀登至十层，踏步以凿于壁间的孔洞在壁内折上，塔内底层有铜铸释迦佛坐像一尊，塔室顶部砌琉璃斗栱叠上形成八角琉璃藻井。寺内存碑 48 通、碣 55 方、铁锅 1 口、铁钟 1 枚。

1933 年寺内发现金皇统平水版《大藏经》（即赵城金藏）4000 余卷，现存于国家图书馆。上寺飞虹塔、水神庙壁画、《赵城金藏》及元代建筑被称为"三绝一奇"（图 7-2-136）。1961 年 3 月公布为全国重点文物保护单位。

（四）交城玄中寺

玄中寺，俗称石壁寺，位于交城县城西北10公里的石壁山上，是佛教净土宗的发祥地。坐北向南，三进院落，东西121米、南北106米，占地12826平方米。净土宗祖师昙鸾、道绰、善道先后驻锡弘法，为中国佛教净土宗祖庭。北魏延兴二年（公元472年）创建，唐元和十五年（公元820年）、金泰和年间（1210～1208年）重修，明永乐年间（1403～1424年）、万历三十三年（1605年）重修。中轴线上由南至北依次为天王殿、大雄宝殿、祖师殿（七佛殿）、千佛阁；一进院两侧建钟、鼓楼，东客堂，东阁楼，西伽蓝殿，西阁楼；大雄宝殿左、右各建有偏院；二进院东建大悲殿，西为地藏殿；祖师殿（七佛殿）左、右建有东、西碑廊。天王殿为明代万历三十三年（1605年）重建之构，钟、鼓楼为清顺治十四年（1675年）创建之构，寺南墓塔为金至清遗物，余皆为新中国成立后重建（图7-2-137～图7-2-141）。1965年5月公布为山西省级文物保护单位。

（五）长子崇庆寺

崇庆寺，位于长子县东南20公里色头镇璩村北翠云山腰。坐北向南，一进院落，东西39.5米、南北41.8米，占地面积1651.1平方米。清嘉庆三年（1798年）《崇庆寺重修备志》载："……大中祥符九年（1016年）而寺始建，千佛殿居其北，卧佛殿居其东，罗汉殿居其西，天王殿居其南，东南立门，门之东建关帝殿，西北十帝并鬼王殿，西北又

图7-2-137 交城玄中寺写生（资料来源：自绘）

图 7-2-138　玄中寺天王殿（资料来源：自摄）

图 7-2-139　玄中寺大雄宝殿（资料来源：自摄）

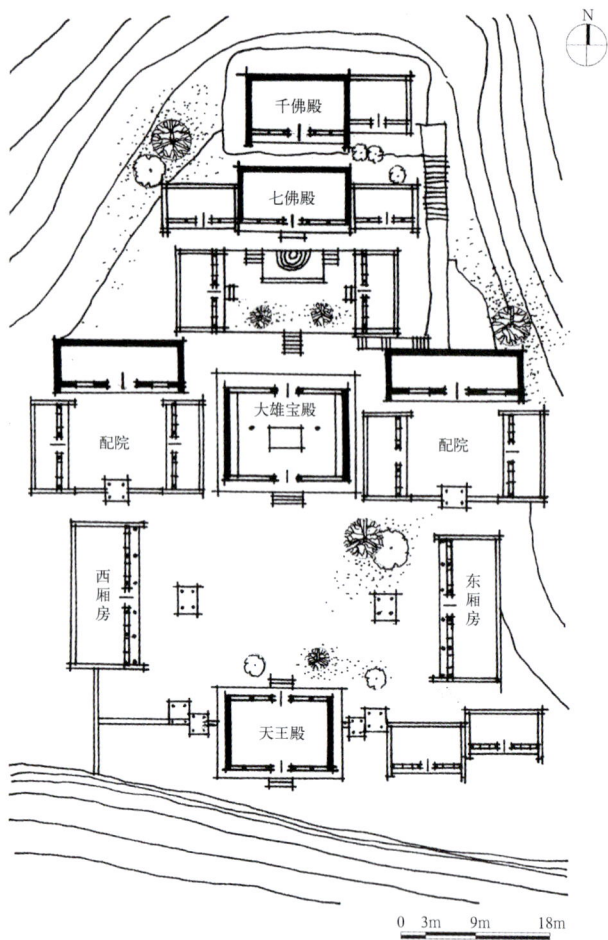

图 7-2-140　玄中寺平面图（资料来源：自绘，1998 年实测）

图 7-2-141　玄中寺剖面图（资料来源：自绘，1998 年实测）

立给孤长者殿，东北一院则为禅房……"。明嘉靖
二十七年（1548年）重建天王殿、地藏殿，清嘉庆
三年（1798年）重建卧佛殿、关帝殿、孤长者殿、
禅院。中轴线上现有山门（天王殿）、千佛殿、东、
西两侧为十帝阁君殿、卧佛殿、三大士殿、关帝殿、
东院为禅房院。千佛殿为宋大中祥符九年（1016年）
始建之构，罗汉殿佛台为宋元丰二年（1079年）遗
物，构架至迟为金代遗构，余皆为明、清遗构。千
佛殿石砌台基，面阔三间、进深六椽，单檐九脊顶，
灰色筒板瓦屋面，黄绿琉璃瓦剪边。梁架结构为四
椽栿对前乳栿通檐用三柱，檐下设五铺作单抄单下
昂偷心造斗栱，不设补间铺作。前檐当心间辟板门，
次间设破直棂窗。殿内设束腰须弥式佛坛，上供一
佛二菩萨及背面侧坐观音像。三大士殿，俗称西配
殿，面宽三间、进深四椽，单檐悬山顶。殿内施有
低矮的佛坛，上留有两方铭记，记载有施主名及"元
丰二年二月砌造"题记，坛上存文殊、普贤、观音
三大士像，两侧有十八罗汉彩塑，为国内现存宋代
罗汉中唯一有确切纪年的作品。十帝阁君殿，又名
十王殿、地藏殿。居殿内脊板题记建于"大明嘉靖
二十七年"，殿身面宽三间，进深四椽，单檐悬山顶，
殿顶琉璃脊饰。梁架为四椽栿通达前后檐用二柱，
四椽栿上置平梁、合㭼承平梁，柱头斗栱三踩单
昂。殿顶琉璃及门窗装修均为明代原物。寺内存碑
2通，宋代彩塑21尊、明代彩塑13尊（图7-2-142、
图7-2-143）。1996年11月公布为全国重点文物保
护单位。

（六）高平定林寺

定林寺，位于高平市城东6公里米山镇米东村
北大粮山腰。坐北向南，依山势而建，三进院落，
东有禅院，南北91.94米、东西127.57米，占地
总面积11170平方米。创建年代不详，后唐长兴年间、
宋雍熙年间（公元984～987年）、宋元祐四年（1089
年）、金皇统八年（1148年）、金大定二年（1162年）、
金泰和四年（1204年）、元延祐四年（1317年）及
明、清历代均有重修。中轴线上由南至北依次遗有
山门、雷音殿、七佛殿。前院东西为钟、鼓楼及配

图7-2-142　长子崇庆寺正殿（资料来源：自摄）

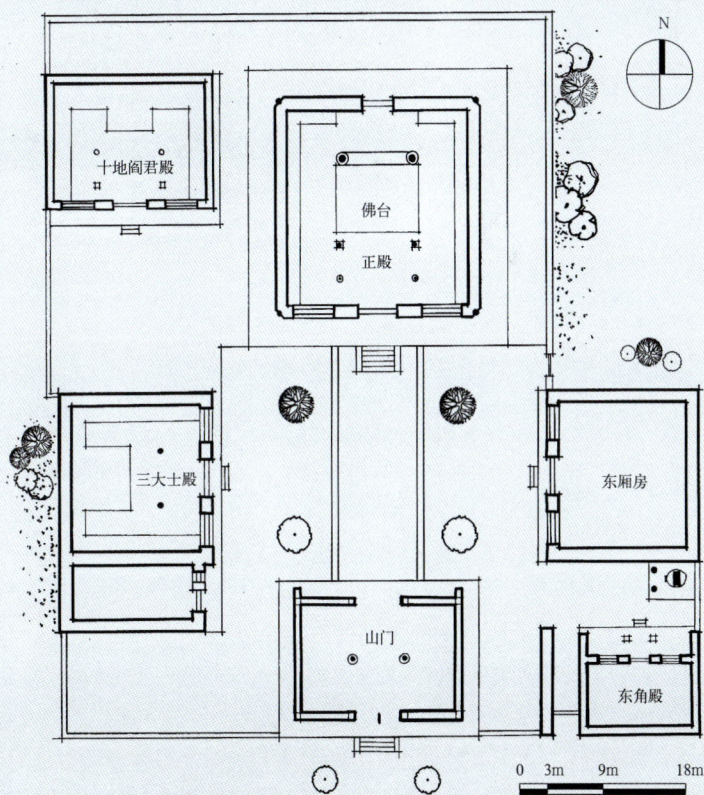

图7-2-143　长子崇庆寺平面图（资料来源：山西省第三次文物普查资料）

殿，中院遗有东、西廊庑。后院遗有东西亭、东西阁等。东禅院中轴线由南至北依次为南禅房、方丈楼；南禅房东为僧舍，院东为斋堂、库房，方丈楼东、西侧为配楼。雷音殿公布为元代遗构，余皆为明、清遗构。雷音殿面阔三间、进深六椽，单檐九脊顶，屋面灰色筒板瓦覆盖，琉璃脊、吻、兽饰。梁架为六架椽屋四椽栿后压乳栿用三柱，前檐柱头斗栱五铺作单杪单昂计心、里转双杪偷心，真昂造；后檐双下昂计心、里转双杪偷心造，补间设扶壁栱。前檐当心间辟板门，次间设直棂窗。殿顶原琉璃构件为金代遗物，刹脊有金泰和四年（1204年）题记，后门枕石刻有"元祐四年四月初十记"题

记，为大殿确切的建年题记。寺内现存金代重修碑1通，明代维修碑4通，清代重修及题诗碑15通（图7-2-144～图7-2-146）。2001年6月公布为全国重点文物保护单位。

（七）泽州青莲寺

青莲寺，位于晋城市区东南17公里的泽州县硖石山腰。分上、下两院，坐北向南，依山面水。上院，初名"上方院"，唐咸通八年（公元867年）赐额"青莲寺"，宋太平兴国三年（公元978年）敕名"福岩禅院"，明代复称"青莲寺"。下院，初名"硖石寺"，唐咸通八年（公元867年）赐额"青莲寺"，明代称"古青莲寺"。考方志、碑文及寺内现存遗物，

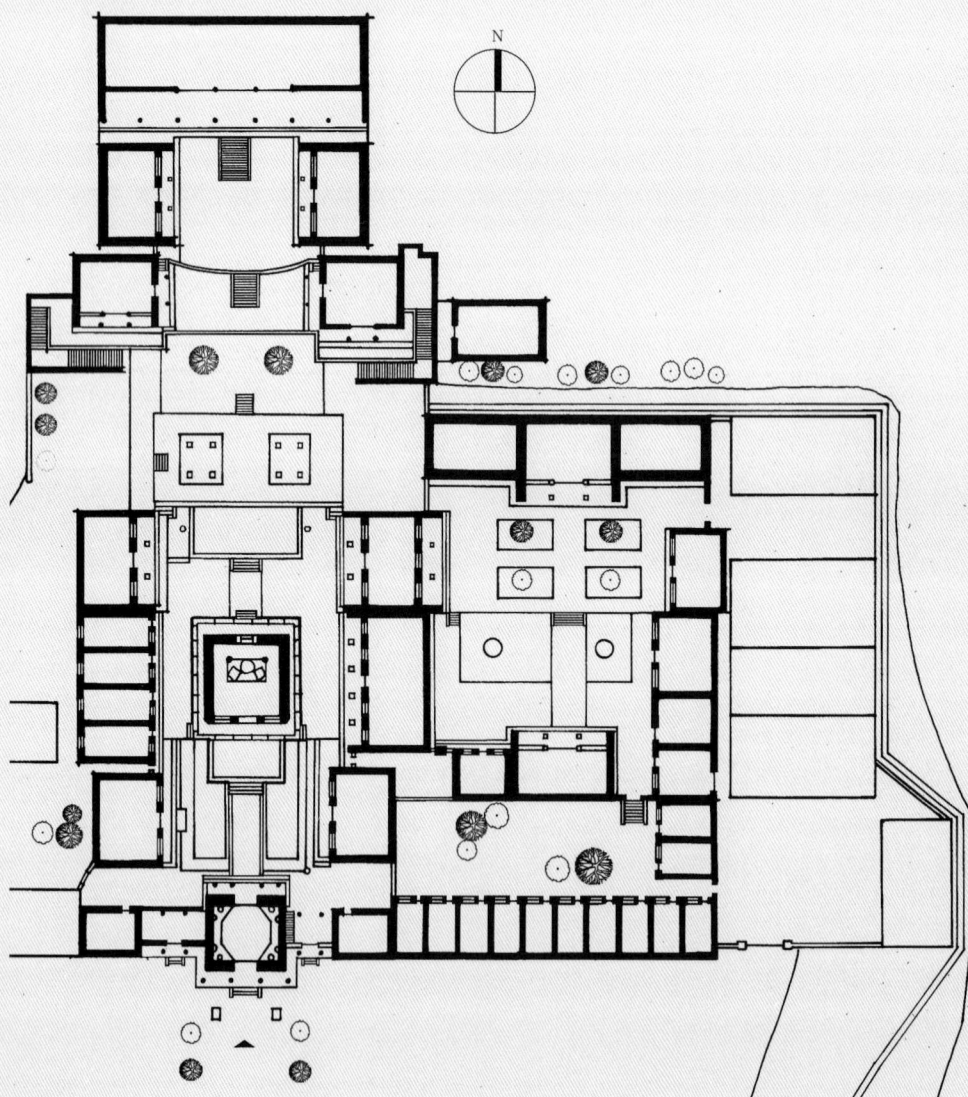

图 7-2-144　高平定林寺平面图（资料来源：山西省第三次文物普查资料）

图 7-2-145 定林寺山门（资料来源：自摄）

图 7-2-146 定林寺内院（资料来源：自摄）

有修建。中轴线上由南至北遗有山门、藏经阁、释迦殿、法堂，山门东、西建有钟鼓楼、一进院东、西遗有厢房基址，二进院东遗观音阁、西遗地藏阁，释迦殿两侧遗有东厢房（僧舍、方丈楼）、西厢房基址，三进院东、西遗有厢房基址。寺外东部有掷笔台，上建钟楼、文昌阁、款月亭等；西部为祖师院及三佛殿。现存建筑释迦殿为宋代遗构，观音阁为宋、金代遗构，藏经阁为金、清遗物，地藏阁、三佛殿、方丈楼为明代遗构，余为清代遗构（图 7-2-147 ～图 7-2-149）。山门（天王殿）、钟

两院同为北齐天宝年间（公元 550 ～ 559 年）创建。1988 年 1 月公布为全国重点文物保护单位。

上院建于硖石山坳，西为祖师院、中为主院落、东为掷笔台，东西 59.1 米、南北 57.3 米，总占地面积 3386 平方米，主院为三进院落，东西 300 米、南北 500 米，占地面积 16000 平方米。北齐天保年间（公元 550 ～ 559 年）昙始禅师在此创立道场，与慧远共建此寺。北周建德六年（公元 577 年）再次修建，隋末曾一度萧条，至唐代再度兴旺，唐大和二年(公元 828 年)重修。宋崇宁年间(1102 ～ 1106 年）鉴峦进行了大规模的扩建，金、元、明、清屡

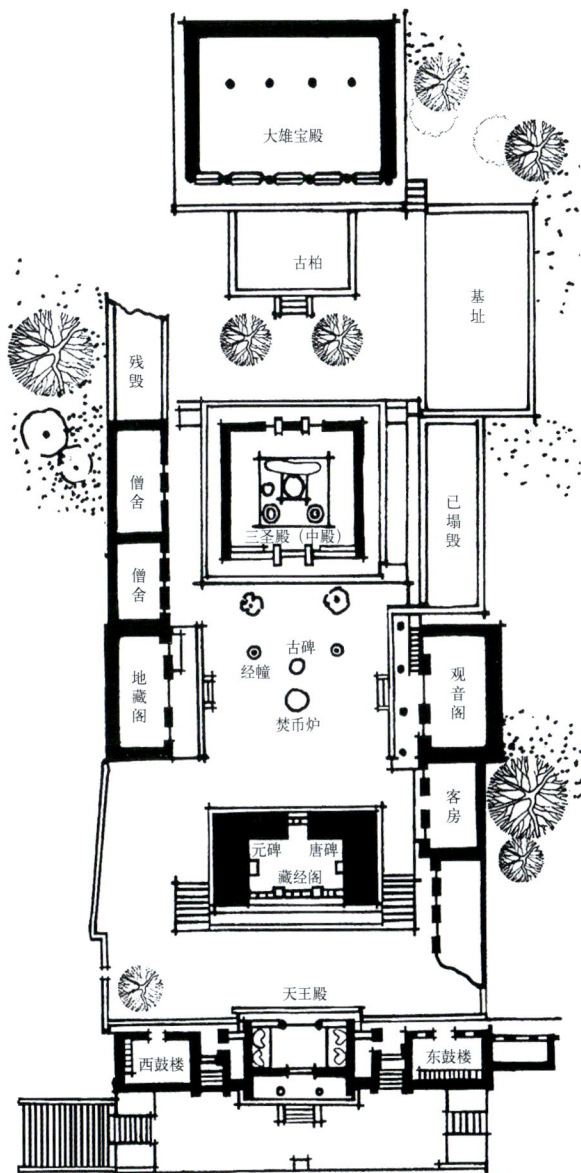

图 7-2-147 青莲寺上院平面图（资料来源：自绘，1998 年实测）

图 7-2-148 青莲寺上院写生（资料来源：自绘）

图 7-2-149 青莲寺上院全景（资料来源：自摄）

楼、鼓楼、东掖阁以及西掖阁为1986年原址重建之物，公元994年原址复建法堂，2003年原址重建一进院东厢房、释迦殿两侧及三进院厢房。寺内保存有彩塑55尊，历代碑碣94通（方），唐代石狮1对，石经幢5尊。

下院亦称古青莲寺。坐北向南，一进院落，东西106米、南北47米，占地面积4982平方米。唐大和元年（公元827年）寺院已具规模，宋景德四年（1007年）重修，明、清历代均有修葺。中轴线上为南殿（释迦殿）、北殿（弥勒殿），两侧遗有配殿基址。寺内东侧遗有明万历建造的藏式舍利塔一座，寺西侧有从塔林（已冲毁）迁来的唐乾宁二年（公元895年）造慧峰舍利塔一座（图7-2-150）。弥勒殿内保存唐代彩塑6尊，释迦殿内保存有宋代彩塑11尊及唐宝历元年（公元825年）《硖石寺大隋远法师遗迹》碑，碑首线刻佛寺图，间接地反映了当时的佛教活动及建筑格局。图中所绘唐代组群建筑反映了以楼阁式建筑为主体进行布局的时代特征，另存宋、金碑各1通，明、清碑碣6通（方）。

（八）离石安国寺

安国寺，原名安吉寺，位于吕梁市离石区西8.4公里杜家山村西北乌崖山麓。坐北向南，依山崖而建，错落有致，松柏丛生。东西330米、南北385米，占地面积127050平方米。据碑载，创建于唐贞观十一年（公元637年），明、清多次修缮，现存建筑为佛殿、铜塔楼为明代遗构，其余建筑为清代遗构。由西向东依次有山门、牌楼、于中丞公生祠、佛殿（前院）、于清端公祠（偏院）、读书楼（后院）、莱公别墅。于中丞公生祠、莱公别墅独立成院，佛殿、读书楼、于清端公祠连为一体。佛殿院为安国寺的主体院落，轴线上由南至北遗有铜塔楼、钟鼓楼、大雄宝殿，大雄宝殿两侧有东、西耳殿；西侧北有砖券僧窑4孔，南为山门、配殿。大雄宝殿

图7-2-150　青莲寺下院全景（资料来源：自摄）

图 7-2-151 离石安国寺全景（资料来源：自摄）

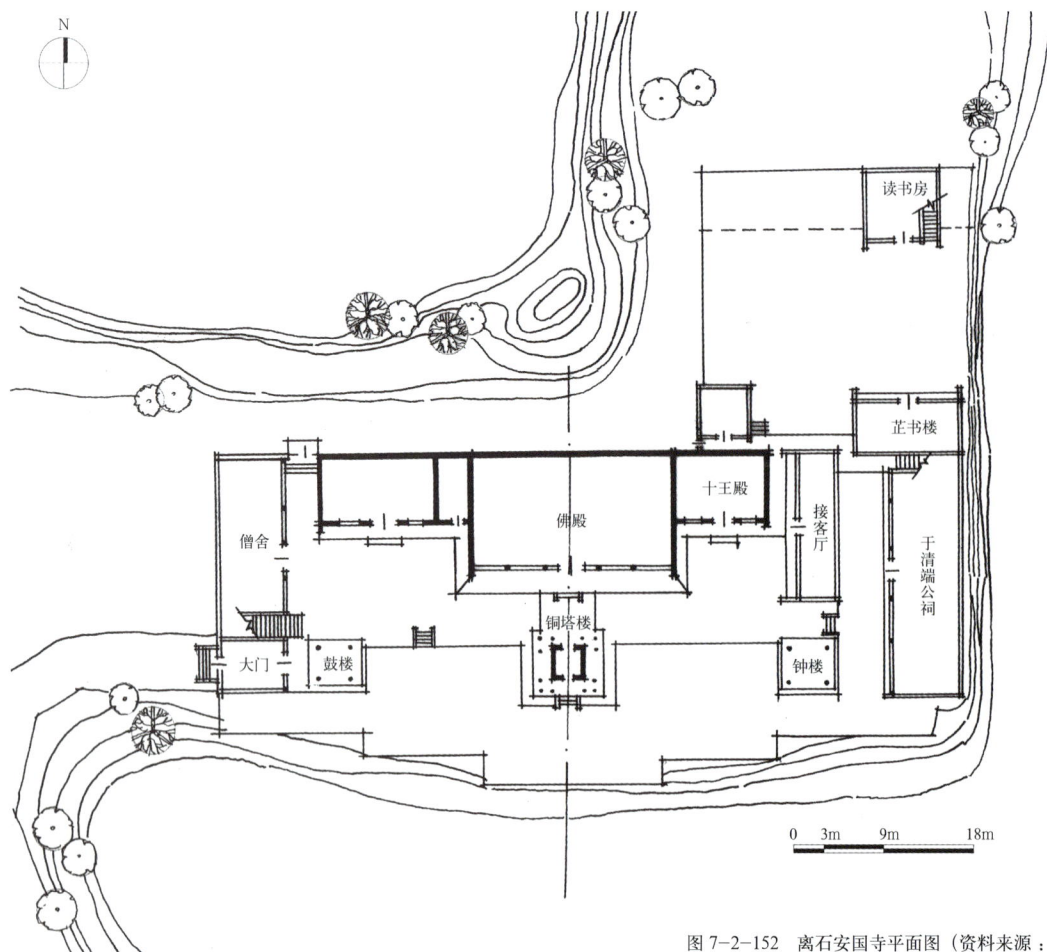

图 7-2-152 离石安国寺平面图（资料来源：自绘，1998年实测）

明代遗构，面宽五间、进深六椽，前廊式单檐悬山顶，灰色筒板瓦屋面，梁架为五架梁前单步梁用三柱。檐下施五踩单翘单昂斗栱。明、次间设六抹隔扇门，梢间设直棂窗。殿内东西山墙存壁画72平方米。东耳殿为地藏殿，面宽三间、进深四椽，单檐硬山顶，灰色筒板瓦屋面。西耳殿为横栱贯通三孔砖券窑洞，单檐硬山顶。铜塔楼为2层二檐歇山顶，钟鼓楼均为单檐歇山顶（图7-2-151、图7-2-152）。2001年6月公布为全国重点文物保护单位。

（九）交城卦山天宁寺

卦山天宁寺，位于吕梁市交城县城西北3公里卦山太极峰下。依山建造，坐北向南，三进院落，占地面积5581平方米。创建于唐贞元二年（公元786年），贞元十六年（公元800年）建普光明殿，永乐十六年（1418年）、正德三年（1508年）重建大雄宝殿，正德六年（1511年）创建南殿，清顺治十一年（1654年）建登彼岸石牌坊、六十六台阶，康熙四十七年（1708年）重建毗卢阁，乾隆之后屡修。中轴线从南向北依次为石牌坊、六十六级台阶、山门、千佛阁、大雄宝殿、毗卢阁；东西两侧依次为一进院厢房、钟（鼓）楼、二进院配殿、偏殿；毗卢阁东跨院有文星阁，西跨院北端为地藏殿、西端为三教堂。寺内遗有华严经塔，东、西塔林和华严塔等。大雄宝殿、千佛阁为明代遗构，余皆为清代遗构。大雄宝殿面宽五间、进深八椽，单檐悬山顶，灰色筒板瓦屋面、琉璃剪边。梁架为六架梁前单步梁后双步梁用三柱，明、次间设五抹头隔扇门、梢间设方格眼窗装修。地藏殿面阔三间、进深四椽，五架梁通檐用二柱，单檐歇山顶。明代万历年间（1573～1620年）创建，现存建筑为清代遗构。檐下施三踩单昂斗栱，殿内角老角梁后尾挑悬垂柱。毗卢阁面阔三间、进深四间，2层三檐歇山顶。创建年代无考，现存建筑为清代康熙四十七年（1708年）重建之构。构架插柱造，顶层梁架为五架梁通檐用二柱。一、二层不设平坐，施以短梁挑二层廊柱，除顶层设五踩双下昂斗栱外，各层均不设斗栱（图7-2-153～图7-2-156）。2006年5月公布为全国重点文物保护单位。

图7-2-153 卦山天宁寺大雄宝殿（资料来源：自摄）

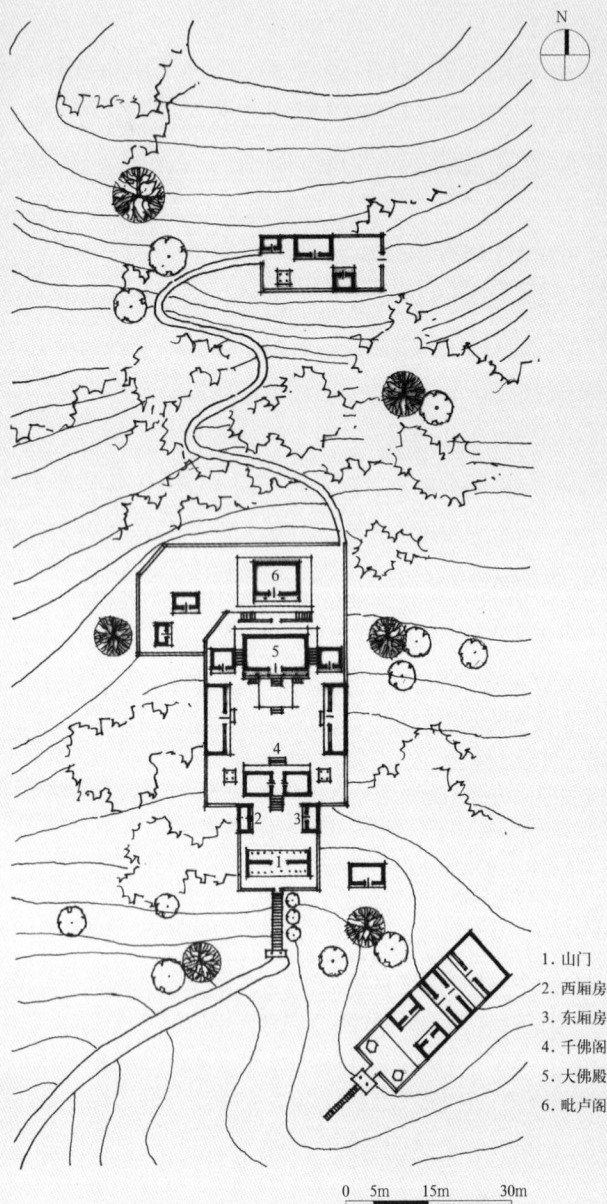

图 7-2-154　卦山天宁寺平面图（资料来源：自绘，1998 年实测）

1. 山门
2. 西厢房
3. 东厢房
4. 千佛阁
5. 大佛殿
6. 毗卢阁

0　5m　15m　30m

图 7-2-155　卦山观音龛写生（资料来源：自绘）

图 7-2-156　卦山天宁寺写生（资料来源：自绘）

（十）太原多福寺

多福寺，位于太原市尖草坪区西北 5.4 公里马头水乡庄头村崛围山上。坐北向南，三进院落，东西 71.7 米、南北 163.87 米，占地面积 11749.48 平方米。清道光二十三年（1843 年）《阳曲县志》及碑载，唐贞元二年（公元 786 年）寺已有，称崛围教寺，宋末毁于兵燹。明洪武年间重建，弘治年易名多福寺，天启、万历和清代屡有修葺，现存为明、清建筑。中轴线由南至北建有山门、大殿、藏经楼和千佛殿，东、西两侧为钟楼、鼓楼、黑龙殿、文殊阁、厢房，寺东南约 1 千米处有砖砌六角 7 层舍利塔 1 座。大殿、文殊阁、藏经楼为明代遗构，千佛殿 1991 年原址复建，其余皆为清代建筑。大雄宝殿砖砌台基、前设月台，面宽五间、进深三间，副阶周匝单檐歇山顶，灰色筒板瓦屋面，绿琉璃瓦剪边。梁架为五架梁后对双步梁三柱，主体檐柱斗

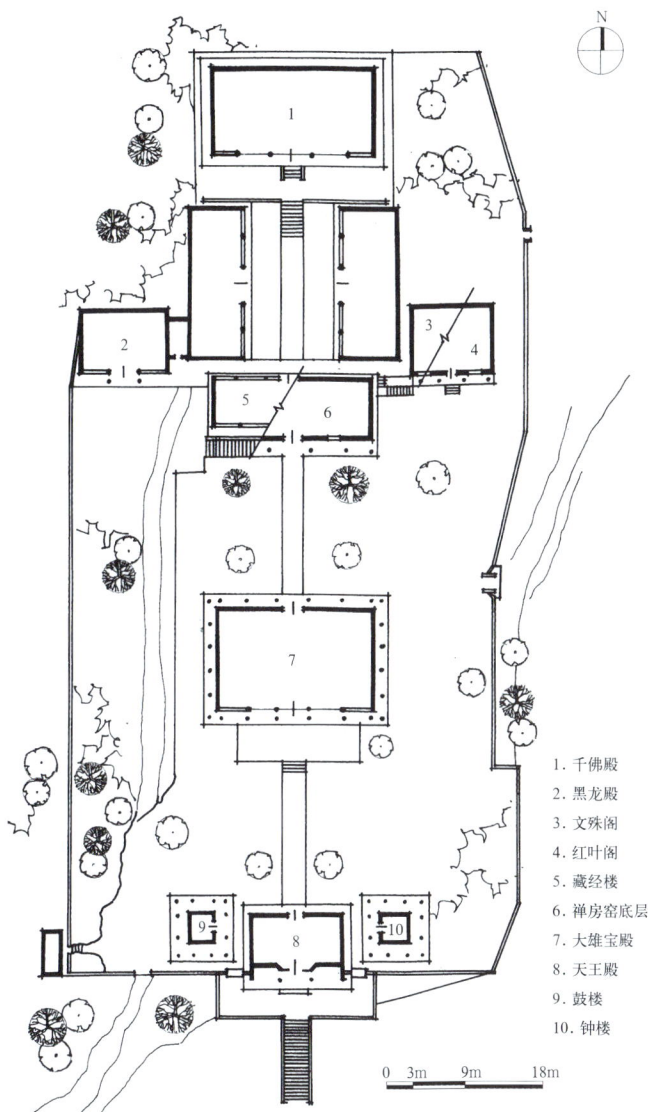

图 7-2-157　太原多福寺平面图（资料来源：自绘，1998 年实测）

1. 千佛殿
2. 黑龙殿
3. 文殊阁
4. 红叶阁
5. 藏经楼
6. 禅房窑底层
7. 大雄宝殿
8. 天王殿
9. 鼓楼
10. 钟楼

0　3m　9m　18m

图 7-2-158　太原多福寺藏经楼（资料来源：自摄）

栱五踩双下昂、里转双翘五踩计心造。正面明、次间设六抹一码三箭隔扇门装修，明间六扇、次间四扇，梢间为一码三箭隔扇窗；后檐明间设四扇六抹隔扇门。殿内佛坛上已有明代三佛四菩萨、护法及倒座观音、韦驮彩塑，殿内后壁、两山墙已有明代佛传故事壁画 84 幅，面积 117.64 平方米，均饰沥粉贴金。寺内存明代塑像 13 尊，明天顺二年（1458 年）铁钟 1 口，明、清重修碑及记事碑共 12 通（图 7-2-157、图 7-2-158）。2006 年 6 月公布为全国重点文物保护单位。

（十一）高平游仙寺

游仙寺，原名慈教院，位于高平市区南 10 公里河西镇宰李村东北牛山坳。坐北向南，三进院落，东西 29、6 米、南北 89.3 米，占地面积约 2643.28 平方米。创建年代不详，宋淳化元年（990 年）重修毗卢殿，金、元、明、清历代均有修建。中轴线上由南至北遗有春秋楼（下为山门）、毗卢殿、三佛殿、七佛殿；春秋楼两侧遗有配殿三间与一进院配殿相接，二进院东西遗有配殿，三进院东、西遗存配殿各两座。院西侧遗存斋堂院遗址。毗卢殿为宋代遗构，三佛殿为金代铺作、清代梁架，七佛殿为明代遗构，余皆为清代遗构。毗卢殿石砌台基，面阔三间、进深六椽，单檐九脊顶，屋面灰布筒板瓦覆盖。梁架为四椽栿后压乳栿用三柱，檐下柱头铺作五铺作单杪单下昂一跳内外偷心造，批竹真昂造；补间每间一朵，为五铺作双抄一跳偷心、里转三杪隔跳偷心，前后当心间设隔扇门，前檐次间设四抹隔扇窗。春秋楼清代遗构，面宽五间、进深四椽，二层前廊单檐悬山顶，梁架为四架梁前接单步梁用三柱，檐下设三踩单跳卷头斗栱。三佛殿梁架是清代遗构，斗栱为金代遗构，面宽五间、进深六椽，前廊式单檐悬山屋顶；梁架结构为六架椽前单步梁后双步梁用四柱；前檐柱头设单翘单下昂五踩斗栱。七佛殿明代遗构，面宽五间，单檐前廊式硬山屋顶，殿内后为七间砖旋窑洞（图 7-2-159、图 7-2-160）。⑫ 寺内保存有宋碑 1 通，明碑 1 通，清碑 2 通。2001 年 6 月公布为全国重点文物保护单位。

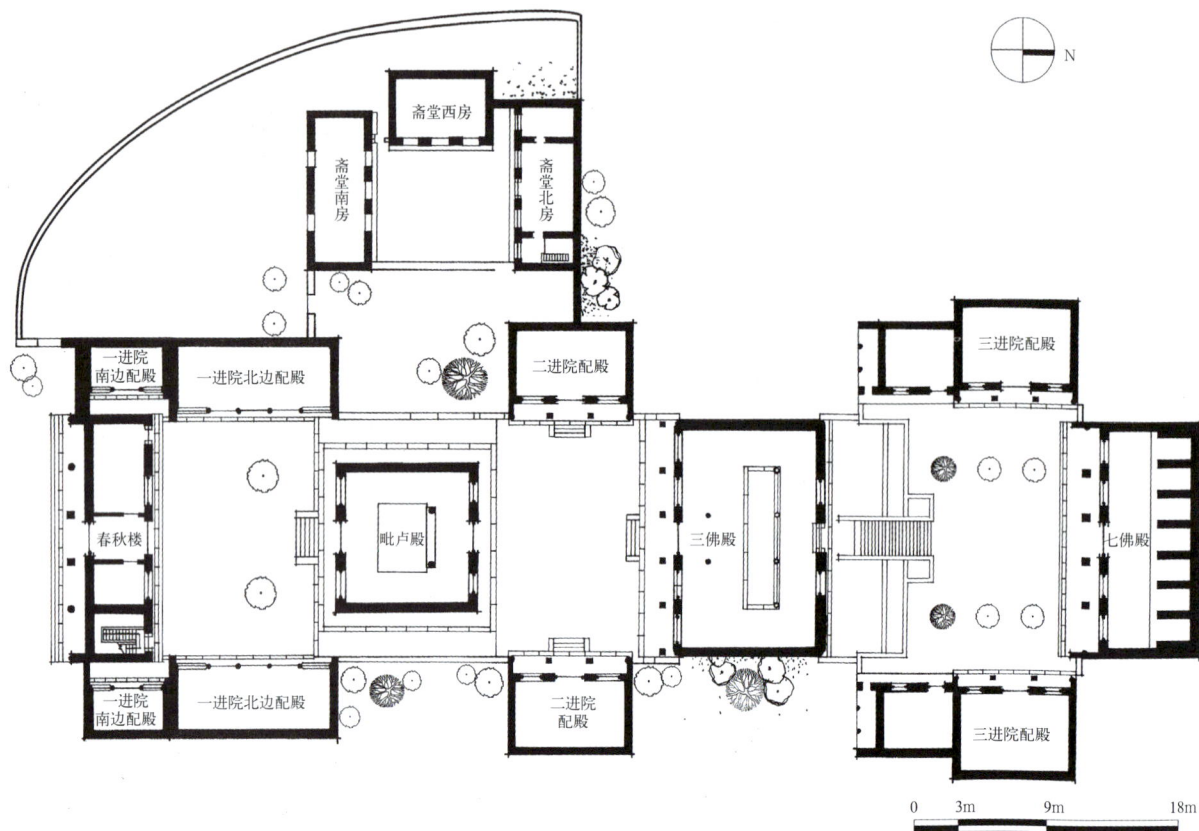

斋堂西房

斋堂南房

斋堂北房

一进院南边配殿

一进院北边配殿

二进院配殿

三进院配殿

春秋楼

毗卢殿

三佛殿

七佛殿

一进院南边配殿

一进院北边配殿

二进院配殿

三进院配殿

N

0　3m　9m　18m

图 7-2-159　高平游仙寺平面图（资料来源：山西省第三次文物普查资料）

图 7-2-160　高平游仙寺全景（资料来源：自摄）

（十二）灵丘觉山寺

觉山寺，位于大同市灵丘县城东南 15 公里红石塄乡觉山村西侧。依山而建，坐北向南，三院并排，东西 58.5 米、南北 104.5 米，占地面积约 6113.25 平方米。清康熙《灵丘县志·艺文志》中《重修觉山寺碑记》载，北魏太和七年（公元 483 年），孝文帝巡行至此，"值太后升遐日，哭于山陵，绝膳三日不辍声，思答母恩。乃于灵丘邑之东南，溪行逶迤二十里，有山曰觉山，岩壑幽胜，辟寺一区，赐额曰觉山寺。"寺内现存辽重熙七年（1038 年）《四至山林各庄地土》碑载，辽大安五年（1089 年）重建，明崇祯三年（1630 年）、清康熙二十七年（1688年）、清光绪十五年（1889 年）屡有修建。中院二进院落，中轴线上遗有天王殿、韦驮殿、大雄宝殿，院前两侧有钟、鼓楼，一进院有东、西配殿，二进院东遗伽蓝殿、西遗祖师殿；东院二进院落，中轴线遗有碑亭、金刚殿、弥勒殿，院前建有魁星阁；西院一进院落，中轴线有罗汉殿、贵真殿，院前建有文昌阁、遗有舍利塔。现存建筑舍利塔（觉山寺塔）为辽代遗物，余皆为清代所建。觉山寺塔为八角十三级密檐式砖塔，通高 43.45 米。塔由塔基、塔身、塔刹三部分组成，基座以叠涩砖和仰莲分为上、下须弥座，下座砖雕壹门力士，上为须弥座式平坐，束腰壹门上设砖雕普拍枋置五铺作双抄心造铺作，之上设砖雕勾栏，勾栏上雕仰莲。一层塔身较高，塔内中空，设踏道扶壁攀登；塔身外壁四角砖雕圆柱，柱头设兰额、普拍枋置砖雕五铺作双抄铺作，转角铺作出 45 度斜栱。二层以上密檐实体，各层檐下铺作为四铺作单抄计心造。寺内存辽、清两代壁画 300 余平方米，清塑像 10 尊。清代壁画内容为佛本生故事、本行经变及依据《观药王药上二菩萨经》、《大宝积经》绘制的八十八佛。清代壁画是清末佛教衰败时的作品（图 7-2-161 ～图 7-2-163）。觉山寺塔于 2001 年 6 月公布为全国重点文物保护单位。

（十三）浑源悬空寺

悬寺，位于大同市浑源县东南 4.6 公里永安

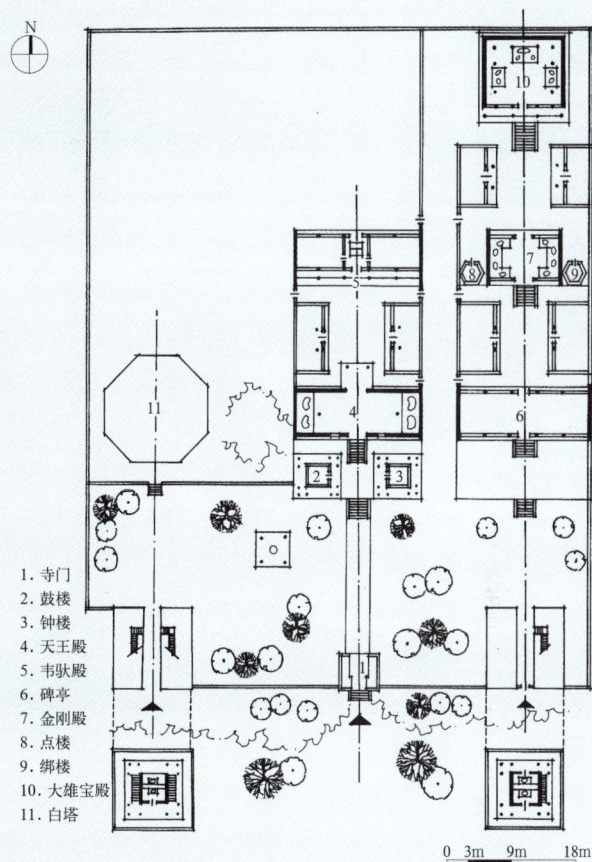

1. 寺门
2. 鼓楼
3. 钟楼
4. 天王殿
5. 韦驮殿
6. 碑亭
7. 金刚殿
8. 点楼
9. 绑楼
10. 大雄宝殿
11. 白塔

0　3m　9m　18m

图 7-2-161　灵丘觉山寺平面图（资料来源：自绘，1998 年实测）

图 7-2-162　灵丘觉山寺写生（资料来源：自绘）

图 7-2-163 灵丘觉山寺俯瞰（资料来源：自摄）

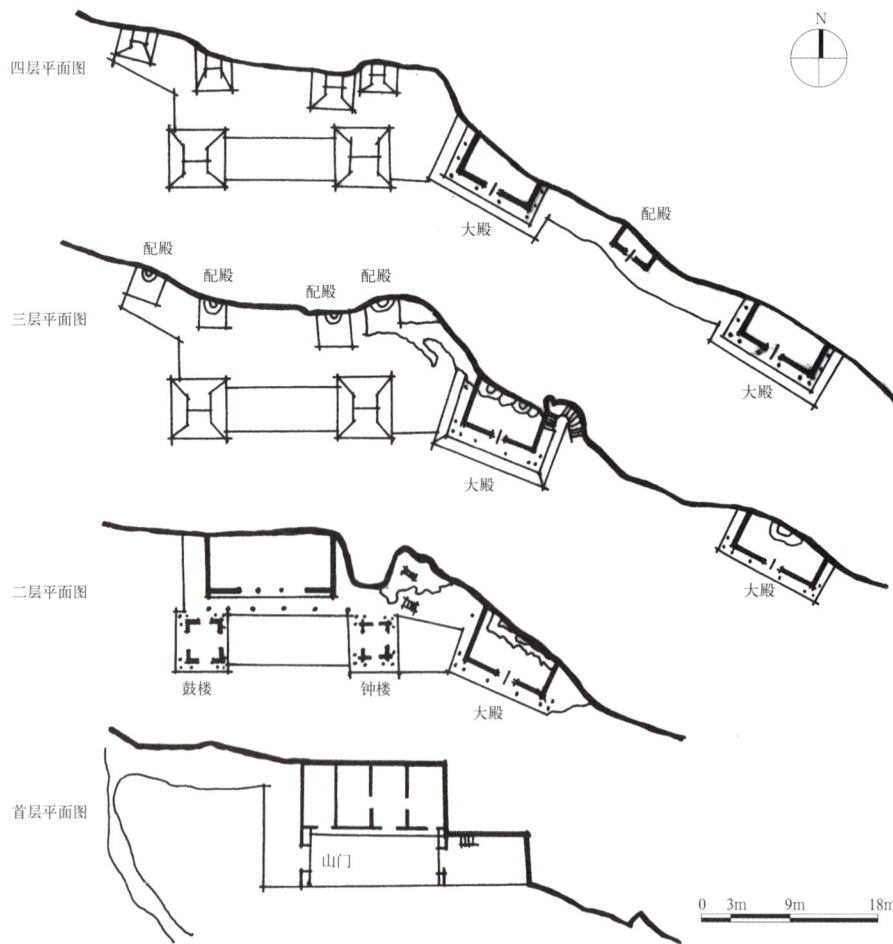

四层平面图

配殿

大殿

配殿

三层平面图

配殿 配殿 配殿 配殿

大殿

大殿

大殿

二层平面图

鼓楼 钟楼 大殿

首层平面图

山门

N

0 3m 9m 18m

图 7-2-164 浑源悬空寺平面图（资
料来源：自绘，1998 年实测）

图 7-2-165　浑源悬空寺仰视（资料来源：自摄）

镇唐庄子村唐峪河金龙峡西岸翠屏峰悬崖峭壁上。坐西向东，面对恒山主峰天峰岭，背依翠屏山，距地面高约 50 米。东西 11 米、南北 73 米，占地面积 803 平方米。始建于北魏太和十五年（公元 491 年），后经唐、金、元历代维修，明万历三十二年（1604 年）重修山门，清同治三年（1864 年）重修，现存建筑为明、清遗构。全寺现存建筑有山门，山神庙，五道庙，土地庙，钟鼓楼，佛堂，大雄宝殿，伽蓝殿，地藏殿，送子观音殿，千手观音殿，雷音殿，三官殿，纯阳宫，三教殿，三圣殿，五佛殿，法身、应身、报身佛龛等大小殿阁 40 余间。寺内现存各种铜、铁、泥、木、石造佛像 80 多尊，摩崖石刻 10 处，碑碣 11 通。1982 年 2 月公布为全国重点文物保护单位（图 7-2-164、图 7-2-165）。

（十四）沁源灵空山圣寿寺

灵空山圣寿寺，为灵空山古建筑群主要寺院，位于长治市沁源县城西北 19 公里灵空山峪中，坐落在悬崖的半腰。灵空山属太岳山脉，境内峰峦叠起，沟壑纵横，风光秀丽。据寺内碑文载，唐初灵空山就建有佛寺，但规模较小。唐景福年间扩建，后历代均有修葺。圣寿寺因地势修建，坐北朝南，南北 35 米、东西 96 米，占地面积 3360 平方米。创建年代不详，现存建筑为明、清遗构。由西向东依次建有西偏院、中院西跨院、中院、中院东跨院、东偏院五处院落。中院中轴线由南至北建有弥勒殿、正殿；两侧分布有东厢观音殿、西厢地藏殿。中院东跨院中轴线上建有山门（新建）、关圣殿、普贤殿。中院西跨院中轴线由南向北建有南房、北房。东偏院中轴线上由南向北建有山门、北房；两侧建有东、西配楼。西偏院中轴线由南向北建有南房、观音殿，两侧有斋房。寺院内存碑 11 通。北部崖壁由东向西分布有茅庵与文殊殿。中院正殿石砌台基，高 0.89 米，面宽五间、进深五椽，六檩前廊式构建，单檐硬山顶，檐部异形斗栱

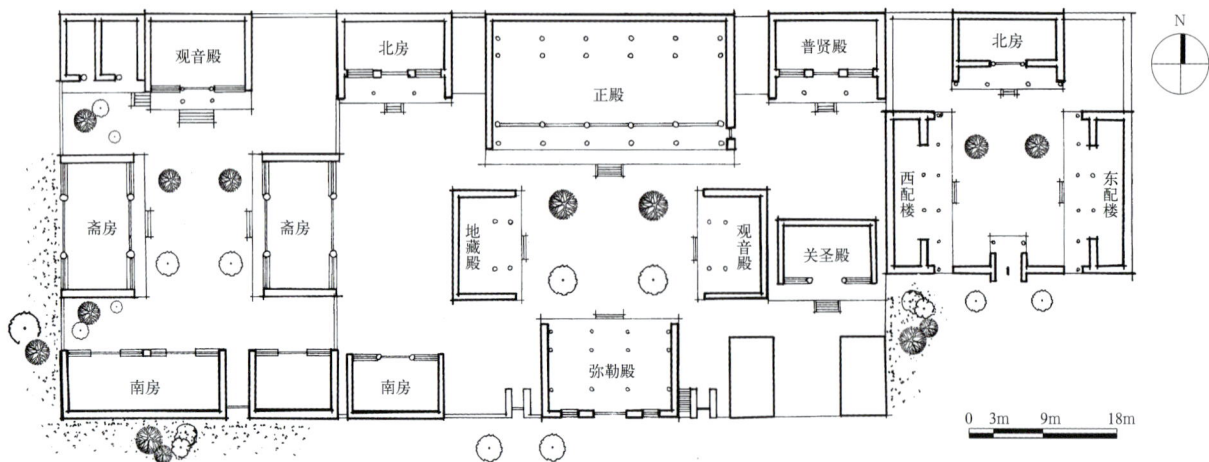

图 7-2-166　沁源灵空山圣寿寺平面图（资料来源：山西省第三次文物普查资料）

图 7-2-167　沁源灵空山圣寿寺内院（资料来源：自摄）

十一攒，柱头斗栱五踩双昂，木制隔扇门窗装修。随檩枋有清嘉庆十七年（1812年）、清嘉庆十二年（1807年）、清道光十九年（1839年）、1985年等多处重修题记。殿内供奉有先师菩萨与龙王神像（图7-2-166、图7-2-167）。灵空山古建筑群2004年被山西省人民政府公布为省级文物保护单位。

（十五）平顺龙门寺

龙门寺位于平顺县石城镇源头村东1公里的山间台地上，原名法华寺。坐北朝南，向西偏30°，随地形依山而建。东西95.7米、南北92.5米，占地面积5070平方米。据碑文载，创建于北齐武定二年（公元550年），五代后唐、北宋时期均有扩建，北宋太平兴国年间赐额更名为龙门寺，建隆元年（公元960年）寺院规模达到极盛，有"殿堂寮舍数盈百间"，金、元、明、清历代皆有重修。现存建筑山门（天王殿）为金代遗构，大雄宝殿为宋代遗构，西配殿为五代遗构，东配殿为明代遗构，燃灯佛殿为元代遗构，其余建筑均为清代遗构。采用东、中、西三条中轴线布局，中轴线建筑有山门（天王殿）、大雄宝殿、燃灯佛殿（后殿）、千佛殿（已毁），两侧为东西廊房、东西配殿、东侧钟楼等；东轴线建筑有圣僧堂五间、水陆殿七间及禅堂、僧舍、马厩等附属建筑；西轴线建筑有僧舍及库房等附属建筑。

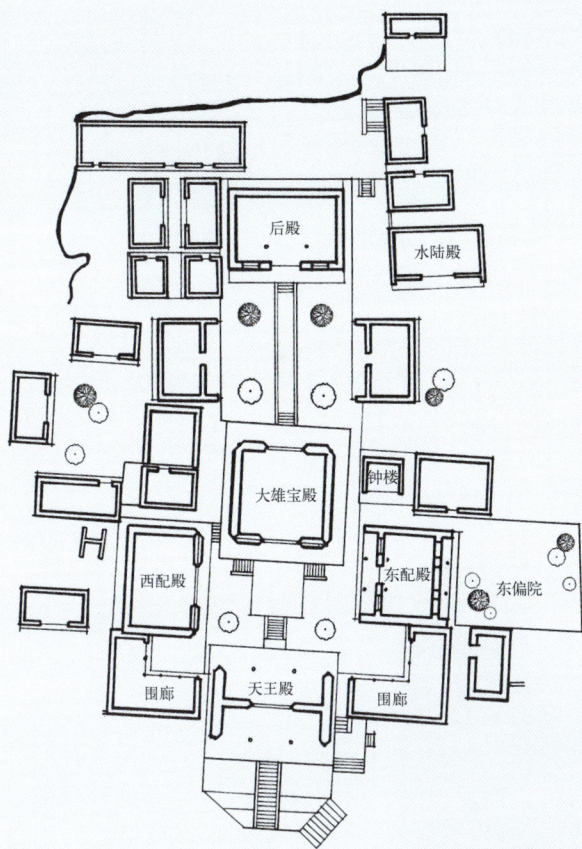

图 7-2-168 平顺龙门寺平面图 (资料来源：山西省第三次文物普查资料)

西配殿据寺内后汉乾祐三年（公元 950 年）石经幢载，建于五代后唐同光三年（公元 925 年）；大雄宝殿，据前檐石柱载，建于北宋绍圣五年（1098 年）。另保存宋、金石塔 4 座，寺内保存有五代后汉乾祐三年（公元 948 年）陀罗尼经幢 1 座、明碑 9 通、清碑 13 通、工笔重彩壁画 34.10 平方米。2001 年、2006 年国家出资分别对 5 座主殿进行了维修。该寺是平顺县保存较好的一座集六朝建筑为一寺的建筑群，为研究平顺县的寺院建筑提供了实物资料（图 7-2-168、图 7-2-169）。1996 年国务院公布为第四批全国重点文物保护单位。

（十六）隰县千佛庵

隰县千佛庵，又名小西天，位于隰县城西北 0.5 公里龙泉镇城北村凤凰山巅，三面环山，依山临河，环境清幽。坐东向西，分前院、上院和下院三座院落，东西 50.57 米、南北 30.65 米，占地面积 1549.97 平方米。碑文及梁架题记载，创建于明崇祯二年（1692 年）。前院建摩云阁 1 间，单檐悬山顶。下院为寺庙主体，正面为无量殿，内存木雕天宫楼

图 7-2-169 平顺龙门寺俯瞰（资料来源：自摄）

阁及铜铸佛像40余尊，东为韦驮殿，之后为山门，两侧为掖门，一为"疑无路"，一为"别有天"，掖门上为钟鼓楼，院内一为半云轩，面宽三间，进深一间，单檐硬山顶，内存明代佛经7000余卷。上院正中为大雄宝殿，面阔五间、进深三椽，前廊式单檐悬山顶，灰色筒板瓦屋面，琉璃脊吻、兽、剪边。梁架为五架梁前单步梁用三柱，檐下斗栱一斗三升。殿内正面排列着五个相互连通的佛龛，"药师"、"弥陀"、"释迦"、"毗卢"和"弥勒"等诸佛端坐莲台，殿南山墙上塑着"四方三圣"、"四大天王"等佛教人物故事，殿北山墙上塑着须弥山上33层"忉利天"、佛传故事和释迦牟尼的本生传说。大梁、

梁间墙壁悬塑八大金刚、"极乐世界"，有人面飞天、神鸟、孔雀、鹦鹉、仙鹤等。殿内三面满布彩塑，除佛坛上的五尊主佛外，墙壁、檩柱、屋椽上都塑着数以千计的彩塑。故称"千佛庵"（图7-2-170～图7-2-174）。院内西为文殊殿、东为地藏殿。1996年11月公布为全国重点文物保护单位。

（十七）临汾碧岩寺

碧岩寺，俗称南仙洞，位于临汾市尧都区金殿镇峪口村西北姑射山中。依山而建，由北向南依次排列为山门、戏台、观音阁、大雄宝殿、神居洞、三教庙等。占地面积约1.75万平方米。历史上曾是道教兴教之所。碑文记载，创建于唐武德元年（公

图7-2-170　隰县千佛庵全景（资料来源：自摄）

图7-2-171　隰县千佛庵塑像（资料来源：自摄）

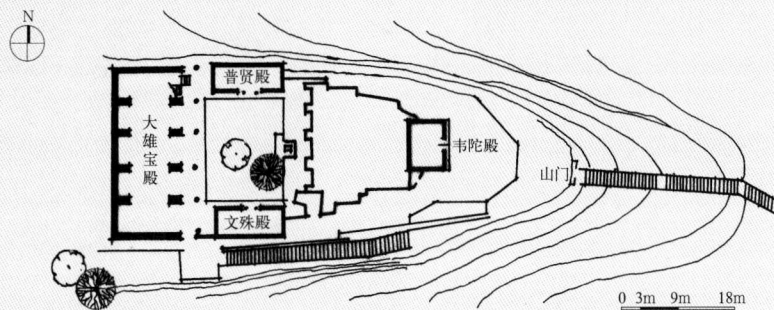

图 7-2-172　隰县千佛庵一层平面图（资料来源：自绘，1998年实测）

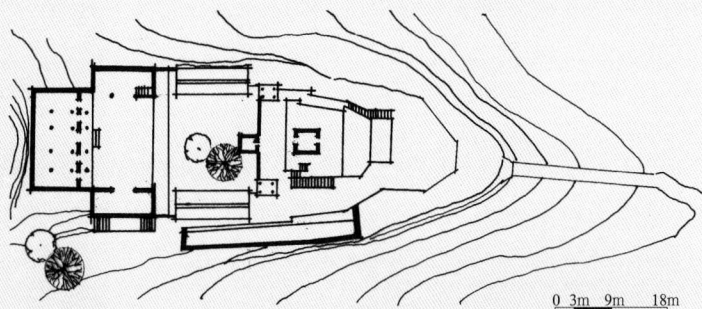

图 7-2-173　隰县千佛庵二层平面图（资料来源：自绘，1998年实测）

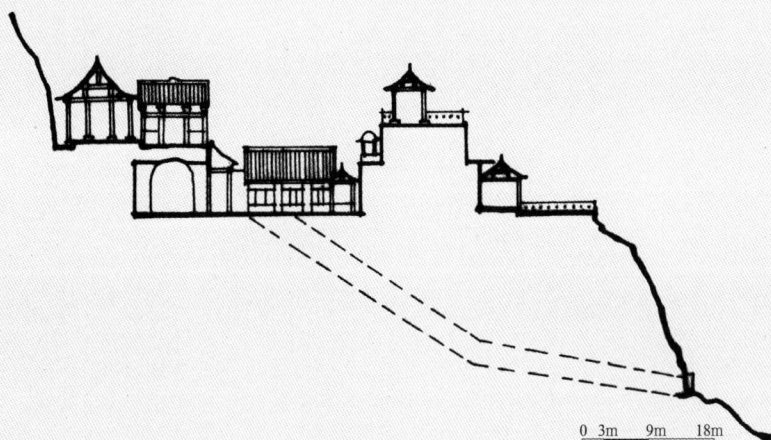

图 7-2-174　隰县千佛庵剖面图（资料来源：自绘，1998年实测）

元 618 年），宋、金时皇甫靖，元代任志真、王德仁在此修炼。建殿阁十数间，明代正德年间，五台山佛教僧人建碧岩寺。清代同治八年建西侧祖师殿、东为韦陀殿、北为观音阁的建筑格式，形成了南仙洞的基本轮廓。观音阁，位于南仙洞碧岩寺内，为寺内主体建筑。创建年代不详，现状为清代遗构。面阔三间、进深六椽，2 层楼阁式，一层建于砖砌台基之上，灰筒板瓦歇山顶。前檐设廊。殿内正中彩塑观音、文殊、普贤三菩萨像，两山墙排列四层天王、

罗汉等彩塑像 80 余尊。二层为圆形亭阁式建筑，攒尖顶。神居洞，又称"姑射洞"，俗称"三十三天"，位于南仙洞碧岩寺西南侧。据殿脊檩题记记载，洞前献殿重建于明成化十二年（1476 年）。神居洞为仙洞沟最大的洞窟，洞口宽 32 米，高 7 米，深 25 米。洞前献殿面阔五间，进深四椽，五檩前廊式结构，四周围廊，灰筒板瓦重檐歇山顶。殿内山墙存设色人物壁画约 30 平方米，内容为二十八星宿图像。洞内地面呈斜坡，沿坡存有儒、释、道三教神祇及尧帝等

图 7-2-175 临汾碧岩寺写生（资料来源：自绘）

图 7-2-176 临汾碧岩寺实景（资料来源：自摄）

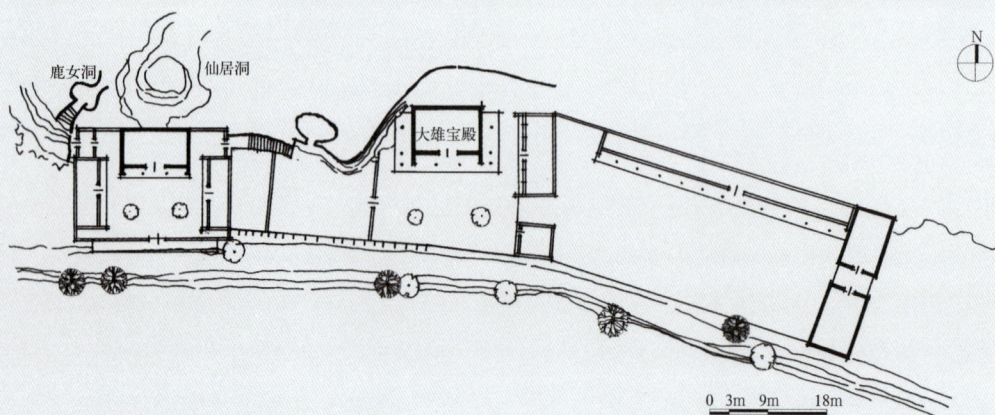

图 7-2-177 临汾碧岩寺平面图（资料来源：自绘，1998 年实测）

彩塑像 89 尊。寺内共存历代碑碣 22 通，彩塑 300 余尊，明清铁钟各 1 个（图 7-2-175 ～ 图 7-2-177）。2004 年 6 月公布为山西省级文物保护单位。

第三节　山西寺庙建筑的空间组织

　　山西寺庙建筑的空间组织，自佛教传入中国伊始，便深受礼制、玄学思想的影响，形成了固有的规律和形制。此后虽经宋、元、明、清历代的不断完善，仍然没有大的改变。不仅适用于聚落、郊野中的佛寺，也适用于山林中佛寺；既适用于青庙，也适用于黄庙。无论是何种类型的佛寺，都要体现以中轴线为基准的对称布局，即将主要建筑设在中轴线上，从前至后，顺序排列，同时在两侧布置左右对称式的建筑，如两厢、两厦、配殿等，规整对称。一般而言，一座寺庙只有一条主轴线。若是规模较大的寺庙，设置两条或三条轴线序列的庙宇，也不鲜见。总而言之，是要根据佛寺的规模及所选基址的具体情况来定。地势平坦的寺庙，主轴线往往笔直规整。山林佛寺则有斗折蛇行，或蜿蜒曲折的。轴线鲜明的寺庙，常常使佛寺建筑主次分明，大小凸显，高低有序，这样既增强群体建筑的艺术性，也在空间布局上显现出等级秩序。山西的寺庙建筑，均在空间布局中体现着中轴线为对称的礼制思想（图 7-3-1、图 7-3-2）。

图 7-3-1　平遥慈相寺山门（资料来源：自摄）

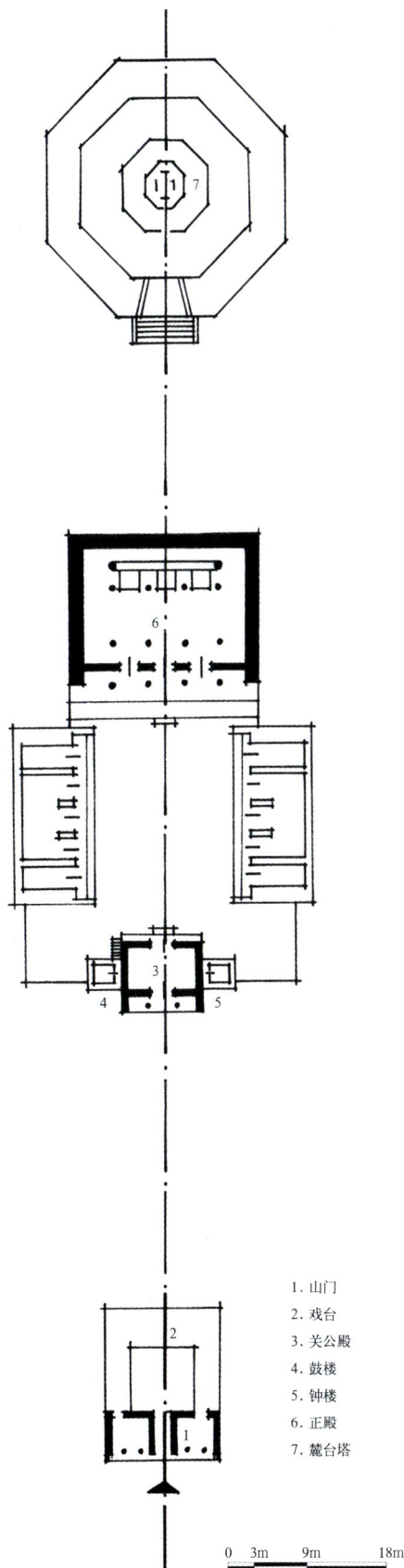

1. 山门
2. 戏台
3. 关公殿
4. 鼓楼
5. 钟楼
6. 正殿
7. 麓台塔

0　3m　9m　18m

图 7-3-2　平遥慈相寺平面图（资料来源：自绘，1998 年实测）

图 7-3-3　五台山塔院寺山门（资料来源：自摄）

一、寺庙建筑的布局方式

山西寺庙建筑的组群布局，一般有廊院式、纵轴式和藏式三种布局方式。下面分而述之。

（一）廊院式布局

廊院式布局是中国最早出现的佛教寺院布局形式，是仿效印度寺院形式布置的，即每一个佛殿四周被廊屋所围绕，一个寺院可以由许多廊院组成，每个院落可以独立存在，并有标名，如观音院、弥陀院、塔院、翻经院等（图 7-3-3、图 7-3-4）。据《魏书·释老志》记载，"自洛中构白马寺，盛饰佛图，画迹甚妙，为四方式。凡宫塔制度，犹依天竺旧状而重构之，从一级至三、五、七、九。"东汉笮

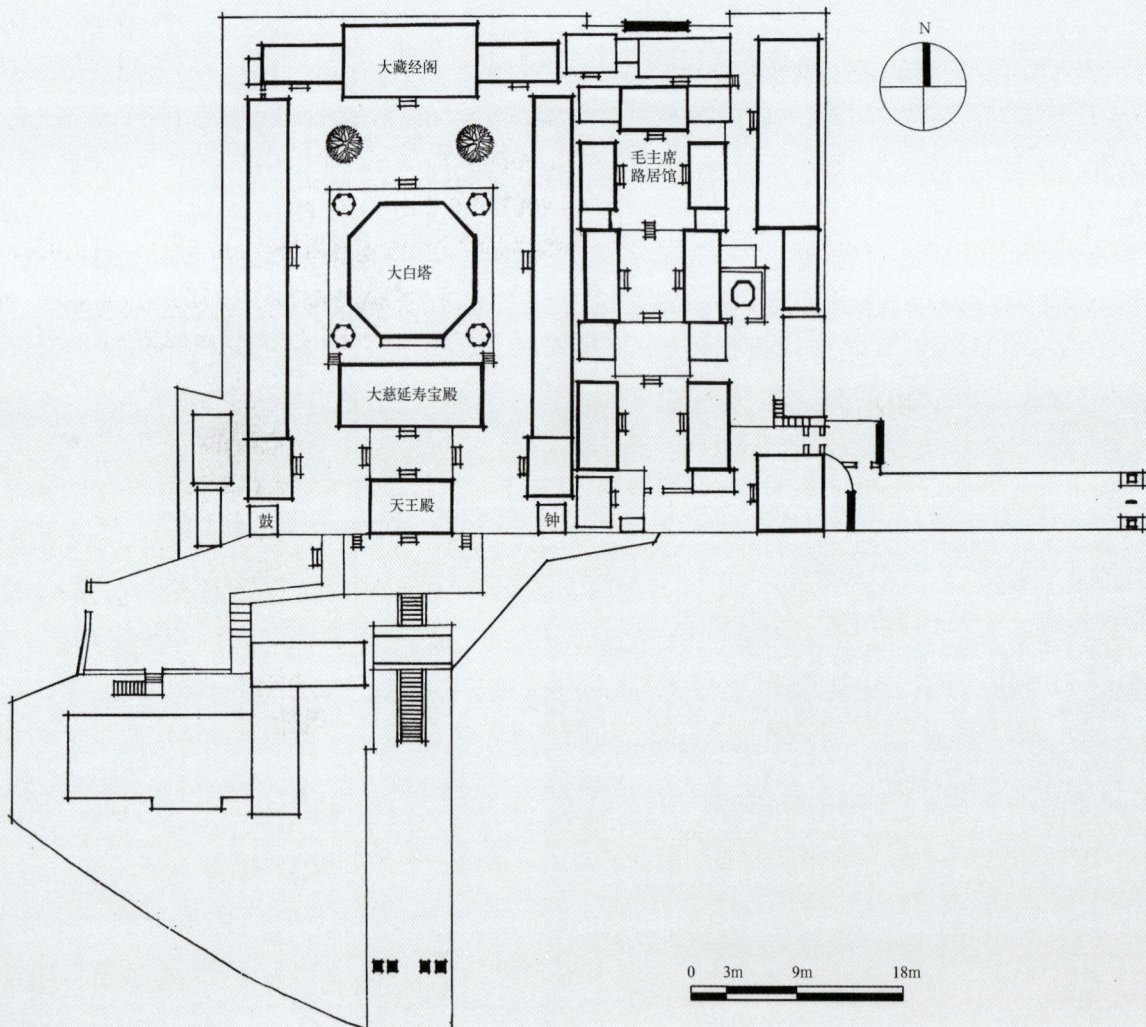

图 7-3-4　五台山塔院寺平面图（资料来源：山西省第三次文物普查资料）

融在徐州建浮屠祠："上累金盘，下为重楼，又堂阁周回，可容三千许人。"说明最初的佛寺以塔为中心，四周用堂、阁、廊围成方形庭院。从《洛阳伽蓝记》记述的北魏洛阳永宁寺，前有寺门，门内建塔，塔后建佛殿，塔殿均设置在寺院的中轴线上，为寺内的主体建筑，居中的永宁寺大塔，平面方形，四面开门，为九级楼阁式木塔，高四十余丈。它虽然还是仿效印度寺院的形式，但已逐渐采取中国宫殿官署的沿中轴线布局的院落式格局，佛殿、佛塔同时并重。由此可知，廊院式布局的特色集中反映在院内建筑的布置上，院内大多以塔为主体，也有少数以讲堂为主体或堂塔并置，为了丰富其艺术表现力，在修长的廊壁间绘制了大量的佛教壁画。从建筑艺术角度分析廊院式寺院，其主题过于分散，不易形成统一构思，而且也不适于修建在较复杂的地形上，所以后来被纵轴式的布局所代替。这种布局形式的寺庙在国内已无存留，仅在个别寺庙布局上尚存有痕迹。五台山塔院寺原是五台山显通寺的塔院，明万历十七年，明神宗敕建显通寺塔院竣工后，赐额"大塔院寺"，它便独成一寺。塔院寺坐北朝南，恢宏壮丽、巍峨壮观，建筑布局以牌楼、山门为前哨，廊房、禅房为两翼，中轴线上自南而北依次有天王殿、大慈延寿宝殿、大白塔和大藏经阁。大白塔塔基为正方形，通高 75.3 米，环周 83.3 米。塔身状如藻瓶，粗细相间，方圆搭配，造型优美。塔顶上刻有铜板八块，形成圆形，按八卦方位安置，圆盘上是风磨铜宝瓶顶，高 5.3 米，是我国塔式建筑中少有的珍品。

（二）纵轴式布局

纵轴式布局是继承北魏宫室宅第型佛寺发展而定型的。其主要特点是有明显的纵向中轴线，从主要出入口"三门"（由佛经中"三解脱门"的说法得名，也作"山门"）开始，沿轴线纵列数重殿阁，中间连以横廊，划分成几进院落，构成全寺主体部分。主院和各小院均绕以回廊，有的还附建配殿或配楼。

1. 塔殿共轴的布局

纵轴式布局强调中轴的对称，大大削弱了塔的

中心作用，塔的位置由全寺中心演变为殿前左右置双塔或于主体殿庭前方两侧分立塔院。塔殿共轴的布局形式是介于廊院式布局和纵轴式布局之间的特殊形式。这种布局的主要特点是塔和殿都位于中轴线上，殿宇是供奉佛像，香客礼佛的活动中心，塔通常作为寺庙建筑的视觉中心。

五台尊胜寺是塔殿共轴的布局实例。尊胜寺地处五台县城东北方的簏阳岭，距县城 20 公里。此寺创建时叫翠岩山院，唐代重建称善住阁院，北宋天圣四年重修，名为真容禅院，明万历十九年复修后改名为尊胜寺。经民国年间重修，在七大殿后建砖塔一座，才形成现在的塔殿共轴的布局。寺宇坐北朝南，依山而建，上下 5 层，中轴北侧有七座大殿：观音殿、天王殿、三大士殿、大雄宝殿、藏经殿、毗卢殿、和五文殊殿（图 7-3-5）。山顶建九层十二角万藏砖塔，高九丈九尺，端庄厚重，英俊挺拔。寺庙上、下层之间，院落与院落之间，有的用石阶相连，有的曲径幽通，有的露于明处，有的潜于暗处，形成迂回曲折的布局结构。此外，山西应县佛宫寺、平遥慈相寺、太谷无边寺和山西洪洞广胜上寺等，也都是塔殿共轴式布局的典型。

2. 以大雄宝殿为中心的布局

这种沿轴线纵向排列殿阁的布局形式，使殿宇的地位至高无上，大雄宝殿更成为这条轴线上的重中之重。大雄宝殿又称大佛殿，是寺院的主要建筑物，供奉着佛教缔造者释迦牟尼，是寺庙的中心。现今留存的大部分寺庙都是这种布局形式。山西五台山显通寺、罗睺寺、金阁寺、南禅寺、河曲海潮庵等都是这种以主殿为中心布局的典型实例（图 7-3-6）。

显通寺坐落在五台山台怀中心、灵鹫峰之前，是五台山历史悠久，规模宏大，建筑瑰丽的著名古刹。该寺建于北魏太和年间，名"大孚灵鹫寺"，因寺前有花园百亩，故又名花园寺。武则天时，改名"大华严寺"。入明之后，太祖敕建该寺，赐额"大显通寺"。后几经修建，形成现在的规模。显通寺坐北朝南，寺宇开阔，占地 4.37 万平方米，共有

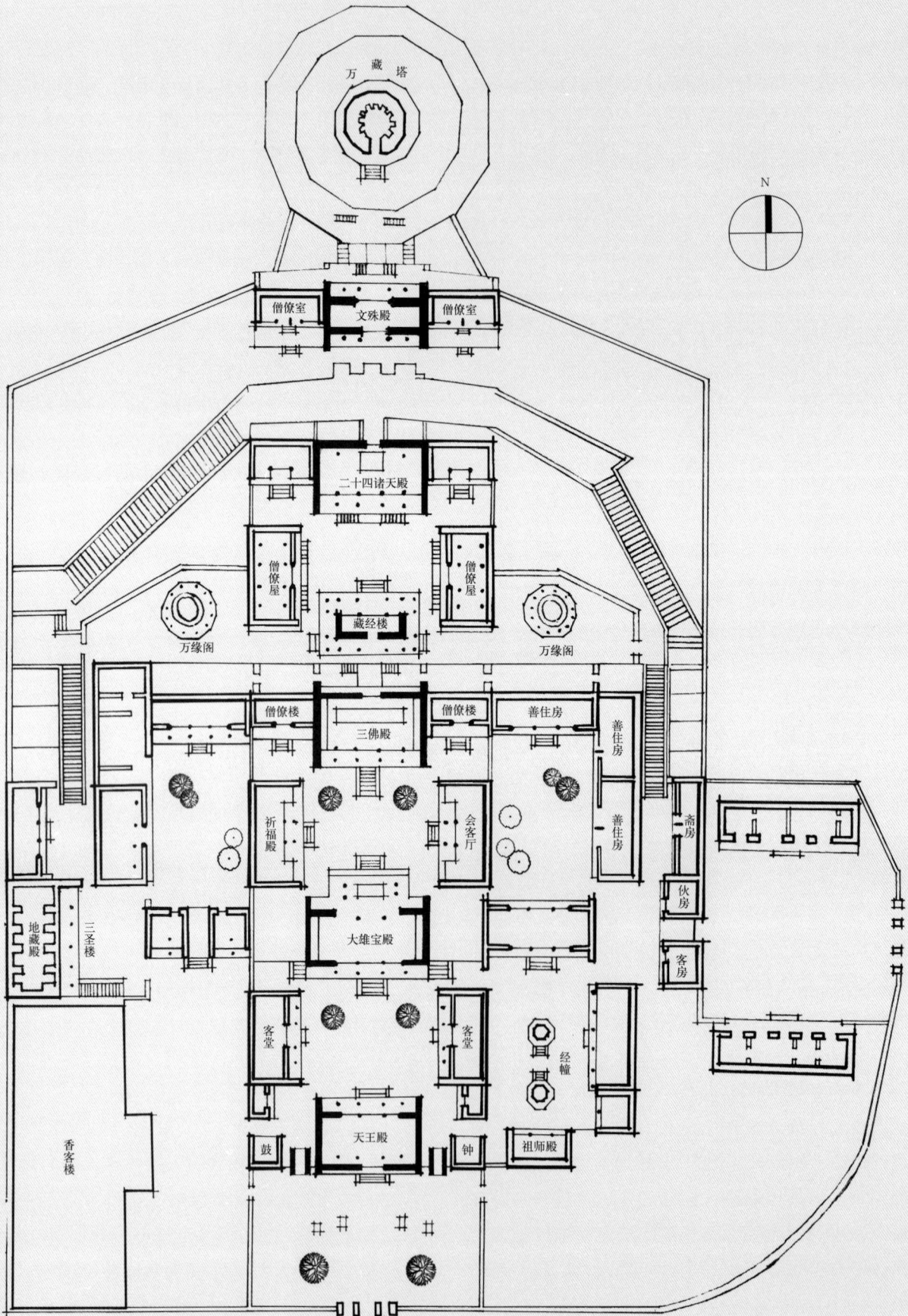

图 7-3-5　五台尊胜寺平面图（资料来源：山西省第三次文物普查资料）

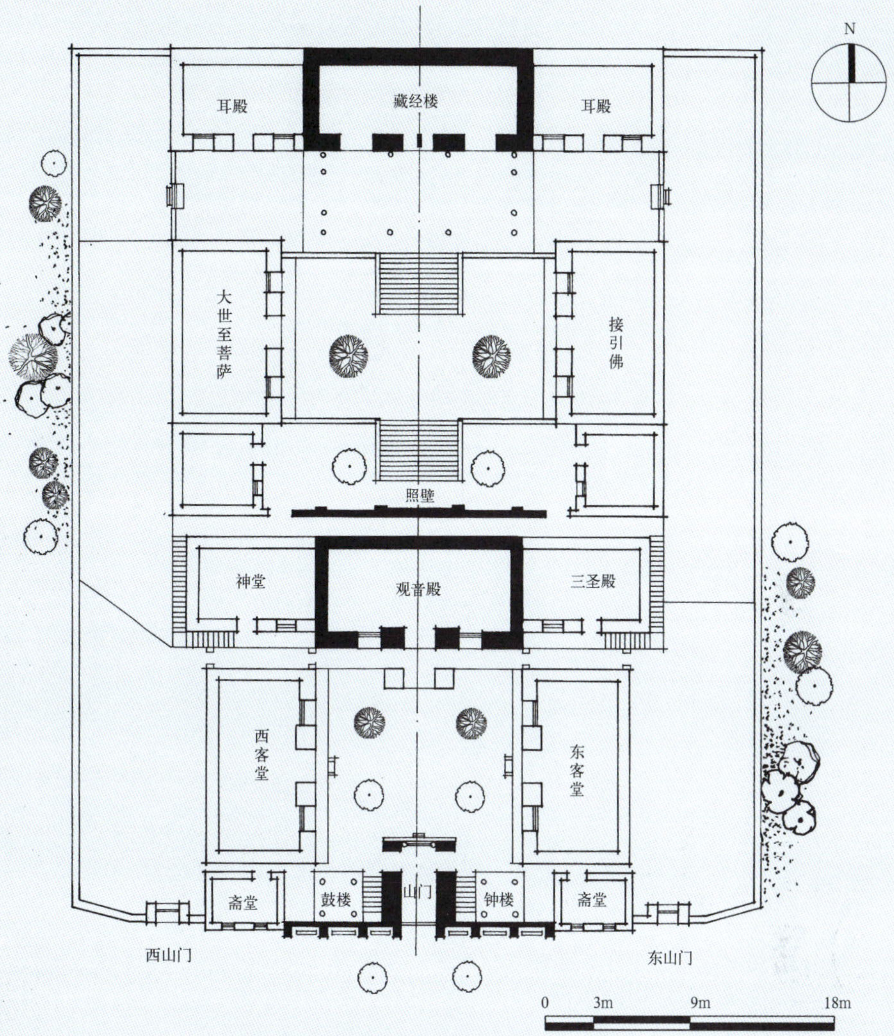
N
耳殿
藏经楼
耳殿
大世至菩萨
接引佛
照壁
神堂
观音殿
三圣殿
西客堂
东客堂
斋堂
鼓楼
山门
钟楼
斋堂
西山门
东山门
0
3m
9m
18m

图 7-3-6 河曲海潮庵平面图（资料来源：山西省第三次文物普查资料）

殿堂楼阁、禅房僧舍等400余间。中轴线上，自南向北依次排列有观音殿、文殊殿、大雄宝殿、无量殿、千钵殿、铜殿、藏经殿七进大殿，东西廊房对称配合，形成整齐严肃、阔畅宏大的布局结构（图7-3-7）。

罗睺寺位于五台山台怀镇显通寺和十方堂（即现在的广仁寺）之间，始建于唐代。据说此处显过圣灯，所以始名落佛寺。明代弘治年间重修，康熙四十四年又进行了大规模的改建，并有青庙改为黄庙，而落佛寺也改名为"罗睺寺"。罗睺寺是五台山保存完好的十大黄庙之一和五大禅寺之一，现存有天王殿、文殊殿、大佛殿、藏经阁、禅房、配殿、廊房118间及各殿的佛像、殿顶脊饰等。寺的后殿

图 7-3-7 五台山显通寺大雄宝殿（资料来源：自摄）

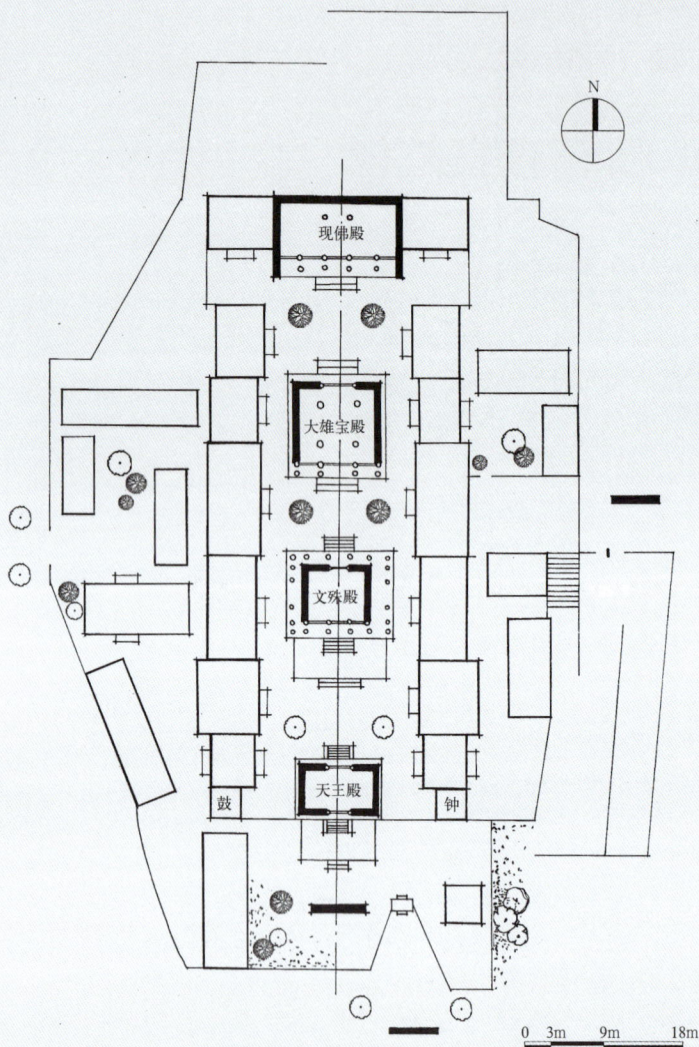

图7-3-8　五台山罗睺寺平面图（资料来源：山西省第三次文物普查资料）

图7-3-9　五台山罗睺寺大雄宝殿（资料来源：自摄）

有一著名的"开花见佛"机关，是五台山十分有名的景点（图7-3-8、图7-3-9）。

金阁寺位于五台山台怀镇西南15公里的金阁岭上，始建于唐大历五年，它规模宏大，具有12个菩萨院。后因"会昌灭法"，成为荒野丘墟，明嘉靖三十年重建。现在的金阁寺坐北朝南，两进院落，前院为观音殿，后院是大雄宝殿。观音殿外观气势雄伟，内供一尊高达17.7米的千手观音铜像，是五台山诸寺中最高大的观音塑像。中轴线上，自南向北依次有牌楼、天王殿（山门）、观音殿（大悲殿）、大雄宝殿，轴线两侧为塔院和禅院（图7-3-10、图7-3-11）。

纵轴式布局排列有序的院落群可引导信徒有秩序地、有层次地观赏全部寺院，以达到信仰的高潮。轴线上各进院落可以借助立体建筑造型不同、院落空间大小不同以及附属建筑的不同取得建筑艺术上的变化。较大的寺院还可以并列有两条或三条纵轴，在侧轴部位建造塔院或花园、禅房等。每进院落可以根据地形高低建立在不同的标高上，虽然平面布置是规整的，但实际建筑空间却是丰富多变的，每个寺院都可以形成自己的特色，所以这种类型成为我国佛寺中应用地域最广、时间最长的寺院类型。

（三）藏式寺庙的布局

这种寺庙布局是随着喇嘛教的盛行而在西藏创立的，按喇嘛教规矩，大型寺院实行"四学"制，设四"扎仓"（经学院），分别修习显宗、密宗、历算、医药。各扎仓都是大型经堂建筑，其中修习显宗的扎仓为入寺喇嘛共用，规模特大，称为"都纲"（大经堂）。扎仓以外，寺内设有专为供奉各种佛像的"拉康"（佛殿），各级活佛的"囊谦"（公署）、辩经坛、印经院、"嘛呢噶拉"殿或廊、塔（藏经塔或纪念塔）以及大量的喇嘛住宅。它的布局特点是没有明显的主轴线，按照地形较自由地布置寺院各类建筑，不均衡中求对称，变化中见协调。在不同地区，具体建筑形式与布局又有所差别。华北、内蒙古地区的寺院则大量应用汉族传统建筑形式，仅有少量藏式装饰，应用对称轴线布局的地段明显加多，布局也

图 7-3-10 五台山金阁寺大雄宝殿（资料来源：自摄）

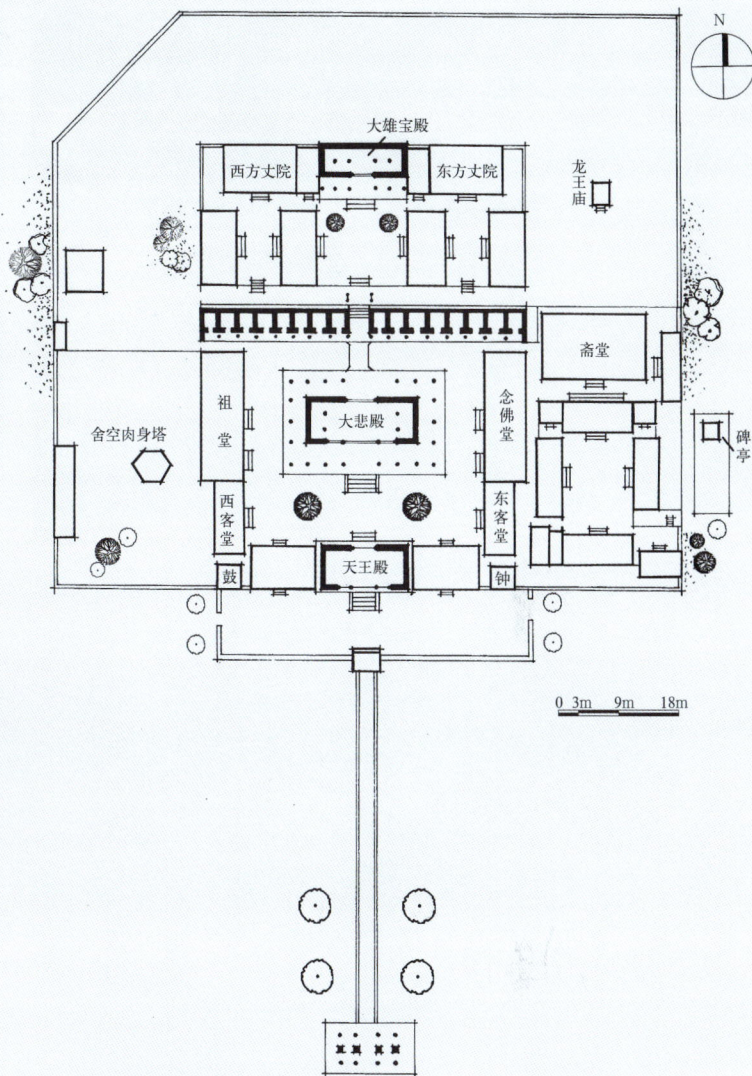

图 7-3-11 五台山金阁寺平面图（资料来源：山西省第三次文物普查资料）

比较规整，如承德外八庙、内蒙古的席力图召、北京雍和宫等。这个时期还出现一种奇特布局，即模仿佛教的世界观念（即世界中心为须弥山，其两翼有日、月，须弥山四周被大海包围，海中有四块大陆地，八块小陆地，称四大部洲、八小部洲，按东西南北方向分布在须弥山的四周，每块陆地都有特定的形状）用在寺庙总体布局上。寺庙建筑布局也按此概念布置了大大小小各类建筑或坛台，分别代表须弥山、日、月、部洲等内容，用以体现佛的世界形貌。

二、寺庙佛殿的形式

佛殿是寺庙的主体建筑，其主要作用是安置供信徒顶礼膜拜的佛像。佛殿象征着清静佛土，一般分佛域空间和礼拜空间两部分。早期佛教的佛像是设在佛塔内，后来才出现中国式的佛像供养殿。一般而言，山西寺庙佛殿的类型，主要有宫室式佛殿、楼阁式佛殿和都纲式佛殿三种形式。

（一）宫室式佛殿

这种佛殿一般为单层横长方形，面阔为三、五、七或九间，与帝王宫殿或府第大宅的主题建筑没有太大区别。北魏中晚期，"舍宅为寺"成为社会流行风气，佛教信徒经常将自己的住宅赠给寺院，以建立公德。这种在住宅基础上改造的佛寺，不但沿用旧有的布局，而且主殿也是利用原有的厅堂建筑。由于中国佛像是多佛并列供养，或主要佛像与弟子、菩萨同在一殿，因此这种横长方形殿堂很适用，长期成为佛殿的通用形式。这类佛殿的建筑艺术表现力并不突出，其宗教特点主要从室内的壁画、塑像及装修装饰方面体现出来。中国现存的早期宫室式佛殿极为稀少，它却可反映出当时结构、装修、构造等方面的发展情况，成为建筑史中有价值的证物。此类型突出的实例为建于公元857年唐代山西应县佛宫寺、五台山佛光寺等（图7-3-12、图7-3-13）。

（二）楼阁式佛殿

8世纪以后，佛教密宗十分推崇观音菩萨，寺

图 7-3-12　五台山佛光寺山门（资料来源：自摄）

图 7-3-14　五台山金阁寺观音殿（资料来源：自摄）

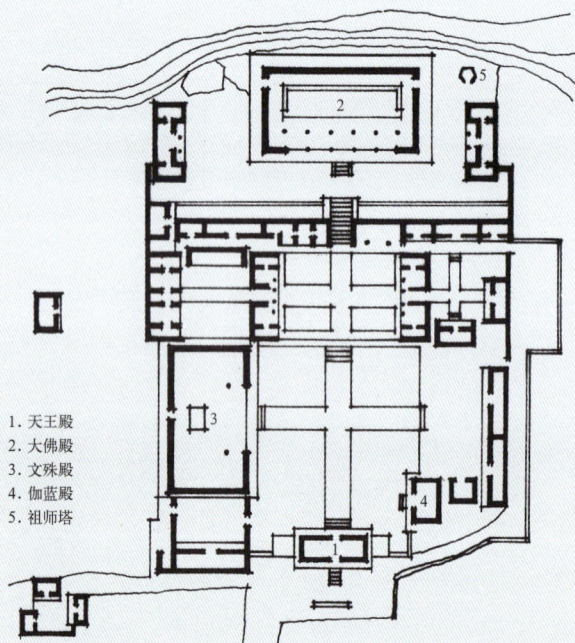

1. 天王殿
2. 大佛殿
3. 文殊殿
4. 伽蓝殿
5. 祖师塔

图 7-3-13　五台山佛光寺平面图（资料来源：自绘，1998 年实测）

院中往往单独建造观音阁，内部供奉观音立像。由于冶铸、泥塑以及制漆技术的发展，佛像可以不依靠石材，而用金属、泥、漆为材料制作，体形也更加高大。这种高大的站像要求建造高大而中空的建筑物，直接推动了多层木结构建筑的发展。历史上记载的最高大的楼阁式佛殿当首推公元 695 年唐代武则天在洛阳建造的天堂建筑。史称高达"一千尺"，

堂内佛像高"九百尺"，史书记载可能有夸大之处，但估计其高度是很惊人的。这种楼阁式佛殿与西方教堂建筑不同，欧洲教堂内有宽广的信徒礼拜空间，而这里完全是佛的空间，巨大的佛像躯体充满建筑内部，以这种高而狭的建筑空间来衬托佛的伟大、无边与不可限量。此类佛殿现存实例仍有多座。山西五台山金阁寺观音殿面宽七间、进深三间、三层楼阁，重檐歇山顶，宏伟高大，壮观华丽。殿内富丽堂皇，莲花座上站着高 17.7 米的观音铜像，观音像的胸部直伸入二层（图 7-3-14）。

（三）都纲式佛殿

这是喇嘛教特有的佛殿，多建于西藏、青海、内蒙古等地，是佛殿与经堂的结合产物，其内不仅供奉佛像，而且还举行诵经、作法事等活动，"都纲"即大经堂之意。由于参加活动的僧人众多，因此内部空间亦非常宽广。这种大体量的建筑在汉族传统建筑中较少见。为了采光需在屋顶上开设天窗；为了排水除了应用平屋顶以外，往往将整体屋顶分隔成几个小屋顶，这样便形成了一种新的佛教建筑形式，改变了传统建筑的台基、柱身、屋顶三段体型处理手法。这类建筑的艺术气氛重点表现在建筑的内部空间，殿内空间广阔，悬垂着层层遮掩的佛幡幔帐，顶部天窗射下微弱的阳光，加之众多的供器

及经橱，加深了信徒对佛的神秘感觉，这正是晚期佛教的艺术特征。

三、寺庙建筑的组群形态

山西寺庙建筑群体布局，结合山地地貌，在不同地形和风景条件下，灵活而成功地协调了建筑与自然环境、宗教功能与旅游功能关系，别具一格。从布置形态上看，有贯联式、散点式、集聚式三种布局方式。

（一）贯联式布局

贯联式布局是指若干建筑群基本沿轴线发展，或通过各建筑群的轴线关系纵向延伸，或沿路径布置。这种布局的建筑组群经常沿人的直视方向纵深发展，序列感很强。当寺庙建筑群受地形条件限制，不能维持一条平直的中轴线时，常以转折的轴线或起始和终端由轴线控制，中间部分灵活自由布局，来保持宗教建筑空间的基本布局序列，曲折地展开建筑空间，所以这种贯联式布局在山地地形中通常表现为曲尺式布局。五台山南山寺，就是这种布局的佳作。南山寺坐落在台怀镇南面三千米的弓步山腰上，整个寺庙坐东向西，共分7层，由极乐寺、善德堂、佑国寺三组建筑群组成。建筑群体依山就势，沿几次转折的轴线布置，形成蜿蜒起伏、主次分明的空间群体布局（图7-3-15～图7-3-17）。

（二）散点式布局

散点式布局是山西寺庙建筑组群的主要布局方式，指若干建筑群各处于适宜的地带而呈现散点状。寺庙建筑在地形比较复杂、地势变化起伏大的山地中，局部突破宗教建筑的基本序列和格局，因地制宜，景到随形。以散点灵活的布局，体现了"构图无格，贵在不羁"的特色。一方面适应了地形，另一方面充分利用了风景面，完全发挥了建筑的构景作用。所以，这种布局方式常

图7-3-15　佑国寺山门（资料来源：自摄）

图 7-3-16　佑国寺天王殿
（资料来源：自摄）

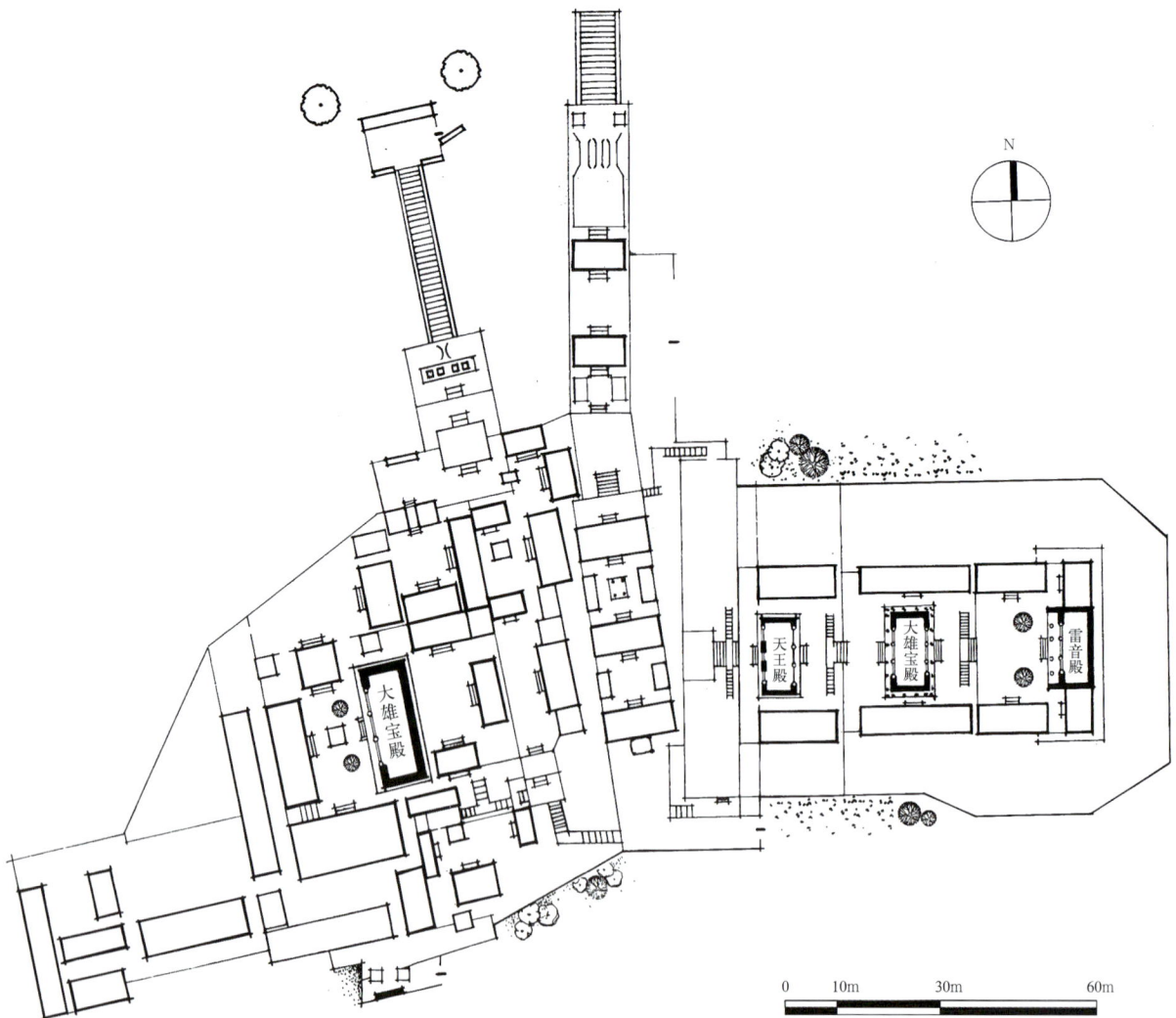

图 7-3-17　五台山南山寺平面图（资料来源：山西省第三次文物普查资料）

用在山地风景建筑的布置上。五台山寿宁峰寺庙建筑组群位于台怀镇西面，主要由寿宁寺、三塔寺、三泉寺、慈福寺组成，四座寺庙随着山体各据有利地形呈现散点状布置（图7-3-18～图7-3-20）。散点布局可使建筑掩映于山林，有利于保持山林的情趣。从五台山寿宁峰寺庙建筑组群的分布情况，可以看到散点式布局的特点。分散建筑群的空间界域，便于遮掩次要建筑，突出主体建筑，在路径上给人以意外发现。因而，尽管山体不大，靠了地段凹凸变化的巧妙利用，使庙宇、山房露隐有别，增加登山路径上的趣味性。在散点式布局中，其路径组织常采用基线路径旁过建筑群而引小路趋近的方式；同时为强调中途建筑的"隐"，小路的趋近常用回归式或曲线式。

（三）集聚式布局

集聚型布局是在小型山地或大中型山地的某一景区中，建筑组群围绕一中心集中式建筑或一中心空间（参照体）布置，特点是建筑高密度集中。五台山台怀镇灵鹫峰寺庙建筑群即为此种布局。由于地段形态的特点，建筑布置从山体南麓起向上发展，基本上铺满山体，呈连聚状。小山地上的集聚布局通过地段高差的利用，具有迷宫般的空间效果。

台怀镇灵鹫峰寺庙建筑群主要由塔院寺、显通寺、万佛阁、罗睺寺、广仁寺、圆照寺、广宗寺和菩萨顶八座寺院古刹组成。每座寺庙都有其独特的空间布局，但都倚着山坡，层层叠叠，互相掩映；并巧妙的利用了地形、标高的变化，灵活地设置各个寺庙的位置，垂直方向上以大白塔和菩萨顶为轴线中心，水平方向利用支路路径和平台平铺直叙布置，形成了高低错落，疏密有致，空间变化丰富的寺庙群体（图7-3-21）。

集聚式布局的山地寺庙建筑组群其路径系统的特点体现为路径与平台的结合。平台（包括沿山坡砌筑的台地）意味着路径的横向扩延——滞留区域，借助其高差还可在毗邻的建筑组群之间作出划分。建筑群的终端通常由轴线控制，在山地风景区

图7-3-18　五台山慈福寺大雄宝殿（资料来源：自摄）

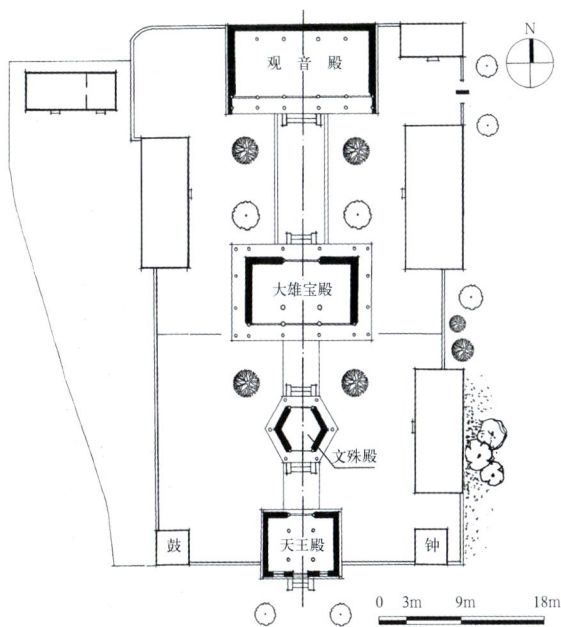

图7-3-19　五台山寿宁寺平面图（资料来源：山西省第三次文物普查资料）

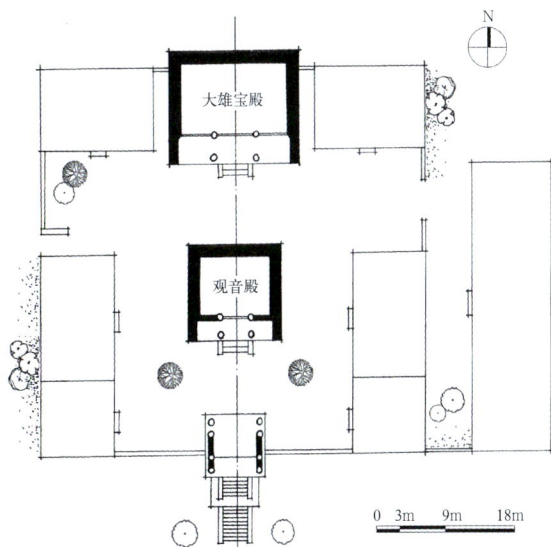

图7-3-20　五台山三泉寺平面图（资料来源：山西省第三次文物普查资料）

图 7-3-21　五台山台怀镇（资料来源：自摄）

中常处于山顶——制高点（如菩萨顶）。地段的限制使路径与主要轴线形成相当的角度，所以经常需要在建筑群的入口处拓一稍开阔地带，形成缓冲（如圆照寺入口、广宗寺入口、菩萨顶入口），使建筑群入口轴线与路径协调，形成正向轴线趋近（图 7-3-22）。

总之，寺庙建筑组群的布局方式与山地地段的空间属性有着密切的关系。为了依据地段的形势，有时建筑也不再强求朝南，建筑群的轴线关系也作相应的调整变化。

四、寺庙建筑空间的限定

所谓限定，既有具体的限定，也有抽象的限定。山石、水体、植物、建筑等，每一局部都处于一定的空间范围之中，发现并限定与主题相适应的的空间边界。在山林寺庙空间限定中，主要以天然边界限定为主，必要时辅以人为作用限定其空间范围。按限定元素的类型分，大致有四类。

"山，骨于石，褥于林，灵于水"。山石这种元素的限定多表现为寺庙利用其所处群山环抱的自然

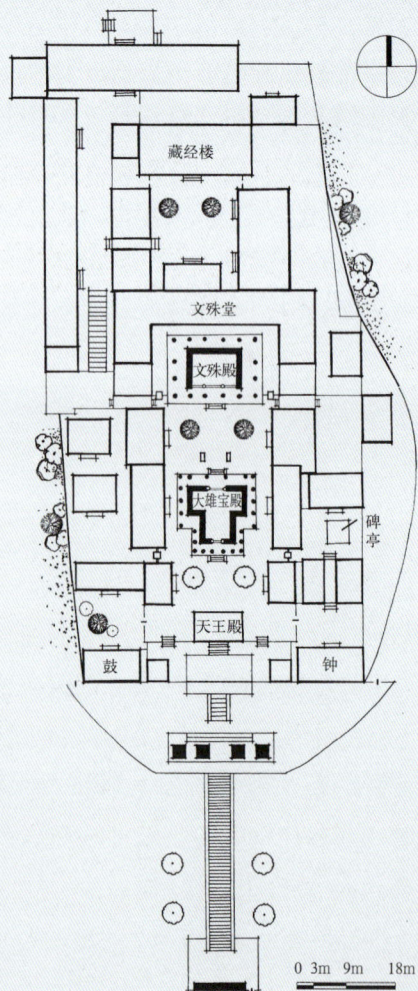

图 7-3-22　五台山菩萨顶平面图（资料来源：自绘，2011 年实测）

图 7-3-23　繁峙秘魔岩俯瞰（资料来源：自摄）

环境，依山就势地建造寺庙，构成别有洞天的意境。所谓"深山埋古寺"，说的就是这种山石限定空间的情景。五台山的秘魔岩，位于繁峙县维屏山中，纵观其环境地势，群山环拥，限定寺庙的空间边界。清代郑乐山有诗："秘魔之岩在峨谷，此地遥看画一幅"，描绘的就是秘魔岩群山环抱的优美景色（图 7-3-23）。

居于水体一侧的寺庙、平野、山林，可看作被水体单侧限定的空间；居于水中的则是被水体包围的限定空间；瀑布形成的是水帘构成空间边界的限定。如五台山海会庵，寺院坐东向西，建在清水河河滩，形成"深山古寺幽，山门空水流"的意境。又如五台山镇海寺，寺前有一小丘，小丘两旁，有两股清流淙淙而下，流水之侧，又有坡路，成八字形汇于寺前。"飞泉西下真瀑布，寺名镇海就中含"，描述的就是水体构成镇海寺寺前空间边界的情景（图 7-3-24 ~ 图 7-3-28）。

植物构成空间的限定大都以群体的方式出现，如山中的竹林、松林、枫林往往自然形成空间；也可利用树木松散或密集的组合不同程度地围蔽空

图 7-3-24　五台山海会庵山门（资料来源：自摄）

图 7-3-25　五台山海会庵观音殿（资料来源：自摄）

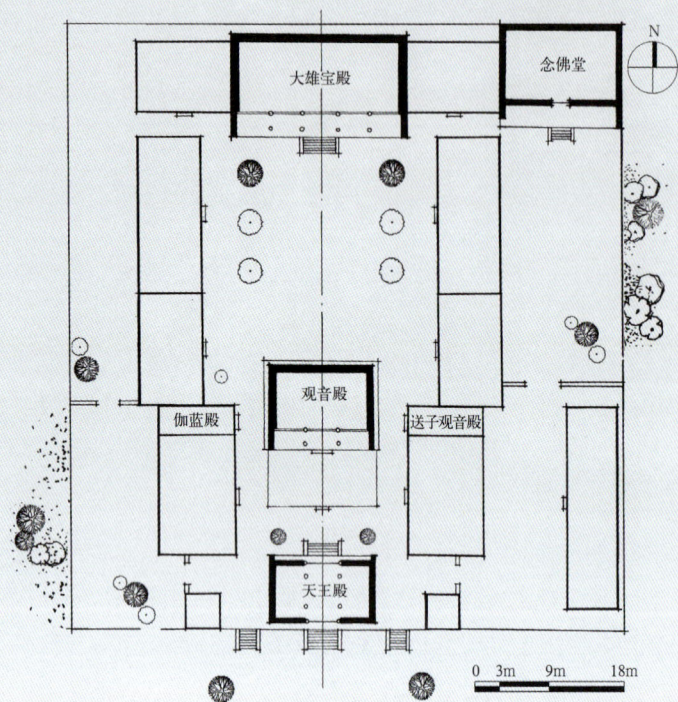

大雄宝殿　　　念佛堂

观音殿

伽蓝殿　　送子观音殿

天王殿

0　3m　9m　18m

图 7-3-26　五台山海会庵平面图（资料来源：山西省第三次文物普查资料）

图 7-3-28　五台山镇海寺山门（资料来源：自摄）

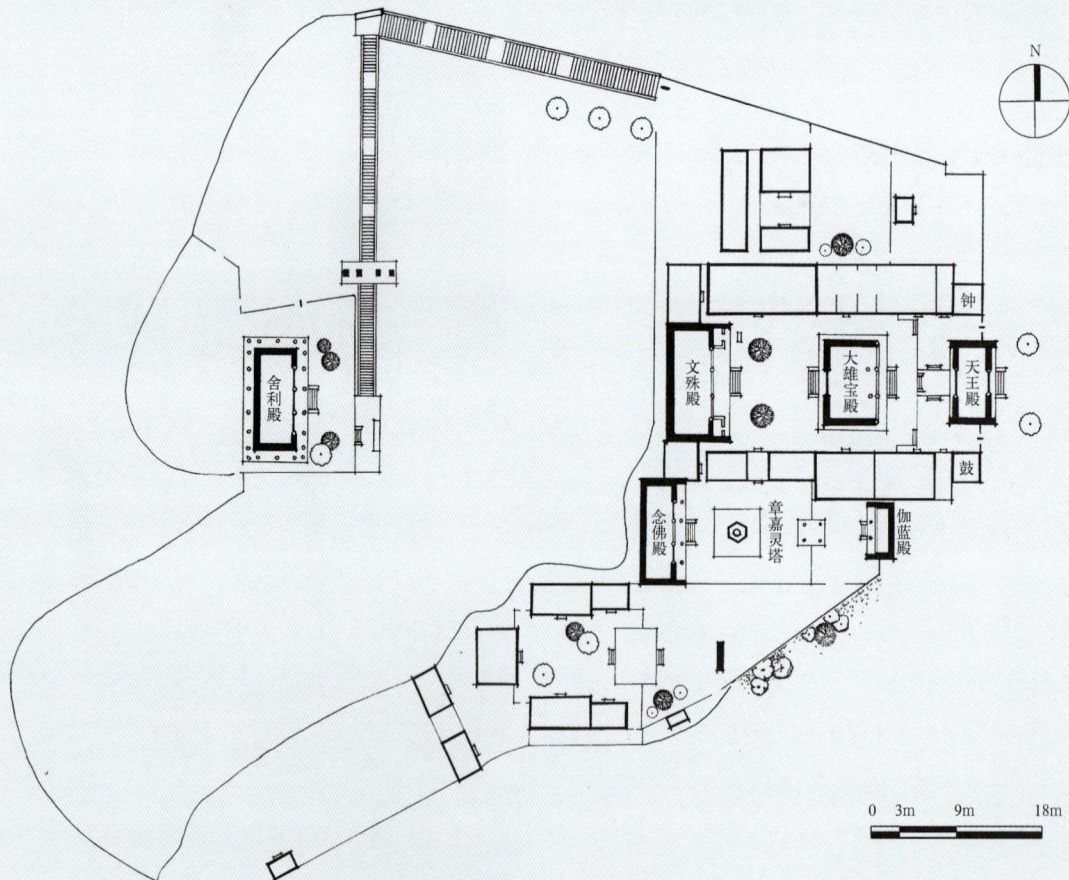

舍利殿

文殊殿　　大雄宝殿　　天王殿

钟

念佛殿　章嘉灵塔　　伽蓝殿

鼓

0　3m　9m　18m

图 7-3-27　五台山镇海寺平面图（资料来源：山西省第三次文物普查资料）

间，形成别有洞天的环境（图7-3-29）。五台山南山寺入口处的白杨树林，青葱笔直，随着山体错落有致，对南山寺的入口作了别有情趣的限定。一些有强烈特征的植物个体也可以单独对空间造成限定。如五台山万佛阁五龙王殿前的苍松，它苍劲的枝干伸展如臂，墨绿的松针平平然然，对殿前空间起到限定和点缀作用。

建筑限定是人为因素的限定方式。建筑通过廊、路、院落、平台、墙等过渡空间联系成一逐步展现的空间和形体的综合体，从而对人的活动空间进行限定。具体的分析，可以从以下几个方面展开。

墙常被用来作为空间边界，寺庙建筑中最典型的空间限定方式就是用墙围合寺院，与外相隔，自成一幽静而安详的空间环境以象征佛国净土。寺院内部，由于功能上的差异和空间规模上的要求，经常还要用墙或廊来进行空间的分隔。如寺庙内各庭院之间的划分，空间层次的组织。佛殿空间也多用墙围合而成，殿内空间则由隔墙及装饰陈设等作划分。有时，在趋近寺院的路上，也用墙围合起来，增强"曲径通幽"之感，烘托佛国的神秘气氛。

独立的山门、钟楼、牌楼、亭、塔、经幢等标志的设置，是寺庙建筑中界定空间、划分领域的重要手段和特征之一。山门、钟楼和牌楼是寺庙建筑的入口标志，也是建筑群空间序列上的起始。人们通过它时，无论从物理上还是在心理上都能感知到空间的内外区别。亭、塔、经幢等作为空间的限定，其效果往往是雕塑或纪念碑式的，在它的周围形成某种氛围。可以说这也是一种中心式限定，这个中心也往往是所限定空间的主题（图7-3-30、图7-3-31）。如五台山台怀镇的大白塔，是台怀镇寺庙群的中心，也是五台山佛教圣地的象征，无形之中在它的周围就形成了一个广阔的空间。

地面的变化对寺庙建筑空间的限定通常有两种方式：

第一，地面材质的变化。通过铺地的材料、纹理等的不同对空间进行象征性的限定。有的运用铺地的材质、构图的变化来分内外、别主次；有的则

图7-3-29　五台山菩萨顶北后院松树（资料来源：自摄）

图7-3-30　五台山菩萨顶南入口（资料来源：自摄）

图7-3-31　五台山碧山寺牌楼（资料来源：自摄）

有重点地进行地面铺设，丰富空间的边界；有的其铺装以极具特征的质感和图案构成观赏的对象。第二，地面的高差变化。对佛教建筑而言，为了充分显示宗教建筑庄严神圣的气氛，"彼岸"的不可及，强调象征性，通常以在入口处设置长长大台阶来实现。由于山西所处的山林地形条件，寺庙往往依山而筑，形成高低错落的景致。平台和台阶上，常常利用石栏杆参与限定，丰富限定层次（图 7-3-32）。

通常空间的限定元素不是单一的，而是多元素的限定。如五台山镇海寺，寺前清泉环绕，寺后青山环抱，葱郁的苍天古松犹如一道天然屏障，把寺庙深锁在四季的绿色里。在空间范围的确定中还有一些特殊的情况：旷境，要求相对无垠的空间范围；以优越目标为主题的空间，可以忽略其外侧边界。

五、寺庙建筑空间的延伸

佛教信徒因缘于自然，希望与自然融合，借自然风景来获得领悟。所以借景自然，突破空间的限定，成为寺庙建筑融于大自然的重要手段。如五台山金阁寺，"昔人见金阁浮空，因建寺"，寺院与山水、天色融为一体，"高阁崚嶒银汉近，白云缥缈玉毫长。一乘此际窥宗旨，千手翻疑涉杳茫。兀坐颓然尘念净，数声清声倚斜阳。""杰阁倚雄峰，登临兴未穷。怡然观物化，肃尔礼慈容。帘卷千山雨，窗含万壑风。倚阑何所思，霜月挂寒空。"人在寺中行游居观，寺后苍翠欲滴，两侧山花烂漫，脚下峰峦迭出、崇山呵护。凡目之所及，身之所容，意之所寄都能感受到自然万物"透"进来的勃勃生机（图 7-3-33）。

山西不少寺庙因择址山川胜境，清水河纵贯全区，故凡山冈翠色、水光云雾俱可招来自下，移到门户。另外，寺庙建筑在布局和选址上也特意使建筑面对较具特色的自然景观，使寺庙与自然能更为紧密的结合，并在视觉上将无穷的自然风景移入有限的空间，扩大空间的境界。典型者如五台山殊像寺，"举目四顾，西可眺望幽深的凤林谷，东临高耸入云的大白塔，北有黛螺顶伟岸的雄姿，云梯般的栈道上，如织的旅行者隐约可见……"。如若登上殊像寺的望佛亭远眺，还可以观赏到一尊静静仰卧在峰峦叠嶂山体上的大佛（图 7-3-34、图 7-3-35）。

山林寺庙除了用移远就近、因高借远、依高踞胜等手法来拓展空间外，也经常通过门窗来借景构境，以小景传大景，沟通有限空间与外在自然的联系，延伸空间。同时，门窗还是一个别具一格的取景框，自然界的竹木花草、山川形胜，庭院的景色，经过门窗的界定裁剪，常构成富有情趣的天然画幅，"小则斗方，长则单条，阔则横批，纵则手卷。移

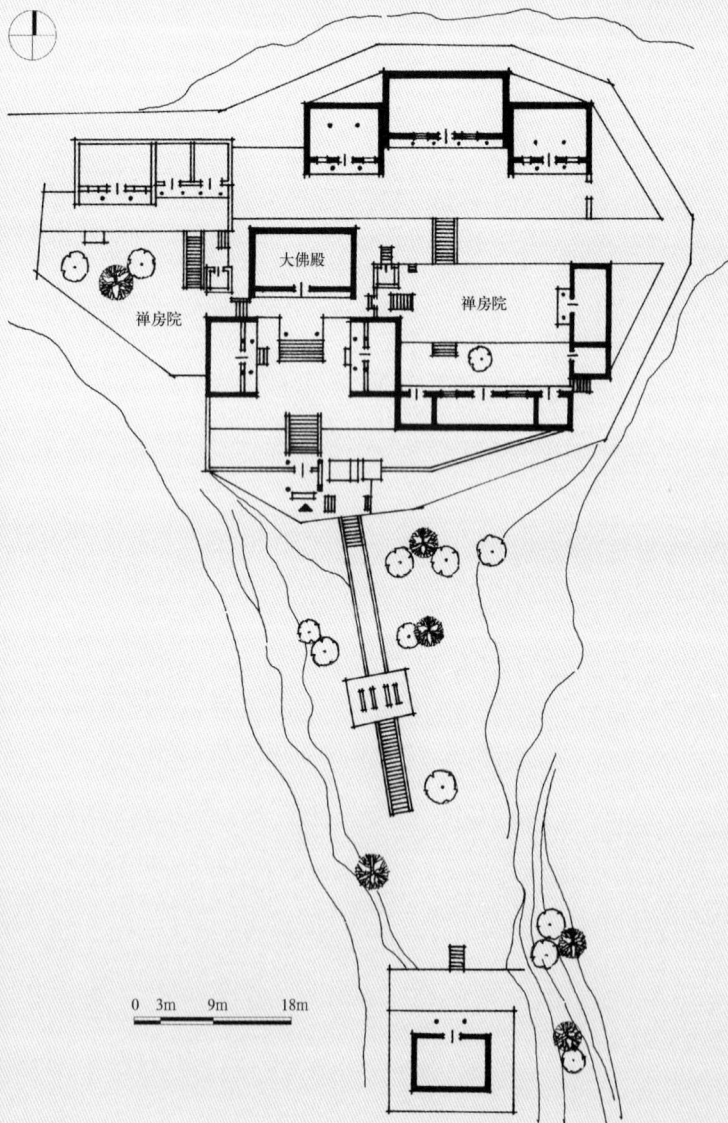

图 7-3-32　太谷大佛山天宁寺平面图（资料来源：自绘，1998 年实测）

图 7-3-33　金阁寺大雄宝殿悬塑（资料来源：史册摄）

图 7-3-34　五台山殊像寺大文殊殿（资料来源：自摄）

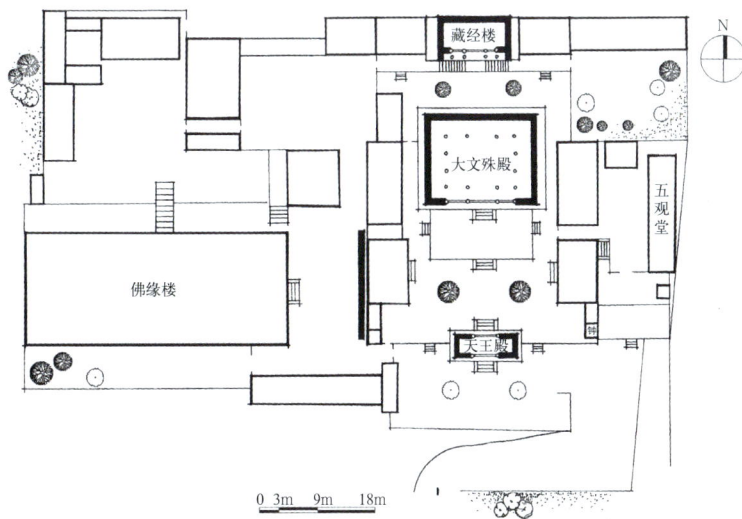

图 7-3-35　五台山殊像寺平面图（资料来源：山西省第三次文物普查资料）

0　3m　9m　18m

图 7-3-36 五台山尊胜寺照壁（资料来源：自摄）

图 7-3-37 五台山龙泉寺牌坊（资料来源：自摄）

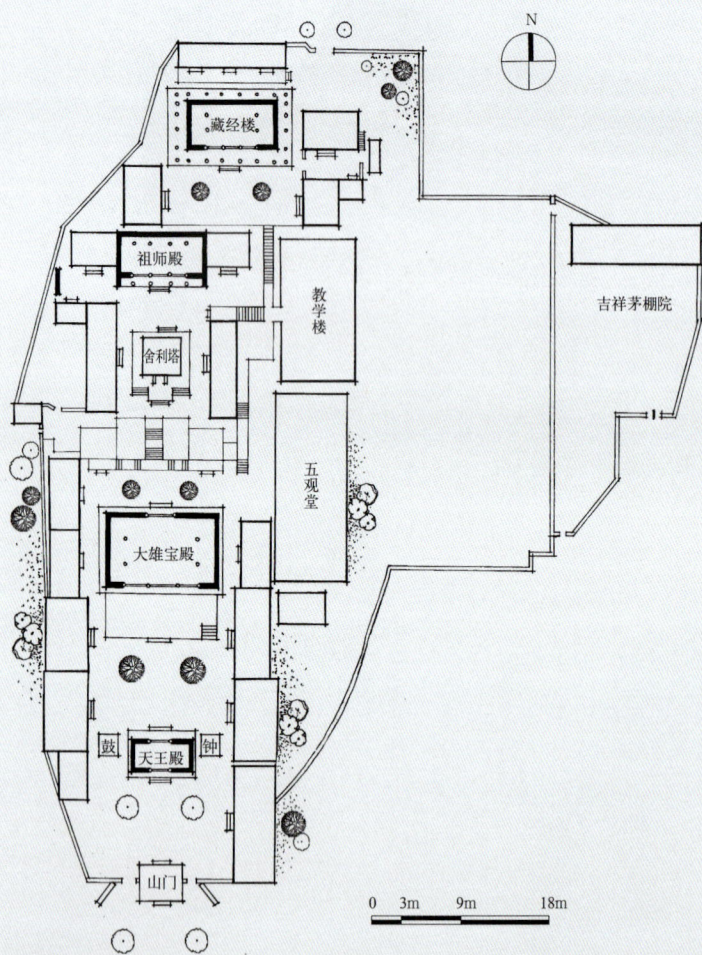

图 7-3-38 五台山圆照寺平面图（资料来源：山西省第三次文物普查资料）

步换影，书家所谓的水墨丹青，淡描浓抹，无所不有"。如五台山尊胜寺三大士殿院落的圆门洞，门扇半开，院内的绿意微微透露，突破寺墙的限定，丰富空间层次。又如圆照寺山门，拱形的门把寺院内庭的景色尽收眼底，构成一幅美轮美奂的图画（图 7-3-36 ～图 7-3-38）。

寺庙建筑组群所围合的内部空间是有限的，庭院是组群的重要构成部分，也是单体建筑内部空间的延伸和补充。山林寺庙除了运用大自然的直接因借关系达到限定空间的延伸外，还常着意于对寺庙内庭院景观的营造、意境的开拓作为对有限空间的一种象征性的突破。庭院及其意境的塑造可以使有限的形象展示无限意境，并借以过渡到空间的无限。

虚实相济是庭园意境构成的重要原则。寺庙也往往在庭院通过对各种构成要素及其组庭技巧上的虚实处理来造成庭院实境与虚境的相互包容、渗透，从而构成诗画交融的深远意境。寺庙庭院所布之景一般由院墙和殿堂围合庭园中的花木组成。具体处理是在营构庭院时，多以粉墙实壁和华丽的殿堂为背景，布以花木池石，构成耐人寻味的庭园意境。如五台山显通寺无梁殿前院，院内松柏郁郁葱葱，素白墙上树影斑驳，古铜色的香炉飘出的袅袅梵烟

图7-3-39 五台山南山寺钟楼（资料来源：自摄）

图7-3-40 南山寺照壁（资料来源：自摄）

把这景色化为缥缈的虚空，扩大了庭院空间的有限境界。又有五台山黛螺顶庭院内的花草树木，与远处青山遥相呼应，虚虚实实使狭小的庭院获得了空间意念的延伸。

楹联匾额、题字、诗词通过雕刻的手段体现在建筑上，是寺庙建筑不可欠缺的一部分，以其精炼、极富魅力的概念系统，揭示空间主题，引导人们的注意，诱发思维、想象和情感活动，所以它们也是寺庙中参与意境构成的重要元素。这些文字和图案虽然不是实体空间，但它可直接与视觉发生关系，使人们产生高于实景的深远意境。因而也是寺庙中突破限定、延伸空间的重要媒介（图7-3-39～图7-3-41）。

在寺庙建筑中，常在序列的高潮之后设置一些附属建筑作尾声，或直接用山体、河流、大海等天然隔断作为序列的结束。例如，普陀山，海天构成了寺庙

图7-3-41 龙泉寺题刻（资料来源：自摄）

建筑群序列的终端，远远望去仿佛烟雾茫茫，宛若置身于仙境，正是序列的不尽之意表达了空间的不尽。又如五台山的碧山寺，巍峨的山体置身于序列终端，视线沿着山体苍翠的绿色蔓延，似尽而又不尽。

六、寺庙建筑的空间序列

寺庙建筑的空间序列是佛教信徒和游客们在进香朝佛、欣赏景致或进行其他人文活动的过程中形成的。一般的寺庙建筑都由牌楼（或牌坊）、香道、山门及各式的殿堂组成。有些山林佛寺由于其所处环境之幽绝，且各据地势，因地制宜而建，所以无论在其布局、空间序列的营造、景观组织、造型体态还是在许多细部处理上都千姿百态，独具特色。在序列营造和景观组织上，寺庙建筑一般由牌楼（或其他标志）为起始，一段或长或短的香道作为承接，然后在高潮之前，借道路之转折，空间之

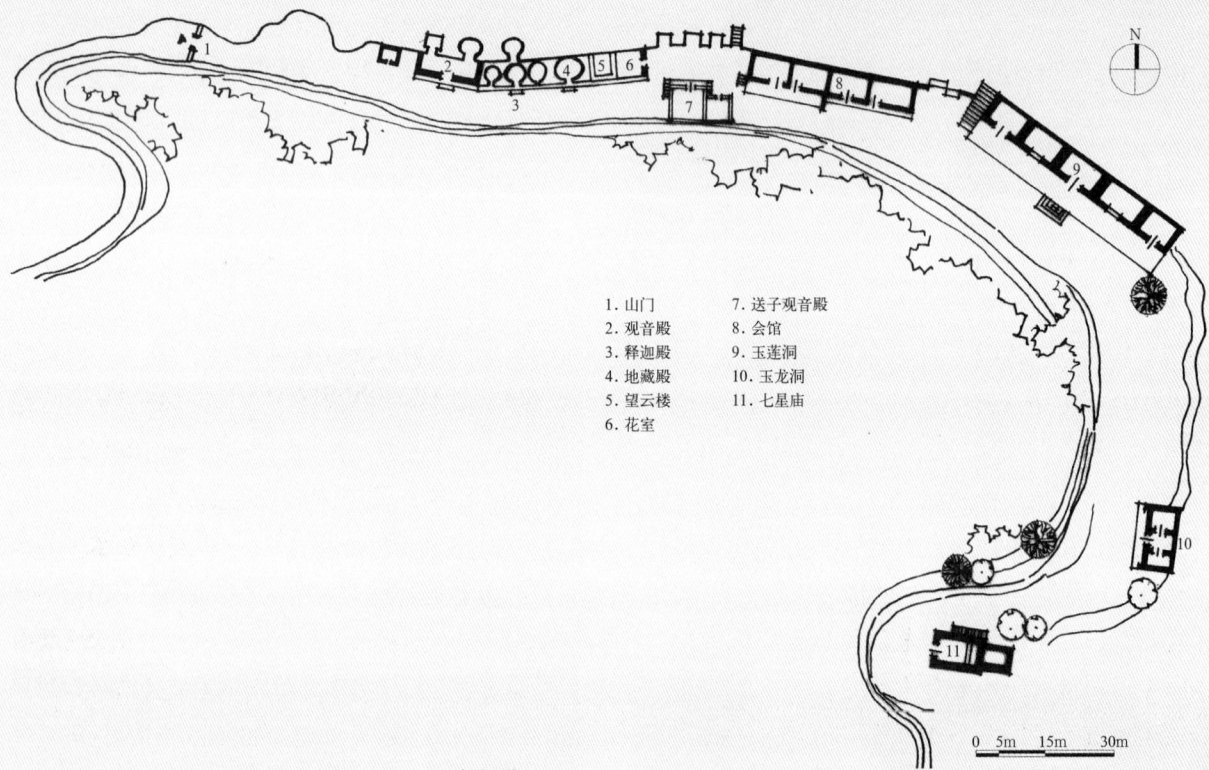

1. 山门　　　7. 送子观音殿
2. 观音殿　　8. 会馆
3. 释迦殿　　9. 玉莲洞
4. 地藏殿　　10. 玉龙洞
5. 望云楼　　11. 七星庙
6. 花室

0　5m　15m　30m

图 7-3-42　清徐香岩寺平面图（资料来源：自绘，1998 年实测）

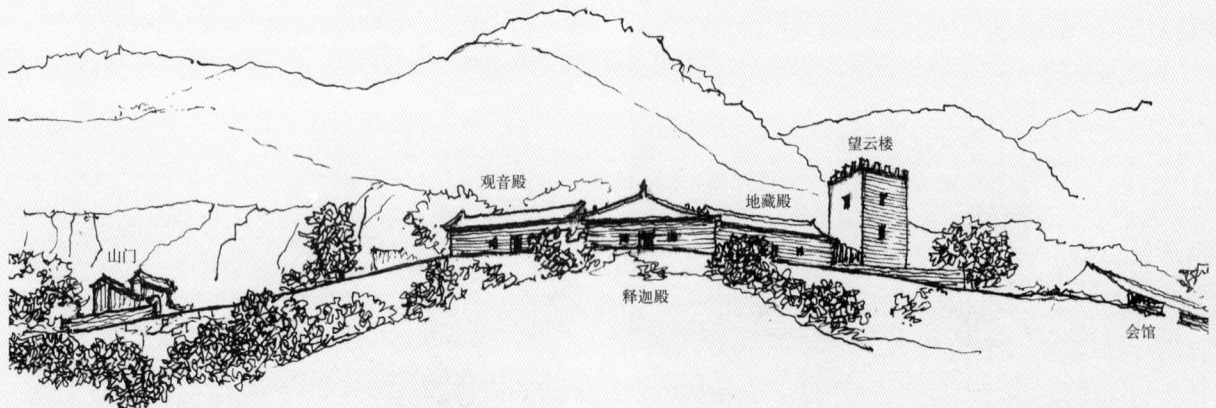

图 7-3-43　清徐香岩寺西部写生（资料来源：自绘）

对比作突然的转变，以烘托高潮的气氛，并在行进的过程中，合理组织观景点，形成与山体、树林融为一体的建筑风景。如位于清徐马峪乡东马峪村东北1公里山腰上的香岩寺，始建于金明昌元年（1190年）。寺庙以曲折处的山门为起景点，沿山凹蜿蜒的香道为承接、过渡，使自然环境空间转化为寺庙建筑外部的园林环境空间，然后在玉莲洞前形成观赏平台，通过与送子观音殿内外空间的明暗、大小对比形成视觉的转折，在望云楼处达到空间的高潮，最后以玉龙洞和七星庙为结尾，达到"合"之效果（图7-3-42～图7-3-44）。

（一）序列的起始

寺庙建筑的入口部分是意匠凝聚之处，规模较大或有重要意义的建筑群多以牌坊（或影壁）为起始标志，以香道连接（常连接到一个平台上），并以照壁（或牌楼）为结束。这段香道，一方面用以酝酿香众的宗教情绪，加强诚佛之意，激发游客的观赏兴致；另一方面香道本身被视为人由尘世到达净土彼岸的"桥梁"。香道的处理手法基本有两种：顺应地形、迂回曲折的自然式香道；建筑性较强的巷弄式或台阶式香道。在山地寺庙建筑中，香道连接的方式通常也不是单一的，常为两种手法的交叉运用，如五台山南山寺，先以曲折的小路穿过入口处的密林，进入照壁围合的小院落，再以大台阶的方式将建筑空间的序列导向高潮。这种以曲折的自然式香道为连接的入口空间，与自然融合且富于趣味性。香道沿途景致的组织和设计也多利用自然环境，有的林木夹道，有的溪流依傍，虚实藏露，隐显叵测，以烘托宗教的神秘气氛，诱发香客游众的热切向往之情。巷弄式或台阶式香道用建筑性的处理手法，以建筑要素为手段模拟自然景观序列的手法，来组织香道沿途景致和视景序列，为烘托建筑群的空间气氛和视线引导作准备。山西五台山塔院寺入口部分序列由巷弄式坡道迂回趋近所建立，以白塔和钟楼为对景，既加深了意味，又微露"佛国"意境，引人探往（图7-3-45～图7-3-47）。

台阶式香道的处理手法建筑性更强一些，如五台山金阁寺，位于整个风景区的旅游路线上，其入口部分序列的处理方法是：先以牌楼吸引视线，限定一个滞留区域，人至此顺一百零八级台阶向上望去，"云遮雾掩，犹浮半空"，高台升起预示高潮的即将出现。寺庙所处的环境不同，同一处理手法也会见差异。从影壁至牌坊这一段香道，菩萨顶与龙泉寺就建筑要素组合方式来说是相同的，但在趋近方式和视觉处理上就有差别，这是由各自所处环境所决定的。台怀菩萨顶位于山顶，是台怀建筑组群序列的高潮，人们对它的趋近在建筑环境中进行，其入口处急于建立高潮的前兆和圣域的标志。而龙泉寺独处于九龙岗山腰，人口分部序列要借助路径的趋近，或利用视觉吸引手法来强调。龙泉寺既要借助建筑性处理获得寺庙建筑气氛的营造，又要完成兴趣中心的转移（即从自然环境转移到寺庙建筑群中）。所以，龙泉寺的人口处理时，影壁中心雕刻的南海观音殿和一百零八级台阶上的汉白玉牌

图7-3-44 清徐香岩寺东部写生（资料来源：自绘）

图 7-3-45　塔院寺牌楼
（资料来源：自摄）

图 7-3-46　塔院寺入口
（资料来源：自摄）

图 7-3-47　塔院寺白塔
（资料来源：自摄）

图 7-3-48　菩萨顶大台阶（资料来源：自摄）

图 7-3-49　南山寺大台阶（资料来源：自摄）

图 7-3-50　罗睺寺入口（资料来源：自摄）

坊，作为视觉转移的"吸引点"。一些规模较小、序列简单的建筑群，其入口部分有的仅由山门及影壁构成，使影壁在视觉上突出，以便在趋近的过程中吸引游客的注意，表达"起"之意味；有的不设任何明显标志，而是通过游客在行进中对寺庙的突然发现，意识到寺庙主体的存在，予人一个意外的起始（图 7-3-48 ~ 图 7-3-50）。

还有一些寺庙建筑群将很长一段路纳入入口部分序列，利用视景为接近建筑作准备，入口部分序列则融于自然风景。如五台山菩萨顶，在到达山门之前流出很长之香道，加之路径曲折，树木掩映，峰岚叠嶂，建筑群若隐若现，使真正标志入口起始的照壁出现，既在情理之中又有意外之感。入口部分序列的设计无论使用哪一种处理手法都是为了烘托寺庙建筑的宗教气氛，为建筑群高潮的展现充当良好的开篇（图 7-3-51）。

（二）序列的承接

寺庙建筑在入口序列的"起始"之后，还应该有恰当的"过渡"，才能使寺庙的结构前后相贯，首尾相援，构成一个和谐有机的整体。序列终端的收"合"作为寺庙建筑的高潮，是由入口"起"之发端，"承"之过渡，"转"之变化的过程来实现的。所以，这个"过渡"在意脉上要能承上启下，不能顾此失彼；在形式组织上，要巧妙和谐，有思味之余地，不能平铺直叙。序列的承接为建筑群空间序列的发展部分，指从山门至最高等级建筑前（即高潮前）这一阶段。这一发展阶段的组织方式主要是将山门、发展部分的殿堂及附属用房组合形成一个或多个庭院，引导视线在纵向轴线封闭式院落布局中逐步展开，从而加深高潮的感染力（图 7-3-52，图 7-3-53）。

寺庙建筑多由廊墙围合，自成一独立的空间环境。所以，入口处的山门是寺院的"突破口"，也是入口分部序列向主部序列过渡的"关键点"。山地风景空间的尺度是超人的，在此欲以有限建筑空间给人以强烈的空间感受，所以需在人口部分进行空间大与小、敞与闭、明与暗等对比处理。寺庙建筑的入口，山门大多是屋宇式，这一小而暗、近人

图7-3-51　菩萨顶香道（资料来源：自摄）

图7-3-52　太谷圆智寺鼓楼（资料来源：自摄）

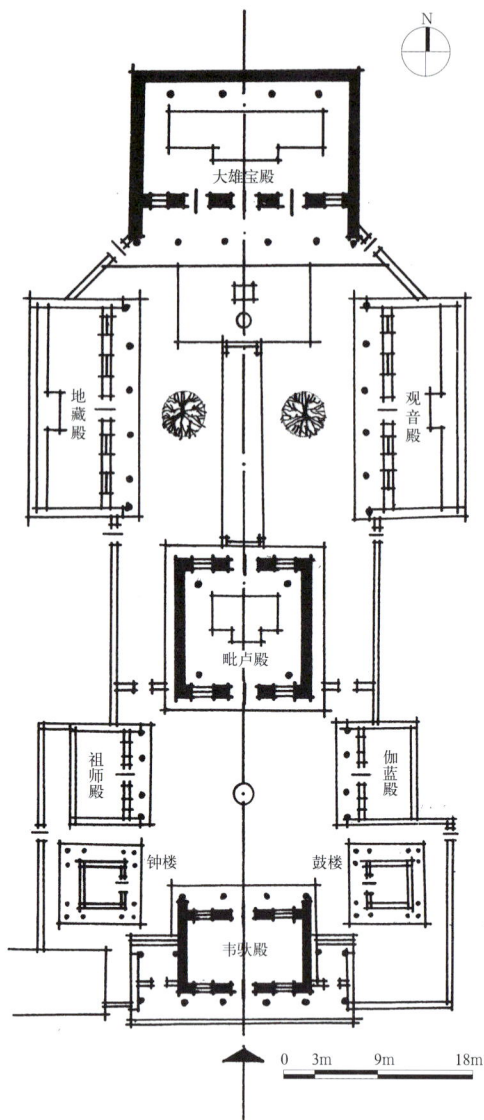
图7-3-53　太谷圆智寺平面图（资料来源：自绘，1998年实测）

尺度的空间把人的视线从广阔风景空间中收回，使人恢复一般的空间尺度感，从而对建筑空间的重要性及意义作出判断，如五台山圆照寺山门空间处理。有时为适当延长这一正常空间感恢复距离，可将山门前用壁面组合成天井空间，或由山门、天王殿及围墙组合成过渡空间，如山西五台山塔院寺山门处理，这样可增加人的视觉恢复活动的层次。

山西五台山显通寺的序列承接轴线较短，作为发展部分的前殿（文殊殿和观音殿）与山门连接形成空间上的递进关系，过文殊殿即为显通寺的第一高潮大雄宝殿。这一过渡距离较短，但院落内松柏葱郁，

两座石碑使人驻足沉思，丰富了进入大雄宝殿之前序列发展的层次，弥补了高潮准备不足的缺点。

总而言之，序列的承接方式，无论哪一种，无非是要给人以丰富变化的空间感受，使香客游众对佛土的向往愈见其深，愈感其切，深化佛寺高潮的感染力。所以，其效果、目的是否达到很大程度上有赖于人本身的细行品味以及对景物的感触。

（三）序列的转折

继序列的承接之后，还要有一别开生面的转折与之契合，方能淋漓尽致地展现寺庙建筑的主题，预示高潮即来。在序列的承接阶段，无论空间如何

变化，都被统一在和谐的过渡韵律之中；而序列的转折给人的是一种强烈的跌宕节奏，一种边界或点状的突变空间的感受。在寺庙的空间序列结构中，转折的手法常表现为建筑空间环境的明暗虚实、抑扬收放、高低起伏及大小方向等的急剧变化上。而且这种变化，既要出人意料，又要合于情理；即是人们始料不到的，又按照一定的规律发生。

山西五台山佛光寺主部序列由两进院落构成，高潮的中心院落有明显高差，"转折处"以狭窄的台阶式甬道连接，人行其间仅见台阶折叠和方片天空，空间顿觉紧迫，而这种空间的紧迫感正适宜宗教情绪的蓄发。登上台阶，广阔的空间使人豁然开朗，雄壮的大殿在青山绿树的衬托下呈现于眼前。这种出人意料而又顺乎情理的场景的突然出现，产生强烈的刺激，更烘托出佛殿堂之雄伟、神圣。又如五台山金阁寺，穿过观音殿院落，来到楼殿前，中间有门洞为通往二院的通道，人行其间顿觉空间紧迫，对高潮的向往和神秘感又加一层，登上台阶，庄严伟岸的大雄宝殿跃然眼前。无疑，经过这一"转"使人的情感随之激荡，心灵得以飞跃，起到了化平淡为神奇的作用。这种以台阶式甬道转折空间的手法，在山西寺庙建筑的空间序列的处理上极为常用，如五台山尊胜寺、圆照寺、太原南十方院等，都是采用的这种手法（图7-3-54、图7-3-55）。

空间序列上的"转折"在总体上亮出了寺庙建筑的主体，使人对寺庙序列的高潮肃然起敬；而且对寺庙结构的艺术效果而言，也有重要的作用，"转则不板，转则不穷，如游名山，到山穷水尽处，忽

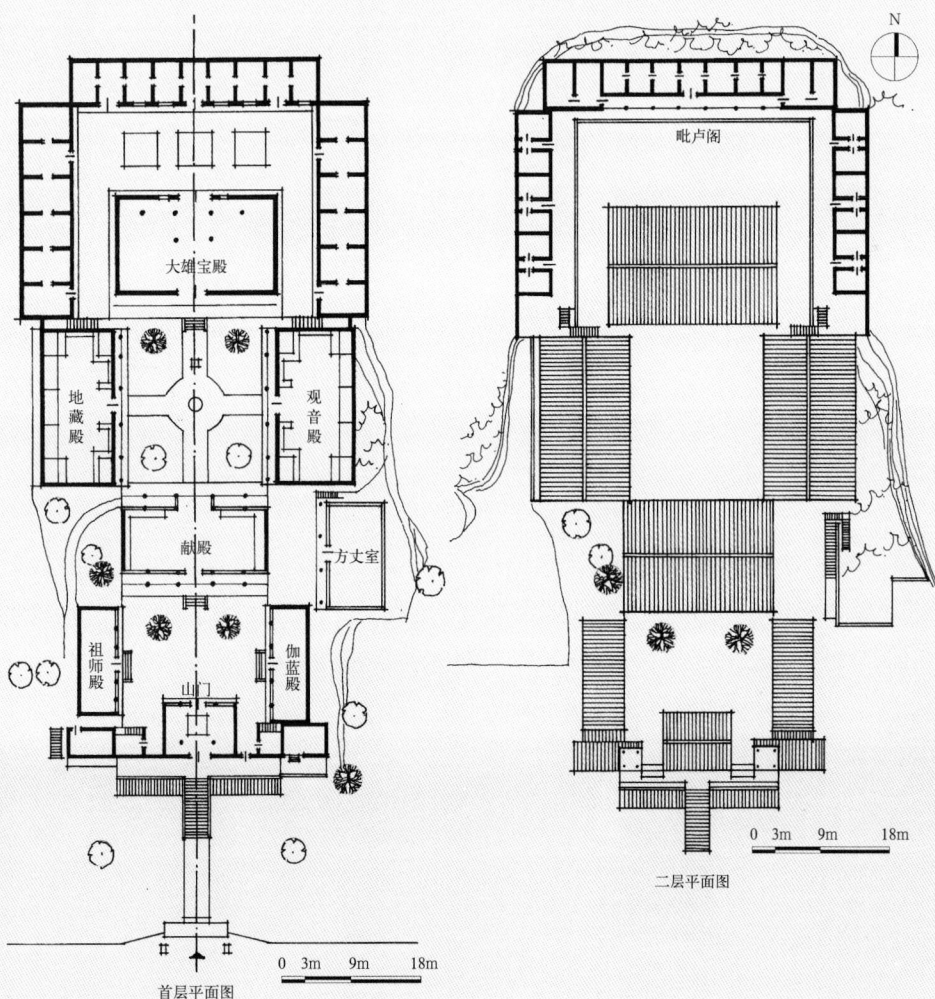

图7-3-54　太原南十方院平面图（资料来源：自绘，1998年实测）

图 7-3-55　太原南十方院大雄宝殿（资料来源：自摄）

又峰回路转，别有一种洞天，使人应接不暇，耳目大快"。

（四）序列的终端

序列的终端就是高潮本身，也是寺庙序列结构中不可或缺的重要部分。对于寺庙建筑的整体结构而言，序列的起始、承接、转折都是为了烘托出一个"充分的高潮"。而"高潮"本身应具有足够的强度来统摄整体，充分体现高潮的气质和神韵，构成完整的寺庙空间序列。在山林寺庙建筑中，常利用山势将高潮或中心的院落设置在明显高差上，从而建立主体建筑的绝对支配性，将其他院落降至准备性地位，这样则使序列的发展部分大大丰富，

更烘托出高潮的气氛，山西平遥永福寺与隆福寺、五台山南山寺、尊胜寺、佑国寺、佛光寺等都是这样处理的（图 7-3-56、图 7-3-57）。

山西五台山尊胜寺沿纵向轴线布置七进院落，轴线上的层层梯阶使院落递进升起，使终端院落、高潮处于绝对的支配地位，从而使寺院的神圣意味得以实现。这种登高而上升、逐步展开的行动、视觉活动可使人产生神圣、神秘的情感，或使人产生接近天国的幻觉，所以纵轴多进院落布局常为宗教建筑所采用。作为高潮的殿宇往往以醒目壮伟的体量，在形象上予以突出。殿宇的内部则侧重佛像的形象塑造，以宏大尺度及体量造成强烈的视觉压迫，逼人仰视而膜拜。另外，在一些大中型的寺庙中，高潮之后往往还有一些次要的建筑空间。这些空间或环境，使人们在高潮的激动之后，步入一个气氛松弛愉快的空间环境，从而获得前所未有的愉悦感。如五台山圆照寺，继大雄宝殿"高潮"之后，还有都纲殿、罗汉堂等作为继续。寺庙建筑的空间序列也并非仅是简单机械的"起承转合"的模式，这四部分往往彼此包含、相辅相成。有时合中有起，有时即起即承，有时转承合一，有时在一个大的开合之下包含有多的局部的序列。在一个整体的寺庙建

图 7-3-56　平遥隆福寺全景（资料来源：自摄）

图7-3-57 平遥永福寺全景（资料来源：自摄）

筑的空间序列中，除一个主要的高潮外，还会有多个高潮，而这个高潮又可以是另一个高潮的起始，继续丰富佛寺的空间。

　　总之，序列的"起始、承接、转折、收合"构成了山西寺庙建筑有头有尾，有始有终，有变化有高潮这样一种完整的空间环境。也正是空间序列

的这四个部分，使寺庙建筑各局部间的矛盾对立获得了整体形态的和谐完善，从而组成"首尾圆合条贯统序"，且富于变化的有机整体。人们经由这种空间序列的导引，逐步展开突破物质空间的有限而进入到精神领域，并随着高潮的来临，得到心灵的超越！

注释

① 曹如姬. 山西五台山寺庙建筑布局及空间组织 [D]. 太原理工大学，2005：12-15.

② 张驭寰. 中华古建筑[M]. 北京：中国科学技术出版社，1990：107.

③ 楚刃等. 山西通史（卷肆）[M]. 太原：山西人民出版社，2001：544-546.

④ 山西省地图集编纂委员会. 山西历史地图集 [M]. 北京：中国地图出版社，2000：276-277.

⑤ 王金平. 山右匠作辑录. 北京：中国建筑工业出版社，2005：28-30.

⑥ 柴泽俊. 朔州崇福寺弥陀殿修缮工程报告[M]. 北京：文物出版社，1993：3-4.

⑦ 陈明达. 应县木塔[M]. 北京：文物出版社，1980：45-50.

⑧ 阳城县志编纂委员会. 阳城县志[M]. 北京：中国海潮出版社，1995：351.

⑨ 李九林. 柳林县志[M]. 北京：中国海潮出版社，1995：508.

⑩ 永济县志编纂委员会. 永济县志[M]. 太原：山西人民出版社，1991：422-424.

⑪ 山西省文物局. 山西重点文物保护单位[M]. 太原：内部发行，2006：259.

⑫ 高平县志编纂委员会. 高平县志[M]. 北京：中国地图出版社，1993：355.

山西古建筑地点及年代索引

名称	类型	地点	建成年代（变化情况）	材料结构	文保等级
河东书院	书院	运城市	明、清	砖木	不详
晋溪书院	书院	太原市	重建	木结构	不详
卦山书院	书院	交城县	明、清	木结构	第六批国保
冠山书院	书院	平定县	清、民国	木结构	第二批省保
秀容书院	书院	忻州市	清	木结构	第四批省保
止园书院	书院	阳城县	明、清	木结构	第七批国保
凤鸣书院	书院	榆次区	明、清	木结构	不详
桂馨书院	书院	灵石县	明、清	木结构	第六批国保
榆次县衙	衙署	榆次区	明、清	木结构	不详
孝义县衙	衙署	孝义市	明、清	木结构	不详
临晋县衙	衙署	临猗县	元	木结构	第五批国保
绛州州署	衙署	新绛县	元	木结构	第四批国保
霍州州署	衙署	霍州市	宋至元	木结构	第四批国保
平遥县衙	衙署	平遥县	明、清	木结构	不详
汾城县衙	衙署	襄汾县	明、清	木结构	第六批国保
潞安府衙	衙署	长治市	明	木结构	第六批国保
太原纯阳宫	宫观	太原市	明、清	木结构	第七批国保
柳林玉虚宫	宫观	柳林县	清	木结构	第七批国保
陵川白玉宫	宫观	陵川县	金至清	木结构	第六批国保
高平万寿宫	宫观	高平市	元至清	木结构	第六批国保
离石天真观	宫观	离石区	明至清	木结构	第六批国保
浮山清微观	宫观	浮山县	明、清	木结构	第三批省保
武乡会仙观	宫观	武乡县	金至清	木结构	第五批国保
长治玉皇观	宫观	长治县	元至清	木结构	第六批国保
高平清梦观	宫观	高平市	元至清	木结构	第六批国保
平遥清虚观	宫观	平遥县	元至清	木结构	第六批国保
绛县长春观	宫观	绛县	元至清	木结构	第七批国保
泽州府城玉皇庙	宫观	泽州县	宋至清	木结构	第三批省保
陵川石掌玉皇庙	宫观	陵川县	金至清	木结构	第六批国保
乔沟头玉皇庙	宫观	新绛县	元至清	木结构	第六批国保
长子布村玉皇庙	宫观	长子县	宋至清	木结构	第七批国保
河津真武庙	宫观	河津市	明、清	木结构	第四批省保
河津玄帝庙	宫观	河津市	明、清	木结构	第七批国保
夏县堆云洞	宫观	夏县	明、清	木结构	第二批省保
高平玉虚观	宫观	高平市	元至清	木结构	第七批国保

名称	类型	地点	建成年代（变化情况）	材料结构	文保等级
汾西真武祠	宫观	汾西县	元、明、清	木结构	第四批省保
长子布村玉皇庙	宫观	长子县	宋至清	木结构	第七批国保
恒山宫观建筑	宫观	恒山县	明、清	木结构	第二批省保
太原崇善寺	寺庙	太原市	明、清	木结构	第七批国保
天镇慈云寺	寺庙	天镇县	明	木结构	第三批国保
繁峙公主寺	寺庙	繁峙县	明、清	木结构	第六批国保
陵川南北吉祥寺	寺庙	陵川县	宋至清	木结构	第四批国保
阳城开福寺	寺庙	阳城县	金至明	木结构	第六批国保
长治正觉寺	寺庙	长治县	金至明	木结构	第五批国保
霍州观音庙	寺庙	霍州市	元至清	木结构	第四批国保
曲沃大悲院	寺庙	曲沃县	宋、金	木结构	第五批国保
新绛福胜寺	寺庙	新绛县	元、明	木结构	第五批国保
稷山青龙寺	寺庙	稷山县	元	木结构	第五批国保
太谷无边寺	寺庙	太谷县	宋至清	木结构	第五批国保
永济普救寺	寺庙	永济市	宋至清	木结构	第一批省保
新绛白台寺	寺庙	新绛县	金至清	木结构	第六批国保
稷山大佛寺	寺庙	稷山县	金、明、清	木结构	第三批省保
襄汾普净寺	寺庙	襄汾县	元至清	木结构	第六批国保
潞城原起寺	寺庙	潞城市	宋	木结构	第五批国保
长子法兴寺	寺庙	长子县	唐、宋	木结构	第三批国保
长治观音堂	寺庙	长治市	明	木结构	第五批国保
交城玄中寺	寺庙	交城县	明、清	木结构	第七批国保
太谷净信寺	寺庙	太谷县	明、清	木结构	第六批国保
平遥双林寺	寺庙	平遥县	明	木结构	第三批国保
平遥白云寺	寺庙	平遥县	明至民国	木结构	第七批国保
灵石资寿寺	寺庙	灵石县	明	木结构	第五批国保
太原永祚寺	寺庙	太原市	明、清	木结构	第六批国保
太原净因寺	寺庙	太原市	金至明	木结构	第六批国保
大同观音堂	寺庙	大同市	清	木结构	第七批国保
永济万固寺	寺庙	永济市	明	木结构	第一批省保
隰县千佛庵	寺庙	隰县	明	木结构	第四批国保
洪洞广胜寺	寺庙	洪洞县	元、明	木结构	第一批国保
临汾碧岩寺	寺庙	临汾市	明、清	木结构	不详
长子崇庆寺	寺庙	长子县	宋	木结构	第四批国保
高平定林寺	寺庙	高平市	元至清	木结构	第五批国保
泽州青莲寺	寺庙	泽州县	唐至清	木结构	第三批国保
离石安国寺	寺庙	离石区	明	木结构	第五批国保

名称	类型	地点	建成年代（变化情况）	材料结构	文保等级
交城天宁寺	寺庙	交城县	唐至清	木结构	第六批国保
介休云峰寺	寺庙	介休市	明至清	木结构	第七批国保
太原多福寺	寺庙	太原市	明、清	木结构	第六批国保
清徐香岩寺	寺庙	清徐县	金	石结构	第四批省保
灵丘觉山寺	寺庙	灵丘县	辽	木结构	第五批国保
浑源悬空寺	寺庙	浑源县	明	木结构	第二批国保
沁源圣寿寺	寺庙	沁源县	明、清	木结构	第七批国保
显通寺	寺庙	五台山	明、清	木结构	第二批国保
碧山寺	寺庙	五台山	明、清	木结构	第六批国保
塔院寺	寺庙	五台山	明	木结构	第六批国保
菩萨顶	寺庙	五台山	明、清	木结构	第六批国保
殊像寺	寺庙	五台山	明	木结构	第二批省保
金阁寺	寺庙	五台山	明、清	木结构	第二批省保
罗睺寺	寺庙	五台山	明、清	木结构	第七批国保
南山寺	寺庙	五台山	明、清、民国	木结构	第二批省保
园照寺	寺庙	五台山	明、清	木结构	第二批省保
尊胜寺	寺庙	五台县	民国	木结构	第二批省保
常平关氏宗祠	祠庙	运城市	清	木结构	第六批国保
代县杨忠武祠	祠庙	代县	明	木结构	第三批省保
夏县司马光祠	祠庙	夏县	北宋至清	木结构	第三批国保
榆次常氏宗祠	祠庙	榆次区	清	木结构	不详
临县陈氏宗祠	祠庙	临县	清	木结构	第六批国保
灵石王氏宗祠	祠庙	灵石县	明、清	木结构	第六批国保
代县刘氏宗祠	祠庙	代县	清	木结构	不详
浑源栗毓美墓祠	祠庙	浑源县	清	木结构	第六批国保
临汾尧庙	祠庙	临汾市	明、清	木结构	第六批国保
清徐尧庙	祠庙	清徐县	明、清	木结构	第七批国保
运城舜帝陵庙	祠庙	运城市	元至清	木结构	第六批国保
平顺夏禹神祠	祠庙	平顺县	元至清	木结构	第六批国保
平顺北社大禹庙	祠庙	平顺县	元至清	木结构	第七批国保
阳城下交汤帝庙	祠庙	阳城县	宋至清	木结构	第六批国保
泽州汤帝庙	祠庙	泽州县	元至清	木结构	第六批国保
翼城四圣宫	祠庙	翼城县	元至清	木结构	第六批国保
太原晋祠	祠庙	太原市	宋至清	木结构	第一批国保
灵石晋祠庙	祠庙	灵石县	元至清	木结构	第六批国保
代县赵呆观	祠庙	代县	明、清	木结构	第三批省保
太原窦大夫祠	祠庙	太原市	元至清	木结构	第五批国保

山西古建筑

山西古建筑地点及年代索引

名称	类型	地点	建成年代（变化情况）	材料结构	文保等级
清徐狐突庙	祠庙	清徐县	宋至清	木结构	第六批国保
乡宁荀大夫祠	祠庙	乡宁县	元至清	木结构	不详
盂县藏山祠	祠庙	盂县	明、清	木结构	第七批国保
盂县大王庙	祠庙	盂县	金至明	木结构	第五批国保
永济扁鹊庙	祠庙	永济市	明	木结构	第三批省保
稷山李牧庙	祠庙	稷山县	元至清	木结构	不详
盂县烈女祠	祠庙	盂县	明、清	木结构	第四批省保
文水则天庙	祠庙	文水县	金	木结构	第四批国保
太原文庙	祠庙	太原市	清	木结构	第七批国保
太原晋源文庙	祠庙	太原市	明、清	木结构	第七批国保
清徐清源文庙	祠庙	清徐县	金至清	木结构	第六批国保
平遥文庙	祠庙	平遥县	金至清	木结构	第五批国保
平遥金庄文庙	祠庙	平遥县	元至清	木结构	第六批国保
灵石文庙	祠庙	灵石县	明、清	木结构	第七批国保
代县文庙	祠庙	代县	明、清	木结构	第六批国保
原平文庙	祠庙	原平市	元	木结构	第四批省保
大同文庙	祠庙	大同市	明、清	木结构	第三批省保
襄汾汾城文庙	祠庙	襄汾县	明	木结构	第六批国保
闻喜文庙	祠庙	闻喜县	明	木结构	第三批省保
绛州文庙	祠庙	新绛县	明、清	木结构	第七批国保
绛县文庙	祠庙	绛县	明、清	木结构	第七批国保
潞城李庄文庙	祠庙	潞城市	金至民国	木结构	第七批国保
解州关帝庙	祠庙	运城市	清	木结构	第三批省保
定襄关王庙	祠庙	定襄县	宋	木结构	第六批国保
新绛龙香关帝庙	祠庙	新绛县	元至民国	木结构	第六批国保
新绛泉掌关帝庙	祠庙	新绛县	明	木结构	第七批国保
汾阳南门关帝庙	祠庙	汾阳市	明	木结构	第三批省保
太原大关帝庙	祠庙	太原市	明、清	木结构	第七批国保
大同关帝庙	祠庙	大同市	元至清	木结构	第三批省保
阳泉林里关王庙	祠庙	阳泉市	宋	木结构	第四批国保
古县热留关帝庙	祠庙	古县	元至清	木结构	第四批省保
潞城李庄关帝庙	祠庙	潞城市	元至清	木结构	第七批国保
万荣后土祠	神庙	万荣县	清	木结构	第四批国保
介休后土庙	神庙	介休市	明、清	木结构	第五批国保
临汾东羊后土庙	神庙	临汾市	元至清	木结构	第六批国保
灵石后土庙	神庙	灵石县	元	木结构	第六批国保
夏县圣母庙	神庙	夏县	元至清	木结构	第七批国保

名称	类型	地点	建成年代（变化情况）	材料结构	文保等级
河津后土庙	神庙	河津市	元	木结构	第六批国保
和顺圣母庙	神庙	和顺县	元至清	木结构	第六批国保
平顺九天圣母庙	神庙	平顺县	北宋至清	木结构	第五批国保
北甘泉圣母庙	神庙	平顺县	元至清	木结构	第七批国保
霍州娲皇庙	神庙	霍州市	清	木结构	第六批国保
河津台头庙	神庙	河津市	元至清	木结构	第七批国保
襄汾社稷庙	神庙	襄汾县	明	木结构	第六批国保
稷山稷王庙	神庙	稷山县	元至清	木结构	第六批国保
闻喜后稷庙	神庙	闻喜县	元至清	木结构	第六批国保
新绛稷益庙	神庙	新绛县	明	木结构	第五批国保
孝义三皇庙	神庙	孝义市	元至民国	木结构	第七批国保
洪洞孙堡商山庙	神庙	洪洞县	明、清	木结构	第七批国保
高平古中庙	神庙	高平市	元至清	木结构	第六批国保
榆次城隍庙	神庙	榆次区	元至清	木结构	第四批国保
平遥城隍庙	神庙	平遥县	清	木结构	第六批国保
潞安府城隍庙	神庙	长治市	元至清	木结构	第五批国保
芮城城隍庙	神庙	芮城县	北宋至清	木结构	第五批国保
汾城城隍庙	神庙	襄汾县	明	木结构	第六批国保
蒲县柏山东岳庙	神庙	蒲县	元至清	木结构	第五批国保
临汾王曲东岳庙	神庙	临汾市	元至民国	木结构	第六批国保
翼城南撖东岳庙	神庙	翼城县	元至清	木结构	第六批国保
介休五岳庙	神庙	介休市	清	木结构	第六批国保
泽州冶底岱庙	神庙	泽州县	宋至明	木结构	第五批国保
泽州周村东岳庙	神庙	泽州县	宋至清	木结构	第六批国保
兴东垣东岳庙	神庙	石楼县	金至清	木结构	第五批国保
北榆苑五岳庙	神庙	汾阳市	元至清	木结构	第六批国保
万荣解店东岳庙	神庙	万荣县	元至清	木结构	第三批国保
盂县坡头泰山庙	神庙	盂县	元至清	木结构	第六批国保
河曲岱岳庙	神庙	河曲县	明、清	木结构	第二批省保
孝义王屯天齐庙	神庙	孝义市	元至清	木结构	第七批国保
小会岭二仙庙	神庙	陵川县	北宋至清	木结构	第五批国保
南神头二仙庙	神庙	陵川县	金至清	木结构	第六批国保
陵川西溪二仙庙	神庙	陵川县	金至清	木结构	第五批国保
高平中坪二仙宫	神庙	高平市	金至清	木结构	第六批国保
西李门二仙庙	神庙	高平市	金至清	木结构	第六批国保
神北真泽二仙宫	神庙	壶关县	元至清	木结构	第六批国保
东南村二仙庙	神庙	泽州县	宋	木结构	第四批国保

名称	类型	地点	建成年代（变化情况）	材料结构	文保等级
泽州高都二仙庙	神庙	泽州县	金	木结构	第四批省保
三王村三嵕庙	神庙	高平市	金至清	木结构	第七批国保
南阳护村三嵕庙	神庙	壶关县	金至清	木结构	第五批国保
盂县府君庙	神庙	盂县	元至清	木结构	第六批国保
郭壁崔府君庙	神庙	沁水县	明、清	木结构	第六批国保
礼义崔府君庙	神庙	陵川县	金至明	木结构	第五批国保
广灵水神堂	神庙	广灵县	明、清	木结构	第六批国保
神溪律吕神祠	神庙	浑源县	元至清	木结构	第七批国保
泽州西顿济渎庙	神庙	泽州县	金至清	木结构	第七批国保
临县碛口黑龙庙	神庙	临县	清	木结构	第六批国保
太原晋祠水母楼	神庙	太原市	明、清	木结构	第一批国保
介休洪山源神庙	神庙	介休市	清	木结构	第七批国保
太平灵泽王庙	神庙	襄垣县	金至清	木结构	第六批国保
郭庄昭泽王庙	神庙	襄垣县	金	木结构	第六批国保
潞城东邑龙王庙	神庙	潞城县	金至清	木结构	第六批国保
芮城广仁王庙	神庙	芮城县	唐	木结构	第五批国保
新绛三官庙	神庙	新绛县	元	木结构	第六批国保
运城池神庙	神庙	运城市	明、清	木结构	第七批国保
平遥干坑南神庙	神庙	平遥县	明、清	木结构	第七批国保
稷山南阳法王庙	神庙	稷山县	元至清	木结构	第七批国保
河津真武庙	祠庙	河津	明、清	木结构	第四批省保
绛州三楼	楼阁	新绛县	清	砖木	第五批国保
代县边靖楼	楼阁	代县	明	木结构	第五批国保
代县钟楼	楼阁	代县	明	砖木	第四批省保
万荣秋风楼	楼阁	万荣县	清	木结构	第四批国保
万荣飞云楼	楼阁	万荣县	明	木结构	第三批国保
太原藏经楼	楼阁	太原市	明	木结构	不详
太原唱经楼	楼阁	太原市	明	木结构	第七批国保
孝义中阳楼	楼阁	孝义市	清	木结构	第六批国保
孝义魁星楼	楼阁	孝义市	清	砖木	不详
隰县鼓楼	楼阁	隰县	明	木结构	第七批国保
汾城鼓楼	楼阁	襄汾县	清	木结构	第六批国保
宁武鼓楼	楼阁	宁武县	明	木结构	第二批省保
偏关鼓楼	楼阁	偏关县	明	木结构	第二批省保
大同鼓楼	楼阁	大同市	明	木结构	第三批省保
偏关鼓楼	楼阁	偏关县	明	木结构	第二批省保
霍州鼓楼	楼阁	霍州市	明、清	木结构	第四批省保

名称	类型	地点	建成年代（变化情况）	材料结构	文保等级
石永市楼	楼阁	文水县	明	木结构	不详
交城奎星楼	楼阁	交城县	清	木结构	不详
交城吕祖阁	楼阁	交城县	清	木结构	不详
方山鼓楼	楼阁	方山县	明	木结构	第二批省保
祁县镇河楼	楼阁	祁县	明	木结构	第四批省保
榆次四明楼	楼阁	榆次区	清	木结构	不详
忻州北城门楼	楼阁	忻州市	明	木结构	第四批省保
新平堡玉皇阁	楼阁	天镇县	明	木结构	不详
佛光寺祖师塔	亭塔	五台县	北魏	砖石	第一批国保
童子寺燃灯塔	亭塔	太原市	北齐	砖石	第四批国保
明惠大师塔	亭塔	平顺县	五代	砖石	第五批国保
泛舟禅师塔	亭塔	运城市	唐	砖石	第五批国保
开化寺连理塔	亭塔	太原市	宋	砖石	第四批省保
太平兴国寺塔	亭塔	运城市	宋	砖石	第七批国保
妙道寺双塔	亭塔	临猗县	宋	砖石	第六批国保
汾阳文峰塔	亭塔	汾阳市	明、清	砖石	第六批国保
晋源阿育王塔	亭塔	太原市	明、清	砖石	第七批国保
阳曲帖木儿塔	亭塔	阳曲县	元	砖石	第七批国保
代县阿育王塔	亭塔	代县	元	砖石	第五批国保
芮城寿圣寺塔	亭塔	芮城县	宋	砖石	第七批国保
万荣稷王山塔	亭塔	万荣县	宋	砖石	第七批国保
文水梵安寺塔	亭塔	文水县	宋、明	砖石	第七批国保
万荣八龙寺塔	亭塔	万荣县	宋	砖石	第七批国保
安泽麻衣寺塔	亭塔	安泽县	金	砖石	第七批国保
灵光寺琉璃塔	亭塔	襄汾县	金	砖石	第七批国保
临猗永兴寺塔	亭塔	临猗县	宋	砖石	第七批国保
临猗圣庵寺塔	亭塔	临猗县	宋	砖石	第七批国保
万荣旱泉塔	亭塔	万荣县	宋	砖石	第七批国保
南阳寿圣寺塔	亭塔	万荣县	宋	砖石	第七批国保
洪济寺砖塔	亭塔	代县	宋	砖石	第四批省保
浑源圆觉寺塔	亭塔	浑源县	金	砖石	第七批国保
北阳城砖塔	亭塔	稷山县	宋	砖石	第七批国保
大同禅房寺塔	亭塔	大同市	辽	砖石	第六批国保
安泽郎寨塔	亭塔	安泽县	唐	砖石	第七批国保
太原晋祠三亭	亭塔	太原市	明、清	木结构	第一批国保
大槐树碑亭	亭塔	洪洞县	明	木结构	第三批省保
杏花村古井亭	亭塔	汾阳市	清	木结构	第六批国保

名称	类型	地点	建成年代（变化情况）	材料结构	文保等级
二郎庙戏台	戏台	高平市	金	木结构	第六批国保
牛王庙戏台	戏台	临汾市	元	木结构	第四批国保
东羊后土庙戏台	戏台	临汾市	元	木结构	第六批国保
玄鉴楼戏台	戏台	榆次区	明	木结构	第四批国保
河津樊村戏台	戏台	河津市	明	木结构	第二批省保
绛县董封戏台	戏台	绛县	明	木结构	第六批国保
永济董村戏台	戏台	永济市	元、清	木结构	第四批省保
三官庙戏台	戏台	运城市	元、明	木结构	第四批省保
太原晋祠戏台	戏台	太原市	明、清	木结构	第一批国保
介休后土庙戏台	戏台	介休市	明、清	木结构	第五批国保
碛口黑龙庙戏台	戏台	临县	明、清	木结构	第六批国保
汾城城隍庙戏台	戏台	襄汾县	明、清	木结构	第六批国保
翼城乔泽庙戏台	戏台	翼城县	元	木结构	第六批国保
平遥财神庙戏台	戏台	平遥县	清	木结构	第六批国保
介休袄神楼戏台	戏台	介休市	清	木结构	第四批国保
云冈石窟	石窟	大同市	北魏	石刻	第一批国保
天龙山石窟	石窟	太原市	东魏至唐	石刻	第五批国保
龙山石窟	石窟	太原市	元	石刻	第四批国保
七里脚千佛洞	石窟	隰县	南北朝至唐	石刻	第七批国保
开河寺石窟	石窟	平定县	南北朝至隋	石刻	第七批国保
羊头山石窟	石窟	高平市	北魏至唐	石刻	第六批国保
南涅水石刻	造像	沁县	南北朝至宋	石刻	第七批国保
石马寺石窟	石窟	昔阳县	南北朝至唐	石刻	第七批国保
金灯寺石窟	石窟	平顺县	明	石刻	第六批国保
都沟石窟	石窟	清徐县	金	石刻	第四批省保
天井关	关隘	泽州县	唐至清	砖石	第四批省保
十二连城	关隘	代县	汉至明	砖石	第四批省保
娘子关	关隘	平定县	明	砖石	第二批省保
偏头关	关隘	偏关县	明	砖石	第二批省保
宁武关	关隘	宁武县	明	砖石	第二批省保
雁门关	关隘	代县	明	砖石	第五批国保
右玉永济桥	津梁	右玉县	明	石拱券	不详
洪济桥	津梁	襄汾县	金大定二十三年（1184）	石拱券	第六批国保
普济桥	津梁	原平市	金泰和三年（1203 年）	石拱券	第二批省保
惠济桥	津梁	平遥县	清乾隆四年（1739 年）	石拱券	第四批省保
景德桥	津梁	泽州县	金	石拱券	第一批省保
景忠桥	津梁	泽州县	金	石拱券	第二批省保

名称	类型	地点	建成年代（变化情况）	材料结构	文保等级
永惠桥	津梁	襄垣县	金	石拱券	第三批省保
韩极石牌坊	牌坊	交口县	清	石结构	第四批省保
曲沃四牌楼	牌坊	曲沃县	明	木结构	第四批省保
翼城四牌坊	牌坊	翼城县	明	木结构	第四批省保
翼城石牌坊	牌坊	翼城县	明	石木	第四批省保
太和岩牌楼	牌坊	介休市	清	琉璃	第六批国保
朱氏牌楼	牌坊	原平市	清	石结构	第一批省保
绛县乔寺碑楼	牌坊	绛县	清	砖石	第三批省保
绛县石牌坊	牌坊	绛县	清	砖石	第三批省保
师家沟石牌坊	牌坊	汾西县	清	石结构	第六批国保
大同九龙壁	照壁	大同市	明	琉璃	第五批国保
南禅寺正殿	寺庙	五台县	唐建中三年（公元 782 年）	木结构	第一批国保
佛光寺东大殿	寺庙	五台县	唐大中十一年（公元 857 年）	木结构	第一批国保
广仁王庙五龙殿	神庙	芮城县	唐太和五年（公元 833 年）	木结构	第五批国保
天台庵	寺庙	平顺县	唐	木结构	第三批国保
下华严寺海会殿	寺庙	大同市	辽、金、清	木结构	第一批国保
善化寺大雄宝殿	寺庙	大同市	辽、金	木结构	第一批国保
佛宫寺释迦塔	塔幢	应县	辽清宁二年（1065 年）	木结构	第一批国保
延庆寺大佛殿	寺庙	五台县	金至清	木结构	第六批国保
金洞寺转角殿	寺庙	忻州市	宋至清	木结构	第六批国保
佛光寺文殊殿	寺庙	五台县	金天会十五年（1137 年）	木结构	第一批国保
崇福寺弥陀殿	寺庙	朔州市	金皇统三年（1143 年）	木结构	第三批国保
岩山寺文殊殿	寺庙	繁峙县	金大定年间	木结构	第二批国保
余庆禅院大殿	寺庙	夏县	宋	木结构	第三批国保
稷王庙大殿	神庙	万荣县	金、元	木结构	第五批国保
太阴寺大雄宝殿	寺庙	绛县	金	木结构	第五批国保
永乐宫	宫观	芮城县	元	木结构	第一批国保
清凉寺大雄宝殿	寺庙	芮城县	元	木结构	第五批国保
广胜下寺后殿	寺庙	洪洞县	元至大二年（1309 年）	木结构	第一批国保
镇国寺	寺庙	平遥县	五代至清	木结构	第三批国保
安禅寺藏经殿	寺庙	太谷县	宋咸平四年（1001 年）	木结构	第六批国保
永寿寺雨华宫	寺庙	榆次区	宋大中祥符元年（1008 年）	木结构	不详（已毁）
晋祠圣母殿	祠庙	太原市	宋崇宁元年（1102 年）	木结构	第一批国保
关王庙正殿	祠庙	阳泉市	宋宣和四年（1122 年）	木结构	第四批国保
普光寺正殿	寺庙	寿阳县	宋至清	木结构	第六批国保
寿圣寺山门	寺庙	榆社县	宋	木结构	不详
武则天庙	祠庙	文水县	金皇统五年（1145 年）	木结构	第四批国保

名称	类型	地点	建成年代（变化情况）	材料结构	文保等级
福祥寺大殿	寺庙	榆社县	金至清	木结构	第六批国保
不二寺正殿	寺庙	阳曲县	金明昌六年（1195年）	木结构	第六批国保
慈相寺大雄宝	寺庙	平遥县	北宋至清	木结构	第三批国保
贞圣寺正殿	寺庙	太谷县	金正隆二年（1157年）	木结构	第六批国保
太符观昊天殿	宫观	汾阳市	金承安五年（1200年）	木结构	第五批国保
虞城五岳庙五岳殿	神庙	汾阳市	金泰和三年（1203年）	木结构	第四批省保
窦大夫祠后殿及献殿	祠庙	太原市	元至元四年（1267年）	木结构	第五批国保
法云寺正殿	寺庙	汾阳市	元至大元年（1308年）	木结构	第四批省保
金庄文庙大成殿	祠庙	平遥县	元至清	木结构	第六批国保
光化寺过殿	寺庙	太谷县	元至清	木结构	第六批国保
香严寺中殿	寺庙	柳林县	金至明	木结构	第五批国保
崇圣寺大殿	寺庙	榆社县	元至清	木结构	第六批国保
利应候庙正殿	祠庙	平遥县	元	木结构	第六批国保
龙王庙龙王殿	神庙	汾阳市	元	木结构	第四批省保
三皇庙三皇殿	神庙	孝义市	元	木结构	第七批国保
净安寺大殿	寺庙	孝义市	元	木结构	不详
龙门寺西配殿	寺庙	平顺县	五代同光三年（公元925年）	木结构	第四批国保
大云院弥陀殿	寺庙	平顺县	五代晋天福五年（公元940年）	木结构	第三批国保
崇明寺中佛殿	寺庙	高平市	宋开宝四年（公元971年）	木结构	第五批国保
游仙寺前殿	寺庙	高平市	宋淳化年间（公元990~994年）	木结构	第五批国保
开化寺大雄宝殿	寺庙	高平市	宋熙宁六年（1073年）	木结构	第五批国保
青莲寺释迦殿	寺庙	泽州县	宋元祐四年（1089年）	木结构	第三批国保
龙门寺大雄宝殿	寺庙	平顺县	宋绍圣五年（1098年）	木结构	第四批国保
九天圣母庙圣母殿	神庙	平顺县	宋元符三年（1100年）	木结构	第五批国保
淳化寺大殿	寺庙	平顺县	金	木结构	第五批国保
西溪真泽二仙庙后殿	神庙	陵川县	金皇统二年（1142年）	木结构	第五批国保
南神头二仙庙正殿	神庙	陵川县	金至清	木结构	第六批国保
龙岩寺释迦殿	寺庙	陵川县	金、明	木结构	第五批国保
白玉宫过殿	宫观	陵川县	金至清	木结构	第六批国保
普照寺大殿	寺庙	沁县	金	木结构	第六批国保
西李门二仙庙中殿	神庙	高平市	金正隆二年（1157年）	木结构	第六批国保
崔府君庙山门	神庙	陵川县	金大定二十四年（1184年）	木结构	第五批国保
故城村大云寺	寺庙	武乡县	宋、金	木结构	第五批国保
正觉寺后殿	寺庙	长治县	金至明	木结构	第五批国保

参考文献

[1] 陈国符 . 道藏源流考 [M]. 北京：中华书局，1949.

[2] 范文澜 . 中国通史（第二册）[M]. 北京：人民出版社，1978.

[3] 邹衡 . 夏商周考古学论文集 . 北京：文物出版社，1980.

[4] 陈明达 . 应县木塔 [M]. 北京：文物出版社，1980.

[5] 刘敦桢 . 中国古代建筑史 [M]. 北京：中国建筑工业出版社，1980.

[6] 山西省古建筑保护研究所 . 中国古建筑学术讲座文集 [M]. 北京：中国展望出版社，1986.

[7] （清）祁韵士 . 万里行程记 . 银川：宁夏人民出版社，1987.

[8] 张驭寰 . 中华古建筑 [M]. 北京：中国科学技术出版社，1990.

[9] 金其铭 . 乡村地理学 . 南京：江苏教育出版社，1990.

[10] 王轩 . 山西通志（光绪十八年）. 北京：中华书局，1990.

[11] 温幸，薛麦喜 . 山西民俗 . 太原：山西人民出版社，1991.

[12] 彭一刚 . 传统村镇聚落景观分析 . 北京：中国建筑工业出版社，1992.

[13] （日）水野清一等著，孙安邦译 . 山西古迹志 [M]. 太原：山西古籍出版社，1993.

[14] 杨纯渊 . 山西历史经济地理述要 . 太原：山西人民出版社，1993.

[15] 侯精一 . 山西方言调查研究报告 . 太原：山西高校联合出版社，1993.

[16] 黄东升 . 山西经济与文化 . 太原：山西经济出版社，1994.

[17] 高珍明等 . 中国古亭 [M]. 北京：中国建筑工业出版社，1994.

[18] 乔润令 . 山西民俗与山西人 [M]. 北京：中国城市出版社，1995.

[19] 侯伍杰 . 山西历代纪事本末 . 北京：商务印书馆，1999.

[20] 柴泽俊 . 柴泽俊古建筑文集 [M]. 北京：文物出版社，1999.

[21] 董鉴泓 . 城市规划历史与理论研究 . 上海：同济大学出版社，1999.

[22] 山西省地图集编纂委员会 . 山西历史地图集 . 北京：中国地图出版社，2000.

[23] 宋昆 . 平遥古城与民居 . 天津：天津大学出版社，2000.

[24] 楚刃等 . 山西通史（卷肆）[M]. 太原：山西人民出版社，2001.

[25] 柳诒徵 . 中国文化史 [M]. 上海：上海古籍出版社，2001.

[26] 潘谷西 . 中国古代建筑史（第四卷）[M]. 北京：中国建筑工业出版社，2001.

[27] 陆元鼎，杨谷生 . 中国民居建筑 . 广州：华南理工大学出版社，2003.

[28] 罗哲文 . 罗哲文历史文化名城与古建筑保护文集 [M]. 北京：中国建筑工业出版社，2003.

[29] 孙大章 . 中国民居研究 . 北京：中国建筑工业出版社，2004.

[30] 王金平 . 山右匠作辑录 . 北京：中国建筑工业出版社，2005.

[31] 凤凰出版社编选 . 中国地方志集成：山西府县志 . 南京：凤凰出版社，2005.

[32] 李允鉌 . 华夏意匠 [M]. 天津：天津大学出版社，2005.

[33] 颜纪臣 . 山西传统民居 . 北京：中国建筑工业出版社，2006.

[34] 国家文物局 . 中国文物地图集：山西分册 . 北京：中国地图出版社，2006.

[35] 山西省文物局 . 山西文物建筑保护五十年 [M]. 太原：内部图书，2006.

[36] 山西省文物局 . 山西省重点文物保护单位 [M]. 太原：内部图书，2006.

[37] 山西省建设厅．山西古村镇．北京：中国建筑工业出版社，2007．

[38] 傅熹年．中国科学技术史：建筑卷．北京：中国建筑工业出版社，2008．

[39] 王金平等．山西民居．北京：中国建筑工业出版社，2009．

[40] 李晓强．山西省道教建筑文化与形态初探 [D]. 太原理工大学，2004．

[41] 曹如姬．山西五台山寺庙建筑布局及空间组织 [D]. 太原理工大学，2005．

[42] 张强．关帝庙建筑的布局及其空间形态分析 [D]. 太原：太原理工大学，2006．

[43] 张海英．明清时期山西地方衙署建筑的形制与布局规律初探 [D]. 太原：太原理工大学，2006．

[44] 程文娟．山西祠庙建筑研究：晋祠的布局及空间形态分析 [D]. 太原：太原理工大学，2006．

[45] 张莹莹．山西书院建筑的调查与实例分析 [D]. 太原：太原理工大学，2007．

[46] 白文博．山西合院式民居不同地域形态特征分析 [D]. 太原：太原理工大学，2010．

后记

从 2010 年开始至今，历经四个寒暑，终于完成了本书的写作任务。承蒙山西省文物局与省住房和城乡建设厅的大力支持，又有第三次文物普查资料和山西省古城镇（村）普查资料做支撑，该书完成得还算比较顺利。本书写作之初，笔者有一心结，希望能全面展示山西省古代建筑博大精深之处，但囿于篇幅、体例和水平所限，难免会挂一漏万，此乃本书之缺憾。后经文物保护专家杨子荣、科技史专家高策二位先生认真审阅，深感不足之处实在是太多了，如做较大修改，时间已不允许，特将二位专家之建议补记如下，以便引起读者今后进一步的关注和研究。

在城乡聚落一章中，缺失了襄汾陶寺城址、柳林高红商代方国都邑遗址、盂县古仇犹国城址、襄汾赵康古城址、洪洞古杨国城址、平陆古虞国城址、长子韩国都城址、闻喜上郭古城址等。其中，襄汾陶寺城址原认定为我国史前最大的城址（总面积 270 万平方米），近几年随着时代相近的陕西神木县石峁城址（总面积 400 万平方米）和浙江良渚遗址（总面积 300 万平方米）的发现，退居第三位。但仍不失为山西省迄今发现的时代最早、最大的城址。关于这座城址的性质和功能，学界虽有少数人持不同看法，但认为是"尧都平阳"的见解越来越趋一致，说明该城址是山西省五千年文明史之源头，不可谓不重要。闻喜上郭古城址，即古"曲沃"，是晋昭侯叔父"成师"的封地，号称"曲沃桓叔"。到桓叔之孙、即后来的晋武公时夺了晋公室的权力，最终以"曲沃旁支代宗"的方式结束了多年的内乱，统一了晋国，史称"曲沃代翼"。从此，晋国进入了一个新的历史阶段，国君由侯爵晋升为公爵。古"曲沃"成为武公之后晋国宗庙的所在地，一直到三家分晋。

"晋阳"自春秋晚期赵简子建城以来，历经战国、秦汉、魏晋南北朝、隋唐、五代十国，历时 1500 年左右，先后有九个朝代在此建都或作为别都、陪都，不仅是我国北方的军事重镇、战略要地，而且是经济繁荣的大都会，在我国建城史上占有十分重要的地位，其中有四段历史具有划时代的意义。一是赵襄子主攻晋阳期间，经过第二次"晋阳大战"，导致了三家分晋，历史进入了战国时代，标志着奴隶制社会的终结和封建制社会的开始。二是汉文帝刘恒当代王时，主政晋阳 16 年，为日后开创"文景之治"奠定了较丰富的治国理政经验。三是"北齐晋阳"，号称"天府之国"。北魏建都平城，丝绸之路延伸到了平城，大量西域和中亚的商人、文化使者云集晋阳，晋阳成为中外商贸和文化交流的大都会，促进了晋阳的城市繁荣和经济发展，不少西域和中亚人长期留在了晋阳。北齐开创的这个繁荣局面延续了很长时间，有的学者认为一直延续到明代。四是李氏父子晋阳举兵建立大唐，成为当时世界上最强大的国家，晋阳是李氏的"王业所基"。

宋、金、元时期，山西号称"中国戏曲的摇篮"，根据文献记载和文物考古资料，山西遗存有这一时期的大量的戏曲文物：一是在稷山、侯马、新绛、襄汾、垣曲等县市共发现 9 处 30 座金代戏曲砖墓，有砖雕戏台 21 座及大量砖雕戏曲人物；二是在平顺、高平、繁峙、浮山、平定等县市古建筑和墓葬壁画中，保存有五代、宋、金时期的大量戏曲壁画、石刻和金代舞亭；三是据文献记载，尧都、万荣、芮城、大同原有 4 座金代戏台，现毁之不存；四是现存 10 座元代砖木结构戏台，为全国仅有，如尧都王曲村东岳庙戏台、翼城四圣宫戏台、沁水郭壁村府君庙戏台、芮城永乐宫无极门戏台等；五是万荣、芮城、洪洞、河津、沁水等地尚存有 6 座元代砖木结构戏台遗迹；六是据文献记载，洪洞、襄汾、新绛、万荣、河津等地原有 15 座元代砖木结构戏台，现毁之不存；七是新绛、芮城、洪洞等县砖雕、寺观壁画、石刻中存有不少元代戏曲文物。以上这些文物和文献资料，见证了山西省宋、金、元时期戏曲艺术之繁荣。

山西的关隘很多，约有 500 余处。除书中所列之外，在山西北部，较著名的有太原尖草坪区天门关、阳曲石岭关、阳曲赤塘关、忻府区忻口关、繁峙平型关、原平阳武关、五台长城岭、朔城区和神池宁武交界的陈家谷、应县茹越口、右玉杀虎口、灵丘隘门口、大同得胜口等。在山西中部，较著名的有平定固关、盂县十八盘、灵石冷泉关、灵石阴地关、灵石高壁岭、灵石雀鼠谷、左权黄泽关、左权黑虎口、汾阳黄栌关、孝义白壁关、柳林孟门关、石楼东辛关等。在晋东南，较著名的有屯留上党关、黎城东阳关、平顺虹梯关、泽州羊肠坂、高平高平关、高平长平关等。在山西南部，较著名的有吉县壶口、永和永和关、芮城风陵关、稷山玉壁关、盐湖区虞坂等。这些古关隘在古代和近代史上都有一段不平凡的历史故事。

一些重要的古建筑轶闻轶事，既是历史又是文化，本应收入书中，但由于篇幅所限，实在不能展开详述。如明代妙峰和尚建造无梁殿的故事。梁思成发现佛光寺的经过，调查大同、晋汾古建筑的情况，还有他给应县照相馆写信，请拍摄木塔照片的故事。另有帝国主义盗窃山西石窟寺、寺观壁画的罪行等。此外，永乐宫搬迁的逸闻轶事，也很生动。永乐宫搬迁是新中国成立后我国自行设计、自行施工的第一处大型古建筑搬迁工程，显示了党和政府对文物保护的高度重视，在我国文物保护史上是一件重大的历史事件。特别是1000余平方米精美壁画的揭取、加固、安装的成功，更是史无前例。本应对其搬迁原因、何时开始策划、何时动工拆迁、何时在新址上建成、有什么人参与、有何成功经验等大书特书，但限于体例要求，也只好忍痛割爱了。

由于作者水平所限，本书完成得步履蹒跚，不足之处，大有所在。但内心仍然充满感激之情。感谢许赟、郭潇、宋毅飞、梁健、苏毅南、叶若琛等研究生为本书绘制了线条插图；感谢十二五国家重大出版工程《中国古建筑丛书》总编委对作者的信任和包容；感谢文物保护专家杨子荣、科技史专家高策二位先生对本书的认真审阅。

仅以此书纪念驾鹤仙逝的两院院士周干峙先生、文物保护大家罗哲文先生和恩师高珍明教授。

王金平
2015 年 9 月于太原理工大学

作者简介

王金平，1966 年生，汉族，祖籍山西省孝义市。1988 年毕业于太原工业大学建筑学专业，1997 年获工学硕士学位，1999 年破格晋升太原理工大学副教授，2005 年聘任太原理工大学教授。国家四部（局）传统村落保护与发展专家委员会委员，住房和城乡建设部传统民居保护专家委员会委员，天津大学"中国历史建筑与传统村落保护协同创新中心"外聘专家，山西省城市科学研究会常务理事，山西省城市规划学会理事。多年来，一直致力于聚落和建筑遗产的调查、研究、保护、发展工作，取得较大进展和成果。主持包括国家自然科学基金在内的各类研究项目 10 余项。完成城乡规划、建筑设计任务 100 余项。获得各种奖励 10 余项。发表学术论文 50 余篇，著有《山右匠作辑录》、《良户古村》等 6 部专著。

李会智，1957 年生，汉族，祖籍辽宁省瓦房店市，研究馆员。国家文物局及山西省发改委、科技厅、文物局专家库专家。1989 年毕业于山西师范大学汉语言文学专业（自考专科），1976 年知青，1979 年山西省文物工作委员会工作，1989 年山西省古建筑保护研究所第四研究室主任，1991 年山西省文物技术中心副主任，1995 年山西省古建筑工程有限公司副总经理、总工程师，2002 年至今山西省古建筑维修质量监督站站长，2006 年兼任应县木塔修缮管委会办公室主任。1993 年破格晋升副研究馆员，2005 年晋升研究馆员，2011 年聘任为太原理工大学校外硕士生导师。一直从事文物保护管理、施工、研究工作，主持代县边靖楼、文水则天庙、怀仁清凉寺华严塔等 10 余项文物保护工程，完成文物保护及仿古建筑设计近 100 项，发表学术论文 10 余篇，参加起草《古建筑修建工程施工与质量验收规范》（JGJ159-2008）。

徐强，1970 年生，汉族，祖籍广东省五华县，国家一级注册建筑师，高级工程师。现任太原市聚川建筑工程设计事务所（甲级）合伙人总建筑师。中国民族建筑研究会民居建筑专业委员会学术委员，山西省土木建筑学会理事。1992 年毕业于太原工业大学建筑学专业，2000 年获得天津大学建筑学硕士学位。曾先后在山西省建筑设计研究院、程泰宁建筑工作室、天津华汇建筑设计工程有限公司、华森建筑与工程设计顾问有限公司广州公司工作，主持完成工程设计项目百余项，其中多项获奖。2003 年起执教于太原理工大学建筑系，聘任副教授，一直致力于建筑设计的实践、教学与理论研究工作，发表论文 10 余篇，著有《山西民居》、《苗族建筑：延承民族文化的载体》等 3 部专著。